财政部规划教材
全国高职高专院校财经类教材

经济法基础
（第二版）

主　编　何万能　邓黎明　贺旭红
副主编　刘会平　李　菁
参　编　曾琪花　张　琦　李嘉佩　谭　玲
　　　　李晓琴　陆　婧　陈非池　蒋欣芸
　　　　王志伟　刘　洋　张菁菁　谭秋云

中国财经出版传媒集团
中国财政经济出版社
·北京·

图书在版编目（CIP）数据

经济法基础 / 何万能，邓黎明，贺旭红主编.
2版. —— 北京：中国财政经济出版社，2025.2.
（财政部规划教材）（全国高职高专院校财经类教材）.
ISBN 978 – 7 – 5223 – 3306 – 9

Ⅰ. D922.29
中国国家版本馆 CIP 数据核字第 2024RD5449 号

责任编辑：钱红叶　唐　堂	责任校对：胡永立
封面设计：卜建辰	责任印制：张　健

经济法基础（第二版）
JINGJIFA JI CHU（DIERBAN）

中国财政经济出版社 出版

URL：http：//www.cfeph.cn

E – mail：cfeph@ cfeph.cn

（版权所有　翻印必究）

社址：北京市海淀区阜成路甲28号　邮政编码：100142

营销中心电话：010 – 88191522

天猫网店：中国财政经济出版社旗舰店

网址：https：//zgczjjcbs.tmall.com

北京密兴印刷有限公司印刷　各地新华书店经销

成品尺寸：185mm×260mm　16开　32印张　679 000字

2025年2月第2版　2025年2月北京第1次印刷

定价：89.00元

ISBN 978 – 7 – 5223 – 3306 – 9

（图书出现印装问题，本社负责调换，电话：010 – 88190548）

本社质量投诉电话：010 – 88190744

打击盗版举报热线：010 – 88191661　QQ：2242791300

前言

本书为财政部规划教材，全国高职高专院校财经类教材，由财政部教材编写委员会审定。

本教材以最新的全国会计专业技术资格考试教材和考试大纲为准绳，适应数智时代财经类高技能人才职业岗位能力的需要，立足提高高等职业院校学生的整体素质、综合职业能力和实践能力。本教材充分体现了经济法特有的理论性、时效性、实用性、应用性等特点，编者在编写时注意密切结合当前经济法律制度实际，将最新公司法、财政法及时修订入教材，反映经济法学的最新研究成果。

本教材针对高职教育的特色和经济法教学的特点以及课程思政的要求，教材编写思想新颖，在每章前面都设有一个生动典型的先导案例，引入对本章主要内容的学习，每节结合本节内容设计了课程思政小故事，每章最后都配有职业能力训练来巩固所学的内容，以提高学生独立运用法律法规知识解决经济法中现实问题的能力。全书共分为九章：第一章总论，第二章会计法律制度，第三章支付结算法律制度，第四章劳动合同与社会保险法律制度，第五章公司法律制度，第六章合伙企业法律制度，第七章金融法律制度，第八章合同法律制度，第九章相关法律制度。

本教材由湖南财经工业职业技术学院何万能、邓黎明、贺旭红、刘会平、李菁、曾琪花、张琦、李嘉佩、谭玲、李晓琴、陆婧、陈非池、蒋欣芸、王志伟、刘洋、张菁菁和湖南中德安普公司谭秋云等同志共同编写，其中何万能、邓黎明、贺旭红任主编，刘会平、李菁任副主编。

在本教材编写过程中，我们尽量精益求精，但由于水平和时间有限，书中难免存在错误和不足之处，欢迎广大读者批评指正。

编者
2025 年 1 月

目录

第一章 总论 /1

职业能力及主要概念 /1

引导案例 /1

第一节 法律基础 /2

第二节 经济法律基础 /11

第三节 经济纠纷的解决途径 /15

第四节 经济法律责任 /30

职业能力训练 /33

第二章 会计法律制度 /39

职业能力及主要概念 /39

引导案例 /40

第一节 会计法律制度概述 /40

第二节 会计核算与监督 /42

第三节 会计机构和会计人员 /60

第四节 会计职业道德 /66

第五节 违反会计法律制度的法律责任 /69

职业能力训练 /72

第三章 支付结算法律制度 /82

职业能力及主要概念 /82

引导案例 /83

第一节 支付结算概述 /83

第二节 银行结算账户 /86

第三节　银行非现金支付业务　/100
第四节　支付机构非现金支付业务　/135
第五节　结算纪律与法律责任　/140
职业能力训练　/143

第四章　劳动合同与社会保险法律制度　/154

职业能力及主要概念　/154
引导案例　/154
第一节　劳动合同法律制度　/155
第二节　社会保险法律制度　/183
职业能力训练　/200

第五章　公司法律制度　/205

职业能力及主要概念　/205
引导案例　/205
第一节　公司法律制度概述　/206
第二节　公司的登记管理　/210
第三节　有限责任公司　/213
第四节　股份有限公司　/227
第五节　公司董事、监事、高级管理人员的资格和义务　/236
第六节　公司股票与公司债券　/239
第七节　公司财务、会计　/246
第八节　公司合并、分立、增资、减资　/248
第九节　公司解散和清算　/251
第十节　违反公司法的法律责任　/253
职业能力训练　/255

第六章　合伙企业法律制度　/268

职业能力及主要概念　/268
引导案例　/268
第一节　合伙企业法律制度概述　/269
第二节　普通合伙企业法律制度　/271

第三节　有限合伙企业法律制度　/ 286
第四节　合伙企业的解散和清算　/ 291
职业能力训练　/ 292

第七章　**金融法律制度**　/ 304

职业能力及主要概念　/ 304
引导案例　/ 304
第一节　证券法律制度　/ 305
第二节　保险法律制度　/ 326
第三节　票据法律制度　/ 340
职业能力训练　/ 359

第八章　**合同法律制度**　/ 367

职业能力及主要概念　/ 367
引导案例　/ 367
第一节　合同法律制度概述　/ 368
第二节　合同的订立　/ 370
第三节　合同的效力　/ 376
第四节　合同的履行　/ 377
第五节　合同的保全　/ 380
第六节　合同的担保　/ 382
第七节　合同的变更和转让　/ 396
第八节　合同的权利义务终止　/ 398
第九节　违约责任　/ 402
第十节　主要合同　/ 404
职业能力训练　/ 418

第九章　**财政法律制度**　/ 429

职业能力及主要概念　/ 429
引导案例　/ 430
第一节　预算法律制度　/ 430
第二节　国有资产管理法律制度　/ 447

第三节　知识产权法律制度　／458

第四节　政府采购法律制度　／480

职业能力训练　／493

第一章

总　　论

职业能力及主要概念

1. 专业能力

   理解法、法律、法律关系、法律事实、经济法概念和特征，以及法律责任的概念及形式

   了解法的形式和分类、法律部门和法律体系

   掌握经济纠纷、法律行为、代理、仲裁、民事诉讼、行政诉讼、行政复议的概念、特征及处理程序

2. 职业核心能力

   树立法治意识，自觉守法，自觉维护法的权威

   能正确分析现实生活中各种法律关系及其构成要素

   学会依照法定程序处理和解决劳动争议或经济纠纷

3. 主要概念

   法和法律　法律关系　法律事实　法律行为　法律部门　法律体系　经济法　经济纠纷代理

引导案例

仲裁民事诉讼行政诉讼行政复议

老张是某村农民。他的儿子已经长大成人，便以老张的名义向村里申请一处宅基地。村委会研究后，决定将村后的一处空地作为宅基地划拨给老张使用。经过乡镇人民政府审核后，县国土管理部门批准了老张的申请，并向老张发放了宅基地的使用证书。

请分析老张和本县国土管理部门、政府之间是否形成经济法律关系？如果形成的话，是哪一类经济法律关系？涉及的经济法律关系的主体有哪几个？

第一节　法律基础

> **课程思政**
>
> **违反隔离规定获刑**
>
> 2020年春节前夕，一场突如其来的新冠肺炎打乱全国人民的节奏。由于此次新冠疫情具有"人传人"的显著特点，需要消灭传染源，切断传播途径，因而，一些与新冠疾病有接触史的人员必须采取居家隔离，甚至是集中隔离，以防疫情传播、扩散和蔓延。但在实际生活中，少数被隔离人员竟然不顾个人和他人的生命安全和身体健康，不听劝阻，违反居家隔离规定，擅自外出。2月2日上午，南浔区旧馆镇工作人员进行疫情防控巡查时，发现居家隔离人员王某某有违反居家隔离规定、擅自外出的行为，遂对其进行劝导，要求其遵守居家隔离规定，但王某某不予配合，并与工作人员发生争执。后旧馆派出所社区民警朱某某到场协助开展劝导工作，王某某仍不配合，并攻击朱某某，抓伤朱某某脸部、颈部。浙江省湖州市南浔区人民法院于2月9日公开开庭审理，并当庭宣判这起涉疫情居家隔离人员妨害公务案，被告人王某某被判处有期徒刑9个月。由此谈谈青少年如何懂法、守法。

一、法的概念、本质与特征

（一）法和法律的概念

1. 法的概念

法作为一种特殊的社会规范，是人类社会发展的必然产物。一般来说，法是由国家制定或认可，以权利义务为主要内容，由国家强制力保证实施的社会行为规范及其相应的规范性文件的总称。其目的在于确认、保护和发展有利于统治阶级的社会关系和社会秩序。

2. 法律的概念

法律一词可以从广义、狭义两方面进行理解。狭义的法律专指拥有立法权的国家机关依照立法程序制定和颁布的规范性文件；而广义的法律则指法的整体，即国家制定或认可，并由国家强制力保证实施的各种行为规范的总和。一般情况下，"法"和广义的"法律"同义；但在某些场合，"法"又和狭义的"法律"同义，如《中华人民共和国合同法》《中华人民共和国公司法》等。

（二）法的本质与特征

1. 法的本质

法是统治阶级意志的体现。法不是超阶级的产物，不是社会各阶级的意志都能体现为法，法只能是统治阶级意志的体现。

法所体现的统治阶级的意志，即法的内容是由统治阶级的物质生活条件决定的，是社会客观需要的反映。它体现的是统治阶级的整体意志和根本利益，而不是统治阶级每个成员个人意志的简单相加。法是调整人的行为和社会关系的社会规范，是由国家制定或认可的行为规范，是规定社会关系参加者的权利和义务的社会规范，是由国家强制力保证实施的社会规范。

2. 法的特征

法是一种特殊的行为规范，不仅具有一般社会规范的共性，还具有自我的特征。

（1）法是通过国家制定或认可而形成的规范。统治阶级的意志并不能直接形成法，必须通过一定的组织和程序，即通过国家的统治阶级制定或认可。

（2）法凭借国家强制力的保证而获得普遍遵行的效力，具有国家强制力。法的强制性不同于其他规范之处在于，法具有国家强制性。法是以国家强制力为后盾，由国家强制力保证实施的。

（3）法是确定人们社会关系中权利和义务的行为规范，具有规范性。法是调节人的行为的社会规范，法是通过规定人们的权利和义务，以权利和义务为机制，影响人们的行为动机，指引人们的行为，调整社会关系的。

（4）法是明确而普遍适用的规范，具有明确公开性和普遍约束性。法具有明确的内容，能使人们预知自己或他人一定行为的法律后果（可预测性）。法具有普遍适用性，凡是在国家权力管辖和法律调整的范围、期限内，对所有社会成员及其活动都普遍适用。

二、法律关系

（一）法律关系的概念

法律关系是法律规范在调整人们的行为过程中所形成的一种特殊的社会关系，即法律上的权利与义务关系。社会关系的多样性导致调整它的法律规范也是多种多样的，如调整行政管理关系而形成的行政法律关系；调整平等主体之间人身关系或财产关系的民事法律关系；调整因国家对经济活动的管理而产生的经济法律关系；调整犯罪与刑罚关系而形成的刑事法律关系。

（二）法律关系的要素

法律关系由法律关系的主体、客体、内容三要素组成。缺少其中任何一个要素，都不能构成法律关系。

1. 法律关系的主体

（1）法律关系主体的概念。法律关系主体，是指参加法律关系，依法享有权利和承担义务的当事人。任何一个法律关系至少要有两个主体，数量无上限。

（2）法律关系主体的种类。根据我国法律规定，法律关系的主体可以分为以下几类：

①自然人（公民）。所谓自然人，是指具有生命的个体的人。既包括中国公民，也包括居住在中国境内或在境内活动的外国公民和无国籍人。公民是各国法律关系的基本主体之一，是指具有一国国籍的自然人。

②法人。法人指具有民事权利能力和民事行为能力，依法独立享有民事权利和承担民事义务的社会组织。《中华人民共和国民法典》将法人分为营利法人、非营利法人和特别法人。营利法人包括有限责任公司、股份有限公司和其他企业法人等。非营利法人包括事业单位、社会团体、基金会、社会服务机构等。特别法人包括机关法人、农村集体经济组织法人、城镇农村的合作经济组织法人和基层群众性自治组织法人。

③非法人组织。指依法成立、有一定的组织机构和财产，但又不具备法人资格的组织。如个人独资企业、合伙企业、不具有法人资格的专业服务机构等。

④国家。在特殊情况下，国家可以作为一个整体成为法律关系主体。如在国内，国家是国家财产所有权唯一和统一的主体；在国际上，如国家作为主权者是国际公法关系的主体，也可以成为对外贸易关系中的债权人或债务人。

（3）法律关系的主体资格。法律关系的主体资格包括权利能力和行为能力两个方面。

①权利能力。指法律关系主体能够参加某种法律关系，依法享有一定的权利和承担一定的义务的法律资格。权利能力是自然人或组织参加法律关系的前提条件。

公民权利能力根据享有权利能力的主体范围不同，可以分为一般权利能力和特殊权利能力。一般权利能力又称基本的权利能力，是一国所有公民均具有的权利能力，不能被任意剥夺或解除。特殊权利能力是公民在特定条件下具有的法律资格，这种资格并不是每个公民都可以享有，而只授予某些特定的法律主体。如国家机关及其工作人员行使职权的资格，就是特殊的权利能力。另外，按照法律部门的不同，可以分为民事权利能力、政治权利能力、行政权利能力、劳动权利能力、诉讼权利能力等。

法人权利能力的范围则由法人成立的宗旨和业务范围决定，自法人成立时产生，至法人终止时消灭。

②行为能力。指法律关系主体能够通过自己的行为实际取得权利和履行义务的能力。法人的行为能力和权利能力是一致的，同时产生，同时消灭。

我国将自然人民事行为能力划分为三类：完全行为能力人、限制民事行为能力人、无民事行为能力人。

2. 法律关系的客体

法律关系客体是指法律关系主体的权利和义务所指向的对象。客体所承载的利益本身是法律关系主体之间发生权利和义务联系的中介。法律关系的客体可分为以下几类：

（1）物。指能满足人们需要，具有一定的稀缺性，并能为人们现实支配和控制的各种物质资源。物可以是自然物，如土地、水流等；也可以是人造物，如建筑、各种产品等；还可以是财产、物品的一般价值表现形式，如货币及有价证券。物既可以是有体物也可以是无体物。无体物，如天然气、电力等。无体物，如权利、数据信息等。

（2）人身、人格。人身和人格分别代表着人的物质形态和精神利益，是人不可或缺的两个要素。一方面，人身和人格是生命权、身体权、健康权、姓名权、肖像权、名誉权等人身权指向的客体；另一方面，人身和人格又是禁止非法拘禁他人、禁止对犯罪嫌疑人刑讯逼供、禁止侮辱或诽谤他人、禁止卖身为奴、禁止卖淫等法律义务所指向的客体。以人身、人格作为法律关系客体的范围，法律有严格的限制。人的整体只能是法律关系的主体，不能作为法律关系的客体。而人的部分是可以作为客体的"物"，如当人的头发、血液、骨髓、精子和其他器官从身体中分离出去，成为与身体相分的外部之物时，在某些情况下也可视为法律上的"物"。

（3）精神产品。精神产品也称智力成果，包括知识产品和荣誉产品。知识产品是指人们通过脑力劳动创造的能够带来经济价值的精神财富。如作品、发明、实用新型、外观设计、商标等。智力成果是一种精神形态的客体，是一种思想或者技术方案，不是物，但通常有物质载体，如书籍、图册、录像、录音等。荣誉产品是指人们在各种社会活动中所取得的物化或非物化的荣誉价值，如荣誉称号、奖章、奖品等。荣誉产品是荣誉权的法律关系客体。

（4）行为（行为结果）。行为，作为法律关系的客体不是指人们的一切行为，而是指法律关系的主体为达到一定目的所进行的作为（积极行为）或不作为（消极行为），是人的有意识的活动。如生产经营行为、经济管理行为、完成一定工作的行为和提供一定劳务的行为等。行为是行为过程与其结果的统一。

3. 法律关系的内容

法律关系的内容是指法律关系主体所享有的权利和承担的义务。

权利是指法律关系主体依法享有的权益，表现为权利享有者依照法律规定有权自主决定做出或者不做出某种行为、要求他人做出或者不做出某种行为和一旦被侵犯，有权请求国家予以法律保护。

义务是指法律关系主体依照法律规定所担负的必须做出某种行为或者不得做出某种行为的负担或约束。依法承担义务的主体称为义务主体或义务人。

权利和义务是构成法律关系内容的两个方面，是密不可分的。没有义务的权利，也没有无权利的义务。权利的行使依赖于义务的承担。

三、法律事实

（一）法律事实的概念

法律事实是指由法律规范所确定的，能够产生法律后果，即能够直接引起法律关系发生、变更或者消灭的情况。法律事实是法律关系发生、变更和消灭的直接原因。任何法律关系的发生、变更和消灭，都要有法律事实的存在。

（二）法律事实的分类

法律事实按照是否以当事人的意志为转移为标准，可分为法律事件和法律行为。

1. 法律事件

法律事件是指不以当事人的主观意志为转移的，能够引起法律关系发生、变更和消灭的法定情况或者现象。事件可分为社会事件和自然事件，社会事件如社会革命、战争、重大政策的改变等，自然事件如地震、洪水等自然灾害或者生老病死、意外事故等。这两种事件对于特定的法律关系主体（当事人）而言，都是不可避免，不以当事人的意志为转移。

2. 法律行为

（1）法律行为的概念与特征

法律行为一词源于德国民法典，萨维尼给出的定义是"行为人创设其意欲的法律关系而从事的意思表示行为"。法律行为是指以法律关系主体意志为转移，能够引起法律后果，即引起法律关系发生、变更和消灭的人们有意识的活动。民事法律行为是指民事主体通过意思表示设立、变更、终止民事法律关系的行为。它是法律事实的一种，其特征是：

①出于人们自觉的作为和不作为。无意识能力的幼年人，疯癫、白痴，精神病患者，以及一般人在暴力胁迫下的作为和不作为，都不能被视为法律行为。

②基于当事人的意思而具有外部表现的举动，单纯心理上的活动不产生法律上的后果，如虽有犯罪意思而无犯罪行为的，不能视为犯罪，也不能视为法律行为。

③为法律规范所确认，而发生法律效力的合法行为。不由法律调整、不发生法律效力的，如通常的社交、恋爱等不是法律行为。

（2）法律行为的分类

①合法行为与违法行为。根据行为的法律性质，可分为合法行为和违法行为。合法行为指行为人所实施的符合法律规范要求的行为，能导致合法的法律后果。违法行为指行为人所实施的违反法律规范要求，应承担不利法律后果的行为。

②积极行为（作为）和消极行为（不作为）。根据行为的表现形式可分为积极行为和消极行为。积极行为是指积极、主动作用于客体的形式表现的、具有法律意义的行为。消极行为是指消极、抑制的形式表现的、具有法律意义的行为。

③意思表示行为和非表示行为。根据行为意思表示可分为意思表示行为和非表示行为。意思表示行为指行为人基于意思表示而做出的具有法律意义的行为。非表示行为指非经行为人意思表示而是基于某种事实状态即具有法律效果的行为，如发现埋藏物。

④单方行为和多方行为。根据主体意识表示的形式可分为单方行为和多方行为。单方行为指法律主体一方的意思表示即可成立的法律行为，如行政命令、遗嘱等。多方行为指

两个或两个以上的法律主体意思表示一致而成立的法律行为，如合同行为等。

⑤要式行为和非要式行为。根据行为是否需要特定形式或实质要件可分为要式行为和非要式行为。要式行为指必须具备某种特定形式或程序才成立的法律行为。非要式行为指无须特定形式或程序即可成立的法律行为。

⑥自主行为与代理行为。根据主体实际参与行为的状态可分为自主行为和代理行为。自主行为，是指法律主体在没有其他主体参与的情况下以自己的名义独立从事的法律行为；代理行为是指法律主体根据法律授权或其他主体的委托而以被代理人的名义所从事的法律行为。

⑦有偿行为与无偿行为。按法律行为一方当事人从对方取得利益有无对价为标准分为有偿行为和无偿行为。有偿法律行为，是双方当事人各因其给付而从对方取得利益的法律行为，如买卖、承揽等；无偿法律行为，是当事人一方无须为给付而获得利益的法律行为，如赠予、无偿委托等。

⑧主法律行为和从法律行为。按法律行为之间的依存关系分：主法律行为，是指不需要有其他法律行为的存在就可独立成立的法律行为；从法律行为，是指从属于其他法律行为而存在的法律行为。如借款合同、担保合同等。

还有单务法律行为和双务法律行为、诺成法律行为和实践法律行为等分类方法。

(3) 法律行为的要件

①成立要件。法律行为的一般成立要件包括当事人、意思表示及其内容。但实际上意思表示由特定当事人所实施，且包含意思表示的内容，所以意思表示即为法律行为的一般成立要件。

②生效要件。法律行为的成立是法律生效的前提，但已成立的法律行为不一定必然发生法律效力。只有具备一定生效条件的法律行为，才能产生预期的法律效果。

民事法律行为一般应具备以下生效要件：行为人具有相应的民事行为能力；意思表示真实；不违反强制性规定，不违背公序良俗。

(4) 附条件和附期限的法律行为

①附条件的法律行为。指当事人在法律行为中约定一定的条件，并以将来该条件发生或不发生作为法律行为发生/或终止的依据。如果所附条件是违背法律规定或者不可能发生的，认定该法律行为无效。当事人恶意促使条件发生的，应当认定条件没有成就，当事人恶意阻止条件发生的，应当认定条件已经成就。

②附期限的法律行为。指当事人在法律行为中约定一定期限，并以该期限的到来作为法律行为生效或解除的依据。期限是必然要到来的事实，法律行为所附期限可是明确的期限，也可是不确定的期限。

(5) 无效的法律行为

①无效法律行为的概念。指对于当事人所追求的法律效果，自始、当然、确定的不发

生。无效法律行为多指违反法律法规的强制性规定或者违背公序良俗。无效法律行为有可能全部无效或部分无效。

②无效法律行为的种类。无民事行为能力独立实施的，如未满8周岁的行为；当事人虚假表示实施的，如债务人为避免财产被强制执行，虚假将资产转让的；恶意串通、损害他人合法权益的；违反强制性规定或者违背公序良俗的。

③无效法律行为的后果。无效法律行为从开始就没有法律效力。其在法律上产生的法律效果：恢复原状、赔偿损失、收归国有或集体所有或返还第三人；其他制裁。

(6) 可撤销的法律行为

①可撤销法律行为的概念与效力。可撤销法律行为是指因行为人行使撤销请求人民法院或仲裁机构予以撤销而归于无效的法律行为。可撤销法律行为在效力方面具有以下特征：可撤销的民事行为在撤销前已经发生法律效力，未经撤销，其效力不消灭；可撤销民事行为的撤销，应由撤销权人为之；可撤销的民事行为的撤销权人对权利的行使拥有选择权，当事人可以撤销其行为，也可通过承认的表示使撤销权消灭；可撤销的民事行为，其撤销权的行使有时间限制；可撤销的民事行为一经撤销，其效力溯及行为的开始，即自行为开始时无效。

②可撤销法律的种类：行为人对行为内容有重大误解的；受欺诈的；受胁迫的；趁人之危、显失公平的。

③可撤销法律行为的法律后果。

四、法律渊源和分类

(一) 法律渊源

法律渊源是指法律的存在或表现形式。法律渊源表明法律规范的效力来源，包括法律规范的创制方式和外部表现形式。我国主要承继成文法律。

1. 宪法

国家的根本大法，由国家最高立法机关（全国人民代表大会）制定，具有最高的法律效力，是各种法律的基本渊源，是经济立法的基础。我国现行宪法是1982年12月4日第五届全国人民代表大会第五次会议通过的《中华人民共和国宪法》，全国人民代表大会于1988年、1993年、1999年、2004年、2018年先后五次以宪法修正案的形式对宪法做了修改和补充。

2. 法律

由全国人民代表大会及其常务委员会制定的规范性文件，其法律效力和地位仅次于宪法，是经济法的主要渊源。其中，全国人大制定和修改的，调整国家和社会生活中带有普遍性社会关系的规范性法律文件，属于基本法律。全国人大常委会制定和修改的，调整国家和社会生活中某一方面社会关系的规范性法律文件，属于一般法律。下列事项只能制定法律：①国家主权的事项；②各级人民代表大会、人民政府、人民法院和人民检察院的产生、组织和职权；③民族区域自治制度、特别行政区制度、基层群众自治制度；④犯罪和刑罚；⑤对公民政治权利的剥夺、限制人身自由的强制措施和处罚；⑥税种的设立、税率的确定和税收征收管理等税收基本制度；⑦对非国有财产的征收、征用；⑧民事基本制度；⑨基本经济制度以及财政、海关、金融和外贸的基本制度；⑩诉讼和仲裁制度；⑪必须由全国人民代表大会及其常务委员会制定法律的其他事项。

常用的经济法律包括《中华人民共和国证券法》《中华人民共和国公司法》《中华人民共和国保险法》《中华人民共和国个人独资企业法》《中华人民共和国合伙企业法》《中华人民共和国企业破产法》《中华人民共和国税收征收管理法》等。

3. 法规

法规包括行政法规和地方性法规，其效力仅次于宪法与法律。行政法规为国务院在法定职权范围内为实施宪法和法律而制定、发布的规范性文件，通常冠以条例、办法、规定等名称，如国务院令第287号发布的《企业财务会计报告条例》。

地方法性法规是有地方立法权的人民代表大会及其常务委员会根据本行政区域的具体情况和实际需要，在不同宪法、法律、行政法规相抵触的前提下制定的规范性文件。根据《中华人民共和国立法法》第七十二条的规定，省、自治区、直辖市的人民代表大会及其常委会，有权制定地方性法规。设区的市的人民代表大会及其常委会有权对"城乡建设的管理、环境保护、历史文化保护等方面的事项"制定地方性法规。经济特区所在地的省、市的人民代表大会及其常务委员会也可根据全国人民代表大会的授权决定制定法规，并在经济特区范围内实施。民族自治地方的人民代表大会及其常务委员会依照当地民族的政治、经济和文化的特点，依法制定的自治条例和单行条例，但不得对宪法和民族区域自治法的规定以及其他有法律和行政法规专门就民族自治地方所做的规定做出变通规定。法规是经济法的重要渊源。

4. 规章

规章包括部门规章和地方政府规章。部门规章由国务院各部、委员会、中国人民银行、审计署和具有行政管理职能的直属机构制定。地方政府规章由省、自治区、直辖市和设区的市、自治州的人民政府制定。规章是法律、法规的补充，对正确适用和执行法律、行政法规具有重要的意义。如财政部颁布的《代理记账管理办法》，中国人民银行颁布的《贷款通则》等。

5. 司法解释

司法解释是指最高人民法院、最高人民检察院在总结司法审判经验的基础上发布的指导性文件和法律解释的总称。司法解释也是经济法的渊源之一。如最高人民法院颁发的《关于审理票据纠纷案件若干问题的规定》等。

6. 国际条约或协定

国际条约或协定是指我国作为国际法主体同其他国家或地区缔结或参加的国际条约、

双边或多边协定及其他具有条约、协定性质的文件。国际条约属于国际法而不属于国内法的范畴，但我国签订和加入的国际条约对于我国的国家机关、社会团体、企业、事业单位和公民也有约束力，如《国际民用航空公约》。

（二）法律效力等级及其适用规则

1. 按照法律效力等级可分为上位法和下位法。上位法的效力优于下位法。宪法具有最高的法律效力，其他一切法律法规、规章都不得与宪法相抵触。按法律效力由高到低为宪法、法律、行政法规、地方性法规、规章。各级法规的效力高于本级和下级地方政府规章，上级规章高于下级规章。

2. 自治条例和单行条例依法对法律、行政法规、地方性法规作变通规定的，在本自治地方适用自治条例和单行条例的规定（自治条例和单行条例的变通规定优先）。经济特区法规根据授权对法律、行政法规、地方性法规做变通规定的，在本经济特区适用经济特区法规的规定（经济特区法规的变通规定优先）。

3. 同一机关制定的法律法规，特别规定与一般规定不一致的，适用特别规定（特别法优于一般法）；新的规定与旧的规定不一致的，适用新的规定（新法优于旧法）。

4. 法律、法规、规章之间对同一事项的新的一般规定与旧的特别规定不一致，不能确定如何用时，由制定机关或上级机关裁决。

（三）法的分类

1. 根据法的创制方式和发布形式可分为成文法和不成文法。成文法是指有权制定法律的国家机关依照法定程序所制定的具有条文形式的规范性文件。不成文法是指国家机关认可的、不具有条文形式的习惯。习惯法是不成文法中常见的一种，有的观点认为判例法也是不成文法。

2. 根据法的内容、效力和制定程序可分为根本法和普通法。根本法就是宪法，宪法规定国家制度和社会制度的基本原则，具有最高的法律效力，是普通法立法的依据。普通法泛指宪法以外的所有法律，普通法根据宪法确认的原则就某个或某些方面的问题做出具体规定，效力低于宪法。

3. 根据法的内容可分为实体法和程序法。实体法是指从实际内容上规定主体的权利和义务的法律，如民法、劳动法、行政法等。程序法是指为了保障实体权利和义务的实现而制定的关于程序方面的法律，如民事诉讼法、行政诉讼法、刑事诉讼法等。

4. 根据法的空间效力、时间效力或对人的效力可分为一般法和特别法。一般法是指在一国领域内对一般公民、法人、组织和一般事项都普遍适用，而且在它被废除前始终有效的法律，如宪法。特别法是指只在一国的特定区域内或只对特定主体或在特定时期内或对特定事项有效的法律。一般法与特别法的划分是相对的。如公司法相对于民法是特别法，相对于各具体企业法就是一般法。

5. 根据法的主体、调整对象和渊源可分为国际法和国内法。国际法的主体主要是国家，调整的对象主要是国家间的相互关系，渊源主要是国际条约和各国公认的国际惯例，实施则以国家单独或集体的强制措施为保证。国内法的主体主要是该国的公民和社会组织，调整对象是一国内部的社会关系，渊源主要是制定国立法机关颁布的规范性文件，实施则以该国的强制力加以保证。

6. 划分公法和私法的标准众说纷纭。比较普遍的是根据法律运用的目的为划分的依据。以保护公共利益为主要目的的法律为公法，如刑法、行政法。以保护私人利益为目的的法律为私法，如民法、商法。调整国家与公民或法人之间民事、经济关系的法律，就是私法。

五、法律体系

（一）法律部门与法律体系的概念

法律部门，又称部门法，是指按照一定标准和原则所划定的同类法律规范的总称。一个国家现行的法律规范分类组合为若干法律部门，由这些法律部门组成的具有内在联系的、互相协调的统一整体即为法律体系。

（二）我国现行的法律部门与法律体系

我国现行法律体系大体可以划分为以下法律部门：宪法及宪法相关法法律部门、民商法法律部门、行政法法律部门、经济法法律部门、社会法法律部门、刑法法律部门、诉讼与非诉讼程序法律部门。

第二节　经济法律基础

课程思政

安达信失信的沉重代价

创立于1913年总部设在芝加哥的安达信是全球五大会计师事务所之一，就是这样一个强大的企业，却在美国安然公司审计中弄虚作假。安然公司曾是世界上最大的电力、天然气以及电讯公司之一，资产规模达1 000亿美元。2001年10月16日安然公司发布第三季度财报中有一项一次性冲销高达10亿美元的投资坏账，美国证券交易委员会调查后发现安然公司财务造假：此前3年虚增盈利5亿多美元，少报债务6亿多美元，虚增股东权益达数十亿美元，安然公司最终于当年11月申请破产保护。同时发现，安然公司的一半董事、首席会计师、财务总监与安达信有直接或间接的联系。事件爆发后安达信竟销毁数千页安然公司的文件。此后福特汽车等各大公司纷纷与安达信解除合同，安达信与昔日竞争对手——全球第二大厦会计师事务所德勤事务所谈判，以求收购破裂，于2002年10月16日被法院裁决5年内不能从事审计相关业务，此后安达信犹如一艘漏洞百出的破船，无力航行，最终下沉。

一、经济法的概念及体系

（一）经济法的概念

经济法是国家在协调和管理经济运行过程中所发生经济关系法律规范的总称。

与其他部门的法不同，经济法具备以下独有特点：

1. 经济法律规范的易变性

由于经济活动、经济制度等的不确定性及易变，经济法律规范调整及更新速度比较快。

2. 公法和私法的属性兼具

经济法既调整社会利益，也调整个体利益，实现社会利益与个体利益的平衡，突出社会利益优先的原则。

3. 程序保障的非独立性

与民法、刑法等部门相比，经济法没有独立的程序法与之相对应，具有综合性的特点。

（二）经济法的体系

按照经济关系以及经济法所调整的基本内容，将经济法体系划分为：

1. 经济组织法

经济组织法，指经济组织的法律制度，包括公司法、合伙企业法、独资企业法、外商投资企业法等。

2. 经济管理法

经济管理法，指国家在组织管理和协调经济活动中形成的法律制度。包括增值税法、企业所得税法、预算法、国有资产管理法、政府采购法等。

3. 经济活动法

经济活动法，指调整经济主体在经济流通和交换过程中发生的权利义务关系所形成的法律制度。包括合同法、担保法等。

二、经济法律关系

（一）经济法律关系的概念

经济法律关系是指经济法主体在进行经济管理和经济活动中所形成的，由经济法加以确认的经济权利和经济义务的关系。经济法律关系不同于经济关系，它是法律关系的一种，以经济法的存在为前提，属于上层建筑的范畴；而经济关系是社会物质关系，其客观存在并不以法的存在为前提，属于经济基础的范畴。

（二）经济法律关系的主体

经济法主体指享有经济权利，承担经济义务的当事人。享有经济权利者称为权利主体，承担经济义务者称为义务主体。

经济法调整范围包括市场主体关系、市场监督关系、宏观调控关系等，调整范围的广泛性决定了经济法主体的广泛性，包括国家机关、企业、事业单位、社会团体、个体工商户、农村承包经营户、公民等。

根据经济法调整领域的不同，可分为宏观调整法主体和市场规制法主体。

（三）经济法律关系的客体

经济法律关系的客体指经济法律关系主体权利和义务所指向的对象。

经济法律关系的对象一般包括物、经济行为和智力成果。

物是指能够为人所控制和支配，具有一定经济价值并可通过具体物质形态表现存在的物品。物是经济法律关系中存在最广泛的客体。

经济行为是指经济法主体为达到一定经济目的，实现其权利和义务所进行的经济活动。包括经济管理行为、提供劳务行为和完成工作行为等。

智力成果是指经济法主体从事智力劳动所创造而取得的成果，包括商标权、专利权、专有技术、著作权等。

（四）经济法律关系的内容

经济法律关系的内容是指经济法主体依法享有的经济权利和承担的经济义务。

经济权利是指经济法主体在社会主义市场经济运行过程中，依法具有实施或不实施一定行为，或要求其他经济主体实施或不实施一定行为的资格或能力。其主要包括所有权、法人财产权、经营管理权、经济职权、债权、知识产权等。

经济义务是指法定义务人根据法律规定或经济权利人的要求，实施或不实施一定行为，以保障权利人利益的责任。经济义务依据法定或约定的原因而产生。

经济权利与经济义务相互依存。没有经济权利就没有经济义务。经济法主体不能只享有经济权利而不承担经济义务，也不能只承担经济义务而不享有经济权利。

三、经济法律关系的确立

（一）经济法律关系确立的概念

经济法律关系是指经济法律关系规范所确认的、经济法主体之间的经济权利与经济义务在社会经济生活中的实际实现。它包括经济法律关系的设立、变更和终止三种情况。

（二）经济法律关系确立的前提条件和直接原因

1. 经济法律规范存在是经济法律关系确立的前提条件

只有经济法律规范的颁布实施，才能确定经济法律关系主体的经济权利和经济义务，经济法律关系才能产生。否则，经济法律关系不会产生，当然就不会存在变更和终止了。

2. 法律事实的出现是经济法律关系确立的直接原因

只有一定的法律事实出现时，经济法律关系主体之间的经济法律关系才能产生或变更或终止。依照法律事实的发生与当事人的意志有无关系，可将法律事实分为法律行为和法

律事件两类。

四、代理

（一）代理的概念和特征

代理，是指代理人以被代理人（又称本人）的名义，在代理权限内与第三人（又称相对人）实施法律行为，其法律后果直接由被代理人承受的民事法律制度。比如，甲接受乙的委托，以乙的名义与丙签订合同，结果是在乙和丙之间形成债权债务关系。只要代理人未越权行使权利或授权未过期等情况下，代理人甲的行为的法律后果直接由乙负责。

代理具有以下特征：代理人必须以被代理人的名义实施法律行为；代理人在代理权限内独立地向第三人进行意思表示；代理行为的法律后果由被代理人接受或承担。

代理的适用范围：代理适用于民事主体之间变更和终止权利义务的法律行为。依照法律规定或按照双方当事人约定，应由本人实施的民事法律行为，不得代理，如订立遗嘱、婚姻登记、收养子女等。本人未亲自实施的，应当认定行为无效。

（二）代理的种类

1. 委托代理

委托代理是指代理人的代理权根据被代理人的委托授权行为而产生的代理。委托代理，可以用书面形式，也可以用口头形式。法律规定用书面形式的，应当用书面形式。书面委托代理的授权委托书应当载明代理人的姓名或者名称、代理事项、权限和期间，并由委托人签名或者盖章。委托书授权不明的，被代理人应当向第三人承担民事责任，代理人负连带责任。

2. 法定代理

法定代理是代理人根据法律直接规定的代理权而进行的代理。父母代理未成年的子女参加经济活动，就属于法定代理。法定代理关系中的被代理人只能是公民。无行为能力和限制行为能力的未成年人、精神病人，由于他们年龄、智力、健康等原因，自己不能独立地进行民事活动，法律就规定由他们的法定代理人代理他们参加民事活动。法定代理关系中的代理人可以是公民，也可以是法人。

3. 指定代理

指定代理，是指根据人民法院或有关单位的指定而产生代理权的代理。通常适用于以下两种情况：在民事诉讼中，当事人系无民事行为能力或限制民事行为能力人，并且没有法定代理人的；法定代理人之间互相推诿代理责任的，由法院指定其中一人为代理人。

（三）代理权的行使

代理权是整个代理关系的基础，代理人在行使代理权时，应遵循以下基本原则：

①代理权应在代理权限范围内行使，不得无权代理。

②代理人应亲自行使代理权，不得任意转托他人代理。

③代理人应积极行使代理权，并勤勉尽职、审慎周到。

④代理人不得滥用代理权。常见滥用代理权：代理人以被代理人的名义与自己进行民事活动；代理人代理双方或多方当事人进行民事活动；代理人与第三人恶意串通，损害代理人利益；代理人利用代理权进行违法活动或损害社会公共利益。

（四）代理权的终止

代理关系赖以产生的法律事实不同，代理关系终止的原因也有所不同。

委托代理终止：①代理期限届满或代理事务完成；②被代理人取消委托或代理人辞去委托；③代理人死亡；④代理人丧失民事行为能力；⑤作为被代理人或代理人的法人终止。

法定代理和指定代理终止：①被代理人已取得或恢复民事行为能力；②被代理人或代理人死亡；③代理人丧失民事行为能力；④指定代理的人民法院或者指定单位取消指定；⑤由其他原因引起的被代理人和代理人之间的监护关系消灭。

被代理人死亡后有下列情况之一的，委托代理人实施的代理行为有效：代理人不知道被代理人死亡的；被代理人的继承人均予承认的；被代理人与代理人约定代理事项完成时，代理权终止的；在被代理人死亡前已经进行，而在被代理人死亡后为了被代理人的继承人的利益继续完成的。

第三节 经济纠纷的解决途径

课程思政

两兄弟恪守诚信16年替父还清巨额债务

1995年，乔氏兄弟父亲患脑出血不幸去世，留下十余万元巨额债务，面对很多已无凭据的债务，年收入只有1 000余元的兄弟俩义无反顾地承担了还款的责任。兄弟二人省吃俭用、拼命挣钱，只要稍微攒点钱，还没有"焐热"，就及时上门偿还。经过长达16年的时间，全部还清了债务。兄弟二人坚守诚信、偿还父债的故事成为当地的美谈，先后获得"山西好人"、第七届山西省道德模范等荣誉，人们亲切地称他俩是"诚信守义两兄弟"。

一、经济纠纷的概念与解决途径

（一）经济纠纷的概念

经济纠纷是指市场经济主体之间因经济权利和经济义务的矛盾而引起的权益争议，包括平等主体之间涉及经济内容的纠纷和公民、法人或者其他组织作为行政管理相对人与行政机关之间因行政管理所发生的涉及经济内容的纠纷。经济纠纷有两大类：一是经济合同纠纷，如买卖合同纠纷等；二是经济侵权纠纷，如知识产权侵权纠纷、所有权侵权纠纷、经营权侵权纠纷等。在市场经济中，合同是平等的市场主体间确立交易关系，共同实施交易行为，追求和实现经济目的的法定和普遍形式，所以合同纠纷是经济纠纷的主要部分。

（二）经济纠纷的解决途径

在我国，解决经济纠纷的途径和方式主要有仲裁、诉讼。此外公民、法人或者其他组织认为行政机关的具体行为侵犯其合法权益的，还可申请行政复议。

二、仲裁

（一）仲裁的概念和特征

1. 仲裁的概念

仲裁是指由经济纠纷的各方当事人共同选定仲裁机构，对纠纷依法定程序做出具有约束力的裁决的活动。1994年8月31日第八届全国人大常委会第九次会议通过，1995年9月1日起施行，历经2009年、2017年两次修订的《中华人民共和国仲裁法》（以下简称《仲裁法》）是仲裁活动进行的基本法律依据。

2. 仲裁的特征

仲裁具有双方自愿协商为基础，自愿选择中立仲裁机构进行裁决，对双方具有约束力等特征。

（二）仲裁的适用范围

根据《仲裁法》规定，平等主体的公民、法人和其他组织之间发生合同纠纷和其他财产权益纠纷，可以仲裁。而关于婚姻、收养、监护、抚养、继承纠纷和依法应当由行政机关处理的行政争议则不能仲裁。劳动争议的仲裁、农业集体经济组织内部的农业承包合同纠纷的仲裁不适用《仲裁法》，不属于《仲裁法》所规定的仲裁范围，而由其他法律予以调整。

（三）仲裁的基本的原则

（1）自愿原则。当事人采用仲裁方式解决纠纷，应当双方自愿，达成仲裁协议。没有仲裁协议，一方申请仲裁的，仲裁委员会不予受理。

（2）以事实为根据，以法律为准绳，公平合理解决纠纷的原则。仲裁组织应当根据客观事实，以民事实体法和程序法作为做出仲裁裁决的标准。为了准确地认定事实，仲裁庭必须充分听取双方当事人的陈述、证人证言和鉴定人的鉴定意见，防止偏听偏信和主观臆断。

（3）仲裁组织依法独立行使仲裁权原则。仲裁由仲裁组织依法独立进行，不受任何行政机关、社会团体和个人的干涉。

（4）一裁终局原则。仲裁实行一裁终局的制度，裁决做出后，当事人就同一纠纷再申请仲裁或者向人民法院起诉的，仲裁委员会或者人民法院不予受理。但是裁决被人民法院依法裁定撤销或不予执行的，当事人可以重新达成仲裁协议申请仲裁，也可以向人民法院起诉。

（四） 仲裁机构

仲裁机构包括仲裁委员会和仲裁协会。

中国仲裁协会是仲裁委员会的自律性组织，根据由全国会员大会制定的章程对仲裁委员会及其组成人员、仲裁员的违纪行为进行监督。仲裁委员会是中国仲裁协会的会员。

仲裁委员会可以在直辖市的省、自治区人民政府所地的市设立，也可以根据需要在其他设区的市设立，不按行政区划层层设立。仲裁委员会独立于行政机关，与行政机关没有隶属关系。仲裁委员会之间也没有隶属关系。仲裁委员会的组成人员中，法律、经济贸易专家不得少于2/3。

（五） 仲裁协议

1. 仲裁协议的概念

仲裁协议是指双方当事人自愿把他们之间可能发生或者已经发生的经济纠纷提交仲裁机构裁决的书面约定，仲裁协议应当以书面形式订立。口头达成仲裁的意思表示无效。

2. 仲裁协议的内容

仲裁协议包括合同中约定的仲裁条款以及其他在纠纷发生前或者纠纷发生后书面达成的请求仲裁的协议。仲裁协议应当具有下列内容：①请求仲裁的意思表示；②仲裁事项；③选定的仲裁委员会。仲裁协议对仲裁事项或者仲裁委员会没有约定或者约定不明确的，当事人可以补充协议；达不成补充协议的仲裁协议无效。

3. 仲裁协议的效力

仲裁协议独立存在，合同的变更、解除、终止或者无效，不影响仲裁协议的效力。

仲裁庭有权确认合同的效力。当事人对仲裁协议的效力有异议的，可以请求仲裁委员会做出决定或者请求人民法院做出裁定。一方请求仲裁委员会做出决定，另一方请求人民法院做出裁定的，由人民法院裁定。当事人对仲裁协议的效力有异议，应当在仲裁庭首次开庭前提出。

（六） 仲裁程序

1. 申请和受理

当事人申请仲裁应当符合下列条件：一是有仲裁协议，即有当事人双方自愿把其之间的经济纠纷提交仲裁机构解决的书面约定，口头达成仲裁的意思无效。仲裁协议一经依法成立，即具有法律约束力。二是有具体的仲裁请求和事实、理由。三是属于仲裁委员会的受理范围。

《仲裁法》规定，仲裁不实行级别管辖和地域管辖，由当事人协议选定仲裁委员会。仲裁委员会收到仲裁申请书之日起5日内，认为符合受理条件的，应当受理，并通知当事人；认为不符合受理条件的，应当书面通知当事人不予受理，并说明理由。

当事人达成仲裁协议，一方向人民法院起诉。未声明有仲裁协议，人民法院受理后，另一方在首次开庭前提交仲裁协议的，人民法院应当驳回起诉，但仲裁协议无效的除外；另一方在首次开庭前未对人民法院受理该案提出异议的，视为放弃仲裁协议，人民法院应当继续审理。

2. 仲裁庭的组成

仲裁庭可以由 3 名仲裁员或者 1 名仲裁员组成。由 3 名仲裁员组成的，设首席仲裁员，当事人约定由 3 名仲裁员组成仲裁庭时，应当各自选定或者委托仲裁委员会主任指定 1 名仲裁员，第三名仲裁员由当事人共同选定或者共同委托仲裁委员会主任指定。第三名仲裁员是首席仲裁员。当事人约定由 1 名仲裁员成立仲裁庭的，应当由当事人共同选定或者共同委托仲裁委员会主任指定。当事人没有在仲裁规则规定的期限内约定仲裁庭的组成方式或者选定仲裁员的，由仲裁委员会主任指定。仲裁庭组成后，仲裁委员会应当将仲裁庭的组成情况书面通知当事人。

仲裁员有下列情形之一的，必须回避，当事人也有权提出回避申请：①是本案当事人或者当事人、代理人的近亲属；②与本案有利害关系；③与本案当事人、代理人有其他关系，可能影响公正仲裁的；④私自会见当事人、代理人，或者接受当事人、代理人请客送礼的。

3. 开庭和裁决

仲裁应当开庭进行。当事人协议不开庭的，仲裁庭可以根据仲裁申请书、答辩书以及其他材料做出裁决。仲裁不公开进行。当事人协议公开的，可以公开进行；涉及国家秘密的除外。

仲裁委员会应当在仲裁规则规定的期限内将开庭日期通知双方当事人。当事人有正当理由的，可以在仲裁规则规定的期限内请求延期开庭。是否延期，由仲裁庭决定。申请人经书面通知，无正当理由不到庭或者未经仲裁庭许可中途退庭的，可以视为撤回仲裁申请。被申请人经书面通知，无正当理由不到庭或者未经仲裁庭许可中途退庭的，可以缺席裁决。

当事人申请仲裁后，可以自行和解。达成和解协议的，可以请求仲裁庭根据和解协议做出裁决书，也可以撤回仲裁申请。当事人达成和解协议，撤回仲裁申请后反悔的，可以根据仲裁协议重新申请仲裁。仲裁庭在做出裁决前，可以先行调解。当事人自愿调解的，仲裁庭应当调解。调解不成的，应当及时做出裁决。调解达成协议的，仲裁庭应当制作调解书或者根据协议的结果制作裁决书。调解书与裁决书具有同等法律效力。

仲裁庭的裁决应当按照多数仲裁员的意见做出，少数仲裁员的不同意见可以记入笔录。仲裁庭不能形成多数意见时，裁决应当按照首席仲裁员的意见做出。仲裁庭仲裁纠纷时，其中一部分事实已经清楚，可以就这部分先行做出裁决。裁决自做出之日起发生法律效力。

当事人应当履行裁决。一方当事人不履行的，另一方当事人可以依照《中华人民共和国民事诉讼法》的有关规定向人民法院申请执行。受理申请的人民法院应当执行。

三、诉讼

诉讼是指国家审判机关即人民法院依法律规定，在当事人和其他诉讼参与人的参加下，依法解决诉争的活动。诉讼包括民事诉讼和行政诉讼。

（一）民事诉讼

经济活动主要是民事诉讼。当一切公民、法人或者其他组织认为其民事权益受到损害或者与他人发生争议时，可向人民法院提起民事诉讼，请求人民法院依法审判，给予法律保护，其法律依据是 1991 年 4 月 9 日第七届全国人大第四次会议通过，历经 2007 年、2012 年、2017 年三次修订的《中华人民共和国民事诉讼法》（以下简称《民事诉讼法》）。

1. 民事诉讼的适用范围

（1）民事案件。因民法、婚姻法、收养法、继承法等调整的平等主体之间的财产关系和人身关系发生的民事案件，如合同纠纷、房产纠纷、侵害名誉权纠纷等案件。

（2）劳动争议案件。因经济法、劳动法调整的社会关系发生的争议，法律规定适用民事诉讼程序审理的案件，如企业破产案件、劳动合同纠纷案件等。

（3）法律规定人民法院适用民事诉讼法审理的非讼案件。因适用特别程序审理的选民资格案件和宣告公民失踪、死亡等非诉案件；按照督促程序解决的债务案件；按照公示催告程序解决的宣告票据和有关事项无效的案件。

（4）商事案件。由商法调整的商事关系引起的诉讼。如票据案件、股东权益纠纷案件、保险合同纠纷案件等。

2. 审判组织与审判制度

（1）审判组织

人民法院审理第一审民事案件，由审判员、陪审员共同组成合议庭或者由审判员组成合议庭。合议庭的成员人数，必须是单数。适用简易程序审理的民事案件，由审判员一人独任审理。人民法院审理的第二审民事案件，由审判员组成合议庭。

（2）审判制度

①合议制度。是指由 3 名以上审判人员组成审判组织，代表人民法院行使审判权，对案件进行审理并做出裁判的制度。合议制度是相对于独任制度而言的，后者是指由 1 名审判员独立地对案件进行审理和裁判的制度。人民法院审理的第一审案件，除适用简易程序审理的民事案件由审判员一人独任审理外，一律由审判员、陪审员共同组成合议庭或者由审判员组成合议庭。合议庭的成员人数，必须是单数。陪审员在执行陪审职务时，与审判员有同等权利义务。合议庭评议案件，实行少数服从多数原则。评议应当制作笔录，由合

议庭成员签名。评议中的不同意见，必须如实记入笔录。

②回避制度。是指承办人员遇有法律规定的情形时，退出对某一案件的审理或诉讼活动的制度。法律规定，审判人员、书记员、翻译人员、鉴定人、勘验人，若与本案有利害关系或者有其他关系，可能影响对案件公正审理时，当事人有权申请回避。

③公开审判制度。是指人民法院的审判活动依法向社会公开的制度。法律规定，人民法院公开审理民事和行政案件，但涉及国家秘密、个人隐私或者法律另有规定的除外。公开审理案件，应当在开庭前公告当事人姓名、案由和开庭时间、地点，以便群众旁听。不论案件是否公开审理，一律公开宣告判决。

④两审终审制度。是指一个诉讼案件经过两级人民法院审理即终结的制度。根据《中华人民共和国人民法院组织法》，我国人民法院分为四级：最高人民法院、高级人民法院、中级人民法院、基层人民法院。除最高人民法院外，其他各级人民法院都有自己的上一级人民法院。按照两审终审制，一个案件经第一审人民法院审判后，当事人如果不服，有权在法定期限内向上一级人民法院提起上诉，由该上一级人民法院进行第二审。二审法院做出的判决、裁定为终审的判决和裁定，当事人不得再行上诉。根据《民事诉讼法》的规定，两审终审制度的例外有：适用特别程序、督促程序、公示催告程序和简易程序中的小额诉讼程序审理的案件，实行一审终审；最高人民法院所做的一审判决、裁定，为终审判决、裁定。对终审判决、裁定，当事人不得再行上诉。如果发现终审裁判确有错误，可以通过审判监督程序予以纠正。

3. 民事诉讼管辖

诉讼管辖是指各级人民法院之间以及不同地区的同级人民法院之间，受理第一审民事案件、经济纠纷案件的职权范围和具体分工。管辖可以按照不同标准做多种分类，其中最重要、最常用的是级别管辖和地域管辖。

（1）级别管辖

级别管辖是根据案件性质、案情繁简、影响范围来确定上下级法院受理第一审案件的分工和权限。我国人民法院分为基层人民法院、中级人民法院、高级人民法院和最高人民法院四级。此外还有专门法院。包括军事法院、海事法院和铁路运输法院。

（2）地域管辖

各级人民法院的辖区和各级行政区划是一致的。按照人民法院的辖区，确定同级法院之间受理第一审案件的分工和权限，称地域管辖。又分为一般地域管辖和特殊地域管辖。

①一般地域管辖。一般地域管辖是按照当事人的所在地划分案件管辖法院的，也叫普通管辖。通常实行"原告就被告"原则，即由被告住所地人民法院管辖。

②特殊地域管辖。特殊地域管辖是以诉讼标的所在地或者引起法律关系发生、变更、消灭的法律事实所在地为标准划分管辖法院，也属特别管辖。如《民事诉讼法》规定：

A. 因合同纠纷提起的诉讼，由被告住所地或者合同履行地法院管辖；B. 因保险合同纠纷提起的诉讼，由被告住所地或者保险标的物所在地法院管辖；C. 因票据纠纷提起的诉讼，由票据支付地或被告住所地法院管辖；D. 因公司设立、确认股东资格、分配利润、解散等纠纷提起的诉讼，由公司所在地人民法院管辖；E. 因铁路、公路、水上、航空运输和联合运输合同纠纷提起的诉讼，由运输始发地、目的地或被告住所地的法院管辖；F. 因侵权行为提起的诉讼，由侵权行为地或被告住所地法院管辖；G. 因铁路、公路、水上和航空事故请求损害赔偿提起的诉讼，由事故发生地或者车辆、船舶最先到达地、航空器最先降落地或者被告住所地法院管辖；H. 因船舶碰撞或者其他海损事故请求损害赔偿提起的诉讼，由碰撞发生地、受碰撞船舶最先到达地、肇事船舶被扣留地或被告住所地法院管辖；I. 因海难救助费用提起的诉讼，由救助地或被救助船舶最先到达地法院管辖；J. 因共同海损提起的诉讼，由船舶最先到达地、共同海损理算地或航程终止地法院管辖。

③专属管辖。专属管辖是指法律强制规定某类案件必须由特定的人民法院管辖，其他人民法院无权管辖，当事人也不得协议变更的管辖。专属管辖的案件主要有三类：A. 因不动产纠纷提起的诉讼，由不动产所在地人民法院管辖；B. 因港口作业中发生纠纷提起的诉讼，由港口所在地人民法院管辖；C. 因继承遗产纠纷提起的诉讼，由被继承人死亡时住所地或者主要遗产所在地人民法院管辖。

④协议管辖。协议管辖又称合意管辖或者约定管辖，是指双方当事人在合同纠纷或者其他财产权益纠纷发生之前或发生之后，以协议的方式选择解决他们之间纠纷的管辖人民法院。合同或者其他财产权益纠纷的当事人可以书面协议选择被告住所地、合同履行地、合同签订地、原告住所地、标的物所在地等与争议有实际联系的地点的人民法院管辖，但不得违反《民事诉讼法》对级别管辖和专属管辖的规定。

⑤两个以上人民法院都有管辖权时管辖的确定（共同管辖和选择管辖）。两个以上人民法院都有管辖权（共同管辖）的诉讼，原告可以向其中一个人民法院起诉（选择管辖）；原告向两个以上有管辖权的人民法院起诉的，由最先立案的人民法院管辖。

4. 诉讼时效

（1）诉讼时效的概念

诉讼时效是指民事权利受到侵害的权利人在法定的时效期间内不行使权利，当时效期间届满时，义务人获得诉讼时效抗辩权。在法律规定的诉讼时效期间内，权利人提出请求的，人民法院就强制义务人履行所承担的义务；而在法定的诉讼时效期间届满之后，权利人行使请求权的，人民法院就不再予以保护。

诉讼时效期间届满，权利人丧失的是胜诉权，即丧失依诉讼程序强制义务人履行义务的权利；权利人的实体权利并不消灭，债务人自愿履行的，不受诉讼时效限制。

诉讼时效的期间、计算方法以及中止、中断的事由由法律规定，当事人约定无效。

（2）诉讼时效期间的具体规定

①普通诉讼时效期间。根据《中华人民共和国民法典》规定，向人民法院请求保护民事权利的诉讼时效期间为 3 年。法律另有规定的，依照其规定。

②最长诉讼时效期间。诉讼时效期间自权利人知道或者应当知道权利受到损害以及义务人之日起计算。法律另有规定的，依照其规定。但是自权利受到损害之日起超过 20 年，人民法院不予保护；有特殊情况的，人民法院可以根据权利人的申请决定延长。

（3）诉讼时效期间的中止

在诉讼时效期间的最后 6 个月内，因下列障碍，不能行使请求权的，诉讼时效中止：①不可抗力；②无民事行为能力人或者限制民事行为能力人没有法定代理人，或者法定代理人死亡、丧失民事行为能力、丧失代理权；③继承开始后未确定继承人或者遗产管理人；④权利人被义务人或者其他人控制；⑤其他导致权利人不能行使请求权的障碍。

自中止时效的原因消除之日起满 6 个月，诉讼时效期间届满。

（4）诉讼时效的中断

有下列情形之一的，诉讼时效中断，从中断、有关程序终结时起，诉讼时效期间重新计算：①权利人向义务人提出履行请求的；②义务人同意履行义务的；③权利人提起诉讼或者申请仲裁的；④与提起诉讼或者申请仲裁具有同等效力的其他情形。

（5）不适用诉讼时效的情形

①请求停止侵害、排除妨碍、消除危险；②不动产物权和登记的动产物权的权利人请求返还财产；③请求支付抚养费、赡养费或者扶养费；④依法不适用诉讼时效的其他请求权。

5. 判决和执行

（1）调解

人民法院审理民事案件可根据当事人自愿的原则进行调解。当事人一方或者双方坚持不愿调解的，应当及时裁判。适用特别程序、督促程序、公示催告程序的案件，婚姻等身份关系确认案件以及其他根据案件性质不能调解的案件，不得调解。

除特别情况外，调解达成协议，人民法院应当制作调解书。调解书应当写明诉讼请求、案件的事实和调解结果。调解书由审判人员和书记员署名，加盖人民法院印章，送达双方当事人。调解书经双方当事人签收后，即具有法律效力。

（2）审判程序

我国实行两审终审制度，审判程序包括第一审普通程序、第二审程序、审判监督程序。一般民事案件经过第一审程序、第二审程序即告诉程序完毕。

①第一审普通程序

起诉和受理。当公民、法人或者其他组织认为其民事权益受到损害或者与他人发生争议或者认为行政机关和行政机关工作人具体行政行为侵犯其合法权益时，均有权依照法律向人民法院提起诉讼，请求人民法院依法审判，给予法律保护。

起诉应当向人民法院递交起诉状。人民法院收到起诉状,经审查,认为符合起诉条件的,应当在 7 日内立案,并通知当事人;认为不符合条件的,应当在 7 日内裁定不予受理;原告对裁定不服的,可以提起上诉。

审理前的准备。人民法院应当在立案之日起 5 日内将起诉状副本发送被告,被告在规定期限内提出答辩状副本发送原告,人民法院应当在收到答辩状之日起 5 日内将答辩状副本发送原告。被告不提出答辩状的,不影响人民法院审理。在审理之前,人民法院应当组成审判组织——合议庭。

开庭审理。开庭审理分四个阶段:准备阶段、法庭调查、法庭辩论、宣告判决。人民法院对公开审理或者不公开审理的案件,一律公开宣告判决。

基层人民法院和其派出的法庭审理事实清楚、权利义务关系明确、争议不大的简单的民事案件,可以适用简易程序。

②第二审程序

当事人不服地方人民法院第一审判决的,有权在判决书送达之日起 15 日内向上一级人民法院提起上诉。第二审人民法院的判决,是终审的判决。

③审判监督程序

审判监督程序,又称"再审程序"。是指有审判监督权的人员的机关对已发生法律效力的判决、裁定,发现确有错误,依职权提起再审的特殊诉讼程序。

(3) 执行

发生法律效力的民事判决、裁定,当事人必须履行。一方拒绝履行的,对方当事人可以向人民法院申请执行,也可以由审判员移送执行员执行。

调解书和其他应当由人民法院执行的法律文书,当事人必须履行。一方拒绝履行的,对方当事人可以向人民法院申请执行。

对于发生法律效力的民事判决、裁定以及刑事判决、裁定中的财产部分,由第一审法院或者与第一审人民法院同级的被执行的财产所在地人民法院执行;法律规定由人民法院执行的其他法律文书,则由被执行人住所地或者被执行的财产所在地人民法院执行。

(二)行政诉讼

行政诉讼,是指公民、法人或者其他组织认为行使国家行政权的机关和组织及其工作人员所实施的具体行政行为,侵犯了其合法权利,依法向人民法院起诉,人民法院在当事人及其他诉讼参与人的参加下,依法对被诉具体行政行为进行审查并做出裁判,从而解决行政争议的制度。1989 年 4 月 4 日由第七届全国人民代表大会第二次会议通过,历经 2014 年、2017 年修正的《中华人民共和国行政诉讼法》(以下简称《行政诉讼法》)是行政诉讼的法律依据。

1. 行政诉讼的适用范围

行政处罚、行政强制措施、行政征收、行政许可、行政给付等 12 类侵犯相对人人身权和财产权的具体行政行为属于行政诉讼的受案范围。

（1）对行政拘留、暂扣或吊销许可证和执照、责令停产停业、没收违法所得、没收非法财物、罚款、警告等行政处罚不服的；

（2）对限制人身自由或者对财产的查封、扣押、冻结等行政强制措施和行政强制执行不服的；

（3）申请行政许可，行政机关拒绝或者在法定期限内不予答复，或者对行政机关做出的有关行政许可的其他决定不服的；

（4）对行政机关做出的关于确认土地、矿藏、水流、森林、山岭、草原、荒地、滩涂、海域等自然资源的所有权或者使用权的决定不服的；

（5）对征收、征用决定及其补偿决定不服的；

（6）申请行政机关履行保护人身权、财产权等合法权益的法定职责，行政机关拒绝履行或者不予答复的；

（7）认为行政机关侵犯其经营自主权或者农村土地承包经营权、农村土地经营权的；

（8）认为行政机关滥用行政权力排除或者限制竞争的；

（9）认为行政机关违法集资、摊派费用或者违法要求履行其他义务的；

（10）认为行政机关没有依法支付抚恤金、最低生活保障待遇或者社会保险待遇的；

（11）认为行政机关不依法履行、未按照约定履行或者违法变更、解除政府特许经营协议、土地房屋征收补偿协议的；

（12）认为行政机关侵犯其他人身权、财产权等合法权益的。

除上述规定外，法院受理法律、法规规定可以提起诉讼的其他行政案件。

法院不受理公民、法人或者其他组织对下列事项提起的诉讼：①国防、外交等国家行为；②行政法规、规章或者行政机关制定、发布的具有普遍约束力的决定、命令；③行政机关对行政机关工作人员的奖惩、任免等决定；④法律规定由行政机关最终裁决的具体行政行为。

2. 行政诉讼管辖

行政诉讼的管辖是指人民法院之间受理第一审行政案件的分工。

（1）级别管辖

级别管辖是指按照法院的组织系统来划分上下级人民法院之间受理第一审案件的分工和权限。基层人民法院管辖第一审行政案件。中级人民法院管辖下列第一审行政案件：①对国务院部门或者县级以上地方人民政府所做的行政行为提起诉讼的案件；②海关处理的案件；③本辖区内重大、复杂的案件；④其他法律规定由中级人民法院管辖的案件。

（2）地域管辖

行政案件由最初做出具体行政行为的行政机关所在地人民法院管辖。经复议的案件，复议机关改变原具体行政行为的，也可以由复议机关所在地人民法院管辖。

经最高人民法院批准，高级人民法院可以根据审判工作的实际情况，确定若干人民法院跨行政区域管辖行政案件。

对限制人身自由的行政强制措施不服提起的诉讼，由被告所在地或者原告所在地人民法院管辖。

因不动产提起的行政诉讼，由不动产所在地人民法院管辖。

3. 起诉和受理

对属于人民法院受案范围的行政案件，公民、法人或者其他组织可以先向行政机关申请复议，对复议决定不服的，再向人民法院提起诉讼；也可以直接向人民法院提起诉讼。法律、法规规定应当先向行政机关申请复议，对复议决定不服再向人民法院提起诉讼的，依照法律、法规的规定。

公民、法人或者其他组织不服复议决定的，可以在收到复议决定书之日起 15 日内向人民法院提起诉讼。复议机关逾期不做决定的，申请人可以在复议期满之日起 15 日内向人民法院提起诉讼。法律另有规定的除外。

公民、法人或者其他组织直接向人民法院提起诉讼的，应当自知道或者应当知道做出行政行为之日起 6 个月内提出。法律另有规定的除外。因不动产提起诉讼的案件自行政行为做出之日起超过 20 年，其他案件自行政行为做出之日起超过 5 年提起诉讼的，人民法院不予受理。公民、法人或者其他组织申请行政机关履行保护其人身权、财产权等合法权益的法定职责，行政机关在接到申请之日起 2 个月内不履行的，公民、法人或者其他组织可以向人民法院提起诉讼。法律、法规对行政机关履行职责的期限另有规定的，从其规定。

公民、法人或者其他组织在紧急情况下请求行政机关履行保护其人身权、财产权等合法权益的法定职责，行政机关不履行的，提起诉讼不受前款规定期限的限制。公民、法人或者其他组织因不可抗力或者其他不属于其自身的原因耽误起诉期限的，被耽误的时间不计算在起诉期限内。公民、法人或者其他组织因前款规定以外的其他特殊情况耽误起诉期限的，在障碍消除之日起 10 日内，可以申请延长期限，是否准许由人民法院决定。

人民法院在接到起诉状时对符合本法规定的起诉条件的，应当登记立案。对于当场不能判定是否符合本法规定的起诉条件的，应当接收起诉状，出具注明收到日期的书面凭证，并在 7 日内决定是否立案。不符合起诉条件的，做出不予立案的裁定。裁定书应当载明不予立案的理由。原告对裁定不服的，可以提起上诉。

起诉状内容欠缺或者有其他错误的，应当给予指导和释明，并一次性告知当事人需要补正的内容。不得未经指导和释明即以起诉不符合条件为由不接收起诉状。对于不接收起诉状或接收起诉状后不出具书面凭证，以及不一次性告知当事人需要补正的起诉状内容的，当事人可以向上级人民法院投诉，上级人民法院应当责令改正，并对直接负责的主管人员和其他直接责任人员依法给予处分。

公民、法人或者其他组织认为行政行为所依据的国务院部门和地方人民政府及其部门制定的规范性文件不合法，在对行政行为提起诉讼时，可以一并请求对该规范性文件进行审查。

4. 审理与判决

（1）审理

人民法院公开审理行政案件，但涉及国家秘密、个人隐私和法律另有规定的除外。涉及商业秘密的案件，当事人申请不公开审理的，可以不公开审理。

当事人认为审判人员与本案有利害关系或者有其他关系可能影响公正审判，有权申请审判人员回避。审判人员认为自己与本案有利害关系或者有其他关系，应当申请回避。前两款规定，适用于书记员、翻译人员、鉴定人、勘验人。院长担任审判长时的回避，由审判委员会决定；审判人员的回避，由院长决定；其他人员的回避，由审判长决定。当事人对决定不服的，可以申请复议一次。

诉讼期间，不停止行政行为的执行。但有下列情形之一的，裁定停止执行：被告认为需要停止执行的；原告或者利害关系人申请停止执行，人民法院认为该行政行为的执行会造成难以弥补的损失，并且停止执行不损害国家利益、社会公共利益的；人民法院认为该行政行为的执行会给国家利益、社会公共利益造成重大损害的；法律、法规规定停止执行的。

当事人对停止执行或者不停止执行的裁定不服的，可以申请复议一次。

人民法院对起诉行政机关没有依法支付抚恤金、最低生活保障金和工伤、医疗社会保险金的案件，权利义务关系明确、不予以执行将严重影响原告生活的，可以根据原告的申请，裁定予以执行。

人民法院审理行政案件，不适用调解。但是，行政赔偿、补偿以及行政机关行使法律、法规规定的自由裁量权的案件可以调解。调解应当遵循自愿、合法原则，不得损害国家利益、社会公共利益和他人合法权益。

人民法院审理行政案件，应当以法律、行政法规和地方性法规为依据。地方性法规适用于本行政区域内发生的行政案件。人民法院审理民族自治地方的行政案件，并以该民族自治地方的自治条例和单行条例为依据。

（2）判决

人民法院应当在立案之日起5日内，将起诉状副本发送被告。被告应当在收到起诉状副本之日起15日内向人民法院提交做出行政行为的证据和所依据的规范性文件，并提出答辩状。人民法院应当在收到答辩状之日起5日内，将答辩状副本发送原告。被告不提出答辩状的，不影响人民法院审理。

人民法院审理行政案件，由审判员组成合议庭，或者由审判员、陪审员组成合议庭。合议庭的成员，应当是三人以上的单数。

人民法院对公开审理和不公开审理的案件，一律公开宣告判决。当庭宣判的，应当在 10 日内发送判决书；定期宣判的，宣判后立即发给判决书。宣告判决时，必须告知当事人上诉权利、上诉期限和上诉的人民法院。人民法院应当在立案之日起 1 个月内做出第一审判决。有特殊情况需要延长的，由高级人民法院批准，高级人民法院审理第一审案件需要延长的，由最高人民法院批准。

四、行政复议

行政复议是指公民、法人或者其他组织认为行政机关所做出的具体行政行为侵犯其合法权益，依法向具有法定权限的行政机关申请行政复议，由复议机关依法对被申请行政行为合法性和合理性进行审查并做出决定的活动和制度。行政复议是行政机关实施的被动行政行为，它兼具行政监督、行政救济和行政司法行为的特征和属性。1999 年 4 月 29 日第九届全国人大常委会第九次会议通过，2009 年和 2017 年两次修订的《中华人民共和国行政复议法》（以下简称《行政复议法》）和 2007 年 5 月 29 日国务院发布《中华人民共和国行政复议法实施条例》是行政复议活动进行的基本法律依据。

（一）行政复议的范围

凡是可以提起行政诉讼的行政争议案件，都可以申请行政复议；不能提起行政诉讼的行政争议，只要单行法律、法规规定可以申请行政复议的，公民、法人或者其他组织就可以申请行政复议。下列为可以申请行政复议的事项：

（1）对行政机关做出的警告、罚款、没收违法所得、没收非法财物、责令停产停业、暂扣或者吊销许可证、暂扣或者吊销执照、行政拘留等行政处罚决定不服的；

（2）对行政机关做出的限制人身自由或者查封、扣押、冻结财产等行政强制措施决定不服的；

（3）对行政机关做出的有关许可证、执照、资质证、资格证等证书变更、中止、撤销的决定不服的；

（4）对行政机关做出的关于确认土地、矿藏、水流、森林、山岭、草原、荒地、滩涂、海域等自然资源的所有权或者使用权的决定不服的；

（5）认为行政机关侵犯合法的经营自主权的；

（6）认为行政机关变更或者废止农业承包合同，侵犯其合法权益的；

（7）认为行政机关违法集资、征收财物、摊派费用或者违法要求履行其他义务的；

（8）认为符合法定条件，申请行政机关颁发许可证、执照、资质证、资格证等证书，或者申请行政机关审批、登记有关事项，行政机关没有依法办理的；

（9）申请行政机关履行保护人身权利、财产权利、受教育权利的法定职责，行政机关没有依法履行的；

（10）申请行政机关依法发放抚恤金、社会保险金或者最低生活保障费，行政机关没有依法发放的；

（11）认为行政机关的其他具体行政行为侵犯其合法权益的。

公民、法人或者其他组织认为行政机关的具体行政行为所依据的下列规定不合法，在对具体行政行为申请行政复议时，可以一并向行政复议机关提出对该规定的审查申请：①国务院部门的规定；②县级以上地方各级人民政府及其工作部门的规定；③乡、镇人民政府的规定。前面所列规定不含国务院部、委员会规章和地方人民政府规章。规章的审查依照法律、行政法规办理。

下列事项不属于行政复议受理的范围：不服行政机关做出的行政处分或其他人事处理决定的，依照有关法律、行政法规的规定提出申诉，不能申请行政复议；不服行政机关对民事纠纷做出的调解或其他处理，依法申请仲裁或向人民法院提起诉讼，不能申请行政复议。

（二）行政复议参加人和行政复议机关

1. 行政复议参加人

行政复议参加人，是指行政复议当事人以及与行政复议当事人法律地位相类似的人，包括申请人、被申请人、第三人以及行政复议代理人。

申请行政复议的公民、法人或者其他组织是申请人，做出具体行政行为的行政机关是被申请人。同申请行政复议的具体行政行为有利害关系的其他公民、法人或者其他组织，可以作为第三人参加行政复议。

行政复议当事人，即因发生行政争议，为保护自己的合法权益，依法以自己的名义参加行政复议，并受行政机关复议决定约束的组织或个人。复议当事人通常指申请人和被申请人，在某些情况下，还包括复议中的第三人。

与行政复议当事人法律地位相类似的人，包括法定代理人、法定代表人和委托代理人。

2. 行政复议机关

行政复议机关，是指依照法律的规定，有权受理复议申请，依法对具体行政行为进行审查并做出裁决的行政机关。

行政复议机构是有复议权的行政机关内部设立的一种专门负责复议案件受理、审查和裁决工作的办事机构。行政复议机构的职责。包括：

（1）对县级以上地方各级人民政府工作部门的具体行政行为不服的，由申请人选择，可以向该部门的本级人民政府申请行政复议，也可以向上一级主管部门申请行政复议。

对海关、金融、国税、外汇管理等实行垂直领导的行政机关和国家安全机关的具体行政行为不服的，向上一级主管部门申请行政复议。

（2）对地方各级人民政府的具体行政行为不服的，向上一级人民政府申请行政复议。对省、自治区人民政府依法设立的派出机关所属的县级地方人民政府的具体行政行为不服的，向该派出机关申请行政复议。

（3）对国务院部门或者省、自治区、直辖市人民政府的具体行政行为不服的，向做出该具体行政行为的国务院部门或者省、自治区、直辖市人民政府申请行政复议。对行政复议决定不服的，可以向人民法院提起行政诉讼；也可以向国务院申请裁决，国务院依照《行政复议法》的规定做出最终裁决。

（三）行政复议程序

1. 申请和受理

（1）申请

行政复议是依申请行为。它以行政相对人主动提起为前提，即相对人不提出申请，行政复议机关不能主动管辖。行政复议申请人应自知道行政机关的具体行政行为侵犯其合法权益之日起60日内申请行政复议。因不可抗力或其他正当理由耽误法定申请期限的，申请期限自障碍消除之日起继续计算。申请行政复议可以书面申请，也可以口头申请；口头申请的行政复议机关应当场记录申请人基本情况，行政复议请求，申请行政复议的主要事实、理由和时间。

（2）受理

相关行政复议机构在收到复议申请后，应在5个工作日内决定是否受理，对于决定受理的，收到复议申请书之日即为受理之日。

行政复议机关受理行政复议申请，不得向申请人收取任何费用。

2. 审理与决定

根据《行政复议法》的规定，复议机关既有权审查具体行政行为的合法性，也有权审查其适当性。

行政复议原则上采取书面审查的办法，但是申请人提出要求或者行政复议机关负责法制工作的机构认为有必要时，可以向有关组织和人员调查情况，听取申请人、被申请人和第三人的意见。书面审理是复议机关审理复议案件的基本形式。

复议机关审理复议案件只能依据法律、行政法规、地方性法规、行政规章、自治条例、单行条例及上级行政机关依法制定的具有普遍约束力的非立法性的规范性文件。

《行政复议法》在确立复议期间具体行政行为不停止执行原则的同时，也规定了该原则的例外：①被申请人认为需要停止执行的，可以依职权决定停止具体行政行为的执行。②复议机关认为需要停止执行的。③申请人申请停止执行，复议机关认为其要求合理，决定停止执行的。④法律规定停止执行的。

行政复议机关应当自受理申请之日起60日内做出行政复议决定；但是法律规定的行政复议期限少于60日的除外。情况复杂，不能在规定期限内做出行政复议决定的，经行政复议机关的负责人批准，可以适当延长，并告知申请人和被申请人；但是，延长期限最多不超过30日。

复议机关通过审理复议案件，最后做出决定。根据《行政复议法》的规定，复议决定有以下四种：①维持决定。②履行决定。履行决定是指复议机关责令被申请人履行某种法定职责的决定。③撤销、变更或确认违法决定。撤销、变更或确认具体行政行为违法决定是指复议机关做出的撤销或者变更具体行政行为，或者确认具体行政行为违法的决定。具体行政行为有下列情形之一的，复议机关可以决定撤销、变更或确认具体行政行为违法：A. 主要事实不清，证据不足。B. 适用依据错误的。C. 违反法定程序的。D. 超越或滥用职权的。E. 具体行政行为明显不当的。④赔偿决定。被申请人做出的具体行政行为如果侵犯了申请人的合法权益造成损害，申请人请求赔偿，复议机关应当依照《中华人民共和国国家赔偿法》的有关规定，在做出撤销、变更或确认具体行政行为违法的决定的同时，做出被申请人依法赔偿。

行政复议的举证责任，由被申请人承担。

3. 送达与执行

行政复议机关做出行政复议决定，应当制作行政复议决定书，并加盖印章。行政复议决定书一经送达，即发生法律效力。

行政复议决定生效后，双方当事人应该自觉履行。当被申请人不执行或者无正当理由拖延执行行政复议决定的，做出复议决定的机关或者有关上级行政机关应当责令其限期履行。当申请人不履行终局的复议决定，或者逾期不起诉又不履行复议决定的，则根据复议决定内容的不同而采用不同的措施：①如果复议机关做出的是维持具体行政行为的复议决定的，则由原做出具体行政行为的行政机关依法强制执行，或者申请人民法院强制执行。②如果复议机关做出的是变更具体行政行为的复议决定的，则由复议机关依法强制执行，或者申请人民法院强制执行。

第四节　经济法律责任

> **课程思政**
>
> **大锤砸出名牌**
>
> 2009年3月27日海尔1985年砸毁76台不合格冰箱的大锤被中国国家博物馆正式收藏为国家文物。
>
> 海尔创立于1984年，当时是一个亏空147万元的集体小厂，"砸冰箱"的故事就发生在1985年。那年12月的一天，张瑞敏收到一封用户来信，反映工厂生产的电冰箱有质量问题。张瑞敏带领管理人员检查了仓库，发现仓库的400多台冰箱中有76台不合格。张瑞敏召集全体员工到仓库开现场会，问大家怎么办。当时工厂刚刚处于起步阶段，面对当时的现状，多数人提出：这些冰箱是外观划伤，并不影响使用，建

议作为福利便宜点儿卖给内部职工。在现场，张瑞敏说："我要是允许把这76台冰箱卖了，就等于允许明天再生产760台、7 600台这样的不合格冰箱。放行这些有缺陷的产品，就谈不上质量意识。"他宣布，要把这些不合格的冰箱全部砸掉，谁干的谁来砸，并抡起大锤亲手砸了第一锤。

砸冰箱这一举动唤醒了海尔人的质量意识，砸出了海尔人"要么不干，要干就干到最好"的海尔精神。3年以后，在1988年的全国冰箱评比中，海尔冰箱以最高分获得中国电冰箱史上的第一枚金牌。在海尔的发展中，质量始终是海尔品牌的根本。中国国家博物馆的相关人员评价说：这把砸毁不合格冰箱的"海尔大锤"虽然不会说话，但是它活生生地反映了在那个时代里中国企业、中国企业家抓质量的历史，为后来的企业、行业都树立了典范，是一个划时代的文物。

一、经济法律责任的概念和特征

1. 概念

法律责任是由特定法律事实所引起的对损害予以补偿、强制履行或接受惩罚的特殊义务，亦即由于违反第一性义务而引起的第二性义务。法律责任分为：刑事法律责任、民事法律责任、行政法律责任、违宪法律责任、国家赔偿责任。经济法律责任是指由经济法规定，经济法主体违反法定经济义务时必须承担的法律后果。

2. 特征

经济法律责任具备法律责任的一般特征，同时又有其特殊表现：一是经济法律责任是一种单向的、非对等的法律义务，具有单向性。从法律上讲，权利和义务是对等的，义务和义务也是对等的，但经济法律责任只是违法主体的单向义务，不存在对等性。二是经济法律责任是因经济法主体的违法行为所引起的因果性、后续性义务，具有因果性。三是经济法律责任是在国家进行宏观调控和经济管理过程中产生的经济义务，具有经济性。

二、承担经济法律责任的一般条件

1. 主体必须有经济违法行为存在

经济违法行为不仅是产生经济法律责任的前提，也是承担经济法律责任的必备条件。经济法主体的违法行为既包括违反法定经济义务的行为，如偷税、抗税等，也包括不正确地行使权利的行为，如错误吊销营业执照、擅自减免税款等；既包括作为的违法行为，如私设金融机构、诈骗贷款等，又包括不作为的经济违法行为，如玩忽职守等。

2. 主体的违法行为必须给国家、社会或个人造成损害的事实

经济法律责任既是一种经济责任，又是一种社会责任。经济法律责任从本质上讲具有经济性，但从实现方式来看未必都具有经济性。

3. 主体的经济违法行为与损害事实之间存在因果关系

主体要承担经济法律责任，不仅要有经济违法行为和损害事实，而且要求经济违法行为与损害事实之间必须具有内在的、必然的引起和被引起的关系。

4. 主体在主观上必须具有故意或者过失

主体承担经济法律责任，不仅要具备客观方面的条件，还必须同时具备主观方面的条件，即要具备法定的故意或者过失的主观因素。当然也有个别的经济违法行为，实行无过错责任原则，但这是特殊原则，并以法定为限。如国家机关及其工作人员在执行经济管理职权过程中，侵犯相对主体的经济权利时，应承担经济法律责任，而不论其主观上有无过错及其内容。

三、经济法律责任的形式

经济法主体违反经济法律法规依法应承担的法律后果，它包括民事责任形式、行政责任形式、刑事责任形式。

（一）民事责任

经济法主体违反经济法律法规依法应承担的民事法律后果。主要包括停止侵害、排除妨碍、消除危险、返还财产、恢复原状、修理、重作、更换、继续履行、赔偿损失、支付违约金、消除影响恢复名誉、赔礼道歉等方式。上述承担民事责任的方式，可以单独适用，也可以合并适用。

（二）行政责任

行政责任是指经济法主体违反经济法律法规依法应承担的行政法律后果，包括行政处罚和行政处分。

行政责任是指因违反行政法或因行政法规定而应承担的法律责任，行政法律规范要求国家行政机关及其公务人员在行政活动中履行和承担的义务。可分为惩罚性行政责任、强制性行政责任和补救性行政责任；也可分为人身自由罚（行政拘留）、行为罚（责令停产停业、吊销暂扣许可证和执照）、财产罚（罚款、没收财物）和声誉罚（警告）等多种形式。

行政处罚的具体种类有：警告、罚款、没收违法所得、没收非法财物、责令停产停业、暂扣或者吊销许可证、暂扣或者吊销执照、行政拘留、法律与行政法规规定的其他行政处罚。

行政处分是指对违反法律规定的国家机关工作人员或被授权、委托的执法人员所实施的内部制裁措施。主要有警告、记过、记大过、降级、撤职、开除六类。

（三）刑事责任

刑事责任是指犯罪人因实施犯罪行为应当承担的法律责任，按刑事法律的规定追究其法律责任，包括主刑和附加刑两种刑事责任。

主刑，是对犯罪分子适用的主要刑罚，它只能独立使用，不能相互附加适用。主刑分为管制（期限 3 个月以上 2 年以下）、拘役（期限 1 个月以上 6 个月以下）、有期徒刑（期限 6 个月以上 15 年以下）、无期徒刑和死刑。

附加刑，是补充、辅助主刑适用的刑罚方法。附加刑可以附加于主刑之后作为主刑的补充，同主刑一起适用，也可以独立适用。分为罚金、剥夺政治权利、没收财产。对犯罪的外国人，也可以独立或附加适用驱逐出境。

一人犯数罪的，除判处死刑和无期徒刑的以外，应当在总和刑期以下、数刑中最高刑期以上，酌情决定执行的刑罚。但是管制最高不能超过 3 年；拘役最高不能超过 1 年；有期徒刑总和刑期不满 35 年的，最高不能超过 20 年；总和刑期在 35 年以上的，最高不能超过 25 年。数罪中有判处附加刑的，附加刑仍须执行，其中附加刑种类相同的，合并执行；种类不同的，分别执行。

职业能力训练

一、单选题

1. 下列规范性文件中属于行政法规的是（　　）。
   A. 国务院发布的《企业财务会计报告条例》
   B. 全国人大通过的《中华人民共和国刑事诉讼法》
   C. 中国人民银行颁布的《支付结算办法》
   D. 全国人大常委会通过的《中华人民共和国会计法》

2. 下列法的形式中，效力等级最低的是（　　）。
   A. 宪法　　　　B. 地方性法规　　　　C. 行政法规　　　　D. 法律

3. 以法的创新方式和发布形式为依据的分类是（　　）。
   A. 成文法和不成文法　　　　B. 根本法与普通法
   C. 实体法与程序法　　　　　D. 一般法与特别法

4. 下列属于民事责任的是（　　）。
   A. 暂扣许可证　　　　B. 拘役
   C. 继续执行　　　　　D. 没收非法财物

5. 下列属于行政责任的是（　　）。
   A. 吊销许可证　　　　B. 管制、拘役
   C. 剥夺政治权利　　　D. 驱逐出境

6. 下列属于行政处罚的是（　　）。
   A. 记过　　　　B. 罚款
   C. 降级　　　　D. 开除

7. 纳税人因偷税涉嫌犯罪，有权判定该纳税人应承担刑事责任的机关是（　　）。
   A. 税务局　　　　B. 市场监督管理局

C. 人民法院　　　　　　　　　　D. 人民政府

8. 甲公司和乙公司签订买卖合同，向乙公司购买3台机床，总价款90万元，该合同法律关系的主体是（　　）。

　　A. 买卖合同　　　　　　　　　B. 甲公司与乙公司

　　C. 90万元价款　　　　　　　　D. 3台机床

9. 甲公司与乙公司签订租赁合同，甲公司向乙公司租赁一台机床，租期2个月，租金每月2万元，引起该租赁法律关系发生的法律事实是（　　）。

　　A. 租赁的机床　　　　　　　　B. 甲公司与乙公司

　　C. 4万元租金　　　　　　　　 D. 签订租赁合同的行为

10. 下列法律关系主体中属于非法人组织的是（　　）。

　　A. 基金会　　　　　　　　　　B. 有限责任公司

　　C. 事业单位　　　　　　　　　D. 合伙企业

11. 下列属于无民事行为的人是（　　）。

　　A. 15周岁的张某，先天残疾

　　B. 72周岁的李某，已经不能完全辨认自己的行为

　　C. 8周岁的王某，智力超常

　　D. 20周岁的孙某，先天智障，不能辨认自己的行为

12. 下列公民中视为完全民事行为能力的人是（　　）。

　　A. 小赵，10周岁，小学生

　　B. 小王，14周岁半，高中生

　　C. 小张，13周岁，初中生

　　D. 小李，17周岁，某汽车维修店职员，以自己劳动收入维生

13. 下列属于法律事实中相对事件的是（　　）。

　　A. 地震　　　　　　　　　　　B. 爆发战争

　　C. 纵火　　　　　　　　　　　D. 行政命令

14. 下列各项中属于单方行为的是（　　）。

　　A. 签订合同　　　　　　　　　B. 缔结婚姻

　　C. 订立遗嘱　　　　　　　　　D. 销售商品

15. 甲公司长期拖欠乙公司货款，双方发生纠纷，期间一直未约定纠纷的解决方式，乙可采取的法律途径是（　　）。

　　A. 提起行政诉讼　　　　　　　B. 提请仲裁

　　C. 提起民事诉讼　　　　　　　D. 申请行政复议

16. 仲裁裁决书生效时间是（　　）。

　　A. 自送达之日　　　　　　　　B. 自签发之日

C. 自签收之日 D. 自做出之日

17. 民事诉讼法中当事人不服人民法院第一审判决的，有权在判决书送达之日起（　　）日内向上一级人民法院提起上诉。
A. 5　　　　　　B. 10　　　　　　C. 15　　　　　　D. 30

18. 民事诉讼法规定，对因港口作业纠纷提起的诉讼享有管辖权的是（　　）。
A. 原告与被告协议选择的人民法院　　B. 港口所在地人民法院
C. 被告所在地人民法院　　　　　　　D. 原告所在地人民法院

19. 根据《中华人民共和国民法总则》的规定向人民法院请求保护民事权利的诉讼时效为（　　）年，法律另有规定的，依其规定。
A. 2　　　　　　B. 3　　　　　　C. 1　　　　　　D. 5

二、多选题

1. 下列规范性文件中属于规章的有（　　）。
A. 国务院发布的《企业财务会计报告条例》
B. 湖南省人民政府发布的《湖南省旅游业管理办法》
C. 财政部发布的《金融企业国有资产转让管理办法》
D. 湖南省人大常委会发布的《湖南省城乡规划条例》

2. 下列规范性法律文件适用原则的表述中，正确的有（　　）。
A. 行政法规之间对同一事项的新的一般规定与旧的特别规定不一致，不能确定如何适用时，由国务院裁决
B. 根据授权制定的法规与法律不一致，不能确定如何适用时，由全国人大常委会裁决
C. 部门规章与地方政府规章之间对同一事项规定不一致时，由国务院裁决
D. 法律之间对同一事项的新的一般规定与旧的特别规定不一致，不能确定如何适用时，由全国人大常委会裁决

3. 下列属于刑事责任的有（　　）。
A. 记过　　　　B. 赔礼道歉　　　　C. 拘役　　　　D. 罚金

4. 下列刑事责任中属于主刑的有（　　）。
A. 拘役　　　　B. 驱逐出境　　　　C. 无期徒刑　　　　D. 罚金

5. 甲行政机关负责人李某因犯罪被人民法院判处有期徒刑，并处罚金和没收财产，后被甲行政机关开除。李某承担的法律责任中，属于刑事责任的有（　　）。
A. 没收财产　　B. 罚金　　　　C. 有期徒刑　　　　D. 开除

6. 根据税收征收管理法律制度中，税务机关的行政行为中属于行政处罚的有（　　）。
A. 确认适用税率　　　　　　　B. 确认纳税期限

C. 没收财物和违法所得　　　　　　　　D. 停止出口退税

7. 下列属于法律关系构成要素的有（　　）。

A. 主体　　　　B. 内容　　　　C. 客体　　　　D. 法律事件

8. 下列可以作为法律关系主体的有（　　）。

A. 个人独资企业　　　　　　　　B. 股份有限公司

C. 自然人　　　　　　　　　　　D. 个体工商户

9. 下列法律关系主体中属于非法人组织的有（　　）。

A. 基金会　　　　　　　　　　　B. 有限责任公司

C. 事业单位　　　　　　　　　　D. 合伙企业

10. 非物质财富可以成为法律关系的客体，下列属于非物质财富的有（　　）。

A. 著作　　　　B. 嘉奖表彰　　　C. 发明　　　　D. 荣誉称号

11. 下列各项能成为法律关系主体的有（　　）。

A. 自然人　　　B. 商品　　　　　C. 法人　　　　D. 行为

12. 下列属于限制民事行为能力的人有（　　）。

A. 李某，12周岁，某校少年班学生

B. 张某，20周岁，有精神障碍，不能辨别自己的行为

C. 王某，6周岁，不能辨别自己的行为

D. 孙某，15周岁，某校初三学生

13. 下列属于法律关系客体的精神产品有（　　）。

A. 作品　　　　B. 实用新型　　　C. 发明专利　　D. 商标

14. 下列属于法律关系的客体有（　　）。

A. 法人　　　　B. 发明专利　　　C. 行为　　　　D. 人体器官

15. 下列各项中属于法律行为的有（　　）。

A. 税务登记　　B. 签发支票　　　C. 爆发战争　　D. 收养孤儿

16. 下列能引起法律关系发生、变更和消灭的法律事实有（　　）。

A. 自然灾害　　B. 公民死亡　　　C. 签订合同　　D. 提起诉讼

17. 下列关于一裁终局表述正确的有（　　）。

A. 仲裁裁决做出后，当事人可就同一纠纷向人民法院起诉的，人民法院不予受理

B. 仲裁裁决做出后，当事人可就同一纠纷向原仲裁委员会申请复议

C. 仲裁裁决做出后，当事人可就同一纠纷向司法行政机关申请复议

D. 仲裁裁决做出后，当事人可就同一纠纷再申请仲裁的，仲裁委员会不予受理

18. 下列各项中，属于仲裁法律制度适用范围的有（　　）。

A. 融资租赁合同纠纷

B. 农业集体经济组织内部的农业承包合同纠纷

C. 离婚纠纷

D. 行政争议

19. 下列仲裁表述中正确的有（　　）。

A. 仲裁以当事人之间达成有效的仲裁协议为前提

B. 仲裁实行地域管辖和级别管辖

C. 仲裁应当公开进行

D. 仲裁实行一裁终局的原则

20. 甲、乙因合同纠纷申请仲裁，仲裁庭对案件裁决未能形成一致意见，关于该案件仲裁裁决的下列表述中，正确的有（　　）。

A. 应当按照多数仲裁员的意见做出裁决

B. 应当由仲裁庭达成一致意见做出裁决

C. 仲裁庭不能形成多数意见时，按照首席仲裁员的意见做出裁决

D. 仲裁庭不能形成一致意见时，提请仲裁委员会做出裁决

21. 关于民事诉讼与仲裁法律制度相关内容的表述中，正确的有（　　）。

A. 民事经济纠纷实行或裁或审制度

B. 民事诉讼和仲裁均实行回避制度

C. 民事诉讼实行两审终审制度，仲裁实行一裁终局制度

D. 民事诉讼实行公开审判制度，仲裁不公开进行

三、判断题

1. 法凭借国家强制力的保证而获得普遍遵行的效力。（　　）
2. 最高人民法院的判决书也是法的形式之一。（　　）
3. 国务院制定和发布的规范性文件都是法律。（　　）
4. 附加刑可以附加于主刑之后做主刑的补充，同主刑一同适用；也可独立适用。
（　　）
5. 法律事实是法律关系发生、变更、消灭的直接原因。（　　）
6. 仲裁委员会按行政区域层层设立。（　　）
7. 对仲裁庭做出裁决不服时，仲裁裁决做出后，当事人可就同一纠纷再申请仲裁。
（　　）
8. 买卖合同当事人发生纠纷，没有仲裁协议，一方申请仲裁的，仲裁委员会应予受理。（　　）
9. 民事诉讼中，被告住所地与经常居住地不一致的，由被告住所地人民法院管辖。
（　　）
10. 因不动产纠纷提起的民事诉讼，由不动产所有权住所地人民法院管辖。（　　）
11. 因确认股东资格纠纷提起的民事诉讼，由公司住所地人民法院管辖。（　　）

12. 公民、法人或者其他组织向人民法院提起行政诉讼，人民法院已经受理的，不得申请行政复议。（   ）

13. 因确认股东资格纠纷引起的民事诉讼，由公司所在地人民法院管辖。（   ）

14. 对终审的民事判决，当事人不得上诉。（   ）

15. 申请人可以知道税务机关做出具体行政行为之日起180天内提出行政复议申请。（   ）

16. 对县级以上地方各级人民政府工作部门的具体行政不服的，可以向该部门的本级人民政府申请行政复议，也可向上一级主管部门申请行政复议。（   ）

17. 行政复议的举证责任由申请人承担。（   ）

18. 行政复议期间行政行为一律不停止执行。（   ）

19. 没收违法所得，没收非法财物是行政处罚具体形式之一。（   ）

第二章

会计法律制度

职业能力及主要概念

1. 专业能力

理解会计法律制度的概念、适用范围和会计工作管理体制

了解会计核算基本要求及具体要求、会计档案管理工作、会计监督方式

掌握会计机构、代理记账、会计岗位设置、会计人员及会计工作交接的概念、业务范围、设置要求、责任及工作内容等

熟悉会计职业道德的概念及内容、会计法律与会计职业道德的联系与区别、违反会计法律制度的法律责任

2. 职业核心能力

树立法治意识，自觉守法，自觉维护法的权威

明确会计核算的基本要求和具体要求，掌握企业运营的会计核算和会计档案管理工作

了解实际工作中会计人员的工作范围

遵守会计法律制度，遵循会计职业道德

3. 主要概念

会计法律制度　会计工作管理体制　会计核算　会计档案管理　会计监督
会计机构　代理记账　会计岗位设置　会计人员　会计工作交接　会计职业道德
违反会计法律制度的法律责任

引导案例

2023年12月,某有限责任公司出纳员王某在审查原始凭证时,发现业务员李某提供的住宿费发票和张某提供的购货发票存在问题:李某的住宿费发票大小写金额不一致;张某提供的购买办公用品的发票经审查是伪造的发票。王某应如何处理?

会计人员应当遵照《中华人民共和国会计法》的规定,填制和审核原始凭证,编制记账凭证,登记会计账簿,进行账目核对,编制财务会计报告进行会计核算,实施会计监督,才能保证会计信息的真实性和完整性。

在本案中,王某发现李某提供的发票大小写不一致,应仔细分析发票金额大小写不一致的原因,若是人为涂改所致,则属于不合法的原始凭证,应不予接受,同时应向单位负责人报告;若为发票填写错误,则应退回,要求开票单位重开发票,予以更正。对于张某提供的伪造的购买办公用品的发票,王某有权不予受理,并向单位负责人报告,请求查明原因,追究有关当事人的责任。

第一节　会计法律制度概述

课程思政

全面依法治国

依法治国就是依照体现人民意志和社会发展规律的法律治理国家,而不是依照个人意志和主张治理国家;要求国家的政治、经济运作、社会各方面的活动通通依照法律进行,而不受任何个人意志的干预、阻碍或破坏。简而言之,依法治国就是依照宪法和法律来治理国家,是中国共产党领导人民治理国家的基本方略,是发展社会主义市场经济的客观需要,也是社会文明进步的显著标志,还是国家长治久安的必要保障。依法治国,建设社会主义法治国家,是人民当家作主的根本保证。

2017年10月18日,习近平在党的十九大报告中提出,成立中央全面依法治国领导小组,加强对法治中国建设的统一领导。2018年3月,中共中央印发《深化党和国家机构改革方案》,组建中央全面依法治国委员会,中央全面依法治国委员会办公室设在司法部。

2022年10月16日,习近平在党的二十大报告中强调,坚持全面依法治国,推进法治中国建设。

一、会计法律制度的概念

会计法律制度,是指国家权力机关和行政机关制定的关于会计工作的法律、法规、规章和规范性文件的总称。会计法律制度是调整会计关系的法律规范。会计关系是指会计机构和会计人员在办理会计事务过程中，以及国家在管理会计工作过程中发生的经济关系。在一个单位，会计关系的主体为会计机构和会计人员，客体为与会计工作相关的具体事务。

为规范会计行为，保证会计工作有序进行，国家陆续颁布了一系列会计法律、法规和规章，如1985年1月21日第六届全国人民代表大会常务委员会第九次会议通过、1993年12月29日第八届全国人民代表大会常务委员会第五次会议修正、1999年10月31日第九届全国人民代表大会常务委员会第十二次会议修订、2017年11月4日第十二届全国人民代表大会常务委员会第三十次会议修正的《中华人民共和国会计法》（以下简称《会计法》），1990年12月31日国务院发布、2011年1月8日国务院令第588号修正的《总会计师条例》，2000年6月21日国务院发布的《企业财务会计报告条例》，2018年12月6日财政部发布的《会计人员管理办法》，2016年2月16日财政部发布、2019年3月14日修正的《代理记账管理办法》，2015年12月11日财政部、国家档案局第二次修订发布的《会计档案管理办法》，2018年5月19日财政部、人力资源社会保障部发布的《会计专业技术人员继续教育规定》，1996年6月17日财政部发布、2019年3月14日修正的《会计基础工作规范》，以及企业会计准则及其解释等。这些构成了我国会计法律制度的主要内容。

需要说明的是，不同的法律、法规、制度，使用了单位负责人、单位领导人等不同的称谓名称，本书均做同义词看待，使用时不加区分。另外对会计机构负责人、会计主管人员的称谓也按同一法律内涵使用。

二、 会计法律制度的适用范围

国家机关、社会团体、公司、企业、事业单位和其他组织（以下统称"单位"）办理会计事务必须依照《会计法》规定。

《会计法》规定，国家实行统一的会计制度。国家统一的会计制度由国务院财政部门根据《会计法》制定并公布。国家统一的会计制度，是指国务院财政部门根据《会计法》制定的关于会计核算、会计监督、会计机构和会计人员以及会计工作管理的制度。

三、 会计工作管理体制

（一） 会计工作的行政管理

会计工作的主管部门，是指代表国家对会计工作行使管理职能的政府部门。《会计法》规定："国务院财政部门主管全国的会计工作。县级以上地方各级人民政府财政部门管理本行政区域内的会计工作。"

（二） 单位内部的会计工作管理

单位负责人对本单位的会计工作和会计资料的真实性、完整性负责。

单位负责人应当保证会计机构、会计人员依法履行职责，不得授意、指使、强令会计机构、会计人员违法办理会计事项。

第二节 会计核算与监督

课程思政

诚信：中国社会主义核心价值观的重要组成部分

2012年11月，中国共产党在十八大上正式提出，"富强、民主、文明、和谐、自由、平等、公正、法治、爱国、敬业、诚信、友善"的社会主义核心价值观。党的十八大以来，以习近平同志为核心的党中央从建设社会主义文化强国的战略高度，不断推进社会主义核心价值体系建设，大力培育和践行社会主义核心价值观，更好地构筑起中国精神、中国价值、中国力量，为中国特色社会主义事业提供源源不断的精神动力和道德滋养。

会计核算和监督，对于投资者、债权人做出投资决策，对于国家宏观经济管理部门制定宏观经济决策，对于企业内部管理者做出经营决策等方面均起着重要作用。因此，我们在实际财务工作中，一定要诚实守信地进行会计核算，提供真实可靠的会计数据。

一、会计核算

会计核算，是指以货币为主要计量单位，运用专门的会计方法，对生产经营活动或预算执行过程及其结果进行连续、系统、全面的记录、计算、分析，定期编制并提供财务会计报告和其他会计资料，为经营决策和宏观经济管理提供依据的一项会计活动。会计核算是会计工作的基本职能之一，是会计工作的重要环节。

（一）会计核算基本要求

1. 依法建账

（1）各单位应当按照《会计法》和国家统一的会计制度规定建立会计账册，进行会计核算。

（2）各单位发生的各项经济业务事项应当统一进行会计核算，不得违反规定私设会计账簿进行登记、核算。

2. 根据实际发生的经济业务进行会计核算

《会计法》规定，各单位必须根据实际发生的经济业务事项进行会计核算，填制会计凭证，登记会计账簿，编制财务会计报告。会计核算以实际发生的经济业务为依据，体现了会计核算的真实性和客观性要求。其具体要求是，根据实际发生的经济业务，取得可靠的凭证，并据此登记账簿，编制财务会计报告，形成符合质量标准的会计资料（会计信息）。

3. 保证会计资料的真实和完整

会计资料，主要是指会计凭证、会计账簿、财务会计报告等会计核算专业资料，它是会计核算的重要成果，是投资者做出投资决策，经营者进行经营管理，国家进行宏观调控的重要依据。会计资料的真实性和完整性，是会计资料最基本的质量要求，是会计工作的生命，各单位必须保证所提供的会计资料真实和完整。

造成会计资料不真实、不完整的原因可能是多方面的，但伪造、变造会计资料是重要手段之一。伪造会计资料，包括伪造会计凭证和会计账簿，是以虚假的经济业务为前提编制会计凭证和会计账簿，旨在以假充真；变造会计资料，包括变造会计凭证和会计账簿，是用涂改、挖补等手段改变会计凭证和会计账簿的真实内容，以歪曲事实真相。伪造、变造会计资料，其结果是造成会计资料失实、失真，误导会计资料的使用者，损害投资者、债权人、国家和社会公众利益。因此，《会计法》规定，任何单位不得以虚假的经济业务事项或者资料进行会计核算。任何单位和个人不得伪造、变造会计凭证、会计账簿及其他会计资料，不得提供虚假的财务会计报告。

4. 正确采用会计处理方法

会计处理方法是指在会计核算中所采用的具体方法。采用不同的会计处理方法，或者在不同会计期间采用不同的会计处理方法，都会影响会计资料的一致性和可比性，进而影响会计资料的使用。因此，各单位的会计核算应当按照规定的会计处理方法进行，保证会计指标的口径一致、相互可比和会计处理方法的前后各期一致，不得随意变更；确有必要变更的，应当按照国家统一的会计制度的规定变更，并将变更的原因、情况及影响在财务会计报告中说明。

5. 正确使用会计记录文字

会计记录文字是指在进行会计核算时，为记载经济业务发生情况和辅助说明会计数字所体现的经济内涵而使用的文字。根据《会计法》的规定，会计记录的文字应当使用中文。在民族自治地方，会计记录可以同时使用当地通用的一种民族文字。在中国境内的外商投资企业、外国企业和其他外国组织的会计记录可以同时使用一种外国文字。

6. 使用电子计算机进行会计核算必须符合法律规定

使用电子计算机进行会计核算，即会计电算化，是将以电子计算机为主的当代电子信息技术应用于会计工作的简称，是采用电子计算机替代手工记账、算账、报账，以及对会计资料进行电子化分析和利用的现代记账手段。

为保证计算机生成的会计资料真实、完整和安全，《会计法》规定，使用电子计算机进行会计核算的，其软件及其生成的会计凭证、会计账簿、财务会计报告和其他会计资料，必须符合会计制度的规定。

值得一提的是，以算盘为工具进行数字计算的珠算，是中国古代的重大发明，伴随中国人经历了1 800多年的漫长岁月。这一发明极为卓越和独特，充分表现了中国人的聪明智慧。2013年12月4日晚，联合国教科文组织曾在阿塞拜疆首都巴库通过决议，将其列入人类非物质文化遗产名录。它以简便的计算工具和独特的数理内涵，被誉为"世界上最古老的计算机"、中国第五大发明。随着计算机技术的发展，珠算的计算功能逐渐被削弱，但是古老的珠算依然有顽强的生命力。珠算成功申遗，有助于让更多的人认识珠算，了解珠算，增强民族自豪感，吸引更多的人加入弘扬与保护珠算文化的行列中来。

（二）会计核算的主要内容

会计核算的内容，是指应当进行会计核算的经济业务事项。根据《会计法》的规定，下列经济业务事项，应当办理会计手续，进行会计核算。

1. 款项和有价证券的收付

款项的收付，主要包括货币资金的收入、转存、付出和结存等。有价证券的收付，主要包括有价证券的购入、无偿取得、债务重组取得；有价证券的有偿转让、抵债、对外投资、捐赠；有价证券的利息和股利、溢价与折价的摊销；有价证券的期末结存、减值等。

2. 财物的收发、增减和使用

财物的收发、增减和使用，包括存货、固定资产、投资、无形资产等的购入、自行建造、无偿取得、债务重组取得、融资租入、接受捐赠、出售、转让、抵债、无偿调出、捐赠、减值等。

3. 债权债务的发生和结算

债权的发生和结算，主要包括债权的收回及孳息、债务重组、债权减值等。

债务的发生和结算，主要包括债权人变更、债务的偿还及孳息、债务重组及免偿等。

4. 资本、基金的增减

资本、基金的增减，主要包括实收资本（股本）、资本公积、盈余公积、基金等的增减变动。如实收资本（股本）的取得和企业增资、减资；资本公积的形成、转增资本；基金的提取、转入、使用和给付等。

5. 收入、支出、费用、成本的计算

收入的计算，主要包括商品销售收入、提供劳务收入、让渡资产使用权收入等主营业务收入；材料销售收入，代购、代销、代加工、代管、代修收入和出租收入等其他业务收入；投资收益，补贴收入，固定资产盘盈、处置固定资产净收益、出售无形资产收益、罚款收益等营业外收入；以前年度损益调整等的确认与结转。

支出、费用、成本的计算，主要包括生产成本的汇集、分配与结转；销售费用、管理费用和财务费用等的汇集与结转；主营业务税金及附加、出售无形资产损失、债务重组损失、计提的固定资产减值准备、捐赠支出等的确认与结转。

6. 财务成果的计算和处理

财务成果的计算和处理，主要包括将收入和相配比的成本、费用、支出转入本年利润，计算利润总额；将所得税转入本年利润，计算净利润；年终结转本年利润；所得税的计提、缴纳、返还和余额结转，递延税款的余额调整等。

7. 需要办理会计手续、进行会计核算的其他事项

（三）会计年度

会计年度，是指以年度为单位进行会计核算的时间区间，是反映单位财务状况、核算经营成果的时间界限。根据《会计法》的规定，我国是以公历年度为会计年度，即以每年公历的1月1日起至12月31日止为一个会计年度。每一个会计年度还可以按照公历日期具体划分为半年度、季度、月度。

（四）记账本位币

记账本位币，是指日常登记账簿和编制财务会计报告用以计量的货币，也就是单位进行会计核算业务时所使用的货币。《会计法》规定，会计核算以人民币为记账本位币。人民币是我国的法定货币，在我国境内具有广泛的流通性。以人民币作为记账本位币，具有广泛的适应性，便于会计信息口径的一致。

随着我国对外改革开放，外商投资企业在我国得到迅速发展，同时我国向外国的投资和对外贸易也日渐增多，这就涉及两种或两种以上货币的业务往来，而且在一些单位的日常经营活动中，人民币以外的其他货币收支逐步占主导地位。为便于这些单位对外开展业务，简化会计核算手续，方便我国境内财务会计报告使用者的阅读和使用，业务收支以人民币以外货币为主的单位，可以选定其中一种货币作为记账本位币，但是编报的财务会计报告应当折算为人民币。

（五）会计凭证和会计账簿

1. 会计凭证

会计凭证，是指具有一定格式、用以记录经济业务事项发生和完成情况，明确经济责任，并作为记账凭证的书面证明，是会计核算的重要会计资料。各单位在按照《会计法》和《会计基础工作规范》的有关规定办理会计手续，进行会计核算时，必须以会计凭证为依据。会计凭证按其来源和用途，分为原始凭证和记账凭证两种。

（1）原始凭证填制的基本要求

原始凭证，又称单据，是指在经济业务发生时，由业务经办人员直接取得或者填制，用以表明某项经济业务已经发生或完成情况并明确有关经济责任的一种原始凭据，如发票。原始凭证是会计核算的原始依据，来源于实际发生的经济业务事项。原始凭证种类很多，既有来自单位外部的，也有单位自制的；既有国家统一印制的具有固定格式的发票，也有由发生经济业务事项双方认可并自行填制的凭据等。

原始凭证的内容必须具备：①凭证的名称；②填制凭证的日期；③填制凭证单位名称或者填制人姓名；④经办人员的签名或者盖章；⑤接受凭证单位名称；⑥经济业务内容；⑦数量、单价和金额。从外单位取得的原始凭证，必须加盖填制单位的公章；从个人取得的原始凭证，必须有填制人员的签名或者盖章。自制原始凭证必须有经办单位领导人或者其指定的人员签名或者盖章。对外开出的原始凭证，必须加盖本单位公章。凡填有大写和小写金额的原始凭证，大写金额与小写金额必须相符。购买实物的原始凭证，必须有验收证明。支付款项的原始凭证，必须有收款单位和收款人的收款证明。一式几联的原始凭证，应当注明各联的用途，只能以一联作为报销凭证。发生销货退回的，除填制退货发票外，还必须有退货验收证明；退款时，必须取得对方的收款收据或者汇款银行的凭证，不得以退货发票代替收据。经上级有关部门批准的经济业务，应当将批准文件作为原始凭证附件。如果批准文件需要单独归档的，应当在凭证上注明批准机关名称、日期和文件字号。

会计机构、会计人员必须按照国家统一的会计制度的规定对原始凭证进行审核，对不真实、不合法的原始凭证有权不予接受，并向单位负责人报告；对记载不准确、不完整的原始凭证予以退回，并要求按照国家统一的会计制度的规定进行更正和补充。原始凭证记载的各项内容均不得涂改；原始凭证有错误的，应当由出具单位重开或者更正，更正处应当加盖出具单位的印章。原始凭证金额有错误的，应当由出具单位重开，不得在原始凭证上更正。

（2）记账凭证填制的基本要求

记账凭证，亦称传票，是指对经济业务事项按其性质加以归类，确定会计分录，并据以登记会计账簿的凭证。它具有分类归纳原始凭证和满足登记会计账簿需要的作用。记账凭证可以分为收款凭证、付款凭证和转账凭证，也可以使用通用记账凭证。

记账凭证应当根据经过审核的原始凭证及有关资料编制。记账凭证的内容必须具备：①填制凭证的日期；②凭证编号；③经济业务摘要；④会计科目；⑤金额；⑥所附原始凭证张数；⑦填制凭证人员、稽核人员、记账人员、会计机构负责人（会计主管人员）签名或者盖章。收款和付款记账凭证还应当由出纳人员签名或者盖章。以自制的原始凭证或者原始凭证汇总表代替记账凭证的，也必须具备记账凭证应有的项目。实行会计电算化的单位，打印出的机制记账凭证要加盖制单人员、审核人员、记账人员及会计机构负责人（会计主管人员）印章或者签字。

填制记账凭证时，应当对记账凭证进行连续编号。一笔经济业务需要填制两张以上记账凭证的，可以采用分数编号法编号。记账凭证可以根据每一张原始凭证填制，或者根据若干张同类原始凭证汇总填制，也可以根据原始凭证汇总表填制。但不得将不同内容和类别的原始凭证汇总填制在一张记账凭证上。除结账和更正错误的记账凭证可以不附原始凭证外，其他记账凭证必须附有原始凭证。如果一张原始凭证涉及几张记账凭证，可以把原始凭证附在一张主要的记账凭证后面，并在其他记账凭证上注明附有该原始凭证的记账凭证的编号或者附原始凭证复印件。一张原始凭证所列支出需要几个单位共同负担的，应当将其他单位负担的部分，开给对方原始凭证分割单，进行结算。原始凭证分割单必须具备原始凭证的基本内容以及费用分摊情况等。

如果在填制记账凭证时发生错误，应当重新填制。已经登记入账的记账凭证，在当年内发现填写错误时，可以用红字填写一张与原内容相同的记账凭证，在摘要栏注明"注销某月某日某号凭证"字样，同时再用蓝字重新填制一张正确的记账凭证，注明"订正某月某日某号凭证"字样。如果会计科目没有错误，只是金额错误，也可以将正确数字与错误数字之间的差额，另编一张调整的记账凭证，调增金额用蓝字，调减金额用红字。发现以前年度记账凭证有错误的，应当用蓝字填制一张更正的记账凭证。

（3）会计凭证的保管

会计凭证登记完毕后，应当按照分类和编号顺序保管，不得散乱丢失。记账凭证应当连同所附的原始凭证或者原始凭证汇总表，按照编号顺序折叠整齐，按期装订成册，并加具封面，注明单位名称、年度、月份和起讫日期、凭证种类、起讫号码，由装订人在装订线封签外签名或者盖章。

对于数量过多的原始凭证，可以单独装订保管，在封面上注明记账凭证日期、编号、种类，同时在记账凭证上注明"附件另订"和原始凭证名称及编号。

各种经济合同、存出保证金收据以及涉外文件等重要原始凭证，应当另编目录，单独登记保管，并在有关的记账凭证和原始凭证上相互注明日期和编号。

原始凭证不得外借，其他单位如因特殊原因需要使用原始凭证时，经本单位会计机构负责人、会计主管人员批准，可以复制。向外单位提供的原始凭证复制件，应当在专设的登记簿上登记，并由提供人员和收取人员共同签名或者盖章。

从外单位取得的原始凭证如有遗失，应当取得原开出单位盖有公章的证明，并注明原来凭证的号码、金额和内容等，由经办单位会计机构负责人、会计主管人员和单位领导人批准后，才能代作原始凭证。如果确实无法取得证明，如火车、轮船、飞机票等凭证，由当事人写出详细情况，由经办单位会计机构负责人、会计主管人员和单位领导人批准后，代作原始凭证。

2. 会计账簿

（1）会计账簿的种类

会计账簿，是指全面记录和反映一个单位经济业务事项，把大量分散的数据或者资料进行归类整理，逐步加工成有用会计信息的簿籍，它是编制财务会计报告的重要依据。会计账簿包括总账、明细账、日记账和其他辅助性账簿。

①总账。也称总分类账，是根据会计科目开设的账簿，用于分类登记单位的全部经济业务事项，提供资产、负债、所有者权益、费用、成本、收入等总括核算的资料。总账一般有订本账和活页账两种。

②明细账。也称明细分类账，是根据总账科目所属的明细科目设置的，用于分类登记某一类经济业务事项，提供有关明细核算资料。明细账通常使用活页账。

③日记账。是一种特殊的序时明细账，它按照经济业务事项发生的时间顺序，逐日逐

笔进行登记。包括现金日记账和银行存款日记账。现金日记账和银行存款日记账必须采用订本式账簿。不得用银行对账单或者其他方法代替日记账。

④其他辅助账簿。也称备查账簿，是为备忘备查而设置的。在会计实务中，主要包括各种租借设备、物资的辅助登记或有关应收、应付款项的备查簿，担保、抵押备查簿等。

(2) 启用会计账簿的基本要求

启用会计账簿时，应当在账簿封面上写明单位名称和账簿名称。在账簿扉页上应当附启用表，内容包括：启用日期、账簿页数、记账人员和会计机构负责人、会计主管人员姓名，并加盖名章和单位公章。记账人员或者会计机构负责人、会计主管人员调动工作时，应当注明交接日期、接办人员或者监交人员姓名，并由交接双方人员签名或者盖章。

启用订本式账簿，应当从第一页到最后一页顺序编定页数，不得跳页、缺号。使用活页式账页，应当按账户顺序编号，并须定期装订成册。装订后再按实际使用的账页顺序编定页码。另加目录，记明每个账户的名称和页次。

(3) 登记会计账簿的基本要求

①登记会计账簿时，应当将会计凭证日期、编号、业务内容摘要、金额和其他有关资料逐项记入账内，做到数字准确、摘要清楚、登记及时、字迹工整。

②登记完毕后，要在记账凭证上签名或者盖章，并注明已经登账的符号，表示已经记账。

③账簿中书写的文字和数字上面要留有适当空格，不要写满格；一般应占格距的1/2。

④登记账簿要用蓝黑墨水或者碳素墨水书写，不得使用圆珠笔（银行的复写账簿除外）或者铅笔书写。下列情况，可以用红色墨水记账：按照红字冲账的记账凭证，冲销错误记录；在不设借贷等栏的多栏式账页中，登记减少数；在三栏式账户的余额栏前，如未印明余额方向的，在余额栏内登记负数余额；根据国家统一会计制度的规定可以用红字登记的其他会计记录。

⑤各种账簿按页次顺序连续登记，不得跳行、隔页。如果发生跳行、隔页，应当将空行、空页划线注销，或者注明"此行空白""此页空白"字样，并由记账人员签名或者盖章。

⑥凡需要结出余额的账户，结出余额后，应当在"借或贷"等栏内写明"借"或者"贷"等字样。没有余额的账户，应当在"借或贷"等栏内写"平"字，并在余额栏内用"G"表示。现金日记账和银行存款日记账必须逐日结出余额。

⑦每一账页登记完毕结转下页时，应当结出本页合计数及余额，写在本页最后一行和下页第一行有关栏内，并在摘要栏内注明"过次页"和"承前页"字样；也可以将本页合计数及金额只写在下页第一行有关栏内，并在摘要栏内注明"承前页"字样。

对需要结计本月发生额的账户，结计"过次页"的本页合计数应当为自本月初起至本页末止的发生额合计数；对需要结计本年累计发生额的账户，结计"过次页"的本页合计数应当为自年初起至本页末止的累计数；对既不需要结计本月发生额也不需要结计本年累计发生额的账户，可以只将每页末的余额结转次页。

实行会计电算化的单位，用计算机打印的会计账簿必须连续编号，经审核无误后装订成册，并由记账人员和会计机构负责人、会计主管人员签字或者盖章。

（4）账簿记录发生错误的更正方法

账簿记录发生错误，不准涂改、挖补、刮擦或者用药水消除字迹，不准重新抄写，必须按照下列方法进行更正：

①登记账簿时发生错误，应当将错误的文字或者数字划红线注销，但必须使原有字迹仍可辨认；然后在划线上方填写正确的文字或者数字，并由记账人员在更正处盖章。对于错误的数字，应当全部划红线更正，不得只更正其中的错误数字。对于文字错误，可以只划去错误的部分。

②由于记账凭证错误而使账簿记录发生错误，应当按更正的记账凭证登记账簿。

（5）结账

各单位应当按照规定定期结账。结账前，必须将本期内所发生的各项经济业务全部登记入账。结账时，应当结出每个账户的期末余额。年度终了结账时，所有总账账户都应当结出全年发生额和年末余额。

年度终了，要把各账户的余额结转到下一会计年度，并在摘要栏注明"结转下年"字样；在下一会计年度新建有关会计账簿的第一行余额栏内填写上年结转的余额，并在摘要栏注明"上年结转"字样。

（六）财务会计报告

财务会计报告，也称财务报告，是指单位对外提供的、反映单位某一特定日期财务状况和某一会计期间经营成果、现金流量等会计信息的文件。编制财务会计报告，是对单位会计核算工作的全面总结，也是及时提供真实、完整会计资料的重要环节。因此，必须严格财务会计报告的编制程序和质量要求。

1. 财务会计报告的构成

财务会计报告由会计报表、会计报表附注和财务情况说明书组成。企业财务会计报告按编制时间分为年度、半年度、季度和月度财务会计报告。年度、半年度财务会计报告应当包括：会计报表、会计报表附注、财务情况说明书。会计报表应当包括资产负债表、利润表、现金流量表及相关附表。季度、月度财务会计报告通常仅指会计报表，会计报表至少应当包括资产负债表和利润表。国家统一的会计制度规定季度、月度财务会计报告需要编制会计报表附注的，从其规定。

2. 财务会计报告的对外提供

企业应当依照法律、行政法规和国家统一的会计制度关于财务会计报告的编制要求、提供对象和提供期限的规定，及时对外提供财务会计报告。向不同的会计资料使用者提供的财务会计报告，其编制依据应当一致。有关法律、行政法规规定会计报表、会计报表附注和财务情况说明书须经注册会计师审计的，注册会计师及其所在的会计师事务所出具的审计报告应当随同财务会计报告一并提供。

对外报送的财务会计报告，应当依次编写页码，加具封面，装订成册，加盖公章。封面上应当注明：单位名称，单位地址，财务报告所属年度、季度、月度，送出日期，并由单位领导人、总会计师、会计机构负责人、会计主管人员签名或者盖章。单位领导人对财务会计报告的合法性、真实性负法律责任。

国有企业、国有控股的或者占主导地位的企业，应当至少每年一次向本企业的职工代表大会公布财务会计报告，并重点说明下列事项：①反映与职工利益密切相关的信息，包括：管理费用的构成情况，企业管理人员工资、福利和职工工资、福利费用的发放、使用和结余情况，公益金的提取及使用情况，利润分配的情况以及其他与职工利益相关的信息；②内部审计发现的问题及纠正情况；③注册会计师审计的情况；④国家审计机关发现的问题及纠正情况；⑤重大的投资、融资和资产处置决策及其原因的说明；⑥需要说明的其他重要事项。

接受企业财务会计报告的组织或者个人，在企业财务会计报告未正式对外披露前，应当对其内容保密。

（七）账务核对和财产清查

1. 账务核对

账务核对，又称对账，是保证会计账簿记录质量的重要程序。各单位应当定期对会计账簿记录的有关数字与库存实物、货币资金、有价证券、往来单位或者个人等进行相互核对，保证会计账簿记录与实物及款项的实有数额相符、会计账簿记录与会计凭证的有关内容相符、会计账簿之间相对应的记录相符、会计账簿记录与会计报表的有关内容相符，即账证相符、账账相符、账实相符。对账工作每年至少进行一次。

（1）账证核对。核对会计账簿记录与原始凭证、记账凭证的时间、凭证字号、内容、金额是否一致，记账方向是否相符。

（2）账账核对。核对不同会计账簿之间的账簿记录是否相符。包括：总账有关账户的余额核对，总账与明细账核对，总账与日记账核对，会计部门的财产物资明细账与财产物资保管和使用部门的有关明细账核对等。

（3）账实核对。核对会计账簿记录与财产等实有数额是否相符。包括：现金日记账账面余额与现金实际库存数相核对，银行存款日记账账面余额定期与银行对账单相核对，各种财物明细账账面余额与财物实存数额相核对，各种应收、应付款明细账账面余额与有关债务、债权单位或者个人核对等。

2. 财产清查

财产清查，是会计核算工作的一项重要程序，特别是在编制年度财务会计报告之前，必须进行财产清查,并对账实不符等问题根据国家统一的会计制度的规定进行会计处理,以保证财务会计报告反映的会计信息真实、完整。

财产清查制度是通过定期或不定期、全面或部分地对各项财产物资进行实地盘点和对库存现金、银行存款、债权债务进行清查核实的一种制度。通过清查,可以发现财产管理工作中存在的问题,以便查清原因,改善经营管理,保护财产的完整和安全;可以确定各项财产的实存数,以便查明实存数与账面数是否相符,并查明不符的原因和责任,制定相应措施,做到账实相符,保证会计资料的真实性。

二、会计档案管理

会计档案是记录和反映经济业务事项的重要史料和证据。单位应当加强会计档案管理工作,建立和完善会计档案的收集、整理、保管、利用和鉴定销毁等管理制度,采取可靠的安全防护技术和措施,保证会计档案的真实、完整、可用、安全。

(一) 会计档案的概念

会计档案是指单位在进行会计核算等过程中接收或形成的,记录和反映单位经济业务事项的,具有保存价值的文字、图表等各种形式的会计资料,包括通过计算机等电子设备形成、传输和存储的电子会计档案。各单位的预算、计划、制度等文件材料属于文书档案,不属于会计档案。

(二) 会计档案的归档

1. 会计档案的归档范围

下列会计资料应当进行归档:

(1) 会计凭证,包括原始凭证、记账凭证;

(2) 会计账簿,包括总账、明细账、日记账、固定资产卡片及其他辅助性账簿;

(3) 财务会计报告,包括月度、季度、半年度财务会计报告和年度财务会计报告;

(4) 其他会计资料,包括银行存款余额调节表、银行对账单、纳税申报表、会计档案移交清册、会计档案保管清册、会计档案销毁清册、会计档案鉴定意见书及其他具有保存价值的会计资料。

2. 会计档案的归档要求

(1) 单位可以利用计算机、网络通信等信息技术手段管理会计档案。同时满足下列条件的,单位内部形成的属于归档范围的电子会计资料可仅以电子形式保存,形成电子会计档案:①形成的电子会计资料来源真实有效,由计算机等电子设备形成和传输;②使用的会计核算系统能够准确、完整、有效接收和读取电子会计资料,能够输出符合国家标准归档格式的会计凭证、会计账簿、财务会计报表等会计资料,设定了经办、审核、审批等必要的审签程序;③使用的电子档案管理系统能够有效接收、管理、利用电子会计档案,符合电子档案的长期保管要求,并建立了电子会计档案与相关联的其他纸质会计档案的检索关系;④采取有效措施,防止电子会计档案被篡改;⑤建立电子会计档案备份制度,能够有效防范自然灾害、意外事故和人为破坏的影响;⑥形成的电子会计资料不属于具有永久保存价值或者其他重要保存价值的会计档案。满足上述条件,单位从外部接收的电子会计资料附有符合《中华人民共和国电子签名法》规定的电子签名的,可仅以电子形式归档保存,形成电子会计档案。

(2) 单位的会计机构或会计人员所属机构(以下统称单位会计管理机构)按照归档范围和归档要求,负责定期将应当归档的会计资料整理立卷,编制会计档案保管清册。

(3) 当年形成的会计档案,在会计年度终了后,可由单位会计管理机构临时保管 1 年,再移交单位档案管理机构保管。因工作需要确需推迟移交的,应当经单位档案管理机构同意。单位会计管理机构临时保管会计档案最长不超过 3 年。临时保管期间,会计档案的保管应当符合国家档案管理的有关规定,且出纳人员不得兼管会计档案。

(三) 会计档案的移交和利用

1. 会计档案的移交

单位会计管理机构在办理会计档案移交时,应当编制会计档案移交清册,并按照国家档案管理的有关规定办理移交手续。

纸质会计档案移交时应当保持原卷的封装。电子会计档案移交时应当将电子会计档案及其元数据一并移交,且文件格式应当符合国家档案管理的有关规定。特殊格式的电子会计档案应当与其读取平台一并移交。

单位档案管理机构接收电子会计档案时,应当对电子会计档案的准确性、完整性、可用性、安全性进行检测,符合要求的才能接收。

2. 会计档案的利用

单位应当严格按照相关制度利用会计档案,在进行会计档案查阅、复制、借出时履行登记手续,严禁篡改和损坏。

单位保存的会计档案原则上不得对外借出。确因工作需要且根据国家有关规定必须借出的,应当严格按照规定办理相关手续。会计档案借用单位应当妥善保管和利用借入的会计档案,确保借入会计档案的安全完整,并在规定时间内归还。

(四) 会计档案的保管期限

会计档案保管期限分为永久、定期两类。会计档案的保管期限是从会计年度终了后的第一天算起。永久,即是指会计档案须永久保存;定期,是指会计档案保存应达到法定的时间,定期保管期限一般分为 10 年和 30 年。《会计档案管理办法》规定的会计档案保管期限为最低保管期限。单位会计档案的具体名称如有与《会计档案管理办法》附表所列档案名称不相符的,应当比照类似档案的保管期限办理。《会计档案管理办法》规定的会计档案保管期限见表 2-1、表 2-2。

表 2-1　　　　　　　　企业和其他组织会计档案保管期限表

序号	档案名称	保管期限	备注
一	会计凭证		
1	原始凭证	30 年	
2	记账凭证	30 年	
二	会计账簿		
3	总账	30 年	
4	明细账	30 年	
5	日记账	30 年	
6	固定资产卡片		固定资产报废清理后保管 5 年
7	其他辅助性账簿	30 年	
三	财务会计报告		
8	月度、季度、半年度财务报告	10 年	
9	年度财务报告	永久	
四	其他会计资料		
10	银行存款余额调节表	10 年	
11	银行对账单	10 年	
12	纳税申报表	10 年	
13	会计档案移交清册	30 年	
14	会计档案保管清册	永久	
15	会计档案销毁清册	永久	
16	会计档案鉴定意见书	永久	

表 2-2　　　　财政总预算、行政单位、事业单位和税收会计档案保管期限表

序号	档案名称	保管期限			备注
		财政总预算	行政单位事业单位	税收会计	
一	会计凭证				
1	国家金库编送的各种报表及缴库退库凭证	10 年		10 年	
2	各收入机关编送的报表	10 年			
3	行政单位和事业单位的各种会计凭证		30 年		包括：原始凭证、记账凭证和传票汇总表
4	财政总预算拨款凭证和其他会计凭证	30 年			包括：拨款凭证和其他会计凭证
二	会计账簿				

续表

序号	档案名称	保管期限			备注
		财政总预算	行政单位事业单位	税收会计	
5	日记账		30 年	30 年	
6	总账	30 年	30 年	30 年	
7	税收日记账（总账）			30 年	
8	明细分类、分户账或登记簿	30 年	30 年	30 年	
9	行政单位和事业单位固定资产卡片				固定资产报废清理后保管 5 年
三	财务会计报告				
10	政府综合财务报告	永久			下级财政、本级部门和单位报送的保管 2 年
11	部门财务报告		永久		所属单位报送的保管 2 年
12	财政总决算	永久			下级财政、本级部门和单位报送的保管 2 年
13	部门决算		永久		所属单位报送的保管 2 年
14	税收年报（决算）			永久	
15	国家金库年报（决算）	10 年			
16	基本建设拨款、贷款年报（决算）	10 年			
17	行政单位和事业单位会计月、季度报表		10 年		所属单位报送的保管 2 年
18	税收会计报表			10 年	所属税务机关报送的保管 2 年
四	其他会计资料				
19	银行存款余额调节表	10 年	10 年		
20	银行对账单	10 年	10 年	10 年	
21	会计档案移交清册	30 年	30 年	30 年	
22	会计档案保管清册	永久	永久	永久	
23	会计档案销毁清册	永久	永久	永久	
24	会计档案鉴定意见书	永久	永久	永久	

注：税务机关的税务经费会计档案保管期限，按行政单位会计档案保管期限规定办理。

（五）会计档案的鉴定和销毁

1. 会计档案的鉴定

单位应当定期对已到保管期限的会计档案进行鉴定，并形成会计档案鉴定意见书。经鉴定，仍需继续保存的会计档案，应当重新划定保管期限；对保管期满，确无保存价值的会计档案，可以销毁。会计档案鉴定工作应当由单位档案管理机构牵头，组织单位会计、审计、纪检监察等机构或人员共同进行。

2. 会计档案的销毁

经鉴定可以销毁的会计档案，销毁的基本程序和要求是：

（1）单位档案管理机构编制会计档案销毁清册，列明拟销毁会计档案的名称、卷号、册数、起止年度、档案编号、应保管期限、已保管期限和销毁时间等内容。

（2）单位负责人、档案管理机构负责人、会计管理机构负责人、档案管理机构经办人、会计管理机构经办人在会计档案销毁清册上签署意见。

（3）单位档案管理机构负责组织会计档案销毁工作，并与会计管理机构共同派员监销。监销人在会计档案销毁前应当按照会计档案销毁清册所列内容进行清点核对；在会计档案销毁后，应当在会计档案销毁清册上签名或盖章。

电子会计档案的销毁还应当符合国家有关电子档案的规定，并由单位档案管理机构、会计管理机构和信息系统管理机构共同派员监销。

3. 不得销毁的会计档案

保管期满但未结清的债权债务原始凭证和涉及其他未了事项的会计凭证不得销毁，纸质会计档案应当单独抽出立卷，电子会计档案单独转存，保管到未了事项完结时为止。单独抽出立卷或转存的会计档案，应当在会计档案鉴定意见书、会计档案销毁清册和会计档案保管清册中列明。

（六）特殊情况下的会计档案处置

1. 单位分立情况下的会计档案处置

单位分立后原单位存续的，其会计档案应当由分立后的存续方统一保管，其他方可以查阅、复制与其业务相关的会计档案。单位分立后原单位解散的，其会计档案应当经各方协商后由其中一方代管或按照国家档案管理的有关规定处置，各方可以查阅、复制与其业务相关的会计档案。

单位分立中未结清的会计事项所涉及的会计凭证，应当单独抽出由业务相关方保存，并按照规定办理交接手续。

单位因业务移交其他单位办理所涉及的会计档案，应当由原单位保管，承接业务单位可以查阅、复制与其业务相关的会计档案。对其中未结清的会计事项所涉及的会计凭证，应当单独抽出由承接业务单位保存，并按照规定办理交接手续。

2. 单位合并情况下的会计档案处置

单位合并后原各单位解散或者一方存续其他方解散的，原各单位的会计档案应当由合并后的单位统一保管。单位合并后原各单位仍存续的，其会计档案仍应当由原各单位保管。

3. 建设单位项目建设会计档案的交接

建设单位在项目建设期间形成的会计档案，需要移交给建设项目接收单位的，应当在办理竣工财务决算后及时移交，并按照规定办理交接手续。

4. 单位之间交接会计档案的手续

单位之间交接会计档案时，交接双方应当办理会计档案交接手续。移交会计档案的单位，应当编制会计档案移交清册，列明应当移交的会计档案名称、卷号、册数、起止年度、档案编号、应保管期限和已保管期限等内容。交接会计档案时，交接双方应当按照会计档案移交清册所列内容逐项交接，并由交接双方的单位有关负责人负责监督。交接完毕后，交接双方经办人和监督人应当在会计档案移交清册上签名或盖章。电子会计档案应当与其元数据一并移交，特殊格式的电子会计档案应当与其读取平台一并移交。档案接收单位应当对保存电子会计档案的载体及其技术环境进行检验，确保所接收电子会计档案的准确、完整、可用和安全。

三、会计监督

会计监督是会计的基本职能之一，是对单位的经济活动进行检查监督，借以控制经济活动，使经济活动能够根据一定的方向、目标、计划，遵循一定的原则正常进行。会计监督可分为单位内部监督、政府监督和社会监督。

（一）会计工作的单位内部监督

会计工作的单位内部监督制度，是指为了保护其资产的安全、完整，保证其经营活动符合国家法律、法规和内部有关管理制度，提高经营管理水平和效率，而在单位内部采取的一系列相互制约、相互监督的制度与方法。

1. 会计工作的单位内部监督的概念和要求

会计工作的单位内部监督是指各单位的会计机构、会计人员依据法律、法规、国家统一的会计制度及单位内部会计管理制度等的规定，通过会计手段对本单位经济活动的合法性、合理性和有效性进行监督。内部会计监督的主体是各单位的会计机构、会计人员，内部会计监督的对象是单位的经济活动。

会计工作的单位内部监督的内容十分广泛，涉及人、财、物等诸多方面，各单位应当建立、健全本单位内部会计监督制度。单位内部会计监督制度应当符合下列要求：①记账人员与经济业务事项和会计事项的审批人员、经办人员、财务保管人员的职责权限应当明确，并相互分离、相互制约；②重大对外投资、资产处置、资金调度和其他重要经济业务事项的决策和执行的相互监督、相互制约程序应当明确；③财产清查的范围、期限和组织程序应当明确；④对会计资料定期进行内部审计的办法和程序应当明确。

会计机构、会计人员对违反《会计法》和国家统一的会计制度规定的会计事项，有权拒绝办理或者按照职权予以纠正。发现会计账簿记录与实物、款项及有关资料不相符的，按照国家统一的会计制度的规定有权自行处理的，应当及时处理；无权处理的，应当立即向单位负责人报告，请求查明原因，做出处理。单位负责人应当保证会计机构、会计人员依法履行职责，不得授意、指使、强令会计机构、会计人员违法办理会计事项。

2. 单位内部控制制度

（1）内部控制的概念与原则

内部控制是指单位为实现控制目标，通过制定制度、实施措施和执行程序，对经济活动的风险进行防范和管控。

单位建立与实施内部控制，应当遵循下列原则：①全面性原则，指内部控制应当贯穿单位经济活动的决策、执行和监督全过程。②重要性原则，指在全面控制的基础上，应当关注单位重要经济活动和经济活动的重大风险。③制衡性原则，指内部控制应当在治理结构、机构设置及权责分配、业务流程等方面形成相互制约、相互监督。④适应性原则，指内部控制应当符合国家有关规定和单位的实际情况，并随着情况的变化及时加以调整。⑤成本效益原则，指企业内部控制应当权衡实施成本与预期效益，以合理的成本实施有效控制。

小企业建立与实施内部控制，应当遵循下列原则：①风险导向原则。内部控制应当以防范风险为出发点，重点关注对实现内部控制目标造成重大影响的风险领域。②适应性原则。内部控制应当与企业发展阶段、经营规模、管理水平等相适应，并随着情况的变化及时加以调整。③实质重于形式原则。内部控制应当注重实际效果，而不局限于特定的表现形式和实现手段。④成本效益原则。内部控制应当权衡实施成本与预期效益，以合理的成本实施有效控制。

（2）企业内部控制措施

①不相容职务分离控制。要求企业全面系统地分析、梳理业务流程中所涉及的不相容职务，实施相应的分离措施，形成各司其职、各负其责、相互制约的工作机制。不相容职务是指那些如果由一人担任，既可能发生错误舞弊行为，又可能掩盖其错误和舞弊行为的职务。不相容职务主要包括：授权批准与业务经办、业务经办与会计记录、会计记录与财产保管、业务经办与稽核检查、授权批准与监督检查等。

②授权审批控制。要求企业根据常规授权和特别授权的规定，明确各岗位办理业务和事项的权限范围、审批程序和相应责任。

③会计系统控制。要求企业严格执行国家统一的会计准则制度，加强会计基础工作，明确会计凭证、会计账簿和财务会计报告的处理程序，保证会计资料真实完整。

④财产保护控制。要求企业建立财产日常管理和定期清查制度，采取财产记录、实物保管、定期盘点、账实核对等措施，确保财产安全。

⑤预算控制。要求企业实施全面预算管理制度，明确各责任单位在预算管理中的职责权限，规范预算的编制、审定、下达和执行程序，强化预算约束。

⑥运营分析控制。要求企业建立运营情况分析制度，经理层应当综合运用生产、购销、投资、筹资、财务等方面的信息，通过因素分析、对比分析、趋势分析等方法，定期开展运营情况分析，发现存在的问题，及时查明原因并加以改进。

⑦绩效考评控制。要求企业建立和实施绩效考评制度，科学设置考核指标体系，对企业内部各责任单位和全体员工的业绩进行定期考核和客观评价，将考核结果作为确定员工

薪酬以及职务晋升、评优、降级、调岗、辞退等的依据。

（3）行政事业单位内部控制方法

①不相容岗位相互分离。合理设置内部控制关键岗位，明确划分职责权限，实施相应的分离措施，形成相互制约、相互监督的工作机制。

②内部授权审批控制。明确各岗位办理业务和事项的权限范围、审批程序和相关责任，建立重大事项集体决策和会签制度。相关工作人员应当在授权范围内行使职权、办理业务。

③归口管理。根据本单位实际情况，按照权责对等的原则，采取成立联合工作小组并确定牵头部门或牵头人员等方式，对有关经济活动实行统一管理。

④预算控制。强化对经济活动的预算约束，使预算管理贯穿单位经济活动的全过程。

⑤财产保护控制。建立资产日常管理制度和定期清查制度，采取资产记录、实物保管、定期盘点、账实核对等措施，确保资产安全完整。

⑥会计控制。建立健全本单位财会管理制度，加强会计机构建设，提高会计人员业务水平，强化会计人员岗位责任制，规范会计基础工作，加强会计档案管理，明确会计凭证、会计账簿和财务会计报告处理程序。

⑦单据控制。要求单位根据国家有关规定和单位的经济活动业务流程，在内部管理制度中明确界定各项经济活动所涉及的表单和票据，要求相关工作人员按照规定填制、审核、归档、保管单据。

⑧信息内部公开。建立健全经济活动相关信息内部公开制度，根据国家有关规定和单位的实际情况，确定信息内部公开的内容、范围、方式和程序。

（二）会计工作的政府监督

1. 会计工作政府监督的概念

会计工作的政府监督，主要是指财政部门代表国家对各单位和单位中相关人员的会计行为实施的监督检查，以及对发现的违法会计行为实施行政处罚。这里所说的财政部门，是指国务院财政部门、省级以上人民政府财政部门派出机构和县级以上人民政府财政部门。

此外，《会计法》规定，除财政部门外，审计、税务、人民银行、证券监管、保险监管等部门依照有关法律、行政法规规定的职责和权限，可以对有关单位的会计资料实施监督检查。依法实施监督检查后，应当出具检查结论。

2. 财政部门会计监督的主要内容

财政部门对各单位的下列情况实施监督：

（1）是否依法设置会计账簿。

（2）会计凭证、会计账簿、财务会计报告和其他会计资料是否真实、完整。

（3）会计核算是否符合《会计法》和国家统一的会计制度的规定。

（4）从事会计工作的人员是否具备专业能力，是否遵守职业道德。

在对各单位会计凭证、会计账簿、财务会计报告和其他会计资料的真实性、完整性实施监督,发现重大违法嫌疑时,国务院财政部门及其派出机构可以向与被监督单位有经济业务往来的单位和被监督单位开立账户的金融机构查询有关情况,有关单位和金融机构应当给予支持。

依法对有关单位的会计资料实施监督检查的部门及其工作人员,对在监督检查中知悉的国家秘密和商业秘密负有保密义务。

(三) 会计工作的社会监督

1. 会计工作社会监督的概念

会计工作的社会监督,主要是指由注册会计师及其所在的会计师事务所等中介机构接受委托,依法对单位的经济活动进行审计,出具审计报告,发表审计意见的一种监督制度。

根据《会计法》的规定,法律、行政法规规定须经注册会计师进行审计的单位,应当向受委托的会计师事务所如实提供会计凭证、会计账簿、财务会计报告和其他会计资料以及有关情况。任何单位或者个人不得以任何方式要求或者示意注册会计师及其所在的会计师事务所出具不实或者不当的审计报告。

《会计法》规定,任何单位和个人对违反《会计法》和国家统一的会计制度规定的行为,有权检举。这是为了充分发挥社会各方面的力量,鼓励任何单位和个人检举违法会计行为,也属于会计工作社会监督的范畴。

2. 注册会计师审计报告

(1) 审计报告的概念和要素

审计报告,是指注册会计师根据审计准则的规定,在执行审计工作的基础上,对被审计单位财务报表发表审计意见的书面文件。注册会计师应当就财务报表是否在所有重大方面按照适用的财务报告编制基础编制,并实现公允反映形成审计意见。

审计报告应当包括下列要素:标题,收件人,引言段,管理层对财务报表的责任段,注册会计师的责任段,审计意见段,注册会计师的签名和盖章,会计师事务所的名称、地址和盖章,报告日期。

(2) 审计报告的种类和审计意见的类型

审计报告分为标准审计报告和非标准审计报告。

标准审计报告,是指不含有说明段、强调事项段、其他事项段或其他任何修饰性用语的无保留意见的审计报告。包含其他报告责任段,但不含有强调事项段或其他事项段的无保留意见的审计报告也被视为标准审计报告。

非标准审计报告,是指带强调事项段或其他事项段的无保留意见的审计报告和非无保留意见的审计报告。非无保留意见包括保留意见、否定意见和无法表示意见三种类型。

无保留意见,是指当注册会计师认为财务报表在所有重大方面按照适用的财务报告编制基础编制,并实现公允反映时发表的审计意见。

当存在下列情形之一时，注册会计师应当在审计报告中发表非无保留意见：①根据获取的审计证据，得出财务报表整体存在重大错报的结论；②无法获取充分、适当的审计证据，不能得出财务报表整体不存在重大错报的结论。

当存在下列情形之一时，注册会计师应当发表保留意见：①在获取充分、适当的审计证据后，注册会计师认为错报单独或汇总起来对财务报表影响重大，但不具有广泛性；②注册会计师无法获取充分、适当的审计证据以作为形成审计意见的基础，但认为未发现的错报（如存在）对财务报表可能产生的影响重大，但不具有广泛性。

在获取充分、适当的审计证据以作为形成审计意见的基础，但认为未发现的错报（如存在）对财务报表可能产生的影响重大且具有广泛性，注册会计师应当发表否定意见。

如果无法获取充分、适当的审计证据以作为形成审计意见的基础，但认为未发现的错报（如存在）对财务报表可能产生的影响重大且具有广泛性，注册会计师应当发表无法表示意见。在极其特殊的情况下，可能存在多个不确定事项。尽管注册会计师对每个单独的不确定事项获取了充分、适当的审计证据，但由于不确定事项之间可能存在相互影响，以及可能对财务报表产生累积影响，注册会计师不可能对财务报表形成审计意见。在这种情况下，注册会计师应当发表无法表示意见。

第三节　会计机构和会计人员

> **课程思政**
>
> **"会计机构和会计人员"的会计责任**
>
> 中华文明经历了5 000多年的历史变迁，但始终一脉相承，积淀着中华民族最深层的精神追求，代表着中华民族独特的精神标识。党的十九大以来，习近平总书记在多个场合谈到中国传统文化，表达了自己对传统文化、传统思想价值体系的认同与尊崇，文化自信是一个民族、一个国家以及一个政党对自身文化价值的充分肯定和积极践行，并对其文化生命力持有的坚定信心。推动中国传统文化的蓬勃发展是当代大学生的责任，提高学生在双创领域的会计思维和会计实践能力，鼓励学生积极参与双创比赛项目，让学生在其中进行会计技能的实际应用，是推动双创教育和提高会计责任意识的重要途径。

一、会计机构

会计机构，是指各单位办理会计事务的职能部门。根据《会计法》的规定，各单位应当根据会计业务的需要，设置会计机构，或者在有关机构中设置会计人员并指定会计主管人员；不具备设置条件的，应当委托经批准从事会计代理记账业务的中介机构代理记账。

二、代理记账

代理记账，是指代理记账机构接受委托办理会计业务。代理记账机构是指依法取得代理记账资格，从事代理记账业务的机构。《会计基础工作规范》规定，没有设置会计记账机构或者配备会计人员的单位，应当根据《代理记账管理办法》的规定，委托会计师事务所或者持有代理记账许可证书的代理记账机构进行代理记账。

（一）代理记账机构的审批

除会计师事务所以外的机构从事代理记账业务，应当经县级以上人民政府财政部门（以下简称"审批机关"）批准，领取由财政部统一规定样式的代理记账许可证书。具体审批机关由省、自治区、直辖市、计划单列市人民政府财政部门确定。

会计师事务所及其分所可以依法从事代理记账业务。

（二）代理记账的业务范围

代理记账机构可以接受委托办理下列业务：

（1）根据委托人提供的原始凭证和其他相关资料，按照国家统一的会计制度的规定进行会计核算，包括审核原始凭证、填制记账凭证、登记会计账簿、编制财务会计报告等；

（2）对外提供财务会计报告；

（3）向税务机关提供税务资料；

（4）委托人委托的其他会计业务。

（三）委托人、代理记账机构及其从业人员各自的义务

1. 委托人委托代理记账机构代理记账，应当在相互协商的基础上，订立书面委托合同。委托合同除应具备法律规定的基本条款外，应当明确下列内容：①会计资料的真实性、完整性，各自应当承担的责任；②会计资料传递程序和签收手续；③编制和提供财务会计报告的要求；④会计档案的保管要求及相应的责任；⑤终止委托合同应当办理的会计业务交接事宜。

2. 委托人应当履行下列义务：①对本单位发生的经济业务事项，应当填制或者取得符合国家统一的会计制度规定的原始凭证；②应当配备专人负责日常货币收支和保管；③及时向代理记账机构提供真实、完整的原始凭证和其他相关资料；④对于代理记账机构退回的，要求按照国家统一的会计制度规定进行更正、补充的原始凭证，应当及时予以更正、补充。

3. 代理记账机构及其从业人员应当履行下列义务：①遵守有关法律、法规和国家统一的会计制度的规定，按照委托合同办理代理记账业务；②对在执行业务中知悉的商业秘密予以保密；③对委托人要求其做出不当的会计处理，提供不实的会计资料，以及其他不符合法律、法规和国家统一的会计制度行为的予以拒绝；④对委托人提出的有关会计处理的相关问题予以解释。

代理记账机构为委托人编制的财务会计报告,经代理记账机构负责人和委托人负责人签名并盖章后,按照有关法律、法规和国家统一的会计制度的规定对外提供。

三、会计岗位设置

(一)会计工作岗位设置要求

会计工作岗位,是指一个单位会计机构内部根据业务分工而设置的职能岗位。根据《会计基础工作规范》的要求,各单位应当根据会计业务需要设置会计工作岗位。会计工作岗位一般可分为:会计机构负责人或者会计主管人员、出纳、财产物资核算、工资核算、成本费用核算、财务成果核算、资金核算、往来结算、总账报表、稽核、档案管理等。开展会计电算化和管理会计的单位,可以根据需要设置相应的岗位,也可以与其他岗位相结合。

会计工作岗位,可以一人一岗、一人多岗或者一岗多人。但出纳人员不得兼任(兼管)稽核、会计档案保管以及收入、支出、费用、债权债务账目的登记工作。会计人员的工作岗位应当有计划地进行轮换。档案管理部门的人员管理会计档案,不属于会计岗位。

(二)会计人员回避制度

国家机关、国有企业、事业单位任用会计人员应当实行回避制度。单位领导人的直系亲属不得担任本单位的会计机构负责人、会计主管人员。会计机构负责人、会计主管人员的直系亲属不得在本单位会计机构中担任出纳工作。需要回避的直系亲属为:夫妻关系、直系血亲关系、三代以内旁系血亲以及配偶亲关系。

四、会计人员

(一)会计人员的概念和范围

会计人员,是指根据《会计法》的规定,在国家机关、社会团体、企业、事业单位和其他组织(以下统称"单位")中从事会计核算、实行会计监督等会计工作的人员。

会计人员包括从事下列具体会计工作的人员:①出纳;②稽核;③资产、负债和所有者权益(净资产)的核算;④收入、费用(支出)的核算;⑤财务成果(政府预算执行结果)的核算;⑥财务会计报告(决算报告)编制;⑦会计监督;⑧会计机构内会计档案管理;⑨其他会计工作。担任单位会计机构负责人(会计主管人员)、总会计师的人员,属于会计人员。

(二)对会计人员的一般要求

会计人员从事会计工作,应当符合下列要求:(1)遵守《会计法》和国家统一的会计制度等法律法规;(2)具备良好的职业道德;(3)按照国家有关规定参加继续教育;(4)具备从事会计工作所需要的专业能力。

会计人员具有会计类专业知识,基本掌握会计基础知识和业务技能,能够独立处理基本会计业务,表明具备从事会计工作所需要的专业能力。

会计机构负责人或会计主管人员，是在一个单位内具体负责会计工作的中层领导人员。担任单位会计机构负责人（会计主管人员）的，应当具备会计师以上专业技术职务资格或者从事会计工作3年以上经历。

（三）会计工作的禁入规定

因有提供虚假财务会计报告，做假账，隐匿或者故意销毁会计凭证、会计账簿、财务会计报告，贪污，挪用公款，职务侵占等与会计职务有关的违法行为被依法追究刑事责任的人员，不得再从事会计工作。

因伪造、变造会计凭证、会计账簿，编制虚假财务会计报告，隐匿或者故意销毁依法应当保存的会计凭证、会计账簿、财务会计报告，尚不构成犯罪的，5年内不得从事会计工作。

会计人员具有违反国家统一的会计制度的一般违法行为，情节严重的，5年内不得从事会计工作。

（四）会计专业职务与会计专业技术资格

1. 会计专业职务（会计职称）

根据2019年1月11日人力资源社会保障部、财政部《关于深化会计人员职称制度改革的指导意见》（人社部发〔2019〕8号），会计人员职称层级分为初级、中级、副高级和正高级。初级职称只设助理级，高级职称分设副高级和正高级，形成初级、中级、高级层次清晰、相互衔接、体系完整的会计人员职称评价体系。初级、中级、副高级和正高级职称名称依次为助理会计师、会计师、高级会计师和正高级会计师。

2. 会计专业技术资格

会计专业技术资格，是指担任会计专业职务的任职资格，以下简称"会计资格"。

会计专业技术资格分为初级资格、中级资格和高级资格三个级别，分别对应初级、中级、副高级会计职称（会计专业职务）的任职资格。目前，初级、中级资格实行全国统一考试制度，高级会计师资格实行考试与评审相结合的制度。

通过全国统一考试取得初级或中级会计专业技术资格的会计人员，表明其已具备担任相应级别会计专业技术职务的任职资格。用人单位可根据工作需要和德才兼备的原则，从获得会计专业技术资格的会计人员中择优聘任。

（五）会计人员继续教育

根据《会计专业技术人员继续教育规定》，国家机关、企业、事业单位以及社会团体等组织（以下统称"单位"）具有会计专业技术资格的人员，或不具有会计专业技术资格但从事会计工作的人员（以下简称"会计专业技术人员"）享有参加继续教育的权利和接受继续教育的义务。用人单位应当保障本单位会计专业技术人员参加继续教育的权利。

具有会计专业技术资格的人员应当自取得会计专业技术资格的次年开始参加继续教育，并在规定时间内取得规定学分。不具有会计专业技术资格但从事会计工作的人员应当自从事会计工作的次年开始参加继续教育，并在规定时间内取得规定学分。

继续教育内容包括公需科目和专业科目。公需科目包括专业技术人员应当普遍掌握的法律法规、政策理论、职业道德、技术信息等基本知识。专业科目包括会计专业技术人员从事会计工作应当掌握的财务会计、管理会计、财务管理、内部控制与风险管理、会计信息化、会计职业道德、财税金融、会计法律法规等相关专业知识。

会计专业技术人员参加继续教育实行学分制管理。每年参加继续教育取得的学分不少于90学分，其中，专业科目一般不少于总学分的2/3。会计专业技术人员参加继续教育取得的学分，在全国范围内当年度有效，不得结转以后年度。对会计专业技术人员参加继续教育情况实行登记管理。

用人单位应当建立本单位会计专业技术人员继续教育与使用、晋升相衔接的激励机制，将参加继续教育情况作为会计专业技术人员考核评价、岗位聘用的重要依据。会计专业技术人员参加继续教育情况，应当作为聘任会计专业技术职务或者申报评定上一级资格的重要条件。

（六）总会计师

总会计师是主管本单位会计工作的行政领导，是单位行政领导成员，协助单位主要行政领导人工作，直接对单位主要行政领导人负责。凡设置总会计师的单位，在单位行政领导成员中，不设与总会计师职权重叠的副职。总会计师组织领导本单位的财务管理、成本管理、预算管理、会计核算和会计监督等方面的工作，参与本单位重要经济问题的分析和决策。

《会计法》规定，国有的和国有资产占控股地位或者主导地位的大、中型企业必须设置总会计师。《会计基础工作规范》要求，大、中型企业、事业单位、业务主管部门应当根据法律和国家有关规定设置总会计师。总会计师由具有会计师以上专业技术资格的人员担任。《总会计师条例》规定，事业单位和业务主管部门根据需要，经批准可以设置总会计师。其他单位可以根据业务需要，自行决定是否设置总会计师。

五、会计工作交接

（一）会计工作交接的概念与责任

会计工作交接，是指会计人员工作调动或因故离职时，与接管人员办理交接手续的一种工作程序。办理好会计工作交接，有利于分清移交人员和接管人员的责任，可以使会计工作前后衔接，保证会计工作顺利进行。

会计人员工作调动或者因故离职，必须将本人所经管的会计工作全部移交给接替人员。未办理清楚交接手续的，不得调动或者离职。移交人员对所移交的会计凭证、会计账簿、会计报表和其他有关资料的合法性、真实性承担法律责任。接替人员应当认真接管移交工作，并继续办理移交的未了事项。

会计人员临时离职或者因病不能工作且需要接替或者代理的，会计机构负责人（会计主管人员）或者单位领导人必须指定有关人员接替或者代理，并办理交接手续。临时离职或者因病不能工作的会计人员恢复工作的，应当与接替或者代理人员办理交接手续。移交人员因病或者其他特殊原因不能亲自办理移交的，经单位领导人批准，可由移交人员委托他人代办移交，但委托人应当承担对所移交的会计凭证、会计账簿、会计报表和其他有关资料的合法性、真实性的法律责任。

单位撤销时，必须留有必要的会计人员，会同有关人员办理清理工作，编制决算。未完成移交前，不得离职。接收单位和移交日期由主管部门确定。单位合并、分立的，其会计工作交接手续比照上述有关规定办理。

（二）会计工作移交前的准备工作

会计人员办理移交手续前，必须及时做好以下工作：①已经受理的经济业务尚未填制会计凭证的，应当填制完毕。②尚未登记的账目，应当登记完毕，并在最后一笔账目余额后加盖经办人员印章。③整理应该移交的各项资料，对未了事项写出书面材料。④编制移交清册，列明应当移交的会计凭证、会计账簿、会计报表、印章、现金、有价证券、支票簿、发票、文件、其他会计资料和物品等内容；实行会计电算化的单位，从事该项工作的移交人员还应当在移交清册中列明会计软件及密码、会计软件数据磁盘（磁带等）及有关资料、实物等内容。

（三）会计工作交接与监交

会计人员办理交接手续，必须有监交人负责监交。一般会计人员办理交接手续，由会计机构负责人（会计主管人员）监交；会计机构负责人（会计主管人员）办理交接手续时，由单位负责人监交，必要时主管单位可以派人会同监交。

移交人员在办理移交时，要按移交清册逐项移交；接替人员要逐项核对点收。①现金、有价证券要根据会计账簿有关记录进行点交。库存现金、有价证券必须与会计账簿记录保持一致。不一致时，移交人员必须限期查清。②会计凭证、会计账簿、会计报表和其他会计资料必须完整无缺。如有短缺，必须查清原因，并在移交清册中注明，由移交人员负责。③银行存款账户余额要与银行对账单核对，如不一致，应当编制银行存款余额调节表调节相符，各种财产物资和债权债务的明细账户余额要与总账有关账户余额核对相符；必要时，要抽查个别账户的余额，与实物核对相符，或者与往来单位、个人核对清楚。④移交人员经管的票据、印章和其他实物等，必须交接清楚；移交人员从事会计电算化工作的，要对有关电子数据在实际操作状态下进行交接。⑤会计机构负责人（会计主管人员）移交时，还必须将全部财务会计工作、重大财务收支和会计人员的情况等向接替人员详细介绍。对需要移交的遗留问题，应当写出书面材料。

交接完毕后，交接双方和监交人要在移交清册上签名或者盖章，并应在移交清册上注明：单位名称、交接日期、交接双方和监交人的职务、姓名、移交清册页数以及需要说明的问题和意见等。移交清册一般应当填制一式三份，交接双方各执一份，存档一份。

接替人员应当继续使用移交的会计账簿，不得自行另立新账，以保持会计记录的连续性。

第四节　会计职业道德

课程思政

康美药业财务造假恶意欺骗投资者

今年4月30日，康美药业在一份标题为《关于前期会计差错更正的公告》中披露了2017年年报中出现的14项会计错误。公告称，由于财务数据出现会计差错，造成康美药业2017年营业收入多计入88.98亿元，营业成本多计入76亿元，销售费用少计入5亿元，财务费用少计入2亿元，销售商品多计入102亿元，货币资金多计入299亿元，筹资活动有关的现金项目多计入3亿元。

随着证监会的立案调查，康美药业"不翼而飞"的300亿元逐渐浮出水面。证监会表示：经查，2016年至2018年，康美药业涉嫌通过仿造、变造增值税发票等方式虚增营业收入，通过伪造、变造大额定期存单等方式虚增货币资金，将不满足会计确认和计量条件工程项目纳入报表，虚增固定资产等。同时，康美药业涉嫌未在相关年度报告中披露控股股东及关联方非经营性占用资金情况。上述行为致使康美药业披露的相关年度报告存在虚假记载和重大遗漏。

这意味着，这300亿元纯属康美药业在业绩上动手脚，虚增数额。调查显示，2016年至2018年，该公司分别虚增货币资金225.48亿元、299.44亿元和361.88亿元，累计金额达886亿元以上，占同期净资产分别达到76.74%、93.18%和108.24%。

根据康美药业披露，2016年至2018年，康美药业分别虚增营业收入89.99亿元、100.32亿元和16.13亿元。同时，在2016年至2018年，虚增营业利润6.56亿元、12.51亿元、1.65亿元。

对此，康美药业在公告中"轻描淡写"地表示，"公司就上述问题带来的影响，向广大投资者致以最诚恳的歉意。公司将提高规范运作及信息披露水平，严格规范信息披露的相关管理制度，针对查实的相关问题进行认真切实整改，努力提升公司治理水平"。

康美药业的股价自2018年12月28日的9.21元跌至目前的3元左右，投资者损失惨重。新浪股民维权平台的数据显示，截至2019年8月19日上午10时，康美药业的股民维权数量已经达到4 582起，位列第一，远超第二名ST康得新的2 604起。由于索赔区间长，维权股民数量多，股民损失大，康美药业被索赔或成为A股历史上索赔人数和索赔金额最大的事件。

> 思考：
> 1. 市场经济是信用经济，现代社会是诚信社会，信用及诚信是和谐社会的坚定基石。正所谓"人无信不立，国无信不强"，信用的重要性越来越被公众所熟知和重视。针对上述"康美财务造假"案例，我们应该如何加强企业的诚信建设？
> 2. 从职业道德角度分析，本案例对会计人员有哪些启示？

一、会计职业道德的概念

（一）会计职业道德的概念

会计职业道德是指会计人员在会计工作中应当遵循的、体现会计职业特征、调整会计职业关系的职业行为准则和规范。

（二）会计法律制度与会计职业道德的联系与区别

1. 会计法律制度与会计职业道德的联系

会计职业道德与会计法律制度在内容上相互渗透、相互吸收，在作用上相互补充、相互协调。会计职业道德是对会计法律制度的重要补充，会计法律制度是对会计职业道德的最低要求。

2. 会计法律制度与会计职业道德的区别

（1）性质不同。会计法律制度通过国家行政权力强制执行，具有很强的他律性；会计职业道德依赖于会计从业人员的自觉性，具有很强的自律性。

（2）作用范围不同。会计法律制度侧重于使会计人员的外在行为和结果合法化，具有较强的客观性；会计职业道德不仅调整会计人员的外在行为，还调整会计人员内在的精神世界。

（3）表现形式不同。会计法律制度是通过一定的程序由国家立法部门或行政管理部门制定、颁布的，其表现形式是具体的、明确的、正式形成文字的成文规定。而会计职业道德出自于会计人员的职业生活和职业实践，其表现形式既有成文的规范，也有不成文的规范。

（4）实施保障机制不同。会计法律制度依靠国家强制力保证其贯彻执行。会计职业道德主要依靠道德教育、社会舆论、传统习俗和道德评价来实现。

（5）评价标准不同。会计法律制度以法律规定为评价标准，会计职业道德以道德为评价标准。

二、会计职业道德的主要内容

《会计法》规定，会计人员应当遵守职业道德，提高业务素质。会计职业道德主要包括爱岗敬业、诚实守信、廉洁自律、客观公正、坚持准则、提高技能、参与管理、强化服务等八个方面内容。

1. 爱岗敬业

要求会计人员正确认识会计职业，树立职业荣誉感；热爱会计工作，敬重会计职业；安心工作，任劳任怨；严肃认真，一丝不苟；忠于职守，尽职尽责。

2. 诚实守信

要求会计人员做老实人，说老实话，办老实事，不搞虚假；保密守信，不为利益所诱惑；执业谨慎，信誉至上。

3. 廉洁自律

要求会计人员树立正确的人生观和价值观；公私分明、不贪不占；遵纪守法，一身正气。廉洁就是不贪污钱财，不收受贿赂，保持清白。自律是指按照一定的标准，自己约束自己、自己控制自己的言行和思想的过程。自律的核心是用道德观念自觉抵制自己的不良欲望。对于整天与钱财打交道的会计人员来说，经常会受到财、权的诱惑，如果职业道德观念不强、自律意志薄弱，很容易成为权、财的奴隶，走向犯罪的深渊。

4. 客观公正

要求会计人员端正态度，依法办事；实事求是，不偏不倚；如实反映，保持应有的独立性。

5. 坚持准则

要求会计人员熟悉国家法律、法规和国家统一的会计制度，始终坚持按照法律、法规和国家统一的会计制度的要求进行会计核算，实施会计监督。会计人员在实际工作中，应当以准则作为自己的行动指南，在发生道德冲突时，应坚持准则，维护国家利益、社会公众利益和正常的经济秩序。

6. 提高技能

要求会计人员具有不断提高会计专业技能的意识和愿望；具有勤学苦练的精神和科学的学习方法，刻苦钻研，不断进取，提高业务水平。

7. 参与管理

要求会计人员在做好本职工作的同时，努力钻研业务，全面熟悉本单位经营活动和业务流程，主动提出合理化建议，积极参与管理，使管理活动更有针对性和实效性。

8. 强化服务

要求会计人员树立服务意识，提高服务质量，努力维护和提升会计职业的良好社会形象。

2018年4月19日，财政部发布了《关于加强会计人员诚信建设的指导意见》，明确了加强会计人员诚信建设的总体要求、增强会计人员诚信意识、加强会计人员信用档案建设、健全会计人员守信联合激励和失信联合惩戒机制以及强化组织实施等方面的内容。《关于加强会计人员诚信建设的指导意见》指出，要建立严重失信会计人员"黑名单"制度，将有提供虚假财务会计报告，做假账，隐匿或者故意销毁会计凭证、会计账簿、财务会计报告，贪污，挪用公款，职务侵占等与会计职务有关违法行为的会计人员，作为严重失信会计人员列入"黑名单"，纳入全国信用信息共享平台，依法通过"信用中国"网站等途径，向社会公开披露相关信息。

第五节 违反会计法律制度的法律责任

课程思政

獐子岛的扇贝，又双叒"跑路"了？

2019年11月11日晚间，獐子岛集团股份有限公司发布风险提示称，底播扇贝在近期出现大比例死亡，其中部分海域死亡贝壳比例约占80%以上。公司初步判断已构成重大底播虾夷扇贝存货减值风险。

深交所于当日火速向獐子岛下发关注函，要求公司说明底播虾夷扇贝存货减值风险是否对公司2019年度经营业绩构成重大影响；要求公司说明底播虾夷扇贝在10月末至今短时间内出现较大面积死亡的原因、发现减值迹象的时间，以及此前信息披露是否真实、准确、完整，公司是否存在隐瞒减值迹象的情况。

这已经不是扇贝第一次"出事"了。

2014年10月，獐子岛发布公告称，公司养殖的扇贝因北黄海遭遇几十年一遇的冷水团，造成绝收。当年，獐子岛年度业绩巨亏11.89亿元。

2018年1月，獐子岛扇贝没跑，却被"饿死了"。当月，公司发布公告称，在盘查底播虾夷扇贝年末存量时，发现海洋牧场遭受重大灾害，扇贝长期处于饥饿状态，日益消瘦，品质也越来越差，甚至出现大规模死亡。

2019年4月，獐子岛公告，一季度亏损4314万元，同比下滑379.43%。原因仍然是虾夷扇贝受灾，导致产量及销量大幅下滑。

今年7月，证监会发函直指獐子岛"财务造假"，终还"跑路"扇贝以"清白"。7月10日晚间，獐子岛收到中国证监会下发的《行政处罚及市场禁入事先告知书》。獐子岛涉嫌财务造假、虚假记载等违法，公司及23名相关人员将被证监会处罚，董事长吴厚刚被市场终身禁入。

思考：

1. 上述案例中，你是如何看待獐子岛公司利用"资产减值损失"这个会计科目策划的这一出戏？

2. 信息披露制度是资本市场健康发展的制度基石，是维护投资者权益的重要保障。上市公司应严格遵循信息披露各项规定，同时加大惩戒力度，增强监管震慑力，你认为该如何构建法治社会？

违反会计法律制度应当承担的法律责任，在《会计法》及相关法律、法规、规章中都做出了相应的规定。本节主要介绍《会计法》对会计违法行为的法律责任的规定。

一、违反国家统一的会计制度行为的法律责任

违反《会计法》规定，有下列行为之一的，由县级以上人民政府财政部门责令限期改正，可以对单位并处三千元以上五万元以下的罚款；对其直接负责的主管人员和其他直接责任人员，可以处二千元以上二万元以下的罚款；属于国家工作人员的，还应当由其所在单位或者有关单位依法给予行政处分；构成犯罪的，依法追究刑事责任。

（一）不依法设置会计账簿的；
（二）私设会计账簿的；
（三）未按照规定填制、取得原始凭证或者填制、取得的原始凭证不符合规定的；
（四）以未经审核的会计凭证为依据登记会计账簿或者登记会计账簿不符合规定的；
（五）随意变更会计处理方法的；
（六）向不同的会计资料使用者提供的财务会计报告编制依据不一致的；
（七）未按照规定使用会计记录文字或者记账本位币的；
（八）未按照规定保管会计资料，致使会计资料毁损、灭失的；
（九）未按照规定建立并实施单位内部会计监督制度或者拒绝依法实施的监督或者不如实提供有关会计资料及有关情况的；
（十）任用会计人员不符合《会计法》规定的。

会计人员有上述所列行为之一，情节严重的，5年内不得从事会计工作。

有关法律对上述所列行为的处罚另有规定的，依照有关法律的规定办理。

二、伪造、变造会计凭证、会计账簿，编制虚假财务会计报告行为的法律责任

伪造、变造会计凭证、会计账簿，编制虚假财务会计报告，构成犯罪的，依法追究刑事责任。尚不构成犯罪的，由县级以上人民政府财政部门予以通报，可以对单位并处五千元以上十万元以下的罚款；对其直接负责的主管人员和其他直接责任人员，可以处三千元以上五万元以下的罚款；属于国家工作人员的，还应当由其所在单位或者有关单位依法给予撤职直至开除的行政处分；其中的会计人员，5年内不得从事会计工作。

三、隐匿或者故意销毁依法应当保存的会计凭证、会计账簿、财务会计报告行为的法律责任

隐匿或者故意销毁依法应当保存的会计凭证、会计账簿、财务会计报告，构成犯罪

的，依法追究刑事责任。尚不构成犯罪的，由县级以上人民政府财政部门予以通报，可以对单位并处五千元以上十万元以下的罚款；对其直接负责的主管人员和其他直接责任人员，可以处三千元以上五万元以下的罚款；属于国家工作人员的，还应当由其所在单位或者有关单位依法给予撤职直至开除的行政处分；其中的会计人员，5年内不得从事会计工作。

根据《中华人民共和国刑法》第一百六十二条第二款的规定，隐匿或者故意销毁依法应当保存的会计凭证、会计账簿、财务会计报告，情节严重的，处5年以下有期徒刑或者拘役，并处或者单处二万元以上二十万元以下罚金。单位犯前款罪的，对单位判处罚金，并对其直接负责的主管人员和其他直接责任人员，依照前款的规定进行处罚。

四、授意、指使、强令会计机构、会计人员及其他人员伪造、变造会计凭证、会计账簿，编制虚假财务会计报告或者隐匿、故意销毁依法应当保存的会计凭证、会计账簿、财务会计报告行为的法律责任

授意、指使、强令会计机构、会计人员及其他人员伪造、变造会计凭证、会计账簿，编制虚假财务会计报告或者隐匿、故意销毁依法应当保存的会计凭证、会计账簿、财务会计报告，构成犯罪的，依法追究刑事责任。尚不构成犯罪的，可以处五千元以上五万元以下的罚款；属于国家工作人员的，还应当由其所在单位或者有关单位依法给予降级、撤职、开除的行政处分。

五、单位负责人对依法履行职责、抵制违反《会计法》规定行为的会计人员实行打击报复的法律责任

单位负责人对依法履行职责、抵制违反《会计法》规定行为的会计人员以降级、撤职、调离工作岗位、解聘或者开除等方式实行打击报复，构成犯罪的，依法追究刑事责任。尚不构成犯罪的，由其所在单位或者有关单位依法给予行政处分。对受打击报复的会计人员，应当恢复其名誉和原有职务、级别。

根据《中华人民共和国刑法》第二百五十五条规定，公司、企业、事业单位、机关、团体的领导人，对依法履行职责、抵制违反《会计法》行为的会计人员实行打击报复，情节恶劣的，处3年以下有期徒刑或者拘役。

六、财政部门及有关行政部门工作人员在实施监督管理职务中违法行为的法律责任

财政部门及有关行政部门的工作人员在实施监督管理中滥用职权、玩忽职守、徇私舞弊或者泄露国家秘密、商业秘密，构成犯罪的，依法追究刑事责任。尚不构成犯罪的，依法给予行政处分。

收到对违反《会计法》和国家统一的会计制度规定的行为检举的部门及负责处理检举的部门,将检举人姓名和检举材料转给被检举单位和被检举人个人的,由所在单位或者有关单位依法给予行政处分。

职业能力训练

一、单选题

1. 各单位必须根据(　　)进行会计核算,填制会计凭证,登记会计账簿,编制财务会计报告。

　　A. 实际发生的经济业务事项　　　　B. 连续发生的经济业务事项
　　C. 累计发生的经济业务事项　　　　D. 主要经济业务事项

2. 在中国境内的外商投资企业,会计记录使用的文字符合规定的是(　　)。

　　A. 只能使用中文,不能使用其他文字　　B. 只能使用外文
　　C. 在中文和外文中任选一种使用　　　　D. 使用中文,同时可以使用一种外文

3. 下列各项,不属于财务会计报告组成内容的是(　　)。

　　A. 会计报表　　　　　　　　　　B. 报表附注
　　C. 财务情况说明书　　　　　　　D. 经济活动分析书

4. (　　)是指单位在进行会计核算等过程中接收或形成的,记录和反映单位经济业务事项的,具有保存价值的文字、图表等各种形式的会计资料。

　　A. 会计凭证　　　　　　　　　　B. 会计账簿
　　C. 会计档案　　　　　　　　　　D. 财务会计报告

5. 关于会计档案的移交和利用,下列表述中不正确的是(　　)。

　　A. 纸质会计档案移交时应当保持原卷的封装
　　B. 电子会计档案移交时应当将电子会计档案及其元数据一并移交,且文件格式应当符合国家档案管理的有关规定
　　C. 单位保存的会计档案一律不得对外借出
　　D. 会计档案保管期限分为永久、定期两类

6. 企业和其他组织的记账凭证保管期限一般为(　　)年。

　　A. 10　　　　B. 30　　　　C. 20　　　　D. 25

7. 单位之间会计档案交接完毕后,交接双方的(　　)应当在会计档案移交清册上签名或者盖章。

　　A. 经办人　　　　　　　　　　　B. 监交人
　　C. 会计机构负责人　　　　　　　D. 经办人和监督人

8. 下列属于注册会计师及其所在会计师事务所依法对委托单位的经济活动进行审计,出具审计报告,发表审计意见的一种监督制度的是(　　)。

A. 政府监督 B. 社会监督
C. 单位内部监督 D. 群众监督

9. 下列各项中，不符合内部牵制要求的是（　　）。

A. 出纳人员管理票据 B. 出纳人员管理有价证券
C. 出纳人员管理现金 D. 出纳人员兼任会计档案保管

10. 国有企业中，（　　）没有违背会计法律制度规定的回避制度。

A. 法人代表的妻子担任本单位财务部门经理

B. 会计科长的女儿担任本部门出纳员

C. 董事长的养子担任财务部门经理

D. 财务处处长的同学担任本部门出纳员

11. 根据《会计法》的规定，下列关于必须设置总会计师职务单位的表述中，完整、准确的是（　　）。

A. 国有大、中型企业

B. 国有资产占控股地位的大、中型企业

C. 国有资产占主导地位的大、中型企业

D. 国有的和国有资产占控股地位或主导地位的大、中型企业

12. 根据会计法律制度的规定，下列表述错误的是（　　）。

A. 不具有会计专业技术资格，从事会计工作的人员无须参加继续教育

B. 用人单位应当保障本单位会计专业技术人员参加继续教育的权利

C. 国有资产占控股地位的大中型企业必须设置总会计师

D. 继续教育内容既包括职业道德、理论政策等公需科目，也包括专业科目

13. 下列关于会计职业道德的表述中，正确的是（　　）。

A. 相对于会计法律制度而言，会计职业道德是对会计从业人员行为的最低限度的要求

B. 会计职业道德对会计人员大多是非强制执行的，具有很强的自律性

C. 会计职业道德具有强制性，有很强的他律性

D. 会计职业道德均为不成文规定，会计法律制度均为成文规定

14. 要求会计人员在做好本职工作的同时，努力钻研业务，主动提出合理化建议的会计职业道德的内容是（　　）。

A. 强化服务 B. 提高技能
C. 参与管理 D. 爱岗敬业

15. 根据《会计法》的规定，对未按规定使用会计记录文字或者记账本位币的单位，县级以上人民政府财政部门责令限期改正，并可以处（　　）。

A. 1 000元以上3万元以下的罚款 B. 2 000元以上4万元以下的罚款

C. 3 000元以上5万元以下的罚款   D. 4 000元以上7万元以下的罚款

16. 甲公司将出售废料的收入不纳入企业统一的会计核算，而是另设账簿进行核算，以解决行政管理部门的经费问题。关于甲公司出售废料收入的财务处理方法，下列说法错误的是（　　）。

   A. 甲公司的做法违反了会计法律制度的规定

   B. 甲公司的行为属于私设会计账簿进行核算的行为

   C. 对该行为，应由省级以上财政部门责令其限期改正

   D. 对单位的该项行为处以罚款，则应处3 000元以上5万元以下的罚款

17. 《会计法》规定，我国会计年度自（　　）。

   A. 公历1月1日起至12月31日止

   B. 农历一月一日起至次年一月一日止

   C. 公历4月1日起至次年3月31日止

   D. 公历10月1日起至次年9月30日止

18. 下列不属于会计工作的政府监督主体是（　　）。

   A. 县级以上人民政府财政部门   B. 人民银行

   C. 单位负责人   D. 税务机关

19. 下列关于会计机构设置的表述中，不正确的是（　　）。

   A. 不具备设置条件的，应当委托经批准从事会计代理记账业务的中介机构代理记账

   B. 企业必须设置会计机构

   C. 企业可以不设置会计机构，在有关机构中设置会计人员并指定会计主管人员

   D. 各单位根据业务的需要设置会计机构

20. "严肃认真，一丝不苟"是会计职业道德中（　　）的要求。

   A. 服务群众   B. 爱岗敬业

   C. 提高技能   D. 参与管理

二、多选题

1. 下列各项中，属于国家统一的会计制度的内容有（　　）。

   A. 国家统一会计核算制度   B. 会计监督制度

   C. 会计机构和会计人员管理制度   D. 会计工作管理制度

2. 下列选项中，属于会计核算具体内容的有（　　）。

   A. 债权、债务的发生和结算   B. 资本的增减

   C. 签订购销合同   D. 制订财务计划

3. 下列关于会计核算要求的说法中错误的有（　　）。

   A. 我国的会计年度为阴历的1月1日至12月31日

   B. 业务收支以人民币以外的货币为主的单位，可以选择其中一种外币作为记账本位

币来编制财务会计报告

　　C. 在民族自治地方，会计记录可以仅使用当地通用的一种民族文字

　　D. 使用电子计算机进行会计核算的，其使用的会计核算软件也必须符合国家统一会计制度的规定

　4. 下列关于财产清查的说法中正确的有（　　）。

　　A. 在编制年度财务会计报告之前，必须进行财产清查

　　B. 对账实不符等问题根据国家统一的会计制度的规定进行会计处理

　　C. 通过清查可以确定各项财产的实存数，以便查明实存数与账面数是否相符，并查明不符的原因和责任

　　D. 各单位应当定期将会计账簿记录与实物、款项及有关资料相互核对，保证会计账簿记录与实物及款项的实有数额相符

　5. 下列关于会计档案的表述中，不符合《会计档案管理办法》规定的有（　　）。

　　A. 会计档案保管期限分为10年、30年

　　B. 银行存款余额调节表的保管期限为30年

　　C. 单位会计档案销毁后单位负责人应在会计档案销毁清册上签署意见

　　D. 会计档案的保管期限从本年度终了的最后一天开始计算

　6. 下列关于单位之间交接会计档案的手续，表述不正确的有（　　）。

　　A. 单位之间交接会计档案时，交接双方应当办理会计档案交接手续

　　B. 移交会计档案的单位，应当编制会计档案移交清册，列明应当移交的会计档案名称、卷号、册数等

　　C. 交接会计档案时，交接双方应当按照会计档案移交清册所列内容逐项交接，并由接收档案方的单位有关负责人负责监督

　　D. 交接完毕后，交接双方经办人和监督人应当在会计档案移交清册上签名并盖章

　7. 单位内部会计监督的主体有（　　）。

　　A. 会计机构　　　　　　　　B. 会计人员

　　C. 单位经济活动　　　　　　D. 企业领导

　8. 下列各项中，属于单位内部控制应当遵循的原则有（　　）。

　　A. 成本效益原则　　　　　　B. 准确性原则

　　C. 制衡性原则　　　　　　　D. 重要性原则

　9. 下列各项中，属于行政事业单位内部控制的控制方法有（　　）。

　　A. 预算控制　　　　　　　　B. 单据控制

　　C. 运营分析控制　　　　　　D. 绩效考评控制

　10. 财政部门实施会计监督检查的内容包括（　　）。

　　A. 对单位是否依法设置会计账簿的检查

B. 对单位会计资料真实性、完整性的检查

C. 对单位的会计核算是否符合法定要求的检查

D. 对单位的会计人员是否具备专业能力、遵守职业道德情况的检查

11. 下列关于会计职业道德和会计法律制度两者关系的观点中，正确的有（　　）。

A. 两者在内容上相互渗透、相互吸收

B. 会计法律制度是对会计职业道德的最低要求

C. 违反会计法律制度一定违反会计职业道德

D. 违反会计职业道德一定违反会计法律制度

12. 下列各项中，不属于会计职业道德规范内容的有（　　）。

A. 坚持准则　　　　　　　　　B. 客观公正

C. 提高质量　　　　　　　　　D. 传递信息

13. 有法定行为之一的，由县级以上人民政府财政部门责令限期改正，可以对单位并处三千元以上五万元以下的罚款，这类违法行为包括（　　）。

A. 不依法设置会计账簿的行为

B. 随意变更会计处理方法的行为

C. 任用会计人员不符合会计法规定的行为

D. 未按照规定使用会计记录文字或者记账本位币的行为

14. 根据会计法律制度的规定，下列关于代理记账机构及其从业人员义务的表述中，正确的有（　　）。

A. 对执行代理记账业务中知悉的商业秘密予以保密

B. 拒绝委托人提供不实会计资料的要求

C. 对委托人提出的有关会计处理相关问题予以解释

D. 拒绝委托人做出不当会计处理的要求

15. 某档案馆设有以下岗位，其中属于会计工作岗位的有（　　）。

A. 财产物资的收发、增减核算岗位　　B. 档案部门档案管理岗位

C. 工资核算岗位　　　　　　　　　　D. 单位内部审计岗位

16. 根据会计法律制度的规定，会计人员回避制度中的直系亲属包括（　　）。

A. 夫妻关系　　　　　　　　　B. 直系血亲关系

C. 三代以内的旁系血亲　　　　D. 配偶亲关系

17. 根据《企业会计准则》中关于财务会计报告编制的规定，下列说法错误的有（　　）。

A. 企业对外提供的财务会计报告仅包括资产负债表、利润表、现金流量表、所有者权益变动表

B. 审计报告是财务会计报告的组成部分，应当随同财务会计报告一并提供

C. 单位领导人应当在财务会计报告上签名或盖章

D. 单位出纳员应当在财务会计报告上签名或盖章

18. 下列各项中，属于会计专业职务的有（　　）。

A. 总会计师　　　　　　　　B. 高级会计师

C. 注册会计师　　　　　　　D. 助理会计师

19. 某企业将出售废料的收入1万元不纳入企业统一的会计核算，而另设会计账簿进行核算，以解决行政管理部门的经费问题。则该企业及相关人员承担的法律责任有（　　）。

A. 通报批评

B. 责令其限期改正

C. 可以对该企业并处3 000元以上5万元以下的罚款

D. 可以对直接负责的主管人员处2 000元以上2万元以下的罚款

20. 根据《会计法》的规定，单位负责人对依法履行职责的会计人员实行打击报复的，除对单位负责人依法进行处罚外，对遭受打击报复的会计人员还应采取补救措施。下列各项中，属于补救措施的有（　　）。

A. 警告　　　　　　　　　　B. 恢复原有职务

C. 恢复原有级别　　　　　　D. 恢复名誉

三、判断题

1. 对于特殊格式的电子会计档案，需要打印出纸质资料进行移交。　　　　（　　）

2. 依法应当设置会计账簿但不具备设置会计机构或会计人员条件的单位，可以委托经批准设立的代理机构办理会计业务。　　　　　　　　　　　　　　　　（　　）

3. 申请设立除会计师事务所以外的代理记账机构，应当经所在地县级以上人民政府财政部门批准，并领取由财政部统一印制的代理记账许可证书。　　　　（　　）

4. 出纳人员不得兼任稽核、会计档案保管和收入、支出、费用、债权债务账目的登记工作。　　　　　　　　　　　　　　　　　　　　　　　　　　　　（　　）

5. "执业谨慎，信誉至上"体现的是诚实守信的要求。　　　　　　　　　（　　）

6. 授意、指使、强令会计机构、会计人员及其他人员编制虚假财务会计报告或者隐匿、故意销毁依法应当保存的会计凭证、会计账簿、财务会计报告，尚不构成犯罪的，可以处五千元以上十万元以下的罚款。　　　　　　　　　　　　　　　（　　）

7. 一个质量可靠的会计软件可以生成真实、完整的会计资料，因此对于实行会计电算化的单位生成的会计资料不再做特别要求。　　　　　　　　　　　　（　　）

8. 月度、季度财务报告也应作为会计档案保管。　　　　　　　　　　　（　　）

9. 会计工作社会监督的主体主要是注册会计师及其所在的会计师事务所。（　　）

10. 账账相符是指会计账簿记录与会计报表有关内容相符。　　　　　　（　　）

11. 会计职业道德是指会计人员在会计工作中应当遵循的、体现会计职业特征、调整会计职业关系的职业行为准则和规范。（　　）

12. 各单位采用的会计处理方法，前后各期应当一致，不得变更。（　　）

13. 对外报送的财务会计报告，应当依次编写页码，加具封面，装订成册，加盖公章。（　　）

14. 国家为了鼓励会计专业技术人员参加继续教育，其参加继续教育取得的学分，高于标准的部分可以按照一定比例结转至以后年度。（　　）

15. 启用订本式账簿，应当从第一页到最后一页顺序编定页数，不得跳页、缺号。（　　）

16. 我国是以公历年度为会计年度，即以每年公历的1月1日起至12月31日止为一个会计年度。（　　）

17. 单位内部监督是指由注册会计师及其所在的会计师事务所等中介机构接受委托，依法对单位的经济活动进行审计，出具审计报告，发表审计意见的一种监督制度。（　　）

18. 企业应向有关各方提供财务会计报告，其编制基础、编制依据、编制原则和方法应当一致，不得提供编制基础、编制依据、编制原则和方法不同的财务会计报告。（　　）

19. 年度终了，要把各账户的余额结转到下一会计年度，并在摘要栏注明"结转下年"字样；在下一会计年度新建有关会计账簿的第一行余额栏内填写上年结转的余额，并在摘要栏注明"上年结转"字样。（　　）

20. 会计人员未按照规定保管会计资料，致使会计资料毁损、灭失，情节严重的，3年内不得从事会计工作。（　　）

四、不定项选择题

1. 甲有限责任公司是一家中外合资经营企业，2019年度发生了以下事项：

（1）公司收到一张应由本公司与乙公司共同负担费用支出的原始凭证，公司会计人员张某对该原始凭证及应承担的费用进行账务处理，并保存该原始凭证；同时应乙公司的要求将该原始凭证复制件提供给乙公司用于账务处理。

（2）6月30日，公司有一批保管期满的会计档案（该批会计档案中无电子会计档案），按规定需要进行销毁。公司档案管理机构编制了会计档案销毁清册，档案管理机构的负责人在会计档案销毁清册上签了字，并于当天销毁。

（3）甲公司向乙公司购买一批原材料，使用了一张出票金额为100万元的银行汇票，该汇票的收款人为乙公司。实际结算时材料价款为110万元。征得甲公司同意，乙公司在汇票实际结算金额栏内填写110万元，向银行提示付款，银行表示汇票无效，拒绝办理付款。

要求：

根据上述资料，不考虑其他因素，分析回答下列小题。

(1) 根据资料（1），一张原始凭证所列支出须由两个以上单位共同负担时，下列做法正确的是（   ）。

A. 由保存该原始凭证的单位开具原始凭证分割单给其他应负担单位

B. 在记账时加以注明即可

C. 由双方共同加以说明即可

D. 由保存该原始凭证的单位出具复印件给其他应负担单位

（2）关于会计档案的保管，下列表述正确的是（   ）。

A. 会计机构内会计科档案管理人员，是会计工作岗位

B. 会计机构内会计科档案管理人员，不是会计工作岗位

C. 出纳员可以临时保管会计档案

D. 出纳员不能临时保管会计档案

（3）根据资料（2），下列关于会计档案销毁的表述中，正确的是（   ）。

A. 公司档案部门销毁会计档案的做法不符合规定

B. 公司档案管理机构编制了会计档案销毁清册的做法是正确的

C. 单位负责人、档案管理机构负责人、会计管理机构负责人、档案管理机构经办人、会计管理机构经办人在会计档案销毁清册上签署意见

D. 会计档案销毁时要由单位档案机构和会计管理机构共同派员监销

（4）根据资料（3），下列关于银行汇票的表述中，正确的是（   ）。

A. 银行不应拒绝付款，票据仍有效，可以以出票金额100万元为付款金额

B. 银行汇票的实际结算金额应当小于等于出票金额

C. 银行汇票的出票人是甲公司

D. 银行汇票只有单位才能使用

2. 宏达公司原是一家国有企业，2019年内，发生了如下事项：

（1）调整新的领导班子上任，决定精简内设机构，中层干部轮岗，将会计部撤并到厂部办公室，同时任命办公室主任朱某兼任会计负责人。撤并以后，会计主要工作重新分工如下：原会计部主办会计继续留任会计工作，原设备处工作人员、朱某的女儿小英调任出纳工作，兼任会计档案的保管。

（2）朱某毕业于某名牌师范大学，自从参加工作以来一直从事办公室文秘，恪守职责，兢兢业业，深受厂领导和同事们的好评。为了使其尽快胜任会计负责人岗位，领导要求朱某参加会计知识培训班，并参加当年初级会计资格统一考试。

（3）撤并工作完成后，办理会计交接手续，由厂部纪检、监察部门严格监交。

要求：

根据上述资料，不考虑其他因素，分析回答下列小题。

（1）根据《会计法》的规定，关于会计机构的设置表述正确的是（   ）。

A. 符合条件的应单独设置会计机构

B. 不单独设置会计机构的，应在有关机构中设置会计人员并指定会计主管人员

C. 不具备相关设置条件的，应当委托经批准从事会计代理记账业务的中介机构代理记账

D. 委托其他企业代理记账

（2）根据《会计法》的规定，会计机构负责人（会计主管人员）的任职资格包括（   ）。

A. 工作年限满 3 年

B. 具备会计师以上的专业技术职务资格

C. 从事会计工作 3 年以上的经历

D. 必须从事过两个以上会计岗位的工作

（3）在上述案例中，违反会计法律相关规定的事实的是（   ）。

A. 将会计部撤并到厂部办公室

B. 任命办公室主任朱某兼任会计负责人

C. 朱某的女儿小英调任出纳工作

D. 朱某的女儿兼任会计档案的保管

（4）根据法律规定，关于会计人员的交接，下列表述正确的是（   ）。

A. 单位的纪检、监察部门负责监交

B. 一般会计人员的交接，由会计机构负责人、会计主管人员负责监交

C. 会计机构负责人、会计主管人员办理交接，由单位负责人负责监交，必要时由上级部门会同监交

D. 会计机构负责人、会计主管人员办理交接，由上级部门负责监交

3. 2019 年 6 月，县级财政部门在对某企业的检查中发现下列情况：

（1）该企业设有两套账簿，一套用于对外报送财务数据，另一套用于内部核算。

（2）受金融危机影响，该企业当年亏损较大，为达到预期业绩目标，单位负责人张某授意会计人员李某伪造会计凭证，虚增利润 100 万元。

（3）为掩盖违法行为，张某指使会计机构负责人刘某将以前年度伪造的会计资料予以销毁，情节严重，影响恶劣。

（4）单位负责人张某指使会计人员王某变更无形资产摊销政策以虚增利润，但王某遵守原则予以抵制，后张某将其解聘。

（5）ABC 会计师事务所的注册会计师在获取充分、适当的审计证据后，为该企业出具了保留意见审计报告。

要求：

根据上述资料，不考虑其他因素，分析回答下列小题。

(1) 针对资料（1），下列说法中，正确的是（　　）。

A. 没有违反《会计法》的规定

B. 属于私设账簿的行为，违反《会计法》的规定

C. 可对直接负责的主管人员和其他负责人处 2 000 元以上 2 万元以下罚款

D. 可对该企业处 3 000 元以上 5 万元以下罚款

(2) 针对资料（2）和（3），下列说法中正确的是（　　）。

A. 可对该企业处 5 000 元以上 10 万元以下罚款

B. 可对张某处 5 000 元以上 5 万元以下罚款

C. 刘某是受张某指使进行销毁的，不应承担法律责任

D. 会计人员李某、会计机构负责人刘某 5 年内不得从事会计工作

(3) 针对资料（4），下列说法中正确的是（　　）。

A. 若情节严重可对张某处 3 年以下有期徒刑或拘役

B. 可对张某处 3 000 元以上 5 万元以下罚款

C. 应恢复王某名誉及其原有职务、级别

D. 可对王某给予一定金额的补偿金

(4) 针对资料（5），下列关于 ABC 会计师事务所注册会计师出具审计报告依据的表述中，正确的是（　　）。

A. 注册会计师认为财务报表在所有重大方面按照适用的财务报告编制基础编制并实现公允反映

B. 注册会计师认为错报单独或者汇总起来对财务报表影响重大，但不具有广泛性

C. 注册会计师认为未发现的错报（如存在）对财务报表可能产生的影响重大，且具有广泛性

D. 如果注册会计师无法获取充分、适当的审计证据，但认为未发现的错报（如存在）对财务报表可能产生的影响重大，但不具有广泛性，可以出具保留意见审计报告

第三章

支付结算法律制度

职业能力及主要概念

1. 专业能力

了解支付结算的概念,掌握支付结算的基本要求

掌握银行结算账户的开立、使用、变更和撤销的相关规定,熟悉银行结算账户的管理

掌握票据当事人、票据行为、票据权利与责任以及票据追索的规定;掌握银行汇票、商业汇票、银行本票、支票的规定;掌握汇兑和委托收款的相关规定;熟悉银行卡的分类、账户和交易、计息与收费、收单的规定;熟悉银行电子支付的规定

了解支付机构的概念和支付服务的种类,熟悉网络支付和预付卡的规定

掌握支付结算纪律,熟悉违反支付结算法律制度的法律责任

2. 职业核心能力

能够区分不同支付结算方式的特点和使用范围

能规范地填制和使用票据并进行相应的票据行为

能够正确行使票据权利

遵守支付结算纪律,具有安全意识、风险意识和自我保护意识

3. 主要概念

支付结算　银行结算账户　基本存款账户　一般存款账户　专用存款账户　临时存款账户　个人银行结算账户　异地银行结算账户　票据　出票人　付款人　收款人　承兑人　背书人　被背书人　保证人　票据权利　挂失止付　公示催告　票据责任　票据行为　出票　背书　承兑　保证　银行汇票　商业汇票　贴现　银行本票　支票　银行卡　银行卡收单业务　银行电子支付　网上银行　条码支付　支付机构　网络支付　预付卡　结算纪律

引导案例

甲公司的开户银行为 P 银行，2023 年 4 月 18 日，甲公司委派员工张某携带一张公司签发、出票日期为 2023 年 4 月 18 日、金额和收款人名称均空白的转账支票赴乙公司洽谈业务，为支付货款，张某在支票上填写金额 15 万元后交付乙公司。当日，为偿还所欠丙公司劳务费，乙公司将支票背书转让给丙公司，在背书栏内记载了"不得转让"，未记载背书日期。丙公司持票到 P 银行提示付款，被拒绝支付。丙公司拟行使追索权以实现票据权利。

请分析该张支票的提示付款期限以及丙公司可以向谁进行追索。

第一节　支付结算概述

课程思政

交通银行支付结算数字化转型

2022 年 4 月，中央政治局会议研究提出，要促进平台经济健康发展，完成平台经济专项整改，并将出台支持平台经济规范健康发展的具体措施。2022 年 12 月，中央经济工作会议提出要大力发展数字经济，提高常态化监管水平，支持平台企业在引领发展、创造就业、国际竞争中大显身手。平台经济是企业支付结算业务的主要增长点，也是企业线上支付诉求最为迫切的领域，交通银行响应中央号召，顺应市场需要，重点围绕平台经济场景，选择 B2B 业务领域进行试点改造。

交通银行坚持践行国之大事，以客户服务为中心，不断提升金融服务的可获得性，完善交通银行支付结算体系建设，提高交通银行支付服务能力，强化交通银行与客户之间的纽带联系，更好服务于实体经济和"十四五"战略要求。交通银行于 2022 年正式启动企业级架构业务建模项目，通过战略落地、同业对标、市场调研等多种方式研究交通银行支付结算体系短板，并以 B2B 支付为切入点，试点探索企业级架构业务建模方式为基础的数字化转型之路。通过产品、流程创新，打造具有市场竞争力的支付品牌，提升银行服务实体经济的能力，助力数字中国、长三角一体化、粤港澳大湾区等国家战略的落地实施。

交通银行通过引入数字化建模理念，创新特色化工作方法，凝聚新型专业化人才，持续提升产品创新力，推动了支付业务的高质量发展。

一、支付结算的概念和支付结算服务组织

（一）支付结算的概念

支付结算是指单位、个人在社会经济活动中使用票据、银行卡和汇兑、托收承付、委托收款以及电子支付等结算方式进行货币给付及其资金清算的行为。支付结算作为社会经济金融活动的重要组成部分，其主要功能是完成资金从一方当事人向另一方当事人的转移。

银行（指银行业金融机构，下同）以及单位（含个体工商户，下同）和个人是办理支付结算的主体。其中，银行是支付结算和资金清算的中介机构。未经中国人民银行批准的非银行金融机构和其他单位不得作为中介机构办理支付结算业务。

（二）支付结算服务组织

我国的支付结算服务组织主要有中央银行、银行业金融机构（以下简称银行）、特许清算机构、非金融支付机构（以下简称支付机构）等，各组织功能如表3-1所示。

表3-1　　　　　　　　　我国各支付结算服务组织的功能

组织	功能
中国人民银行（央行）	负责建设运行支付清算系统，向银行、特许清算机构、支付机构提供账户、清算等服务
银行业金融机构（银行）	银行面向广大单位和个人提供账户、支付工具、结算等服务
特许清算机构	主要向其成员机构提供银行卡、电子商业汇票等特定领域的清算服务
非金融支付机构（支付机构）	主要为个人和中小微企业提供网络支付、银行卡收单以及多用途预付卡的发行与受理等支付服务

二、支付结算的工具

传统的人民币非现金支付工具主要包括"三票一卡"及结算方式。"三票一卡"是指汇票、本票、支票和银行卡；结算方式是指汇兑、托收承付和委托收款。

随着互联网技术的发展，网上银行、条码支付、网络支付等电子支付方式得到快速发展。目前，我国已形成了以票据和银行卡为主体、以电子支付为发展方向的非现金支付工具体系。

票据和汇兑作为我国经济活动中不可或缺的重要支付工具，被单位和个人广泛使用，在大额支付中占据主导地位；银行收单、网络支付、预付卡、条码支付等在小额支付中占据主导地位；托收承付、国内信用证使用量越来越少。

三、支付结算的原则

支付结算原则，是指参与支付结算活动的各方当事人都应遵守的准则，支付结算活动的各方当事人如银行、单位和个人。经过多年的实践与总结，我国形成了以下与经济活动相适应的支付结算原则：

（一）恪守信用、履约付款原则

这是办理支付结算业务时应遵守的基本原则。诚实守信，是各国经济活动和社会交往普遍推崇的原则。"条约必须遵守，合同必须履行"是国际法的原则之一，我国《民法总则》要求，民事主体从事民事活动，应当遵循诚信原则，秉持诚实，恪守承诺。在办理支付结算业务时，诚实守信就是要做到按照合同规定及时付款，不得无故拖延或者拒绝支付。

（二）谁的钱进谁的账、由谁支配原则

他人支付给存款人的资金，应当收入存款人的银行账户；存款人在银行账户里的资金，其所有权归存款人所有，由其自主支配，其他任何一方都无权擅自动用、处理和任意转移，否则就是侵犯了存款人的合法权益，应当承担相应的法律责任。银行作为办理支付结算业务的中介机构，不仅有义务为客户款项保密，而且还应严格按客户的委托依法合规办理款项收付。除法律法规另有规定外，银行无权在未经存款人授权或委托的情况下，擅自动用存款人在银行账户里的资金。

（三）银行不垫款原则

银行是办理支付结算业务的中介机构，应按照付款人的委托，将资金支付给付款人指定的收款人，或者按照收款人的委托，将归收款人所有的资金转账收入收款人账户中。这是银行应承担的责任。因此，在实际工作中，要将银行资金与存款人资金严格区分开来，两者不能混淆。付款人账户内没有资金或资金不足，或者收款人应收的款项由于付款人的原因不能收回时，银行的中介职责可以不履行，因为银行没有为存款人垫付资金的义务。银行与存款人另有约定的除外。

四、支付结算的基本要求

1. 单位、个人和银行办理支付结算，必须使用按中国人民银行统一规定印制的票据凭证和结算凭证。

2. 票据和结算凭证上的签章和其他记载事项应当真实，不得伪造、变造。所谓"伪造"，是指无权限人假冒他人或者虚构他人名义签章的行为，例如伪造出票签章、背书签章、承兑签章和保证签章等。所谓"变造"，是指无权更改票据内容的人，对票据上签章以外的记载事项加以改变的行为。变造票据的方法多是在合法票据的基础上，对票据加以剪接、挖补、覆盖、涂改，从而非法改变票据的记载事项。伪造、变造票据属于欺诈行

为，构成犯罪的应追究其刑事责任。

出票金额、出票日期、收款人名称不得更改，更改的票据无效；更改的结算凭证，银行不予受理。对票据和结算凭证上的其他记载事项，原记载人可以更改，更改时应当由原记载人在更改处签章证明。

票据和结算凭证上的签章，为签名、盖章或者签名加盖章。单位、银行在票据上的签章和单位在结算凭证上的签章，为该单位、银行的盖章加其法定代表人或其授权的代理人的签名或盖章。个人在票据和结算凭证上的签章，应为该个人本人的签名或盖章。

3. 填写各种票据和结算凭证应当规范。填写票据和结算凭证，必须做到要素齐全、数字正确、字迹清晰、不错漏、不潦草，防止涂改。规范填写票据和结算凭证时应注意以下事项：

（1）收款人名称。单位和银行的名称应当记载全称或者规范化简称。规范化简称应当具有排他性，与全称在实质上具有同一性，例如"中国银行保险监督管理委员会"的规范化简称为"银保监会"。

（2）出票日期。票据的出票日期必须使用中文大写。为防止变造票据的出票日期，在填写月、日时，月为"壹""贰"和"壹拾"的，日为"壹"至"玖"和"壹拾""贰拾""叁拾"的，应在其前加"零"；日为"拾壹"至"拾玖"的，应在其前加"壹"。例如1月15日，应写成"零壹月壹拾伍日"；又如10月20日，应写成"零壹拾月零贰拾日"。

（3）金额。票据和结算凭证金额以中文大写和阿拉伯数码同时记载，两者必须一致，两者不一致的票据无效；两者不一致的结算凭证银行不予受理。

第二节　银行结算账户

课程思政

邮储银行"邮惠付"升级智慧校园综合服务

2021年12月，中央网络安全和信息化委员会印发《"十四五"国家信息化规划》明确要求，提升教育信息化基础设施建设水平，构建高质量教育支撑体系，进一步落实各级各类学校数字校园建设，推进信息技术、智能技术与教育教学融合的教育教学变革。

中国邮政储蓄银行通过基于开放银行生态的"邮惠付"智慧校园综合服务解决方案，联合行业服务商与学校开展深度的银校合作，共同搭建"金融＋校园生活"的数字生态。在学生的在校全流程周期内，学生的"金融＋校园生活"场景的数字化需求是具有个性化、特色化、一站式特点的，其中金融类场景包括缴纳学费、班费及餐费等支付类需求，校园生活类场景包括出入校提醒、缴费通知、成绩查询等家校互动类需求。邮储银行充分调研客户需求与同业先进做法，以卓越的创新精神打造了"邮惠付"智慧校园三级立体架构，服务于教育行业综合服务解决方案的技术实现。

截至2023年第二季度末，邮储银行"邮惠付"综合服务解决方案已成功覆盖28个省份，其中服务的半数以上客户为三四五线或县域地区校园，为学校、家长搭建家校互动、信息互通的平台，也解决了校园校务管理系统信息化升级成本高、难度大的痛点问题，降低智慧校园建设门槛，邮储银行以实际行动进一步证明了服务社会的责任担当。

一、银行结算账户的概念和种类

（一）银行结算账户的概念

银行结算账户是指银行为存款人开立的办理资金收付结算的活期存款账户。

其中，"银行"是指在中国境内经批准经营支付结算业务的银行业金融机构；"存款人"是指在中国境内开立银行结算账户的机关、团体、部队、企业、事业单位、其他组织（以下统称单位）、个体工商户和自然人。

（二）银行结算账户的种类

个体工商户凭营业执照以字号或经营者姓名开立的银行结算账户，纳入单位银行结算账户管理。存款人凭个人身份证件以自然人名称开立的银行结算账户为个人银行结算账户（见表3-2）。

表3-2　　　　　　　　　　　银行结算账户的种类

标准	分类	标准	分类
按存款人不同分类	单位银行结算账户	按用途不同分类	基本存款账户
			一般存款账户
			专用存款账户
			临时存款账户
	个人银行结算账户		

财政部门为实行财政国库集中支付的预算单位在商业银行开设的零余额账户按基本存款账户或专用存款账户管理。预算单位未开立基本存款账户，或者原基本存款账户在国库集中支付改革后已按照财政部门的要求撤销的，经同级财政部门批准，预算单位零余额账户作为基本存款账户管理。除上述情况外，预算单位零余额账户作为专用存款账户管理。

二、银行结算账户的开立、变更和撤销

（一）银行结算账户的开立

1. 开户银行的选择

存款人应在注册地或住所地开立银行结算账户。符合异地（跨省、市、县）开户条件的，也可以在异地开立银行结算账户。

开立银行结算账户应遵循存款人自主原则，除国家法律、行政法规和国务院规定外，任何单位和个人不得强令存款人到指定银行开立银行结算账户。

2. 填制开户申请书

存款人申请开立银行结算账户时，应填制开立银行结算账户申请书。

开立单位银行结算账户时，应填写"开立单位银行结算账户申请书"，并加盖单位公章和法定代表人（单位负责人）或其授权代理人的签名或者盖章。存款人有统一社会信用代码、上级法人或主管单位的，应在"开立单位银行结算账户申请书"上如实填写相关信息。存款人有关联企业的，应填写"关联企业登记表"。

申请开立个人银行结算账户时，存款人应填写"开立个人银行结算账户申请书"并加盖其个人签章。

银行应对存款人的开户申请书填写的事项和相关证明文件的真实性、完整性、合规性进行认真审查。

3. 开户核准与备案

开户申请书填写的事项齐全，符合开立核准类账户条件的，银行应将存款人的开户申请书、相关的证明文件和银行审核意见等开户资料报送中国人民银行当地分支机构，经其核准并核发开户许可证后办理开户手续。需要中国人民银行核准的账户包括基本存款账户（企业除外）、临时存款账户（因注册验资和增资验资开立的除外）、预算单位专用存款账户和合格境外机构投资者在境内从事证券投资开立的人民币特殊账户和人民币结算资金账户。

企业（在境内设立的企业法人、非法人企业和个体工商户，下同）开立基本存款账户、临时存款账户已取消核准制，由银行向中国人民银行当地分支机构备案，无须颁发开户许可证。银行完成企业基本存款账户信息备案后，账户管理系统生成基本存款账户编号。银行应打印"基本存款账户信息"和存款人查询密码并交付企业。持有基本存款账户编号的企业申请开立一般存款账户、专用存款账户、临时存款账户时，应当向银行提供基本存款账户编号。符合开立一般存款账户、非预算单位专用存款账户和个人银行结算账户条件的，银行应办理开户手续，并向中国人民银行当地分支机构备案。上述结算账户统称备案类结算账户。备案类结算账户的变更和撤销应通过账户管理系统向中国人民银行当地分支机构报备。

中国人民银行当地分支机构应于 2 个工作日内对开户银行报送的核准类账户的开户资料的合规性予以审核。符合开户条件的，予以核准，颁发基本（或临时或专用）存款账户开户许可证；不符合开户条件的，应在开户申请书上签署意见，连同有关证明文件一并退回报送银行，由报送银行转送存款人。

开户许可证是中国人民银行依法准予申请人在银行开立核准类银行结算账户的行政许可证件，是核准类银行结算账户合法性的有效证明。开户许可证有正本和副本之分，正本由申请人保管，副本由申请人开户银行留存。

4. 签订账户管理协议

开立银行结算账户时，银行应与存款人签订银行结算账户管理协议，明确双方的权利与义务。企业申请开立基本存款账户的，银行应当向企业法定代表人或单位负责人核实企业开户意愿，并留存相关工作记录。核实开户意愿，可采取面对面、视频等方式，具体方式由银行根据客户风险程度选择。

银行与企业签订的银行结算账户管理协议内容包括但不限于：银行与开户申请人办理银行结算账户业务应当遵守法律、行政法规以及人民银行的有关规定，不得利用银行结算账户从事各类违法犯罪活动；企业银行结算账户信息变更及撤销的情形、方式、时限；银行控制账户交易措施的情形和处理方式；其他需要约定的内容。

对存在法定代表人或者单位负责人对单位经营规模及业务背景等情况不清楚、注册地和经营地均在异地等情况的单位，银行应当与其法定代表人或者单位负责人面签银行结算账户管理协议，并留存视频、音频资料等，开户初期原则上不开通非柜面业务，待后续了解后再审慎开通。

银行为存款人开通非柜面转账业务时，双方应签订协议，约定非柜面渠道向非同名银行账户和支付账户转账的日累计限额、笔数和年累计限额等，超出限额和笔数的，应到银行柜面办理。银行应建立存款人预留签章卡片，并将签章式样和有关证明文件的原件或复印件留存归档。存款人为单位的，其预留签章为该单位的公章或财务专用章加其法定代表人（单位负责人）或其授权的代理人的签名或者盖章。存款人为个人的，其预留签章为该个人的签名或者盖章。

5. 账户名称的要求

存款人在申请开立单位银行结算账户时，其申请开立的银行结算账户的账户名称、出具的开户证明文件上记载的存款人名称以及预留银行签章中公章或财务专用章的名称应保持一致，但下列情况除外：

（1）因注册验资开立的临时存款账户，其账户名称为市场监管部门核发的"企业名称预先核准通知书"或政府有关部门批文中注明的名称，其预留银行签章中的公章或财务专用章的名称应与存款人与银行在银行结算账户管理协议中约定的出资人名称一致。

（2）预留银行签章中公章或财务专用章的名称依法可使用简称的，账户名称应与其保持一致。

（3）没有字号的个体工商户开立的银行结算账户，其预留签章中公章或财务专用章应是"个体户"字样加营业执照上载明的经营者的签字或盖章。

6. 银行账户的开立之日与业务办理

存款人开立单位银行结算账户，自正式开立之日起3个工作日后，方可使用该账户办理付款业务。但注册验资的临时存款账户转为基本存款账户和因借款转存开立的一般存款账户除外。企业银行结算账户自开立之日即可办理收付款业务。对于核准类银行结算账户，"正式开立之日"为中国人民银行当地分支机构的核准日期；对于非核准类银行结算账户，"正式开立之日"是开户银行为存款人办理开户手续的日期。

（二）银行结算账户的变更

1. 银行账户变更的基本要求

变更是指存款人的账户信息资料发生变化或改变。根据账户管理的要求，存款人变更账户名称、单位的法定代表人或主要负责人、地址等其他开户证明文件后，应及时向开户银行办理变更手续，填写变更银行结算账户申请书。

银行发现企业名称、法定代表人或者单位负责人发生变更的，应当及时通知企业办理变更手续；企业自通知送达之日起在合理期限内仍未办理变更手续，且未提出合理理由的，银行有权采取措施适当控制账户交易。

企业营业执照、法定代表人或者单位负责人有效身份证件列明有效期限的，银行应当于到期日前提示企业及时更新，有效期到期后，在合理期限内企业仍未更新，且未提出合理理由的，银行应当按规定中止其办理业务。

属于申请变更单位银行结算账户的，应加盖单位公章和法定代表人（单位负责人）或其授权代理人的签名或者盖章；属于申请变更个人银行结算账户的，应加盖其个人签章。

2. 银行账户变更的时限

存款人更改名称，但不改变开户银行及账号的，应于5个工作日内向开户银行提出银行结算账户的变更申请，并出具有关部门的证明文件。

单位的法定代表人或主要负责人、住址以及其他开户资料发生变更时，应于5个工作日内书面通知开户银行并提供有关证明。

3. 开户许可证及相关信息的变更

属于变更开户许可证记载事项的，存款人办理变更手续时，应交回开户许可证，由中国人民银行当地分支机构换发新的开户许可证。对企业名称、法定代表人或者单位负责人变更的，账户管理系统重新生成新的基本存款账户编号，银行应当打印"基本存款账户信息"并交付企业。企业可向基本存款账户开户银行申请打印"基本存款账户信息"。

（三）银行结算账户的撤销

1. 自愿申请撤销银行账户

撤销是指存款人因开户资格或其他原因终止银行结算账户使用的行为。存款人申请撤销银行结算账户时，应填写撤销银行结算账户申请书。属于申请撤销单位银行结算账户的，应加盖单位公章和法定代表人（单位负责人）或其授权代理人的签名或盖章；属于申请撤销个人银行结算账户的，应加其个人签章。银行在收到存款人撤销银行结算账户的申请后，对于符合销户条件的，应在2个工作日内办理撤销手续。

2. 银行办理撤销银行账户的手续

存款人撤销银行结算账户，必须与开户银行核对银行结算账户存款余额，交回各种重要空白票据及结算凭证和开户许可证（不含取消企业银行账户许可之后无开户许可证的企业），银行核对无误后方可办理销户手续。企业因转户原因撤销基本存款账户的，银行还应打印"已开立银行结算账户清单"并交付企业。

3. 应当申请撤销银行账户的情形

有下列情形之一的，存款人应向开户银行提出撤销银行结算账户的申请：

（1）被撤并、解散、宣告破产或关闭的；
（2）注销、被吊销营业执照的；
（3）因迁址需要变更开户银行的；
（4）其他原因需要撤销银行结算账户的。

存款人有以上第（1）项、第（2）项情形的，应于5个工作日内向开户银行提出撤销银行结算账户的申请。撤销银行结算账户时，应先撤销一般存款账户、专用存款账户、临时存款账户，将账户资金转入基本存款账户后，方可办理基本存款账户的撤销。银行得知存款人有第（1）项、第（2）项情形的，存款人超过规定期限未主动办理撤销银行结算账户手续的，银行有权停止其银行结算账户的对外支付。存款人因第（3）项或第（4）项情形撤销基本存款账户后，需要重新开立基本存款账户的，应在撤销其原基本存款账户后10日内申请重新开立基本存款账户。

4. 撤销银行账户的其他规定

存款人尚未清偿其开户银行债务的，不得申请撤销该银行结算账户。对于按照账户管理规定应撤销而未办理销户手续的单位银行结算账户，银行通知该单位银行结算账户的存款人自发出通知之日起30日内办理销户手续，逾期视同自愿销户，未划转款项列入久悬未取专户管理。存款人撤销核准类银行结算账户时，应交回开户许可证。

三、各类银行结算账户的开立和使用

（一）基本存款账户

1. 基本存款账户的概念

基本存款账户是存款人因办理日常转账结算和现金收付需要开立的银行结算账户。

下列存款人，可以申请开立基本存款账户：（1）企业法人；（2）非法人企业；（3）机关、事业单位；（4）团级（含）以上军队、武警部队及分散执勤的支（分）队；（5）社

会团体；（6）民办非企业组织；（7）异地常设机构；（8）外国驻华机构；（9）个体工商户；（10）居民委员会、村民委员会、社区委员会；（11）单位设立的独立核算的附属机构，包括食堂、招待所、幼儿园；（12）其他组织，即按照现行的法律、行政法规规定可以成立的组织，如业主委员会、村民小组等组织；（13）境外机构。

2. 开户证明文件

（1）企业法人，应出具企业法人营业执照正本。

（2）非法人企业，应出具企业营业执照正本。

（3）机关和实行预算管理的事业单位，应出具政府人事部门或编制委员会的批文或登记证书和财政部门同意其开户的证明，因年代久远、批文丢失等原因无法提供政府人事部门或编制委员会的批文或登记证书的，凭上级单位或主管部门出具的证明及财政部门同意其开户的证明开立基本存款账户。机关和实行预算管理的事业单位出具的政府人事部门或编制委员会的批文或登记证书上，有两个或两个以上名称的，可以分别开立基本存款账户。非预算管理的事业单位，应出具政府人事部门或编制委员会的批文或登记证书。

（4）军队、武警团级（含）以上单位以及有关边防、分散执勤的支（分）队，应出具军队军级以上单位财务部门、武警总队财务部门的开户证明。

（5）社会团体，应出具社会团体登记证书，宗教组织还应出具宗教事务管理部门的批文或证明。

（6）民办非企业组织，应出具民办非企业登记证书。

（7）外地常设机构，应出具其驻地政府主管部门的批文。对于已经取消对外地常设机构审批的省（市），应出具派出地政府部门的证明文件。

（8）外国驻华机构，应出具国家有关主管部门的批文或证明。外资企业驻华代表处、办事处，应出具国家登记机关颁发的登记证。

（9）个体工商户，应出具个体工商户营业执照正本。

（10）居民委员会、村民委员会、社区委员会，应出具其主管部门的批文或证明。

（11）单位附属独立核算的食堂、招待所、幼儿园，应出具其主管部门的基本存款账户开户许可证和批文。

（12）按照现行法律法规规定可以成立的业主委员会、村民小组等组织，应出具政府主管部门的批文或证明。

（13）境外机构，应出具其在境外合法注册成立的证明文件，及其在境内开展相关活动所依据的法规制度或政府主管部门的批准文件等开户资料。证明文件等开户资料为非中文的，还应同时提供对应的中文翻译。

开户时，应出具法定代表人或单位负责人有效身份证件。法定代表人或单位负责人授权他人办理的，还应出具法定代表人或单位负责人的授权书以及被授权人的有效身份证件。

3. 基本存款账户的使用

基本存款账户是存款人的主办账户，一个单位只能开立一个基本存款账户。存款人日常经营活动的资金收付及其工资、奖金和现金的支取，应通过基本存款账户办理。

（二）一般存款账户

1. 一般存款账户的概念

一般存款账户是存款人因借款或其他结算需要，在基本存款账户开户银行以外的银行营业机构开立的银行结算账户。

2. 开户证明文件

存款人申请开立一般存款账户，应向银行提供其符合基本存款账户开立规定的证明文件，基本存款账户开户许可证或企业基本存款账户编号和下列证明文件：

（1）存款人因向银行借款需要，应出具借款合同。

（2）存款人因其他结算需要，应出具有关证明。

3. 一般存款账户的使用

一般存款账户用于办理存款人借款转存、借款归还和其他结算的资金收付。一般存款账户可以办理现金缴存，但不得办理现金支取。

（三）专用存款账户

1. 专用存款账户的概念

专用存款账户是存款人按照法律、行政法规和规章，对其特定用途资金进行专项管理和使用而开立的银行结算账户。

2. 适用范围

专用存款账户适用于对下列资金的管理和使用：①基本建设资金；②更新改造资金；③粮、棉、油收购资金；④证券交易结算资金；⑤期货交易保证金；⑥信托基金；⑦政策性房地产开发资金；⑧住房基金；⑨社会保障基金；⑩收入汇缴资金和业务支出资金；⑪党、团、工会设在单位的组织机构经费；⑫其他需要专项管理和使用的资金。

3. 开户证明文件

存款人申请开立专用存款账户，应向银行出具其开立基本存款账户规定的证明文件、基本存款账户开户许可证或企业基本存款账户编号和下列证明文件：

（1）基本建设资金、更新改造资金、政策性房地产开发资金、住房基金、社会保障基金，应出具主管部门批文。

（2）粮、棉、油收购资金，应出具主管部门批文。

（3）证券交易结算资金，应出具证券公司或证券管理部门的证明。

（4）期货交易保证金，应出具期货公司或期货管理部门的证明。

（5）收入汇缴资金和业务支出资金，应出具基本存款账户存款人有关的证明。

（6）党、团、工会设在单位的组织机构经费，应出具该单位或有关部门的批文或证明。

（7）其他按规定需要专项管理和使用的资金，应出具有关法规、规章或政府部门的有关文件。

对于合格境外机构投资者在境内从事证券投资开立的人民币特殊账户和人民币结算资金账户，均纳入专用存款账户管理。其开立人民币特殊账户时应出具国家外汇管理部门的批复文件；开立人民币结算资金账户时，应出具证券管理部门的证券投资业务许可证。

4. 专用存款账户的使用

（1）证券交易结算资金、期货交易保证金和信托基金专用存款账户不得支取现金。

（2）基本建设资金、更新改造资金、政策性房地产开发资金账户需要支取现金的，应在开户时报中国人民银行当地分支行批准。

（3）粮、棉、油收购资金，社会保障基金，住房基金和党、团、工会经费等专用存款账户支取现金应按照国家现金管理的规定办理。银行应按照国家对粮、棉、油收购资金使用管理的规定加强监督，不得办理不符合规定的资金收付和现金支取。

（4）收入汇缴资金和业务支出资金，是指基本存款账户存款人所属的非独立核算单位或派出机构发生的收入和支出的资金。收入汇缴账户除向其基本存款账户或预算外资金财政专用存款户划缴款项外，只收不付，不得支取现金。业务支出账户除从其基本存款账户拨入款项外，只付不收，其现金支取必须按照国家现金管理的规定办理。

（四）预算单位零余额账户

1. 预算单位零余额账户是指预算单位经财政部门批准，在国库集中支付代理银行和非税收入收缴代理银行开立的，用于办理国库集中收付业务的银行结算账户。预算单位零余额账户的性质为基本存款账户或专用存款账户。预算单位未开立基本存款账户，或原基本存款账户在国库集中支付改革后已经按财政部门要求撤销的，经同级财政部门批准，预算单位零余额账户作为基本存款账户；除上述情况外，预算单位零余额账户作为专用存款账户。

2. 预算单位使用财政性资金，应当按照规定的程序和要求，向财政部门提出设立零余额账户的申请，财政部门同意预算单位开设零余额账户后通知代理银行。

3. 代理银行根据《人民币银行结算账户管理办法》的规定，具体办理开设预算单位零余额账户业务，并将所开账户的开户银行名称、账号等详细情况书面报告财政部门和中国人民银行，并由财政部门通知一级预算单位。

4. 预算单位根据财政部门的开户通知，具体办理预留印鉴手续。印鉴卡内容如有变动，预算单位应及时通过一级预算单位向财政部门提出变更申请，办理印鉴卡更换手续。

5. 一个基层预算单位开设一个零余额账户。

6. 预算单位零余额账户用于财政授权支付，可以办理转账、提取现金等结算业务，可以向本单位按账户管理规定保留的相应账户划拨工会经费、住房公积金及取暖补贴，以及财政部门批准的特殊款项，不得违反规定向本单位其他账户和上级主管单位及所属下级单位账户划拨资金。

（五）临时存款账户

1. 临时存款账户的概念

临时存款账户是指存款人因临时需要并在规定期限内使用而开立的银行结算账户。

2. 适用范围

（1）设立临时机构，例如工程指挥部、筹备领导小组、摄制组等；

（2）异地临时经营活动，例如建筑施工及安装单位等在异地的临时经营活动；

（3）注册验资、增资；

（4）军队、武警单位承担基本建设或者异地执行作战、演习、抢险救灾、应对突发事件等临时任务。

3. 开户证明文件

（1）临时机构，应出具其驻地主管部门同意设立临时机构的批文。

（2）异地建筑施工及安装单位，应出具其营业执照正本或其隶属单位的营业执照正本，以及施工及安装地建设主管部门核发的许可证或建筑施工及安装合同。外国及我国港澳台地区建筑施工及安装单位，应出具行业主管部门核发的资质准入证明。

（3）异地从事临时经营活动的单位，应出具其营业执照正本以及临时经营地市场监督管理部门的批文。

（4）境内单位在异地从事临时活动的，应出具政府有关部门批准其从事该项活动的证明文件。

（5）境外（含港、澳、台地区）机构在境内从事经营活动的，应出具政府有关部门批准其从事该项活动的证明文件。

（6）军队、武警单位因执行作战、演习、抢险救灾、应对突发事件等任务需要开立银行账户时，开户银行应当凭军队、武警团级以上单位后勤（联勤）部门出具的批件或证明，先予开户并同时启用，后补办相关手续。

（7）注册验资资金，应出具市场监督管理部门核发的企业名称预先核准通知书或有关部门的批文。

（8）增资验资资金，应出具股东会或董事会决议等证明文件。

上述第（2）、（3）、（4）、（8）项还应出具基本存款账户开户许可证，外国及我国港、澳、台地区建筑施工及安装单位除外。

4. 临时存款账户的使用

临时存款账户用于办理临时机构以及存款人临时经营活动发生的资金收付。临时存款账户应根据有关开户证明文件确定的期限或存款人的需要确定其有效期限，最长不得超过2年。临时存款账户支取现金，应按照国家现金管理的规定办理。注册验资的临时存款账户在验资期间只收不付。

（六）个人银行结算账户

1. 个人银行结算账户的概念

个人银行结算账户是指存款人因投资、消费、结算等需要而凭个人身份证件以自然人名称开立的银行结算账户。个人银行账户分为Ⅰ类银行账户、Ⅱ类银行账户和Ⅲ类银行账户（以下分别简称"Ⅰ类户""Ⅱ类户"和"Ⅲ类户"）。银行可通过Ⅰ类户为存款人提供存款、购买投资理财产品等金融产品、转账、消费和缴费支付、支取现金等服务。Ⅱ类户可以办理存款、购买投资理财产品等金融产品、限额消费和缴费、限额向非绑定账户转出资金业务，可以配发银行卡实体卡片。经银行柜面、自助设备加以银行工作人员现场面对面确认身份的，Ⅱ类户还可以办理存取现金、非绑定账户资金转入业务，非绑定账户转入资金、存入现金日累计限额合计为1万元、年累计限额合计为20万元；银行可以向Ⅱ类户发放本银行贷款资金并通过Ⅱ类户还款，发放贷款和贷款资金归还，不受转账限额规定。Ⅲ类户可以办理限额消费和缴费、限额向非绑定账户转出资金业务。经银行柜面、自助设备加以银行工作人员现场面对面确认身份的，Ⅲ类户还可以办理非绑定账户资金转入业务。Ⅲ类账户任一时点账户余额不得超过2 000元。

2. 开户方式

（1）柜面开户

通过柜面受理银行账户开户申请的，银行可为开户申请人开立Ⅰ类户、Ⅱ类户或Ⅲ类户。个人开立Ⅱ、Ⅲ类户，可以绑定Ⅰ类户或者信用卡账户进行身份验证，不得绑定非银行支付机构开立的支付账户进行身份验证。在银行柜面开立的，则无须绑定Ⅰ类账户或者信用卡账户进行身份验证。

（2）自助机具开户

通过远程视频柜员机和智能柜员机等自助机具受理银行账户开户申请，银行工作人员现场核验开户申请人身份信息的，银行可为其开立Ⅰ类户；银行工作人员未现场核验开户申请人身份信息的，银行可为其开立Ⅱ类户或Ⅲ类户。

（3）电子渠道开户

通过网上银行和手机银行等电子渠道受理银行账户开户申请的，银行可为开户申请人开立Ⅱ类户或Ⅲ类户。银行通过电子渠道非面对面为个人开立Ⅱ类户或Ⅲ类户时，应当向绑定账户开户行验证Ⅱ类户或Ⅲ类户与绑定账户为同一人开立，且绑定账户为本人Ⅰ类户或者信用卡账户。开户时，银行应当要求开户申请人登记验证的手机号码与绑定账户使用的手机号码保持一致。

3. 亲自办理与代理办理

开户申请人开立个人银行账户或者办理其他个人银行账户业务，原则上应当由开户申请人本人亲自办理；符合条件的，可以由他人代理办理。他人代理开立个人银行账户的，代理人应出具代理人、被代理人的有效身份证件以及合法的委托书等。银行认为有必要的，应要求代理人出具证明代理关系的公证书。存款人开立代发工资、教育、社会保障（如社保、医保、军保）、公共管理（如公共事业、拆迁、捐助、助农扶农）等特殊用途个人银行账户时，可由所在单位代理办理。单位代理个人开立银行账户的，应提供单位证明材料、被代理人有效身份证件的复印件或影印件。单位代理开立的个人银行账户，在被代理人持本人有效身份证件到开户银行办理身份确认、密码设（重）置等激活手续前，该银行账户只收不付。

无民事行为能力或限制民事行为能力的开户申请人，由法定代理人或者人民法院、有关部门依法指定的人员代理办理。因身患重病、行动不便、无自理能力等无法自行前往银行的存款人办理挂失、密码重置、销户等业务时，银行可通过与客户约定采取上门服务方式办理，也可在风险可控并有效核实客户身份和意愿的前提下，由当事人委托代理人代为办理。

4. 开户证明文件

根据个人银行账户实名制的要求，存款人申请开立个人银行账户时，应向银行出具本人有效身份证件，银行通过有效身份证件仍无法准确判断开户申请人身份的，应要求其出具辅助身份证明材料。

有效身份证件包括：①在中华人民共和国境内已登记常住户口的中国公民为居民身份证；不满16周岁的，可以使用居民身份证或户口簿。②香港、澳门特别行政区居民为港澳居民来往内地通行证、港澳居民居住证。③台湾地区居民为台湾居民来往大陆通行证、台湾居民居住证。④国外的中国公民为中国护照。⑤外国公民为护照或者外国人永久居留证（外国边民，按照边贸结算的有关规定办理）。⑥法律、行政法规规定的其他身份证明文件。

辅助身份证明材料包括但不限于：①中国公民为户口簿、护照、机动车驾驶证、居住证、社会保障卡、军人和武装警察身份证件、公安机关出具的户籍证明、工作证。②香港、澳门特别行政区居民为香港、澳门特别行政区居民身份证。③台湾地区居民为在台湾居住的有效身份证明。④定居国外的中国公民为定居国外的证明文件。⑤外国公民为外国居民身份证、使领馆人员身份证件或者机动车驾驶证等其他带有照片的身份证件。⑥完税证明、水电煤缴费单等税费凭证。

军人、武装警察尚未领取居民身份证的，除出具军人和武装警察身份证件外，还应出具军人保障卡或所在单位开具的尚未领取居民身份证的证明材料。

5. 个人银行结算账户的使用

个人银行结算账户用于办理个人转账收付和现金存取。下列款项可以转入个人银行结算账户：①工资、奖金收入；②稿费、演出费等劳务收入；③债券、期货、信托等投资的本金和收益；④个人债权或产权转让收益；⑤个人贷款转存；⑥证券交易结算资金和期货交易保证金；⑦继承、赠予款项；⑧保险理赔、保费退还等款项；⑨纳税退还；⑩农、副、矿产品销售收入；⑪其他合法款项。

单位从其银行结算账户支付给个人银行结算账户的款项，每笔超过5万元（不含5万元）的，应向其开户银行提供下列付款依据：①代发工资协议和收款人清单；②奖励证明；③新闻出版、演出主办等单位与收款人签订的劳务合同或支付给个人款项的证明；④证券公司、期货公司、信托投资公司、奖券发行或承销部门支付或退还给自然人款项的证明；⑤债权或产权转让协议；⑥借款合同；⑦保险公司的证明；⑧税收征管部门的证明；⑨农、副、矿产品购销合同；⑩其他合法款项的证明。

从单位银行结算账户支付给个人银行结算账户的款项应纳税的，税收代扣单位付款时应向其开户银行提供完税证明。

当个人持出票人为单位的支票向开户银行委托收款，将款项转入其个人银行结算账户的，或个人持申请人为单位的银行汇票和银行本票向开户银行提示付款，将款项转入其个人银行结算账户的，个人应出具上述第①至⑩项中规定的有关收款依据。存款人应对其提供的收款依据或付款依据的真实性、合法性负责。

从单位银行结算账户向个人银行结算账户支付款项单笔超过5万元人民币时，付款单位若在付款用途栏或备注栏注明事由，可不再另行出具付款依据，但付款单位应对支付款项事由的真实性、合法性负责。但是，具有下列一种或多种特征的可疑交易：①账户资金集中转入，分散转出，跨区域交易；②账户资金快进快出，不留余额或者留下一定比例余额后转出，过渡性质明显；③拆分交易，故意规避交易限额；④账户资金金额较大，对外收付金额与单位经营规模、经营活动明显不符；⑤其他可疑情形。出现上述可疑情形时，银行应关闭单位银行结算账户的网上银行转账功能，要求存款人到银行网点柜台办理转账业务，并出具书面付款依据或相关证明文件。如存款人未提供相关依据或相关依据不符合规定的，银行应拒绝办理转账业务。

（七）异地银行结算账户

1. 异地银行结算账户的概念

异地银行结算账户，是存款人在其注册地或住所地行政区域之外（跨省、市、县）开立的银行结算账户。

2. 适用范围

（1）营业执照注册地与经营地不在同一行政区域（跨省、市、县）需要开立基本存款账户的；

（2）办理异地借款和其他结算需要开立一般存款账户的；

（3）存款人因附属的非独立核算单位或派出机构发生的收入汇缴或业务支出需要开立专用存款账户的；

（4）异地临时经营活动需要开立临时存款账户的；

(5) 自然人根据需要在异地开立个人银行结算账户的。

3. 开户证明文件

存款人需要在异地开立单位银行结算账户，除出具开立基本存款账户、一般存款账户、专用存款账户和临时存款账户规定的有关证明文件和基本存款账户开户许可证或企业基本存款账户编号外，还应出具下列相应的证明文件：

（1）异地借款的存款人在异地开立一般存款账户的，应出具在异地取得贷款的借款合同；

（2）因经营需要在异地办理收入汇缴和业务支出的存款人在异地开立专用存款账户的，应出具隶属单位的证明。

存款人需要在异地开立个人银行结算账户，应出具在住所地开立账户所需的证明文件。

四、银行结算账户的管理

（一）银行结算账户的实名制管理

1. 存款人应以实名开立银行结算账户，并对其出具的开户（变更、撤销）申请资料实质内容的真实性负责，法律、行政法规另有规定的除外。

2. 存款人应按照账户管理规定使用银行结算账户办理结算业务，不得出租、出借银行结算账户，不得利用银行结算账户套取银行信用或进行洗钱活动。

（二）银行结算账户资金的管理

单位、个人和银行应当按照《人民币银行结算账户管理办法》和《企业银行结算账户管理办法》的规定开立、使用账户。在银行开立存款账户的单位和个人办理支付结算，账户内须有足够的资金保证支付。银行依法为单位、个人在银行开立的存款账户内的存款保密，维护其资金的自主支配权。除国家法律、行政法规另有规定外，银行不得为任何单位或者个人查询账户情况，不得为任何单位或者个人冻结、扣划款项，不得停止单位、个人存款的正常支付。

（三）银行结算账户变更事项的管理

存款人申请临时存款账户展期，变更、撤销单位银行结算账户以及补（换）发开户许可证时，可由法定代表人或单位负责人直接办理，也可授权他人办理。由法定代表人或单位负责人直接办理的，除出具相应的证明文件外，还应出具法定代表人或单位负责人的身份证件；授权他人办理的，除出具相应的证明文件外，还应出具法定代表人或单位负责人的身份证件及其出具的授权书，以及被授权人的身份证件。

（四）存款人预留银行签章的管理

1. 单位遗失预留公章或财务专用章的，应向开户银行出具书面申请、开户许可证、营业执照等相关证明文件；更换预留公章或财务专用章时，应向开户银行出具书面申请、原预留公章或财务专用章等相关证明文件。单位存款人申请更换预留公章或财务专用章但无法提供原预留公章或财务专用章的，应向开户银行出具原印鉴卡片、开户许可证、营业执照正本、司法部门的证明等相关证明文件。单位存款人申请变更预留公章或财务专用章，可由法定代表人或单位负责人直接办理，也可授权他人办理。由法定代表人或单位负责人直接办理的，除出具相应的证明文件外，还应出具法定代表人或单位负责人的身份证件；授权他人办理的，除出具相应的证明文件外，还应出具法定代表人或单位负责人的身份证件及其出具的授权书，以及被授权人的身份证件。

2. 个人遗失、更换预留个人印章或更换签字人时，应向开户银行出具经签名确认的书面申请，以及原预留印章或签字人的个人身份证件。银行应留存相应的复印件，并凭此办理预留银行签章的变更。单位存款人申请更换预留个人签章，可由法定代表人或单位负责人直接办理，也可授权他人办理。由法定代表人或单位负责人直接办理的，应出具加盖该单位公章的书面申请以及法定代表人或单位负责人的身份证件。授权他人办理的，应出具加盖该单位公章的书面申请、法定代表人或单位负责人的身份证件及其出具的授权书、被授权人的身份证件。无法出具法定代表人或单位负责人的身份证件的，应出具加盖该单位公章的书面申请、该单位出具的授权书以及被授权人的身份证件。

（五）银行结算账户的对账管理

银行结算账户的存款人应与银行按规定核对账务。存款人收到对账单或对账信息后，应及时核对账务并在规定期限内向银行发出对账回单或确认信息。

第三节　银行非现金支付业务

> **课程思政**
>
> **兴业数金、兴业银行搭建"商誉达"供应链票据服务平台**
>
> 党的二十大报告提出"着力提升产业链供应链韧性和安全水平"，这是以习近平同志为核心的党中央从全局和战略的高度做出的重大决策部署。2020年9月18日，中国人民银行等8部委印发了《关于规范发展供应链金融支持供应链产业链稳定循环和优化升级的意见》（银发〔2020〕226号），提出应提升应收账款的标准化和透明度，支持金融机构与人民银行认可的供应链票据平台对接，支持核心企业签发供应链票据。
>
> "商誉达"拥有独立且完善的企业管理体系，包括企业的邀请注册、身份认证、账户鉴权以及员工角色分配等；涵盖票据全部业务场景，支持等分化票据业务产品，实现从贸易信息登记、承兑、背书、质押、保证、贴现、追索清偿和票据结清的全流

程一站式办理;支持企业集团对产业链票据行为的运营管理,提供客户管理、额度管理、票据管理、运营管理、用户管理、权限管理等,并提供交易数据的查询和管理服务,实现供应链票据业务的全生命周期管理。同时,为给中小企业提供更方便快捷的融资服务,平台在票交所供应链票据平台基础接口的基础上,通过开放银行直连合作银行的极速贴现报价接口,促进票据融资价格开放透明。

供应链票据的推出,是我国金融监管顺应金融脱媒趋势的一次重大变革,具有里程碑意义。有利于提升票据的支付效率,也便于发挥票据的融资功能,盘活企业的应收账款,缓解中小微企业资金流转困难的问题,促进我国经济健康有序发展。

目前,我国银行非现金支付业务主要有票据类业务、银行卡业务和汇兑等传统结算方式,以及随着互联网技术发展而日益使用广泛的银行卡收单、网上银行、条码支付等新型支付方式。

一、票据

(一) 票据的概念和种类

票据的概念有广义和狭义之分。广义上的票据包括各种有价证券和凭证,如股票、企业债券、发票、提单等;狭义上的票据,即我国《票据法》中规定的"票据",包括汇票、本票和支票,是指由出票人签发的、约定自己或者委托付款人在见票时或指定的日期向收款人或持票人无条件支付一定金额的有价证券。如图3-1所示。

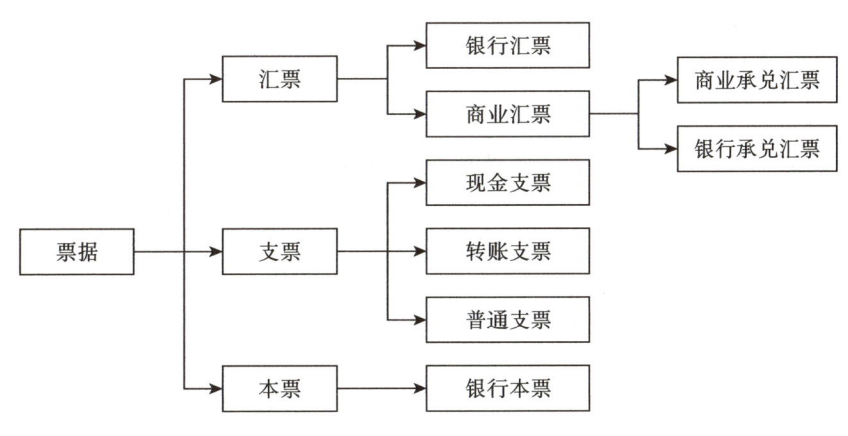

图3-1 我国的票据分类

(二) 票据当事人

票据当事人是指在票据法律关系中,享有票据权利、承担票据义务的主体。票据当事人分为基本当事人和非基本当事人。票据基本当事人是指在票据做成和交付时就已经存在的当事人,包括出票人、付款人和收款人。汇票和支票的基本当事人有出票人、收款人与付款人；本票的基本当事人有出票人与收款人。

1. 基本当事人

（1）出票人，是指依法定方式签发票据并将票据交付给收款人的人。银行汇票的出票人为银行；商业汇票的出票人为银行以外的企业和其他组织；银行本票的出票人为出票银行；支票的出票人，为在银行开立支票存款账户的企业、其他组织和个人。

（2）付款人，是指由出票人委托付款或自行承担付款责任的人。商业承兑汇票的付款人是合同中应给付款项的一方当事人，也是该汇票的承兑人；银行承兑汇票的付款人是承兑银行；支票的付款人是出票人的开户银行。

（3）收款人，是指票据正面记载的到期后有权收取票据所载金额的人。

2. 非基本当事人

非基本当事人是指在票据做成并交付后，通过一定的票据行为加入票据关系而享有一定权利、承担一定义务的当事人，包括承兑人、背书人、被背书人、保证人等。

（1）承兑人，是指接受汇票出票人的付款委托，同意承担支付票款义务的人，是汇票主债务人。

（2）背书人与被背书人，背书人是指在转让票据时，在票据背面或粘单上签字或盖章，并将该票据交付给受让人的票据收款人或持有人。被背书人是指被记名受让票据或接受票据转让的人。背书后，被背书人成为票据新的持有人，享有票据的所有权利。

（3）保证人，是指为票据债务提供担保的人，由票据债务人以外的第三人担任。保证人在被保证人不能履行票据责任时，应以自己的资金履行票据责任，并据此取得持票人的权利，向票据债务人追索。

（三）票据的特征和功能

1. 票据的特征

（1）票据是"完全有价证券"，即票据权利完全证券化，票据权利与票据本身融为一体、不可分离，也就是说，票据权利的产生、行使、转让和消灭都离不开票据。完全有价证券这一特征可以通过票据的"设权证券""提示证券""交付证券"和"缴回证券"等特征来体现。

首先，票据权利的产生必须通过做成票据，即必须通过票据行为——出票来创设，从这一意义上说，票据又是"设权证券"。

其次，票据权利的享有必须以占有票据为前提，为了证明占有的事实以行使票据权利，必须提示票据，从这一意义上说，票据又是"提示证券"。

再次，票据权利的转让必须交付票据，从这一意义上说，票据又是"交付证券"。

最后，票据权利实现之后，应将票据缴回付款人，以消灭票据权利义务关系或者付款人再行使追索权，从这一意义上说，票据又是"缴回证券"，被追索人清偿债务时，持票人应当交出票据和有关拒绝证明。

（2）票据是"文义证券"，即票据上的一切票据权利义务必须严格依照票据记载的文义而定，文义之外的任何理由、事项均不得作为根据，即使文义记载有误，也不得用票据之外的其他证明方法变更或补充。

（3）票据是"无因证券"，即票据如果符合《票据法》规定的条件，票据权利就成立，持票人不必证明取得票据的原因，仅以票据文义请求履行票据权利。但当票据债务人根据《票据法》第十二条的规定，认为持票人是以欺诈、偷盗或者胁迫等手段取得票据，或者明知有上述情形出于恶意取得票据，或者因为重大过失取得票据，持票人应当对自己持票的合法性负责举证。

（4）票据是"金钱债权证券"，即票据上体现的权利性质是财产权而不是其他权利，财产权的内容是请求支付一定数额的金钱，而不是物品。

（5）票据是"要式证券"，即票据的制作、形式、文义都有规定的格式和要求，必须符合《票据法》的规定。

（6）票据是"流通证券"，即票据可以流通转让，只有流通转让，票据的功能才能充分发挥，衔接企业的供产销活动，畅通经济金融运行，因此，票据贵在流通。与一般财产权相比，票据权利的转让灵活简便，无须通知债务人，通过背书行为直接转让。

2. 票据的功能

（1）支付功能，即票据可以充当支付工具，代替现金使用。对于当事人来讲，用票据支付可以消除现金携带的不便，克服点钞的麻烦，节省计算现金的时间。

（2）汇兑功能，即票据可以代替货币在不同地方之间运送，方便异地之间的支付。如果异地之间使用货币，需要运送或携带，不仅费时费力，且不安全。大额货币的运送更是如此。如果只拿着一张票据到异地支付，相对而言既安全又方便。

（3）信用功能，即票据当事人可以凭借自己的信誉，将未来才能获得的金钱作为现在的金钱来使用。例如，甲企业购买乙企业货物，甲企业暂时款项不足，便凭借自己的信誉签发了一张以"乙企业"为收款人、以自己的开户银行为付款人，约定3个月后付款的票据给乙企业。此时，甲企业实际上是将3个月后才能筹足的款项用于现在使用。

（4）结算功能，即债务抵销功能。简单的结算是互有债务的双方当事人各签发一张本票，待两张本票都到期时可以相互抵销债务。若有差额，由一方以现金支付。

（5）融资功能，即融通资金或调度资金。票据的融资功能是通过票据的贴现、转贴现和再贴现实现的。

（四）票据行为

票据行为是指票据当事人以发生票据债务为目的的、以在票据上签名或盖章为权利义务成立要件的法律行为。票据行为包括出票、背书、承兑和保证。

1. 出票

（1）出票的概念

出票是指出票人签发票据并将其交付给收款人的票据行为。出票包括两个行为：一是出票人依照《票据法》的规定做成票据，即在原始票据上记载法定事项并签章；二是交付票据，即将做成的票据交付给他人占有。这两者缺一不可。

（2）出票的基本要求

出票人必须与付款人具有真实的委托付款关系，并且具有支付票据金额的可靠资金来源，不得签发无对价的票据用以骗取银行或者其他票据当事人的资金。

（3）票据的记载事项

出票人和其他票据行为当事人在票据上的记载事项必须符合《票据法》等的规定。所谓票据记载事项是指依法在票据上记载的票据相关内容。票据记载事项一般分为必须记载事项、相对记载事项、任意记载事项和记载不产生票据法上效力的事项等。

必须记载事项，也称必要记载事项，是指《票据法》明文规定必须记载的，如不记载，票据行为即为无效的事项。

相对记载事项是指除了必须记载事项外，《票据法》规定的其他应记载的事项，这些事项如果未记载，由法律另作相应规定予以明确，并不影响票据的效力。例如，《票据法》规定背书由背书人签章并记载背书日期。背书未记载日期的，视为在票据到期日前背书。这里的"背书日期"就属于相对记载事项；未记载背书日期的，《票据法》视同背书日期为"到期日前"。

任意记载事项是指《票据法》不强制当事人必须记载而允许当事人自行选择，不记载时不影响票据效力，记载时则产生票据效力的事项。如出票人在汇票记载"不得转让"字样的，汇票不得转让，其中的"不得转让"事项即为任意记载事项。

记载不产生《票据法》上效力的事项是指除了必须记载事项、相对记载事项、任意记载事项外，票据上还可以记载其他事项，但这些事项不具有票据效力，银行不负审查责任。如《票据法》第二十四条规定："汇票上可以记载本法规定事项以外的其他出票事项，但是该记载事项不具有汇票上的效力。"

（4）出票的效力

票据出票人制作票据，应当按照法定条件在票据上签章，并按照所记载的事项承担票据责任。出票人签发票据后，即承担该票据承兑或付款的责任。出票人在票据得不到承兑或者付款时，应当向持票人清偿《票据法》第七十条、第七十一条规定的金额和费用（具体见后文票据追索的内容）。

2. 背书

（1）概念和种类

背书是在票据背面或者粘单上记载有关事项并签章的行为。以背书的目的为标准，将背书分为转让背书和非转让背书。转让背书是指以转让票据权利为目的的背书；非转让背书是指以授予他人行使一定的票据权利为目的的背书。非转让背书包括委托收款背书和质押背书。

委托收款背书是背书人委托被背书人行使票据权利的背书。委托收款背书的被背书人有权代背书人行使被委托的票据权利。但是，被背书人不得再以背书转让票据权利。质押背书是以担保债务而在票据上设定质权为目的的背书。被背书人依法实现其质权时可以行使票据权利。

（2）背书记载事项

背书由背书人签章并记载背书日期。背书未记载日期的，视为在票据到期日前背书。以背书转让或者以背书将一定的票据权利授予他人行使时，必须记载被背书人名称。背书人未记载被背书人名称即将票据交付他人的，持票人在票据被背书人栏内记载自己的名称与背书人记载具有同等法律效力。

委托收款背书应记载"委托收款"字样、被背书人和背书人签章。质押背书应记载"质押"字样、质权人和出质人签章。

票据凭证不能满足背书人记载事项的需要，可以加附粘单，粘附于票据凭证上。粘单上的第一记载人，应当在票据和粘单的粘接处签章。

（3）背书效力

背书人以背书转让票据后，即承担保证其后手所持票据承兑和付款的责任。

以背书转让的票据，背书应当连续。持票人以背书的连续，证明其票据权利；非经背书转让，而以其他合法方式取得票据的，依法举证，证明其票据权利。

背书连续，是指在票据转让中，转让票据的背书人与受让票据的被背书人在票据上的签章依次前后衔接。具体来说，第一背书人为票据收款人，最后持票人为最后背书的被背书人，中间的背书人为前手背书的被背书人。

（4）背书特别规定

包括条件背书、部分背书、限制背书和期后背书。

条件背书是指背书附有条件，背书时附有条件的，所附条件不具有票据上的效力。

部分背书是指将票据金额的一部分转让的背书或者将票据金额分别转让给两人以上的背书，部分背书属于无效背书。

限制背书是指记载了"不得转让"，此时票据不得转让，例如出票人记载"不得转让"的，票据不得背书转让；背书人在票据上记载"不得转让"字样，其后手再背书转让的，原背书人对后手的被背书人不承担保证责任。

期后背书是指票据被拒绝承兑、被拒绝付款或者超过付款提示期限的，不得背书转让；背书转让的，背书人应当承担票据责任。

3. 承兑

（1）承兑的概念

承兑是指汇票付款人承诺在汇票到期日支付汇票金额并签章的行为，仅适用于商业汇票。

（2）承兑程序包括提示承兑、受理承兑、记载承兑事项等

①提示承兑。持票人向付款人出示汇票，并要求付款人承诺付款的行为。具体规定如表3-3所示：

表3-3　　　　　　　　　　　商业汇票提示承兑期限

汇票类型	提示承兑期限
见票即付汇票	无须提示承兑
定日付款汇票	到期日前提示承兑
出票后定期付款汇票	
见票后定期付款汇票	出票日起1个月内提示承兑

汇票未按照规定期限提示承兑的，持票人丧失对其前手的追索权。

②受理承兑。付款人收到持票人提示承兑的汇票时，应当向持票人签发收到汇票的回单。回单上应当记明汇票提示承兑日期并签章。付款人对向其提示承兑的汇票，应当自收到提示承兑的汇票之日起3日内承兑或者拒绝承兑。

③记载承兑事项。付款人承兑汇票的，应当在汇票正面记载"承兑"字样和承兑日期并签章；见票后定期付款的汇票，应当在承兑时记载付款日期。汇票上未记载承兑日期的，应当以收到提示承兑的汇票之日起3日内的最后一日为承兑日期。

④承兑效力。付款人承兑汇票，不得附有条件；承兑附有条件的，视为拒绝承兑。付款人承兑汇票后，应当承担到期付款的责任。

4. 保证

（1）保证的概念

保证是指票据债务人以外的人，为担保特定债务人履行票据债务而在票据上记载有关事项并签章的行为。国家机关、以公益为目的的事业单位、社会团体、企业法人的分支机构和职能部门作为票据保证人的，票据保证无效，但经国务院批准为使用外国政府或者国际经济组织贷款进行转贷，国家机关提供票据保证的，以及企业法人的分支机构在法人书面授权范围内提供票据保证的除外。

（2）保证的记载事项

保证人必须在票据或者粘单上记载下列事项：表明"保证"的字样；保证人名称和住所；被保证人的名称；保证日期；保证人签章。

保证人在票据或者粘单上未记载"被保证人名称"的，已承兑的票据，承兑人为被保证人；未承兑的票据，出票人为被保证人。保证人在票据或者粘单上未记载"保证日期"的，出票日期为保证日期。如表3-4所示。

表 3-4　　　　　　　　票据行为未记载日期的法律后果对照表

票据行为	法律后果
出票	票据无效
背书	视为票据到期前背书
承兑	以收到提示承兑的汇票之日起 3 日内的最后 1 日为承兑日期
保证	出票日期为保证日期

（3）保证责任的承担

被保证的票据，保证人应当与被保证人对持票人承担连带责任。票据到期后得不到付款的，持票人有权向保证人请求付款，保证人应当足额付款。保证人为两人以上的，保证人之间承担连带责任。

（4）保证效力

保证人对合法取得票据的持票人所享有的票据权利，承担保证责任。但是，被保证人的债务因票据记载事项欠缺而无效的除外。保证不得附有条件，附有条件的，不影响对票据的保证责任。保证人清偿票据债务后，可以行使持票人对被保证人及其前手的追索权。

（五）票据权利与责任

1. 票据权利的概念和分类

票据权利是指票据持票人向票据债务人请求支付票据金额的权利，包括付款请求权和追索权。

付款请求权是指持票人向汇票的承兑人、本票的出票人、支票的付款人出示票据要求付款的权利，是第一顺序权利。行使付款请求权的持票人可以是票据记载的收款人或最后的被背书人；担负付款义务的主要是主债务人。

票据追索权是指票据当事人行使付款请求权遭到拒绝或有其他法定原因存在时，向其前手请求偿还票据金额及其他法定费用的权利，是第二顺序权利。行使追索权的当事人除票据记载的收款人和最后被背书人外，还可能是代为清偿票据债务的保证人、背书人。

持票人可以不按照票据债务人的先后顺序，对其中任何一人、数人或者全体行使追索权。持票人对票据债务人中的一人或者数人已经进行追索的，对其他票据债务人仍可以行使追索权。被追索人清偿债务后，与持票人享有同一权利。

2. 票据权利的取得

（1）基本规定。签发、取得和转让票据，应当遵守诚实信用的原则，具有真实的交易关系和债权债务关系。票据的取得，必须给付对价，即应当给付票据双方当事人认可的相对应的代价；但也有例外的情形，即如果是因为税收、继承、赠予可以依法无偿取得票据的，则不受给付对价的限制，但是所享有的票据权利不得优于其前手的权利。

（2）取得票据享有票据权利的情形：①依法接受出票人签发的票据；②依法接受背书转让的票据；③因税收、继承、赠予可以依法无偿取得票据。

（3）取得票据不享有票据权利的情形：①以欺诈、偷盗或者胁迫等手段取得票据的，或者明知有上述情形，出于恶意取得票据的；②持票人因重大过失取得不符合《票据法》规定的票据的。

3. 票据权利的行使与保全

票据权利的行使是指持票人请求票据的付款人支付票据金额的行为，例如行使付款请求权以获得票款，行使追索权以请求清偿法定的金额和费用等。票据权利的保全是指持票人为了防止票据权利的丧失而采取的措施，例如依据《票据法》的规定，按照规定期限提示承兑、要求承兑人或付款人提供拒绝承兑或拒绝付款的证明以保留追索权等。

票据权利的保全行为大都又是票据权利的行使行为，所以《票据法》通常都将二者一并进行规定。票据权利行使和保全的方法通常包括"按期提示"和"依法证明"两种。"按期提示"是指要按照规定的期限向票据债务人提示票据，包括提示承兑或提示付款，以及时保全或行使追索权。例如《票据法》第四十条规定，"汇票未按照规定期限提示承兑的，持票人丧失对其前手的追索权"；第七十九条规定，"本票的持票人未按照规定期限提示见票的，丧失对出票人以外的前手的追索权"。"依法证明"是指持票人为了证明自己曾经依法行使票据权利而遭拒绝或者根本无法行使票据权利而以法律规定的时间和方式取得相关的证据，例如《票据法》第六十五条规定："持票人不能出示拒绝证明、退票理由书或者未按照规定期限提供其他合法证明的，丧失对其前手的追索权。"

对于票据权利行使和保全的地点和时间，《票据法》统一规定为："持票人对票据债务人行使票据权利，或者保全票据权利，应当在票据当事人的营业场所和营业时间内进行，票据当事人无营业场所的，应当在其住所进行。"

4. 票据权利丧失补救

票据丧失是指票据因灭失（如不慎被烧毁）、遗失（如不慎丢失）、被盗等原因而使票据权利人脱离其对票据的占有。票据一旦丧失，票据的债权人不采取措施补救就不能阻止债务人向拾获者履行义务，从而造成正当票据权利人经济上的损失。因此，需要进行票据丧失的补救。票据丧失后，可以采取挂失止付、公示催告和普通诉讼三种形式进行补救。

（1）挂失止付

挂失止付是指失票人将丧失票据的情况通知付款人或代理付款人，由接受通知的付款人或代理付款人审查后暂停支付的一种方式。只有确定付款人或代理付款人的票据丧失时才可进行挂失止付，具体包括已承兑的商业汇票、支票、填明"现金"字样和代理付款人的银行汇票以及填明"现金"字样的银行本票四种。挂失止付并不是票据丧失后采取的必经措施，而只是一种暂时的预防措施，最终要通过申请公示催告或提起普通诉讼来补救票据权利。具体程序为：

①申请。失票人需要挂失止付的，应填写挂失止付通知书并签章。挂失止付通知书应

当记载下列事项：票据丧失的时间、地点、原因；票据的种类、号码、金额、出票日期、付款日期、付款人名称、收款人名称；挂失止付人的姓名、营业场所或者住所以及联系方式。欠缺上述记载事项之一的，银行不予受理。

②受理。付款人或者代理付款人收到挂失止付通知书后，查明挂失票据确未付款时，应立即暂停支付。付款人或者代理付款人自收到挂失止付通知书之日起12日内没有收到人民法院的止付通知书的，自第13日起，不再承担止付责任，持票人提示付款即依法向持票人付款。付款人或者代理付款人在收到挂失止付通知书之前，已经向持票人付款的，不再承担责任。但是，付款人或者代理付款人以恶意或者重大过失付款的除外。承兑人或者承兑人开户行收到挂失止付通知或者公示催告等司法文书并确认相关票据未付款的，应当于当日依法暂停支付并在中国人民银行指定的票据市场基础设施（上海票据交易所）登记或者委托开户行在票据市场基础设施登记相关信息。

（2）公示催告

公示催告是指在票据丧失后由失票人向人民法院提出申请，请求人民法院以公告方式通知不确定的利害关系人限期申报权利，逾期未申报者，则权利失效，而由法院通过除权判决宣告所丧失的票据无效的制度或程序。根据《票据法》的规定，失票人应当在通知挂失止付后的3日内，也可以在票据丧失后，依法向票据支付地人民法院申请公示催告。申请公示催告的主体必须是可以背书转让的票据的最后持票人。具体程序为：

①申请。失票人申请公示催告的，应填写公示催告申请书，申请书应当载明下列内容：票面金额；出票人、持票人、背书人；申请的理由、事实；通知票据付款人或者代理付款人挂失止付的时间；付款人或者代理付款人的名称、通信地址、电话号码等。

②受理。人民法院决定受理公示催告申请，应当同时通知付款人及代理付款人停止支付，并自立案之日起3日内发出公告，催促利害关系人申报权利。付款人或者代理付款人收到人民法院发出的止付通知，应当立即停止支付直至公示催告程序终结。非经发出止付通知的人民法院许可，擅自解付的，不得免除票据责任。例如，某基层法院在《人民法院报》上刊登一则公示催告，公告甲银行网点承兑的一张300万元的银行承兑汇票丢失，公告期间为2023年3月1日至5月1日；4月3日，该网点突然收到异地乙银行网点发来的该银行承兑汇票的委托收款，此时由于恰好在公示催告期间，甲银行网点不能对委托收款发来的银行承兑汇票付款，只能根据法院的止付通知要求拒绝付款。

③公告。人民法院决定受理公示催告申请后发布的公告应当在全国性的报刊上登载。公示催告的期间，国内票据自公告发布之日起60日，涉外票据可根据具体情况适当延长，但最长不得超过90日。在公示催告期间，转让票据权利的行为无效，以公示催告的票据质押、贴现，因质押、贴现而接受该票据的持票人主张票据权利的，人民法院不予支持，但公示催告期间届满以后人民法院做出除权判决以前取得该票据的除外。

④判决。利害关系人应当在公示催告期间向人民法院申报。人民法院收到利害关系人

的申报后,应当裁定终结公示催告程序,并通知申请人和支付人。申请人或者申报人可以向人民法院起诉,以主张自己的权利。没有人申报的,人民法院应当根据申请人的申请,做出除权判决,宣告票据无效。判决应当公告,并通知支付人。自判决公告之日起,申请人有权向支付人请求支付。利害关系人因正当理由不能在判决前向人民法院申报的,自知道或者应当知道判决公告之日起1年内,可以向做出判决的人民法院起诉。

(3) 普通诉讼

普通诉讼是指以丧失票据的人为原告,以承兑人或出票人为被告,请求法院判决其向失票人付款的诉讼活动。如果与票据上的权利有利害关系的人是明确的,无须进行公示催告,可按一般的票据纠纷向法院提起诉讼。

5. 票据权利时效

票据权利时效是指票据权利在时效期间内不行使,即引起票据权利丧失(见表3-5)。《票据法》根据不同情况,将票据权利时效划分为2年、6个月、3个月。《票据法》规定,票据权利在下列期限内不行使而消灭:

(1) 持票人对票据的出票人和承兑人的权利自票据到期日起2年。见票即付的汇票本票自出票日起2年。

(2) 持票人对支票出票人的权利,自出票日起6个月。之所以规定支票的权利时效短于其他票据,是因为支票主要是一种短期支付工具,其权利的行使以迅速为宜,规定较短的时效,可以督促权利人及时行使票据权利。

(3) 持票人对前手的追索权,自被拒绝承兑或者被拒绝付款之日起6个月。

(4) 持票人对前手的再追索权,自清偿日或者被提起诉讼之日起3个月。

表3-5　　　　　　　　　　　持票人票据权利时效对照表

票据种类	对出票人的权利	对承兑人的权利	对前手的追索权	对前手的再追索权
支票	自出票日起6个月	—	被拒绝付款日起6个月	自清偿日或被提起诉讼之日起3个月
银行汇票	自出票日起2年	—	被拒绝付款日起6个月	
银行本票	自出票日起2年	—	被拒绝付款日起6个月	
商业汇票	自票据到期日起2年	自票据到期日起2年	被拒绝承兑或被拒绝付款日起6个月	

追索权的行使以获得拒绝付款证明或退票理由书等有关证明为前提。为了督促持票人及时获得这些证明,尽可能地在短期内结清因拒绝承兑或拒绝付款而产生的债务关系,从速实现持票人的票据权利,加快债权债务关系的清偿速度,促进社会经济关系的稳定,追索权的行使应当迅速及时。因此,《票据法》对于追索权规定了较短的时效。

如果持票人因超过票据权利时效或者因票据记载事项欠缺而丧失票据权利的,《票据法》为了保护持票人的合法权益,规定其仍享有民事权利,可以请求出票人或者承兑人返还其与未支付的票据款金额相当的利益。

6. 票据责任

票据责任是指票据债务人向持票人支付票据金额的义务。实务中，票据债务人承担票据义务一般有四种情况：一是汇票承兑人因承兑而应承担付款义务；二是本票出票人因出票而承担自己付款的义务；三是支票付款人在与出票人有资金关系时承担付款义务；四是汇票、本票、支票的背书人，汇票、支票的出票人、保证人，在票据不获承兑或不获付款时的付款清偿义务。

（1）提示付款

持票人应按规定期限提示付款（见表3-6）：持票人未按照规定期限提示付款的，在做出说明后，承兑人或者付款人仍应当继续对持票人承担付款责任。通过委托收款银行或者通过票据交换系统向付款人提示付款的，视同持票人提示付款。本票持票人未按照规定提示付款的，丧失对出票人以外的前手的追索权；支票持票人超过提示付款期限付款的，付款人可以不予付款，付款人不予付款的，出票人仍应对持票人承担票据责任。

表3-6　　　　　　　　　　票据的提示付款期限

票据种类	提示付款期限
支票	自出票日起10日
银行汇票	自出票日起1个月
银行本票	自出票日起最长不超过2个月
商业汇票	自票据到期日起10日

（2）付款人付款

持票人依照规定提示付款的，付款人必须在当日足额付款。付款人及其代理付款人付款时，应当审查票据背书的连续，并审查提示付款人合法身份证明或者有效证件。票据金额为外币的，按照付款日的市场汇价，以人民币支付。票据当事人对票据支付的货币种类另有约定的，从其约定。

（3）拒绝付款

如果存在背书不连续等合理事由，票据债务人可以对票据债权人拒绝履行义务，这就是所谓的票据"抗辩"。票据债务人可以对不履行约定义务的与自己有直接债权债务关系的持票人进行抗辩。但不得以自己与出票人或者与持票人的前手之间的抗辩事由，对抗持票人。当然，若持票人明知存在抗辩事由而取得票据的除外。

（4）获得付款

持票人获得付款的，应当在票据上签收，并将票据交给付款人。持票人委托银行收款的，受委托的银行将代收的票据金额转账收入持票人账户，视同签收。电子商业汇票的持票人可委托接入机构即银行代为发出提示付款、逾期提示付款行为申请。

（5）相关银行的责任

持票人委托的收款银行的责任，限于按照票据上记载事项将票据金额转入持票人账户。付款人委托的付款银行的责任，限于按照票据上记载事项从付款人账户支付票据金额。付款人及其代理付款人以恶意或者有重大过失付款的，应当自行承担责任。对定日付款、出票后定期付款或者见票后定期付款的票据，付款人在到期日前付款的，由付款人自行承担所产生的责任。

（6）票据责任解除

付款人依法足额付款后，全体票据债务人的责任解除。

（六）票据追索

1. 票据追索适用的情形

票据追索适用于两种情形，分别为到期后追索和到期前追索。

到期后追索，是指票据到期被拒绝付款的，持票人对背书人、出票人以及票据的其他债务人行使的追索。

到期前追索，是指票据到期日前，持票人对下列情形之一行使的追索：①汇票被拒绝承兑的；②承兑人或者付款人死亡、逃匿的；③承兑人或者付款人被依法宣告破产的或者因违法被责令终止业务活动的。

2. 被追索人的确定

票据的出票人、背书人、承兑人和保证人对持票人承担连带责任。持票人行使追索权，可以不按照票据债务人的先后顺序，对其中任何一人、数人或者全体行使追索权。持票人对票据债务人中的一人或者数人已经进行追索的，对其他票据债务人仍可以行使追索权。

3. 追索的内容（见表 3-7）

表 3-7　　　　　　　　　　　票据追索的内容

首次追索	①被拒绝付款的票据金额 ②自到期日或提示付款日起至清偿日止，按中国人民银行规定的利率计算的利息 ③取得有关拒绝证明和发出通知书的费用
再次追索	①已清偿的全部金额 ②前项金额自清偿日起至再追索清偿日止，按中国人民银行规定的利率计算的利息 ③发出通知书的费用

被追索人清偿债务时，持票人应当交出票据和有关拒绝证明，并出具所收到利息和费用的收据。行使再追索权的被追索人获得清偿时，应当交出票据和有关拒绝证明，并出具所收到利息和费用的收据。

4. 追索权的行使

（1）获得有关证明

持票人行使追索权时，应当提供被拒绝承兑或者拒绝付款的有关证明。持票人提示承兑或者提示付款被拒绝的，承兑人或者付款人必须出具拒绝证明，或者出具退票理由书。

未出具拒绝证明或者退票理由书的，应当承担由此产生的民事责任。

其中"拒绝证明"应当包括下列事项：①被拒绝承兑、付款的票据的种类及其主要记载事项；②拒绝承兑、付款的事实依据和法律依据；③拒绝承兑、付款的时间；④拒绝承兑人、拒绝付款人的签章。

"退票理由书"应当包括下列事项：①所退票据的种类；②退票的事实依据和法律依据；③退票时间；④退票人签章。

持票人因承兑人或者付款人死亡、逃匿或其他原因，不能取得拒绝证明的，可以依法取得其他有关证明，包括医院或有关单位出具的承兑人、付款人死亡的证明；司法机关出具的承兑人、付款人逃匿的证明；公证机关出具的具有拒绝证明效力的文书。

承兑人或者付款人被人民法院依法宣告破产的，人民法院的有关司法文书具有拒绝证明的效力。承兑人或者付款人因违法被责令终止业务活动的，有关行政主管部门的处罚决定具有拒绝证明的效力。

持票人不能出示拒绝证明、退票理由书或者未按照规定期限提供其他合法证明的，丧失对其前手的追索权。但是，承兑人或者付款人仍应当对持票人承担责任。

（2）行使追索

持票人应当自收到被拒绝承兑或者被拒绝付款的有关证明之日起3日内，将被拒绝事由书面通知其前手；其前手应当自收到通知之日起3日内书面通知其再前手。持票人也可以同时向各票据债务人发出书面通知，该书面通知应当记明汇票的主要记载事项，并说明该汇票已被退票。

未按照规定期限通知的，持票人仍可以行使追索权。因延期通知给其前手或者出票人造成损失的，由没有按照规定期限通知的票据当事人，承担对该损失的赔偿责任，但是所赔偿的金额以汇票金额为限。在规定期限内将通知按照法定地址或者约定的地址邮寄的，视为已经发出通知。

5. 追索的效力

被追索人依照规定清偿债务后，其责任解除，与持票人享有同一权利。

（七）银行汇票

1. 银行汇票的概念和适用范围

银行汇票是出票银行签发的，由其在见票时按照实际结算金额无条件支付给收款人或者持票人的票据。出票银行为银行汇票的付款人。银行汇票可以用于转账，填明"现金"字样的银行汇票也可以用于支取现金。单位和个人各种款项结算，均可使用银行汇票，如图3-2所示。

2. 银行汇票的出票

（1）申请

申请人使用银行汇票应向出票银行填写"银行汇票申请书"，填明收款人名称、汇票

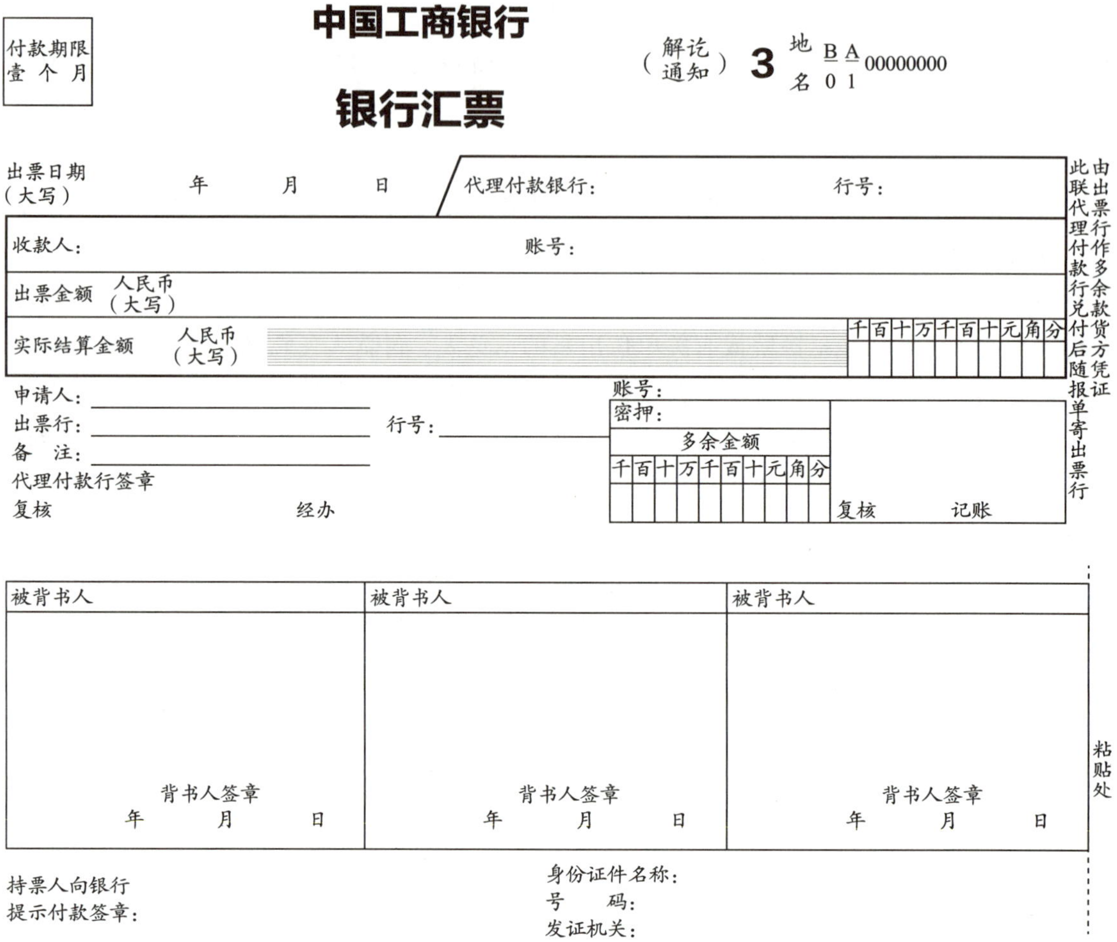
付款期限
壹 个 月

中国工商银行
银行汇票
（解讫通知） 3 地名 BA 01 00000000

出票日期（大写） 年 月 日
代理付款银行： 行号：
收款人： 账号：
出票金额 人民币（大写）
实际结算金额 人民币（大写） 千 百 十 万 千 百 十 元 角 分
申请人： 账号：
出票行： 行号： 密押：
备 注：
多余金额 千 百 十 万 千 百 十 元 角 分
代理付款行签章
复核 经办 复核 记账
此联代理付款行兑付后随报单寄出票行
由出票行作多余款贷方凭证

被背书人 被背书人 被背书人
背书人签章 年 月 日
背书人签章 年 月 日
背书人签章 年 月 日
粘贴处
持票人向银行提示付款签章：
身份证件名称：
号 码：
发证机关：

图 3－2　银行汇票（票样）

金额、申请人名称、申请日期等事项并签章，签章为其预留银行的签章。申请人和收款人均为个人，需要使用银行汇票向代理付款人支取现金的，申请人须在“银行汇票申请书”上填明代理付款人名称，在“出票金额”栏先填写“现金”字样，后填写汇票金额。申请人或者收款人为单位的，不得在“银行汇票申请书”上填明“现金”字样。

（2）签发并交付

出票银行受理银行汇票申请书，收妥款项后签发银行汇票，并将银行汇票和解讫通知一并交给申请人。签发银行汇票必须记载下列事项：表明“银行汇票”的字样；无条件支付的承诺；出票金额；付款人名称；收款人名称；出票日期；出票人签章。欠缺记载上列事项之一的，银行汇票无效。

签发现金银行汇票，申请人和收款人必须均为个人，收妥申请人交存的现金后，在银行汇票“出票金额”栏先填写“现金”字样，后填写出票金额，并填写代理付款人名称。

申请人或者收款人为单位的，银行不得为其签发现金银行汇票。申请人应将银行汇票和解讫通知一并交付给汇票上记明的收款人。

收款人受理银行汇票时，应审查下列事项：①银行汇票和解讫通知是否齐全、汇票号码和记载的内容是否一致；②收款人是否确为本单位或本人；③银行汇票是否在提示付款期限内；④必须记载的事项是否齐全；⑤出票人签章是否符合规定，大小写出票金额是否一致；⑥出票金额、出票日期、收款人名称是否更改，更改的其他记载事项是否由原记载人签章证明。

3. 填写实际结算金额

收款人受理申请人交付的银行汇票时，应在出票金额以内，根据实际需要的款项办理结算，并将实际结算金额和多余金额准确、清晰地填入银行汇票和解讫通知的有关栏内。银行汇票的实际结算金额低于出票金额的，其多余金额由出票银行退交申请人。未填明实际结算金额和多余金额或实际结算金额超过出票金额的，银行不予受理。银行汇票的实际结算金额一经填写不得更改，更改实际结算金额的银行汇票无效。

4. 银行汇票背书

被背书人受理银行汇票时，除按照收款人接受银行汇票进行相应的审查外，还应审查下列事项：①银行汇票是否记载实际结算金额，有无更改，其金额是否超过出票金额；②背书是否连续，背书人签章是否符合规定，背书使用粘单的是否按规定签章；③背书人为个人的身份证件。

银行汇票的背书转让以不超过出票金额的实际结算金额为准。未填写实际结算金额或实际结算金额超过出票金额的银行汇票不得背书转让。

5. 银行汇票提示付款

银行汇票的提示付款期限自出票日起1个月。持票人超过付款期限提示付款的，代理付款人不予受理。持票人向银行提示付款时，须同时提交银行汇票和解讫通知，缺少任何一联，银行不予受理。持票人超过期限向代理付款银行提示付款却未获付款的，应在票据权利时效内向出票银行说明情况，并提供本人身份证件或单位证明，持银行汇票和解讫通知向出票银行请求付款。

在银行开立存款账户的持票人向开户银行提示付款时，应在汇票背面"持票人向银行提示付款签章"处签章，签章须与预留银行签章相同，并将银行汇票和解讫通知、进账单送交开户银行。未在银行开立存款账户的个人持票人，可以向任何一家银行机构提示付款。提示付款时，应在汇票背面"持票人向银行提示付款签章"处签章，并填明本人身份证件名称、号码及发证机关，由其本人向银行提交身份证件及其复印件。

6. 银行汇票退款和丧失

申请人因银行汇票超过付款提示期限或其他原因要求退款时，应将银行汇票和解讫通知同时提交到出票银行。申请人为单位的，应出具该单位的证明；申请人为个人的，应出具本人的身份证件。对于代理付款银行查询的要求退款的银行汇票，应在汇票提示付款期满后方能办理退款。出票银行对于转账银行汇票的退款，只能转入原申请人账户；对于符合规定填明“现金”字样银行汇票的退款，才能退付现金。申请人缺少解讫通知要求退款的，出票银行应于银行汇票提示付款期满1个月后办理。

银行汇票丧失，失票人可以凭人民法院出具的其享有票据权利的证明，向出票银行请求付款或退款。

（八）商业汇票

1. 商业汇票的概念、种类和适用范围

商业汇票是出票人签发的，委托付款人在指定日期无条件支付确定的金额给收款人或者持票人的票据。商业汇票按照承兑人的不同，分为商业承兑汇票和银行承兑汇票，如图3－3、图3－4所示。银行承兑汇票由银行承兑，商业承兑汇票由银行以外的付款人承兑。电子商业汇票是指出票人依托上海票据交易所电子商业汇票系统（以下简称“电子商业汇票系统”），以数据电文形式制作的，委托付款人在指定日期无条件支付确定的金额给收款人或者持票人的票据。电子银行承兑汇票由银行业金融机构、财务公司承兑；电子商业承兑汇票由金融机构以外的法人或其他组织承兑。商业汇票的付款人为承兑人。只有在银行开立存款账户的法人及其他组织之间的结算，才能使用商业汇票。

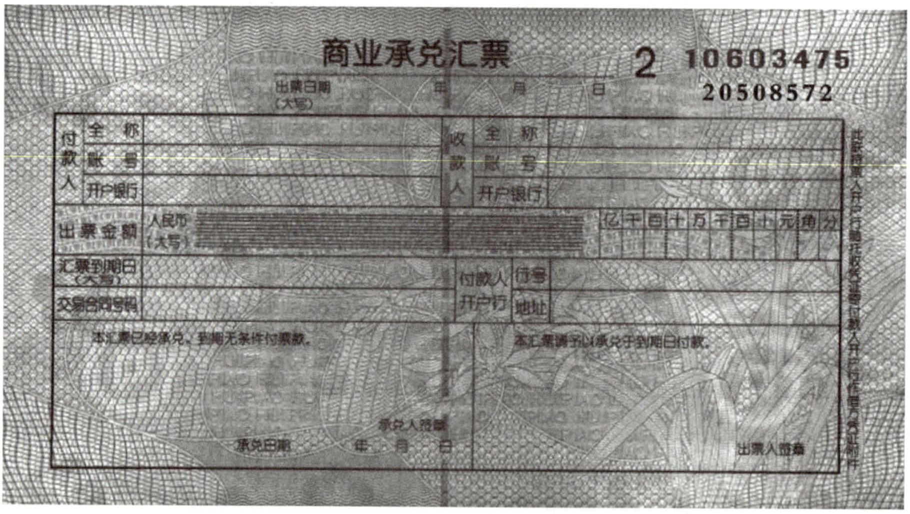
商业承兑汇票　2　10603475　20508572

出票日期（大写）　年　月　日

付款人	全称		收款人	全称	
	账号			账号	
	开户银行			开户银行	
出票金额	人民币（大写）		亿千百十万千百十元角分		
汇票到期日（大写）			付款人开户行	行号	
交易合同号码				地址	

本汇票已经承兑，到期无条件付票款。承兑人签章　承兑日期　年　月　日

本汇票请予以承兑于到期日付款。出票人签章

此联持票人开户行随托收凭证寄付款人开户行作借方凭证附件

注　意　事　项

一、付款人于汇票到期日前须将票款足额交存开户银行，如账户存款余额不足时，银行比照空头支票处以罚款。

二、本汇票经背书可以转让。

被背书人	被背书人	被背书人
背书 日期　年　月　日	背书 日期　年　月　日	背书 日期　年　月　日

图3－3　商业承兑汇票（票样）

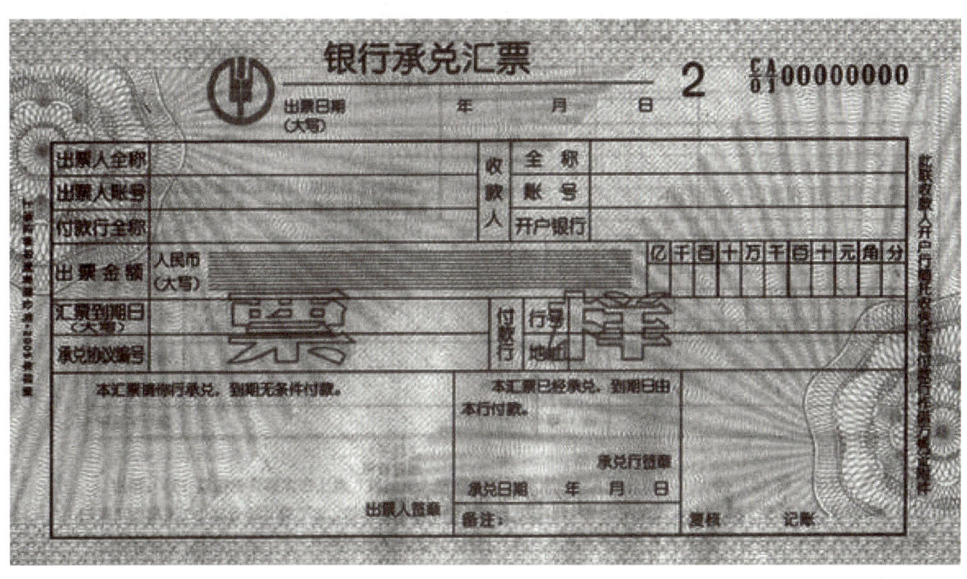

图 3-4 银行承兑汇票（票样）

2. 商业汇票的出票

（1）出票人的资格条件

商业承兑汇票的出票人，为在银行开存款账户的法人以及其他组织，并与付款人具有真实的委托付款关系，具有支付汇票金额的可靠资金来源。银行承兑汇票的出票人必须是在承兑银行开立存款账户的法人以及其他组织，并与承兑银行具有真实的委托付款关系，资信状况良好，具有支付汇票金额的可靠资金来源。

出票人办理电子商业汇票业务，还应同时具备签约开办对公业务的企业网银等电子服务渠道、与银行签订《电子商业汇票业务服务协议》。单张出票金额在 100 万元以上的商业汇票原则上应全部通过电子商业汇票办理；单张出票金额在 300 万元以上的商业汇票应全部通过电子商业汇票办理。

（2）出票人的确定

商业承兑汇票可以由付款人签发并承兑，也可以由收款人签发交由付款人承兑。银行承兑汇票应由在承兑银行开立存款账户的存款人签发。

(3) 出票的记载事项

签发商业汇票必须记载下列事项：表明"商业承兑汇票"或"银行承兑汇票"的字样；无条件支付的委托；确定的金额；付款人名称；收款人名称；出票日期；出票人签章。欠缺记载上述事项之一的，商业汇票无效。其中，"出票人签章"为该单位的财务专用章或者公章加其法定代表人或其授权的代理人的签名或者盖章。

电子商业汇票信息以电子商业汇票系统的记录为准。电子商业汇票出票必须记载下列事项：表明"电子银行承兑汇票"或"电子商业承兑汇票"的字样；无条件支付的委托；确定的金额；出票人名称；付款人名称；收款人名称；出票日期；票据到期日；出票人签章。

商业汇票的付款期限记载有三种形式：定日付款的汇票付款期限自出票日起计算，并在汇票上记载具体的到期日。出票后定期付款的汇票付款期限自出票日起按月计算，并在汇票上记载。见票后定期付款的汇票付款期限自承兑或拒绝承兑日起按月计算，并在汇票上记载。电子商业汇票的出票日是指出票人记载在电子商业汇票上的出票日期。

纸质商业汇票的付款期限，最长不得超过6个月。电子承兑汇票期限自出票日至到期日不超过1年。

3. 商业汇票的承兑

商业汇票可以在出票时向付款人提示承兑后使用，也可以在出票后先使用再向付款人提示承兑。付款人拒绝承兑的，必须出具拒绝承兑的证明。付款人承兑汇票后，应当承担到期付款的责任。

银行承兑汇票的出票人或持票人向银行提示承兑时，银行的信贷部门负责按照有关规定和审批程序，对出票人的资格、资信、购销合同和汇票记载的内容进行认真审查，必要时可由出票人提供担保。对资信良好的企业申请电子商业汇票承兑的，金融机构可通过审查合同、发票等材料的复印件或影印件，企业电子签名的方式，对电子商业汇票的真实交易关系和债权债务关系进行在线审核。对电子商务企业申请电子商业汇票承兑的，金融机构可通过审查电子订单或电子发票的方式，对电子商业汇票的真实交易关系和债权债务关系进行在线审核。符合规定和承兑条件的，与出票人签订承兑协议。银行承兑汇票的承兑银行，应按票面金额向出票人收取万分之五的手续费。

4. 商业汇票的信息登记

纸质票据贴现前，金融机构办理承兑、质押、保证等业务，应当不晚于业务办理的次一工作日在票据市场基础设施（即上海票据交易所，是中国人民银行指定的提供票据交易、登记托管、清算结算和信息服务的机构）完成相关信息登记工作。纸质商业承兑汇票完成承兑后，承兑人开户行应当根据承兑人委托代其进行承兑信息登记。承兑信息未能及时登记的，持票人有权要求承兑人补充登记承兑信息。纸质票据票面信息与登记信息不一致的，以纸质票据票面信息为准。电子商业汇票签发、承兑、质押、保证、贴现等信息应当通过电子商业汇票系统同步传送至票据市场基础设施。

5. 商业汇票的信息披露

商业承兑汇票的承兑人应当于承兑完成日次一个工作日内,在中国人民银行认可的票据信息披露平台披露每张票据的承兑相关信息,包括出票日期、承兑日期、票据号码、出票人名称、承兑人名称、承兑人社会信用代码、票面金额、票据到期日等。承兑人应当于每月前10日内披露承兑信用信息,包括累计承兑发生额、承兑余额、累计逾期发生额、逾期余额等。承兑人对披露信息的真实性、准确性、及时性和完整性负责。企业签收商业承兑汇票前,可以通过票据信息披露平台查询票据承兑信息,加强风险识别与防范。

6. 商业汇票的贴现

(1)贴现的概念

贴现是指票据持票人在票据未到期前为获得现金向银行贴付一定利息而发生的票据转让行为。贴现按照交易方式,分为买断式和回购式。

买断式贴现与回购式贴现买断式贴现:申请人将汇票的全部权利转让给贴现银行,不可在票据到期日前回购票据。银行对买断式商业承兑汇票贴现不可以对贴现申请人行使追索权,但可以向出票人、承兑人、背书人、保证人进行追索。

回购式贴现:已在商业银行办理贴现业务的客户,在票据到期之前可根据自身资金安排的需求,在约定的赎回期内将该票据进行回购,商业银行根据其实际用款天数,将已收取的剩余时间的贴现利息返还给客户的一种贴现业务。

(2)贴现的基本规定

①贴现条件。商业汇票的持票人向银行办理贴现必须具备下列条件:票据未到期;票据未记载"不得转让"事项;在银行开立存款账户的企业法人以及其他组织;与出票人或者直接前手之间具有真实的商品交易关系。电子商业汇票贴现必须记载:贴出人名称,贴入人名称,贴现日期,贴现类型,贴现利率,实付金额,贴出人签章。

②贴现方式。电子商业汇票回购式贴现赎回应做成背书,并记载原贴出人名称、原贴入人名称、赎回日期、赎回利率、赎回金额、原贴入人签章。

贴现人办理纸质票据贴现时,应当通过票据市场基础设施查询票据承兑信息,并在确认纸质票据必须记载事项与已登记承兑信息一致后,为贴现申请人办理贴现,贴现申请人无须提供合同、发票等资料;信息不存在或者纸质票据必须记载事项与已登记承兑信息不一致的,不得办理贴现。贴现人办理纸质票据贴现后,应当在票据上记载"已电子登记权属"字样,该票据不再以纸质形式进行背书转让、设立质押或者其他交易行为。贴现人应当对纸质票据妥善保管。已贴现票据应当通过票据市场基础设施办理背书转让、质押、保证、提示付款等票据业务。

贴现人可以按市场化原则选择商业银行对纸质票据进行保证增信。保证增信行对纸质票据进行保管并为贴现人的偿付责任进行先行偿付。

纸质票据贴现后，其保管人可以向承兑人发起付款确认。付款确认可以采用实物确认或者影像确认，两者具有同等效力。实物确认是指票据保管人将票据实物送达承兑人或者承兑人开户行，由承兑人在对票据真实性和背书连续性审查的基础上对到期付款责任进行确认。影像确认是指票据保管人将票据影像信息发送至承兑人或者承兑人开户行，由承兑人在对承兑信息和背书连续性审查的基础上对到期付款责任进行确认。承兑人要求实物确认的，银行承兑汇票保管人应当将票据送达承兑人，实物确认后，纸质票据由其承兑人代票据权利人妥善保管；商业承兑汇票保管人应当将票据通过承兑人开户行送达承兑人进行实物确认，实物确认后，纸质票据由商业承兑汇票开户行代票据权利人妥善保管。

承兑人收到票据影像确认请求或者票据实物后，应当在3个工作日内做出或者委托其开户行做出同意或者拒绝到期付款的应答。拒绝到期付款的，应当说明理由。电子商业汇票一经承兑即视同承兑人已进行付款确认。

承兑人或者承兑人开户行进行付款确认后，除挂失止付、公示催告等合法抗辩情形外，应当在持票人提示付款后付款。

③贴现利息的计算。贴现的期限自其贴现之日起至汇票到期日止。实付贴现金额按票面金额扣除贴现日至汇票到期前1日的利息计算。承兑人在异地的纸质商业汇票，贴现的期限以及贴现利息的计算应另加3日的划款日期。

④贴现的收款。贴现到期，贴现银行应向付款人收取票款。不获付款的，贴现银行应向其前手追索票款。贴现银行追索票款时可从申请人的存款账户直接收取票款。办理电子商业汇票贴现以及提示付款业务，可选择票款兑付方式或同城票据交换、通存通兑、汇兑等方式清算票据资金。电子商业汇票当事人在办理回购式贴现业务时，应明确赎回开放日、赎回截止日。

7. 商业汇票的到期处理

（1）票据到期后偿付顺序

票据到期后偿付顺序如下：

①票据未经承兑人付款确认和保证增信即交易的，若承兑人未按期付款，应当由贴现人先行偿付。该票据在交易后又经承兑人付款确认的，应当由承兑人付款；若承兑人未付款，应当由贴现人先行偿付。

②票据经承兑人付款确认且未保证增信即交易的，应当由承兑人付款；若承兑人未付款，应当由贴现人先行偿付。

③票据保证增信后即交易且未经承兑人付款确认的，若承兑人未付款，应当由保证增信行先行偿付；保证增信行未偿付的，应当由贴现人先行偿付。

④票据保证增信后且经承兑人付款确认的，应当由承兑人付款；若承兑人未付款，应当由保证增信行先行偿付；保证增信行未偿付的，应当由贴现人先行偿付。

（2）提示付款

商业汇票的提示付款期限，自汇票到期日起 10 日，持票人应在提示付款期内向付款人提示付款。

①持票人在提示付款期内通过票据市场基础设施提示付款的，承兑人应当在提示付款当日进行应答或者委托其开户行进行应答。承兑人存在合法抗辩事由拒绝付款的应当在提示付款当日出具或者委托其开户行出具拒绝付款证明，并通过票据市场基础设施通知持票人。承兑人或者承兑人开户行在提示付款当日未做出应答的，视为拒绝付款，票据市场基础设施提供拒绝付款证明并通知持票人。

商业承兑汇票承兑人在提示付款当日同意付款的，承兑人账户余额足够支付票款的承兑人开户行应当代承兑人做出同意付款应答，并于提示付款日向持票人付款。承兑人账户余额不足以支付票款的，则视同承兑人拒绝付款。承兑人开户行应当于提示付款日代承兑人做出拒付应答并说明理由，同时通过票据市场基础设施通知持票人。

银行承兑汇票的承兑人已于到期前进行付款确认的，票据市场基础设施应当根据承兑人的委托于提示付款日代承兑人发送指令划付资金至持票人资金账户。

②纸质商业汇票的持票人在提示付款期内通过开户银行委托收款或直接向付款人提示付款的，对异地委托收款的，持票人可匡算邮程，提前通过开户银行委托收款。超过提示付款期限提示付款的，持票人开户银行不予受理，但在做出说明后，承兑人或者付款人仍应当继续对持票人承担付款责任。商业承兑汇票的付款人开户银行收到通过委托收款寄来的汇票，将汇票留存并通知付款人。付款人收到开户银行的付款通知，应在当日通知银行付款。付款人在接到通知日的次日起 3 日内（遇法定休假日顺延，下同）未通知银行付款的，视同付款人承诺付款。付款人提前收到由其承兑的商业汇票，应通知银行于汇票到期日付款。银行应于汇票到期日将票款划给持票人。付款人存在合法抗辩事由拒绝付款的，应自接到通知的次日起 3 日内，做成拒绝付款证明送交开户银行，银行将拒绝付款证明和商业承兑汇票邮寄持票人开户银行转交持票人。纸质银行承兑汇票的承兑银行应于汇票到期日或到期日后的见票当日支付票款。承兑银行存在合法抗辩事由拒绝支付的，应自接到商业汇票的次日起 3 日内做出拒绝付款证明，连同银行承兑汇票邮寄持票人开户银行转交持票人。

③银行承兑汇票的出票人应于汇票到期前将票款足额交存其开户银行，银行承兑汇票的出票人于汇票到期日未能足额交存票款时，承兑银行付款后，对出票人尚未支付的汇票金额按照每天万分之五计收利息。保证增信行或者贴现人承担偿付责任时，应当委托票据市场基础设施代其发送指令划付资金至持票人资金账户。

（九）银行本票

1. 本票的概念和适用范围

本票是指出票人签发的，承诺自己在见票时无条件支付确定的金额给收款人或者持票人的票据。如图 3-5 所示。在我国，本票仅限于银行本票，即银行出票、银行付款。银行本票可以用于转账，注明"现金"字样的银行本票可以用于支取现金。单位和个人在同一票据交换区域需要支付各种款项，均可以使用银行本票。

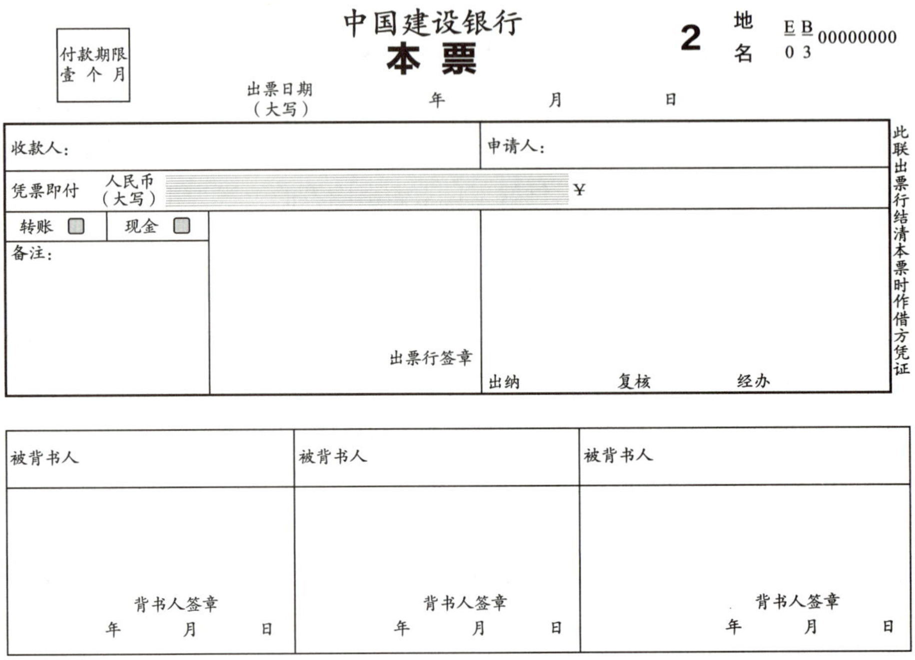
中国建设银行
本 票　2　地名　EB 03 00000000

付款期限 壹 个 月

出票日期（大写）　年　月　日

收款人：		申请人：
凭票即付 人民币（大写）		¥
转账 ☐	现金 ☐	
备注：	出票行签章	出纳　复核　经办

此联出票行结清本票时作借方凭证

被背书人	被背书人	被背书人
背书人签章 年 月 日	背书人签章 年 月 日	背书人签章 年 月 日

图 3－5　银行本票（票样）

2. 银行本票的出票

（1）申请

申请人使用银行本票，应向银行填写“银行本票申请书”，填明收款人名称、申请人名称、支付金额、申请日期等事项并签章。申请人和收款人均为个人需要支取现金的，应在“金额”栏先填写“现金”字样，后填写支付金额。

（2）受理

出票银行受理“银行本票申请书”，收妥款项，签发银行本票交给申请人。签发银行本票必须记载下列事项：表明“银行本票”的字样；无条件支付的承诺；确定的金额；收款人名称；出票日期；出票人签章。欠缺记载上列事项之一的，银行本票无效。申请人或收款人为单位的，银行不得为其签发现金银行本票。出票银行必须具有支付本票金额的可靠资金来源，并保证支付。

（3）交付

申请人应将银行本票交付给本票上记明的收款人。收款人受理银行本票时，应审查下列事项：①收款人是否确为本单位或本人；②银行本票是否在提示付款期限内；③必须记载的事项是否齐全；④出票人签章是否符合规定，大小写出票金额是否一致；⑤出票金额、出票日期、收款人名称是否更改，更改的其他记载事项是否由原记载人签章证明。

3. 银行本票的付款

银行本票见票即付。银行本票的提示付款期限自出票日起最长不得超过 2 个月。本票的出票人在持票人提示见票时，必须承担付款的责任。持票人超过提示付款期限不获付款的，在票据权利时效内向出票银行做出说明，并提供本人身份证件或单位证明，可持银行本票向出票银行请求付款。在银行开立存款账户的持票人向开户银行提示付款时，应在银行本票背面"持票人向银行提示付款签章"处签章，签章须与预留银行签章相同，并将银行本票、进账单送交开户银行。银行审查无误后办理转账。

未在银行开立存款账户的个人持票人，凭注明"现金"字样的银行本票向出票银行支取现金的，应在银行本票背面签章，记载本人身份证件名称、号码及发证机关，并交验本人身份证件及其复印件。

4. 银行本票的退款和丧失

申请人因银行本票超过提示付款期限或其他原因要求退款时，应将银行本票提交到出票银行。申请人为单位的，应出具该单位的证明；申请人为个人的，应出具该本人的身份证件。出票银行对于在本行开立存款账户的申请人，只能将款项转入原申请人账户；对于现金银行本票和未在本行开立存款账户的申请人，才能退付现金。银行本票丧失，失票人可以凭人民法院出具的其享有票据权利的证明，向出票银行请求付款或退款。

（十）支票

1. 支票的概念、种类和适用范围

（1）概念

支票是指出票人签发的、委托办理支票存款业务的银行在见票时无条件支付确定的金额给收款人或者持票人的票据。支票的基本当事人包括出票人、付款人和收款人。出票人即存款人，是在批准办理支票业务的银行机构开立可以使用支票的存款账户的单位和个人；付款人是出票人的开户银行；持票人是票面上填明的收款人，也可以是经背书转让的被背书人。

（2）种类

支票分为现金支票、转账支票和普通支票三种。支票上印有"现金"字样的为现金支票，如图3-6所示，现金支票只能用于支取现金。支票上印有"转账"字样的为转账支票，转账支票只能用于转账，如图3-7所示。支票上未印有"现金"或"转账"字样的为普通支票，普通支票可以用于支取现金，也可以用于转账。在普通支票左上角划两条平行线的，为划线支票，划线支票只能用于转账，不得支取现金。

（3）适用范围

单位和个人在同一票据交换区域的各种款项结算，均可以使用支票。全国支票影像系统支持全国使用。

2. 支票的出票

（1）开立支票存款账户

开立支票存款账户，申请人必须使用本名，提交证明其身份的合法证件，并应当预留其本名的签名式样和印鉴。

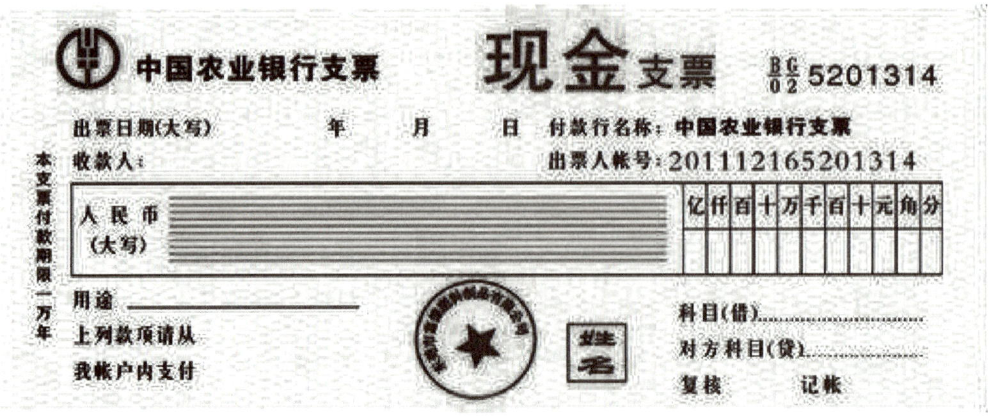
中国农业银行支票　现金支票　BG 02 5201314

出票日期(大写)　年　月　日　付款行名称：中国农业银行支票

收款人：　出票人帐号：201112165201314

人民币（大写）　亿 仟 百 十 万 千 百 十 元 角 分

用途

上列款项请从

我帐户内支付

科目(借)

对方科目(贷)

复核　记帐

本支票付款期限一万年

姓名

美织华印刷公司　2011年印刷

附加信息：

收款人签章

年　月　日

身份证名称：　发证机关：

号码

贴粘单处

根据《中华人民共和国票据法》等法律法规的规定，签发空头支票由中国人民银行处以票面金额5%但不低于1 000元的罚款。

图 3－6　现金支票（票样）

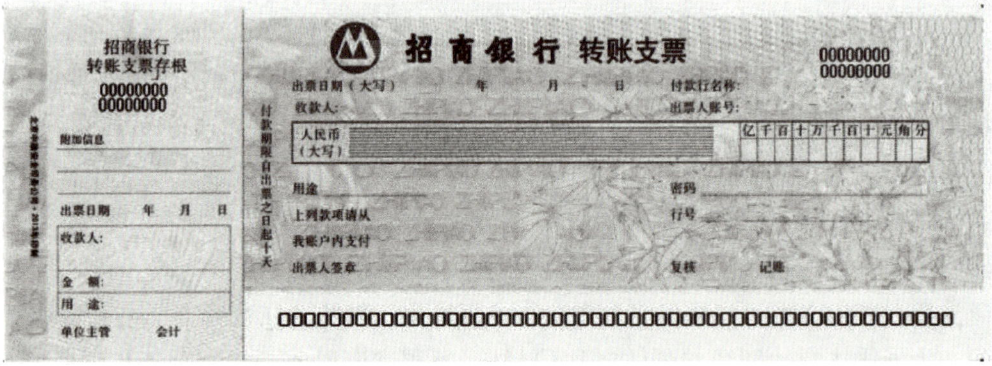
招商银行

转账支票存根

00000000

00000000

附加信息

出票日期　年　月　日

收款人：

金　额：

用　途：

单位主管　会计

招商银行　转账支票　00000000 00000000

出票日期（大写）　年　月　日　付款行名称：

收款人：　出票人账号：

人民币（大写）　亿 千 百 十 万 千 百 十 元 角 分

付款期限自出票之日起十天

用途　密码

上列款项请从　行号

我账户内支付

出票人签章　复核　记账

美织华印刷公司　2011年印刷

附加信息：

被背书人　被背书人

背书人签章　年　月　日

背书人签章　年　月　日

贴粘单处

根据《中华人民共和国票据法》等法律法规的规定，签发空头支票由中国人民银行处以票面金额5%但不低于1 000元的罚款。

图 3－7　转账支票（票样）

表 3-8　　　　　　　　　　　支票种类与特点比较

种类	特点	备注
现金支票	印有"现金"字样，只能用于支取现金	
转账支票	印有"转账"字样，只能用于转账	
普通支票	未印有"现金"或"转账"字样，既可用于支取现金，也可用于转账	左上角划两条平行线的为划线支票，划线支票只能用于转账，不能支取现金

（2）出票

①支票的记载事项

签发支票必须记载下列事项：表明"支票"的字样；无条件支付的委托；确定的金额；付款人名称；出票日期；出票人签章。支票上未记载前款规定事项之一的，支票无效。其中，支票的"付款人"为支票上记载的出票人开户银行。

支票的金额、收款人名称，可以由出票人授权补记，未补记前不得背书转让和提示付款。支票上未记载付款地的，付款人的营业场所为付款地。支票上未记载出票地的，出票人的营业场所、住所或者经常居住地为出票地。出票人可以在支票上记载自己为收款人。

②签发支票的注意事项

支票的出票人所签发的支票金额不得超过其付款时在付款人处实有的存款金额。出票人签发的支票金额超过其付款时在付款人处实有的存款金额的，为空头支票。禁止签发空头支票。支票的出票人不得签发与其预留本名的签名式样或者印鉴不符的支票。

支票上的出票人的签章，出票人为单位的，为与该单位在银行预留签章一致的财务专用章或者公章加其法定代表人或者其授权的代理人的签名或者盖章；出票人为个人的为与该个人在银行预留签章一致的签名或者盖章。支票的出票人预留银行签章是银行审核支票付款的依据。出票人不得签发与其预留银行签章不符的支票。

3. 支票付款

（1）提示付款

支票的提示付款期限自出票日起 10 日。持票人可以委托开户银行收款或直接向付款人提示付款。用于支取现金的支票仅限于收款人向付款人提示付款。

持票人委托开户银行收款时，应作委托收款背书，在支票背面背书人签章栏签章记载"委托收款"字样、背书日期，在被背书人栏记载开户银行名称，并将支票和填制的进账单送交开户银行。持票人持用于转账的支票向付款人提示付款时，应在支票背面背书人签章栏签章，并将支票和填制的进账单送交出票人开户银行。收款人持用于支取现金的支票向付款人提示付款时，应在支票背面"收款人签章"处签章，持票人为个人的，还需交验本人身份证件，并在支票背面注明证件名称、号码及发证机关。

（2）付款

出票人必须按照签发的支票金额承担保证向该持票人付款的责任。出票人在付款人处

的存款足以支付支票金额时，付款人应当在见票当日足额付款。

付款人依法支付支票金额的，对出票人不再承担受委托付款的责任，对持票人不再承担付款的责任。但付款人因恶意或者有重大过失付款的除外。

二、其他结算方式

（一）汇兑

1. 汇兑的概念和种类

汇兑是汇款人委托银行将其款项支付给收款人的结算方式。

汇兑分为信汇、电汇两种，单位和个人的各种款项的结算，均可使用汇兑结算方式。

2. 办理汇兑的程序

（1）签发汇兑凭证。签发汇兑凭证必须记载下列事项：标明"信汇"或"电汇"的字样；无条件支付的委托；确定的金额；收款人名称；汇款人名称；汇入地点、汇入行名称；汇出地点、汇出行名称；委托日期；汇款人签章。汇兑凭证记载的汇款人、收款人在银行开立存款账户的，必须记载其账号。

（2）银行受理。汇出银行受理汇款人签发的汇兑凭证，经审查无误后，应及时向汇入银行办理汇款，并向汇款人签发汇款回单。汇款回单只能作为汇出银行受理汇款的依据，不能作为该笔汇款已转入收款人账户的证明。

（3）汇入处理。汇入银行对开立存款账户的收款人，应将汇入的款项直接转入收款人账户，并向其发出收账通知。收账通知是银行将款项确已收入收款人账户的凭据。

3. 汇兑的撤销

汇款人对汇出银行尚未汇出的款项可以申请撤销。申请撤销时，应出具正式函件或本人身份证件及原信、电汇回单。

（二）委托收款

1. 委托收款的概念和适用范围

委托收款是收款人委托银行向付款人收取款项的结算方式。单位和个人凭已承兑的商业汇票、债券、存单等付款人债务证明办理款项的结算，均可以使用委托收款结算方式。委托收款在同城、异地均可以使用。

2. 办理委托收款的程序

（1）签发委托收款凭证。签发委托收款凭证必须记载下列事项：标明"委托收款"的字样；确定的金额；付款人名称；收款人名称；委托收款凭据名称及附寄单证张数；委托日期；收款人签章。欠缺记载上列事项之一的，银行不予受理。

委托收款以银行以外的单位为付款人的，委托收款凭证必须记载付款人开户银行名称；以银行以外的单位或在银行开立存款账户的个人为收款人的，委托收款凭证必须记载收款人开户银行名称；未在银行开立存款账户的个人为收款人的，委托收款凭证必须记载被委托银行名称。欠缺记载的，银行不予受理。

（2）委托。收款人办理委托收款应向银行提交委托收款凭证和有关的债务证明。

（3）付款。银行接到寄来的委托收款凭证及债务证明，审查无误后办理付款。

①以银行为付款人的，银行应当在当日将款项主动支付给收款人。

②以单位为付款人的，银行应及时通知付款人，需要将有关债务证明交给付款人的应交给付款人。付款人应于接到通知的当日书面通知银行付款。付款人未在接到通知日的次日起3日内通知银行付款的，视同付款人同意付款，银行应于付款人接到通知日的次日起第4日上午开始营业时，将款项划给收款人。银行在办理划款时付款人存款账户不足支付的，应通过被委托银行向收款人发出未付款项通知书。

③拒绝付款。付款人审查有关债务证明后，对收款人委托收取的款项需要拒绝付款的，可以办理拒绝付款。以银行为付款人的，应自收到委托收款及债务证明的次日起3日内出具拒绝证明，连同有关债务证明、凭证寄给被委托银行，转交收款人；以单位为付款人的，应在付款人接到通知日的次日起3日内出具拒绝证明，持有债务证明的，应将其送交开户银行。银行将拒绝证明、债务证明和有关凭证一并寄给被委托银行，转交收款人。

三、银行卡

（一）银行卡的概念及分类

1. 银行卡的概念

银行卡是指经批准由商业银行向社会发行的具有消费信用、转账结算、存取现金等全部或部分功能的信用支付工具。

2. 银行卡的分类

按不同标准，可以对银行卡做不同的分类，如表3-9所示。

表3-9　　　　　　　　　　　银行卡的主要分类

分类标准	类别	分类标准	类别
是否可以透支	信用卡	按是否向发卡银行交存备用金	贷记卡
			准贷记卡
	借记卡	按功能	转账卡（含储蓄卡）、专用卡、储值卡
币种	人民币卡、外币卡		
发行对象	单位卡、个人卡		
信息载体	磁条卡、芯片（IC）卡		

（二）银行卡账户和交易

1. 银行卡申领、注销和丧失

申领信用卡，应按规定填制申请表，连同有关资料一并送交发卡银行。发卡银行可根据申请人的资信程度，要求其提供担保。担保的方式可采用保证、抵押或质押。银行卡及

其账户只限经发卡银行批准的持卡人本人使用,不得出租和转借。

个人贷记卡申请的基本条件:

(1) 年满18周岁,有固定职业和稳定收入,工作单位和户口在常住地的城乡居民;

(2) 填写申请表,并在持卡人处亲笔签字;

(3) 向发卡银行提供本人及附属卡持卡人、担保人的身份证复印件;外地、境外人员及现役军官以个人名义领卡时,应出具当地公安部门签发的临时户口或有关部门开具的证明,并须提供具备担保条件的担保单位或有当地户口、在当地工作的担保人。

持卡人在还清全部交易款项、透支本息和有关费用后,可申请办理销户。对于持卡人因死亡等原因而需办理的注销和清户,应按照《中华人民共和国民法典》和《中华人民共和国公证法》等法规办理。发卡行受理注销申请之日起45日后,被注销信用卡账户方能清户。

持卡人丧失银行卡,应立即持本人身份证件或其他有效证明,并按规定提供有关情况说明,向发卡银行或代办银行申请挂失,发卡银行或代办银行审核后办理挂失手续。

2. 银行卡交易的基本规定

(1) 信用卡预借现金业务

包括现金提取、现金转账和现金充值。现金提取是指持卡人通过柜面和自动柜员机等自助机具,以现钞形式获得信用卡预借现金额度内的资金;现金转账是指持卡人将信用卡预借现金额度内资金划转到本人银行结算账户;现金充值是指持卡人将信用卡预借现金额度内资金划转到本人在非银行支付机构开立的支付账户。

信用卡持卡人通过ATM机等自助机具办理现金提取业务,每卡每日累计不得超过人民币1万元;持卡人通过柜面办理现金提取业务,通过各类渠道办理现金转账业务的每卡每日限额,由发卡机构与持卡人通过协议约定;发卡机构可自主确定是否提供现金充值服务,并与持卡人协议约定每卡每日限额。发卡机构不得将持卡人信用卡预借现金额度内资金划转至其他信用卡,以及非持卡人的银行结算账户或支付账户。发卡银行应当对借记卡持卡人在ATM机等自助机具取款设定交易上限,每卡每日累计提款不得超过2万元人民币。储值卡的面值或卡内币值不得超过1 000元人民币。

(2) 贷记卡持卡人的待遇

贷记卡持卡人非现金交易可享受免息还款期和最低还款额待遇,银行记账日到发卡银行规定的到期还款日之间为免息还款期,持卡人在到期还款日前偿还所使用全部银行款项有困难的,可按照发卡银行规定的最低还款额还款。持卡人透支消费享受免息还款期和最低还款额待遇的条件和标准等,由发卡机构自主确定。

(3) 发卡银行追偿的途径

发卡银行通过下列途径追偿透支款项和诈骗款项:扣减持卡人保证金、依法处理抵押物和质物;向保证人追索透支款项;通过司法机关的诉讼程序进行追偿。

(三) 银行卡计息与收费

发卡银行对准贷记卡及借记卡（不含储值卡）账户内的存款，按照中国人民银行规定的同期同档次存款利率及计息办法计付利息。信用卡透支的计结息方式，以及对信用卡溢缴款是否计付利息及其利率标准，由发卡机构自主确定。自2021年1月1日起，信用卡透支利率由发卡机构与持卡人自主协商确定，取消信用卡透支利率上限和下限管理。

发卡机构应在信用卡协议中以显著方式提示信用卡利率标准和计结息方式、免息还款期和最低还款额待遇的条件和标准，以及向持卡人收取违约金的详细情形和收取标准等与持卡人有重大利害关系的事项，确保持卡人充分知悉并确认接受。其中，对于信用卡利率标准，应注明日利率和年利率。发卡机构调整信用卡利率的，应至少提前45个自然日按照约定方式通知持卡人。持卡人有权在新利率标准生效之日前选择销户，并按照已签订的协议偿还相关款项。

取消信用卡滞纳金，对于持卡人违约逾期未还款的行为，发卡机构应与持卡人通过协议约定是否收取违约金，以及相关收取方式和标准。发卡机构向持卡人提供超过授信额度用卡的，不得收取超限费。

发卡机构对向持卡人收取的违约金和年费、取现手续费、货币兑换费等服务费用不得计收利息。

(四) 银行卡收单

1. 银行卡收单业务概念

银行卡收单业务，是指收单机构与特约商户签订银行卡受理协议，在特约商户按约定受理银行卡并与持卡人达成交易后，为特约商户提供交易资金结算服务的行为。通俗地讲就是持卡人在银行签约商户那里刷卡消费，银行将持卡人刷卡消费的资金在规定周期内结算给商户，并从中扣取一定比例的手续费。

银行卡收单机构，包括从事银行卡收单业务的银行业金融机构，获得银行卡收单业务许可、为实体特约商户提供银行卡受理并完成资金结算服务的支付机构，以及获得网络支付业务许可、为网络特约商户提供银行卡受理并完成资金结算服务的支付机构。

特约商户，是指与收单机构签订银行卡受理协议、按约定受理银行卡并委托收单机构为其完成交易资金结算的企事业单位、个体工商户或其他组织，以及按照国家市场监督管理机构有关规定，开展网络商品交易等经营活动的自然人。实体特约商户，是指通过实体经营场所提供商品或服务的特约商户。网络特约商户，是指基于公共网络信息系统提供商品或服务的特约商户。

2. 银行卡收单业务管理规定

（1）特约商户管理

收单机构拓展特约商户，应遵循"了解你的客户"原则，对特约商户实行实名制管理。收单机构应严格审核特约商户的营业执照等证明文件，以及法定代表人或负责人有效身份证件等申请材料。特约商户为自然人的，收单机构应当审核其有效身份证件。特约商户使用单位银行结算账户作为收单银行结算账户的，收单机构还应当审核其合法拥有该账户的证明文件。

收单机构应当与特约商户签订银行卡受理协议，就可受理的银行卡种类、开通的交易类型、收单银行结算账户的设置和变更、资金结算周期、结算手续费标准、差错和纠纷处置等事项，明确双方的权利、义务和违约责任。特约商户的收单银行结算账户应当为其同名单位银行结算账户，或其指定的、与其存在合法资金管理关系的单位银行结算账户。特约商户为个体工商户或自然人的，可使用其同名个人银行结算账户作为收单银行结算账户。

收单机构应当对实体特约商户收单业务进行本地化经营和管理，通过在特约商户及其分支机构所在省（自治区、直辖市）域内的收单机构或其分支机构提供收单服务，不得跨省（自治区、直辖市）域开展收单业务。对于连锁式经营或集团化管理的特约商户，收单机构或经其授权的特约商户所在地的分支机构可与特约商户签订银行卡受理协议，并严格落实本地化服务和管理责任。

（2）业务与风险管理

收单机构应当强化业务和风险管理措施，建立特约商户检查制度、资金结算风险管理制度、收单交易风险监测系统以及特约商户收单银行结算账户设置和变更审核制度等。建立对实体特约商户、网络特约商户分别进行风险评级的制度，对于风险等级较高的特约商户，收单机构应当对其开通的受理卡种和交易类型进行限制，并采取强化交易监测、设置交易限额、延迟结算、增加检查频率、建立特约商户风险准备金等措施。

收单机构应按协议约定及时将交易资金结算到特约商户的收单银行结算账户，资金结算时限最迟不得超过持卡人确认可直接向特约商户付款的支付指令生效日后 30 个自然日，因涉嫌违法违规等风险交易需延迟结算的除外。

收单机构应当根据交易发生时的原交易信息发起银行卡交易差错处理、退货交易，将资金退至持卡人原银行卡账户。若持卡人原银行卡账户已撤销的，应当退至持卡人指定的本人其他银行账户。收单机构发现特约商户发生疑似银行卡套现、洗钱、欺诈、移机、留存或泄露持卡人账户信息等风险事件的，应当对特约商户采取延迟资金结算、暂停银行卡交易或收回受理终端（关闭网络支付接口）等措施，并承担因未采取措施导致的风险损失责任；涉嫌违法犯罪活动的，应当及时向公安机关报案。

3. 结算收费（见表 3–10）

表 3–10　　　　　　　　银行卡收单业务结算收费

收费项目	收费方式	费率及封顶标准
收单服务费	收单机构向商户收取（双方协商）	实行市场调节价

续表

收费项目	收费方式	费率及封顶标准
发卡行服务费	发卡机构向收单机构收取（政府指导，上限管理）	借记卡：不高于0.35%（封顶13元）
		贷记卡：不高于0.45%
网络服务费	银行卡清算机构向发卡机构、收单机构分别收取，费率为不超过交易金额的0.065%，由发卡机构和收单机构各承担50%	

对非营利性的医疗机构、教育机构、社会福利机构、养老机构、慈善机构刷卡交易，实行发卡行服务费、网络服务费全额减免。

四、银行电子支付

电子支付是指单位、个人通过计算机、手机等电子终端发出支付指令，依托网络系统以电子信息传递形式进行的货币支付与资金转移。电子支付服务的主要提供方有银行和支付机构，银行的电子支付方式主要有网上银行、手机银行和条码支付等，支付机构的电子支付方式主要有网络支付、条码支付等。本节主要介绍银行的电子支付。

（一）网上银行

1. 网上银行的概念

网上银行（Internet bank or E-bank），包含两个层次的含义：一个是机构概念，指通过信息网络开办业务的银行；另一个是业务概念，指银行通过信息网络提供的金融服务，包括传统银行业务和因信息技术应用带来的新兴业务。在日常生活和工作中，我们提及网上银行，更多是第二层次的概念，即网上银行服务的概念。

简单地说，网上银行就是银行在互联网上设立虚拟银行柜台，使传统的银行服务不再通过物理的银行分支机构来实现，而是借助于网络与信息技术手段在互联网上实现，因此，网上银行也称网络银行。网上银行又被称为"3A银行"，因为它不受时间、空间限制，能够在任何时间（Anytime）、任何地点（Anywhere）、以任何方式（Anyway）为客户提供金融服务。

传统的网上银行主要通过计算机终端银行网站进行操作，受到互联网设施的限制。随着移动通信技术的发展和智能手机的普及，网上银行的另一种形式——手机银行逐渐兴起。手机银行又称为移动银行，指利用手机、平板电脑（PAD）和其他移动设备等实现客户与银行的对接，为客户办理相关银行业务或提供金融服务。我国的手机银行主要经历了短信、WAP、App三个发展阶段，目前主要是银行App方式。手机银行与网上银行一样，都是通过互联网实现银行柜面业务的延伸，功能基本一致，不再单独讲述。

2. 网上银行的分类。

按照不同的标准，网上银行可以分为不同的类型。

（1）按主要服务对象的分类

按主要服务对象分为企业网上银行和个人网上银行。企业网上银行主要适用于企事业单位，企事业单位可以通过企业网上银行适时了解财务运作情况，及时调度资金，轻松处理大批量的网络支付和工资发放业务。个人网上银行主要适用于个人与家庭，个人可以通过个人网络银行实现实时查询、转账、网络支付和汇款功能。

（2）按经营组织的分类

按经营组织分为分支型网上银行和纯网上银行。分支型网上银行是指现有的传统银行利用互联网作为新的服务手段，建立银行站点，提供在线服务而设立的网上银行。纯网上银行的本身就是一家银行，是专门为提供在线银行服务而成立的，因而也被称为只有一个站点的银行。

3. 网上银行的主要功能

目前，网上银行利用 Internet 和 HTML 技术，能够为客户提供综合、统一、安全、实时的银行服务，包括提供对私、对公的全方位银行业务，还可以为客户提供跨国的支付与清算等其他贸易和非贸易的银行业务服务。

（1）企业网上银行子系统的主要功能

企业网上银行子系统目前能够支持所有的对公企业客户，能够为客户提供网上账务信息服务、资金划拨、网上 B2B（Business to Business）支付和批量支付等服务，使集团公司总部能对其分支机构的财务活动进行实时监控，随时获得其账户的动态情况，同时还能为客户提供 B2B 网上支付。其主要业务功能包括：

①账户信息查询。能够为企业客户提供账户信息的网上在线查询、网上下载和电子邮件发送账务信息等服务，包括账户的余额、交易明细等。

②支付指令。能够为客户提供集团、企业内部各分支机构之间的账务往来，同时也能提供集团、企业之间的账务往来，并且支持集团、企业向他行账户进行付款。

③B2B 网上支付。B2B 指的是企业与企业之间进行的电子商务活动。B2B 网上支付能够为企业提供网上 B2B 支付平台。

④批量支付。能够为企业客户提供批量付款（包括同城、异地及跨行转账业务）、代发工资、一付多收等批量支付功能。企业客户负责按银行要求的格式生成数据文件，通过安全通道传送给银行，银行负责系统安全及业务处理，并将处理结果反馈给客户。

（2）个人网上银行子系统的主要功能

个人网上银行子系统主要提供银行卡、本外币活期一本通客户账务管理、信息管理、网上支付等功能，是网上银行对个人客户服务的窗口。其具体业务功能包括：

①账户信息查询。系统为客户提供信息查询功能，能够查询银行卡的人民币余额和活期一本通的不同币种的钞、汇余额；提供银行卡在一定时间段内的历史明细数据查询；查询使用银行卡进行网上支付后的支付记录。

②人民币转账业务。系统能够提供个人客户本人账户之间以及与他人账户之间的卡卡

转账服务。系统在转账功能上严格控制了单笔转账最大限额和当日转账最大限额，使客户的资金安全有一定的保障。

③银证转账业务。银行卡客户在网上能够进行银证转账，可以实现银转证、证转银、查询证券资金余额等功能。

④外汇买卖业务。客户通过网上银行系统能够进行外汇买卖，主要可以实现外汇即时买卖、外汇委托买卖、查询委托明细、查询外汇买卖历史明细、撤销委托等功能。

⑤账户管理业务。系统提供客户对本人网上银行各种权限功能、客户信息的管理以及账户的挂失。

⑥B2C（Business to Customer）网上支付。B2C 指的是企业与消费者之间进行的在线式零售商业活动（包括网上购物和网上拍卖等）。个人客户在申请开通网上支付功能后，能够使用本人的银行卡进行网上购物后的电子支付。通过账户管理功能，客户还可以随时选择使用哪一张银行卡来进行网上支付。

（二）条码支付

1. 条码支付的概念

条码支付业务是指银行、支付机构应用条码技术，实现收付款人之间货币资金转移的业务活动。条码支付业务包括付款扫码和收款扫码。付款扫码是指付款人通过移动终端识读收款人展示的条码完成支付的行为。收款扫码是指收款人通过识读付款人移动终端展示的条码完成支付的行为。其中，支付机构向客户提供基于条码技术付款服务的应当取得网络支付业务许可；支付机构为实体特约商户和网络特约商户提供条码支付收单服务的，应当分别取得银行卡收单业务许可和网络支付业务许可。

目前，常见的条码支付，除银行及支付机构的条码支付外，还有由中国银联携手各商业银行、支付机构共同开发建设、共同维护运营的便民支付服务，以及融合了多个银行和支付机构的支付端口、提供聚合类型二维码的聚合支付。银联便民支付服务除条码支付功能外，还可以实现转账、缴费、信用卡还款等多项功能，并集合了部分银行的信用卡申请、理财信贷等服务，成为我国条码支付服务市场的重要构成之一。聚合支付又称第四方支付，由提供聚合支付服务的机构或银行融合不同支付机构及银行的多个支付接口，将不同机构分别生成的二维码聚合为一个二维码，使商户仅需提供一个二维码即可实现付款人自主选择使用不同银行或支付机构的 App 扫码付款。

2. 条码支付的交易验证及限额

条码支付业务可以组合选用下列三种要素进行交易验证：一是仅客户本人知悉的要素，如静态密码等；二是仅客户本人持有并特有的，不可复制或者不可重复利用的要素，如经过安全认证的数字证书、电子签名，以及通过安全渠道生成和传输的一次性密码等；三是客户本人生物特征要素，如指纹等。

根据交易验证方式和风险防范能力的不同，条码支付有四种限额要求：一是风险防范能力达到 A 级，即采用包括数字证书或电子签名在内的两类（含）以上有效要素对交易进行验证的，银行、支付机构可与客户通过协议自主约定单日累计限额；二是风险防范能力达到 B 级，即采用不包括数字证书、电子签名在内的两类（含）以上有效要素对交易进行验证的，同一客户单个银行账户或所有支付账户单日累计交易金额应不超过 5 000 元；三是风险防范能力达到 C 级，即采用不足两类要素对交易进行验证的，同一客户单个银行账户或所有支付账户单日累计交易金额应不超过 1 000 元；四是风险防范能力达到 D 级，即使用静态条码的，同一客户单个银行账户或所有支付账户单日累计交易金额应不超过 500 元。

银行、支付机构提供收款扫码服务时，应使用动态条码，设置条码有效期和使用次数等，防止条码被重复使用导致重复扣款，确保条码真实有效。

3. 商户管理

银行、支付机构拓展条码支付特约商户，应遵循"了解你的客户"原则，确保所拓展的是依法设立、合法经营的特约商户。银行、支付机构拓展特约商户应落实实名制规定，严格审核特约商户的营业执照等证明文件，以及法定代表人或负责人的有效身份证件等申请材料，确认申请材料的真实性、完整性、有效性，并留存申请材料的影印件或复印件。

对依据法律法规和相关监管规定免于办理工商注册登记的实体特约商户（小微商户），在遵循"了解你的客户"原则的前提下可以通过审核商户主要负责人身份证明文件和辅助证明材料为其提供条码支付收单服务。辅助证明材料包括但不限于营业场所租赁协议或者产权证明、集中经营场所管理方出具的证明文件等能够反映小微商户真实、合法从事商品或服务交易活动的材料。以同一个身份证件在同一家银行、支付机构办理的全部小微商户，基于信用卡的条码支付收款金额日累计不超过 1 000 元，月累计不超过 1 万元。

4. 风险管理

银行、支付机构应提升风险识别能力，采取有效措施防范风险，及时发现、处理可疑交易信息及风险事件；评估业务相关的洗钱和恐怖融资风险，采取与风险水平相适应的管控措施；对特约商户进行检查、评估，并结合特约商户风险等级及交易类型等因素，设置或与其约定单笔及日累计交易限额；对风险等级较高的特约商户，应采用强化交易监测、建立特约商户风险准备金、延迟清算等风险管理措施；确保客户身份或账户信息安全，防止泄露，并根据收付款不同业务场景设置条码有效性和使用次数；充分披露条码支付业务产品类型、办理流程、操作规程、收费标准等信息，明确业务风险点及相关责任承担机制、风险损失赔付方式及操作方式。

银行、支付机构应建立条码支付交易风险监测体系，及时发现可疑交易，并采取阻断交易、联系客户核实交易等方式防范交易风险。银行、支付机构发现特约商户发生疑似套现、洗钱、恐怖融资、欺诈、留存或泄露账户信息等风险事件的，应对特约商户采取延迟资金结算、暂停交易、冻结账户等措施，并承担因未采取措施导致的风险损失责任；发现涉嫌违法犯罪活动的，应及时向公安机关报案。

第四节 支付机构非现金支付业务

> **课程思政**
>
> **财付通研发刷掌支付服务**
>
> 财付通支付科技有限公司（以下简称"财付通"）深入学习习近平总书记有关"唯创新者进、唯创新者强、唯创新者胜"的要求，在人民银行指导下坚守支付为民初心，秉承服务实体经济宗旨，通过持续科技研发投入，不断提升支付创新水平。根据对国内外领先技术的长期跟踪，对"掌纹+掌静脉"前沿技术进行了深入探索，成功研发了刷掌服务新产品。该产品不仅具有无介质、非接触、高便捷、高安全等特点，更为用户提供了补充支付方式，有利于保障我国移动支付在国际竞争中处于全球领先地位，提高国际竞争力。
>
> 在研发过程中，财付通采用了业界领先的技术解决环境、习惯和生理差异带来的场景难题，并与自研的国密安全单元（SE）芯片相结合，以更高性能、更安全、更兼容的技术提升活体识别准确度、加强对个人隐私的保护。同时，在嵌入刷掌功能的同时不断优化支付界面的外观设计，始终保持用户使用的简洁性和便利性。当用户开通刷掌服务功能后，即可享受支付及相关服务。
>
> 在刷掌服务大兴机场线合作首发后，"中国自主科技、民生线、创新示范"成高频词汇，刷掌服务作为规模应用投入中国新国门的轨道运输线路的创新支付产品，充分体现了科技创新的力量，提升了中国的国际影响力。

一、支付机构的概念和支付服务的种类

（一）支付机构的概念

支付机构是指依法取得《支付业务许可证》，在收付款人之间作为中介机构提供下列部分或全部货币资金转移服务的非金融机构：

1. 网络支付。
2. 预付卡的发行与受理。
3. 银行卡收单。
4. 中国人民银行确定的其他支付服务。

支付机构依法接受中国人民银行的监督管理。未经中国人民银行批准，任何非金融机构和个人不得从事或变相从事支付业务。

（二）支付服务的种类

1. 网络支付

网络支付是指依托公共网络或专用网络在收付款人之间转移货币资金的行为，包括货币汇兑、互联网支付、移动电话支付、固定电话支付、数字电视支付等。

2. 预付卡

预付卡是指以盈利为目的发行的、在发行机构之外购买商品或服务的预付价值，包括采取磁条、芯片等技术以卡片、密码等形式发行的预付卡。

3. 银行卡收单

银行卡收单是指通过销售点（POS）终端等为银行卡特约商户代收货币资金的行为。

支付机构的银行卡收单以及条码支付与银行相同，已在第三节介绍，此处不再讲述。

二、网络支付

（一）网络支付的概念

网络支付是指收款人或付款人通过计算机、移动终端等电子设备，依托公共网络信息系统远程发起支付指令，且付款人电子设备不与收款人特定专属设备交互，由支付机构为收付款人提供货币资金转移服务的活动。

（二）网络支付机构

依法取得《支付业务许可证》，获准办理互联网支付、移动电话支付、固定电话支付、数字电视支付等网络支付业务的支付机构可以办理网络支付业务。支付机构应当遵循主要服务电子商务发展和为社会提供小额、快捷、便民小微支付服务的宗旨，基于客户的银行账户或者支付账户提供网络支付服务。

目前从事网络支付的支付机构主要有两类：

1. 金融型支付企业

金融型支付企业是独立的第三方支付模式，其不负有担保功能，仅为用户提供支付产品和支付系统解决方案，侧重行业需求和开拓行业应用，是立足于企业端的金融型支付企业。

2. 互联网支付企业

互联网支付企业是依托于自有的电子商务网站并提供担保功能的第三方支付模式，以在线支付为主，是立足于个人消费者端的互联网型支付企业。

（三）支付账户

1. 支付账户的概念

支付账户，是指获得互联网支付业务许可的支付机构，根据客户的真实意愿为其开立的，用于记录预付交易资金余额、客户凭以发起支付指令、反映交易明细信息的电子簿记。

支付账户不得透支，不得出借、出租、出售，不得利用支付账户从事或者协助他人从事非法活动。

2. 支付账户的开户要求

支付机构为客户开立支付账户的,应当对客户实行实名制管理,登记并采取有效措施验证客户身份基本信息,按规定核对有效身份证件并留存有效身份证件复印件或者影印件,建立客户唯一识别编码,并在与客户业务关系存续期间采取持续的身份识别措施,确保有效核实客户身份及其真实意愿,不得开立匿名、假名支付账户。支付机构在为单位和个人开立支付账户时,应当与单位和个人签订协议,约定支付账户与支付账户、支付账户与银行账户之间的日累计转账限额和笔数,超出限额和笔数的,不得再办理转账业务。

支付机构为单位开立支付账户,应当参照《人民币银行结算账户管理办法》第十七条、第二十四条、第二十六条等相关规定,要求单位提供相关证明文件,并自主或者委托合作机构以面对面的方式核实客户身份,或者以非面对面方式通过至少3个合法安全的外部渠道对单位基本信息进行多重交叉验证。支付机构应当严格审核单位开户证明文件的真实性、完整性和合规性,开户申请人与开户证明文件所属人的一致性,并向单位法定代表人或负责人核实开户意愿,留存相关工作记录。支付机构可以采取面对面、视频等方式向单位法定代表人或负责人核实开户意愿,具体方式由支付机构根据客户风险评级情况确定。

支付机构可以为个人客户开立Ⅰ类、Ⅱ类、Ⅲ类支付账户。以非面对面方式通过至少一个合法安全的外部渠道进行身份基本信息验证,且首次在该支付机构开立支付账户的个人客户,可以开立Ⅰ类支付账户,账户余额可用于消费和转账,余额付款交易自账户开立起累计不超过1 000元(包括支付账户向客户本人同名银行账户转账);自主或委托合作机构以面对面方式核实身份的个人客户或者以非面对面方式通过至少三个合法安全的外部渠道进行身份基本信息多重交叉验证的个人客户,可以开立Ⅱ类支付账户,账户余额可用于消费和转账,所有支付账户的余额付款交易年累计不超过10万元(不包括支付账户向客户本人同名银行账户转账);以面对面方式核实身份的个人客户或以非面对面方式通过至少五个合法安全的外部渠道进行身份基本信息多重交叉验证的个人客户,可以开立Ⅲ类支付账户,账户余额可以用于消费、转账以及购买投资理财等金融类产品,所有支付账户的余额付款交易年累计不超过20万元(不包括支付账户向客户本人同名银行账户转账)。

客户身份基本信息外部验证渠道包括但不限于政府部门数据库、商业银行信息系统、商业化数据库等。其中,通过商业银行验证个人客户身份基本信息的,应为Ⅰ类银行账户或信用卡。

(四) 网络支付的相关规定

1. 网络支付的交易验证及限额

网络支付业务交易验证的要素与条码支付业务相同,已在第三节介绍,此处不再讲述。

根据交易验证方式和风险防范能力的不同,支付机构对个人客户使用支付账户余额付款的交易有三种限额要求:一是采用包括数字证书或电子签名在内的两类(含)以上有效要素进行验证的交易，单日累计限额由支付机构与客户通过协议自主约定；二是采用不包括数字证书、电子签名在内的两类（含）以上有效要素进行验证的交易，单个客户所有支付账户单日累计金额应不超过5 000元（不包括支付账户向客户本人同名银行账户转账）；三是采用不足两类有效要素进行验证的交易，单个客户所有支付账户单日累计金额应不超过1 000元（不包括支付账户向客户本人同名银行账户转账），且支付机构应当承诺无条件全额承担此类交易的风险损失赔付责任。

2. 业务与风险管理

支付机构向客户开户银行发送支付指令，扣划客户银行账户资金的，应当事先或在首笔交易时自主识别客户身份并分别取得客户和银行的协议授权，同意其向客户的银行账户发起支付指令扣划资金；银行应当事先或在首笔交易时自主识别客户身份并与客户直接签订授权协议，明确约定扣款适用范围和交易验证方式，设立与客户风险承受能力相匹配的单笔和单日累计交易限额，承诺无条件全额承担此类交易的风险损失先行赔付责任；除单笔金额不超过200元的小额支付业务、公共事业缴费、税费缴纳、信用卡还款等收款人固定并且定期发生的支付业务，支付机构不得代替银行进行交易验证。被人民银行评价为"A"类的支付机构，可以与银行根据业务需要，通过协议自主约定由支付机构代替进行交易验证的情形，但支付机构应在交易中向银行完整、准确发送交易渠道、交易终端或接口类型、交易类型、商户名称、商户编码、商户类别码、收付款客户名称和账号等交易信息；银行应核实支付机构验证手段或渠道的安全性，且对客户资金安全的管理责任不因支付机构代替验证而转移。

支付机构应建立客户风险评级管理制度和机制以及交易风险管理制度和交易监测系统，动态调整客户风险评级及相关风险控制措施，对疑似欺诈、套现、洗钱、非法融资、恐怖融资等交易，及时采取调查核实、延迟结算、终止服务等措施；充分提示网络支付业务的潜在风险，对高风险业务在操作前、操作中进行风险警示；履行客户信息保护责任，不得存储客户银行卡的磁道信息或芯片信息、验证码、密码等敏感信息，原则上不得存储银行卡有效期。

三、预付卡

（一）预付卡的概念和分类

预付卡是指发卡机构以特定载体和形式发行的、可在发卡机构之外购买商品或服务的预付价值。

目前市场上预付卡有两类：一类是专营发卡机构发行，可跨地区、跨行业、跨法人使用的多用途预付卡；另一类是商业企业发行，只在本企业或同一品牌连锁商业企业购买商品、服务的单用途预付卡。单用途预付卡与多用途预付卡的监管要求不相同，单用途预付卡的发卡企业应在开展单用途预付卡业务之日起30日内在商务部门进行备案；多用途预付卡的发卡机构必须取得中国人民银行颁发的支付业务许可证，在核准地域范围内开展业务，人民银行对多用途预付卡备付金实行集中存管。本节以下讲述的是多用途预付卡。

预付卡按是否记载持卡人身份信息分为记名预付卡和不记名预付卡。

（二）预付卡的相关规定

1. 预付卡的限额

预付卡以人民币计价，不具有透支功能。单张记名预付卡资金限额不得超过5 000元，单张不记名预付卡资金限额不得超过1 000元。

2. 预付卡的期限

预付卡卡面记载有效期限或有效期截止日。记名预付卡可挂失，可赎回，不得设置有效期；不记名预付卡不挂失，不赎回，另有规定的除外。不记名预付卡有效期不得少于3年。超过有效期尚有资金余额的预付卡，可通过延期、激活、换卡等方式继续使用。

3. 预付卡的办理

个人或单位购买记名预付卡或一次性购买不记名预付卡1万元以上的，应当使用实名并向发卡机构提供有效身份证件。发卡机构应当识别购卡人、单位经办人的身份，核对有效身份证件，登记身份基本信息，并留存有效身份证件的复印件或影印件。代理他人购买预付卡的，发卡机构应当采取合理方式确认代理关系，核对代理人和被代理人的有效身份证件，登记代理人和被代理人的身份基本信息，并留存代理人和被代理人的有效身份证件的复印件或影印件。使用实名购买预付卡的，发卡机构应当登记购卡人姓名或单位名称、单位经办人姓名、有效身份证件名称和号码、联系方式、购卡数量、购卡日期、购卡总金额、预付卡卡号及金额等信息。单位一次性购买预付卡5 000元以上，个人一次性购买预付卡5万元以上的，应当通过银行转账等非现金结算方式购买，不得使用现金。购卡人不得使用信用卡购买预付卡。

4. 预付卡的充值

预付卡只能通过现金或银行转账方式进行充值，不得使用信用卡为预付卡充值。一次性充值金额5 000元以上的，不得使用现金。单张预付卡充值后的资金余额不得超过规定限额。预付卡现金充值通过发卡机构网点进行，但单张预付卡同日累计现金充值在200元以下的，可通过自助充值终端、销售合作机构代理等方式充值。

5. 预付卡的使用

预付卡在发卡机构拓展、签约的特约商户中使用，不得用于或变相用于提取现金，不得用于购买、交换非本发卡机构发行的预付卡、单一行业卡及其他商业预付卡或向其充值，卡内资金不得向银行账户或向非本发卡机构开立的网络支付账户转移。

6. 预付卡的赎回

记名预付卡可在购卡3个月后办理赎回。赎回时，持卡人应当出示预付卡及持卡人和购卡人的有效身份证件。由他人代理赎回的，应当同时出示代理人和被代理人的有效身份证件。单位购买的记名预付卡，只能由单位办理赎回。

7. 预付卡的发卡机构

预付卡发卡机构必须是经中国人民银行核准，取得《支付业务许可证》的支付机构。支付机构要严格按照核准的业务类型和业务覆盖范围从事预付卡业务。发卡机构要采取有效措施加强对购卡人和持卡人信息的保护，确保信息安全，防止信息泄露和滥用，未经购卡人和持卡人同意，不得用于与购卡人和持卡人的预付卡业务无关的目的。发卡机构要严格发票管理，按照《中华人民共和国发票管理办法》有关规定开具发票。发卡人要加强预付卡资金管理，维护持卡人合法权益，发卡机构接受的、客户用于未来支付需要的预付卡资金，不属于发卡机构的自有财产，发卡机构不得挪用、挤占。发卡机构对客户备付金需100%集中交存中国人民银行。

第五节 结算纪律与法律责任

课程思政

招商银行建设交易反欺诈系统

为了守护客户资金安全，打造最佳客户体验银行，招商银行建设交易反欺诈系统。该系统是向轻型银行转型、进行数字化经营过程中的重大创新应用，它以全新的数字化、智能化、科技化思维，进行支付交易反欺诈理念的突破。该系统的总体思路为：利用金融科技手段，重构风险管理的系统、数据、流程与人工的关系，充分落实监管合规要求，为客户提供风险与体验平衡的金融服务。通过迭代实施，实现对招商银行支付交易场景为核心的广泛风险场景覆盖。

交易反欺诈系统上线后，实时管控了资金盗用行为，有效防范了"羊毛党"、买卖卡等若干不良行为，不但有效守护了客户资金安全，也有力支持了监管要求。通过配合公安部门开展客户安全教育等措施，有效打击了电信欺诈类风险交易，提升了客户安全感。充分利用人工智能、关联图谱等新技术，侦测嫌疑卡及账户，并关联反洗钱等系统，有效防范了新型违法犯罪，并满足监管要求。金融机构建设交易反欺诈系统，有利于促进经济健康发展，也体现了金融机构的社会责任感。

一、支付结算纪律

支付结算纪律是银行、单位和个人办理支付结算业务所应遵守的基本规定。

（一）单位和个人的支付结算纪律

单位和个人办理支付结算时，不准签发没有资金保证的票据或远期支票，套取银行信用；不准签发、取得和转让没有真实交易和债权债务的票据，套取银行和他人资金；不准无理拒绝付款，任意占用他人资金；不准违反规定开立和使用账户。

（二）银行的支付结算纪律

银行办理支付结算，不准以任何理由压票、任意退票、截留挪用客户和他行资金；不准无理拒绝支付应由银行支付的票据款项；不准受理无理拒付、不扣少扣滞纳金；不准违章签发、承兑、贴现票据，套取银行资金；不准签发空头银行汇票、银行本票和办理空头汇款；不准在支付结算制度之外规定附加条件，影响汇路畅通；不准违反规定为单位和个人开立账户；不准拒绝受理、代理他行正常结算业务。

二、违反支付结算法律制度的法律责任

银行、单位和个人违反结算纪律，要分别承担相应的法律责任。根据目前的法律法规和规章的规定，对于下列行为，应依法分别承担民事、行政和刑事责任：

（一）签发空头支票、印章与预留印鉴不符支票、未构成犯罪行为的法律责任

单位或个人签发空头支票或者签发与其预留的签章不符、使用支付密码但支付密码错误的支票，不以骗取财物为目的的，由中国人民银行处以票面金额5%但不低于1 000元的罚款；持票人有权要求出票人赔偿支票金额2%的赔偿金。屡次签发空头支票的，银行有权停止为其办理支票或全部支付结算业务。根据《行政处罚法》和《票据管理实施办法》的规定，中国人民银行是空头支票的处罚主体，银行机构发现空头支票行为的，应向中国人民银行分支机构举报，并协助送达相应的行政处罚法律文书。

（二）无理拒付、占用他人资金行为的法律责任

商业承兑汇票的付款人对见票即付或者到期的票据，故意压票、退票、拖延支付的，按照规定处以压票、拖延支付期间内每日票据金额万分之七的罚款。银行机构违反票据承兑等结算业务规定，不予兑现，不予收付入账，压单、压票或者违反规定退票的，由国务院银行保险监督管理机构责令其改正，有违法所得的，没收违法所得。违法所得5万元以上的，并处违法所得1倍以上5倍以下罚款；没有违法所得或者违法所得不足5万元的，处5万元以上50万元以下罚款。

（三）违反账户规定行为的法律责任

（1）存款人开立、撤销银行结算账户违反规定：①违反规定开立银行结算账户；②伪造、变造证明文件欺骗银行开立银行结算账户；③违反规定不及时撤销银行结算账户。属于非经营性存款人的，给予警告并处以1 000元的罚款；属于经营性存款人的，给予警告并处以1万元以上3万元以下的罚款；构成犯罪的，移交司法机关依法追究刑事责任。

（2）存款人使用银行结算账户违反规定：①违反规定将单位款项转入个人银行结算账户；②违反规定支取现金；③利用开立银行结算账户逃废银行债务；④出租、出借银行结算账户；⑤从基本存款账户之外的银行结算账户转账存入、将销货收入存入或现金存入单

位信用卡账户；⑥法定代表人或主要负责人、存款人地址以及其他开户资料的变更事项未在规定期限内通知银行。

非经营性的存款人有上述第①至⑤项行为的，给予警告并处以 1 000 元罚款；经营性的存款人有上述第①至⑤项行为的，给予警告并处以 5 000 元以上 3 万元以下的罚款；存款人有上述所列第⑥项行为的，给予警告并处以 1 000 元的罚款。

(3) 伪造、变造、私自印制开户许可证的存款人，属非经营性的处以 1000 元罚款；属经营性的处以 1 万元以上 3 万元以下的罚款；构成犯罪的，移交司法机关依法追究刑事责任。

（四）票据欺诈等行为的法律责任

伪造、变造票据、托收凭证、汇款凭证、信用证，伪造信用卡等；故意使用伪造、变造的票据的；签发空头支票或者故意签发与其预留的本名签名式样或者印鉴不符的支票，骗取财物的；签发无可靠资金来源的汇票、本票，骗取资金的；汇票、本票的出票人在出票时作虚假记载，骗取财物的；冒用他人的票据，或者故意使用过期或者作废的票据，骗取财物的；付款人同出票人、持票人恶意串通，实施前六项行为之一的，依法追究刑事责任。有上述行为之一，情节轻微，不构成犯罪的，依照国家有关规定给予行政处罚。

其中，伪造、变造票据、托收凭证、汇款凭证、信用证，伪造信用卡的，处 5 年以下有期徒刑或者拘役，并处或者单处 2 万元以上 20 万元以下罚金情节严重的，处 5 年以上 10 年以下有期徒刑，并处 5 万元以上 50 万元以下罚金；情节特别严重的，处 10 年以上有期徒刑或者无期徒刑，并处 5 万元以上 50 万元以下罚金或者没收财产。单位犯上述罪行的，对单位判处罚金，并对其直接负责的主管人员和其他责任人员，依照上述规定处罚。

有下列情形之一，妨碍信用卡管理的，处 3 年以下有期徒刑或者拘役，并处或者单处 1 万元以上 10 万元以下罚金；数量巨大或者有其他严重情节的，处 3 年以上 10 年以下有期徒刑，并处 2 万元以上 20 万元以下罚金：明知是伪造的信用卡而持有、运输的或者明知是伪造的空白信用卡而持有、运输，数量较大的；非法持有他人信用卡，数量较大的；使用虚假的身份证明骗领信用卡的；出售、购买、为他人提供伪造的信用卡或者以虚假的身份证明骗领信用卡的；窃取、收买或者非法提供他人信用卡信息资料的。

有下列情形之一，进行信用卡诈骗活动，数额较大的，处 5 年以下有期徒刑或者拘役，并处 2 万元以上 20 万元以下罚金；数额巨大或者有其他严重情节的，处 5 年以上 10 年以下有期徒刑，并处 5 万元以上 50 万元以下罚金；数额特别巨大或者有其他特别严重情节的，处 10 年以上有期徒刑或者无期徒刑，并处 5 万元以上 50 万元以下罚金或者没收财产：使用伪造的信用卡，或者使用以虚假的身份证明骗领的信用卡的；使用作废的信用卡的；冒用他人信用卡的；恶意透支的。

（五）非法出租、出借、出售、购买银行结算账户或支付账户行为的法律责任

银行和支付机构对经公安机关认定的出租、出借、出售、购买银行结算账户（含银行

卡）或者支付账户的单位和个人及相关组织者，假冒他人身份或者虚构代理关系开立银行结算账户或者支付账户的单位和个人，5年内暂停其银行账户非柜面业务、支付账户所有业务，并不得为其新开立账户。惩戒期满后，受惩戒的单位和个人办理新开立账户业务的，银行和支付机构应加大审核力度。中国人民银行将上述单位和个人信息移送金融信用信息基础数据库并向社会公布。

职业能力训练

一、单选题

1. 根据支付结算法律制度的规定，下列表述中错误的是（   ）。
   A. 支付工具"三票一卡"是指支票、本票、汇票和银行卡
   B. 非经中国人民银行批准的非银行金融机构不得作为中介机构办理支付结算业务
   C. 银行卡在小额支付中占据主导地位
   D. 填写票据和结算凭证时，收款人名称必须记载全称，不得使用简称

2. 2023年3月8日甲公司和乙公司签订了一份购销合同，约定甲公司向乙公司提供一批商品，乙公司于收到货物后的当天验货，如货物合格，则于签订合同满一周的当日（2023年3月15日）开具现金支票付款，2023年3月10日，经乙公司检验货物合格。下列关于该支票出票日期的写法中，正确的是（   ）。
   A. 贰零贰叁年零叁月壹拾伍日 B. 贰零贰叁年叁月壹拾伍日
   C. 贰零贰叁年零叁月零捌日   D. 贰零贰叁年叁月零捌日

3. 根据《人民币银行结算账户管理办法》的规定，存款人更改名称，但不改变开户银行及账号的，应于规定时间向开户银行提出银行结算账户的变更申请，并出具有关部门的证明文件。该时间为（   ）。
   A. 2个工作日内   B. 3个工作日内
   C. 5个工作日内   D. 10个工作日内

4. 甲公司成立后在某银行申请开立了一个用于办理日常转账结算和现金收付的账户，该账户性质属于（   ）。
   A. 基本存款账户   B. 一般存款账户
   C. 专用存款账户   D. 临时存款账户

5. 基本存款账户存款人附属的非独立核算单位或派出机构发生的收入和支出资金属于（   ）。
   A. 信托基金   B. 期货交易保证金
   C. 收入汇缴资金和业务支出资金   D. 证券交易结算资金

6. 甲公司向乙公司购买货物，收到乙公司发来的货物后，将出票人为丙公司，收款人为甲公司的商业汇票背书转让给乙公司以抵顶货款。上述行为充分体现了票据的

（　　）。

　　A. 支付功能　　　　　　　　B. 信用功能

　　C. 结算功能　　　　　　　　D. 融资功能

7. 根据票据法律制度的规定，下列情况下取得的票据，不享有票据权利的是（　　）。

　　A. 甲单位依法接受出票人乙签发的票据

　　B. 丙单位和丁单位具有真实的交易关系下，接受背书转让的票据

　　C. 某税务局因为税收原因无偿取得的票据

　　D. 张某把自己欺诈竞争对手取得的票据无偿赠予知情的王某

8. 下列关于票据背书的说法中，不正确的是（　　）。

　　A. 出票人在汇票上记载"不得转让"字样的，该汇票不得转让

　　B. 汇票的背书未记载日期的，视为无效

　　C. 汇票以背书转让时应记载被背书人名称

　　D. 如果背书人不愿意对其后手以后的当事人承担票据责任，即可在背书时记载禁止背书

9. 依据我国《票据法》的规定，下列票据中，提示付款期限为出票日起 10 日的是（　　）。

　　A. 转账支票　　　　　　　　B. 银行本票

　　C. 定日付款的商业汇票　　　D. 银行汇票

10. 甲公司向乙公司购买货物，以一张丙公司为出票人的汇票支付货款。乙公司要求提供担保，甲公司请丁公司为该汇票作保证。丁公司在汇票背书栏签注："若该汇票出票真实，本公司愿意保证"。后经了解丙公司实际并不存在。丁公司对该汇票承担的责任是（　　）。

　　A. 应承担一定赔偿责任

　　B. 只承担一般保证责任，不承担票据保证责任

　　C. 应当承担票据保证责任

　　D. 不承担任何责任

11. 根据票据法律制度的规定，在汇票到期日前，下列属于持票人不能行使票据追索权的情形是（　　）。

　　A. 汇票被拒绝承兑　　　　　B. 付款人因违法被责令停业

　　C. 付款人逃匿　　　　　　　D. 背书人被宣告破产

12. 根据票据法律制度的规定，下列对银行汇票的表述中，不正确的是（　　）。

　　A. 未填明实际结算金额和多余金额或者实际结算金额超过出票金额的银行汇票，银行不予受理

B. 更改实际结算金额的银行汇票无效

C. 银行汇票的背书转让以出票金额为准

D. 未填写实际结算金额或者实际结算金额超过出票金额的银行汇票不得背书转让

13. 根据《票据法》的规定，不属于本票的必须记载事项的是（　　）。

　A. 标明"本票"的字样　　　　　　B. 无条件支付的委托

　C. 确定的金额和收款人名称　　　　D. 出票人签章

14. 借记卡持卡人在自动柜员机取款的交易上限每卡每日累计不得超过（　　）。

　A. 5 000元　　　B. 2万元　　　C. 1万元　　　D. 10万元

15. 根据支付结算法律制度的规定，下列关于银行卡收单业务表述错误的是（　　）。

　A. 收单机构应当对实体特约商户实行本地化经营管理，不得跨省开展收单业务

　B. 国内银行卡POS交易的转接和资金清算由中国人民银行负责

　C. 发卡机构向收单机构收取的发卡行服务费实行政府指导价、上限管理

　D. 发卡机构收取的发卡行服务费，借记卡交易不超过交易金额的0.35%，单笔收费金额不超过13元

16. 根据支付结算法律制度的规定，下列关于网上银行的表述中，正确的是（　　）。

　A. 企业网上银行主要适用于企业单位，事业单位不适用

　B. 纯网上银行是只有一个站点的银行

　C. B2C指的是企业与企业之间进行的电子商务活动

　D. 企业网上银行子系统的功能包括银证转账业务

17. 根据支付结算法律制度的规定，下列关于第三方支付的表述中，不正确的是（　　）。

　A. 在手机端进行的互联网支付又称为移动支付

　B. 第三方支付是指金融机构作为收、付款人的支付中介所提供的支付服务

　C. 收款人可以在需要时将账户中的资金兑换成实体的银行存款

　D. 线下支付的订单可能通过线上产生

18. 2023年5月1日，乙公司因资金短缺而将甲公司于2023年2月1日开具并承兑的一张付款期限为6个月的纸质商业承兑汇票向丙开户银行进行贴现。丙开户行后将该票据在丁银行处办理转贴现业务，而未对该笔业务进行保证增信。票据到期后，丁银行未经甲公司付款确认即进行交易，但甲公司未支付款项。假定不考虑其他因素，则下列表述中，不正确的是（　　）。

　A. 丙银行应向丁银行先行偿付

　B. 乙公司应向丁银行先行偿付

　C. 若票据在交易后又经甲公司付款确认，则应当由甲公司偿付

　D. 若票据在交易后又经甲公司付款确认，但甲公司未支付款项，则应由丙银行先行

偿付

19. 甲公司于 2023 年 12 月 28 日，签发一张出票后 3 个月到期的商业汇票给乙公司，则乙公司提示承兑的最后期限是（　　）。

A. 2024 年 1 月 28 日　　　　　　B. 2024 年 2 月 28 日

C. 2024 年 3 月 28 日　　　　　　D. 2024 年 4 月 7 日

20. 根据支付结算法律制度的规定，下列关于票据背书的表述中，正确的是（　　）。

A. 可以将票据金额分别背书转让给两人以上

B. 背书未记载日期的，视为在票据到期日前背书

C. 可以将票据金额的一部分背书转让

D. 背书时附有条件的，所附条件具有票据上的效力

二、多选题

1. 根据《人民币银行结算账户管理办法》的规定，下列各项关于办理支付结算的基本要求的说法正确的有（　　）。

A. 单位和银行的名称应当记载全称或者规范化简称

B. 票据的出票日期必须使用中文大写

C. 单位、个人和银行办理支付结算，未使用中国人民银行统一规定格式的结算凭证，银行不予受理

D. 票据和结算凭证金额以中文大写和阿拉伯数码同时记载，二者不一致的票据无效

2. 根据支付结算法律制度的规定，下列各项中，属于无效票据的有（　　）。

A. 更改出票金额的票据

B. 更改出票日期及收款人名称的票据

C. 出票日期使用阿拉伯数码填写的票据

D. 中文大写金额和阿拉伯数码不一致的票据

3. 根据《人民币银行结算账户管理办法》的规定，下列有关银行结算账户的表述中，正确的有（　　）。

A. 一个单位只能开立一个基本存款账户

B. 异地常设机构可以申请开立基本存款账户

C. 现金缴存可以通过一般存款账户办理

D. 现金支取不能通过一般存款账户办理

4. 下列各项中，属于临时存款账户适用范围的有（　　）。

A. 预算单位使用财政性资金

B. 筹备摄制组

C. 公司设立时注册验资

D. 建筑施工单位在异地的临时经营活动

5. 根据支付结算法律制度的规定，关于单位存款人申请变更预留银行的单位财务专用章的下列表述中，正确的有（　　）。

   A. 需提供原预留的单位财务专用章

   B. 需提供单位书面申请

   C. 需重新开立单位存款账户

   D. 可由法定代表人直接办理，也可授权他人办理

6. 甲公司签发一张支票给乙公司，乙公司不慎将票据丢失，丙公司捡到该支票后伪造了乙公司的签章，将其背书转让给丁公司用以偿付到期货款，丁公司明知该票据为捡来的但为收回货款欣然接受。根据支付结算法律制度的规定，下列说法中正确的有（　　）。

   A. 丁公司不享有票据权利　　　　B. 丙公司不享有票据权利

   C. 丙公司不承担票据责任　　　　D. 乙公司不承担票据责任

7. 根据支付结算法律制度的规定，关于票据保证的下列表述中，正确的有（　　）。

   A. 票据上未记载保证日期的，被保证人的背书日期为保证日期

   B. 保证人未在票据或粘单上记载被保证人名称的已承兑票据，承兑人为被保证人

   C. 保证人为两人以上的，保证人之间承担连带责任

   D. 保证人清偿票据债务后，可以对被保证人及其前手行使追索权

8. 根据票据法律制度的规定，下列选项中，属于汇票持票人行使追索权时可以请求被追索人清偿的款项有（　　）。

   A. 汇票金额自到期日起至清偿日止，按照中国人民银行规定的相关利率计算的利息

   B. 发出通知书的费用

   C. 因汇票金额被拒绝支付而导致的利润损失

   D. 因汇票金额被拒绝支付导致追索人对他人违约而支付的违约金

9. 根据支付结算法律制度的规定，下列票据中，允许个人使用的有（　　）。

   A. 支票　　　　　　　　　　　　B. 银行承兑汇票

   C. 银行本票　　　　　　　　　　D. 银行汇票

10. 下列关于电子商业汇票的说法中正确的有（　　）。

    A. 单张出票金额在 100 万元以上的商业汇票原则上应全部通过电子商业汇票办理

    B. 单张出票金额在 300 万元以上的商业汇票应全部通过电子商业汇票办理

    C. 电子商业汇票的必须记载事项包括票据到期日、出票人名称等

    D. 电子商业汇票的付款期限，自出票日至到期日最长不得超过 1 年

11. 根据支付结算法律制度的规定，下列各项中，属于商业汇票持票人向银行办理贴现必须具备的条件有（　　）。

    A. 票据未到期

    B. 持票人与出票人或者直接前手之间具有真实的商品交易关系

C. 持票人是在银行开立有存款账户的企业法人或者其他组织

D. 票据未记载"不得转让"事项

12. 下列关于支票的下列表述中，符合规定的有（   ）。

A. 支票基本当事人包括出票人、付款人、收款人

B. 持票人对支票出票人的权利，自出票日起 6 个月

C. 支票的提示付款期限自出票日起 1 个月

D. 支票的付款人是出票人的开户银行

13. 关于汇兑的下列表述中，符合法律制度规定的有（   ）。

A. 单位和个人均可使用汇兑

B. 汇款人对汇出银行尚未汇出的款项可以申请撤销

C. 汇兑以收账通知为汇出银行受理汇款的依据

D. 汇兑以汇款回单为银行将款项确已收入收款人账户的凭据

14. 按是否记载持卡人身份信息，预付卡可以分为（   ）。

A. 记名预付卡　　　　　　　　B. 不记名预付卡

C. 磁条卡　　　　　　　　　　D. 芯片卡

15. 王某到发卡机构一次性购买 6 万元不记名预付卡，发卡机构办理该业务正确的做法有（   ）。

A. 要求王某使用现金购买　　　B. 登记王某的购卡总金额

C. 要求王某实名购买　　　　　D. 留存王某有效身份证件的复印件

16. 付款人与出票人、持票人恶意串通，实施违法行为的，依法追究刑事责任。下列行为中属于该情况的有（   ）。

A. 伪造、变造票据

B. 签发空头支票骗取财物

C. 本票出票人在出票时作虚假记载，骗取财物

D. 故意使用作废的票据，骗取财物

17. 下列关于预付卡的表述中，正确的有（   ）。

A. 记名预付卡可挂失，可赎回，不得设置有效期

B. 多用途预付卡是专营发卡机构发行，可跨地区、跨行业、跨法人使用

C. 不记名预付卡卡面记载有效期限或有效期截止日

D. 超过有效期尚有资金余额的预付卡，可通过延期、激活、换卡等方式继续使用

18. 根据支付结算管理的有关规定，下列各项中，属于当事人签发委托收款凭证时必须记载的事项有（   ）。

A. 表明"委托收款"的字样

B. 确定的金额

C. 收款人名称和收款人签章
D. 委托收款凭据名称及附寄单证张数

19. 根据支付结算法律制度的规定，下列记载事项中，未记载会导致票据无效的有（   ）。

A. 出票日期　　　　　　　　　B. 保证人签章
C. 出票人签章　　　　　　　　D. 背书人签章

20. 收单机构发现特约商户涉嫌银行卡套现、洗钱、欺诈、移机、留存或泄露持卡人账户信息等风险事件时，应当对特约商户采取的措施包括（   ）。

A. 延迟资金结算　　　　　　　B. 冻结其银行结算账户
C. 暂停银行卡交易　　　　　　D. 收回受理终端（关闭网络支付接口）

三、判断题

1. 某公司开出一张汇票用以支付货款，后发现金额有误，便涂改后重新填写，该行为属于票据的变造。（   ）

2. 撤销银行结算账户时，应先撤销基本存款账户，然后再撤销一般存款账户、专用存款账户和临时存款账户。（   ）

3. 自然人不可以在异地开立个人银行结算账户。（   ）

4. 挂失止付是票据丧失后票据权利补救的必经程序，失票人只有对丧失的票据办理挂失止付后，方可向人民法院申请公示催告。（   ）

5. 持票人不能出示拒绝证明、退票理由书或者未按照规定期限提供其他合法证明的，丧失对所有前手的追索权。（   ）

6. 银行承兑汇票的出票人于汇票到期日未能足额交存票款时，承兑银行除凭票向持票人无条件付款外，对出票人尚未支付的汇票金额按照每天万分之三计收利息。（   ）

7. 个人人民币卡账户的资金以其持有的现金存入或以其工资性款项、属于个人的合法的劳务报酬、投资回报等收入转账存入。（   ）

8. 收单机构应当根据交易发生时的原交易信息发起银行卡交易差错处理、退货交易，将资金退至持卡人原银行卡账户。（   ）

9. 银行卡发卡机构向持卡人收取年费不得计收利息。（   ）

10. 记名预付卡可挂失，可赎回，不得设置有效期；不记名预付卡不挂失，不赎回，另有规定的除外。有效期不得低于5年。（   ）

11. 发卡机构对客户备付金需100%集中交存中国人民银行。（   ）

12. 伪造、变造证明文件欺骗银行开立银行结算账户的存款人，属于非经营性的处以1 000元罚款；属于经营性的处以1万元以上3万元以下的罚款；构成犯罪的，移交司法机关依法追究刑事责任。（   ）

13. 单张出票金额在100万元以上的商业汇票原则上应全部通过电子商业汇票办理，

单张出票金额在 300 万元以上的商业汇票应全部通过电子商业汇票办理。（ ）

14. 支票的出票人预留银行签章是银行审核支票付款的依据，出票人不得签发与其预留银行签章不符的支票。（ ）

15. 记名预付卡可在购卡 45 天后办理赎回。（ ）

16. 持票人应当自收到被拒绝承兑或者被拒绝付款的有关证明之日起 3 日内，将被拒绝事由书面通知其前手；其前手应当自收到通知之日起 3 日内书面通知其再前手。未按照规定期限通知的，丧失对前手的追索权。（ ）

17. 付款人账户内没有资金或资金不足，或者收款人应收的款项由于付款人的原因不能收回时，银行的中介职责可以不履行，因为银行没有为存款人垫付资金的义务，银行与存款人另有约定除外。（ ）

18. 电子承兑汇票的付款期限，自出票日至到期日不超过 1 年。（ ）

19. 同一单位的基本存款账户与一般存款账户可以在同一家银行开立。（ ）

20. 背书人未记载被背书人名称即将票据交付给他人的，持票人在被背书人栏记载自己名称的，背书有效。（ ）

四、不定项选择题

（一）M 公司主营日用品生产销售。2023 年 5 月初刚成立时，受法定代表人刘某的授权，财务人员丁某携带相关开户证明文件前往 A 银行办理基本存款账户开户手续。并于当月开立了基本存款账户。

2023 年 6 月 2 日，M 公司因贷款需要又在 B 银行开立了一个一般存款账户。6 月 10 日，该公司财务人员签发了一张现金支票，并向 B 银行提示付款，要求提取现金 30 万元。B 银行工作人员对支票审查后，拒绝为该公司办理现金取款。

2023 年 7 月 M 公司会计人员在其开户行 A 银行开立了一个单位人民币借记卡账户，并从基本账户转入款项 100 万元。2023 年 8 月 3 日，异地 C 企业业务人员随身携带现金 4 万元与 M 公司洽谈生意。洽谈结束后，C 企业按照洽谈意见，需要预付货款 5 万元。C 企业业务人员交付携带的 4 万元现金后，C 企业授意其将剩余的 1 万元从企业的异地账户直接汇入 M 公司银行卡账户。2023 年 8 月 10 日，M 公司银行卡中收到 C 企业的 1 万元预付货款，同日公司会计人员到开户行 A 银行将银行卡账户中的 2 万元转入本公司总经理在 D 银行开立的个人银行卡账户。

要求：

根据上述资料，不考虑其他因素，分析回答下列小题。

1. 下列属于该公司开立基本存款账户需要提供的证明文件是（   ）。

A. 工商部门颁发的营业执照正本

B. 法定代表人刘某的授权书

C. 法定代表人刘某的身份证件

D. 财务人员丁某的身份证件

2. 下列关于一般存款账户的说法正确的是（　　）。

A. 该公司可以在 A 银行开立一般存款账户

B. B 银行工作人员对支票审查后，拒绝为该公司办理现金取款的做法正确

C. 一般存款账户是因借款转存、借款归还和其他结算需要开立的银行结算账户

D. 一般存款账户可以办理现金缴存，但不得办理现金支取

3. 单位银行结算账户包括（　　）。

A. 基本存款账户　　　　　　　　B. 一般存款账户

C. 专用存款账户　　　　　　　　D. 临时存款账户

4. 下列关于 M 公司单位银行卡账户的相关说法中，不正确的是（　　）。

A. C 企业将 1 万元预付货款从其账户中汇入 M 公司银行卡中的做法不符合规定

B. 单位的销货收入不得转入单位银行卡账户

C. 单位人民币卡账户的资金一律从其基本存款账户转账存入，不得存取现金

D. M 公司会计人员将单位银行卡账户中的 2 万元转入该公司总经理在 D 银行开立的个人银行卡账户符合规定

（二）2023 年 11 月 6 日，A 厂与 B 公司签订一份买卖合同。该合同约定：B 公司应于 2023 年 12 月 20 日前向 A 厂交付 100 吨水泥，合同中货款总值 10 万元。为支付货款，A 厂于 11 月 8 日向 B 公司签发了一张金额为 10 万元的见票后定期付款的银行承兑汇票。B 公司收到该汇票后于 11 月 12 日向 C 银行提示承兑，C 银行对该汇票审查后，即于当日在汇票正面记载"承兑"字样，签署了承兑日期并签章，并同时记载付款日期为同年 12 月 25 日。B 公司为支付其基建工程所欠 D 公司的工程价款，于 11 月 15 日将该汇票背书给了 D 公司。

2023 年 12 月 18 日，B 公司按照合同约定将 100 吨水泥交付给了 A 厂，并验收入库。但由于 A 厂生产的产品严重滞销，销售发生困难，A 厂决定停止生产经营，以便择机转产。12 月 20 日 A 厂借口 B 公司交付的水泥质量不符合合同约定的要求，提出退货，B 公司则认为所交货物的质量完全符合合同约定的质量标准，不同意退货。于是，A 厂于 12 月 23 日通知 C 银行停止向 B 公司支付其已开出的金额为 10 万元银行承兑汇票的票款。2023 年 12 月 27 日 D 公司向 C 银行提示付款时，遭到 C 银行的拒绝。

要求：

根据上述资料，不考虑其他因素，分析回答下列小题。

1. 本题中，B 公司向银行申请承兑的期限最晚至（　　）。

A. 2023 年 12 月 8 日　　　　　　B. 2024 年 1 月 8 日

C. 2023 年 11 月 15 日　　　　　 D. 2023 年 12 月 25 日

2. 关于 C 银行的承兑程序，下列说法错误的是（　　）。

A. 应当在汇票背面记载"承兑"字样和承兑日期并签章，否则承兑无效

B. C 银行承兑汇票时不用记载"付款日期"，但需要在票据正面记载"承兑"字样和承兑日期并签章

C. 汇票上未记载承兑日期的，视为拒绝承兑

D. C 银行承兑汇票，可以附有一定的条件

3. 关于 C 银行拒绝付款的情况，下列说法正确的是（   ）。

A. 只有 A 厂通知 C 银行不予付款的情况下，C 银行才有权拒绝付款

B. C 银行是 A 厂的代理付款人，因此可以以 A 厂账户余额不足为由拒绝付款

C. C 银行是承担绝对付款义务的付款人，不能以此为由拒绝付款

D. C 银行拒绝付款属于占用他人资金的行为，应由人民银行依法对其进行处罚

4. D 公司的付款请求权得不到实现时，在获得拒绝证明后，可以向本案中（   ）行使追索权。

A. A 厂
B. B 公司
C. C 银行
D. 只能向 A 厂行使追索权

（三）张某因支付需要，2024 年 1 月向 P 银行申请开立了个人银行结算账户，并办理一张借记卡。同时开通了网上银行业务。

2024 年 2 月张某在 Q 第三方支付机构申请开立了账户并绑定其在 P 银行开立的个人银行结算账户。

要求：

根据上述资料，不考虑其他因素，分析回答下列小题。

1. 下列关于张某申请开立个人银行结算账户的表述中，正确的是（   ）。

A. 张某不得授权他人代理

B. 张某可以通过自动柜员机申请开户

C. 张某需出具个人的自然人身份证

D. 张某可以申请开立 I 类银行结算账户

2. 下列业务中，张某通过其开通的网上银行可以办理的是（   ）。

A. 查询该借记卡中的账户余额

B. 向他人名下的银行卡转账

C. 向自己名下的其他银行账户转账

D. 支付网上购物货款

3. 下列关于张某在 Q 第三方支付机构开立账户的表述中，正确的是（   ）。

A. 该账户属于 Ⅲ 类账户
B. 该账户属于 Ⅱ 类账户
C. 该账户属于一般存款账户
D. 该账户属于 Ⅰ 类账户

4. 下列关于张某办理的借记卡的表述中，正确的是（   ）。

A. 不可透支

B. 不得出租和转借

C. 在 ATM 机每日累计提款不得超过 2 万元

D. 银行应对该卡账户内的存款计付利息

（四）甲公司向乙公司购买货物，于 2023 年 5 月 20 日签发一张转账支票给乙公司用于支付货款。甲公司出票时，在金额栏内填写"不大于 5 000 元"，并且该支票上未记载收款人名称，约定由乙公司自行填写。

乙公司派人取支票时，提出金额的填写不符合法律规定，甲公司当即重新签发了一张支票。乙公司取得支票后，在支票收款人处填写上乙公司名称，并于 5 月 22 日将该支票背书转让给丙公司。

丙公司于 6 月 5 日向付款银行提示付款。甲公司在付款银行的存款足以支付支票金额，但银行仍然拒绝向丙公司付款。

要求：根据上述资料，不考虑其他因素，分析回答下列小题。

1. 下列关于甲公司第一次出票时记载金额的说法中，正确的是（　　）。

A. 由于支票的金额可以授权补记，因此甲公司对该金额的记载是正确的

B. 签发支票必须记载事项之一是"确定的金额"，甲公司该记载方式不正确

C. 确定的金额是相对必要记载事项，因此甲公司对该金额的记载是错误的

D. 签发支票必须记载事项之一是"金额"，该金额可以是确定的，也可以是不确定的，因此甲公司的记载方式正确

2. 关于甲公司签发的未记载收款人名称支票的有效性，下列说法正确的是（　　）。

A. 收款人名称和金额都是可以授权补记的事项

B. 甲公司签发的未记载收款人名称的支票无效

C. 甲公司签发的未记载收款人名称的支票有效

D. 乙公司在提示付款时补记的，该支票可以得到付款

3. 下列关于支票使用范围的表述中，错误的是（　　）。

A. 划线普通支票只能用于支取现金

B. 普通支票既可用于转账结算，也可用于支取现金

C. 转账支票只能用于转账

D. 现金支票只能用于支取现金

4. 关于付款银行能否拒绝向丙公司付款的问题上，下列说法正确的是（　　）。

A. 支票的提示付款期限自出票日起 10 日

B. 甲公司签发的支票不能向付款银行支取现金

C. 支票的提示付款期限自到期日起 10 日

D. 付款银行可以拒绝向丙公司付款

第四章

劳动合同与社会保险法律制度

职业能力及主要概念

1. 专业能力
了解《劳动合同法》的适用范围
熟悉劳动合同的主要条款及合同当事人双方的权利和义务
掌握劳动合同的订立、履行、变更和解除的有关法律规定
掌握劳动争议的解决方法
掌握社会保险费的缴纳及社会保险待遇
2. 职业核心能力
能正确签订劳动合同，并利用合同维护自身合法权益
学会依照法定程序处理和解决劳动争议
3. 主要概念
劳动关系　劳动合同　试用期　服务期　经济补偿金　医疗期　停工留薪期

引导案例

曾某是单位的主管，工作能力一般，与同事相处也不和谐。人力资源总监与其谈话，要求曾某主动离职，并且手写一份辞职申请书。曾某写完辞职申请书并且办理完离职手续后，非常后悔，认为自己被单位算计了。于是向劳动仲裁委申请仲裁，要求单位支付违法解除劳动合同的经济补偿金。而单位称曾某是自己提出离职，有辞职申请书为证。请分析，本案属于辞职还是解雇或是其他？为什么？

解析：本案看似复杂，实则关键在于用人单位提出解除劳动合同的动议，劳动者同意了，双方属于协商一致解除劳动合同。辞职申请书只是一个表象。本案既不是辞职，也不

是解雇，而是双方协商一致解除。

进一步讲，本案的关键在举证。如果曾某能举证证明人力资源总监的谈话内容，则应认定为协商一致；如果不能举证，那么辞职申请书就具有强大证明力，足以证明是劳动者自动离职。

第一节　劳动合同法律制度

> **课程思政**
>
> ### 拜耳女员工被辞退之思
>
> 一名从国外返京的女子不按规定隔离，外出跑步时面对社区防疫人员的劝说还大喊"救命，骚扰"。该女子为澳大利亚籍华人，为拜耳公司的员工。2020年3月17日晚，拜耳公司通过官方微博发布声明称，经查，该涉事人确为拜耳员工，该员工的违法行为给拜耳公司商誉带来重大损失，属于员工严重失职给用人单位造成重大损害，公司已根据相关规定，对该员工做出辞退处理。3月18日，北京市公安局出入境管理局决定依法注销该女子工作类居留许可、限期离境。在此次拜耳中国辞退员工的事件中，虽然尚不清楚拜耳中国所依据的公司规定的具体内容，但考虑到该员工系违反疫情防控措施且情节恶劣，拜耳中国的管理行为所彰显的是对所在国法律的遵守和对抗击疫情的支持，这样的管理初衷值得充分肯定。同时，不管作为公司哪个岗位的员工在抗疫期间都应当严格遵守各地政府抗击新冠疫情的各项措施，并严格遵守当地法律和法规。

一、劳动合同的概念和劳动合同法的适用范围

（一）劳动合同与劳动关系的概念

劳动合同是劳动者和用人单位之间依法确立劳动关系，明确双方权利义务的书面协议。劳动关系是指劳动者与用人单位依法签订劳动合同而在劳动者与用人单位之间产生的法律关系。

劳动关系的特征：①劳动关系的主体具有特定性。劳动关系主体的一方是劳动者，另一方是用人单位。②劳动关系的内容具有较强的法定性。当事人签订劳动合同不得违反强制性规定，否则无效。③劳动者在签订和履行劳动合同时的地位是不同的。劳动者与用人单位在签订劳动合同时，遵循平等、自愿、协商一致的原则，双方法律地位是平等的；在履行劳动合同的过程中，用人单位和劳动者就具有了支配与被支配、管理与服从的从属关系。

(二) 劳动合同法的适用范围

中华人民共和国境内的企业、个体经济组织、民办非企业单位等组织（以下称用人单位），与劳动者建立劳动关系，订立、履行、变更、解除或者终止劳动合同，适用劳动合同法。依法成立的会计师事务所、律师事务所等合伙组织和基金会，属于劳动合同法规定的用人单位。国家机关、事业单位、社会团体和与其建立劳动关系的劳动者，订立、履行、变更、解除或者终止劳动合同，依照劳动合同法执行。具体来说，国家机关录用和聘任公务员，适用公务员法，不适用劳动合同法。事业单位分为三种情况：一种是具有管理公共事务职能的组织，其录用工作人员参照公务员法进行管理，不适用劳动合同法；一种是实行企业化管理的事业单位，与职工签订的是劳动合同，适用劳动合同法；还有一种是诸如医院、学校、科研机构等的事业单位，如果签订的是劳动合同，就应依照劳动合同法执行，如果签订的是聘用合同，聘用合同也属于一种劳动合同。法律明确规定，事业单位与实行聘用制的工作人员订立、履行、变更、解除或者终止劳动合同，法律、行政法规或者国务院另有规定的，依照其规定；未作规定的，依照劳动合同法有关规定执行。至于社会团体，虽然公务员法没有明确规定参照管理，但其工作人员有的是比照公务员法管理的，也有实行劳动合同制的，因此，如果社会团体与劳动者订立的是劳动合同，就依照劳动合同法执行。国家机关、事业单位、社会团体招用工勤人员，需要签订劳动合同，依照劳动合同法执行。

二、劳动合同的订立

劳动合同的订立是指劳动者和用人单位经过相互选择与平等协商，就劳动合同的各项条款达成一致意见，并以书面形式明确规定双方权利、义务的内容，从而确立劳动关系的法律行为。订立劳动合同，应当遵循合法、公平、平等自愿、协商一致、诚实信用的原则。

(一) 劳动合同订立的主体

1. 劳动合同订立主体的资格要求

（1）劳动者需年满 16 周岁（只有文艺、体育、特种工艺单位录用人员可以例外），有劳动权利能力和行为能力。劳动者就业，不因民族、种族、性别、宗教信仰不同而受歧视。

（2）用人单位有用人权利能力和行为能力。用人单位设立的分支机构，依法取得营业执照或者登记证书的，可以作为用人单位与劳动者订立劳动合同；未依法取得营业执照或者登记证书的，受用人单位委托可以与劳动者订立劳动合同。

2. 劳动合同订立主体的义务

（1）用人单位的义务和责任

用人单位招用劳动者时，应当如实告知劳动者工作内容、工作条件、工作地点、职业危害、安全生产状况、劳动报酬，以及劳动者要求了解的其他情况；用人单位招用劳动者，不得要求劳动者提供担保或者以其他名义向劳动者收取财物，不得扣押劳动者的居民身份证或者其他证件。

用人单位扣押劳动者身份证等证件的，由劳动行政部门责令限期退还劳动者本人；并依照有关法律规定给予处罚。用人单位要求劳动者提供担保，向劳动者收取财物的，由劳动行政部门责令限期退还劳动者本人，并按每名劳动者 500 元以上 2 000 元以下的标准处以罚款；给劳动者造成损害的，用人单位应当承担赔偿责任。

（2）劳动者的义务

用人单位有权了解劳动者与劳动合同直接相关的基本情况，劳动者应当如实说明。

（二）劳动关系建立时间

1. 用人单位自用工之日起即与劳动者建立劳动关系。
2. 用人单位与劳动者在用工前订立劳动合同的，劳动关系自用工之日起建立。

（三）劳动合同订立的形式

1. 书面形式

建立劳动关系，应当订立书面劳动合同。未在建立劳动关系的同时订立书面劳动合同的情况：

（1）自用工之日起 1 个月内，经用人单位书面通知后，劳动者不与用人单位订立书面劳动合同的，用人单位应当书面通知劳动者终止劳动关系，无须向劳动者支付经济补偿，但是应当依法向劳动者支付其实际工作时间的劳动报酬。

（2）用人单位自用工之日起超过 1 个月不满 1 年未与劳动者订立书面劳动合同的，应当向劳动者每月支付 2 倍的工资，并补订书面劳动合同；劳动者不与用人单位订立书面劳动合同的，用人单位应当书面通知劳动者终止劳动关系，并支付经济补偿。用人单位向劳动者每月支付 2 倍工资的起算时间为用工之日起满 1 个月的次日，截止时间为补订书面劳动合同的前 1 日。

（3）用人单位自用工之日起满 1 年未与劳动者订立书面劳动合同的，自用工之日起满 1 个月的次日至满 1 年的前 1 日应当向劳动者每月支付 2 倍的工资，并视为自用工之日起满 1 年的当日已经与劳动者订立无固定期限劳动合同，应当立即与劳动者补订书面劳动合同。

2. 口头形式

非全日制用工双方当事人可以订立口头协议。非全日制用工，是指以小时计酬为主，劳动者在同一用人单位一般平均每日工作时间不超过 4 小时，每周工作时间累计不超过 24 小时的用工形式。从事非全日制用工的劳动者可以与一个或者一个以上用人单位订立劳动合同；但是，后订立的劳动合同不得影响先订立的劳动合同的履行。非全日制用工双方当事人不得约定试用期。非全日制用工双方当事人任何一方都可以随时通知对方终止用工。

终止用工，用人单位不向劳动者支付经济补偿。非全日制用工小时计酬标准不得低于用人单位所在地人民政府规定的最低小时工资标准。用人单位可以按小时、日或周为单位结算工资，但非全日制用工劳动报酬结算支付周期最长不得超过 15 日。

（四）劳动合同的效力

1. 劳动合同的生效

劳动合同由用人单位与劳动者协商一致，并经用人单位与劳动者在劳动合同文本上签字或者盖章生效。劳动合同文本由用人单位和劳动者各执一份。

2. 无效劳动合同

无效劳动合同是指由用人单位和劳动者签订成立，而国家不予承认其法律效力的劳动合同。

下列劳动合同无效或者部分无效：

（1）以欺诈、胁迫的手段或者乘人之危，使对方在违背真实意思的情况下订立或者变更劳动合同的；

（2）用人单位免除自己的法定责任、排除劳动者权利的；

（3）违反法律、行政法规强制性规定的。

对劳动合同的无效或者部分无效有争议的，由劳动争议仲裁机构或者人民法院确认。

3. 无效劳动合同的法律后果

无效劳动合同，从订立时起就没有法律约束力。劳动合同部分无效，不影响其他部分效力的，其他部分仍然有效。劳动合同被确认无效，劳动者已付出劳动的，用人单位应当向劳动者支付劳动报酬。劳动报酬的数额，参照本单位相同或者相近岗位劳动者的劳动报酬确定。劳动合同被确认无效，给对方造成损害的，有过错的一方应当承担赔偿责任。

三、劳动合同的主要内容

（一）劳动合同必备条款

劳动合同必备条款是指劳动合同必须具备的内容。劳动合同应当具备以下条款：

1. 用人单位的名称、住所和法定代表人或者主要负责人

2. 劳动者的姓名、住址和居民身份证或者其他有效身份证件号码

3. 劳动合同期限

劳动合同期限分为固定期限、无固定期限和以完成一定工作任务为期限三种。

（1）固定期限劳动合同

固定期限劳动合同，是指用人单位与劳动者约定合同终止时间的劳动合同。

（2）无固定期限劳动合同

无固定期限劳动合同，是指用人单位与劳动者约定无确定终止时间的劳动合同。

订立无固定期限劳动合同有两种情形：

其一，用人单位与劳动者协商一致，可以订立无固定期限劳动合同。

其二，在法律规定的情形出现时，劳动者提出或者同意续订劳动合同的，除劳动者提出订立固定期限劳动合同外，应当订立无固定期限劳动合同。

①劳动者已在该用人单位连续工作满 10 年的。

连续工作满 10 年的起始时间，应当自用人单位用工之日起计算，包括劳动合同法施行前的工作年限。

②用人单位初次实行劳动合同制度或者国有企业改制重新订立劳动合同时，劳动者在该用人单位连续工作满 10 年且距法定退休年龄不足 10 年的。

③连续 2 次订立固定期劳动合同且劳动者没有下述情形，续订劳动合同的：

A. 严重违反用人单位规章制度的；

B. 严重失职，营私舞弊，给用人单位造成重大损害的；

C. 劳动者同时与其他用人单位建立劳动关系，对完成本单位的工作任务造成严重影响，或者经用人单位提出，拒不改正的；

D. 劳动者以欺诈、胁迫的手段或者乘人之危，使用人单位在违背真实意思的情况下订立或者变更劳动合同，致使劳动合同无效的；

E. 被依法追究刑事责任的；

F. 劳动者患病或者非因工负伤，在规定的医疗期满后不能从事原工作，也不能从事由用人单位另行安排的工作的；

G. 劳动者不能胜任工作，经过培训或者调整工作岗位，仍不能胜任工作的。

连续订立固定期限劳动合同的次数，应当自《劳动合同法》2008 年 1 月 1 日施行后续订固定期限劳动合同时开始计算。

另外，用人单位自用工之日起满 1 年不与劳动者订立书面劳动合同的，视为用人单位自用工之日起满 1 年的当日已经与劳动者订立无固定期限劳动合同。

用人单位违反劳动合同法规定不与劳动者订立无固定期限劳动合同的，自应当订立无固定期限劳动合同之日起向劳动者每月支付 2 倍的工资。

4. 以完成一定工作任务为期限的劳动合同

以完成一定工作任务为期限的劳动合同，是指用人单位与劳动者约定以某项工作的完成为合同期限的劳动合同。

5. 工作内容和工作地点

工作内容包括劳动者从事劳动的工种、岗位和劳动定额、产品质量标准的要求等。工作地点是指劳动者可能从事工作的具体地理位置。

6. 工作时间和休息休假

（1）工作时间

目前我国实行的工时制度主要有标准工时制、不定时工作制和综合计算工时制三种类型。

①标准工时制，也称标准工作日，是指国家法律统一规定的劳动者从事工作或劳动的时间。国家实行劳动者每日工作8小时、每周工作40小时的标准工时制度。

有些企业因工作性质和生产特点不能实行标准工时制度，应保证劳动者每天工作不超过8小时，每周工作不超过40小时，每周至少休息1天。

用人单位由于生产经营需要，经与工会和劳动者协商后可以延长工作时间，一般每日不得超过1小时；因特殊原因需要延长工作时间的，在保障劳动者身体健康的条件下延长工作时间，每日不得超过3小时，每月不得超过36小时。但对于发生自然灾害、事故或者因其他原因，威胁劳动者生命健康和财产安全，必须紧急处理的；生产设备、交通运输线路、公共设施发生故障，影响生产和公众利益，必须及时抢修的；以及法律、行政法规规定的其他情形，延长工作时间不受上述规定的限制。

②不定时工作制，也称无定时工作制、不定时工作日，是指没有固定工作时间限制的工作制度，主要适用于一些因工作性质或工作条件不受标准工作时间限制的工作岗位。

③综合计算工时制，也称综合计算工作日，是指用人单位根据生产和工作的特点，分别以周、月、季、年等为周期，综合计算劳动者工作时间，但其平均日工作时间和平均周工作时间仍与法定标准工作时间基本相同的一种工时形式。

（2）休息、休假

休息是指劳动者在任职期间，在国家规定的法定工作时间以外，无须履行劳动义务而自行支配的时间，包括工作日内的间歇时间、工作日之间的休息时间和公休假日（即周休息日，是职工工作满一个工作周以后的休息时间）。

休假是指劳动者无须履行劳动义务且一般有工资保障的法定休息时间，如：①法定假日，是指由国家法律统一规定的用以开展纪念、庆祝活动的休息时间，包括元旦、春节、清明节、劳动节、端午节、中秋节、国庆节等。②年休假，是指职工工作满一定年限，每年可享有的保留工作岗位、带薪连续休息的时间。

根据国务院《职工带薪年休假条例》的规定，机关、团体、企业、事业单位、民办非企业单位、有雇工的个体工商户等单位的职工连续工作1年以上的，享受带薪年休假（简称年休假）。职工在年休假期间享受与正常工作期间相同的工资收入。职工累计工作已满1年不满10年的，年休假5天；已满10年不满20年的，年休假10天；已满20年的，年休假15天。国家法定休假日、休息日不计入年休假的假期。单位应根据生产、工作的具体情况，并考虑职工本人意愿，统筹安排职工年休假。年休假在1个年度内可以集中安排，也可以分段安排，一般不跨年度安排。单位因生产、工作特点确有必要跨年度安排职工年休假的，可以跨1个年度安排。

但当职工有下列情形之一时，不享受当年的年休假：①职工依法享受寒暑假，其休假天数多于年休假天数的；②职工请事假累计20天以上且单位按照规定不扣工资的；③累计工作满1年不满10年的职工,请病假累计2个月以上的;④累计工作满10年不满20年的职工,请病假累计3个月以上的;⑤累计工作满20年以上的职工,请病假累计4个月以上的。职工新进用人单位且符合享受带薪年休假条件的,当年度年休假天数按照在本单位剩余日历天数折算确定,折算后不足一整天的部分不享受年休假。(当年度在本单位剩余日历天数/365天×职工本人全年应当享受的年休假天数)

7. 劳动报酬

(1) 劳动报酬与支付

劳动报酬是指用人单位根据劳动者劳动的数量和质量,以货币形式支付给劳动者的工资。

根据国家有关规定,工资应当以法定货币支付,不得以实物及有价证券替代货币支付。工资必须在用人单位与劳动者约定的日期支付。如遇节假日或休息日,则应提前在最近的工作日支付。工资至少每月支付一次,实行周、日、小时工资制的可按周、日、小时支付工资。对完成一次性临时劳动或某项具体工作的劳动者,用人单位应按有关协议或合同规定在其完成劳动任务后即支付工资。劳动者在法定休假日和婚丧假期间以及依法参加社会活动期间,用人单位应当依法支付工资。在部分公民放假的节日期间(妇女节、青年节),对参加社会活动或单位组织庆祝活动和照常工作的职工,单位应支付工资报酬,但不支付加班工资。如果该节日恰逢星期六、星期日,单位安排职工加班工作,则应当依法支付休息日的加班工资。

用人单位在劳动者完成劳动定额或规定的工作任务后,根据实际需要安排劳动者在法定标准工作时间以外工作的,应当按照下列标准支付高于劳动者正常工作时间工资的工资报酬:①用人单位依法安排劳动者在日标准工作时间以外延长工作时间的,按照不低于劳动合同规定的劳动者本人小时工资标准的150%支付劳动者工资;②用人单位依法安排劳动者在休息日工作,而又不能安排补休的,按照不低于劳动合同规定的劳动者本人日或小时工资标准的200%支付劳动者工资;③用人单位依法安排劳动者在法定休假日工作的,按照不低于劳动合同规定的劳动者本人日或小时工资标准的300%支付劳动者工资。

实行计件工资的劳动者,在完成计件定额任务后,由用人单位安排延长工作时间的,根据上述原则,分别按照不低于其本人法定工作时间计件单价的150%、200%、300%支付其工资。

用人单位安排加班不支付加班费的,由劳动行政部门责令限期支付加班费;逾期不支付的,责令用人单位按应付金额50%以上100%以下的标准向劳动者加付赔偿金。

经劳动行政部门批准实行综合计算工时工作制的,其综合计算工作时间超过法定标准工作时间的部分,应视为延长工作时间,按上述规定支付劳动者延长工作时间的工资。

实行不定时工时制度的劳动者,不执行上述规定。

如果公司不同意支付,张某可向劳动行政部门反映,由劳动行政部门责令用人单位限期支付；公司逾期仍不支付的，由劳动行政部门责令公司支付，并按应付金额的50%以上100%以下的标准向张某加付赔偿金。

（2）最低工资制度

最低工资标准是指劳动者在法定工作时间或依法签订的劳动合同约定的工作时间内提供了正常劳动的前提下，用人单位依法应支付的最低劳动报酬。最低工资不包括延长工作时间的工资报酬，以货币形式支付的住房和用人单位支付的伙食补贴，中班、夜班、高温、低温、井下、有毒、有害等特殊工作环境和劳动条件下的津贴，国家法律、法规、规章规定的社会保险福利待遇。

国家实行最低工资保障制度。最低工资的具体标准由省、自治区、直辖市人民政府规定，报国务院备案。最低工资标准一般采取月最低工资标准和小时最低工资标准的形式。月最低工资标准适用于全日制就业劳动者，小时最低工资标准适用于非全日制就业劳动者。确定和调整月最低工资标准，应参考当地就业者及其赡养人口的最低生活费用、城镇居民消费价格指数、职工个人缴纳的社会保险费和住房公积金、职工平均工资、经济发展水平、就业状况等因素。确定和调整小时最低工资标准，应在颁布的月最低工资标准的基础上，考虑单位应缴纳的基本养老保险费和基本医疗保险费因素，同时还应适当考虑非全日制劳动者在工作稳定性、劳动条件和劳动强度、福利等方面与全日制就业人员之间的差异。

劳动合同履行地与用人单位注册地不一致的，有关劳动者的最低工资标准、劳动保护、劳动条件、职业危害防护和本地区上年度职工月平均工资标准等事项，按照劳动合同履行地的有关规定执行；用人单位注册地的有关标准高于劳动合同履行地的有关标准，且用人单位与劳动者约定按照用人单位注册地的有关规定执行的，从其约定。

因劳动者本人原因给用人单位造成经济损失的，用人单位可按照劳动合同的约定要求其赔偿经济损失。经济损失的赔偿，可从劳动者本人的工资中扣除。但每月扣除的部分不得超过劳动者当月工资的20%。若扣除后的剩余工资部分低于当地月最低工资标准，则按最低工资标准支付。

用人单位低于当地最低工资标准支付劳动者工资的，由劳动行政部门责令限期支付其差额部分；逾期不支付的，责令用人单位按应付金额50%以上100%以下的标准向劳动者加付赔偿金。

8. 社会保险

社会保险包括基本养老保险、基本医疗保险、失业保险、工伤保险、生育保险五项。参加社会保险、缴纳社会保险费是用人单位与劳动者的法定义务，双方都必须履行。

9. 劳动保护、劳动条件和职业危害防护

劳动保护是指用人单位保护劳动者在工作过程中不受伤害的具体措施。劳动条件是指用人单位为劳动者提供正常工作所必需的条件，包括劳动场所和劳动工具。

职业危害防护是用人单位对工作过程中可能产生的影响劳动者身体健康的危害的防护措施。

10. 法律、法规规定应当纳入劳动合同的其他事项

用人单位提供的劳动合同文本未载明劳动合同法规定的劳动合同必备条款或者用人单位未将劳动合同文本交付劳动者的，由劳动行政部门责令改正；给劳动者造成损害的，应当承担赔偿责任。

（二）劳动合同约定条款

除劳动合同必备条款外，用人单位与劳动者还可以在劳动合同中约定试用期、培训、保守秘密、补充保险和福利待遇等其他事项。但约定事项不能违反法律、行政法规的强制性规定，否则该约定无效。

1. 试用期

试用期是指用人单位和劳动者双方为了相互了解、确定对方是否符合自己的招聘条件或求职意愿而约定的考察期间。试用期属于劳动合同的约定条款，双方可以约定，也可以不约定。

（1）试用期期限

根据劳动合同法的规定，劳动合同期限3个月以上不满1年的，试用期不得超过1个月；劳动合同期限1年以上不满3年的，试用期不得超过2个月；3年以上固定期限和无固定期限的劳动合同，试用期不得超过6个月。1年以上包括1年，3年以下不包括3年，3年以上包括3年。以完成一定工作任务为期限的劳动合同或者劳动合同期限不满3个月的，不得约定试用期。

试用期包含在劳动合同期限内。劳动合同仅约定试用期的，试用期不成立，该期限为劳动合同期限。同一用人单位与同一劳动者只能约定一次试用期。将试用期的次数限制为一次，防止部分用人单位利用劳动合同变更、续订和再次招用等机会，多次与劳动者约定试用期，侵害劳动者的合法权益。对此可以从以下几点理解：①在试用期内解除劳动合同，不管是用人单位解除还是劳动者解除，用人单位再次招用该劳动者时，不得再约定试用期；②试用期结束后，不管是在劳动合同期限内，还是劳动合同续订，用人单位不得与该劳动者再约定试用期；③劳动合同终止后一段时间又招用该劳动者的，对该劳动者用人单位不得再约定试用期。

用人单位违反规定与劳动者约定试用期的，由劳动行政部门责令改正；违法约定的试用期已经履行的，由用人单位以劳动者试用期满月工资为标准，按已经履行的超过法定试用期的期间向劳动者支付赔偿金。

（2）试用期工资

劳动者在试用期的工资不得低于本单位相同岗位最低档工资或者劳动合同约定工资的80%，并不得低于用人单位所在地的最低工资标准。

2. 服务期

（1）服务期的适用范围

服务期是指劳动者因享受用人单位给予的特殊待遇而做出的关于劳动合同履行期限的承诺。劳动合同法规定，用人单位为劳动者提供专项培训费用，对其进行专业技术培训的，可以与该劳动者订立协议，约定服务期。对此可以从以下几点理解：①对劳动者提供的是专业技术培训，包括专业知识和职业技能培训；②培训的形式可以是脱产的、半脱产的，也可以是不脱产的；③培训费用的数额比较大；④服务期的年限可以由劳动合同双方当事人协议确定；⑤用人单位与劳动者约定服务期的，不影响按照正常的工资调整机制提高劳动者在服务期间的劳动报酬。

劳动合同期满，但是用人单位与劳动者约定的服务期尚未到期的，劳动合同应当续延至服务期满；双方另有约定的，从其约定。

（2）劳动者违反服务期约定的违约责任

劳动者违反服务期约定的，应当按照约定向用人单位支付违约金。违约金的数额不得超过用人单位提供的培训费用。对已履行部分服务期的，用人单位要求劳动者支付的违约金不得超过服务期尚未履行部分所应分摊的培训费用。

如果用人单位没有对劳动者培训出资，则无权要求劳动者按约定承担违约责任；同时，即使用人单位单方面声称已出资，但不能提供相应的支付凭证，则因其缺乏证据，也不能要求劳动者承担违约责任。

只有劳动者在服务期内提出与用人单位解除劳动关系时，用人单位才可以要求其支付违约金。为了防止可能出现规避赔偿责任的情况，如果劳动者因下列违纪等重大过错行为而被用人单位解除劳动关系的，用人单位仍有权要求其支付违约金：

①劳动者严重违反用人单位的规章制度的；

②劳动者严重失职，营私舞弊，给用人单位造成重大损害的；

③劳动者同时与其他用人单位建立劳动关系，对完成本单位的工作任务造成严重影响，或者经用人单位提出，拒不改正的；

④劳动者以欺诈、胁迫的手段或者乘人之危，使用人单位在违背真实意思的情况下订立或者变更劳动合同的；

⑤劳动者被依法追究刑事责任的。

（3）劳动者解除劳动合同不属于违反服务期约定的情形

用人单位与劳动者约定了服务期，劳动者依照下述情形的规定解除劳动合同的，不属于违反服务期的约定，用人单位不得要求劳动者支付违约金：

①用人单位未按照劳动合同约定提供劳动保护或者劳动条件的；

②用人单位未及时足额支付劳动报酬的；

③用人单位未依法为劳动者缴纳社会保险费的；

④用人单位的规章制度违反法律、法规的规定，损害劳动者权益的；

⑤用人单位以欺诈、胁迫的手段或者乘人之危，使劳动者在违背真实意思的情况下订立或者变更劳动合同的；

⑥用人单位在劳动合同中免除自己的法定责任、排除劳动者权利的；

⑦用人单位违反法律、行政法规强制性规定的；

⑧法律、行政法规规定劳动者可以解除劳动合同的其他情形。

3. 保守商业秘密和竞业限制

（1）关于保守商业秘密和竞业限制的规定。

用人单位与劳动者可以在劳动合同中约定保守用人单位的商业秘密和与知识产权相关的保密事项。

对负有保密义务的劳动者，用人单位可以在劳动合同或者保密协议中与劳动者约定竞业限制条款，并约定在解除或者终止劳动合同后，在竞业限制期限内按月给予劳动者经济补偿。劳动者违反竞业限制约定的，应当按照约定向用人单位支付违约金。劳动者违反劳动合同中约定的保密义务或者竞业限制，给用人单位造成损失的，应当承担赔偿责任。

对此可从以下几点理解：

①竞业限制的人员限于用人单位的高级管理人员、高级技术人员和其他负有保密义务的人员，而不是所有的劳动者。

②竞业限制的范围、地域、期限由用人单位与劳动者约定，竞业限制的约定不得违反法律、法规的规定。

③竞业限制补偿金是用人单位对劳动者履行竞业限制义务的经济补偿，不能包含在工资中，只能在劳动关系结束（终止或解除）后，在竞业限制期内，由用人单位按月支付，数额由双方约定。

④在解除或者终止劳动合同后，竞业限制人员到与本单位生产或者经营同类产品、从事同类业务的有竞争关系的其他用人单位工作，或者自己开业生产或者经营同类产品、从事同类业务的竞业限制期限，不得超过 2 年。

（2）对竞业限制的司法解释。

针对司法实践中出现的关于竞业限制和经济补偿的各种争议，《最高人民法院关于审理劳动争议案件适用法律若干问题的解释（四）》对如何适用竞业限制条款处理争议做了如下说明：①当事人在劳动合同或者保密协议中约定了竞业限制和经济补偿，当事人解除劳动合同时，除另有约定外，用人单位要求劳动者履行竞业限制义务，或者劳动者履行了竞业限制义务后要求用人单位支付经济补偿的，人民法院应予支持。②当事人在劳动合同或者保密协议中约定了竞业限制和经济补偿，劳动合同解除或者终止后，因用人单位的原因导致 3 个月未支付经济补偿，劳动者请求解除竞业限制约定的，人民法院应予支持。③在竞业限制期限内，用人单位请求解除竞业限制协议时，人民法院应予支持。在解除竞业限制协议时，劳动者请求用人单位额外支付劳动者3个月的竞业限制经济补偿的，人民法院应予支持。④劳动者违反竞业限制约定，向用人单位支付违约金后，用人单位要求劳动者按照约定继续履行竞业限制义务的，人民法院应予支持。

四、劳动合同的履行和变更

（一）劳动合同的履行

劳动合同的履行是指劳动合同生效后，当事人双方按照劳动合同的约定，完成各自承担的义务，并实现各自享受的权利，使当事人双方订立合同的目的得以实现的法律行为。

1. 用人单位与劳动者应当按照劳动合同的约定，全面履行各自的义务

（1）用人单位应当按照劳动合同约定和国家规定，向劳动者及时足额支付劳动报酬。用人单位拖欠或者未足额支付劳动报酬的，劳动者可以依法向当地人民法院申请支付令，人民法院应当依法发出支付令。用人单位未按照劳动合同的约定或者国家规定及时足额支付劳动者劳动报酬，由劳动行政部门责令限期支付；逾期不支付的，责令用人单位按应付金额50%以上100%以下的标准向劳动者加付赔偿金。

（2）用人单位应当严格执行劳动定额标准，不得强迫或者变相强迫劳动者加班。

（3）劳动者拒绝用人单位管理人员违章指挥、强令冒险作业的，不视为违反劳动合同。

（4）用人单位变更名称、法定代表人、主要负责人或者投资人等事项，不影响劳动合同的履行。

（5）用人单位发生合并或者分立等情况，原劳动合同继续有效，劳动合同由承继其权利和义务的用人单位继续履行。

2. 用人单位应当依法建立和完善劳动规章制度，保障劳动者享有劳动权利、履行劳动义务

合法有效的劳动规章制度是劳动合同的组成部分，对用人单位和劳动者均具有法律约束力。

用人单位在制定、修改或者决定有关劳动报酬、工作时间、休息休假、劳动安全卫生、保险福利、职工培训、劳动纪律以及劳动定额管理等直接涉及劳动者切身利益的规章制度和重大事项时，应当经职工代表大会或者全体职工讨论，提出方案和意见，与工会或者职工代表平等协商确定。在规章制度和重大事项决定实施过程中，工会或者职工认为不适当的，有权向用人单位提出，通过协商予以修改完善。

用人单位应当将直接涉及劳动者切身利益的规章制度和重大事项决定公示，或者告知劳动者。如果用人单位的规章制度未经公示或者未向劳动者告知，该规章制度对劳动者不发生效力。公示或告知可以采用张贴通告、员工手册送达、会议精神传达等方式。

用人单位直接涉及劳动者切身利益的规章制度违反法律、法规规定的，由劳动行政部门责令改正，给予警告；给劳动者造成损害的，应当承担赔偿责任。

（二）劳动合同的变更

劳动合同的变更是指劳动合同依法订立后，在合同尚未履行或者尚未履行完毕之前，经用人单位和劳动者双方当事人协商同意，对劳动合同内容做部分修改、补充或者删减的法律行为。

同订立劳动合同一样，变更劳动合同也应当遵循平等自愿、协商一致、合法公平、诚实信用的原则，不得违反法律、行政法规的规定。

用人单位与劳动者协商一致，可以变更劳动合同约定的内容。变更劳动合同，应当采用书面形式。变更后的劳动合同文本由用人单位和劳动者各执一份。变更劳动合同未采用书面形式，但已经实际履行了口头变更的劳动合同超过1个月，且变更后的劳动合同内容不违反法律、行政法规、国家政策以及公序良俗，当事人以未采用书面形式为由主张劳动合同变更无效的，人民法院不予支持。

五、劳动合同的解除和终止

（一）劳动合同的解除

劳动合同解除是指在劳动合同订立后，劳动合同期限届满之前，因双方协商提前结束劳动关系，或因出现法定的情形，一方单方通知对方结束劳动关系的法律行为。

劳动合同解除分为协商解除和法定解除两种情况。

1. 协商解除

协商解除是指劳动合同订立后，双方当事人因某种原因，在完全自愿的基础上协商一致，提前终止劳动合同，结束劳动关系。在协商解除中，当事人双方具有平等的解除合同请求权，劳动者或用人单位都可主动向对方提出终止劳动合同关系的请求；合同经双方协商一致，达成协议，即可解除。

由用人单位提出解除劳动合同而与劳动者协商一致的，必须依法向劳动者支付经济补偿；由劳动者主动辞职而与用人单位协商一致解除劳动合同的，用人单位无须向劳动者支付经济补偿。

2. 法定解除

法定解除是指在出现法律、法规或劳动合同规定的可以解除劳动合同的情形时，不需当事人协商一致，一方当事人即可决定解除劳动合同。法定解除又可分为劳动者的单方解除和用人单位的单方解除。

（1）劳动者可单方面解除劳动合同的情形

①劳动者提前通知解除劳动合同的情形

A. 劳动者提前30日以书面形式通知用人单位解除劳动合同；

B. 劳动者在试用期内提前3日通知用人单位解除劳动合同。

在这两种情形下，劳动者不能获得经济补偿。如果劳动者没有履行通知程序，则属于违法解除，因此对用人单位造成损失的，劳动者应对用人单位的损失承担赔偿责任。

②劳动者可随时通知解除劳动合同的情形

A. 用人单位未按照劳动合同约定提供劳动保护或者劳动条件的；

B. 用人单位未及时足额支付劳动报酬的；

C. 用人单位未依法为劳动者缴纳社会保险费的；

D. 用人单位的规章制度违反法律、法规的规定，损害劳动者权益的；

E. 用人单位以欺诈、胁迫的手段或者乘人之危，使劳动者在违背真实意思的情况下订立或者变更劳动合同的；

F. 用人单位在劳动合同中免除自己的法定责任、排除劳动者权利的；

G. 用人单位违反法律、行政法规强制性规定的；

H. 法律、行政法规规定劳动者可以解除劳动合同的其他情形。

用人单位有上述情形的，劳动者可随时通知用人单位解除劳动合同，无须提前通知用人单位。用人单位须向劳动者支付经济补偿。

③劳动者不须事先告知用人单位即可解除劳动合同的情形

A. 用人单位以暴力、威胁或者非法限制人身自由的手段强迫劳动者劳动的；

B. 用人单位违章指挥、强令冒险作业危及劳动者人身安全的。

用人单位有上述两种情形的，劳动者可以立即解除劳动合同，不须事先告知用人单位，用人单位须向劳动者支付经济补偿。

（2）用人单位可单方面解除劳动合同的情形

①因劳动者过错解除劳动合同（随时通知解除）的情形

A. 劳动者在试用期间被证明不符合录用条件的；

B. 劳动者严重违反用人单位的规章制度的；

C. 劳动者严重失职，营私舞弊，给用人单位造成重大损害的；

D. 劳动者同时与其他用人单位建立劳动关系，对完成本单位的工作任务造成严重影响，或者经用人单位提出，拒不改正的；

E. 劳动者以欺诈、胁迫的手段或者乘人之危，使用人单位在违背真实意思的情况下订立或者变更劳动合同的；

F. 劳动者被依法追究刑事责任的。

在上述情形下，用人单位可随时通知劳动者解除劳动关系，不需向劳动者支付经济补偿。

②无过失性辞退（提前通知解除）的情形

A. 劳动者患病或者非因工负伤，在规定的医疗期满后不能从事原工作，也不能从事由用人单位另行安排的工作的；

B. 劳动者不能胜任工作，经过培训或者调整工作岗位，仍不能胜任工作的；

C. 劳动合同订立时所依据的客观情况发生重大变化，致使劳动合同无法履行，经用人单位与劳动者协商，未能就变更劳动合同内容达成协议的。

在上述情形下，用人单位提前30日以书面形式通知劳动者本人，或者额外支付劳动者1个月工资后，可以解除劳动合同。用人单位选择额外支付劳动者1个月工资解除劳动合同的，其额外支付的工资应当按照该劳动者上1个月的工资标准确定。用人单位还应当向劳动者支付经济补偿。

③经济性裁员的情形

用人单位有下列情形之一，需要裁减人员20人以上或者裁减不足20人但占企业职工总数10%以上的，用人单位提前30日向工会或者全体职工说明情况，听取工会或者职工意见后，裁减人员方案经向劳动行政部门报告，可以裁减人员：

A. 依照企业破产法规定进行重整的；

B. 生产经营发生严重困难的；

C. 企业转产、重大技术革新或者经营方式调整，经变更劳动合同后，仍需裁减人员的；

D. 其他因劳动合同订立时所依据的客观经济情况发生重大变化，致使劳动合同无法履行的。

在上述情形下解除劳动合同，用人单位应当向劳动者支付经济补偿。

裁减人员时，应当优先留用下列人员：

A. 与本单位订立较长期限的固定期限劳动合同的；

B. 与本单位订立无固定期限劳动合同的；

C. 家庭无其他就业人员，有需要扶养的老人或者未成年人的。

用人单位裁减人员后，在6个月内重新招用人员的，应当通知被裁减的人员，并在同等条件下优先招用被裁减的人员。

（二）劳动合同的终止

1. 劳动合同终止的概念

劳动合同终止是指用人单位与劳动者之间的劳动关系因某种法律事实的出现而自动归于消灭，或导致劳动关系的继续履行成为不可能而不得不消灭的情形。

2. 劳动合同终止的情形

（1）劳动合同期满的；

（2）劳动者开始依法享受基本养老保险待遇的；

（3）劳动者达到法定退休年龄的；

（4）劳动者死亡，或者被人民法院宣告死亡或者宣告失踪的；

（5）用人单位被依法宣告破产的；

（6）用人单位被吊销营业执照、责令关闭、撤销或者用人单位决定提前解散的；

（7）法律、行政法规规定的其他情形。

用人单位与劳动者不得约定上述情形之外的其他劳动合同终止条件。

(三) 对劳动合同解除和终止的限制性规定

劳动者有下列情形之一的，用人单位既不得解除劳动合同，也不得终止劳动合同，劳动合同应当延续至相应的情形消失时终止：

1. 从事接触职业病危害作业的劳动者未进行离岗前职业健康检查，或者疑似职业病病人在诊断或者医学观察期间的；
2. 在本单位患职业病或者因工负伤并被确认丧失或者部分丧失劳动能力的；
3. 患病或者非因工负伤，在规定的医疗期内的；
4. 女职工在孕期、产期、哺乳期的；
5. 在本单位连续工作满15年，且距法定退休年龄不足5年的；
6. 法律、行政法规规定的其他情形。

上述第2项"丧失或者部分丧失劳动能力"劳动者的劳动合同的终止，按照国家有关工伤保险的规定执行。

(四) 劳动合同解除和终止的经济补偿

1. 经济补偿的概念

经济补偿是指按照劳动合同法的规定，在劳动者无过错的情况下，用人单位与劳动者解除或者终止劳动合同时，应给予劳动者的经济上的补助，也称经济补偿金。

经济补偿金与违约金、赔偿金的不同。经济补偿金是法定的，主要是针对劳动关系的解除和终止，如果劳动者无过错，用人单位则应给予劳动者一定数额的经济上的补偿。违约金是约定的，是指劳动者违反了服务期和竞业限制的约定而向用人单位支付的违约金。劳动合同法禁止用人单位对劳动合同服务期和竞业限制之外的其他事项与劳动者约定由劳动者承担违约金。赔偿金是指用人单位和劳动者由于自己的过错给对方造成损害时所应承担的不利的法律后果。经济补偿金的支付主体只能是用人单位，而违约金的支付主体只能是劳动者，赔偿金的支付主体可能是用人单位，也可能是劳动者。

2. 用人单位应当向劳动者支付经济补偿的情形

(1) 劳动者符合随时通知解除和不需事先通知即可解除劳动合同规定情形而解除劳动合同的

(2) 由用人单位提出解除劳动合同并与劳动者协商一致而解除劳动合同的

(3) 用人单位符合提前30日以书面形式通知劳动者本人，或者额外支付劳动者1个月工资后，可以解除劳动合同规定情形而解除劳动合同的

(4) 用人单位符合可裁减人员规定而解除劳动合同的

(5) 除用人单位维持或者提高劳动合同约定条件续订劳动合同，劳动者不同意续订的情形外，劳动合同期满终止固定期限劳动合同的

(6) 用人单位被依法宣告破产或者用人单位被吊销营业执照、责令关闭、撤销或者用

人单位决定提前解散而终止劳动合同的

（7）以完成一定工作任务为期限的劳动合同因任务完成而终止的

（8）法律、行政法规规定的其他情形

3. 经济补偿的支付

经济补偿，根据劳动者在用人单位的工作年限和工资标准来计算具体金额，并以货币形式支付给劳动者。

经济补偿金的计算公式为：

经济补偿金＝劳动合同解除或终止前劳动者在本单位的工作年限×每工作1年应得的经济补偿或者简写为：经济补偿金＝工作年限×月工资

（1）关于补偿年限的计算标准

经济补偿按劳动者在本单位工作的年限，每满1年支付1个月工资的标准向劳动者支付。6个月以上不满1年的，按1年计算；不满6个月的，向劳动者支付半个月工资的经济补偿。

（2）关于补偿基数的计算标准

①月工资是指劳动者在劳动合同解除或者终止前12个月的平均工资。月工资按照劳动者应得工资计算，包括计时工资或者计件工资以及奖金、津贴和补贴等货币性收入。劳动者工作不满12个月的，应按照实际工作的月数计算平均工资。

②劳动者在劳动合同解除或者终止前12个月的平均工资低于当地最低工资标准的，按照当地最低工资标准计算。

③劳动者月工资高于用人单位所在直辖市、设区的市级人民政府公布的本地区上年度职工月平均工资3倍的，向其支付经济补偿的标准按职工月平均工资3倍的数额支付，向其支付经济补偿的年限最高不超过12年。

即：经济补偿金＝工作年限（最高不超过12年）×当地上年度职工月平均工资3倍

（3）关于补偿年限和基数的特殊计算

《劳动合同法》施行之日已存续的劳动合同，在《劳动合同法》施行后解除或者终止，依照《劳动合同法》规定应当支付经济补偿的，经济补偿年限自《劳动合同法》施行之日（2008年1月1日）起计算；《劳动合同法》施行前按照当时有关规定，用人单位应当向劳动者支付经济补偿的，按照当时有关规定执行。也就是经济补偿的计发办法分两段计算：2008年1月1日前的，按当时当地的有关规定执行；2008年1月1日以后的，按新法执行。两段补偿合并计算。

（五）劳动合同解除和终止的法律后果和双方义务

（1）劳动合同解除和终止后，用人单位和劳动者双方不再履行劳动合同，劳动关系消灭。

（2）劳动合同解除或终止的，用人单位应当在解除或者终止劳动合同时出具解除或者终止劳动合同的证明，并在15日内为劳动者办理档案和社会保险关系转移手续。用人单位对已经解除或者终止的劳动合同的文本，至少保存2年备查。

用人单位未向劳动者出具解除或者终止劳动合同的书面证明，由劳动行政部门责令改正；给劳动者造成损害的，应当承担赔偿责任。

劳动者依法解除或者终止劳动合同，用人单位扣押劳动者档案或者其他物品的，由劳动行政部门责令限期退还劳动者本人，并以每人500元以上2 000元以下的标准处以罚款；给劳动者造成损害的，应当承担赔偿责任。

（3）用人单位应当在解除或者终止劳动合同时向劳动者支付经济补偿的，在办结工作交接时支付。解除或者终止劳动合同，用人单位未依照劳动合同法的规定向劳动者支付经济补偿的，由劳动行政部门责令限期支付经济补偿；逾期不支付的，责令用人单位按应付金额50%以上100%以下的标准向劳动者加付赔偿金。

（4）用人单位违反规定解除或者终止劳动合同，劳动者要求继续履行劳动合同的，用人单位应当继续履行；劳动者不要求继续履行劳动合同或者劳动合同已经不能继续履行的，用人单位应当依照劳动合同法规定的经济补偿标准的2倍向劳动者支付赔偿金。用人单位支付了赔偿金的，不再支付经济补偿。赔偿金的计算年限自用工之日起计算。

（5）劳动者违反劳动合同法规定解除劳动合同，给用人单位造成损失的，应当承担赔偿责任。

六、集体合同与劳务派遣

（一）集体合同

1. 集体合同的概念和种类

（1）集体合同的概念。集体合同是工会代表企业职工一方与企业签订的以劳动报酬、工作时间、休息休假、劳动安全卫生、保险福利等为主要内容的书面协议。尚未建立工会的用人单位，可以由上级工会指导劳动者推举的代表与用人单位订立集体合同。

（2）专项集体合同。企业职工一方与用人单位可以订立劳动安全卫生、女职工权益保护、工资调整机制等方面的专项集体合同。

（3）行业性集体合同、区域性集体合同。在县级以下区域内，建筑业、采矿业、餐饮服务业等行业可以由工会与企业方面代表订立行业性集体合同，或者订立区域性集体合同。

2. 集体合同的订立

集体合同内容由用人单位和职工各自派出集体协商代表通过集体协商（会议）的方式协商确定。集体协商双方的代表人数应当对等，每方至少3人，并各确定1名首席代表。经双方协商代表协商一致的集体合同草案或专项集体合同草案应当提交职工代表大会或者全体职工讨论。职工代表大会或者全体职工讨论集体合同草案，应当有2/3以上职工代表或者职工出席，且须经全体职工代表半数以上或者全体职工半数以上同意，方获通过。集体合同草案或专项集体合同草案经职工代表大会或者职工大会通过后,由集体协商双方首席代表签字。集体合同订立后,应当报送劳动行政部门;劳动行政部门自收到集体合同文本之日起 15 日内未提出异议的,集体合同即行生效。集体合同中劳动报酬和劳动条件等标准不得低于当地人民政府规定的最低标准;用人单位与劳动者订立的劳动合同中劳动报酬和劳动条件等标准不得低于集体合同规定的标准。依法订立的集体合同对用人单位和劳动者具有约束力。行业性、区域性集体合同对当地本行业、本区域的用人单位和劳动者具有约束力。

3. 集体合同纠纷和法律救济

用人单位违反集体合同,侵犯职工劳动权益的,工会可以依法要求用人单位承担责任;因履行集体合同发生争议,经协商解决不成的,工会可以依法申请仲裁、提起诉讼。

(二) 劳务派遣

1. 劳务派遣的特征和适用范围

(1) 劳务派遣的概念和特征

劳务派遣是指由劳务派遣单位与劳动者订立劳动合同,与用工单位订立劳务派遣协议,将被派遣劳动者派往用工单位给付劳务。在劳务派遣关系中,劳动合同关系存在于劳务派遣单位与被派遣劳动者之间,但劳动力给付的事实则发生于被派遣员工与用工单位之间,也即劳动力的雇佣与劳动力使用分离,被派遣劳动者不与用工单位签订劳动合同、发生劳动关系,而是与派遣单位存在劳动关系。这是劳务派遣的最显著特征。

(2) 劳务派遣的适用范围

劳动合同用工是我国的企业基本用工形式。劳务派遣用工是补充形式,只能在临时性、辅助性或者替代性的工作岗位上实施。所谓临时性工作岗位是指存续时间不超过六个月的岗位;辅助性工作岗位是指为主营业务岗位提供服务的非主营业务岗位;替代性工作岗位是指用工单位的劳动者因脱产学习、休假等原因无法工作的一定期间内,可以由其他劳动者替代工作的岗位。

用人单位不得设立劳务派遣单位向本单位或者所属单位派遣劳动者。用工单位不得将被派遣劳动者再派遣到其他用人单位。劳务派遣单位不得以非全日制用工形式招用被派遣劳动者。用工单位应当严格控制劳务派遣用工数量,使用的被派遣劳动者数量不得超过其用工总量的 10%。该用工总量是指用工单位订立劳动合同人数与使用的被派遣劳动者人数之和。

2. 劳务派遣单位、用工单位与劳动者的权利和义务

劳务派遣单位与被派遣劳动者订立的劳动合同,除应当载明劳动合同必备的条款外,还应当载明被派遣劳动者的用工单位以及派遣期限、工作岗位等情况。劳务派遣单位应当与被派遣劳动者订立 2 年以上的固定期限劳动合同,按月支付劳动报酬;被派遣劳动者在无工作期间,劳务派遣单位应当按照所在地人民政府规定的最低工资标准,向其按月支付报酬。劳务派遣单位派遣劳动者应当与用工单位订立劳务派遣协议。劳务派遣单位应当将劳务派遣协议的内容告知被派遣劳动者，不得克扣用工单位按照劳务派遣协议支付给被派遣劳动者的劳动报酬。劳务派遣单位和用工单位不得向被派遣劳动者收取费用。

接受以劳务派遣形式用工的单位是用工单位。用工单位应当履行下列义务：①执行国家劳动标准，提供相应的劳动条件和劳动保护；②告知被派遣劳动者的工作要求和劳动报酬；③支付加班费、绩效奖金，提供与工作岗位相关的福利待遇；④对在岗被派遣劳动者进行工作岗位所必需的培训；⑤连续用工的，实行正常的工资调整机制。

被派遣劳动者享有与用工单位的劳动者同工同酬的权利。用工单位应当按照同工同酬原则，对被派遣劳动者与本单位同类岗位的劳动者实行相同的劳动报酬分配办法。用工单位无同类岗位劳动者的，参照用工单位所在地相同或者相近岗位劳动者的劳动报酬确定。劳务派遣单位与被派遣劳动者订立的劳动合同和与用工单位订立的劳务派遣协议，载明或者约定的向被派遣劳动者支付的劳动报酬应当符合上述规定。被派遣劳动者有权在劳务派遣单位或者用工单位依法参加或者组织工会，维护自身的合法权益。

七、劳动争议的解决

（一）劳动争议及解决途径

1. 劳动争议的概念及适用范围

劳动争议是指劳动关系当事人之间在执行劳动方面的法律法规和劳动合同、集体合同的过程中，就劳动权利义务发生分歧而引起的争议。包括：

（1）因确认劳动关系发生的争议；

（2）因订立、履行、变更、解除和终止劳动合同发生的争议；

（3）因除名、辞退和辞职、离职发生的争议；

（4）因工作时间、休息休假、社会保险、福利、培训以及劳动保护发生的争议；

（5）因劳动报酬、工伤医疗费、经济补偿或者赔偿金等发生的争议；

（6）法律、法规规定的其他劳动争议。

2. 劳动争议的解决原则和途径

解决劳动争议，应当根据事实，遵循合法、公正、及时、着重调解的原则，依法保护当事人的合法权益。

劳动争议的解决途径包括协商、调解、仲裁和诉讼。发生劳动争议，劳动者可以与用人单位协商，也可以请工会或者第三方共同与用人单位协商，达成和解协议；当事人不愿协商、协商不成或者达成和解协议后不履行的，可以向调解组织申请调解；不愿调解、调解不成或者达成调解协议后不履行的，可以向劳动争议仲裁委员会申请仲裁；对仲裁裁决不服的，除劳动争议调解仲裁法另有规定的以外，可以向人民法院提起诉讼。劳动争议的调解是指在劳动争议调解组织的主持下，在双方当事人自愿的基础上，通过宣传法律、法规、规章和政策，劝导当事人化解矛盾，自愿就争议事项达成协议，使劳动争议及时得到解决的一种活动。劳动仲裁是指劳动争议仲裁机构对劳动争议当事人争议的事项，根据劳动方面的法律、法规、规章和政策等的规定，依法做出裁决，从而解决劳动争议的一项劳动法律制度。劳动仲裁不同于一般经济纠纷的仲裁，除法律依据和适用范围不同外，还有以下几点：①申请程序不同。一般经济纠纷的仲裁，当事人必须在事先或事后达成仲裁协议，才能据此向仲裁机构提出仲裁申请；而劳动争议的仲裁，则不要求当事人达成仲裁协议，只要一方当事人提出申请，有关仲裁机构即可受理。②裁决的效力不同。仲裁法规定一般经济纠纷的仲裁实行"一裁终局"制度，即仲裁裁决做出后，当事人就同一纠纷再申请仲裁或者向人民法院起诉的，仲裁委员会或者人民法院不予受理；而劳动争议仲裁，当事人对裁决不服的，除劳动争议调解仲裁法规定的几类特殊劳动争议外，可以向人民法院起诉。因此，劳动争议的裁决一般不是终局的。

发生劳动争议，当事人对自己提出的主张，有责任提供证据。与争议事项有关的证据属于用人单位掌握管理的，用人单位应当提供；用人单位不提供的，应当承担不利后果。在法律没有具体规定，按照上述原则也无法确定举证责任承担时，仲裁庭可以根据公平原则和诚实信用原则，综合当事人举证能力等因素确定举证责任的承担。

（二）劳动调解

1. 劳动争议调解组织

可受理劳动争议的调解组织有：

（1）企业劳动争议调解委员会。

企业劳动争议调解委员会由职工代表和企业代表组成。职工代表由工会成员担任或者由全体职工推举产生，企业代表由企业负责人指定。企业劳动争议调解委员会主任由工会成员或者双方推举的人员担任。

（2）依法设立的基层人民调解组织。

（3）在乡镇、街道设立的具有劳动争议调解职能的组织。

2. 调解员

劳动争议调解组织的调解员应当由公道正派、联系群众、热心调解工作，并具有一定法律知识、政策水平和文化水平的成年公民担任。

3. 劳动调解程序

（1）当事人申请劳动争议调解可以书面申请，也可以口头申请。口头申请的，调解组织应当当场记录申请人基本情况以及申请调解的争议事项、理由和时间。

（2）调解劳动争议，应当充分听取双方当事人对事实和理由的陈述，耐心疏导，帮助其达成协议。

（3）经调解达成协议的，应当制作调解协议书。调解协议书由双方当事人签名或者盖章，经调解员签名并加盖调解组织印章后生效，对双方当事人具有约束力，当事人应当履行。自劳动争议调解组织收到调解申请之日起 15 日内未达成调解协议的，当事人可以依法申请仲裁。

（4）达成调解协议后，一方当事人在协议约定期限内不履行调解协议的，另一方当事人可以依法申请仲裁。因支付拖欠劳动报酬、工伤医疗费、经济补偿或者赔偿金事项达成调解协议，用人单位在协议约定期限内不履行的，劳动者可以持调解协议书依法向人民法院申请支付令。人民法院应当依法发出支付令。

（三）劳动仲裁

1. 劳动仲裁参加人、劳动仲裁机构和劳动仲裁管辖

（1）劳动仲裁参加人

①当事人。

发生劳动争议的劳动者和用人单位为劳动争议仲裁案件的双方当事人。劳务派遣单位或者用工单位与劳动者发生劳动争议的，劳务派遣单位和用工单位为共同当事人。

劳动者与个人承包经营者发生争议，依法向仲裁委员会申请仲裁的，应当将发包的组织和个人承包经营者作为当事人。

发生争议的用人单位被吊销营业执照、责令关闭、撤销以及用人单位决定提前解散、歇业，不能承担相关责任的，依法将其出资人、开办单位或主管部门作为共同当事人。

②当事人代表。

发生争议的劳动者一方在 10 人以上，并有共同请求的，劳动者可以推举 3—5 名代表人参加仲裁活动。

因履行集体合同发生的劳动争议，经协商解决不成的，工会可以依法申请仲裁；尚未建立工会的，由上级工会指导劳动者推举产生的代表依法申请仲裁。

代表人参加仲裁的行为对其所代表的当事人发生效力，但代表人变更、放弃仲裁请求或者承认对方当事人的仲裁请求，进行和解，必须经被代表的当事人同意。

③第三人。

与劳动争议案件的处理结果有利害关系的第三人，可以申请参加仲裁活动或者由劳动争议仲裁委员会通知其参加仲裁活动。

④代理人。

当事人可以委托代理人参加仲裁活动。委托他人参加仲裁活动，应当向劳动争议仲裁委员会提交有委托人签名或者盖章的委托书，委托书应当载明委托事项和权限。

丧失或者部分丧失民事行为能力的劳动者，由其法定代理人代为参加仲裁活动；无法定代理人的，由劳动争议仲裁委员会为其指定代理人。劳动者死亡的，由其近亲属或者代理人参加仲裁活动。

（2）劳动仲裁机构

劳动仲裁机构是劳动争议仲裁委员会。省、自治区人民政府可以决定在市、县设立；

直辖市人民政府可以决定在区、县设立。直辖市、设区的市也可以设立一个或者若干个劳动争议仲裁委员会。劳动争议仲裁委员会不按行政区划层层设立。

劳动争议仲裁委员会由劳动行政部门代表、工会代表和企业方面代表组成。劳动争议仲裁委员会组成人员应当是单数。劳动争议仲裁委员会应当设仲裁员名册。

劳动争议仲裁不收费。劳动争议仲裁委员会的经费由财政予以保障。

（3）劳动争议仲裁案件的管辖

劳动争议由劳动合同履行地或者用人单位所在地的劳动争议仲裁委员会管辖。双方当事人分别向劳动合同履行地和用人单位所在地的劳动争议仲裁委员会申请仲裁的，由劳动合同履行地的劳动争议仲裁委员会管辖。这里的劳动合同履行地为劳动者实际工作场所地，用人单位所在地为用人单位注册、登记地。用人单位未经注册、登记的，其出资人、开办单位或主管部门所在地为用人单位所在地。

案件受理后，劳动合同履行地和用人单位所在地发生变化的，不改变争议仲裁的管辖。多个仲裁委员会都有管辖权的，由先受理的仲裁委员会管辖。

2. 申请和受理

（1）仲裁时效

①劳动争议申请仲裁的时效期间为1年。仲裁时效期间从当事人知道或者应当知道其权利被侵害之日起计算。劳动关系存续期间因拖欠劳动报酬发生争议的，劳动者申请仲裁不受1年仲裁时效期间的限制；但是，劳动关系终止的，应当自劳动关系终止之日起1年内提出。

②仲裁时效的中断。劳动仲裁时效，因当事人一方向对方当事人主张权利（一方当事人通过协商、申请调解等方式向对方当事人主张权利的）；或者向有关部门请求权利救济（一方当事人通过向有关部门投诉，向仲裁委员会申请仲裁，向人民法院起诉或者申请支付令等方式请求权利救济的）；或者对方当事人同意履行义务而中断。从中断时起，仲裁时效期间重新计算。这里的中断时起，应理解为中断事由消除时起。如权利人申请调解的，经调解达不成协议的，应自调解不成之日起重新计算；如达成调解协议，自义务人应当履行义务的期限届满之日起计算。

③仲裁时效的中止。因不可抗力或者有其他正当理由（无民事行为能力或者限制民事行为能力劳动者的法定代理人未确定等），当事人不能在仲裁时效期间申请仲裁的，仲裁时效中止。从中止时效的原因消除之日起，仲裁时效期间继续计算。

（2）仲裁申请

申请人申请仲裁应当提交书面仲裁申请，并按照被申请人人数提交副本。仲裁申请书应当载明下列事项：

①劳动者的姓名、性别、年龄、职业、工作单位和住所，用人单位的名称、住所和法定代表人或者主要负责人的姓名、职务；

②仲裁请求和所根据的事实、理由；

③证据和证据来源、证人姓名和住所。

书写仲裁申请确有困难的，可以口头申请，由劳动争议仲裁委员会记入笔录，并告知对方当事人。

（3）仲裁受理

劳动争议仲裁委员会收到仲裁申请之日起 5 日内，认为符合受理条件的，应当受理，并通知申请人；认为不符合受理条件的，应当书面通知申请人不予受理，并说明理由。

对劳动争议仲裁委员会不予受理或者逾期未做出决定的，申请人可以就该劳动争议事项向人民法院提起诉讼。

劳动争议仲裁委员会受理仲裁申请后，应当在 5 日内将仲裁申请书副本送达被申请人。被申请人收到仲裁申请书副本后，应当在 10 日内向劳动争议仲裁委员会提交答辩书。劳动争议仲裁委员会收到答辩书后，应当在 5 日内将答辩书副本送达申请人。被申请人未提交答辩书的，不影响仲裁程序的进行。

3. 开庭和裁决

（1）基本制度

公开仲裁。劳动争议仲裁公开进行，但当事人协议不公开进行或者涉及国家秘密、商业秘密和个人隐私的除外。

仲裁庭制。劳动争议仲裁委员会裁决劳动争议案件实行仲裁庭制。仲裁庭由 3 名仲裁员组成，设首席仲裁员。简单劳动争议案件可以由 1 名仲裁员独任仲裁。

回避制度。仲裁员有下列情形之一的，应当回避，当事人也有权以口头或者书面方式提出回避申请：

①是本案当事人或者当事人、代理人的近亲属的；

②与本案有利害关系的；

③与本案当事人、代理人有其他关系，可能影响公正裁决的；

④私自会见当事人、代理人，或者接受当事人、代理人请客送礼的。

劳动争议仲裁委员会对回避申请应当及时做出决定，并以口头或者书面方式通知当事人。

（2）开庭程序

劳动争议仲裁委员会应当在受理仲裁申请之日起 5 日内将仲裁庭的组成情况书面通知当事人。仲裁庭应当在开庭 5 日前，将开庭日期、地点书面通知双方当事人。当事人有正当理由的，可以在开庭 3 日前请求延期开庭。是否延期，由劳动争议仲裁委员会决定。

申请人收到书面通知，无正当理由拒不到庭或者未经仲裁庭同意中途退庭的，可以视为撤回仲裁申请。被申请人收到书面通知，无正当理由拒不到庭或者未经仲裁庭同意中途退庭的，可以缺席裁决。

开庭审理时，仲裁员应当听取申请人的陈述和被申请人的答辩，主持庭审调查、质证和辩论、征询当事人最后意见，并进行调解。当事人申请劳动争议仲裁后，可以自行和解。达成和解协议的，可以撤回仲裁申请，也可以请求仲裁庭根据和解协议制作调解书。

仲裁庭在做出裁决前，应当先行调解。调解达成协议的，仲裁庭应当制作调解书。调解书应当写明仲裁请求和当事人协议的结果。调解书由仲裁员签名，加盖劳动争议仲裁委员会印章，送达双方当事人。调解书经双方当事人签收后，发生法律效力。调解不成或者调解书送达前，一方当事人反悔的，仲裁庭应当及时做出裁决。

（3）裁决

①裁决的原则。

裁决应当按照多数仲裁员的意见做出，少数仲裁员的不同意见应当记入笔录。仲裁庭不能形成多数意见时，裁决应当按照首席仲裁员的意见做出。裁决书应当载明仲裁请求、争议事实、裁决理由、裁决结果和裁决日期。裁决书由仲裁员签名，加盖劳动争议仲裁委员会印章。对裁决持不同意见的仲裁员，可以签名，也可以不签名。

仲裁庭裁决劳动争议案件时，其中一部分事实已经清楚，可以就该部分先行裁决。

②一裁终局的案件。

下列劳动争议，除劳动争议调解仲裁法另有规定的外，仲裁裁决为终局裁决，裁决书自做出之日起发生法律效力：

A. 追索劳动报酬、工伤医疗费、经济补偿或者赔偿金，不超过当地月最低工资标准12个月金额的争议；

B. 因执行国家的劳动标准在工作时间、休息休假、社会保险等方面发生的争议。

（4）不服仲裁裁决提起诉讼的期限和条件

劳动者对上述一裁终局的裁决不服的，可以自收到仲裁裁决书之日起15日内向人民法院提起诉讼。

用人单位有证据证明上述一裁终局的裁决有下列情形之一，可以自收到仲裁裁决书之日起30日内向劳动争议仲裁委员会所在地的中级人民法院申请撤销裁决：

①适用法律、法规确有错误的；

②劳动争议仲裁委员会无管辖权的；

③违反法定程序的；

④裁决所根据的证据是伪造的；

⑤对方当事人隐瞒了足以影响公正裁决的证据的；

⑥仲裁员在仲裁该案时有索贿受贿、徇私舞弊、枉法裁决行为的。

人民法院经组成合议庭审查核实裁决有上述规定情形之一的，应当裁定撤销。仲裁裁决被人民法院裁定撤销的，当事人可以自收到裁定书之日起15日内就该劳动争议事项向人民法院提起诉讼。

当事人对上述终局裁决情形之外的其他劳动争议案件的仲裁裁决不服的,可以自收到仲裁裁决书之日起 15 日内提起诉讼;期满不起诉的,裁决书发生法律效力。

4. 执行

(1) 仲裁庭对追索劳动报酬、工伤医疗费、经济补偿或者赔偿金的案件,根据当事人的申请,可以裁决先予执行,移送人民法院执行。仲裁庭裁决先予执行的,应当符合下列条件:

①当事人之间权利义务关系明确;

②不先予执行将严重影响申请人的生活。

劳动者申请先予执行的,可以不提供担保。

(2) 当事人对发生法律效力的调解书、裁决书,应当依照规定的期限履行。一方当事人逾期不履行的,另一方当事人可以依照民事诉讼法的有关规定向人民法院申请执行。受理申请的人民法院应当依法执行。

比较劳动仲裁与一般经济纠纷仲裁的异同。

(四) 劳动诉讼

1. 劳动诉讼申请范围

(1) 对劳动争议仲裁委员会不予受理或者逾期未做出决定的,申请人可以就该劳动争议事项向人民法院提起诉讼。

(2) 劳动者对劳动争议的终局裁决不服的,可以自收到仲裁裁决书之日起 15 日内向人民法院提起诉讼。

(3) 当事人对终局裁决情形之外的其他劳动争议案件的仲裁裁决不服的,可以自收到仲裁裁决书之日起 15 日内提起诉讼。

(4) 终局裁决被人民法院裁定撤销的,当事人可以自收到裁定书之日起 15 日内就该劳动争议事项向人民法院提起诉讼。

2. 劳动诉讼程序

劳动诉讼依照民事诉讼法的规定执行。

八、违反劳动合同法的法律责任

(一) 用人单位违反劳动合同法的法律责任

1. 用人单位规章制度违法的法律责任

(1) 用人单位直接涉及劳动者切身利益的规章制度违反法律、法规规定的,由劳动行政部门责令改正,给予警告;给劳动者造成损害的,应当承担赔偿责任。

(2) 用人单位违反劳动合同法有关建立职工名册规定的,由劳动行政部门责令限期改正;逾期不改正的,由劳动行政部门处 2 000 元以上 2 万元以下的罚款。

2. 用人单位订立劳动合同违法的法律责任

(1) 用人单位提供的劳动合同文本未载明劳动合同必备条款或者用人单位未将劳动合

同文本交付劳动者的，由劳动行政部门责令改正；给劳动者造成损害的，应当承担赔偿责任。

（2）用人单位自用工之日起超过1个月不满1年未与劳动者订立书面劳动合同的，应当向劳动者每月支付2倍的工资。

（3）用人单位违反劳动合同法规定不与劳动者订立无固定期限劳动合同的，自应当订立无固定期限劳动合同之日起向劳动者每月支付2倍的工资。

（4）用人单位违反劳动合同法规定与劳动者约定试用期的，由劳动行政部门责令改正；违法约定的试用期已经履行的，由用人单位以劳动者试用期满月工资为标准，按已经履行的超过法定试用期的期间向劳动者支付赔偿金。

（5）用人单位违反劳动合同法规定，扣押劳动者居民身份证等证件的，由劳动行政部门责令限期退还劳动者本人，并依照有关法律规定给予处罚。

（6）用人单位违反劳动合同法规定，以担保或者其他名义向劳动者收取财物的，由劳动行政部门责令限期退还劳动者本人，并以每人500元以上2 000元以下的标准处以罚款；给劳动者造成损害的，应当承担赔偿责任。

（7）劳动合同依照法律规定被确认无效，给劳动者造成损害的，用人单位应当承担赔偿责任。

3. 用人单位履行劳动合同违法的法律责任

（1）用人单位有下列情形之一的，依法给予行政处罚；构成犯罪的，依法追究刑事责任；给劳动者造成损害的，应当承担赔偿责任：

①以暴力、威胁或者非法限制人身自由的手段强迫劳动的；

②违章指挥或者强令冒险作业危及劳动者人身安全的；

③侮辱、体罚、殴打、非法搜查或者拘禁劳动者的；

④劳动条件恶劣、环境污染严重，给劳动者身心健康造成严重损害的。

（2）用人单位有下列情形之一的，由劳动行政部门责令限期支付劳动报酬、加班费；劳动报酬低于当地最低工资标准的，应当支付其差额部分；逾期不支付的，责令用人单位按应付金额50%以上100%以下的标准向劳动者加付赔偿金：

①未按照劳动合同的约定或者国家规定及时足额支付劳动者劳动报酬的；

②低于当地最低工资标准支付劳动者工资的；

③安排加班不支付加班费的。

（3）用人单位依照劳动合同法的规定应当向劳动者每月支付2倍的工资或者应当向劳动者支付赔偿金而未支付的，劳动行政部门应当责令用人单位支付。

4. 用人单位违法解除和终止劳动合同的法律责任

（1）用人单位违反劳动合同法规定解除或者终止劳动合同的，应当依照劳动合同法规定的经济补偿标准的2倍向劳动者支付赔偿金。

(2) 用人单位解除或者终止劳动合同，未依照劳动合同法规定向劳动者支付经济补偿的，由劳动行政部门责令限期支付经济补偿；逾期不支付的，责令用人单位按应付金额50%以上100%以下的标准向劳动者加付赔偿金。

(3) 用人单位违反劳动合同法规定未向劳动者出具解除或者终止劳动合同的书面证明，由劳动行政部门责令改正；给劳动者造成损害的，应当承担赔偿责任。

(4) 劳动者依法解除或者终止劳动合同，用人单位扣押劳动者档案或者其他物品的，由劳动行政部门责令限期退还劳动者本人，并以每人500元以上2 000元以下的标准处以罚款；给劳动者造成损害的，应当承担赔偿责任。

5. 其他法律责任

(1) 用人单位招用与其他用人单位尚未解除或者终止劳动合同的劳动者，给其他用人单位造成损失的，应当承担连带赔偿责任。

(2) 用工单位及劳务派遣单位违反劳动合同法有关劳务派遣规定的，由劳动行政部门和其他有关主管部门责令改正；情节严重的，以每位被派遣劳动者1 000元以上5 000元以下的标准处以罚款（劳务派遣单位并由工商行政管理部门吊销营业执照）；给被派遣劳动者造成损害的，劳务派遣单位和用工单位承担连带赔偿责任。

(3) 对不具备合法经营资格的用人单位的违法犯罪行为，依法追究法律责任；劳动者已经付出劳动的，该单位或者其出资人应当依照劳动合同法的有关规定向劳动者支付劳动报酬、经济补偿、赔偿金；给劳动者造成损害的，应当承担赔偿责任。

(4) 个人承包经营违反劳动合同法规定招用劳动者，给劳动者造成损害的，发包的组织与个人承包经营者承担连带赔偿责任。

（二）劳动者违反劳动合同法的法律责任

1. 劳动合同被确认无效，给用人单位造成损失的，有过错的劳动者应当承担赔偿责任。

2. 劳动者违反劳动合同法规定解除劳动合同，给用人单位造成损失的，应当承担赔偿责任。

3. 劳动者违反劳动合同中约定的保密义务或者竞业限制，劳动者应当按照劳动合同的约定，向用人单位支付违约金给用人单位造成损失的，应当承担赔偿责任。

4. 劳动者违反培训协议，未满服务期解除或者终止劳动合同的，或者因劳动者严重违纪，用人单位与劳动者解除约定服务期的劳动合同的，劳动者应当按照劳动合同的约定，向用人单位支付违约金。

第二节　社会保险法律制度

社会保险为低收入家庭保驾护航

2012年9月26日国务院发布的《国务院关于进一步加强和改进最低生活保障工作的意见》要求要加快推进低收入家庭认定工作，全面建立临时救助制度；有效解决低收入群众的突发性、临时性基本生活困难；做好最低生活保障与养老、医疗等社会保险制度的衔接工作，确保低收入群体在住房、医疗、教育以及基本生活等方面得到有效保障。2016年《国务院关于进一步健全特困人员救助供养制度的意见》中又提出各地要统筹做好特困人员救助供养制度与城乡居民基本养老保险、基本医疗保障、最低生活保障、孤儿基本生活保障、社会福利等制度的有效衔接。符合相关条件的特困人员，可同时享受城乡居民基本养老保险、基本医疗保险等社会保险和高龄津贴等社会福利。2020年3月7日，在中国抗击新冠疫情期间，有关部门还下发通知，对于生活困难的低保人员和生活特别困难群体，各地要及时发放价格临时补贴，来减轻物价上涨带来的生活压力，保障这类困难群体基本生活质量。

一、社会保险的概念、种类与基本原则

（一）社会保险的概念

社会保险，是指国家依法建立的，由国家、用人单位和个人共同筹集资金、建立基金，使个人在年老（退休）、患病、工伤（因工伤残或者患职业病）、失业、生育等情况下获得物质帮助和补偿的一种社会保障制度。这种保障是依靠国家立法强制实行的社会化保险。所谓社会化保险，一是指资金来源的社会化，社会保险基金中既有用人单位和个人缴纳的保险费，也有国家财政给予的补助；二是指管理的社会化，国家设置专门机构，实行统一规划和管理，统一承担保险金的发放职能等。

（二）社会保险的种类

目前我国的社会保险项目主要有5项，统称为"五险"。

1. 养老保险

基本养老保险是针对公民老龄化风险，通过参保人缴费和政府补贴建立养老保险基金，向达到法定领取年龄的成员支付养老金，保障老年日常支出的社会保障项目。

2. 医疗保险

基本医疗保险是针对公民的医疗风险，通过参保人缴费和政府补贴建立医疗保险基

金，为成员分担基本医疗费用，保障公民能享受基本医疗服务的社会保障项目。

3. 工伤保险

工伤保险是针对公民的职业风险，通过雇主缴费和政府补贴建立工伤保险基金，向因工伤事故导致伤病、因工作环境导致职业病的成员，提供医疗服务、带薪休假；向伤残的成员及其供养的家庭成员提供伤残抚恤金的社会保障项目。

4. 失业保险

失业保险是针对公民失业风险，通过参保人缴费和政府补贴建立失业保险基金，向非本人原因失业、在失业保险机构登记且具有就业愿望的人员支付失业津贴、医疗补贴等，保障其家庭基本生活，提供就业培训和就业服务的社会保障项目。

（三）社会保险制度的基本原则

1. 社会保险范围"广覆盖"

"广覆盖"就是社会保险制度的覆盖面要广，使尽可能多的人纳入社会保险体系中。广覆盖原则体现了社会保险制度的公平性和全面性，维护了公民参加社会保险和享受社会保险待遇的合法权益。从我国社会保险制度的建立和发展看，社会保险范围是逐渐扩大的：从国有单位到非国有单位，从单位职工到个体工商户、灵活就业人员，从就业相关人员到非从业人员，从城镇人口到农村人口。基本养老保险和基本医疗保险覆盖全体居民，其目标是做到使人人享有"老有所养""病有所医"。工伤保险、失业保险、生育保险是与就业相关的社会保险制度，主要覆盖职业人群。

2. 社会保险"保基本"

"保基本"即社会保险以保障公民基本生活和需要为主，这是由我国现阶段经济发展水平决定的，社会保险水平应当与经济社会发展水平相适应。"保基本"具备两个功能：一方面可以防止超出现实可能的过高标准造成国家财政、用人单位和个人负担过重；另一方面就某些保险而言，如失业保险，可以避免有劳动能力的人过分依赖社会保险，而放弃以劳动为本的生存方式。

3. 社会保险体系"多层次"

社会保险"多层次"是指责任主体和制度结构的多元化。除了建立并完善基本养老保险、基本医疗保险等基本保险外，还可建立补充保险，包括补充养老保险、补充医疗保险，以及补充性的商业保险等。《中华人民共和国劳动法》规定，国家鼓励用人单位根据本单位实际情况为劳动者建立补充保险；国家提倡劳动者个人进行储蓄型保险。

4. 社会保险制度运行"可持续"

"可持续"即建立社会保险可持续发展的长效机制，实现社会保险制度稳定运行。保证社会保险基金收支平衡，促进自身良性运行，特别是在人口老龄化来临时基本养老保险制度、基本医疗保险制度能够持续，不给政府财政、企业和个人造成太大负担。

二、基本养老保险

(一) 基本养老保险的含义

基本养老保险,是指缴费达到法定期限并且个人达到法定退休年龄后,国家和社会提供物质帮助以保证因年老而退出劳动领域者稳定、可靠的生活来源的社会保险制度。基本养老保险是社会保险体系中最重要、实施最广泛的一项制度。

(二) 基本养老保险的覆盖范围

基本养老保险制度由三个部分组成:职工基本养老保险制度、新型农村社会养老保险制度(简称新农保)、城镇居民社会养老保险制度(简称城居保)。国务院于2014年2月26日决定,将新农保和城居保两项制度合并实施,在全国范围内建立统一的城乡居民基本养老保险制度。年满16周岁(不含在校学生),非国家机关和事业单位工作人员及不属于职工基本养老保险制度覆盖范围的城乡居民,可以在户籍地参加城乡居民养老保险。

职工基本养老保险费的征缴范围:国有企业、城镇集体企业、外商投资企业、城镇私营企业和其他城镇企业及其职工,实行企业化管理的事业单位及其职工。这是基本养老保险的主体部分。由用人单位和职工共同缴纳基本养老保险费。

无雇工的个体工商户、未在用人单位参加基本养老保险的非全日制从业人员以及其他灵活就业人员可以参加基本养老保险,由个人缴纳基本养老保险费。

公务员和参照公务员管理的工作人员养老保险的办法由国务院规定。

(三) 职工基本养老保险基金的组成和来源

基本养老保险基金由用人单位和个人缴费以及政府补贴等组成。基本养老保险实行社会统筹与个人账户相结合。

养老保险社会统筹,是指统一收取养老保险缴费和统一支付养老金,以确保收支平衡的公共财务系统。用人单位应当按照国家规定的本单位职工工资总额的比例缴纳基本养老保险费,记入基本养老保险统筹基金。职工按照国家规定的本人工资的比例缴纳基本养老保险费,记入个人账户。基本养老保险基金出现支付不足时,政府给予补贴。

无雇工的个体工商户、未在用人单位参加基本养老保险的非全日制从业人员以及其他灵活就业人员参加基本养老保险的,应当按照国家规定缴纳基本养老保险费,分别记入基本养老保险统筹基金和个人账户。个人账户不得提前支取,记账利率不得低于银行定期存款利率,免征利息税。参加职工基本养老保险的个人死亡后,其个人账户中的余额可以全部依法继承。个人账户记账利率的确定主要参考银行的居民定期存款利率、当地上一年度职工平均工资增长率和养老保险基金运营的实际收益确定。

个人跨统筹地区就业的,其基本养老保险关系随本人转移,缴费年限累计计算。个人达到法定退休年龄时,基本养老金分段计算、统一支付。

（四）职工基本养老保险费的缴纳与计算

1. 单位缴费

按照现行政策，企业缴费的比例一般不得超过企业工资总额的19%，具体比例由省、自治区、直辖市政府确定。机关事业单位缴纳基本养老保险费的比例为本单位工资总额的19%。

2. 个人缴费

按照现行政策，职工个人按照本人缴费工资的8%缴费，记入个人账户。缴费工资，也称缴费工资基数，一般为职工本人上一年度月平均工资（有条件的地区也可以本人上月工资收入为个人缴费工资基数）。月平均工资按照国家统计局规定列入工资总额统计的项目计算，包括工资、奖金、津贴、补贴等收入，不包括用人单位承担或者支付给员工的社会保险费、劳动保护费、福利费、用人单位与员工解除劳动关系时支付的一次性补偿以及计划生育费用等其他不属于工资的费用。新招职工（包括研究生、大学生、大中专毕业生等）以起薪当月工资收入作为缴费工资基数；从第二年起，按上一年实发工资的月平均工资作为缴费工资基数。

即：个人养老账户月存储额 = 本人月缴费工资 × 8%

本人月平均工资低于当地职工月平均工资60%的，按当地职工月平均工资的60%作为缴费基数。本人月平均工资高于当地职工月工资300%的，按当地职工月平均工资的300%作为缴费基数，超过部分不计入缴费工资基数，也不计入计发养老金的基数。

个人缴费不计征个人所得税，在计算个人所得税的应税收入时，应当扣除个人缴纳的养老保险费。

城镇个体工商户和灵活就业人员的缴费基数为当地上年度在岗职工月平均工资，缴费比例为20%，其中8%记入个人账户。

（五）职工基本养老保险享受条件与待遇

1. 职工基本养老保险享受条件

（1）年龄条件：达到法定退休年龄

目前国家实行的法定的企业职工退休年龄是，男年满60周岁，女工人年满50周岁，女干部年满55周岁；从事井下、高温、高空、特别繁重体力劳动或其他有害身体健康工作的，退休年龄男年满55周岁，女年满45周岁；因病或非因工致残，由医院证明并经劳动鉴定委员会确认完全丧失劳动能力的，退休年龄为男年满50周岁，女年满45周岁。

（2）缴费条件：累计缴费满15年

参加职工基本养老保险的个人，达到法定退休年龄时累计缴费满15年的，按月领取基本养老金。

若参保个人达到法定退休年龄时累计缴费不足15年的，可以延长缴费至满15年，按月领取基本养老金；也可申请转入户籍所在地新型农村社会养老保险或者城镇居民社会养老保险，按照国务院规定享受相应的养老保险待遇。累计缴费不足 15 年（含按规定延长缴费），且未转入新型农村社会养老保险或者城镇居民社会养老保险的，个人可以书面申请终止职工基本养老保险关系。社会保险经办机构收到申请后，应当书面告知其转入新型农村社会养老保险或者城镇居民社会养老保险的权利以及终止职工基本养老保险的后果，经本人书面确认后，终止其职工基本养老关系，并将个人账户储存额一次性支付给本人。

2. 职工基本养老保险待遇

（1）支付职工基本养老金

对符合基本养老保险享受条件的人员国家按月支付基本养老金。基本养老金由统筹养老金和个人账户养老金组成。基本养老金根据个人累计缴费年限、缴费工资、当地职工平均工资、个人账户金额、城镇人口平均预期寿命等因素确定。国家建立基本养老金正常调整机制，根据职工平均工资增长、物价上涨情况，适时提高基本养老保险待遇水平。职工退休以后年度调整增加的养老金，按职工退休时个人账户养老金和基础养老金各占基本养老金的比例，分别从个人账户储存余额和社会统筹基金中支付。职工退休后，其个人账户缴费情况停止记录，个人账户在按月支付离退休金（含以后年度调整增加的部分）后的余额部分继续计息。

（2）丧葬补助金和遗属抚恤金

参加基本养老保险的个人，因病或者非因工死亡的，其遗属可以领取丧葬补助金和抚恤金，所需资金从基本养老保险基金中支付。但如果个人死亡同时符合领取基本养老保险丧葬补助金、工伤保险丧葬补助金和失业保险丧葬补助金条件的，其遗属只能选择领取其中的一项。

（3）病残津贴

参加基本养老保险的个人，在未达到法定退休年龄时因病或者非因工致残，完全丧失劳动能力的，可以领取病残津贴。所需资金从基本养老保险基金中支付。

三、基本医疗保险

（一）基本医疗保险的含义

基本医疗保险，是指按照国家规定缴纳一定比例的医疗保险费，在参保人因患病和意外伤害而就医诊疗时，由医疗保险基金支付其一定医疗费用的社会保险制度。

（二）基本医疗保险的覆盖范围

1. 职工基本医疗保险

职工应当参加职工基本医疗保险，由用人单位和职工按照国家规定共同缴纳基本医疗保险费。职工基本医疗保险费的征缴范围：国有企业、城镇集体企业、外商投资企业、城镇私营企业和其他城镇企业及其职工，国家机关及其工作人员，事业单位及其职工，民办非企业单位及其职工，社会团体及其专职人员。

无雇工的个体工商户、未在用人单位参加基本医疗保险的非全日制从业人员以及其他灵活就业人员可以参加职工基本医疗保险，由个人按照国家规定缴纳基本医疗保险费。

2. 城乡居民基本医疗保险

国务院于 2016 年 1 月 3 日发布了《关于整合城乡居民基本医疗保险制度的意见》，规定：

整合城镇居民基本医疗保险和新型农村合作医疗两项制度，建立统一的城乡居民基本医疗保险制度。

（三）职工基本医疗保险费的缴纳

基本医疗保险也像基本养老保险一样采用"统账结合"模式，即分别设立社会统筹基金和个人账户基金，基本医疗保险基金由统筹基金和个人账户构成。

1. 单位缴费

由统筹地区统一确定适合当地经济发展水平的基本医疗保险单位缴费率，一般为职工工资总额的 6% 左右。用人单位缴纳的基本医疗保险费分为两部分，一部分用于建立统筹基金，另一部分划入个人账户。

2. 基本医疗保险个人账户的资金来源

（1）个人缴费部分

由统筹地区统一确定适合当地职工负担水平的基本医疗保险个人缴费率，一般为本人工资收入的 2%。

（2）用人单位缴费的划入部分

由统筹地区根据个人医疗账户的支付范围和职工年龄等因素确定用人单位所缴医疗保险费划入个人医疗账户的具体比例，一般为 30% 左右。

（3）个人账户存储额的利息

个人跨统筹地区就业的，其基本医疗保险关系随本人转移，缴费年限累计计算。

3. 退休人员基本医疗保险费的缴纳

参加职工基本医疗保险的个人，达到法定退休年龄时累计缴费达到国家规定年限的，退休后不再缴纳基本医疗保险费，按照国家规定享受基本医疗保险待遇；未达到国家规定缴费年限的，可以缴费至国家规定年限。目前对最低缴费年限没有全国统一的规定，由各统筹地区根据本地情况确定。

（四）职工基本医疗费用的结算

参保人员在协议医疗机构发生的医疗费用，符合基本医疗保险药品目录、诊疗项目、医疗服务设施标准的，按照国家规定从基本医疗保险基金中支付。参保人员确需急诊、抢救的，可以在非协议医疗机构就医；因抢救必须使用的药品可以适当放宽范围。参保人员急诊、抢救的医疗服务具体管理办法由统筹地区根据当地实际情况制定。参保人员医疗费用中应当由基本医疗保险基金支付的部分，由社会保险经办机构与医疗机构、药品经营单位直接结算。社会保险经办机构根据管理服务的需要，可以与医疗机构、药品经营单位签订服务协议，规范医疗服务行为。

享受基本医疗保险待遇一般要符合以下条件：

（1）参保人员必须到基本医疗保险的定点医疗机构就医、购药或定点零售药店购买药品。

（2）参保人员在看病就医过程中所发生的医疗费用必须符合基本医疗保险药品目录、诊疗项目、医疗服务设施标准的范围和给付标准。

参保人员符合基本医疗保险支付范围的医疗费用中，在社会医疗统筹基金起付标准以上与最高支付限额以下的费用部分，由社会医疗统筹基金按一定比例支付。

起付标准，又称起付线，一般为当地职工年平均工资的10%左右。最高支付限额，又称封顶线，一般为当地职工年平均工资的6倍左右。支付比例一般为90%。

参保人员符合基本医疗保险支付范围的医疗费用中，在社会医疗统筹基金起付标准以下的费用部分，由个人账户资金支付或个人自付；统筹基金起付线以上至封顶线以下的费用部分，个人也要承担一定比例的费用，一般为10%，可由个人账户支付，也可自付。参保人员在封顶线以上的医疗费用部分，可以通过单位补充医疗保险或参加商业保险等途径解决。

（五）基本医疗保险基金不支付的医疗费用

下列医疗费用不纳入基本医疗保险基金支付范围：

（1）应当从工伤保险基金中支付的；

（2）应当由第三人负担的；

（3）应当由公共卫生负担的；

（4）在境外就医的。医疗费用应当由第三人负担，第三人不支付或者无法确定第三人的，由基本医疗保险基金先行支付。基本医疗保险基金先行支付后，有权向第三人追偿。

（六）医疗期

医疗期是指企业职工因患病或非因工负伤停止工作，治病休息，但不得解除劳动合同的期限。

1. 医疗期期间

企业职工因患病或非因工负伤，需要停止工作，进行医疗时，根据本人实际参加工作年限和在本单位工作年限，给予3个月到24个月的医疗期：

（1）实际工作年限10年以下的，在本单位工作年限5年以下的为3个月；5年以上的为6个月。

（2）实际工作年限10年以上的，在本单位工作年限5年以下的为6个月；5年以上10年以下的为9个月；10年以上15年以下的为12个月；15年以上20年以下的为18个月；20年以上的为24个月。

2. 医疗期的计算方法

医疗期 3 个月的按 6 个月内累计病休时间计算；6 个月的按 12 个月内累计病休时间计算；9 个月的按 15 个月内累计病休时间计算；12 个月的按 18 个月内累计病休时间计算；18 个月的按 24 个月内累计病休时间计算；24 个月的按 30 个月内累计病休时间计算。即医疗期的计算从病休第一天开始，累计计算。例如，1 名应享受 3 个月医疗期的职工，如果从 2016 年 3 月 15 日起第一次病休，则该职工医疗期应在 3 月 15 日—9 月 14 日 6 个月内的时间段确定。假设到 7 月 20 日，该职工已累计病休 3 个月，即视为医疗期满。若该职工在 7 月 21 日—9 月 14 日之间再次病休，就无法享受医疗期待遇。

病休期间，公休、假日和法定节日包括在内。对某些患特殊疾病（如癌症、精神病、瘫痪等）的职工，在 24 个月内尚不能痊愈的，经企业和劳动主管部门批准，可以适当延长医疗期。

3. 医疗期内的待遇

企业职工在医疗期内，其病假工资、疾病救济费和医疗待遇按照有关规定执行。病假工资或疾病救济费可以低于当地最低工资标准支付，但最低不能低于最低工资标准的 80%。医疗期内不得解除劳动合同。如医疗期内遇合同期满，则合同必须续延至医疗期满，职工在此期间仍然享受医疗期内待遇。对医疗期满尚未痊愈者，或者医疗期满后，不能从事原工作，也不能从事用人单位另行安排的工作，被解除劳动合同的，用人单位需按经济补偿规定给予其经济补偿。

四、工伤保险

（一）工伤保险的含义

工伤保险，是指劳动者在职业工作中或规定的特殊情况下遭遇意外伤害或职业病，导致暂时或永久丧失劳动能力，以及死亡时劳动者或其遗属能够从国家和社会获得物质帮助的社会保险制度。

（二）工伤保险费的缴纳和工伤保险基金

1. 工伤保险费的缴纳

职工应当参加工伤保险，由用人单位缴纳工伤保险费，职工不缴纳工伤保险费。中华人民共和国境内的企业、事业单位、社会团体、民办非企业单位、基金会、律师事务所、会计师事务所等组织和有雇工的个体工商户（以下称用人单位）应当依照《工伤保险条例》的规定参加工伤保险，为本单位全部职工或者雇工（以下称职工）缴纳工伤保险费。

工伤保险费根据以支定收、收支平衡的原则，确定费率。国家根据不同行业的工伤风险程度确定行业的差别费率，并根据使用工伤保险基金、工伤发生率等情况在每个行业内确定若干费率档次。行业差别费率及行业内费率档次由国务院社会保险行政部门制定，报国务院批准后公布施行。

社会保险经办机构根据用人单位使用工伤保险基金、工伤发生率和所属行业费率档次等情况，确定用人单位缴费率。

用人单位应当按照本单位职工工资总额，根据社会保险经办机构确定的费率按时足额缴纳工伤保险费。

对难以按照工资总额缴纳工伤保险费的行业，其缴纳工伤保险费的具体方式，由国务院社会保险行政部门规定。例如，建筑施工企业可以实行以建筑施工项目为单位，按照项目工程总造价的一定比例，计算缴纳工伤保险费。商贸、餐饮、住宿、美容美发、洗浴以及文体娱乐等小型服务业企业以及有雇工的个体工商户，可以按照营业面积的大小核定应参保人数，按照所在统筹地区上一年度职工月平均工资的一定比例和相应的费率，计算缴纳工伤保险费；也可以按照营业额的一定比例计算缴纳工伤保险费。小型矿山企业可以按照总产量、吨矿工资含量和相应的费率计算缴纳工伤保险费。

2. 工伤保险基金

工伤保险基金由用人单位缴纳的工伤保险费、工伤保险基金的利息和依法纳入工伤保险基金的其他资金构成。

工伤保险基金存入社会保障基金财政专户，用于《工伤保险条例》规定的工伤保险待遇，劳动能力鉴定，工伤预防的宣传、培训等费用，以及法律、法规规定的用于工伤保险的其他费用的支付。

工伤预防费用的提取比例、使用和管理的具体办法，由国务院社会保险行政部门会同国务院财政、卫生行政、安全生产监督管理等部门规定。任何单位或者个人不得将工伤保险基金用于投资运营、兴建或者改建办公场所、发放奖金，或者挪作其他用途。

工伤保险基金应当留有一定比例的储备金，用于统筹地区重大事故的工伤保险待遇支付；储备金不足支付的，由统筹地区的人民政府垫付。储备金占基金总额的具体比例和储备金的使用办法，由省、自治区、直辖市人民政府规定。

（三）工伤认定与劳动能力鉴定

1. 工伤认定

（1）应当认定工伤的情形

职工有下列情形之一的，应当认定为工伤：

①在工作时间和工作场所内，因工作原因受到事故伤害的；

②工作时间前后在工作场所内，从事与工作有关的预备性或收尾性工作受到事故伤害的；

③在工作时间和工作场所内，因履行工作职责受到暴力等意外伤害的；

④患职业病的；

⑤因公外出期间，由于工作原因受到伤害或者发生事故下落不明的；

⑥在上下班途中，受到非本人主要责任的交通事故或者城市轨道交通、客运轮渡、火车事故伤害的；

⑦法律、行政法规规定应当认定为工伤的其他情形。

（2）视同工伤的情形

职工有下列情形之一的，视同工伤：

①在工作时间和工作岗位，突发疾病死亡或者在48小时内经抢救无效死亡的；

②在抢险救灾等维护国家利益、公共利益活动中受到伤害的；

③原在军队服役，因战、因公负伤致残，已取得革命伤残军人证，到用人单位后旧伤复发的。

（3）不认定为工伤的情形

职工因下列情形之一导致本人在工作中伤亡的，不认定为工伤：

①故意犯罪；

②醉酒或者吸毒；

③自残或者自杀；

④法律、行政法规规定的其他情形。

2. 劳动能力鉴定

职工发生工伤，经治疗伤情相对稳定后存在残疾、影响劳动能力的，应当进行劳动能力鉴定。劳动能力鉴定是指劳动功能障碍程度和生活自理障碍程度的等级鉴定。劳动功能障碍分为十个伤残等级，最重的为一级，最轻的为十级。生活自理障碍分为三个等级：生活完全不能自理、生活大部分不能自理和生活部分不能自理。劳动能力鉴定标准由国务院社会保险行政部门会同国务院卫生行政部门等部门制定。

自劳动能力鉴定结论做出之日起1年后，工伤职工或者其近亲属、所在单位或者经办机构认为伤残情况发生变化的，可以申请劳动能力复查鉴定。

（四）工伤保险待遇

职工因工作原因受到事故伤害或者患职业病，且经工伤认定的，享受工伤保险待遇；其中，经劳动能力鉴定丧失劳动能力的，享受伤残待遇。

1. 工伤医疗待遇

职工因工作遭受事故伤害或者患职业病进行治疗，享受工伤医疗待遇。包括：

（1）治疗工伤的医疗费用（诊疗费、药费、住院费）。职工治疗工伤应当在签订服务协议的医疗机构就医，情况紧急时可以先到就近的医疗机构急救。治疗工伤所需费用符合工伤保险诊疗项目目录、工伤保险药品目录、工伤保险住院服务标准的，从工伤保险基金支付。

（2）住院伙食补助费、交通食宿费。职工住院治疗工伤的伙食补助费，以及经医疗机构出具证明，报经办机构同意，工伤职工到统筹地区以外就医所需的交通、食宿费用按标准从工伤保险基金支付。

（3）康复性治疗费。工伤职工到签订服务协议的医疗机构进行工伤康复的费用，符合规定的，从工伤保险基金支付。

（4）停工留薪期工资福利待遇。职工因工作遭受事故伤害或者患职业病需要暂停工作接受工伤医疗的，在停工留薪期内，原工资福利待遇不变，由所在单位按月支付。

停工留薪期一般不超过12个月。伤情严重或者情况特殊，经设区的市级劳动能力鉴定委员会确认，可以适当延长，但延长不得超过12个月。

工伤职工评定伤残等级后，停止享受停工留薪期待遇，按照规定享受伤残待遇。工伤职工在停工留薪期满后仍需治疗的，继续享受工伤医疗待遇。生活不能自理的工伤职工在停工留薪期需要护理的，由所在单位负责。

但工伤职工治疗非工伤引发的疾病，不享受工伤医疗待遇，按照基本医疗保险办法处理。

2. 辅助器具装配费

工伤职工因日常生活或者就业需要，经劳动能力鉴定委员会确认，可以安装假肢、矫形器、假眼、假牙和配置轮椅等辅助器具，所需费用按照国家规定的标准从工伤保险基金支付。

3. 伤残待遇

经劳动能力鉴定委员会鉴定，评定伤残等级的工伤职工，享受伤残待遇。包括：

（1）生活护理费。工伤职工已经评定伤残等级并经劳动能力鉴定委员会确认需要生活护理的，从工伤保险基金按月支付生活护理费。生活护理费按照生活完全不能自理、生活大部分不能自理或者生活部分不能自理3个不同等级支付，其标准分别为统筹地区上年度职工月平均工资的50%、40%或30%。

（2）一次性伤残补助金。职工因工致残被鉴定为一级至十级伤残的，从工伤保险基金按伤残等级支付一次性伤残补助金。

（3）伤残津贴。职工因工致残被鉴定为一级至四级伤残的，保留劳动关系，退出工作岗位，从工伤保险基金中按月支付伤残津贴，伤残津贴实际金额低于当地最低工资标准的，由工伤保险基金补足差额。职工因工致残被鉴定为五级、六级伤残的，保留与用人单位的劳动关系，由用人单位安排适当工作。难以安排工作的，由用人单位按月发给伤残津贴。伤残津贴实际金额低于当地最低工资标准的，由用人单位补足差额。

（4）一次性工伤医疗补助金和一次性伤残就业补助金。五级、六级伤残，经工伤职工本人提出，可以与用人单位解除或者终止劳动关系；七级至十级伤残，劳动、聘用合同期满终止，或者职工本人提出解除劳动、聘用合同的，由工伤保险基金支付一次性工伤医疗补助金，由用人单位支付一次性伤残就业补助金。一次性工伤医疗补助金和一次性伤残就业补助金的具体标准由省、自治区、直辖市人民政府规定。

4. 工亡待遇

职工因工死亡，或者伤残职工在停工留薪期内因工伤导致死亡的，其近亲属按照规定从工伤保险基金领取丧葬补助金、供养亲属抚恤金和一次性工亡补助金。

（1）丧葬补助金，为6个月的统筹地区上年度职工月平均工资。

（2）供养亲属抚恤金，按照职工本人工资的一定比例发给由因工死亡职工生前提供主要生活来源、无劳动能力的亲属。供养亲属的具体范围由国务院社会保险行政部门规定。

（3）一次性工亡补助金，标准为上一年度全国城镇居民人均可支配收入的20倍。

一至四级伤残职工在停工留薪期满后死亡的，其近亲属可以享受丧葬补助金、供养亲属抚恤金待遇，不享受一次性工亡补助金待遇。

（五）工伤保险待遇承担途径

1. 由工伤保险基金支付的费用

①治疗工伤的医疗费用和康复费用；

②住院伙食补助费；

③到统筹地区以外就医的交通食宿费；

④安装配置伤残辅助器具所需费用；

⑤生活不能自理的，经劳动能力鉴定委员会确认的生活护理费；

⑥一次性伤残补助金和一至四级伤残职工按月领取的伤残津贴；

⑦终止或者解除劳动合同时，应当享受的一次性医疗补助金；

⑧因工死亡的，其遗属领取的丧葬补助金、供养亲属抚恤金和因工死亡补助金；

⑨劳动能力鉴定费。

2. 由用人单位支付的费用

①治疗工伤期间的工资福利；

②五级、六级伤残职工按月领取的伤残津贴；

③终止或者解除劳动合同时，应当享受的一次性伤残就业补助金。

（六）特别规定

1. 工伤保险中所称的本人工资，是指工伤职工因工作遭受事故伤害或者患职业病前12个月平均月缴费工资。本人工资高于统筹地区职工平均工资300%的，按照统筹地区职工平均工资的300%计算；本人工资低于统筹地区职工平均工资60%的，按照统筹地区职工平均工资的60%计算。

2. 工伤职工有下列情形之一的，停止享受工伤保险待遇：

（1）丧失享受待遇条件的；

（2）拒不接受劳动能力鉴定的；

（3）拒绝治疗的。

3. 因工致残享受伤残津贴的职工达到退休年龄并办理退休手续后，停发伤残津贴，按照国家有关规定享受基本养老保险待遇。被鉴定为一级至四级伤残的职工，基本养老保险待遇低于伤残津贴的，由工伤保险基金补足差额。

4. 职工所在用人单位未依法缴纳工伤保险费，发生工伤事故的，由用人单位支付工伤保险待遇。用人单位不支付的，从工伤保险基金中先行支付，由用人单位偿还。用人单位不偿还的，社会保险经办机构可以追偿。

5. 由于第三人的原因造成工伤，第三人不支付工伤医疗费用或者无法确定第三人的，由工伤保险基金先行支付。工伤保险基金先行支付后，有权向第三人追偿。

6. 职工（包括非全日制从业人员）在两个或者两个以上用人单位同时就业的，各用人单位应当分别为职工缴纳工伤保险费。职工发生工伤，由职工受到伤害时工作的单位依法承担工伤保险责任。

五、失业保险

（一）失业保险的含义

失业保险是指国家通过立法强制实行的，由社会集中建立基金，保障因失业而暂时中断生活来源的劳动者的基本生活，并通过职业培训、职业介绍等措施促进其再就业的社会保险制度。

（二）失业保险费的缴纳

失业保险费的征缴范围：国有企业、城镇集体企业、外商投资企业、城镇私营企业和其他城镇企业（统称城镇企业）及其职工，事业单位及其职工。

根据《社会保险法》的规定，职工应当参加失业保险，由用人单位和职工按照国家规定共同缴纳失业保险费。这是失业保险基金的主要来源。此外还有失业保险基金的利息收入、财政补贴，以及依法纳入失业保险基金的其他资金，如企业拖欠失业保险费而产生的滞纳金等。

根据《失业保险条例》的规定，城镇企业事业单位按照本单位工资总额的2%缴纳失业保险费，职工按照本人工资的1%缴纳失业保险费。

职工跨统筹地区就业的，其失业保险关系随本人转移，缴费年限累计计算。

（三）失业保险待遇

1. 失业保险待遇的享受条件

失业人员符合下列条件的，可以申请领取失业保险金并享受其他失业保险待遇：

（1）失业前用人单位和本人已经缴纳失业保险费满1年的。

（2）非因本人意愿中断就业的，包括劳动合同终止；用人单位解除劳动合同；被用人单位开除、除名和辞退；因用人单位过错由劳动者解除劳动合同；法律、法规、规章规定的其他情形。

（3）已经进行失业登记，并有求职要求的。

2. 失业保险金的领取期限

用人单位应当及时为失业人员出具终止或者解除劳动关系的证明，并将失业人员的名单自终止或者解除劳动关系之日起15日内告知社会保险经办机构。失业人员应当持本单位为其出具的终止或者解除劳动关系的证明，及时到指定的公共就业服务机构办理失业登记。失业人员凭失业登记证明和个人身份证明，到社会保险经办机构办理领取失业保险金的手续。失业保险金领取期限自办理失业登记之日起计算。

失业人员失业前用人单位和本人累计缴费满1年不足5年的，领取失业保险金的期限最长为12个月；累计缴费满5年不足10年的，领取失业保险金的期限最长为18个月；累计缴费10年以上的，领取失业保险金的期限最长为24个月。重新就业后，再次失业的，缴费时间重新计算，领取失业保险金的期限与前次失业应当领取而尚未领取的失业保险金的期限合并计算，最长不超过24个月。失业人员因当期不符合失业保险金领取条件的，原有缴费时间予以保留，重新就业并参保的，缴费时间累计计算。

3. 失业保险金的发放标准

失业保险金的标准，不得低于城市居民最低生活保障标准。一般也不高于当地最低工资标准，具体数额由省、自治区、直辖市人民政府确定。

4. 失业保险待遇

（1）领取失业保险金。

（2）领取失业保险金期间享受基本医疗保险待遇。

失业人员在领取失业保险金期间，参加职工基本医疗保险，享受基本医疗保险待遇。失业人员应当缴纳的基本医疗保险费从失业保险基金中支付，个人不缴纳基本医疗保险费。

（3）领取失业保险金期间的死亡补助。

失业人员在领取失业保险金期间死亡的，参照当地对在职职工死亡的规定，向其遗属发给一次性丧葬补助金和抚恤金，所需资金从失业保险基金中支付。

个人死亡同时符合领取基本养老保险丧葬补助金、工伤保险丧葬补助金和失业保险丧葬补助金条件的，其遗属只能选择领取其中的一项。

（4）职业介绍与职业培训补贴。

失业人员在领取失业保险金期间，应当积极求职，接受职业介绍和职业培训。失业人员接受职业介绍、职业培训的补贴由失业保险基金按照规定支付。补贴的办法和标准由省、自治区、直辖市人民政府规定。

（5）国务院规定或者批准的与失业保险有关的其他费用。

（四）停止领取失业保险金及其他失业保险待遇的情形

失业人员在领取失业保险金期间有下列情形之一的，停止领取失业保险金，并同时停止享受其他失业保险待遇：

1. 重新就业的；
2. 应征服兵役的；
3. 移居境外的；
4. 享受基本养老保险待遇的；
5. 无正当理由，拒不接受当地人民政府指定部门或者机构介绍的适当工作或者提供的培训的。

六、 社会保险费征缴

（一） 社会保险登记

1. 用人单位的社会保险登记

用人单位应当自成立之日起 30 日内凭营业执照、登记证书或者单位印章，向当地社会保险经办机构申请办理社会保险登记。社会保险经办机构应当自收到申请之日起 15 日内予以审核，发给社会保险登记证件。

用人单位的社会保险登记事项发生变更或者用人单位依法终止的，应当自变更或者终止之日起 30 日内，到社会保险经办机构办理变更或者注销社会保险登记。

2. 个人的社会保险登记

用人单位应当自用工之日起 30 日内为其职工向社会保险经办机构申请办理社会保险登记。未办理社会保险登记的，由社会保险经办机构核定其应当缴纳的社会保险费。

自愿参加社会保险的无雇工的个体工商户、未在用人单位参加社会保险的非全日制从业人员以及其他灵活就业人员，应当向社会保险经办机构申请办理社会保险登记。

国家建立全国统一的个人社会保障号码。个人社会保障号码为公民身份号码。

（二） 社会保险费缴纳

1. 用人单位缴纳义务

用人单位应当自行申报、按时足额缴纳社会保险费，非因不可抗力等法定事由不得缓缴、减免。

职工应当缴纳的社会保险费由用人单位代扣代缴，用人单位应当按月将缴纳社会保险费的明细情况告知本人。

无雇工的个体工商户、未在用人单位参加社会保险的非全日制从业人员以及其他灵活就业人员，可以直接向社会保险费征收机构缴纳社会保险费。

2. 社会保险费征收机构的权利义务

社会保险费征收机构应当依法按时足额征收社会保险费，并将缴费情况定期告知用人单位和个人。

用人单位未按规定申报应当缴纳的社会保险费数额的，按照该单位上月缴费额的

110%确定应当缴纳数额；缴费单位补办申报手续后，由社会保险费征收机构按照规定结算。

用人单位未按时足额缴纳社会保险费的，由社会保险费征收机构责令其限期缴纳或者补足。用人单位逾期仍未缴纳或者补足社会保险费的，社会保险费征收机构可以向银行和其他金融机构查询其存款账户；并可以申请县级以上有关行政部门做出划拨社会保险费的决定，书面通知其开户银行或者其他金融机构划拨社会保险费。用人单位账户余额少于应当缴纳的社会保险费的，社会保险费征收机构可以要求该用人单位提供担保，签订延期缴费协议。用人单位未足额缴纳社会保险费且未提供担保的，社会保险费征收机构可以申请人民法院扣押、查封、拍卖其价值相当于应当缴纳社会保险费的财产，以拍卖所得抵缴社会保险费。

七、社会保险基金管理运营

社会保险基金按照社会保险险种分别建账，分账核算，执行国家统一的会计制度。社会保险基金专款专用，任何组织和个人不得侵占或者挪用。

社会保险基金存入财政专户，按照统筹层次设立预算，通过预算实现收支平衡。社会保险基金预算按照社会保险项目分别编制。县级以上人民政府在社会保险基金出现支付不足时，给予补贴。社会保险经办机构应当定期向社会公布参加社会保险情况以及社会保险基金的收入、支出、结余和收益情况。

社会保险基金在保证安全的前提下，按照国务院规定投资运营实现保值增值。不得违规投资运营，不得用于平衡其他政府预算，不得用于兴建、改建办公场所和支付人员经费、运行费用、管理费用，或者违反法律、行政法规规定挪作其他用途。

国家设立全国社会保障基金，由中央财政预算拨款以及国务院批准的其他方式筹集的资金构成，用于社会保障支出的补充、调剂。全国社会保障基金由全国社会保障基金管理运营机构负责管理运营，在保证安全的前提下实现保值增值。

八、违反社会保险法的法律责任

（一）用人单位违反社会保险法的法律责任

1. 用人单位不办理社会保险登记的，由社会保险行政部门责令限期改正；逾期不改正的，对用人单位处应缴社会保险费数额1倍以上3倍以下的罚款，对其直接负责的主管人员和其他直接责任人员处500元以上3 000元以下的罚款。

2. 用人单位未按时足额缴纳社会保险费的，由社会保险费征收机构责令限期缴纳或者补足，并自欠缴之日起，按日加收0.05%的滞纳金；逾期仍不缴纳的，由有关行政部门处欠缴数额1倍以上3倍以下的罚款。

3. 用人单位拒不出具终止或者解除劳动关系证明的，由劳动行政部门责令改正；给劳动者造成损害的，应当承担赔偿责任。

（二）骗保行为的法律责任

1. 以欺诈、伪造证明材料或者其他手段骗取社会保险待遇的，由社会保险行政部门责令退回骗取的社会保险金，处骗取金额2倍以上5倍以下的罚款。

2. 社会保险经办机构以及医疗机构、药品经营单位等社会保险服务机构以欺诈、伪造证明材料或者其他手段骗取社会保险基金支出的，由社会保险行政部门责令退回骗取的社会保险金，处骗取金额2倍以上5倍以下的罚款；属于社会保险服务机构的，解除服务协议；直接负责的主管人员和其他直接责任人员有执业资格的，依法吊销其执业资格。

（三）社会保险经办机构、社会保险费征收机构、社会保险服务机构等机构的法律责任

1. 社会保险经办机构及其工作人员有下列行为之一的，由社会保险行政部门责令改正；给社会保险基金、用人单位或者个人造成损失的，依法承担赔偿责任；对直接负责的主管人员和其他直接责任人员依法给予处分：

（1）未履行社会保险法定职责的；

（2）未将社会保险基金存入财政专户的；

（3）克扣或者拒不按时支付社会保险待遇的；

（4）丢失或者篡改缴费记录、享受社会保险待遇记录等社会保险数据、个人权益记录的；

（5）有违反社会保险法律、法规的其他行为的。

2. 社会保险费征收机构擅自更改社会保险费缴费基数、费率，导致少收或者多收社会保险费的，由有关行政部门责令其追缴应当缴纳的社会保险费或者退还不应当缴纳的社会保险费；对直接负责的主管人员和其他直接责任人员依法给予处分。

3. 违反社会保险法规定，隐匿、转移、侵占、挪用社会保险基金或者违规投资运营的，由社会保险行政部门、财政部门、审计机关责令追回；有违法所得的，没收违法所得；对直接负责的主管人员和其他直接责任人员依法给予处分。

4. 社会保险行政部门和其他有关行政部门、社会保险经办机构、社会保险费征收机构及其工作人员泄露用人单位和个人信息的，对直接负责的主管人员和其他直接责任人员依法给予处分；给用人单位或者个人造成损失的，应当承担赔偿责任。

5. 国家工作人员在社会保险管理、监督工作中滥用职权、玩忽职守、徇私舞弊的，依法给予处分。

6. 违反社会保险法规定，构成犯罪的，依法追究刑事责任。

职业能力训练

一、单选题

1. 在某上市公司工作的杨某工作年限为16年，2009年公司因盈利不佳，符合可裁减人员规定而与杨某解除劳动合同，当时杨某月工资为6 400元，当地职工月平均工资为3 500元，杨某可以得到的经济补偿金为（　　）元。

   A. 76 800　　　　B. 102 400　　　　C. 126 000　　　　D. 168 000

2. 劳动合同解除或者终止后，用人单位对该合同文本的保存年限至少为（　　）。

   A. 1年　　　　B. 2年　　　　C. 3年　　　　D. 5年

3. 王某给用人单位甲公司造成损失，公司决定从其当月工资中扣除1 000元作为赔偿；已知王某月工资是1 500元，当地最低工资水平是1 350元，则公司依照规定当月实际扣除的数额最多是（　　）元。

   A. 100　　　　B. 150　　　　C. 200　　　　D. 300

4. 下列各项规定中，符合我国劳动合同法律制度的是（　　）。

   A. 某食用油企业规定可以发食用油抵作工资

   B. 工资必须每月支付一次，实行周、日、小时工资制的不能按周、日、小时支付工资

   C. 劳动者依法参加社会活动期间，用人单位应当依法支付工资

   D. 在妇女节照常工作的女职工，单位应支付加班工资

5. 贾某在A公司任3年会计，在B公司任4年出纳，在C公司做了5年财务主管。C公司安排贾某休带薪年假，按规定贾某可以享受的带薪年休假的天数是（　　）。

   A. 5天　　　　B. 7天　　　　C. 10天　　　　D. 15天

6. 下列属于劳动合同约定条款的是（　　）。

   A. 竞业限制　　　　B. 劳务报酬　　　　C. 工作地点　　　　D. 休息休假

7. 已经建立劳动关系，未同时订立书面劳动合同的，应当法定期限内订立书面劳动合同。该法定期限是自用工之日起（　　）。

   A. 15日内　　　　B. 1个月内　　　　C. 2个月内　　　　D. 3个月内

8. 郑某于2012年6月15日与甲公司签订劳动合同，约定试用期1个月。7月2日郑某上班。郑某与甲公司建立劳动关系的时间是（　　）。

   A. 2012年6月15日　　　　　　B. 2012年7月2日

   C. 2012年7月15日　　　　　　D. 2012年8月2日

9. 根据劳动合同法规定，除特殊行业外，劳动者须达到一定的年龄才可以订立劳动合同。该年龄为（　　）。

   A. 13周岁　　　　B. 15周岁　　　　C. 16周岁　　　　D. 18周岁

10. 某企业职工侯某的月工资为 8 000 元；当地社会平均工资为 2 400 元，最低工资为 1 800 元。则侯某每月应缴纳的基本养老保险费为（　　）元。

A. 680　　　　　　　B. 576　　　　　　　C. 432　　　　　　　D. 192

二、多选题

1. 下列情形中，用人单位不得与劳动者解除劳动合同的有（　　）。

   A. 劳动者在本单位患职业病的

   B. 劳动者患病或者非因工负伤，在规定的医疗期内的

   C. 女职工哺乳期的

   D. 劳动者在本单位连续工作满 10 年的

2. 根据劳动合同法律制度的规定，下列各项表述中，正确的有（　　）。

   A. 用人单位违反规定解除劳动合同，劳动者要求继续履行劳动合同的，用人单位应当继续履行

   B. 用人单位违反规定解除劳动合同，劳动者不要求继续履行劳动合同的，用人单位应当依照劳动合同法规定的经济补偿标准的 2 倍向劳动者支付赔偿金

   C. 用人单位违反规定解除劳动合同，劳动合同已经不能继续履行的，用人单位应当依照劳动合同法规定的经济补偿标准的 2 倍向劳动者支付赔偿金

   D. 用人单位违反规定解除劳动合同而支付赔偿金的，不再支付经济补偿

3. 根据劳动合同法律制度的规定，下列情形中，劳动者可以单方面与用人单位解除劳动合同的有（　　）。

   A. 用人单位未为劳动者缴纳社会保险费

   B. 用人单位未及时足额支付劳动报酬

   C. 用人单位未按照劳动合同约定提供劳动保护

   D. 用人单位未按照劳动合同约定提供劳动条件

4. 关于合同的履行与变更，下列各项中说法正确的有（　　）。

   A. 劳动者拒绝用人单位管理人员违章指挥作业的，不视为违反劳动合同

   B. 用人单位变更投资人不影响劳动合同的履行

   C. 用人单位发生合并，原劳动合同继续有效

   D. 用人单位的加班时间及加班费可以随意制定

5. 某公司拟与张某签订为期 3 年的劳动合同，关于该合同试用期约定的下列方案中，符合法律制度规定的有（　　）。

   A. 不约定试用期　　　　　　　　　　B. 试用期 1 个月

   C. 试用期 3 个月　　　　　　　　　　D. 试用期 6 个月

6. 根据规定，目前我国实行的工时制度主要有（　　）。

   A. 标准工时制　　　　　　　　　　　B. 定时工作制

C. 不定时工作制　　　　　　　　D. 综合计算工时制

7. 劳动合同的必备条款包括（　　）。

A. 工作内容和工作地点

B. 劳动保护、劳动条件和职业危害防护

C. 社会保险

D. 工作时间和休息休假

8. 根据《劳动合同法》的规定，下列对无效劳动合同的表述中，正确的有（　　）。

A. 用人单位免除自己的法定责任、排除劳动者权利的，劳动合同无效

B. 对劳动合同的无效有争议的，由劳动争议仲裁机构或者人民法院确认

C. 无效劳动合同自劳动争议仲裁机构或者人民法院确认无效之日起没有约束力

D. 劳动合同被确认无效，劳动者已付出劳动的，用人单位应当向劳动者支付劳动报酬

9. 根据劳动合同法律制度的规定，下列对劳动合同订立的形式描述中，正确的有（　　）。

A. 建立劳动关系，应当订立书面劳动合同

B. 非全日制用工双方当事人可以不订立书面劳动合同

C. 建立劳动关系，只能订立书面劳动合同

D. 试用期用工双方当事人可以订立口头协议

10. 下列各项中，属于劳动合同订立原则的有（　　）。

A. 公平原则　　　　　　　　　　B. 平等自愿原则

C. 协商一致原则　　　　　　　　D. 诚实信用原则

三、判断题

1. 以欺诈、伪造证明材料或者其他手段骗取社会保险待遇的，由社会保险行政部门责令退回骗取的社会保险金，处骗取金额 2 倍以上 5 倍以下的罚款。（　　）

2. 生育保险待遇仅包括生育医疗费用。（　　）

3. 医疗期内遇合同期满，则合同必须续延至医疗期满，职工在此期间仍然享受医疗期内待遇。（　　）

4. 劳动者对劳动争议的终局裁决不服的，可以自收到仲裁裁决书之日起 30 日内向人民法院提起诉讼。（　　）

5. 仲裁庭在做出裁决前，可以先行调解。（　　）

6. 某大型企业设有劳动争议调解委员会，其调解委员会由职工代表和企业代表组成。（　　）

7. 以完成一定工作任务为期限的劳动合同因任务完成而终止劳动合同的，用人单位无须向劳动者支付经济补偿金。（　　）

8. 劳动者患病或者非因工负伤，在规定的医疗期满后不能从事原工作，也不能从事由用人单位另行安排的工作的，用人单位可提前 30 日以书面形式通知劳动者解除劳动合同。（ ）

9. 由用人单位提出解除劳动合同而与劳动者协商一致的，无须向劳动者支付经济补偿。（ ）

10. 根据劳动合同法律制度的规定，以完成一定工作任务为期限的劳动合同不得约定试用期。（ ）

11. 根据劳动合同法律制度的规定，工资必须在用人单位与劳动者约定的日期支付，如遇节假日或休息日，则应提前在最近的工作日支付。（ ）

12. 根据劳动合同法律制度的规定，用人单位依法安排劳动者在休息日工作，按照不低于劳动合同规定的劳动者本人日或小时工资标准的 200% 支付劳动者工资。（ ）

13. 我国企业必须实行标准工时制度，即劳动者每日工作 8 小时、每周工作 40 小时。（ ）

14. 同一用人单位与同一劳动者只能约定一次试用期。（ ）

15. 用工单位自用工之日起满 1 年不与劳动者订立书面劳动合同的，视为用人单位自用工之日起满 1 年的当日已经与劳动者订立无固定期限劳动合同。（ ）

16. 事业单位与实行聘用制的工作人员订立、履行、变更、解除或者终止劳动合同，依照劳动合同法有关规定执行。（ ）

四、不定项选择题

孙某曾应聘在甲公司工作，试用期满后从事技术工作，2 年后跳槽至乙企业成为该企业的业务骨干。甲公司为实施新的公司战略，拟聘请孙某担任公司高管。经协商，双方签订了劳动合同，约定：（1）劳动合同期限为 2 年，试用期为 3 个月；（2）合同期满或因其他原因离职后，孙某在 3 年内不得从事与甲公司同类的业务工作，公司在孙某离职时一次性支付补偿金 10 万元。

在劳动合同期满前 1 个月时，孙某因病住院。3 个月后，孙某痊愈，到公司上班时，公司通知孙某劳动合同已按期终止，病休期间不支付工资，也不再向其支付 10 万元补偿金。孙某同意公司不支付 10 万元补偿金，但要求公司延续劳动合同期至病愈，并支付病休期间的病假工资和离职的经济补偿。甲公司拒绝了孙某的要求，孙某随即进入同一行业的丙公司从事与甲公司业务相竞争的工作。甲公司认为孙某违反了双方在劳动合同中的竞业限制约定，应承担违约责任。

已知：孙某实际工作年限 12 年。要求：根据上述资料，分析回答下列问题。

1. 对甲公司与孙某约定的劳动合同条款所做的下列判断中，正确的是（　　）。

A. 甲公司与孙某不应约定试用期

B. 甲公司与孙某约定的试用期超过法定最长期限

C. 甲公司与孙某可以约定离职后不得从事同类行业

D. 甲公司与孙某约定离职后不得从事同类行业的时间超过法定最长期限

2. 孙某可以享受的法定医疗期是（　　）。

A. 1 个月　　　　　　B. 3 个月　　　　　　C. 6 个月　　　　　　D. 12 个月

3. 对劳动合同终止及孙某病休期间工资待遇的下列判断中，正确的是（　　）。

A. 孙某与公司约定的劳动合同期满时，劳动合同自然终止

B. 孙某与公司的劳动合同期限应延续至孙某病愈出院

C. 公司只须支付孙某劳动合同期满前一个月的病假工资

D. 公司应支付孙某 3 个月病休期间的病假工资

4. 对甲公司与孙某各自责任的下列判断中，符合法律规定的是（　　）。

A. 孙某应遵守竞业限制约定，承担违约责任

B. 竞业限制约定已失效，孙某不需要承担违约责任

C. 甲公司应支付孙某离职的经济补偿

D. 甲公司无须支付孙某离职的经济补偿

第五章

公司法律制度

职业能力及主要概念

1. 专业能力

了解公司的分类和公司的登记管理

掌握有限责任公司的设立、组织机构和有限责任公司股权转让

掌握股份有限公司的设立、组织机构及股份发行与转让

熟悉公司董事、监事、高级管理人员的资格和义务

熟悉公司债券和公司财务会计制度

了解公司合并、分立、增资、减资、解散、清算

2. 职业核心能力

能辨别公司法人与其他市场主体的法律地位的不同

能运用公司法理论，分析公司在设立、运行过程中的基本问题

能运用《公司法》的相关知识，识别常见的违法行为，学会拟定公司章程，掌握公司在设立及运作过程中基本事务的处理方法

3. 主要概念

有限责任公司　股份有限公司　国家出资公司　国有独资公司　法人财产权　法定代表人　发起人　股东　实际控制人　上市公司　独立董事　公司股票　公司债券

引导案例

A 有限责任公司有甲、乙、丙、丁四位股东，未设立董事会和监事会。股东甲持有 40% 的股权，担任公司董事；股东乙持有 30% 的股权，担任公司监事；股东丙持有 20%

的股权；股东丁持有10%的股权。2023年9月1日，股东乙提议召开临时股东会，按照公司章程的规定，审议如下事项：为股东乙担任董事的B公司提供担保。全体股东出席了临时股东会，虽然股东丁反对，但是股东会还是通过了该项决议。为此，股东丁要求公司按照合理的价格收购其股权，退出公司。

请分析以下问题：

(1) 股东乙是否有权提议召开临时股东会？

(2) 本题中由股东会对为B公司提供担保做出决议是否符合法律规定？

(3) 股东丁要求退出公司是否符合法律规定？

第一节　公司法律制度概述

课程思政

经济日报：上市公司要扛起稳市场责任

2023年9月28日，经济日报发表文章称，公然违规减持、上市首日"做空"自己……近段时间，部分上市公司的种种"迷惑"行为，招致投资者一片声讨，在A股市场掀起阵阵风浪。投资者的愤怒不难理解。当前市场最紧要的是强信心，最迫切的是稳预期。在党中央提出"活跃资本市场，提振投资者信心"的大背景下，部分上市公司不管不顾，大肆违规减持、巨量融券卖出，践踏了投资者信心，无异于让低迷的市场雪上加霜。这种只顾自己捞钱，置市场大局于不顾的做法，实属可恶、可憎。资本市场是信心市场，而信心需要各个主体去用心维护。作为支撑市场的支柱和基石，上市公司一定要提高认知、算大账、算长远账，勇于担当、主动作为，在关键时刻将稳市场、稳预期的责任稳稳地扛在肩上。根据此案例思考公司在市场经济发展中的责任。

一、公司的概念和种类

（一）公司的概念

公司是指依法设立的，以营利为目的的，由股东投资形成的企业法人。

从法律上讲，我国的公司具有以下四项特征：

1. 依法设立

这是指公司必须依法定条件、法定程序设立。一方面，要求公司的章程、资本、组织机构、活动原则等必须合法；另一方面，要求公司设立要经过法定程序，进行工商登记。

2. 以盈利为目的

以盈利为目的，是指股东即出资者设立公司的目的是盈利，即从公司经营中取得利润。因此，盈利目的不仅要求公司本身为盈利而活动，而且要求公司有盈利时应当分配给股东。

3. 以股东投资行为为基础设立

公司由股东的投资行为设立，股东投资行为形成的权利是股权。股权是一种独立的特殊权利，不同于所有权，也不同于经营权等物权，更不同于债权。《公司法》规定，公司股东对公司依法享有受益、参与重大决策和选择管理者等权利。

4. 具有法人资格

公司是企业法人，具有独立的法人财产，能独立承担民事责任。我国《公司法》规定的有限责任公司和股份有限公司都具有法人资格，股东以其认缴的出资额或者认购的股份为限对公司承担责任。

（二）公司的种类

1. 以公司资本结构和股东对公司债务承担责任的方式为标准的分类

（1）有限责任公司。又称有限公司，是指股东以其认缴的出资额为限对公司承担责任，公司以其全部财产对公司的债务承担责任的公司。

（2）股份有限公司。又称股份公司，是指将公司全部资本分为等额股份，股东以其认购的股份为限对公司承担责任，公司以其全部财产对公司的债务承担责任的公司。

（3）无限公司。是指由两个以上的股东组成，全体股东对公司的债务承担无限连带责任的公司。

（4）两合公司。是指由负无限责任的股东和负有限责任的股东组成，无限责任股东对公司债务负无限连带责任，有限责任股东仅就其认缴的出资额为限对公司债务承担责任。其中，无限责任股东是公司的经营管理者，有限责任股东则是不参与经营管理的出资者。

我国《公司法》规定的公司形式仅为有限责任公司和股份有限公司。

2. 以公司的信用基础为标准的分类

（1）资合公司。是指以资本的结合作为信用基础的公司，其典型的形式为股份有限公司。此类公司仅以资本的实力取信于人，股东个人是否有财产、能力或者信誉与公司无关。股东对公司债务以出资为限承担有限的责任，共同设立公司原则上不以相互信任为前提。

（2）人合公司。是指以股东个人的财力、能力和信誉作为信用基础的公司，其典型的形式为无限公司。人合公司的财产及责任与股东的财产及责任没有完全分离，其不以自身资本为信用基础，法律上也不规定设立公司的最低资本额，股东可以用劳务、信用和其他权利出资，企业的所有权和经营权一般也不分离。

（3）资合兼人合的公司。是指同时以公司资本和股东个人信用作为公司信用基础的公司，其典型的形式为两合公司和股份两合公司。

3. 以公司组织关系为标准的分类

（1）母公司和子公司。在不同公司之间存在控制与依附关系时，处于控制地位的是母公司，处于依附地位的则是子公司。母子公司之间虽然存在控制与被控制的组织关系，但他们都具有法人资格，在法律上是彼此独立的企业。《公司法》规定，公司可以设立子公司，子公司具有法人资格，依法独立承担民事责任。

（2）总公司与分公司。分公司是公司依法设立的以分公司名义进行经营活动，其法律后果由总公司承受的分支机构。相对分公司而言，公司称为本公司或总公司。分公司没有独立的公司名称、章程，没有独立的财产，不具有法人资格，但可领取营业执照，进行经营活动，其民事责任由总公司承担。《公司法》规定，公司可以设立分公司，分公司不具有法人资格，其民事责任由公司承担。

（三）有限责任公司与股份有限公司的区别

我国《公司法》规定的有限责任公司与股份有限公司主要存在以下区别：

（1）设立方式不同。有限责任公司只能以发起方式设立，公司资本只能由发起人认缴，不允许向社会募集。股份有限公司既可以发起设立，也可以募集设立，即由发起人认购设立公司时应发行股份的一部分，其余股份向社会公开募集或向特定对象募集。

（2）股东人数上下限规定不同。有限责任公司由1个以上50个以下股东出资设立。股份有限公司应当有1人以上200人以下为发起人，而且应当有半数以上的发起人在中华人民共和国境内有住所。

（3）出资证明形式不同。有限责任公司股东的出资证明为出资证明书，通常为纸面形式。股份有限公司股东的出资证明为股票。股票可以采取无纸面形式，也可以采取纸面形式。公司发行的股票，应当为记名股票。

（4）股权转让方式不同。有限责任公司的股东之间可以自由转让其全部或者部分股权；股东向股东以外的人转让股权的，其他股东在同等条件下有优先购买权。股份有限公司的股东持有的股份可以向其他股东和股东以外的人自由转让，公司章程有限制的，按照公司章程的规定进行转让。股东转让其股份，应当在依法设立的证券交易场所进行。

（5）公司所有权与经营权分离程度不同。有限责任公司的两权分离程度较低，其股东多通过出任经营职务直接参与公司的经营管理，决定公司事务。股份有限公司尤其是向社会公众发行股票的股份有限公司，其两权分离程度较高，所以必须强调组织机构与法人治理机制的完善，法律也对其规定较多强制性义务。

（6）信息披露义务不同。股份有限公司具有开放性，负有法律规定的信息披露义务，其财务状况和经营情况等要依法进行公开披露，以保障社会投资者的利益。有限责任公司则因其为非开放型公司而不受此限制。

二、公司法的概念与性质

（一）公司法的概念

公司法是规定公司法律地位、调整公司组织关系、规范公司在设立、变更与终止过程中的组织行为的法律规范的总称。公司法的概念有广义和狭义之分。狭义的公司法，仅指专门调整公司问题的法律，如《公司法》；广义的公司法，除包括专门的《公司法》外，还包括其他有关公司的法律、法规、规章等调整公司组织关系、规范公司组织行为的法律规范，如《市场主体登记管理条例》等。

（二）公司法的性质

公司法是组织法与行为法的结合，在调整公司组织关系的同时，也对与公司组织活动有关的行为加以调整，如公司股份的发行和转让等，其组织法性质为公司法的本质特征。公司法规定公司的法律地位，规范公司股东之间、股东与公司之间的关系，调整公司的设立、变更与终止活动，规范公司内部组织机构的设置与运作，公司与其他企业间的控制关系以及法律责任等。

三、公司法人财产权

《公司法》规定，公司作为企业法人，有独立的法人财产，享有法人财产权。公司的财产虽然源于股东的投资，但股东一旦将财产投入公司，便丧失对该财产的直接支配的权利，只享有公司的股权，由公司享有对该财产的支配权利，即法人财产权。法人财产权是指公司拥有由股东投资形成的法人财产，并依法对财产行使占有、使用、受益、处分的权利。因此投资于公司的财产需要通过对资本的注册与股东的其他财产明确分开，不允许股东在公司成立后又抽逃投资，或者占用、支配公司的资金、财产。

《公司法》规定，公司向其他企业投资或者为他人提供担保，按照公司章程的规定由董事会或者股东会决议；公司章程对投资或者担保的总额及单项投资或者担保的数额有限额规定的，不得超过规定的限额。

公司为公司股东或者实际控制人提供担保的，应当经股东会决议。接受担保的股东或者受实际控制人支配的股东，不得参加上述规定事项的表决。该项表决由出席会议的其他股东所持表决权的过半数通过。

《公司法》规定，公司可以向其他企业投资。法律规定公司不得成为对所投资企业的债务承担连带责任的出资人的，从其规定。

第二节 公司的登记管理

课程思政

"上海市开办企业一窗通"网上服务平台迎来重大升级,"上海企业登记在线"网上服务平台于2023年5月29日上线,这是全国首个集各类内资和外资企业的设立、变更、注销全周期登记业务于一体的在线登记平台,为申请人打造申请、审核、发照、公示全程电子化的企业登记全程网办服务体系,未来将成为海内外投资者在上海投资兴业的首要平台。上海市市场监管局党组书记、局长倪俊南表示,今年以来,市场监管局围绕企业需求和世界银行营商环境新评估体系要求,积极整合企业登记全程网办能力,企业登记全程网办是市场监管部门优化数字化服务体验,减少企业制度性交易成本,助力企业高质量发展的重要抓手。

公司登记是国家赋予公司法人资格与企业经营资格,并对公司的设立、变更、注销加以规范、公示的行政行为。《公司法》规定,设立公司,应当依法向公司登记机关申请设立登记。我国的公司登记机关是市场监督管理机关。公司应当依照《中华人民共和国市场主体登记管理条例》(以下简称《市场主体登记管理条例》)办理登记。未经登记,不得以公司名义从事经营活动。法律、行政法规规定无须办理登记的除外。

一、登记事项

《市场主体登记管理条例》规定,公司登记事项包括:名称、住所、类型、法定代表人姓名、注册资本、经营范围、有限责任公司股东或者股份有限公司发起人的姓名或者名称。

(一)名称

公司名称应当符合国家有关规定。公司只能登记一个名称。有限责任公司必须在公司名称中标明"有限责任公司"或者"有限公司"字样。股份有限公司必须在公司名称中标明"股份有限公司"或者"股份公司"的字样。经公司登记机关核准登记的公司名称受法律保护。

(二)住所

住所是公司进行经营活动的场所,同时也是发生纠纷时确定诉讼及行政管辖的依据,是向公司送达文件的法定地址。公司的住所是公司主要办事机构所在地。经公司登记机关登记的公司的住所只能有一个。公司的住所应当在其公司登记机关辖区内。

(三)类型

公司登记的类型包括在中华人民共和国境内设立的有限责任公司和股份有限公司。

（四）法定代表人

公司的法定代表人按照公司章程的规定，由代表公司执行公司事务的董事或者经理担任。担任法定代表人的董事或者经理辞任的，视为同时辞去法定代表人。公司章程或者股东会对法定代表人职权的限制，不得对抗善意相对人。

（五）注册资本

公司的注册资本或者出资额实行认缴登记制，以人民币表示。出资方式应当符合法律、行政法规的规定。公司股东不得以劳务、信用、自然人姓名、商誉、特许经营权或者设定担保的财产等作价出资。

（六）经营范围

经营范围是股东选择的公司生产和经营的商品类别、品种服务项目。公司的经营范围由公司章程规定。公司可以修改公司章程，变更经营范围，但是应当办理变更登记。公司的经营范围中属于法律、行政法规规定须经批准的项目，应当依法经过批准。

二、登记规范

《市场主体登记管理条例》规定，公司的设立人办理公司登记，应当提交设立登记申请书、公司章程等文件，提交的相关材料应当真实、合法和有效。设立人可以自行或者指定代表人、委托代理人办理公司登记、备案事项。办理公司登记、备案事项，设立人可以到登记机关现场提交申请，也可以通过市场主体登记注册系统提出申请。

申请材料齐全、符合法定形式的，登记机关予以确认，并当场登记，出具登记通知书，及时制发营业执照。公司营业执照应当载明名称、法定代表人姓名、类型、注册资本、住所、经营范围、登记机关、成立日期、统一社会信用代码。营业执照签发日期为公司的成立日期。公司登记机关可以发给电子营业执照。电子营业执照与纸质营业执照具有同等法律效力。营业执照样式、电子营业执照标准由国务院市场监督管理部门统一制定。

三、设立登记

公司设立登记，是公司的设立人依照《公司法》规定的设立条件与程序向公司登记机关提出设立申请，并提交法定登记事项文件，公司登记机关审核后对符合法律规定的准予登记，并发放营业执照的活动。

申请办理公司设立登记，应当向公司登记机关提交以下材料：①设立登记申请书；②法定代表人、董事、监事和高级管理人员的任职文件和身份证明；③住所；④公司章程。

除上述材料外，募集设立股份有限公司还应当提交依法设立的验资机构出具的验资证明；公开发行股票的，还应当提交国务院证券监督管理机构的核准或者注册文件。涉及发起人首次出资属于非货币财产的，还应当提交已办理财产权转移手续的证明文件。

四、变更登记

公司登记事项发生变更的，应当依法办理变更登记。公司登记事项未经登记或者未经变更登记，不得对抗善意相对人。公司变更登记事项，应当自做出变更决议、决定或者法定变更事项发生之日起 30 日内向登记机关申请变更登记。公司变更登记事项属于依法须经批准的，申请人应当在批准文件有效期内向登记机关申请变更登记。

公司申请变更登记，应当向公司登记机关提交下列文件：①公司法定代表人签署的变更登记申请书；②依照《公司法》做出的变更决议或者决定；③国家市场监督管理总局规定要求提交的其他文件。公司变更法定代表人的，变更登记申请书由变更后的法定代表人签署。

公司变更登记事项涉及修改公司章程的，应当提交修改后的公司章程。公司变更名称的，可以自主申报名称并在保留期届满前申请变更登记，也可以直接申请变更登记。公司变更住所的，应当在迁入新住所前向迁入地登记机关申请变更登记，并提交新的住所使用相关文件。迁出地登记机关无正当理由不得拒绝移交公司档案等相关材料。公司营业执照记载的事项发生变更的，公司办理变更登记后，由公司登记机关换发营业执照。

公司变更注册资本的，应当办理变更登记。公司增加注册资本，有限责任公司股东认缴新增资本的出资和股份有限公司的股东认购新股的，应当按照设立时缴纳出资和缴纳股款的规定执行。股份有限公司以公开发行新股方式或者上市公司以非公开发行新股方式增加注册资本，还应当提交国务院证券监督管理机构的核准或者注册文件。公司减少注册资本，可以通过国家企业信用信息公示系统公告，公告期 45 日，应当于公告期届满后申请变更登记。法律、行政法规或者国务院决定对公司注册资本有最低限额规定的，减少后的注册资本应当不少于最低限额。

五、注销登记

公司因解散、被宣告破产或者其他法定事由需要终止的，应当依法向登记机关申请注销登记。依法需要清算的，应当自清算结束之日起 30 日内申请注销登记。依法不需要清算的，应当自决定做出之日起 30 日内申请注销登记。公司申请注销后，不得从事与注销无关的生产经营活动。自登记机关予以注销登记之日起，公司终止。公司注销登记前依法应当清算的，清算组应当自成立之日起 10 日内将清算组成员、清算组负责人名单通过国家企业信用信息公示系统公告。清算组可以通过国家企业信用信息公示系统发布债权人公告。

公司未发生债权债务或者已将债权债务清偿完结，未发生或者已结清清偿费用、职工工资、社会保险费用、法定补偿金、应缴纳税款（滞纳金、罚款），书面承诺对上述情况的真实性承担法律责任的，可以按照简易程序办理注销登记。公司应当将承诺书及注销登记申请通过国家企业信用信息公示系统公示，公示期为 20 日。在公示期内无相关部门、债权人及其他利害关系人提出异议的，公司可以于公示期届满之日起 20 日内向登记机关申请注销登记。

六、档案管理

登记机关应当负责建立公司登记管理档案，对在登记、备案过程中形成的具有保存价值的文件依法分类，有序收集管理，推动档案电子化、影像化，提供公司登记管理档案查询服务。登记管理档案查询内容涉及国家秘密、商业秘密、个人信息的，应当按照有关法律法规规定办理。公司发生住所迁移的，登记机关应当于 3 个月内将所有登记管理档案移交迁入地登记机关管理。档案迁出、迁入应当记录备案。

七、监督管理

公司应当于每年 1 月 1 日至 6 月 30 日，通过国家企业信用信息公示系统报送上一年度年度报告，并向社会公示。

第三节 有限责任公司

跟随总书记，走进中国直升机科研生产基地

2023 年 10 月 11 日，习近平总书记在江西省景德镇市考察调研，到昌河飞机工业（集团）有限责任公司，详细了解企业推进技术创新和产品迭代升级的情况。航空工业昌河飞机工业（集团）有限责任公司始建于 1969 年，隶属中国航空工业集团有限公司，具备研制和批量生产多品种、多系列、多型号直升机和航空产品零部件的能力，是中国直升机科研生产基地和航空工业骨干企业。中国大型运输直升机和第一款专用武装直升机在这里诞生，"昌飞造"直升机多次参加重大阅兵接受祖国和人民检阅，并走出国门参加国际救援行动。航空工业昌飞积极深化国企改革，开创市场化经营新局面。通过全面推行经理层成员任期制和契约化管理工作，实现了经理层成员任期制和契约化管理在实施范围上做到全面覆盖，在管理层面上做到权责清晰，在业绩目标上做到科学精准，在薪酬管理上做到以绩定薪，在退出机制上做到刚性约束，实现经理层成员"能上能下"，收入"能增能减"，充分调动经理层成员干事创业的积极性，也为公司三项制度改革打下了坚实基础。

一、有限责任公司的设立

（一）有限责任公司设立的条件

1. 股东符合法定人数

《公司法》规定，有限责任公司由1个以上50个以下股东出资设立。

2. 有符合公司章程规定的全体股东认缴的出资额

（1）注册资本。有限责任公司的注册资本为在公司登记机关登记的全体股东认缴的出资额。全体股东认缴的出资额由股东按照公司章程的规定自公司成立之日起五年内缴足。法律、行政法规以及国务院决定对有限责任公司注册资本实缴、注册资本最低限额、股东出资期限另有规定的，从其规定。

（2）股东出资方式。股东可以用货币出资，也可以用实物、知识产权、土地使用权、股权、债权等可以用货币估价并可以依法转让的非货币财产作价出资；但是，法律、行政法规规定不得作为出资的财产除外。实物是指房屋、机器设备、工具、原材料、零部件等有形资产。知识产权是无形资产，包括著作权、专利权、商标权、非专利技术等。土地使用权是指国有土地和农民集体所有土地，依法明确给单位或者个人使用的权利。股权是股东基于其股东资格而享有的，从公司获得经济利益，并参与公司经营管理的权利。债权是因合同、侵权行为、无因管理、不当得利以及法律的其他规定，权利人请求特定义务人为或者不为一定行为的权利。对作为出资的非货币财产应当评估作价，核实财产，不得高估或者低估作价。根据《市场主体管理办法》规定，出资方式应当符合法律、行政法规的规定。公司股东、非公司企业法人出资人、农民专业合作社（联合社）成员不得以劳务、信用、自然人姓名、商誉、特许经营权或者设定担保的财产等作价出资。

根据《〈公司法〉司法解释（三）》的规定，出资人以非货币财产出资，未依法评估作价，公司、其他股东或者公司债权人请求认定出资人未履行出资义务的，人民法院应当委托具有合法资格的评估机构对该财产评估作价。评估确定的价额显著低于公司章程所定价额的，人民法院应当认定出资人未依法全面履行出资义务。但是，出资人以符合法定条件的非货币财产出资后，因市场变化或者其他客观因素导致出资财产贬值，公司、其他股东或者公司债权人请求该出资人承担补足出资责任的，人民法院不予支持；当事人另有约定的除外。

根据《〈公司法〉司法解释（三）》的规定，出资人以划拨的土地使用权或者设定权利负担的土地使用权出资，公司、其他股东或者公司债权人主张认定该出资人未履行出资义务的，人民法院应当责令当事人在指定的合理期间内办理土地变更手续或者解除权利负担；逾期未办理或者未解除的，人民法院应当认定出资人未依法全面履行出资义务。

根据《〈公司法〉司法解释（三）》的规定，出资人以房屋、土地使用权或者需要办理权属登记的知识产权等财产出资，已经交付公司使用但未办理权属变更手续的，公司、其他股东或者公司债权人主张认定出资人未履行出资义务的，人民法院应当责令当事人在指定的合理期间内办理权属变更手续；在指定的期间内办理了权属变更手续的，人民法院应当认定其已经履行了出资义务；出资人主张自其实际交付财产给公司使用时享有相应股东权利的，人民法院应予支持。出资人以房屋、土地使用权或者需要办理权属登记的知识产权等财产出资，已经办理权属变更手续但未交付给公司使用的，公司或者其他股东主张其向公司交付、并在实际交付之前不享有相应股东权利的，人民法院应予支持。

3. 股东共同制定公司章程

公司章程是记载公司组织、活动基本准则的公开性法律文件。设立有限责任公司必须由股东共同依法制定公司章程。股东应当在公司章程上签名、盖章。公司章程对公司、股东、董事、监事、高级管理人员具有约束力。

公司章程所记载的事项可以分为必备事项和任意事项。必备事项是法律规定的在公司章程中必须记载的事项，或称绝对必要事项；任意事项是由公司自行决定是否记载的事项，包括公司有自主决定权的一些事项。

根据《公司法》的规定，有限责任公司章程应当载明下列事项：①公司名称和住所；②公司经营范围；③公司注册资本；④股东的姓名或者名称；⑤股东的出资额、出资方式和出资日期；⑥公司的机构及其产生办法、职权、议事规则；⑦公司法定代表人的产生、变更办法；⑧股东会会议认为需要规定的其他事项。

4. 有公司名称，建立符合有限责任公司要求的组织机构

公司的名称是公司的标志。公司设立自己的名称时，必须符合法律、法规的规定，并应当经过公司登记管理机关进行设立登记。公司应当设立符合有限责任公司要求的组织机构，即股东会或股东、董事会或董事、监事会或者监事等。

5. 有公司住所

设立公司必须有住所。公司以其主要办事机构所在地为住所。

（二）有限责任公司设立的程序

1. 订立公司章程

股东设立有限责任公司，必须先订立公司章程，将要设立的公司基本情况以及各方面的权利义务加以明确规定。

2. 股东缴纳出资

股东应当按期足额缴纳公司章程中规定的各自所认缴的出资额。股东以货币出资的，应当将货币出资足额存入有限责任公司在银行开设的账户；以非货币财产出资的，应当依法办理其财产权的转移手续。这里的手续，是指过户手续，即将原来属于股东所有的财产，转移为属于公司所有的财产。如股东以房产出资的，必须到房管部门办理房屋所有权转移手续，将房屋所有权人由股东改为公司。

股东未按期足额缴纳出资的，除应当向公司足额缴纳外，还应当对给公司造成的损失承担赔偿责任。

根据《〈公司法〉司法解释（三）》的规定，股东在公司设立时未履行或者未全面履行出资义务，发起人与被告股东承担连带责任；公司的发起人承担责任后，可以向被告股东追偿。此外，股东在公司增资时未履行或者未全面履行出资义务，未尽公司法规定的义务而使出资未缴足的董事、高级管理人员承担相应责任；董事、高级管理人员承担责任后，可以向被告股东追偿。

根据《〈公司法〉司法解释（三）》的规定，有限责任公司的股东未履行或者未全面履行出资义务即转让股权，受让人对此知道或者应当知道，公司请求该股东履行出资义务、受让人对此承担连带责任的，人民法院应予支持。公司债权人依照规定向该股东提起承担补充赔偿责任的诉讼，同时请求前述受让人对此承担连带责任的，人民法院应予支持。受让人根据上述规定承担责任后，向该未履行或者未全面履行出资义务的股东追偿的，人民法院应予支持。但是，当事人另有约定的除外。

根据《〈公司法〉司法解释（三）》的规定，以贪污、受贿、侵占、挪用等违法犯罪所得的货币出资后取得股权的，对违法犯罪行为予以追究、处罚时，应当采取拍卖或者变卖的方式处置其股权。这一规定防止将出资的财产直接从公司抽出。采取将出资财产所形成的股权折价补偿受害人损失的方式，以保障公司资本之维持，维护公司债权人利益。

3. 申请设立登记

股东认足公司章程规定的出资后，由全体股东指定的代表或者共同委托的代理人向公司登记机关报送公司登记申请书、公司章程等文件，申请设立登记。公司经核准登记后，领取公司营业执照，公司营业执照签发日期为公司成立日期。

有限责任公司成立后，董事会应当对股东的出资情况进行核查，发现股东未按期足额缴纳公司章程规定的出资的，应当由公司向该股东发出书面催缴书，催缴出资。未及时履行前款规定的义务，给公司造成损失的，负有责任的董事应当承担赔偿责任。

有限责任公司成立后，股东不得抽逃出资。违反规定的，股东应当返还抽逃的出资；给公司造成损失的，负有责任的董事、监事、高级管理人员应当与该股东承担连带赔偿责任。

根据《〈公司法〉司法解释（三）》的规定，公司成立后，公司、股东或者公司债权人以相关股东的行为符合下列情形之一且损害公司权益为由，请求认定该股东抽逃出资的，人民法院应予支持：

（1）将出资款项转入公司账户验资后又转出；

（2）通过虚构债权债务关系将其出资转出；

（3）制作虚假财务会计报表虚增利润进行分配；

（4）利用关联交易将出资转出；

（5）其他未经法定程序将出资抽回的行为。

股东抽逃出资，公司或者其他股东请求其向公司返还出资本息、协助抽逃出资的其他股东、董事、高级管理人员或者实际控制人对此承担连带责任的，人民法院应予支持。公司债权人请求抽逃出资的股东在抽逃出资本息范围内对公司债务不能清偿的部分承担补充赔偿责任、协助抽逃出资的其他股东、董事、高级管理人员或者实际控制人对此承担连带责任的，人民法院应予支持；抽逃出资的股东已经承担上述责任，其他债权人提出相同请求的，人民法院不予支持。

根据《〈公司法〉司法解释（三）》的规定，第三人代垫资金协助发起人设立公司，双方明确约定在公司验资后或者在公司成立后将该发起人的出资抽回以偿还该第三人，发起人依照前述约定抽回出资偿还第三人后又不能补足出资，相关权利人请求第三人连带承担发起人因抽回出资而产生的相应责任的，人民法院应予支持。

股东未履行或者未全面履行出资义务或者抽逃出资，公司根据公司章程或者股东会决议对其利润分配请求权、新股优先认购权、剩余财产分配请求权等股东权利做出相应的合理限制，该股东请求认定该限制无效的，人民法院不予支持。

有限责任公司的股东未履行出资义务或者抽逃全部出资，经公司催告缴纳或者返还，其在合理期间内仍未缴纳或者返还出资，公司以股东会决议解除该股东的股东资格，该股东请求确认该解除行为无效的，人民法院不予支持。

公司股东未履行或者未全面履行出资义务或者抽逃出资，公司或者其他股东请求其向公司全面履行出资义务或者返还出资，被告股东以诉讼时效为由进行抗辩的，人民法院不予支持。

公司债权人的债权未过诉讼时效期间，其依照规定请求未履行或者未全面履行出资义务或者抽逃出资的股东承担赔偿责任，被告股东以出资义务或者返还出资义务超过诉讼时效期间为由进行抗辩的，人民法院不予支持。

有限责任公司成立后，应当向股东签发出资证明书。出资证明书是确认股东出资的凭证，应当载明下列事项：①公司名称；②公司成立日期；③公司注册资本；④股东的姓名或者名称，认缴和实缴的出资额、出资方式和出资日期；⑤出资证明书的编号和核发日期。出资证明书由法定代表人签名，并由公司盖章。

有限责任公司应当置备股东名册，股东名册是公司为记载股东情况及其出资事项而设置的簿册。股东名册应记载下列事项：①股东的姓名或者名称及住所；②股东认缴和实缴的出资额、出资方式和出资日期；③出资证明书编号；④取得和丧失股东资格的日期。记载于股东名册的股东，可以依据股东名册主张股东权利。公司应当将股东的姓名或者名称及其出资额向公司登记机关登记；登记事项发生变更的，应当办理变更登记。未经登记或者变更登记的，不得对抗第三人。即通过受让出资等方式成为公司股东并记载于股东名册后，如果没有在公司登记机关办理相关登记的，对公司以外的第三人，其股东资格无效。

二、有限责任公司的组织机构

(一) 股东会

1. 股东会的职权

有限责任公司股东会由全体股东组成。股东会是公司的权力机构，依法行使下列职权：①选举和更换董事、监事，决定有关董事、监事的报酬事项；②审议批准董事会的报告；③审议批准监事会的报告；④审议批准公司的利润分配方案和弥补亏损方案；⑤对公司增加或者减少注册资本作出决议；⑥对发行公司债券作出决议；⑦对公司合并、分立、解散、清算或者变更公司形式作出决议；⑧修改公司章程；⑨公司章程规定的其他职权。只有一个股东的有限责任公司不设股东会。

2. 股东会的形式

股东会会议分为定期会议和临时会议。定期会议应当按照公司章程的规定按时召开。代表1/10以上表决权的股东，1/3以上的董事或者监事会提议召开临时会议的，应当召开临时会议。

3. 股东会的召开

首次股东会会议由出资最多的股东召集和主持，依法行使职权。以后的股东会会议，公司设立董事会的，由董事会召集，董事长主持；董事长不能履行职务或者不履行职务的，由副董事长主持；副董事长不能履行职务或者不履行职务的，由半数以上董事共同推举一名董事主持。董事会不能履行或者不履行召集股东会会议职责的，由监事会召集和主持；监事会或者监事不召集和主持的，代表1/10以上表决权的股东可以自行召集和主持。所谓不能履行职务，是指因生病、出差在外等客观上的原因导致其无法履行职务的情形。所谓不履行职务，是指不存在无法履行职务的客观原因，但以其他理由或者根本就没有理由而不履行职务的情形。

召开股东会会议，应当于会议召开15日前通知全体股东；但是，公司章程另有规定或者全体股东另有约定的除外。股东会应当对所议事项的决定做成会议记录，出席会议的股东应当在会议记录上签名或者盖章。

4. 股东会的决议

股东会会议由股东按照出资比例行使表决权；但是，公司章程另有规定的除外。股东会的议事方式和表决程序，除《公司法》有规定的外，由公司章程规定。股东会做出决议，应当经代表过半数表决权的股东通过。

股东会会议做出修改公司章程、增加或者减少注册资本的决议，以及公司合并、分立、解散或者变更公司形式的决议，必须经代表2/3以上表决权的股东通过。

(二) 董事会和经理

董事会是公司股东会的执行机构，对股东会负责。

1. 董事会的组成

有限责任公司董事会成员为 3 人以上，其成员中可以有公司职工代表。职工人数 300 人以上的有限责任公司，除依法设监事会并有公司职工代表的外，其董事会成员中应当有公司职工代表。董事会中的职工代表由公司职工通过职工代表大会、职工大会或者其他形式民主选举产生。

董事会设董事长 1 人，可以设副董事长。董事长、副董事长的产生办法由公司章程规定。有限责任公司可以按照公司章程的规定在董事会中设置由董事组成的审计委员会，行使监事会的职权，不设监事会或者监事。公司董事会成员中的职工代表可以成为审计委员会成员。

董事任期由公司章程规定，但每届任期不得超过 3 年。董事任期届满，连选可以连任。董事任期届满未及时改选，或者董事在任期内辞职导致董事会成员低于法定人数的，在改选出的董事就任前，原董事仍应当依照法律、行政法规和公司章程的规定，履行董事职务。董事辞任的，应当以书面形式通知公司，公司收到通知之日辞任生效，但存在以上规定情形的，董事应当继续履行职务。股东会可以决议解任董事，决议做出之日解任生效。无正当理由，在任期届满前解任董事的，该董事可以要求公司予以赔偿。

2. 董事会的职权

董事会对股东会负责，行使下列职权：①召集股东会会议，并向股东会报告工作；②执行股东会的决议；③决定公司的经营计划和投资方案；④制订公司的利润分配方案和弥补亏损方案；⑤制订公司增加或者减少注册资本以及发行公司债券的方案；⑥制订公司合并、分立、变更公司形式、解散的方案；⑦决定公司内部管理机构的设置；⑧决定聘任或者解聘公司经理及其报酬事项，并根据经理的提名决定聘任或者解聘公司副经理、财务负责人及其报酬事项；⑨制定公司的基本管理制度；⑩公司章程规定或者股东会授予的其他职权。公司章程对董事会职权的限制不得对抗善意相对人。

3. 董事会的召开

董事会会议由董事长召集和主持；董事长不能履行职务或者不履行职务的，由副董事长召集和主持；副董事长不能履行职务或者不履行职务的，由半数以上董事共同推举一名董事召集和主持。

4. 董事会的决议

董事会的议事方式和表决程序，除《公司法》有规定的外，由公司章程规定。董事会会议应当有过半数的董事出席方可举行。董事会作出决议，应当经全体董事的过半数通过。董事会决议的表决，实行一人一票。董事会应当对所议事项的决定做成会议记录，出席会议的董事应当在会议记录上签名。

5. 经理

有限责任公司可以设经理，由董事会决定聘任或者解聘。经理对董事会负责，根据公司章程的规定或者董事会的授权行使职权。经理列席董事会会议。规模较小或者股东人数较少的有限责任公司，可以不设董事会，设一名董事，行使董事会的职权。该董事可以兼任公司经理。

(三) 监事会

1. 监事会的组成

有限责任公司设立监事会，其成员不得少于3人。监事会成员应当包括股东代表和适当比例的公司职工代表，其中职工代表的比例不得低于1/3，具体比例由公司章程规定。监事会中的职工代表由公司职工通过职工代表大会、职工大会或者其他形式民主选举产生。

监事会设主席1人，由全体监事过半数选举产生。监事会主席召集和主持监事会会议；监事会主席不能履行职务或者不履行职务的，由半数以上监事共同推举一名监事召集和主持监事会会议。董事、高级管理人员不得兼任监事。

监事的任期每届为3年。监事任期届满，连选可以连任。监事任期届满未及时改选，或者监事在任期内辞职导致监事会成员低于法定人数的，在改选出的监事就任前，原监事仍应当依照法律、行政法规和公司章程的规定，履行监事职务。

2. 监事会的职权

监事会或者不设监事会的公司的监事行使下列职权：①检查公司财务；②对董事、高级管理人员执行公司职务的行为进行监督，对违反法律、行政法规、公司章程或者股东会决议的董事、高级管理人员提出解任的建议；③当董事、高级管理人员的行为损害公司的利益时，要求董事、高级管理人员予以纠正；④提议召开临时股东会会议，在董事会不履行规定的召集和主持股东会会议职责时召集和主持股东会会议；⑤向股东会会议提出提案；⑥依照《公司法》第一百八十九条的规定，对董事、高级管理人员提起诉讼；⑦公司章程规定的其他职权。

监事可以列席董事会会议，并对董事会决议事项提出质询或者建议。监事会发现公司经营情况异常，可以进行调查；必要时，可以聘请会计师事务所等协助其工作，费用由公司承担。监事会可以要求董事、高级管理人员提交执行职务的报告。

3. 监事会的决议

监事会每年度至少召开一次会议，监事可以提议召开临时监事会会议。监事会的议事方式和表决程序，除《公司法》有规定的外，由公司章程规定。监事会决议应当经半数以上监事通过。监事会决议的表决，应当一人一票。监事会应当对所议事项的决定做成会议记录，出席会议的监事应当在会议记录上签名。

(四) 公司决议的效力

根据《公司法》的规定，公司股东会、董事会的决议内容违反法律、行政法规的无效。公司股东会、董事会的会议召集程序、表决方式违反法律、行政法规或者公司章程，或者决议内容违反公司章程的，股东自决议做出之日起六十日内，可以请求人民法院撤销。但是，股东会、董事会的会议召集程序或者表决方式仅有轻微瑕疵，对决议未产生实质影响的除外。未被通知参加股东会会议的股东自知道或者应当知道股东会决议做出之日起六十日内，可以请求人民法院撤销；自决议做出之日起一年内没有行使撤销权的，撤销权消灭。

公司股东、董事、监事等请求确认股东会、董事会决议无效或者不成立的，人民法院应当依法予以受理。股东会、董事会决议存在下列情形之一，当事人主张决议不成立的，人民法院应当予以支持：①未召开股东会、董事会会议做出决议；②股东会、董事会会议未对决议事项进行表决；③出席会议的人数或者所持表决权数未达到本法或者公司章程规定的人数或者所持表决权数；④同意决议事项的人数或者所持表决权数未达到本法或者公司章程规定的人数或者所持表决权数。

公司股东会、董事会决议被人民法院宣告无效、撤销或者确认不成立的，公司应当向公司登记机关申请撤销根据该决议已办理的登记。股东会、董事会决议被人民法院宣告无效、撤销或者确认不成立的，公司根据该决议与善意相对人形成的民事法律关系不受影响。

三、有限责任公司股权转让

（一）股东

股东是指出资或持有公司股份的人。实践中，名义股东与实际出资人有可能不一致，针对名义股东与实际出资人发生的纠纷，《〈公司法〉司法解释（三）》做了如下规定：

1. 有限责任公司的实际出资人与名义出资人订立合同，约定由实际出资人出资并享有投资权益，以名义出资人为名义股东，实际出资人与名义股东对该合同效力发生争议的，如无《中华人民共和国民法典》第一百四十四条、第一百四十六条、第一百五十三条和第一百五十四条规定的情形，人民法院应当认定该合同有效。因此，当实际出资人与名义股东因投资权益的归属发生争议时，实际出资人以其实际履行了出资义务为由向名义股东主张权利的，人民法院应予支持。名义股东以公司股东名册记载、公司登记机关登记为由否认实际出资人权利的，人民法院不予支持。

2. 实际出资人未经公司其他股东半数以上同意，请求公司变更股东、签发出资证明书、记载于股东名册、记载于公司章程并办理公司登记机关登记的，人民法院不予支持。

3. 名义股东将登记于其名下的股权转让、质押或者以其他方式处分，实际出资人以其对于股权享有实际权利为由，请求认定处分股权行为无效的，人民法院处理时可参照《中华人民共和国民法典》第三百一十一条的规定：无处分权人将不动产或者动产转让给受让人的，所有权人有权追回；除法律另有规定外，符合下列情形的，受让人取得该不动产或者动产的所有权：①受让人受让该不动产或者动产时是善意；②以合理的价格转让；

③转让的不动产或者动产依照法律规定应当登记的已经登记，不需要登记的已经交付给受让人。

4. 公司债权人以登记于公司登记机关的股东未履行出资义务为由，要求其对公司债务不能清偿的部分在未出资本息范围内承担补充赔偿责任，股东是不能以其仅为名义股东而非实际出资人为由拒绝赔偿的。如果债权人向人民法院提起诉讼，名义股东以其并非实际出资人为抗辩理由，人民法院不予支持。

5. 冒用他人名义出资并将该人作为股东在公司登记机关登记的，冒名登记行为人应当承担相应责任；公司、其他股东或者公司债权人以未履行出资义务为由，请求被冒名登记为股东的承担补足出资责任或者对公司债务不能清偿部分的赔偿责任的，人民法院不予支持。

（二）股东权及其分类

1. 共益权和自益权（以行使目的划分）

（1）共益权是指股东基于公司利益同时兼顾个人利益而行使的权利，如股东会参加权、提案权、质询权、在股东会上的表决权、累积投票权、股东会召集请求权和自行召集权、查阅公司账簿权、提起诉讼权等。

根据《公司法》规定，股东有权查阅、复制公司章程、股东名册、股东会会议记录、董事会会议决议、监事会会议决议和财务会计报告。股东可以要求查阅公司会计账簿、会计凭证。股东要求查阅公司会计账簿、会计凭证的，应当向公司提出书面请求，说明目的。公司有合理根据认为股东查阅会计账簿、会计凭证有不正当目的，可能损害公司合法利益的，可以拒绝提供查阅，并应当自股东提出书面请求之日起15日内书面答复股东并说明理由。公司拒绝提供查阅的，股东可以向人民法院提起诉讼。

根据《〈公司法〉司法解释（四）》的规定，股东起诉请求查阅或者复制公司特定文件材料的，人民法院应当依法予以受理。公司有证据证明上述原告在起诉时不具有公司股东资格的，人民法院应当驳回起诉，但原告有初步证据证明在持股期间其合法权益受到损害，请求依法查阅或者复制其持股期间的公司特定文件材料的除外。有限责任公司有证据证明股东存在下列情形之一的，人民法院应当认定股东有上述"不正当目的"：①股东自营或者为他人经营与公司主营业务有实质性竞争关系业务的，但公司章程另有规定或者全体股东另有约定的除外；②股东为了向他人通报有关信息查阅公司会计账簿、会计凭证，可能损害公司合法利益的；③股东在向公司提出查阅请求之日前的三年内，曾通过查阅公司会计账簿、会计凭证，向他人通报有关信息损害公司合法利益的；④股东有不正当目的的其他情形。公司章程、股东之间的协议等实质性剥夺股东依据公司法规定查阅或者复制公司文件材料的权利，公司以此为由拒绝股东查阅或者复制的，人民法院不予支持。人民法院审理股东请求查阅或者复制公司特定文件材料的案件，对原告诉讼请求予以支持的，应当在判决中明确查阅或者复制公司特定文件材料的时间、地点和特定文件材料的名录。

股东依据人民法院生效判决查阅公司文件材料的,在该股东在场的情况下,可以由会计师、律师等依法或者依据执业行为规范负有保密义务的中介机构执业人员辅助进行。股东行使知情权后泄露公司商业秘密导致公司合法利益受到损害,公司请求该股东赔偿相关损失的,人民法院应当予以支持。辅助股东查阅公司文件材料的会计师、律师等泄露公司商业秘密导致公司合法利益受到损害,公司请求其赔偿相关损失的,人民法院应当予以支持。

(2) 自益权是指股东仅以个人利益为目的而行使的权利,如股利分配请求权、剩余财产分配权、新股认购优先权、股份质押权和股份转让权等。股东请求分配利润的案件,应当将公司列为被告。一审法庭辩论终结前,其他股东基于同一分配方案请求分配利润并申请参加诉讼的,应当列为共同原告。股东提交载明具体分配方案的股东会或者股东会的有效决议,请求公司分配利润,公司拒绝分配利润且其关于无法执行决议的抗辩理由不成立的,人民法院应当判决公司按照决议载明的具体分配方案向股东分配利润。股东未提交载明具体分配方案的股东会或者股东会决议,请求公司分配利润的,人民法院应当驳回其诉讼请求,但违反法律规定滥用股东权利导致公司不分配利润,给其他股东造成损失的除外。

2. 单独股东权和少数股东权(以行使条件划分)

(1) 单独股东权是指即使只持有一股股份的股东也可以单独享有的权利,如自益权、表决权。

(2) 少数股东权是指必须持有一定数额以上股份的股东方可行使的权利,如单独或者合并持有股份有限公司10%以上股份的股东,才有权提议召开临时股东会。

(三) 股东权利滥用的责任

1. 大股东滥用股东权利

公司股东滥用股东权利给公司或者其他股东造成损失的,应当依法承担赔偿责任。

2. 公司法人人格否定原则

公司股东滥用公司法人独立地位和股东有限责任,逃避债务,严重损害公司债权人利益的,股东应当对公司债务承担连带责任。这一规定在我国确立了公司法人人格否认原则。公司法人人格否认,是指为阻止公司独立人格的滥用和保护公司债权人利益及社会公共利益,就具体法律关系中的特定事实,否认公司与股东各自独立的人格及股东的有限责任,责令股东对公司债权人或公共利益直接负责,以实现公平、正义的法律制度。

3. 关联交易

公司的控股股东、实际控制人、董事、监事、高级管理人员不得利用其关联关系损害公司利益。违反规定给公司造成损失的,应当承担赔偿责任。这里的控股股东,是指其出资额占有限责任公司资本总额50%以上或者其持有的股份占股份有限公司股本总额50%以上的股东;出资额或者持有股份的比例虽然不足50%,但依其出资额或者持有的股份所享有的表决权已足以对股东会、股东会的决议产生重大影响的股东。实际控制人，是指虽不是公司的股东，但通过投资关系、协议或者其他安排，能够实际支配公司行为的人。高级管理人员，是指公司的经理、副经理、财务负责人，上市公司董事会秘书和公司章程规定的其他人员。关联关系，是指公司控股股东、实际控制人、董事、监事、高级管理人员与其直接或者间接控制的企业之间的关系，以及可能导致公司利益转移的其他关系。但是，国家控股的企业之间不因为同受国家控股而具有关联关系。

（四）有限责任公司股东转让股权

1. 股东之间转让股权

《公司法》规定，有限责任公司的股东之间可以相互转让其全部或者部分股权。《公司法》对股东之间转让股权没有作任何限制，这是因为，股东向公司的其他股东转让股权，无论是转让全部股权还是转让部分股权，都不会有新股东的产生，其他股东已有的伙伴关系不会受到影响，因此，也就没有必要对这种转让进行限制。

2. 股东向股东以外的人转让股权

《公司法》规定，股东向股东以外的人转让股权的，应当将股权转让的数量、价格、支付方式和期限等事项书面通知其他股东，其他股东在同等条件下有优先购买权。股东自接到书面通知之日起三十日内未答复的，视为放弃优先购买权。

两个以上股东行使优先购买权的，协商确定各自的购买比例；协商不成的，按照转让时各自的出资比例行使优先购买权。但是，公司章程对股权转让另有规定的，从其规定。即公司章程可以对股东之间的股权转让以及股东向股东以外的人转让股权做出与《公司法》不同的规定。一旦公司章程对股权转让做出了不同的规定，就应当依照公司章程的规定执行。

根据《〈公司法〉司法解释（四）》的规定，有限责任公司的自然人股东因继承发生变化时，其他股东主张依据公司法规定行使优先购买权的，人民法院不予支持，但公司章程另有规定或者全体股东另有约定的除外。人民法院在判断是否符合公司法所称的"同等条件"时，应当考虑转让股权的数量、价格、支付方式及期限等因素。有限责任公司的股东主张优先购买转让股权的，应当在收到通知后，在公司章程规定的行使期间内提出购买请求。公司章程没有规定行使期间或者规定不明确的，以通知确定的期间为准，通知确定的期间短于三十日或者未明确行使期间的，行使期间为三十日。股东以外的股权受让人，因股东行使优先购买权而不能实现合同目的的，可以依法请求转让股东承担相应民事责任。

3. 人民法院强制转让股东股权

人民法院依照法律规定的强制执行程序转让股东的股权时，应当通知公司及全体股东，其他股东在同等条件下有优先购买权。其他股东自人民法院通知之日起满20日不行使优先购买权的，视为放弃优先购买权。

人民法院强制转让股东股权,是指人民法院依照民事诉讼法等法律规定的执行程序,强制执行生效的法律文书时,以拍卖、变卖或者其他方式转让有限责任公司股东的股权。

4. 履行股权转让手续

股东转让股权的,应当书面通知公司,请求变更股东名册;需要办理变更登记的,并请求公司向公司登记机关办理变更登记。公司拒绝或者在合理期限内不予答复的,转让人、受让人可以依法向人民法院提起诉讼。股权转让的,受让人自记载于股东名册时起可以向公司主张行使股东权利。

有限责任公司股东转让股权后,公司应当注销原股东的出资证明书,向新股东签发出资证明书,并相应修改公司章程和股东名册中有关股东及其出资额的记载。对公司章程的该项修改不需要由股东会表决。

5. 未届期股权转让后的出资责任

股东转让已认缴出资但未届出资期限的股权的,由受让人承担缴纳该出资的义务;受让人未按期足额缴纳出资的,转让人对受让人未按期缴纳的出资承担补充责任。未按照公司章程规定的出资日期缴纳出资或者作为出资的非货币财产的实际价额显著低于所认缴的出资额的股东转让股权的,转让人与受让人在出资不足的范围内承担连带责任;受让人不知道且不应当知道存在上述情形的,由转让人承担责任。

(五) 有限责任公司股东退出公司

1. 股东退出公司的法定条件

《公司法》规定,有下列情形之一的,对股东会该项决议投反对票的股东可以请求公司按照合理的价格收购其股权,退出公司:①公司连续5年不向股东分配利润,而公司该5年连续盈利,并且符合公司法规定的分配利润条件的;②公司合并、分立、转让主要财产的;③公司章程规定的营业期限届满或者章程规定的其他解散事由出现,股东会会议通过决议修改章程使公司存续的。

根据上述规定,股东退出公司应当满足两个条件:一是具备上述三种情形之一;二是对股东会上述事项决议投了反对票,投赞成票的股东就不能以上述事项为由,要求退出公司。

2. 股东退出公司的法定程序

(1) 请求公司收购其股权

股东要求退出公司时,首先应当请求公司收购其股权。股东请求公司收购其股权时,其所要求的价格不应过高,而应当是合理的价格,这样才能既满足股东的要求,保护要求退出公司的股东的权益,又不损害公司和其他股东的权益。

(2) 依法向人民法院提起诉讼

股东请求公司收购其股权,应当尽量通过协商的方式解决。但如果协商不成,既有可能影响请求收购的股东的权益，又可能影响公司的生产经营活动。为此，《公司法》规定，自股东会会议决议通过之日起 60 日内，股东与公司不能达成股权收购协议的，股东可以自股东会会议决议通过之日起 90 日内向人民法院提起诉讼。

四、国家出资公司的特别规定

（一）国家出资公司的概念

国家出资公司是指国家出资的国有独资公司、国有资本控股公司，包括国家出资的有限责任公司、股份有限公司。

（二）国家出资公司的特别规定

《公司法》规定，国家出资公司的设立和组织机构适用特别规定，没有特别规定的，适用其他规定。这些特别规定，具体包括以下几个方面：

（1）国家出资公司，由国务院或者地方人民政府分别代表国家依法履行出资人职责，享有出资人权益。国务院或者地方人民政府可以授权国有资产监督管理机构或者其他部门、机构代表本级人民政府对国家出资公司履行出资人职责。

（2）国家出资公司中中国共产党的组织，按照中国共产党章程的规定发挥领导作用，研究讨论公司重大经营管理事项，支持公司的组织机构依法行使职权。

（3）国有独资公司章程由履行出资人职责的机构制定。国有独资公司不设股东会，由履行出资人职责的机构行使股东会职权。履行出资人职责的机构可以授权公司董事会行使股东会的部分职权，但公司章程的制定和修改，公司的合并、分立、解散、申请破产，增加或者减少注册资本，分配利润，应当由履行出资人职责的机构决定。

（4）国有独资公司设立董事会，依照《公司法》规定行使有限责任公司董事会的职权。董事会成员中，应当过半数为外部董事，并应当有公司职工代表。董事会成员由履行出资人职责的机构委派；但是，董事会成员中的职工代表由公司职工代表大会选举产生。董事会设董事长 1 人，可以设副董事长。董事长、副董事长由履行出资人职责的机构从董事会成员中指定。

（5）国有独资公司设经理，由董事会聘任或者解聘。经履行出资人职责的机构同意，董事会成员可以兼任经理。

（6）国有独资公司的董事、高级管理人员，未经履行出资人职责的机构同意，不得在其他有限责任公司、股份有限公司或者其他经济组织兼职。

（7）国有独资公司在董事会中设置由董事组成的审计委员会行使监事会职权的，不设监事会或者监事。

第四节 股份有限公司

> **课程思政**
>
> **蜜雪冰城拟赴港 IPO 全球化战略更进一步**
>
> 2024 年 1 月 2 日，香港联交所网站披露蜜雪冰城股份有限公司招股书，标志着蜜雪冰城正式提交上市申请。招股书显示，截至 2023 年 9 月 30 日，蜜雪冰城已覆盖中国及海外 11 个国家，旗下门店数超 3.6 万家，2023 年前 9 个月实现出杯量约 58 亿杯。按上述门店数及出杯量计，蜜雪冰城是中国第一、全球第二的现制饮品企业。蜜雪冰城如今已席卷中国的大街小巷并成功在海外站稳脚跟，如今进一步加快出海步伐，无疑将助力"雪王"的全球知名度更上一层楼。同时，这也是蜜雪冰城积极响应国家"一带一路"倡议，助力构建"双循环"发展新格局，促进"茶文化"出海的重要举措。

一、股份有限公司的设立

（一）股份有限公司的设立方式

股份有限公司的设立，可以采取发起设立或者募集设立的方式。

发起设立，是指由发起人认购公司应发行的全部股份而设立公司。也就是说，以发起设立的方式设立股份有限公司的，在设立时其股份全部由该公司的发起人认购，而不向发起人之外的任何社会公众发行股份。因此，以发起设立方式设立的股份有限公司，在其发行新股之前，其全部股份都由发起人持有，公司的全部股东都是设立公司的发起人。

募集设立，是指由发起人认购公司应发行股份的一部分，其余股份向社会公开募集或者向特定对象募集而设立公司。也就是说，以募集设立方式设立股份有限公司的，在公司设立时，认购公司应发行股份的人不仅有发起人，而且还有发起人以外的人。

（二）股份有限公司的设立条件

1. 发起人符合法定人数

发起人是指依法筹办创立股份有限公司事务的人。发起人既可以是自然人，也可以是法人；既可以是中国公民，也可以是外国公民。

设立股份有限公司，应当有 1 人以上 200 人以下为发起人，其中应当有半数以上的发起人在中国境内有住所。发起人在中国境内有住所，就中国公民而言，是指公民以其户籍所在地为居住地或者其经常居住地在中国境内；就外国公民而言，是指其经常居住地在中国境内；就法人而言，是指其主要办事机构所在地在中国境内。因此，发起人是否在中国有住所，要视其经常居住地或者主要办事机构所在地是否在中国境内。

股份有限公司发起人承担公司筹办事务。发起人应当签订发起人协议，明确各自在公司设立过程中的权利和义务。

2. 有符合公司章程规定的全体发起人认缴的股本总额

股份有限公司采取发起设立方式设立的，注册资本为在公司登记机关登记的已发行股份的股本总额。在发起人认购的股份缴足前，不得向他人募集股份。

以发起设立方式设立股份有限公司的，发起人应当认足公司章程规定的公司设立时应发行的股份。以募集设立方式设立股份有限公司的，发起人认购的股份不得少于公司章程规定的公司设立时应发行股份总数的35%；但是，法律、行政法规另有规定的，从其规定。发起人应当在公司成立前按照其认购的股份全额缴纳股款。

发起人可以用货币出资，也可以用实物、知识产权、土地使用权、股权、债权等可以用货币估价并可以依法转让的非货币财产作价出资；但是，法律、行政法规规定不得作为出资的财产除外。对作为出资的非货币财产应当评估作价，核实财产，不得高估或者低估作价。

3. 股份发行、筹办事项符合法律规定

发起人为了设立股份有限公司而发行股份时，以及在进行其他的筹办事项时，都必须符合法律规定的条件和程序，不得有所违反。

4. 发起人共同制定公司章程

股份有限公司的章程是指记载有关公司组织和行动基本规则的文件。公司章程对公司、股东、董事、监事、高级管理人员具有约束力。设立公司必须依法制定章程。

股份有限公司章程应当载明下列事项：（1）公司名称和住所；（2）公司经营范围；（3）公司设立方式；（4）公司注册资本、已发行的股份数和设立时发行的股份数，面额股的每股金额；（5）发行类别股的，每一类别股的股份数及其权利和义务；（6）发起人的姓名或者名称、认购的股份数、出资方式；（7）董事会的组成、职权和议事规则；（8）公司法定代表人的产生、变更办法；（9）监事会的组成、职权和议事规则；（10）公司利润分配办法；（11）公司的解散事由与清算办法；（12）公司的通知和公告办法；（13）股东会认为需要规定的其他事项。

5. 有公司名称，建立符合股份有限公司要求的组织机构

公司的名称是公司的标志。公司设立自己的名称时，必须符合法律、法规的规定，并应当经过公司登记管理机关进行设立登记。

6. 有公司住所

设立公司必须有住所。公司以其主要办事机构所在地为住所。

（三）股份有限公司的设立程序

1. 以发起设立方式设立股份有限公司的程序

（1）认足公司章程规定的公司设立时应发行的股份，在公司成立前按照其认购的股份全额缴纳股款。

（2）选举董事会和监事会。以发起设立方式设立股份有限公司成立大会的召开和表决程序由公司章程或者发起人协议规定。成立大会选举董事和监事，建立公司的组织机构。

（3）申请设立登记。发起人在选举董事和监事后，董事会应当授权代表，于公司成立大会结束后 30 日内向公司登记机关申请设立登记。一旦公司登记机关依法予以登记，发给公司营业执照，公司即告成立。

2. 以募集设立方式设立股份有限公司的程序

（1）发起人认购股份。发起人认购的股份不得少于公司章程规定的公司设立时应发行股份总数的 35%；但是，法律、行政法规另有规定的，从其规定。这里应当注意的是，发起人认购的股份是指所有发起人认购股份的总额，而不是某一个发起人认购的股份。

（2）向社会公开募集股份。发起人向社会公开募集股份，应当公告招股说明书，并制作认股书。认股书由认股人填写认购股数、金额、住所，并签名或者盖章。认股人应当按照所认购股数缴纳股款。向社会公开募集股份的股款缴足后，应当经依法设立的验资机构验资并出具证明。

（3）召开成立大会。募集设立股份有限公司的发起人应当自公司设立时应发行股份的股款缴足之日起 30 日内召开公司成立大会。发起人应当在成立大会召开 15 日前将会议日期通知各认股人或者予以公告。成立大会应当有持有表决权过半数的认股人出席，方可举行。

成立大会行使下列职权：①审议发起人关于公司筹办情况的报告；②通过公司章程；③选举董事、监事；④对公司的设立费用进行审核；⑤对发起人非货币财产出资的作价进行审核；⑥发生不可抗力或者经营条件发生重大变化直接影响公司设立的，可以做出不设立公司的决议。成立大会对上述所列事项作出决议，应当经出席会议的认股人所持表决权过半数通过。

公司设立时应发行的股份未募足，或者发行股份的股款缴足后，发起人在 30 日内未召开成立大会的，认股人可以按照所缴股款并加算银行同期存款利息，要求发起人返还。发起人、认股人缴纳股款或者交付非货币财产出资后，除未按期募足股份、发起人未按期召开成立大会或者成立大会决议不设立公司的情形外，不得抽回其股本。

（4）申请设立登记。董事会应当授权代表，于公司成立大会结束后 30 日内向公司登记机关申请设立登记。公司登记机关依法核准登记后，应当发给公司营业执照。自公司营业执照签发之日起，公司即告成立。

股份有限公司应当将公司章程、股东名册、股东会会议记录、董事会会议记录、监事会会议记录、财务会计报告、债券持有人名册置备于本公司，供股东查阅、复制。

（四）股份有限公司发起人承担的责任

1. 公司不能成立时，对设立行为所产生的债务和费用负连带责任。

根据《〈公司法〉司法解释（三）》的规定，公司因故未成立，债权人请求全体或者部分发起人对设立公司行为所产生的费用和债务承担连带清偿责任的，人民法院应予支持。部分发起人依照前述规定承担责任后，请求其他发起人分担的，人民法院应当判令其他发起人按照约定的责任承担比例分担责任；没有约定责任承担比例的，按照约定的出资比例分担责任；没有约定出资比例的，按照均等份额分担责任。

2. 公司不能成立时，对认股人已缴纳的股款，负返还股款并加算银行同期存款利息的连带责任。

3. 在公司设立过程中，由于发起人的过失致使公司利益受到损害的，应当对公司承担赔偿责任。

根据《〈公司法〉司法解释（三）》的规定，因部分发起人的过错导致公司未成立，其他发起人主张其承担设立行为所产生的费用和债务的，人民法院应当根据过错情况，确定过错一方的责任范围。发起人因履行公司设立职责造成他人损害，公司成立后受害人请求公司承担侵权赔偿责任的，人民法院应予支持；公司未成立，受害人请求全体发起人承担连带赔偿责任的，人民法院应予支持。公司或者无过错的发起人承担赔偿责任后，可以向有过错的发起人追偿。

《〈公司法〉司法解释（三）》还规定了公司设立阶段的合同责任。

（1）发起人为设立公司以自己名义对外签订合同，合同相对人请求该发起人承担合同责任的，人民法院应予支持。公司成立后对前款规定的合同予以确认，或者已经实际享有合同权利或者履行合同义务，合同相对人请求公司承担合同责任的，人民法院应予支持。

（2）发起人以设立中公司名义对外签订合同，公司成立后合同相对人请求公司承担合同责任的，人民法院应予支持。公司成立后有证据证明发起人利用设立中公司的名义为自己的利益与相对人签订合同，公司以此为由主张不承担合同责任的，人民法院应予支持，但相对人为善意的除外。

二、股份有限公司的组织机构

股份有限公司的组织机构由股东会、董事会、监事会等组成。

（一）股东会

1. 股东会的性质和组成

股份有限公司的股东会是公司的权力机构，依法行使职权。股东会作为公司的权力机构，虽然对外并不直接代表公司，对内也不直接从事经营活动，却有权决定公司的重大事项。股份有限公司的股东会由全体股东组成，公司的任何一个股东，无论其所持股份有多少，都是股东会的成员。只有一个股东的股份有限公司不设立股东会。

2. 股东会的职权

股份有限公司股东会的职权与有限责任公司股东会的职权的规定基本相同。此外，根据中国证券监督管理委员会发布的《上市公司章程指引》的规定，上市公司的股东会还有权对公司聘用、解聘会计师事务所作出决议；审议代表公司发行在外有表决权股份总数的5%以上的股东的提案；审议法律、法规和公司章程规定应当由股东会决定的其他事项。

3. 股东会的形式

股份有限公司的股东会分为股东年会和临时股东会会议两种。

股东年会是指依照法律和公司章程的规定每年按时召开的股东会。《公司法》规定，股东会应当每年召开1次年会。

临时股东会会议是指股份有限公司在出现召开临时股东会会议的法定事由时，应当在法定期限2个月内召开的股东会会议。《公司法》规定，有下列情形之一的，应当在2个月内召开临时股东会会议：①董事人数不足《公司法》规定人数或者公司章程所定人数的2/3时；②公司未弥补的亏损达实收股本总额1/3时；③单独或者合计持有公司10%以上股份的股东请求时；④董事会认为必要时；⑤监事会提议召开时；⑥公司章程规定的其他情形。

4. 股东会的召开

股东会会议由董事会召集，董事长主持；董事长不能履行职务或者不履行职务的，由副董事长主持；副董事长不能履行职务或者不履行职务的，由半数以上董事共同推举一名董事主持。董事会不能履行或者不履行召集股东会会议职责的，监事会应当及时召集和主持；监事会不召集和主持的，连续90日以上单独或者合计持有公司10%以上股份的股东可以自行召集和主持。单独或者合计持有公司10%以上股份的股东请求召开临时股东会会议的，董事会、监事会应当在收到请求之日起10日内做出是否召开临时股东会会议的决定，并书面答复股东。

召开股东会会议，应当将会议召开的时间、地点和审议的事项于会议召开20日前通知各股东；临时股东会会议应当于会议召开15日前通知各股东。

单独或者合计持有公司1%以上股份的股东，可以在股东会会议召开10日前提出临时提案并书面提交董事会；董事会应当在收到提案后2日内通知其他股东，并将该临时提案提交股东会审议。临时提案的内容应当属于股东会职权范围，并有明确议题和具体决议事项。

股东会不得对上述通知中未列明的事项做出决议。

5. 股东会的决议

股东出席股东会会议，所持每一股份有一表决权，类别股股东除外。股东可以委托代理人出席股东会会议，代理人应当向公司提交股东授权委托书，并在授权范围内行使表决权。公司持有的本公司股份没有表决权。这是因为，股东会需要对公司重大事项进行表决，而这种表决涉及股东之间权益的配置，而公司所持本公司的股份，并不涉及股东之间权益的分配，所以公司持有的本公司股份没有表决权。

股东会做出决议，应当经出席会议的股东所持表决权过半数通过。但是，股东会做出修改公司章程、增加或者减少注册资本的决议，以及公司合并、分立、解散或者变更公司形式的决议，应当经出席会议的股东所持表决权的 2/3 以上通过。

股东会选举董事、监事，可以按照公司章程的规定或者股东会的决议，实行累积投票制。累积投票制，是指股东会选举董事或者监事时，每一股份拥有与应选董事或者监事人数相同的表决权，股东拥有的表决权可以集中使用。如某股东拥有 100 股，每股一票，选出 6 位董事，通常的办法是让该股东给选中的 6 位董事候选人的每一位投 100 票，总共 600 票。而累积投票法则可以将这 600 票投给一位董事候选人，或根据自己的意愿分投给选中的各候选人。

股东会应当对所议事项的决定做成会议记录，主持人、出席会议的董事应当在会议记录上签名。会议记录应当与出席股东的签名册及代理出席的委托书一并保存。

（二）董事会、经理

1. 董事会的性质和组成

股份有限公司的董事会是股东会的执行机构，对股东会负责。

股份公司董事会成员为 3 人以上，其成员中可以有公司职工代表。职工人数 300 人以上的股份有限公司，除依法设监事会并有公司职工代表的外，其董事会成员中应当有公司职工代表。董事会中的职工代表由公司职工通过职工代表大会、职工大会或者其他形式民主选举产生。董事会成员构成与责任有限公司相同。

股份有限公司的董事任期由公司章程规定，但每届任期不得超过 3 年。董事任期届满，连选可以连任。董事任期届满未及时改选，或者董事在任期内辞任导致董事会成员低于法定人数的，在改选出的董事就任前，原董事仍应当依照法律、行政法规和公司章程的规定，履行董事职务。董事辞任的，应当以书面形式通知公司，公司收到通知之日辞任生效，但存在以上规定情形的，董事应当继续履行职务。股东会可以决议解任董事，决议做出之日解任生效。无正当理由，在任期届满前解任董事的，该董事可以要求公司予以赔偿。

股份有限公司可以按照公司章程的规定在董事会中设置由董事组成的审计委员会，行使规定的监事会的职权，不设监事会或者监事。审计委员会成员为 3 名以上，过半数成员不得在公司担任除董事以外的其他职务，且不得与公司存在任何可能影响其独立客观判断的关系。公司董事会成员中的职工代表可以成为审计委员会成员。审计委员会做出决议，应当经审计委员会成员的过半数通过。审计委员会决议的表决，应当一人一票。审计委员会的议事方式和表决程序，除法律规定的外，由公司章程规定。公司可以按照公司章程的规定在董事会中设置其他委员会。

规模较小或者股东人数较少的股份有限公司，可以不设董事会，设一名董事，行使法律规定的董事会的职权。该董事可以兼任公司经理。

2. 董事会的职权

股份有限公司董事会的职权与有限责任公司董事会的职权的规定基本相同。

3. 董事会的召开

董事会设董事长1人，可以设副董事长。董事长和副董事长由董事会以全体董事的过半数选举产生。董事长召集和主持董事会会议，检查董事会决议的实施情况。副董事长协助董事长工作，董事长不能履行职务或者不履行职务的，由副董事长履行职务；副董事长不能履行职务或者不履行职务的，由半数以上董事共同推举1名董事履行职务。

董事会每年度至少召开2次会议，每次会议应当于会议召开10日前通知全体董事和监事。代表1/10以上表决权的股东、1/3以上董事或者监事会，可以提议召开董事会临时会议。董事长应当自接到提议后10日内，召集和主持董事会会议。董事会召开临时会议，可以另定召集董事会的通知方式和通知时限。

4. 董事会的决议

董事会会议应有过半数的董事出席方可举行。董事会作出决议，必须经全体董事的过半数通过。董事会决议的表决，实行一人一票，即每个董事只能享有一票表决权。

董事会会议，应由董事本人出席；董事因故不能出席，可以书面委托其他董事代为出席，委托书中应载明授权范围。董事会应当对会议所议事项的决定做成会议记录，出席会议的董事应当在会议记录上签名。

董事应当对董事会的决议承担责任。董事会的决议违反法律、行政法规或者公司章程、股东会决议，致使公司遭受严重损失的，参与决议的董事对公司负赔偿责任。但经证明在表决时曾表明异议并记载于会议记录的，该董事可以免除责任。

5. 经理

股份有限公司设经理，由董事会决定聘任或者解聘。经理对董事会负责，根据公司章程的规定或者董事会的授权行使职权。经理列席董事会会议。公司董事会可以决定由董事会成员兼任经理。

（三）监事会

1. 监事会的组成

股份有限公司设监事会，其成员不得少于3人。监事会应当包括股东代表和适当比例的公司职工代表，其中职工代表的比例不得低于1/3，具体比例由公司章程规定。监事会中的职工代表由公司职工通过职工代表大会、职工大会或者其他形式民主选举产生。

董事、高级管理人员不得兼任监事。监事的任期每届为3年。监事任期届满，连选可以连任。监事任期届满未及时改选，或者监事在任期内辞任导致监事会成员低于法定人数的，在改选出的监事就任前，原监事仍应当依照法律、行政法规和公司章程的规定，履行监事职务。

2. 监事会的职权

股份有限公司监事会的职权与有限责任公司监事会的职权的规定基本相同。

监事可以列席董事会会议，并对董事会决议事项提出质询或者建议。监事会发现公司经营情况异常，可以进行调查；必要时，可以聘请会计师事务所等协助其工作，费用由公司承担。监事会行使职权所必需的费用，由公司承担。监事会可以要求董事、高级管理人员提交执行职务的报告。

3. 监事会的召开

监事会设主席 1 人，可以设副主席。监事会主席和副主席由全体监事过半数选举产生。监事会主席召集和主持监事会会议；监事会主席不能履行职务或者不履行职务的，由监事会副主席召集和主持监事会会议；监事会副主席不能履行职务或者不履行职务的，由半数以上监事共同推举 1 名监事召集和主持监事会会议。

监事会每 6 个月至少召开 1 次会议。监事可以提议召开临时监事会会议。监事会的议事方式和表决程序，除《公司法》有规定的外，由公司章程规定。监事会决议应当经全体监事的过半数通过。监事会决议的表决，应当一人一票。监事会应当对所议事项的决定做成会议记录，出席会议的监事应当在会议记录上签名。

三、上市公司组织机构的特别规定

上市公司，是指其股票在证券交易所上市交易的股份有限公司。

（一）增加股东会特别决议事项

上市公司在 1 年内购买、出售重大资产或者向他人提供担保的金额超过公司资产总额 30% 的，应当由股东会做出决议，并经出席会议的股东所持表决权的 2/3 以上通过。

（二）上市公司设立独立董事

独立董事，是指不在公司担任除董事外的其他职务，并与其受聘的上市公司及其主要股东不存在可能妨碍其进行独立客观判断的关系的董事。独立董事应当独立履行职责，不受上市公司及其主要股东、实际控制人等单位或者个人的影响。根据《上市公司独立董事管理办法》规定，上市公司独立董事占董事会成员的比例不得低于 1/3，且至少包括 1 名会计专业人士。

独立董事必须保持独立性。下列人员不得担任独立董事：

①在上市公司或者其附属企业任职的人员及其配偶、父母、子女、主要社会关系；

②直接或间接持有上市公司已发行股份 1% 以上或者是上市公司前 10 名股东中的自然人股东及其配偶、父母、子女；

③在直接或间接持有上市公司已发行股份 5% 以上的股东或者在上市公司前 5 名股东任职的人员及其配偶、父母、子女；

④在上市公司控股股东、实际控制人的附属企业任职的人员及其配偶、父母、子女；

⑤与上市公司及其控股股东、实际控制人或者其各自的附属企业有重大业务往来的人员，或者在有重大业务往来的单位及其控股股东、实际控制人任职的人员；

⑥为上市公司及其控股股东、实际控制人或者其各自附属企业提供财务、法律、咨询、保荐等服务的人员，包括但不限于提供服务的中介机构的项目组全体人员、各级复核人员、在报告上签字的人员、合伙人、董事、高级管理人员及主要负责人；

⑦最近十二个月内曾经具有第一项至第六项所列举情形的人员；

⑧法律、行政法规、中国证监会规定、证券交易所业务规则和公司章程规定的不具备独立性的其他人员。

（三）增加上市公司审计委员会职权的规定

上市公司应当在董事会中设置审计委员会。审计委员会成员应当为不在上市公司担任高级管理人员的董事，其中独立董事应当过半数，并由独立董事中会计专业人士担任召集人。上市公司可以根据需要在董事会中设置提名、薪酬与考核、战略等专门委员会。提名委员会、薪酬与考核委员会中独立董事应当过半数并担任召集人。

（四）上市公司设立董事会秘书

董事会秘书是指掌管董事会文件并协助董事会成员处理日常事务的人员。上市公司设董事会秘书，负责公司股东会和董事会会议的筹备、文件保管以及公司股东资料的管理，办理信息披露事务等事宜。董事会秘书是董事会设置的服务席位，既不能代表董事会，也不能代表董事长。上市公司董事会秘书是公司的高级管理人员，承担法律、行政法规以及公司章程对公司高级管理人员所要求的义务，享有相应的工作职权，获得相应的报酬。

（五）增设关联关系董事的表决权排除制度

上市公司董事与董事会会议决议事项所涉及的企业或者个人有关联关系的，该董事应当及时向董事会书面报告。有关联关系的董事不得对该项决议行使表决权，也不得代理其他董事行使表决权。该董事会会议由过半数的无关联关系董事出席即可举行，董事会会议所做决议须经无关联关系董事过半数通过。出席董事会的无关联关系董事人数不足3人的，应将该事项提交上市公司股东会审议。

（六）增加上市公司披露股东和实际控制人信息的义务

上市公司应当依法披露股东、实际控制人的信息，相关信息应当真实、准确、完整。禁止违反法律、行政法规的规定代持上市公司股票。

（七）增加上市公司控股子公司不得取得该上市公司股份的规定

上市公司控股子公司因公司合并、质权行使等原因持有上市公司股份的，不得行使所持股份对应的表决权，并应当及时处分相关上市公司股份。

第五节　公司董事、监事、高级管理人员的资格和义务

> **课程思政**
>
> **上海首例信披违规入刑宣判**
>
> 2020年4月，上海第三中级人民法院对一起上市公司信息披露违规案件做出宣判，据悉，这也是上海首例信披违规入刑的案件。涉事上市公司为上海中毅达股份有限公司（以下简称"中毅达"），现更名为*ST中毅。据查明，2015年10月，中毅达时任副董事长、总经理任某某，副总经理、财务总监林某某，财务经理秦某某，下属子公司副总经理盛某共同参与实施，将已由他人完工的工程收入计入三季报并对外披露，导致累计虚增利润1 063万余元，占披露利润总额的81.35%，并由此导致业绩由亏损转披露为盈利。4月10日下午，上海市第三中级人民法院做出一审判决：以违规披露重要信息罪判处直接负责的主管人员任某某有期徒刑一年，缓刑一年，并处罚金人民币20万元；对直接责任人员林某某判处有期徒刑六个月，缓刑一年，并处罚金人民币10万元；对直接责任人员盛某某和秦某某均判处拘役三个月，缓刑三个月，并处罚金人民币5万元。
>
> 中毅达作为依法负有信息披露义务的公司，却向股东和社会公众提供虚假的财务会计报告，情节严重，对股东和社会公众造成伤害；被告人任某某作为直接负责的主管人员，被告人林某某、盛某、秦某某作为其他直接责任人员，其行为均已构成违规披露重要信息罪。根据此案谈一谈：公司董事应当履行哪些义务呢？

一、公司董事、监事、高级管理人员的资格

《公司法》规定，有下列情形之一的，不得担任公司的董事、监事、高级管理人员：

（一）无民事行为能力或者限制民事行为能力；

（二）因贪污、贿赂、侵占财产、挪用财产或者破坏社会主义市场经济秩序，被判处刑罚，或者因犯罪被剥夺政治权利，执行期满未逾5年，被宣告缓刑的，自缓刑考验期满之日起未逾2年；

（三）担任破产清算的公司、企业的董事或者厂长、经理，对该公司、企业的破产负有个人责任的，自该公司、企业破产清算完结之日起未逾3年；

（四）担任因违法被吊销营业执照、责令关闭的公司、企业的法定代表人，并负有个人责任的，自该公司、企业被吊销营业执照、责令关闭之日起未逾3年；

（五）个人因所负数额较大债务到期未清偿被人民法院列为失信被执行人。

二、公司董事、监事、高级管理人员的义务

董事、监事、高级管理人员应当遵守法律、行政法规和公司章程。董事、监事、高级管理人员对公司负有忠实义务，应当采取措施避免自身利益与公司利益冲突，不得利用职权牟取不正当利益。董事、监事、高级管理人员对公司负有勤勉义务，执行职务应当为公司的最大利益尽到管理者通常应有的合理注意。公司的控股股东、实际控制人不担任公司董事但实际执行公司事务的，也需履行忠实和勤勉义务。《公司法》规定，公司董事、监事、高级管理人员不得有下列行为：

（一）侵占公司财产、挪用公司资金；

（二）将公司资金以其个人名义或者以其他个人名义开立账户存储；

（三）利用职权贿赂或者收受其他非法收入；

（四）接受他人与公司交易的佣金归为己有；

（五）擅自披露公司秘密；

（六）违反对公司忠实义务的其他行为。

除此之外，公司董事、监事、高级管理人员，未向董事会或者股东会报告，并按照公司章程的规定经董事会或者股东会决议通过，不得利用职务便利为自己或者他人谋取属于公司的商业机会，不得自营或者为他人经营与其任职公司同类的业务。

公司董事、监事、高级管理人员，直接或者间接与本公司订立合同或者进行交易，应当就与订立合同或者进行交易有关的事项向董事会或者股东会报告，并按照公司章程的规定经董事会或者股东会决议通过。董事、监事、高级管理人员的近亲属，董事、监事、高级管理人员或者其近亲属直接或者间接控制的企业，以及与董事、监事、高级管理人员有其他关联关系的关联人，与公司订立合同或者进行交易，也应当就与订立合同或者进行交易有关的事项向董事会或者股东会报告，并按照公司章程的规定经董事会或者股东会决议通过。董事、监事、高级管理人员违反上述规定所得的收入应当归公司所有。

董事会对以上事项决议时，关联董事不得参与表决，其表决权不计入表决权总数。出席董事会会议的无关联关系董事人数不足3人的，应当将该事项提交股东会审议。

三、股东诉讼

（一）股东代表诉讼

股东代表诉讼，也称股东间接诉讼，是指当董事、监事、高级管理人员或者他人的违反法律、行政法规或者公司章程的行为给公司造成损失，公司拒绝或者怠于向该违法行为人请求损害赔偿时，具备法定资格的股东有权代表其他股东，代替公司提起诉讼，请求违法行为人赔偿公司损失的行为。股东代表诉讼的目的，是为了保护公司利益和股东整体利益，而不仅仅是个别股东的利益。为保护个别股东利益而进行的诉讼是股东直接诉讼。

根据侵权人身份的不同与具体情况的不同，提起股东代表诉讼有以下几种程序：

1. 股东对公司董事、监事、高级管理人员给公司造成损失的行为提起诉讼的程序

按照《公司法》的规定，公司董事、监事、高级管理人员执行公司职务时违反法律、行政法规或者公司章程的规定，给公司造成损失的，应当承担赔偿责任。为了确保责任者真正承担相应的赔偿责任，《公司法》对股东代表诉讼作了如下规定：

（1）股东通过监事会提起诉讼。公司董事、高级管理人员执行公司职务时违反法律、行政法规或者公司章程的规定，给公司造成损失的，有限责任公司的股东、股份有限公司连续180日以上单独或者合计持有公司1%以上股份的股东，可以书面请求监事会向人民法院提起诉讼。

（2）股东通过董事会提起诉讼。监事执行公司职务时违反法律、行政法规或者公司章程的规定，给公司造成损失的，有限责任公司的股东、股份有限公司连续180日以上单独或者合计持有公司1%以上股份的股东，可以书面请求董事会向人民法院提起诉讼。

（3）股东直接提起诉讼。监事会或者董事收到有限责任公司的股东、股份有限公司连续180日以上单独或者合计持有公司1%以上股份的股东的书面请求后，拒绝提起诉讼，或者自收到请求之日起30日内未提起诉讼，或者情况紧急、不立即提起诉讼将会使公司利益受到难以弥补的损害的，有限责任公司的股东、股份有限公司连续180日以上单独或者合计持有公司1%以上股份的股东，有权为了公司的利益，以自己的名义直接向人民法院提起诉讼。

2. 股东对他人给公司造成损失的行为提起诉讼的程序

公司董事、监事、高级管理人员以外的他人侵犯公司合法权益，给公司造成损失的，有限责任公司的股东、股份有限公司连续180日以上单独或者合计持有公司1%以上股份的股东，可以通过监事会、董事会向人民法院提起诉讼，或者直接向人民法院提起诉讼。提起诉讼的具体程序，依照上述股东对公司董事、监事、高级管理人员给公司造成损失的行为提起诉讼的程序进行。

（二）股东直接诉讼

这是指股东对董事、高级管理人员违反规定损害股东利益的行为提起的诉讼。《公司法》规定，公司董事、高级管理人员违反法律、行政法规或者公司章程的规定，损害股东利益的，股东可以依法向人民法院提起诉讼。

（三）股东双重代表诉讼

股东双重代表诉讼是指在子公司的权利受到侵犯后，而该公司及作为其股东的母公司均怠于或拒绝通过诉讼程序而要求损害赔偿时，母公司股东便取得将侵犯子公司权益的违法行为人诉诸法院的权利。《公司法》规定，公司全资子公司的董事、监事、高级管理人员执行职务违反法律、行政法规或者公司章程的规定，或者他人侵犯公司全资子公司合法权益造成损失的，有限责任公司的股东、股份有限公司连续180日以上单独或者合计持有公司1%以上股份的股东，可以书面请求全资子公司的监事会、董事会向人民法院提起诉讼或者以自己的名义直接向人民法院提起诉讼。

第六节 公司股票与公司债券

> **课程思政**
>
> **阿里转让7家上市公司股权，总市值达193.7亿元**
>
> 2023年11月，阿里网络与杭州灏月签署多份股权转让协议，前者将持有的居然之家、丽人丽妆、圆通速递、分众传媒、美凯龙、千方科技、美年健康全部股权转让给后者，转让总对价约193.7亿元。杭州灏月成立于2023年10月24日，由淘宝（中国）软件有限公司持股57.59%，浙江天猫技术有限公司持股35.75%，以及Alibaba.com China Limited 持股6.66%。这与阿里网络的股东构成与持股比例完全一致。这也意味着，阿里网络不再持股不代表阿里巴巴的完全退出，杭州灏月仍是阿里系企业。业内普遍认为，在此次股权变更中，阿里正在重新梳理对于A股参投公司的持股路径，聚焦核心业务，通过资本化方式实现非核心业务的资产增值。

一、股份发行

（一）股份和股票的概念

股份是指由股份有限公司发行的股东所持有的通过股票形式来表现的可以转让的资本的一部分。股份作为代表公司资本的一部分，是公司资本的最小划分单位，不能再分，所有股东持有的股份加起来所代表的资本数额即为公司的资本总额。股份有限公司的股份具有平等性，即只要所持有的股份相同，其股东可以享有的权益和应当履行的义务就相同。

股票是指公司签发的证明股东所持股份的凭证。股票具有以下性质：一是有价证券。股票是一种具有财产价值的证券，股票记载着股票种类、票面金额及代表的股份数，反映着股票的持有人对公司的权利；二是证权证券。股票表现的是股东的权利，任何人只要合法占有股票，其就可以依法向公司行使权利，而且公司股票发生转移时，公司股东的权益也即随之转移；三是要式证券。股票应当采取纸面形式或者国务院证券监督管理机构规定的其他形式，其记载的内容和事项应当符合法律的规定；四是流通证券。股票可以在证券交易市场依法进行交易。

从理论上分析，股票可分为下列种类：

（1）普通股和优先股。这是按照股东权利、义务的不同进行的分类。普通股是指享有普通权利、承担普通义务的股份，是股份的最基本形式。依照规定，普通股股东享有决策参与权、利润分配权、优先认股权和剩余资产分配权。优先股是指享有优先权的股份。公司对优先股的股利须按约定的股利率支付，不受公司盈利大小的影响，当年可供分配股利的利润不足以按约定的股利率支付优先股利的，由以后年度可供分配股利的利润补足。在公司进行清算时，优先股股东先于普通股股东取得公司剩余财产。但是，优先股不参与公司决策，不参与公司红利分配。实践中，发行优先股的很少。

（2）国有股、发起人股和社会公众股。这是按照投资主体性质的不同进行的分类。国有股包括国家股和国有法人股，国家股是指有权代表国家投资的政府部门或机构以国有资产投入公司形成的股份或依法定程序取得的股份。国有法人股是指具有法人资格的国有企业、事业及其他单位以其依法占用的法人资产向独立于自己的股份公司出资形成或依法定程序取得的股份。发起人股是指股份公司的发起人认购的股份。社会公众股是指个人和机构以合法财产购买并可依法流通的股份。

（3）内资股和外资股。这是按照投资者是以人民币认购和买卖还是以外币认购和买卖股票进行的分类。内资股一般是由境内人士或机构以人民币认购和买卖的股票。外资股一般是以外币认购和买卖的股票，又可分为境内上市外资股和境外上市外资股。境内上市外资股一般标为 B 股；境外上市外资股一般以境外上市地的英文名称中的第一个字母命名，比如，在纽约上市的称为 N 股，在新加坡上市的称为 S 股等。

（4）记名股票和无记名股票。这是按照票面上是否记载股东的姓名或名称进行的分类。记名股票是指在票面上记载股东姓名或名称的股票。无记名股票是指在票面上不记载股东姓名或名称的股票。《公司法》规定，公司发行的股票，应当为记名股票。

（5）面额股票和无面额股票。这是按照券面金额记载方式的不同进行的分类。面额股票是在券面上标明金额数的股票。无面额股票是券面上不记载金额的股票。《公司法》规定，公司的全部股份，根据公司章程的规定择一采用面额股或者无面额股。采用面额股的，每一股的金额相等。公司可以根据公司章程的规定将已发行的面额股全部转换为无面额股或者将无面额股全部转换为面额股。采用无面额股的，应当将发行股份所得股款的 1/2 以上计入注册资本。

（二）股份的发行原则

股份的发行是指股份有限公司为了筹集公司资本而出售和分配股份的法律行为。股份的发行应当遵循下列原则：

1. 公平原则

参与股份发行的当事人在相同条件下的法律地位是平等的，相同的投资者有相同的权利，相同的发行人在法律上负有相同的责任，不应当在相同的投资者之间存在不公平的待遇。股份有限公司每次发行股份每股的发行条件、发行价格应当相同。

2. 公正原则

公司在发行股份时，要依法处理发行中的问题，做到一视同仁。在股份发行中，必须遵守统一制定的规则。股份发行活动应当做到客观公正、依法办理，保证有关公正原则的各项规范得以实施。

3. 同股同权原则

在同类别下，相同的股份在相同的条件下应当具有平等性。同一公司，同一类别，相同的股份，在享受的权利上是平等的。股东按持有股份的多少行使表决权，股利的分配也按照持股的多少进行。

根据上述原则，《公司法》规定，同次发行的同类别股份，每股的发行条件和价格应当相同；认购人所认购的股份，每股应当支付相同价额。

（三）股票的发行价格

股票的发行价格是指股票发行时所使用的价格，也是投资者认购股票时所支付的价格。股票的发行价格可以分为平价发行的价格、溢价发行的价格和折价发行的价格。平价发行是指股票的发行价格与股票的票面金额相同，也称为等价发行、券面发行。溢价发行是指股票的实际发行价格超过其票面金额。折价发行是指股票的实际发行价格低于其票面金额。

《公司法》规定，面额股股票的发行价格可以按票面金额，也可以超过票面金额，但不得低于票面金额。而无面额股股票的发行价格则没有限制。

（四）公司发行新股

发行新股是指股份有限公司成立后再向社会募集股份的法律行为。股份有限公司发行新股是股份有限公司向社会募集股份，增加公司注册资本的行为。

公司发行新股，股东会应当对下列事项作出决议：①新股种类及数额；②新股发行价格；③新股发行的起止日期；④向原有股东发行新股的种类及数额；⑤发行无面额股的，新股发行所得股款计入注册资本的金额。

公司向社会公开募集股份，应当经国务院证券监督管理机构注册，公告招股说明书。公司公开发行新股应当由依法设立的证券公司承销，签订承销协议，并同银行签订代收股款协议。代收股款的银行应当按照协议代收和保存股款，向缴纳股款的认股人出具收款单据，并负有向有关部门出具收款证明的义务。公司发行股份募足股款后，应予公告。

（五）公司发行类别股

类别股是对盈余分配请求权、剩余财产分配请求权、表决权、赎回权和转换权等股份内容设置不同的股份。根据《公司法》规定，公司可以按照公司章程的规定发行与普通股权利不同的类别股，主要包括：①优先或者劣后分配利润或者剩余财产的股份；②每一股的表决权数多于或者少于普通股的股份；③转让须经公司同意等转让受限的股份；④国务院规定的其他类别股。公开发行股份的公司不得发行上述第②项、第③项规定的类别股；公开发行前已发行的除外。公司发行第②项规定的类别股的，对于监事或者审计委员会成员的选举和更换，类别股与普通股每一股的表决权数相同。

二、股份转让

（一）股份转让的概念

股份转让，是指股份有限公司的股份持有人依法自愿将自己所拥有的股份转让给他人，使他人取得股份或增加股份数额成为股东的法律行为。

股份转让具有以下特点：

1. 股份转让在公司法中特指股份有限公司的股份转让。《公司法》将有限责任公司股东转让出资的行为称为股权转让（或称出资转让）。

2. 股份转让须依法进行。所谓依法转让，是指股份持有人在转让自己的股份时必须按照《公司法》和有关法律、行政法规的规定将自己的股份转让给他人，如上市公司上市交易的股票必须在法定的证券交易所进行转让等。

3. 股份转让属于相对自由的转让。在股份转让中，只要股东转让行为符合法定要求，其他人就无权干涉股份持有人转让自己的股份。

4. 股份转让在特定情况下受到一定限制。如公司的发起人、董事、监事、高级管理人员所持股份的转让要受到一定限制等。

5. 股份转让以股票转让的形式出现。股份的转让，是通过股票的转让来完成的，是以股票的形式出现的。

6. 股份转让是一种法律行为。股份转让人和受让人的行为必须符合法律、行政法规规定的要求。

（二）股份转让的法律规定

《公司法》对股份有限公司的股份转让做出了具体的规定，主要包括以下内容：

1. 股东持有的股份可以依法转让。股东转让其股份，应当在依法设立的证券交易场所进行或者按照国务院规定的其他方式进行。

2. 股票的转让，由股东以背书方式或者法律、行政法规规定的其他方式进行，转让后由公司将受让人的姓名或者名称及住所记载于股东名册。股东会召开前20日内或者公司决定分配股利的基准日前5日内，不得变更股东名册。但是，法律、行政法规或者国务院证券监督管理机构对上市公司股东名册变更另有规定的，从其规定。

3. 公司公开发行股份前已发行的股份，自公司股票在证券交易所上市交易之日起1年内不得转让。法律、行政法规或者国务院证券监督管理机构对上市公司的股东、实际控制人转让其所持有的本公司股份另有规定的，从其规定。公司董事、监事、高级管理人员应当向公司申报所持有的本公司的股份及其变动情况，在就任时确定的任职期间每年转让的股份不得超过其所持有本公司股份总数的25%；所持本公司股份自公司股票上市交易之日起1年内不得转让。上述人员离职后半年内，不得转让其所持有的本公司股份。公司章程可以对公司董事、监事、高级管理人员转让其所持有的本公司股份做出其他限制性规定。

股份在法律、行政法规规定的限制转让期限内出质的，质权人不得在限制转让期限内行使质权。

4. 股东对股东会决议持反对意见的可以请求公司按照合理的价格收购其股份。有下列情形之一的，对股东会该项决议投反对票的股东可以请求公司按照合理的价格收购其股份，公开发行股份的公司除外：①公司连续五年不向股东分配利润，而公司该五年连续盈利，并且符合本法规定的分配利润条件；②公司转让主要财产；③公司章程规定的营业期限届满或者章程规定的其他解散事由出现，股东会通过决议修改章程使公司存续。自股东会决议做出之日起 60 日内，股东与公司不能达成股份收购协议的，股东可以自股东会决议做出之日起 90 日内向人民法院提起诉讼。公司因上述规定的情形收购的本公司股份，应当在 6 个月内依法转让或者注销。

5. 公司不得收购本公司股份。但是，有下列情形之一的除外：①减少公司注册资本；②与持有本公司股份的其他公司合并；③将股份用于员工持股计划或者股权激励；④股东因对股东会做出的公司合并、分立决议持异议，要求公司收购其股份的；⑤将股份用于转换公司发行的可转换为股票的公司债券；⑥上市公司为维护公司价值及股东权益所必需。公司因上述第①项、第②项规定的情形收购本公司股份的，应当经股东会决议；公司因上述第③项、第⑤项、第⑥项规定的情形收购本公司股份的，可以按照公司章程或者股东会的授权，经 2/3 以上董事出席的董事会会议决议。公司依照上述规定收购本公司股份后，属于第①项情形的，应当自收购之日起 10 日内注销；属于第②项、第④项情形的，应当在 6 个月内转让或者注销；属于第③项、第⑤项、第⑥项情形的，公司合计持有的本公司股份数不得超过本公司已发行股份总数的 10%，并应当在 3 年内转让或者注销。上市公司收购本公司股份的，应当依照《中华人民共和国证券法》（以下简称《证券法》）的规定履行信息披露义务。上市公司因第③项、第⑤项、第⑥项规定的情形收购本公司股份的，应当通过公开的集中交易方式进行。

6. 公司不得接受本公司的股票作为质押权的标的。

7. 公司不得为他人取得本公司或者其母公司的股份提供赠予、借款、担保以及其他财务资助，公司实施员工持股计划的除外。为公司利益，经股东会决议，或者董事会按照公司章程或者股东会的授权作出决议，公司可以为他人取得本公司或者其母公司的股份提供财务资助，但财务资助的累计总额不得超过已发行股本总额的 10%。董事会做出决议应当经全体董事的 2/3 以上通过。违反规定，给公司造成损失的，负有责任的董事、监事、高级管理人员应当承担赔偿责任。

8. 股票被盗、遗失或者灭失，股东可以依照《民事诉讼法》规定的公示催告程序，请求人民法院宣告该股票失效。人民法院宣告该股票失效后，股东可以向公司申请补发股票。

9. 上市公司的股票，依照有关法律、行政法规及证券交易所交易规则上市交易。

三、公司债券的概念和种类

（一）公司债券的概念

公司债券是指公司发行的约定按期还本付息的有价证券。公司债券可以公开发行，也可以非公开发行。

公司债券与公司股票有不同的法律特征：①公司债券的持有人是公司的债权人，对于公司享有民法上规定的债权人的所有权利，而股票的持有人则是公司的股东，享有《公司法》所规定的股东权利；②公司债券的持有人，无论公司是否有盈利，对公司享有按照约定给付利息的请求权，而股票持有人，则必须在公司有盈利时才能依法获得股利分配；③公司债券到了约定期限，公司必须偿还债券本金，而股票持有人仅在公司解散时方可请求分配剩余财产；④公司债券的持有人享有优先于股票持有人获得清偿的权利，而股票持有人必须在公司全部债务清偿之后，方可就公司剩余财产请求分配；⑤公司债券的利率一般是固定不变的，风险较小，而股票股利分配的高低，与公司经营好坏密切相关，故常有变动，风险较大。

（二）公司债券的种类

依照不同的标准，对公司债券可作不同的分类。

1. 记名公司债券和无记名公司债券

记名公司债券是指在公司债券上记载债权人姓名或者名称的债券；无记名公司债券是指在公司债券上不记载债权人姓名或者名称的债券。区分记名公司债券和无记名公司债券的法律意义在于两者转让的要求不同。记名公司债券的转让，转让人须在债券上背书；而无记名公司债券的转让，转让人交付债券即发生转让的法律效力。《公司法》规定，我国公司债券应当为记名债券。

2. 可转换公司债券和不可转换公司债券

可转换公司债券是指可以转换成公司股票的公司债券。这种公司债券在发行时规定了转换为公司股票的条件与办法，当条件具备时，债券持有人拥有将公司债券转换为公司股票的选择权。不可转换公司债券是指不能转换为公司股票的公司债券。凡在发行债券时未做出转换约定的，均为不可转换公司债券。《公司法》规定，股份有限公司经股东会决议，或者经公司章程、股东会授权由董事会决议，可以发行可转换为股票的公司债券，并规定具体的转换办法。上市公司发行可转换为股票的公司债券，应当经国务院证券监督管理机构注册。

四、公司债券的发行

（一）公司债券发行的条件

公司债券的发行和交易应当符合《证券法》等法律、行政法规的规定。《证券法》规定,公开发行公司债券,应当符合下列条件:①具备健全且运行良好的组织机构;②最近3年平均可分配利润足以支付公司债券1年的利息;③国务院规定的其他条件。

公开发行公司债券筹集的资金,必须按照公司债券募集办法所列资金用途使用;改变资金用途,必须经债券持有人会议作出决议。公开发行公司债券筹集的资金,不得用于弥补亏损和非生产性支出。上市公司发行可转换为股票的公司债券,除应当符合上述规定的条件外,还应当符合《证券法》关于上市公司发行新股的条件。但是,按照公司债券募集办法,上市公司通过收购本公司股份的方式进行公司债券转换的除外。

有下列情形之一的,不得再次公开发行公司债券:①对已公开发行的公司债券或者其他债务有违约或者延迟支付本息的事实,仍处于继续状态;②违反规定,改变公开发行公司债券所募资金的用途。

(二) 公司债券发行的程序

1. 由公司的权力机关作出决议

2. 经国务院证券监督管理机构注册

3. 公告公司债券募集办法

公开发行公司债券,应当经国务院证券监督管理机构注册,公告公司债券募集办法。公司债券募集办法应当载明下列主要事项:①公司名称;②债券募集资金的用途;③债券总额和债券的票面金额;④债券利率的确定方式;⑤还本付息的期限和方式;⑥债券担保情况;⑦债券的发行价格、发行的起止日期;⑧公司净资产额;⑨已发行的尚未到期的公司债券总额;⑩公司债券的承销机构。

公司以纸面形式发行公司债券的,应当在债券上载明公司名称、债券票面金额、利率、偿还期限等事项,并由法定代表人签名,公司盖章。

4. 置备公司债券持有人名册

公司债券应当为记名债券。公司发行公司债券应当置备公司债券持有人名册。

发行公司债券的,应当在公司债券持有人名册上载明下列事项:①债券持有人的姓名或者名称及住所;②债券持有人取得债券的日期及债券的编号;③债券总额,债券的票面金额、利率、还本付息的期限和方式;④债券的发行日期。

发行可转换为股票的公司债券的,应当在债券上标明可转换公司债券字样,并在公司债券持有人名册上载明可转换公司债券的数额。

五、公司债券的转让

《公司法》规定,公司债券可以转让,转让价格由转让人与受让人约定。公司债券的转让应当符合法律、行政法规的规定。公司债券由债券持有人以背书方式或者法律、行政法规规定的其他方式转让;转让后由公司将受让人的姓名或者名称及住所记载于公司债券持有人名册。

六、公开发行公司债券的其他规定

1. 增加债券持有人会议决议规则和效力的规定

公开发行公司债券的，应当为同期债券持有人设立债券持有人会议，并在债券募集办法中对债券持有人会议的召集程序、会议规则和其他重要事项做出规定。债券持有人会议可以对与债券持有人有利害关系的事项做出决议。除公司债券募集办法另有约定外，债券持有人会议决议对同期全体债券持有人发生效力。

2. 增加债券受托管理人相关规定

公开发行公司债券的，发行人应当为债券持有人聘请债券受托管理人，由其为债券持有人办理受领清偿、债权保全、与债券相关的诉讼以及参与债务人破产程序等事项。债券受托管理人应当勤勉尽责，公正履行受托管理职责，不得损害债券持有人利益。受托管理人与债券持有人存在利益冲突可能损害债券持有人利益的，债券持有人会议可以决议变更债券受托管理人。债券受托管理人违反法律、行政法规或者债券持有人会议决议，损害债券持有人利益的，应当承担赔偿责任。

第七节　公司财务、会计

课程思政

倡导"三坚三守"推进会计诚信体系建设

为推进会计诚信体系建设、提高会计人员职业道德水平，财政部于2023年1月12日制定印发了《会计人员职业道德规范》。这是我国首次制定全国性的会计人员职业道德规范。新时代会计人员职业道德要求总结提炼为三条核心表述，即"坚持诚信，守法奉公""坚持准则，守责敬业""坚持学习，守正创新"。三条要求逻辑清晰、层层递进：第一条"坚持诚信，守法奉公"是对会计人员的自律要求；第二条"坚持准则，守责敬业"是对会计人员的履职要求；第三条"坚持学习，守正创新"是对会计人员的发展要求。加强会计人员职业道德建设，对长期以来会计职业活动实践中形成的职业道德要求进行总结提炼和大力宣传，引导会计人员形成正确的价值追求和行为规范，对于提高会计工作水平和会计信息质量，加强社会信用体系建设，推动经济社会高质量发展具有重要意义。

一、公司财务、会计的基本要求

第一，公司应当依照法律、行政法规和国务院财政部门的规定建立本公司的财务、会计制度。

第二，公司应当依法编制财务会计报告。公司应当在每一会计年度终了时编制财务会计报告，并依法经会计师事务所审计。公司财务会计报告主要包括：资产负债表、利润表、现金流量表等报表及附注。公司财务会计报告应当依照《会计法》《企业财务会计报告条例》等法律、行政法规和国务院财政部门的规定制作。对于上市公司，在每一会计年度的上半年结束之日，还应当制作中期财务会计报告。

第三，公司应当依法披露有关财务、会计资料。有限责任公司应当按照公司章程规定的期限将财务会计报告送交各股东。股份有限公司的财务会计报告应当在召开股东会年会的 20 日前置备于本公司，供股东查阅；公开发行股份的股份有限公司应当公告其财务会计报告。

第四，公司除法定的会计账簿外，不得另立会计账簿。对公司资金，不得以任何个人名义开立账户存储。

第五，公司应当依法聘用会计师事务所对财务会计报告审查验证。公司聘用、解聘承办公司审计业务的会计师事务所，按照公司章程的规定，由股东会、董事会或者监事会决定。公司股东会、董事会或者监事会就解聘会计师事务所进行表决时，应当允许会计师事务所陈述意见。公司应当向聘用的会计师事务所提供真实、完整的会计凭证、会计账簿、财务会计报告及其他会计资料，不得拒绝、隐匿、谎报。

二、利润分配

（一）利润

公司利润是指公司在一定会计期间的经营成果。股东会做出分配利润的决议的，董事会应当在股东会决议做出之日起 6 个月内进行分配。

公司应当按照如下顺序进行利润分配：

1. 弥补以前年度的亏损，但不得超过税法规定的弥补期限。
2. 缴纳所得税。
3. 弥补在税前利润弥补亏损之后仍存在的亏损。
4. 提取法定公积金。
5. 提取任意公积金。
6. 向股东分配利润。

公司弥补亏损和提取公积金后所余税后利润，有限责任公司按照股东实缴的出资比例分配利润，但全体股东约定不按照出资比例分配的除外；股份有限公司按照股东持有的股份比例分配，但股份有限公司章程规定不按持股比例分配的除外。公司持有的本公司股份不得分配利润。

公司违反规定向股东分配利润的，股东应当将违反规定分配的利润退还公司；给公司造成损失的,股东及负有责任的董事、监事、高级管理人员应当承担赔偿责任。

(二) 公积金

公积金是公司在资本之外所保留的资金金额,又称为附加资本或准备金。公积金分为盈余公积金和资本公积金两类。盈余公积金是从公司税后利润中提取的公积金,分为法定公积金和任意公积金两种。法定公积金按照公司税后利润的10%提取,当公司法定公积金累计额为公司注册资本的50%以上时可以不再提取。公司的法定公积金不足以弥补以前年度亏损的,在依照规定提取法定公积金之前,应当先用当年利润弥补亏损。任意公积金按照公司股东会决议,从公司税后利润中提取。资本公积金是直接由资本原因等形成的公积金,公司以超过股票票面金额的发行价格发行股份所得的溢价款、发行无面额股所得股款未计入注册资本的金额以及国务院财政部门规定列入资本公积金的其他项目,应当列为公司资本公积金。

公司的公积金用于弥补公司的亏损、扩大公司生产经营或者转为增加公司注册资本。公积金弥补公司亏损,应当先使用任意公积金和法定公积金;仍不能弥补的,可以按照规定使用资本公积金。法定公积金转为增加注册资本时,所留存的该项公积金不得少于转增前公司注册资本的25%。

第八节 公司合并、分立、增资、减资

> **课程思政**
>
> **瑞幸咖啡减资4亿美元用于海外市场拓展**
>
> 2024年1月,瑞幸咖啡(中国)有限公司注册资本从16.25亿美元变更为12.25亿美元。对于此次减资事项,瑞幸咖啡方面表示,随着瑞幸咖啡业务的高速增长,盈利能力的持续提升,以及海外业务的不断发展,本次减少的注册资本总金额4亿美金,用以满足瑞幸咖啡资金的出境需求。未来将用于供应链能力建设及海外市场拓展等方面,进一步构建瑞幸咖啡全球高品质供应链,推动国际化进程。而供应链建设也不单指咖啡豆采购,设备等产业链相关项目也都囊括其中。本次减少注册资本后,瑞幸咖啡境内仍保有充足的运营资金,能够确保国内业务持续快速稳健地发展。另据瑞幸早前披露,截至2023年第三季度,瑞幸咖啡总门店数达13273家,新加坡门店总数达18家;且在去年10月的2023年合作伙伴大会上,公司曾预计瑞幸咖啡门店将在当年年底突破1.5万家。

一、公司合并

（一）公司合并的形式

公司合并是指两个以上的公司依照法定程序变为一个公司的行为。其形式有两种：一是吸收合并；二是新设合并。吸收合并是指一个公司吸收其他公司加入本公司，被吸收的公司解散。新设合并是指两个以上公司合并设立一个新的公司，合并各方解散。

公司与其持股90%以上的公司合并，被合并的公司无须经股东会决议，但应当通知其他股东，其他股东有权请求公司按照合理的价格收购其股权或者股份。公司合并支付的价款不超过本公司净资产10%的，可以不经股东会决议；但是，公司章程另有规定的除外。公司依照上述规定合并不经股东会决议的，应当经董事会决议。

（二）公司合并的程序

1. 签订合并协议

公司合并，应当由合并各方签订合并协议。合并协议应当包括以下主要内容：①合并各方的名称、住所；②合并后存续公司或新设公司的名称、住所；③合并各方的债权债务处理办法；④合并各方的资产状况及其处理办法；⑤存续公司或新设公司因合并而增资所发行的股份总额、种类和数量；⑥合并各方认为需要载明的其他事项。

2. 编制资产负债表及财产清单

3. 做出合并决议

有限责任公司的股东会在对公司合并做出决议时，应当经代表2/3以上表决权的股东通过，合并决议才能有效；股份有限公司的股东会在对公司合并做出决议时，应当经出席会议的股东所持表决权的2/3以上通过，合并决议才能有效。国有独资公司的合并决议，由履行出资人职责的机构决定。

4. 通知债权人

公司应当自做出合并决议之日起10日内通知债权人，并于30日内在报纸上或者国家企业信用信息公示系统公告。债权人自接到通知书之日起30日内，未接到通知书的自公告之日起45日内，可以要求公司清偿债务或者提供相应的担保。

5. 依法进行登记

公司合并后，登记事项发生变更的，应当依法向公司登记机关办理变更登记；公司解散的，应当依法办理公司注销登记；设立新公司的，应当依法办理公司设立登记。

（三）公司合并各方的债权、债务

公司合并时，合并各方的债权、债务，应当由合并后存续的公司或者新设的公司承继。

二、公司分立

（一）公司分立的形式

公司分立是指一个公司依法分为两个以上的公司。公司分立的形式，一般有两种：一是公司以其部分财产和业务另设一个新公司，原公司存续；二是公司以其全部财产分别归入两个以上的新设公司，原公司解散。

（二）公司分立的程序

公司分立的程序与公司合并的程序基本一样，要签订分立协议，编制资产负债表及财产清单，做出分立决议，通知债权人，办理工商登记等。

（三）公司分立前的债务

公司分立前的债务由分立后的公司承担连带责任。但是，公司在分立前与债权人就债务清偿达成的书面协议另有约定的除外。

三、公司注册资本的减少和增加

（一）公司注册资本的减少

公司需要减少注册资本时，应当编制资产负债表及财产清单。

公司减少注册资本时，应当自股东会做出减少注册资本决议之日起10日内通知债权人，并于30日内在报纸上或者国家企业信用信息公示系统公告。债权人自接到通知书之日起30日内，未接到通知书的自公告之日起45日内，有权要求公司清偿债务或者提供相应的担保。公司减少注册资本，应当按照股东出资或者持有股份的比例相应减少出资额或者股份，法律另有规定、有限责任公司全体股东另有约定或者股份有限公司章程另有规定的除外。

公司依照规定用公积金弥补亏损后，仍有亏损的，可以减少注册资本弥补亏损。减少注册资本弥补亏损的，公司不得向股东分配，也不得免除股东缴纳出资或者股款的义务，应当自股东会做出减少注册资本决议之日起30日内，在报纸上或者国家企业信用信息公示系统公告。在法定公积金和任意公积金累计额达到公司注册资本百分之五十前，不得分配利润。违反规定减少注册资本的，股东应当退还其收到的资金，减免股东出资的应当恢复原状；给公司造成损失的，股东及负有责任的董事、监事、高级管理人员应当承担赔偿责任。

（二）公司注册资本的增加

有限责任公司增加注册资本时，股东在同等条件下有权优先按照实缴的出资比例认缴出资。但是，全体股东约定不按照出资比例优先认缴出资的除外。股份有限公司为增加注册资本发行新股时，股东不享有优先认购权，公司章程另有规定或者股东会决议决定股东享有优先认购权的除外。

有限责任公司增加注册资本时，股东认缴新增资本的出资，依照本法设立有限责任公司缴纳出资的有关规定执行。股份有限公司为增加注册资本发行新股时，股东认购新股，依照本法设立股份有限公司缴纳股款的有关规定执行。

公司增加注册资本，应当依法向公司登记机关办理变更登记。

第九节 公司解散和清算

课程思政

资产不足以清偿全部债务，中植集团向法院申请破产清算

2024 年 1 月 5 日，债务人中植企业集团有限公司以不能清偿到期债务，资产不足以清偿全部债务，且明显缺乏清偿能力为由，向法院申请破产清算。北京市第一中级人民法院经审查认为，该申请符合《中华人民共和国企业破产法》第二条第一款规定的破产原因，故于 2024 年 1 月 5 日裁定受理中植企业集团有限公司破产清算申请。中植集团创建于 1995 年，是中国领先的大型资产管理公司，集团总部位于北京，现已形成"实业＋金融"双主业模式，逐步发展成为涵盖实体产业、资产管理、金融服务、财富管理等领域的综合性企业集团。作为曾经的中国第一大民营金融集团，中植系资产规模超万亿的商业帝国轰然倒塌，牵涉债权权益高达 2 300 亿，高净值投资人数量或达 15 万人，令人震惊。

一、公司解散

《公司法》规定，公司解散的原因有以下五种情形：①公司章程规定的营业期限届满或者公司章程规定的其他解散事由出现；②股东会决议解散；③因公司合并或者分立需要解散；④依法被吊销营业执照、责令关闭或者被撤销；⑤人民法院依法予以解散。公司出现上述规定的解散事由，应当在 10 日内将解散事由通过国家企业信用信息公示系统予以公示。

公司有上述第①项、第②项情形的，且尚未向股东分配财产的，可以通过修改公司章程或者经股东会决议而存续。公司依照规定修改公司章程或者经股东会决议的，有限责任公司须经持有 2/3 以上表决权的股东通过，股份有限公司须经出席股东会会议的股东所持表决权的 2/3 以上通过。公司经营管理发生严重困难，继续存续会使股东利益受到重大损失，通过其他途径不能解决的，持有公司 10% 以上表决权的股东，可以请求人民法院解散公司。

二、公司清算

（一）成立清算组

公司解散时，应当依法进行清算。根据《公司法》的规定，董事为公司清算义务人，应当在解散事由出现之日起 15 日内成立清算组。

清算组由董事组成，但是公司章程另有规定或者股东会决议另选他人的除外。清算义务人未及时履行清算义务，给公司或者债权人造成损失的，应当承担赔偿责任。

（二）清算组的职权

根据《公司法》的规定，清算组在清算期间行使下列职权：（1）清理公司财产，分别编制资产负债表和财产清单；（2）通知、公告债权人；（3）处理与清算有关的公司未了结的业务；（4）清缴所欠税款以及清算过程中产生的税款；（5）清理债权、债务；（6）分配公司清偿债务后的剩余财产；（7）代表公司参与民事诉讼活动。

清算组成员履行清算职责，负有忠实义务和勤勉义务。清算组成员怠于履行清算职责，给公司造成损失的，应当承担赔偿责任；因故意或者重大过失给债权人造成损失的，应当承担赔偿责任。

（三）清算工作程序

1. 登记债权

清算组应当自成立之日起10日内通知债权人，并于60日内在报纸上或者国家企业信用信息公示系统公告。债权人应当自接到通知书之日起30日内，未接到通知书的自公告之日起45日内，向清算组申报其债权。债权人申报债权，应当说明债权的有关事项，并提供证明材料。清算组应当对债权进行登记。在申报债权期间，清算组不得对债权人进行清偿。

2. 清理公司财产，制定清算方案

清算组在清理公司财产、编制资产负债表和财产清单后，应当制定清算方案，并报股东会或者人民法院确认。

3. 清偿债务

公司财产在分别支付清算费用、职工的工资、社会保险费用和法定补偿金，缴纳所欠税款，清偿公司债务后的剩余财产，有限责任公司按照股东的出资比例分配，股份有限公司按照股东持有的股份比例分配。清算期间，公司存续，但不得开展与清算无关的经营活动。公司财产在未按上述规定清偿前，不得分配给股东。

清算组在清理公司财产、编制资产负债表和财产清单后，发现公司财产不足清偿债务的，应当依法向人民法院申请破产清算。人民法院受理破产申请后，清算组应当将清算事务移交给人民法院指定的破产管理人。

4. 公告公司终止

公司清算结束后，清算组应当制作清算报告，报股东会或者人民法院确认，并报送公司登记机关，申请注销公司登记，公告公司终止。

（四）简易程序注销公司登记

公司在存续期间未产生债务，或者已清偿全部债务的，经全体股东承诺，可以按照规定通过简易程序注销公司登记。通过简易程序注销公司登记，应当通过国家企业信用信息公示系统予以公告，公告期限不少于20日。公告期限届满后，未有异议的，公司可以在20日内向公司登记机关申请注销公司登记。公司通过简易程序注销公司登记，股东对简易程序注销登记规定的内容承诺不实的，应当对注销登记前的债务承担连带责任。

第十节 违反公司法的法律责任

> **课程思政**
>
> **公司涉嫌危害社会公共利益食恶果**
>
> 盛世富邦（天津）股权投资基金股份有限公司刘重光任董事长，董事会主席刘广林等6人明知公司未经有关部门批准不得吸收公众基金，仍通过网络、推介会、授课等途径向社会公开宣传，以高额回报为诱饵，非法向社会募集资金，非法募集的资金除部分返还投资人、购买企业外，余额全部用于个人购买房产、汽车、高档手表等个人消费和挥霍，致使巨额投资款无法收回，众多投资人蒙受经济损失，严重危害社会公共利益。当事人的行为构成了涉嫌从事危害国家安全、社会公共利益的严重违法行为的违法行为，被吊销营业执照。面对金钱诱惑而以身试法，总归逃不过法律的制裁。

一、公司发起人、股东的法律责任

（一）虚报注册资本、提交虚假材料或者采取其他欺诈手段隐瞒重要事实取得公司登记的，由公司登记机关责令改正，对虚报注册资本的公司，处以虚报注册资本金额5%以上15%以下的罚款；对提交虚假材料或者采取其他欺诈手段隐瞒重要事实的公司，处以5万元以上50万元以下的罚款；情节严重的，吊销营业执照；对直接负责的主管人员和其他直接责任人员处以3万元以上30万元以下的罚款。构成犯罪的，依《中华人民共和国刑法》规定追究刑事责任，处3年以下有期徒刑或者拘役，并处或者单处虚报注册资本金1%以上5%以下的罚金。单位犯此罪的，对单位处以罚金，并对其直接负责的主管人员和其他直接责任人员，处3年以下有期徒刑或者拘役。

（二）公司的发起人、股东虚假出资，未交付或者未按期交付作为出资的货币或者非货币财产的，由公司登记机关责令改正，可以处以5万元以上20万元以下的罚款；情节严重的，处以虚假出资或者未出资金额5%以上15%以下的罚款；对直接负责的主管人员和其他直接责任人员处以1万元以上10万元以下的罚款。构成犯罪的，依《中华人民共和国刑法》规定追究刑事责任，处5年以下有期徒刑或者拘役，并处或者单处虚假出资金额2%以上10%以下的罚金。单位犯此罪的，对单位处以罚金，并对其直接负责的主管人员和其他直接责任人员，处5年以下有期徒刑或者拘役。

（三）公司的发起人、股东在公司成立后，抽逃其出资的，由公司登记机关责令改正，处以所抽逃出资金额5%以上15%以下的罚款；对直接负责的主管人员和其他直接责任人员处以3万元以上30万元以下的罚款。构成犯罪的，依《中华人民共和国刑法》规定追究刑事责任，处5年以下有期徒刑或者拘役，并处或者单处抽逃出资金额2%以上10%以下的罚金。单位犯此罪的，对单位处以罚金，并对其直接负责的主管人员和其他直接责任人员，处5年以下有期徒刑或者拘役。

二、公司的法律责任

（一）公司有下列行为之一的，由县级以上人民政府财政部门依照《会计法》等法律、行政法规的规定处罚：①在法定的会计账簿以外另立会计账簿；②提供存在虚假记载或者隐瞒重要事实的财务会计报告。

（二）公司未依照规定公示有关信息或者不如实公示有关信息的，由公司登记机关责令改正，可以处以1万元以上5万元以下的罚款。情节严重的，处以5万元以上20万元以下的罚款；对直接负责的主管人员和其他直接责任人员处以1万元以上10万元以下的罚款。

（三）公司在合并、分立、减少注册资本或者进行清算时，不依照《公司法》规定通知或者公告债权人的，由公司登记机关责令改正，对公司处以1万元以上10万元以下的罚款。

（四）公司在进行清算时，隐匿财产，对资产负债表或者财产清单作虚假记载，或者在未清偿债务前分配公司财产的，由公司登记机关责令改正，对公司处以隐匿财产或者未清偿债务前分配公司财产金额5%以上10%以下的罚款；对直接负责的主管人员和其他直接责任人员处以1万元以上10万元以下的罚款。构成犯罪的，依《中华人民共和国刑法》规定追究刑事责任，对直接负责的主管人员和其他直接责任人员，处5年以下有期徒刑或者拘役，并处或者单处2万元以上20万元以下罚金。

（五）公司成立后无正当理由超过6个月未开业的，或者开业后自行停业连续6个月以上的，公司登记机关可以吊销营业执照，但公司依法办理歇业的除外。

（六）公司登记事项发生变更时，未依照《公司法》规定办理有关变更登记的，由公司登记机关责令限期登记；逾期不登记的，处以1万元以上10万元以下的罚款。

（七）外国公司违反《公司法》规定，擅自在中国境内设立分支机构的，由公司登记机关责令改正或者关闭，可以并处5万元以上20万元以下的罚款。

（八）公司违反《公司法》规定，应当承担民事赔偿责任和缴纳罚款、罚金的，其财产不足以支付时，先承担民事赔偿责任。

（九）违反《公司法》规定，构成犯罪的，依法追究刑事责任。

三、承担资产评估、验资或者验证的机构的法律责任

（一）承担资产评估、验资或者验证的机构提供虚假材料或者提供有重大遗漏的报告

的，由有关部门依照《中华人民共和国资产评估法》《中华人民共和国注册会计师法》等法律、行政法规的规定处罚。

（二）承担资产评估、验资或者验证的机构因其出具的评估结果、验资或者验证证明不实，给公司债权人造成损失的，除能够证明自己没有过错的外，在其评估或者证明不实的金额范围内承担赔偿责任。

四、其他有关法律责任

（一）未依法登记为有限责任公司或者股份有限公司，而冒用有限责任公司或者股份有限公司名义的，或者未依法登记为有限责任公司或者股份有限公司的分公司，而冒用有限责任公司或者股份有限公司的分公司名义的，由公司登记机关责令改正或者予以取缔，可以并处10万元以下的罚款。

（二）利用公司名义从事危害国家安全、社会公共利益的严重违法行为的，吊销营业执照。

最新修订的《公司法》自2024年7月1日起施行。

施行前已登记设立的公司，出资期限超过规定的期限的，除法律、行政法规或者国务院另有规定外，应当逐步调整至最新修订的《公司法》规定的期限以内；对于出资期限、出资额明显异常的，公司登记机关可以依法要求其及时调整。具体实施办法由国务院规定。

职业能力训练

一、单选题

1. A上市公司持有B公司51%的股权，另外，C公司是A上市公司的一个分公司，下列关于公司种类的表述中，不正确的是（　　）。

A. A公司与C公司是总分公司关系　　B. A公司具有法人资格

C. B公司具有法人资格　　D. C公司具有法人资格

2. 甲有限责任公司欲向某房地产开发公司投资200万元（非甲公司股东或者实际控制人），由董事会决议通过。根据公司章程规定，公司向股东或者实际控制人以外的其他企业投资由董事会决议，金额不得超过150万元，超过该限额的由股东会决议通过。下列有关公司法人财产权的表述中，正确的是（　　）。

A. 该项投资决议既可以由董事会通过，也可以由股东会通过

B. 该项投资决议仅由董事会通过，则该决议无效

C. 公司章程规定的内容无效

D. 该项投资决议仅由董事会通过，则该决议有效

3. 甲、乙、丙、丁欲设立一有限责任公司，根据《公司法》的规定，下列关于出资

方式的表述中，正确的是（　　）。

A. 甲：我可以劳务出资
B. 乙：我可以商誉出资
C. 丙：我可以实物出资
D. 丁：我可以设定担保的财产出资

4. 王某、石某、冯某投资设立 A 有限责任公司。其中王某、石某均以 50 万元现金出资，冯某以位于市中心的一套房产作价 150 万元出资。后因为市场因素导致该房产仅值 100 万元。公司债权人章某向人民法院起诉，请求冯某承担补足出资责任。已知当事人之间并无其他约定，根据公司法律制度的规定，下列表述正确的是（　　）。

A. 冯某应当承担补足出资责任，王某、石某承担连带责任

B. 冯某应当承担补足出资责任，王某、石某承担补充赔偿责任

C. 冯某应当承担补足出资责任，王某、石某不承担责任

D. 冯某不承担补足出资责任

5. 根据公司法律制度的规定，下列各项中，不得作为出资的是（　　）。

A. 债权
B. 特许经营权
C. 知识产权
D. 股权

6. 张某与王某拟共同投资设立甲有限责任公司，张某找到李某称自己无钱出资，恳求李某借给其 100 万元，并声明出资后立即抽回并偿还给李某，李某答应了张某的请求。公司成立后，张某在董事、高级管理人员的协助下将出资抽回向李某还本付息。根据公司法律制度的规定，下列表述中，不正确的是（　　）。

A. 张某抽逃出资后，不能将其补足，王某可要求协助张某抽逃出资的董事承担连带责任

B. 张某抽逃出资后，王某可以要求张某补足出资

C. 张某抽逃出资后，不能将其补足，公司债权人谢某可以要求协助张某抽逃出资的高级管理人员对张某应承担的责任承担补充赔偿，而非连带责任

D. 张某已经向公司补足出资后，公司债权人谢某不得要求其对公司不能清偿的债务承担补充赔偿责任

7. 根据《公司法》的规定，下列各项中，属于有限责任公司股东会职权的是（　　）。

A. 决定公司的经营计划和投资方案
B. 修改公司章程
C. 聘任或者解聘公司经理
D. 选举和更换全部的监事

8. 东风有限责任公司由甲、乙、丙三人投资设立，甲出资 50%，乙、丙各出资 25%。因为甲乙之间闹矛盾，甲对外转让 20% 股权，向丙转让 30% 股权，达到退出公司的目的。因公司章程对股权转让没有规定，根据公司法律制度的规定，下列表述正确的是（　　）。

A. 甲向丙转让股权，应当先通知乙

B. 甲向丙转让股权没有限制规定

C. 乙不同意甲对外转让股权的，甲不可以进行转让

D. 甲对外转让股权事项应通过股东会的决议

9. 下列有关国有独资公司组织机构的规定，不符合《公司法》规定的是（   ）。

A. 国有独资公司的董事会成员中应当有一半以上的外部董事

B. 国有独资公司的董事会成员中不需要有公司职工代表

C. 国有独资公司不设股东会，由履行出资人职责的机构行使股东会职权

D. 国有独资公司的经理由董事会聘任或者解聘

10. 徐某、李某、冯某以募集方式投资设立天缘股份有限公司。根据公司法律制度的规定，下列表述不正确的是（   ）。

A. 须有半数以上的发起人在中国境内有住所

B. 注册资本为全体股东认缴的股本总额

C. 除法律、行政法规另有规定外，发起人认购的股份不得少于公司股份总数的35%

D. 发起人向社会公开募集股份，应当由依法设立的证券公司承销，签订承销协议

11. 根据公司法律制度的规定，下列关于组织机构的表述，符合《公司法》规定的是（   ）。

A. 有限责任公司必须设立董事会，董事会成员中应当包括职工代表

B. 股份有限公司可以设立董事会，董事会成员中可以不包括职工代表

C. 有限责任公司必须设立监事会，监事会成员中可以包括职工代表

D. 股份有限公司可以设立监事会，监事会成员中应当包括职工代表

12. 甲、乙、丙投资设立A股份有限公司（以下简称A公司），为设立公司，甲以自己的名义与B公司签订了购买100台电脑的合同。双方约定货到付款。A公司成立后接收了该批电脑。B公司要求A公司支付货款，A公司以自己并非合同当事人为由予以拒绝。根据公司法律制度的规定，下列关于本合同责任的表述中，正确的是（   ）。

A. B公司可以要求A公司承担合同责任

B. B公司只能要求甲承担合同责任

C. B公司可以要求甲承担主要责任，A公司承担补充责任

D. B公司可以要求A公司和甲承担连带责任

13. 甲公司是一家股份有限公司，其股本总额为人民币10 000万元，董事会成员有10人。根据公司法律制度的规定，下列各项中，甲公司应当在两个月内召开临时股东会的情形是（   ）。

A. 董事人数减至3人　　　　　　　B. 监事张某提议召开

C. 公司未弥补的亏损达人民币2 000万元　D. 持有甲公司股份5%的股东提议召开

14. 根据《公司法》的规定，下列关于成立大会的表述中，正确的是（   ）。

A. 发起人应当在股款缴足之日起45日内主持召开公司成立大会

B. 成立大会应有全体发起人、认股人出席方可举行

C. 成立大会对通过公司章程做出决议，必须经全体认股人所持表决权过半数通过

D. 成立大会做出不设立公司决议的，认股人可以按照所缴股款并加算银行同期存款利息，要求发起人返还

15. 根据公司法律制度的规定，下列关于股份有限公司董事会的表述中，正确的是（　　）。

    A. 董事会成员为 3～13 人　　　　　　B. 董事会成员中必须有职工代表

    C. 董事任期为 3 年，不可以连任　　　D. 董事会每年度至少召开 2 次会议

16. 某股份有限公司共有甲、乙、丙、丁、戊、庚六位董事。某次董事会会议，除董事庚没有出席外，其他的董事均出席了会议。该次会议通过一项违反法律规定的决议，给公司造成严重损失。经查，该次会议的会议记录记载，董事丁在该项决议表决时表明了异议。根据公司法律制度的规定，下列关于责任承担的表述中，正确的是（　　）。

    A. 甲、乙、丙、丁、戊、庚均不承担赔偿责任

    B. 甲、乙、丙、丁、戊、庚都应当向公司承担赔偿责任

    C. 甲、乙、丙、戊应当向公司承担赔偿责任，丁、庚不承担责任

    D. 甲、乙、丙、戊、庚应当向公司承担赔偿责任，丁不承担责任

17. 甲公司是一家上市公司，根据有关规定，下列各项中，可以担任甲公司独立董事的是（　　）。

    A. 担任甲上市公司附属企业总经理之职的张某

    B. 乙公司持有甲上市公司 31% 的股份，乙公司经理的儿子刘某

    C. 1 年前曾是甲上市公司的第 5 名股东单位丙公司董事长的邓某

    D. 持有甲上市公司股份 3% 的王某

18. 甲上市公司董事会成员有 11 人，根据公司章程的规定，就与股东乙公司签订合同事宜召开临时董事会会议，其中王董事是股东乙公司的副董事长。下列各项中，表述正确的是（　　）。

    A. 该次会议须由全体董事的过半数出席方可举行

    B. 王董事对于此决议可以行使表决权

    C. 该项决议须经全体董事的过半数通过

    D. 该项决议须经无关联关系董事过半数通过

19. 股份有限公司董事、高级管理人员的下列行为，符合公司法规定的是（　　）。

    A. 将公司资金以其个人名义开立账户存储

    B. 违反公司章程的规定，未经股东会或者董事会同意，将公司资金借贷给他人或者以公司财产为他人提供担保总数的 25%

    C. 违反公司章程的规定或者未经股东会同意，与本公司订立合同或者进行交易

    D. 经股东会同意，自营与所任职公司同类的业务

20. 根据公司法律制度的规定，下列有关股份有限公司股份转让限制的表述中，不正

确的是（　　）。

　　A. 公司发起人持有的本公司股份自公司成立之日起 1 年内不得转让

　　B. 公司高级管理人员离职后半年内不得转让其所持有的本公司股份

　　C. 公司监事所持有的本公司股份自公司股票上市交易之日起 3 年内不得转让

　　D. 一般情况下，公司董事在任职期间每年转让的股份不得超过其所持有本公司股份总数的 25%

21. 根据公司法律制度的规定，下列关于利润分配的表述，正确的是（　　）。

　　A. 公司持有的本公司股份可以分配利润

　　B. 有限责任公司必须按照股东实缴的出资比例分配利润

　　C. 股份有限公司章程可以规定不按持股比例分配利润

　　D. 法定公积金按照公司税后利润的 5% 提取，当公司法定公积金累计额为公司注册资本的 50% 以上时可以不再提取

22. 甲有限责任公司股东会做出公司合并决议，并依法向债权人发出了通知，进行了公告。乙是甲有限责任公司的债权人。根据公司法律制度的规定，乙在法定期限内有权要求甲有限责任公司清偿债务或者提供相应的担保。该法定期限为（　　）。

　　A. 自接到通知书之日起 10 日内，未接到通知书的自公告之日起 30 日内

　　B. 自接到通知书之日起 30 日内，未接到通知书的自公告之日起 45 日内

　　C. 自接到通知书之日起 30 日内，未接到通知书的自公告之日起 60 日内

　　D. 自接到通知书之日起 60 日内，未接到通知书的自公告之日起 90 日内

23. 甲、乙、丙、丁成立一有限责任公司，公司成立 10 年后，股东会决议解散公司。根据公司法律制度的规定，下列表述，不符合公司法律制度规定的是（　　）。

　　A. 股东会决议解散公司，应当在 10 日内将解散事由通过国家企业信用信息公示系统予以公示

　　B. 清算组由董事组成

　　C. 公司应当在解散事由出现之日起 15 日内成立清算组

　　D. 清算义务人未及时履行清算义务，给公司或者债权人造成损失的，无须承担赔偿责任

24. 甲、乙、丙各出资 200 万元、120 万元、180 万元设立了某有限责任公司，在公司成立后，甲抽逃了 100 万元的出资。根据公司法律制度的规定，公司登记机关应当责令改正，并对甲进行一定数额的处罚，下列各项中，符合规定的是（　　）。

　　A. 处以 5 万元以上 15 万元以下的罚款　　B. 处以 10 万元以上 30 万元以下的罚款

　　C. 处以 5 万元以上 50 万元以下的罚款　　D. 处以 10 万元以上 50 万元以下的罚款

25. 根据公司法律制度的规定，公司违反《公司法》的规定，应当承担民事赔偿责任和缴纳罚款、罚金，其财产不足支付的，应当（　　）。

A. 先缴纳罚款 B. 先缴纳罚金
C. 先承担民事赔偿责任 D. 予以拘留

二、多选题

1. 甲有限责任公司拟对其股东乙提供担保，根据公司法律制度的规定，下列表述中，正确的有（   ）。

   A. 该项担保须经股东会决议
   B. 该项担保须经董事会决议
   C. 该项担保应经全体股东所持表决权的过半数通过
   D. 该项担保应经出席股东会的除乙以外的其他股东所持表决权的过半数通过

2. 根据公司法律制度的规定，下列事项变更时，应当自变更决议或者决定做出之日起 30 日内申请变更登记的有（   ）。

   A. 名称 B. 法定代表人
   C. 经营范围 D. 实收资本

3. 根据《公司法》的规定，公司营业执照应当载明公司的（   ）。

   A. 名称、住所 B. 注册资本
   C. 经营范围 D. 法定代表人姓名

4. 根据《市场主体登记管理条例》规定，公司因（   ）需要终止的，应当依法向公司登记机关申请注销登记，由公司登记机关公告公司终止。

   A. 解散 B. 被宣告破产
   C. 其他法定事由 D. 修改公司章程

5. 2016 年 8 月，甲、乙、丙三人投资设立 A 有限责任公司。2017 年 2 月，丁加入 A 有限责任公司。经查，甲未完全履行出资义务，尚欠 50 万元的出资款未缴纳。关于这 50 万元出资款的表述中，正确的有（   ）。

   A. 乙、丙、丁与甲承担连带责任
   B. 乙、丙与甲承担连带责任，丁不承担责任
   C. 发起人承担责任后，可以向甲进行追偿
   D. 发起人承担责任后，不可以向甲进行追偿

6. 根据《公司法》的规定，下列关于有限责任公司股东出资的表述，正确的有（   ）。

   A. 有限责任公司的注册资本为在公司登记机关登记的全体股东认缴的出资额
   B. 全体股东认缴的出资额由股东按照公司章程的规定自公司成立之日起 5 年内缴足
   C. 股东可以用货币出资，也可以用实物、知识产权、土地使用权、股权、债权等可以用货币估价并可以依法转让的非货币财产作价出资
   D. 对作为出资的非货币财产应当评估作价，核实财产，不得高估或者低估作价

7. 下列股东人数符合有限责任公司人数要求的有（   ）。

A. 1 人 B. 10 人
C. 50 人 D. 100 人

E. 公司、其他股东、公司债权人均可以主张丙未履行出资义务

8. 下列选项中，属于有限责任公司监事会职权的有（   ）。

A. 提议召开临时股东会会议

B. 对公司发行公司债券做出决议

C. 对公司的董事、高级管理人员执行公司职务的行为进行监督

D. 修改公司章程

9. 王某与其朋友李某之间签订了一份合同，合同约定王某作为实际出资人，李某作为名义上的股东与张某、谢某共同投资设立一个有限责任公司，分红王某、李某按照 4：1 的比例分配。公司成立 1 年后，李某从该公司分得红利 50 万元，根据公司法律制度的规定，下列表述正确的有（   ）。

A. 王某与李某之间的合同为有效合同

B. 王某有权以其实际履行了出资义务为由，请求李某返还红利 40 万元

C. 李某以自己是记载于公司股东名册的股东为由，可以独占红利 50 万元

D. 王某未经公司其他股东半数以上同意，不得请求公司将其变更为股东

10. 郑某欲与他人投资设立 A 有限责任公司，但是不想自己的名字出现在股东名册中，于是冒用了好友田某的身份并将田某作为股东在公司登记机关登记。后经查，郑某未完全履行出资义务。公司债权人袁某向人民法院起诉，请求田某对公司债务不能清偿的部分承担赔偿责任。根据公司法律制度的规定，下列表述正确的有（   ）。

A. 股东为郑某

B. 股东为田某

C. 田某对公司债务不能清偿的部分承担赔偿责任

D. 田某对公司债务不能清偿的部分不承担赔偿责任

11. 以股东权行使的目的不同可以将股东权划分为共益权和自益权。下列选项中，属于共益权的有（   ）。

A. 提案权 B. 剩余财产分配权
C. 提起诉讼权 D. 新股认购优先权

12. 某有限责任公司股东甲要将其持有的股权转让给他人。根据公司法律制度的规定，下列选项关于股权转让的说法正确的有（   ）。

A. 股东甲向股东以外的人转让股权的，应当将股权转让的数量、价格、支付方式和期限等事项书面通知其他股东

B. 该公司的其他股东在同等条件下，有优先购买的权利

C. 股东自接到书面通知之日起 30 日内未答复的，视为放弃优先购买权

D. 股东甲向股东以外的人转让股权的，应当经半数以上股东同意

13. 根据《公司法》的规定，下列情形中对股东会该项决议投反对票的股东可以请求公司按照合理的价格收购其股权的有（   ）。

A. 公司连续 5 年不向股东分配利润，而公司该 5 年连续盈利，并且符合公司法规定的分配利润条件的

B. 公司合并、分立、转让主要财产的

C. 公司章程规定的营业期限届满，股东会会议通过决议修改章程使公司存续的

D. 公司章程规定的解散事由出现，股东会会议通过决议修改章程使公司存续的

14. 下列关于国有独资公司组织机构的表述中，符合《公司法》规定的有（   ）。

A. 国有独资公司设立股东会

B. 国有独资公司设立董事会

C. 国有独资公司的董事长由履行出资人职责的机构从董事会成员中指定

D. 国有独资公司在董事会中设置由董事组成的审计委员会行使监事会职权的，不设监事会或者监事

15. 根据《公司法》规定，有下列情形之一的，不得担任公司的董事、监事、高级管理人员（   ）。

A. 无民事行为能力或者限制民事行为能力

B. 担任破产清算的公司、企业的董事或者厂长、经理，对该公司、企业的破产负有个人责任的，自该公司、企业破产清算完结之日起未逾 3 年

C. 担任因违法被吊销营业执照、责令关闭的公司、企业的法定代表人，并负有个人责任的，自该公司、企业被吊销营业执照、责令关闭之日起未逾 3 年

D. 个人因所负数额较大债务到期未清偿被人民法院列为失信被执行人

16. 根据《公司法》规定，下列关于股份有限公司股东会表述中，正确的有（   ）。

A. 股东会应当每年召开 1 次年会

B. 股东会应当对所议事项的决定做成会议记录，主持人、出席会议的董事应当在会议记录上签名

C. 股东会做出公司合并的决议，应当经出席会议的股东所持表决权 2/3 以上通过

D. 公司持有的本公司股份有表决权

17. 根据公司法律制度的规定，甲股份有限公司的下列事项中，必须经出席会议的股东所持表决权的 2/3 以上通过的有（   ）。

A. 修改公司章程　　　　　　　　B. 增加注册资本

C. 公司合并　　　　　　　　　　D. 发行公司债券

18. 根据公司法律制度的规定，某股份有限公司董事会由 19 名董事组成，下列情形中，能使董事会决议通过的有（   ）。

A. 8 名董事出席会议，一致同意　　　　B. 10 名董事出席会议，9 名同意

C. 11 名董事出席会议，10 名同意　　　D. 19 名董事出席会议，11 名同意

19. 根据《公司法》的规定，下列有关股份有限公司监事会的表述，正确的有（　　）。

A. 监事会成员应当包括股东代表和职工代表

B. 监事的任期是每届 3 年，连选可以连任

C. 监事会主席由股东会选举

D. 监事会每 6 个月至少召开 1 次会议

20. 甲有限责任公司于 2023 年 7 月依法成立，现有数名推荐的监事人选，依照《公司法》规定，下列人员中，不能担任公司监事的有（　　）。

A. 王某，因担任企业负责人犯重大责任事故罪于 2013 年 2 月被判处三年有期徒刑，2016 年刑满释放

B. 张某，与他人共同投资设立一家有限责任公司，持股 70%，该公司长期经营不善，负债累累，于 2019 年被宣告破产

C. 李某，现正担任甲公司的董事长

D. 赵某，曾任某公司法定代表人，该公司因违法于 2021 年 5 月被工商部门吊销营业执照，赵某负有个人责任

21. 甲有限责任公司监事邓某在执行公司职务时违反公司章程规定，给公司造成 50 万元的损失，公司小股东薛某欲提起诉讼。已知该公司依法设有监事会和董事会。根据公司法律制度的规定，下列表述不正确的有（　　）。

A. 书面请求监事会向人民法院提起诉讼

B. 口头请求董事会向人民法院提起诉讼

C. 若情况紧急，不立即提起诉讼将会使公司利益受到难以弥补的损害，薛某可以以自己名义直接向人民法院提起诉讼

D. 薛某必须满足连续 180 日单独或者合计持有 1% 的股份时，才可以提起诉讼

22. 根据公司法律制度的规定，股份有限公司可以收购本公司股份奖励给本公司职工。下列有关该收购本公司股份事项的表述中，正确的有（　　）。

A. 该收购本公司股份事项，应当经股东会决议

B. 因该事项所收购的股份，应当在 3 年内转让给职工

C. 因该事项收购本公司股份的，应当通过公开的集中交易方式进行

D. 因该事项收购的本公司股份，不得超过本公司已发行股份总额的 10%

23. 2023 年 3 月，甲股份有限公司为适应市场需求，决定将该公司分立为 A 公司和 B 公司。同时内部约定分立前的债务全部由分立后的 A 公司承担。根据公司法律制度的规定，下列表述正确的有（　　）。

A. 该分立决定必须经出席会议的股东所持表决权 2/3 以上通过

B. 债权人可以要求公司清偿或者提供相应的担保

C. 公司分立前的债务由分立后的 A 公司承担

D. 公司分立前的债务由分立后的 A 公司和 B 公司承担连带责任

24. 甲公司是一家股份有限公司，根据公司法律制度的规定，下列各项中，属于甲公司解散事由的有（   ）。

　　A. 甲公司章程规定的营业期限届满

　　B. 甲公司被分立为乙公司、丙公司

　　C. 经出席会议的股东所持表决权的 2/3 以上同意，甲公司股东会通过了解散公司的决议

　　D. 被人民法院依法予以解散

25. 甲有限责任公司股东会决议解散公司，并由清算组进行清算，清算组在清算期间可以行使以下哪些职权（   ）。

　　A. 清理公司财产　　　　　　　　　B. 通知、公告债权人

　　C. 清理债权、债务　　　　　　　　D. 分配公司清偿债务后的剩余财产

三、判断题

1. 公司具有独立的法人资格，体现在公司拥有独立的法人财产，有独立的组织机构并能够独立承担民事责任。（   ）

2. A 股份有限公司拟修改公司章程，将公司经营范围由电子产品更改为食品类，此项更改无须办理变更登记。（   ）

3. 公司的法定代表人只能由董事长担任。（   ）

4. 公司股东会、董事会、监事会召开会议和表决可以采用电子通信方式，公司章程另有规定的除外。（   ）

5. 公司登记机关不可以发放电子营业执照。（   ）

6. 公司章程对公司、股东、董事、监事、高级管理人员具有约束力。（   ）

7. 有限责任公司设立时，股东未按照公司章程规定实际缴纳出资，或者实际出资的非货币财产的实际价额显著低于所认缴的出资额的，设立时的其他股东与该股东在出资不足的范围内承担连带责任。（   ）

8. 有限责任公司召开股东会会议，应当于会议召开 20 日前通知全体股东。（   ）

9. 付某是 A 有限责任公司董事，若付某在任期内辞职导致董事会成员低于法定人数的，在改选出的董事就任前，付某仍然应当依照法律、行政法规和公司章程的规定，履行董事职务。（   ）

10. 有限责任公司的注册资本为在公司登记机关登记的全体股东认缴的出资额。全体股东认缴的出资额由股东按照公司章程的规定自公司成立之日起 1 年内缴足。（   ）

11. 甲、乙、丙三人拟以发起方式设立 A 股份有限公司，则甲、乙、丙三人认购的股份不得低于公司股份总数的 35%。（   ）

12. 股份有限公司采用无面额股发行股份的，应当将发行股份所得股款的 1/3 以上计入注册资本。（   ）

13. 甲股份有限公司召开股东会，通过了免除田某的经理职务，聘任副董事长徐某担任经理的决议。该决议符合法律规定。（   ）

14. 股份有限公司董事会会议应当有过半数的董事出席方可举行。董事会做出决议，应当经全体董事的过半数通过。（   ）

15. 股份有限公司监事会每年度至少召开 2 次会议，监事可以提议召开临时监事会会议。（   ）

16. 上市公司在 1 年内购买、出售重大资产或者担保金额超过公司资产总额 30% 的，应当由股东会做出决议，并经出席会议的股东所持表决权的 2/3 以上通过。（   ）

17. 甲股份有限公司拟发行面额股票，其股票的发行价格可以按照票面金额，也可以超过票面金额，亦可以低于票面金额。（   ）

18. 股份有限公司可以接受本公司的股票作为质押权的标的。（   ）

19. 董事、监事、高级管理人员未向董事会或者股东会报告，并按照公司章程的规定经董事会或者股东会决议通过，不得自营或者为他人经营与其任职公司同类的业务。（   ）

20. 公司以纸面形式发行公司债券的，应当在债券上载明公司名称、债券票面金额、利率、偿还期限等事项，并由法定代表人签名，公司盖章。（   ）

21. 资本公积金不得用于弥补公司的亏损。（   ）

22. AB 两个公司合并成立了 C 公司，C 要求 B 的债务人 D 按照规定偿还到期债务，D 公司以债权人 B 已经不存在为由拒绝偿还债务，D 的主张不符合法律规定。（   ）

23. 公司分立前的债务必须由分立后的公司承担连带责任。（   ）

24. 公司经营管理发生严重困难，继续存续会使股东利益受到重大损失，通过其他途径不能解决的，持有公司 5% 以上表决权的股东，可以请求人民法院解散公司。（   ）

25. 公司的发起人、股东虚假出资，未交付或者未按期交付作为出资的货币或者非货币财产的，由公司登记机关责令改正，可以处以 5 万元以上 20 万元以下的罚款。（   ）

四、案例分析题

1. 2023 年 1 月，A 集团公司拟将其全资拥有的 B 有限责任公司变更设立股份有限公司。A 集团制定了相应的方案，其中有关要点如下：B 有限责任公司截至 2022 年 12 月 31 日经评估确认的净资产为 5 000 万元。A 集团拟联合 C 公司、赵某和周某共同发起设立股份有限公司，公司股本总额拟定为 5 000 万元（每股面值 1 元）。其中，A 集团拟将 B 有限责任公司的全部净资产按照 80% 的折股比例认购 4 000 万股，C 公司以现金 500 万元认购 500 万股，赵某以现金 290 万元认购 290 万股，周某以相关专利技术作价 300 万元按照 70% 的折股比例认购 210 万股。A 集团和周某折股溢价的 1 090 万元计入公司的资本公积。

根据上述内容，回答下列问题：

拟定的股份有限公司发起人人数是否符合《公司法》的规定？各发起人认购股份是否符合《公司法》的规定？并说明理由。

2. 2023年5月1日，甲、乙、丙、丁四公司经协商签订了一份协议，该协议约定：四方共同出资改造甲所属的电视机厂，并把厂名定为荣和有限责任公司。公司注册资本为4 200万元，其中：甲以厂房作价1 000万元，并以红星牌电视机商标作价200万元作为出资；乙以现金550万元，并以电视机生产技术作价450万元作为出资；丙、丁各以现金1 000万元作为出资。在协议生效后10日内四方资金必须到位，由甲负责办理公司登记手续。2023年5月5日，甲、丙、丁都按照协议约定办理了出资手续和财产转移手续，但乙提出，因资金困难，要求退出。甲、丙、丁均表示同意，并重新签订了一份协议，将公司的注册资本改为3 200万元。2023年6月1日，经公司登记机关登记，荣和有限责任公司正式成立。2023年8月6日，丙提出自己的公司因技术改造缺少资金，要求抽回自己的出资，同时愿意赔偿其他股东的经济损失各50万元，荣和公司的股东会经研究后没有同意丙的要求。2023年11月12日，甲提出将自己所有的股权的1/3转让给戊公司。

要求：根据以上事实，回答下列问题：

（1）甲、乙、丙、丁四公司协议约定的出资是否符合规定？并说明理由。

（2）对乙退出行为，甲、丙、丁是否应当接受？并说明理由。

（3）对丙的要求，荣和公司股东会的决议是否正确？并说明理由。

（4）对甲的要求，应如何处理？

3. 2023年6月1日，甲、乙、丙共同出资设立一家有限责任公司，并制定了公司章程。该公司章程有关要点如下：（1）公司注册资本为500万元，甲以货币出资200万元，乙以机器设备作价出资150万元，丙以一项专利权作价出资100万元，另以货币出资50万元。（2）公司的法定代表人由董事长担任。

2023年7月1日，公司召开了首次股东会，该次会议由股东甲召集和主持。

2023年7月27日，公司的经理提议召开临时股东会，公司以经理无权提议召开临时股东会为由拒绝。

2023年8月12日，公司股东会通过了公司分立的决议，在股东会上投反对票的股东丙请求公司以合理价格收购其股权，但是2023年10月15日，公司与股东丙未能达成股权收购协议。遂丙于2023年10月16日向人民法院提起诉讼。

要求：根据公司法律制度的规定，分别回答以下问题：

（1）公司章程所规定的股东出资方式、法定代表人是否符合法律规定？并说明理由。

（2）首次股东会由股东甲召集和主持是否符合法律规定？并说明理由。

（3）公司拒绝召开临时股东会是否符合法律规定？并说明理由。

（4）丙向人民法院提起诉讼是否符合法律规定？并说明理由。

4. 甲、乙、丙、丁四个国有企业和戊有限责任公司投资设立股份有限公司，注册资

本为8 000万元。2023年8月1日,该股份有限公司召开的董事会会议情形如下:

(1) 该公司共有董事7人,有5人亲自出席。列席本次董事会的监事A向会议提交另一名因故不能到会的董事出具的代为行使表决权的委托书,该委托书委托A代为行使本次董事会的表决权。

(2) 董事会会议结束后,所有决议事项均载入会议记录,并由出席董事会会议的全体董事和列席会议的监事签名后存档。

2023年9月1日,公司召开的股东会做出更换监事的决议,由公司职工代表曹某代替公司职工代表赵某。

要求:根据上述情况和公司法律制度的相关规定,回答下列问题:

(1) 在董事会会议中A能否接受委托代为行使表决权?为什么?
(2) 董事会会议记录是否存在不妥之处?为什么?
(3) 股东会会议决定更换职工监事是否合法?为什么?

5. 某股份有限公司(以下简称公司)于2020年8月10日在上海证券交易所上市。2021年以来公司发生了下列事项:

(1) 2021年7月,监事张某将所持公司股份10万股中的1万股卖出。

(2) 2022年5月,总经理刘某将所持公司股份20万股中的10万股卖出。

(3) 2022年8月,董事陈某辞去董事职务,并于2018年5月将其持有公司股份3万股全部卖出。

(4) 2022年10月,公司拟向B公司进行投资,其中,公司的董事王某是B公司的董事长。根据公司章程的规定,公司董事会对该投资事项进行表决,有关表决情况如下:公司董事会由9名董事组成,王某予以回避未参加表决,其余8位董事均出席了该次董事会会议,除2位董事不同意投票反对外,其他董事一致投票通过了此项决议。

(5) 2023年1月,公司股东会通过决议,由公司收购本公司股票1 000万股,即公司已发行股份总额的5%,用于奖励本公司职工。2023年2月,公司从税后利润中出资收购上述股票,并于同年5月将1 000万股股票全部转让给本公司职工。

(6) 2023年8月,经董事会同意,董事长李某同公司进行了一笔交易,获利100万元。经查,公司章程对此无相关规定。

要求:根据相关法律制度的规定,分别回答以下问题:

(1) 张某卖出其所持股票的行为是否符合法律规定?并说明理由。
(2) 刘某卖出其所持股票的行为是否符合法律规定?并说明理由。
(3) 陈某卖出其所持股票的行为是否符合法律规定?并说明理由。
(4) 公司董事会能否通过对B公司的投资决议?并说明理由。
(5) 李某同公司进行交易行为是否符合法律规定,所得收入应如何处理?并说明理由。

第六章

合伙企业法律制度

职业能力及主要概念

1. 专业能力

理解合伙企业的设立和财产、普通合伙企业与第三人的关系、合伙人性质转变的特殊规定

了解合伙企业的概念、合伙企业设立、合伙企业的解散和清算

掌握合伙企业的事务执行、有限合伙企业法律制度、合伙人入伙和退伙、合伙企业身份继承

2. 职业核心能力

能正确分析现实生活中合伙企业的相关案例

学会依照法定程序处理和解决合伙企业中的经济纠纷

3. 主要概念

普通合伙企业 特殊的普通合伙企业 有限合伙企业

引导案例

赵某、钱某、孙某、李某共同出资设立甲普通合伙企业（以下简称"甲企业"）。合伙协议约定：

（1）赵某、孙某、李某以货币各出资10万元，钱某以房屋作价出资10万元。

（2）合伙人向合伙人以外的人转让其在甲企业中的全部或部分财产份额时，须经半数以上合伙人同意。

（3）合伙人以其在甲企业中的财产份额出资的，须经2/3以上的合伙人同意。

甲企业成立后，接受郑某委托加工承揽一批产品，郑某未向甲企业支付5万元加工费。

由于钱某在购买出资房屋时曾向郑某借款 3 万元一直未偿还,甲企业向郑某请求支付 5 万元加工费时,郑某认为钱某尚欠其借款 3 万元,故主张抵销 3 万元,只付甲企业 2 万元。

请分析合伙协议(2)和(3)中的约定是否合法?并简述理由;请分析郑某主张抵销的理由是否成立?并简述理由。

第一节　合伙企业法律制度概述

课程思政

有限合伙企业财产份额出质登记,能充分发挥多层次资本市场在推动地方实体经济高质量发展、完善现代市场经济体系、拓宽投融资服务渠道、优化资源配置方面的作用。有限合伙企业是私募股权和创投基金的重要组织形式,大量合伙人当前普遍面临着退出难问题,一方面希望通过洁净转让所持有的财产份额等方式实现永久退出,另一方面也认可通过暂时出质所持有的财产份额来获得短期流动性资金。但是有限合伙企业财产份额(主要是合伙型私募基金份额)的质押登记问题,一直是一个困扰业内人士的痼疾。

自 2021 年 6 月北京股权交易中心(以下简称"北股交")经北京市政府同意,获得有限合伙企业财产份额出质登记试点资质以来,截至 2023 年 3 月底已办理完成基金份额质押登记 38 笔,帮助合伙人实现融资近 180 亿元,有效拓宽了基金份额持有人的融资渠道,切实增强了对科创耐心资本的流动性支持。合伙型私募基金份额质押的法理基础是《合伙企业法》,《合伙企业法》第二十五条规定,合伙人可以将其在合伙企业中的财产份额出质。从法理以及我国目前的法律实践上看,公示是权利质权成立的必要要件,分为交付和登记两种形式。对于有限合伙企业的财产份额,由于其缺少权利凭证,无法进行现实交付,因此需要通过登记才能有效设立。2020 年 12 月 10 日,中国证监会正式批复同意在北股交开展基金份额转让试点,全国首家股权投资和创业投资份额转让试点在京落地。2021 年 6 月 21 日,经北京市政府同意,市金融监管局会同北京证监局、市国资委、市财政局、市经济和信息化局、市科委、中关村管委会等多个部门联合印发了《关于推进股权投资和创业投资份额转让试点工作的指导意见》,正式明确北股交为在京注册的有限合伙企业财产份额的出质登记平台,从而填补了"京籍"合伙型基金份额质押登记长久以来的制度空白。北京市为私募基金份额提供权威、有公信力的第三方登记和公示平台,并采取与市场监管部门系统对接等多种方式增强份额质押登记的权威性和可靠性,这既是北京市主动优化私募基金营商环境的一个新举措,也能与基金份额转让交易模式形成互补,丰富私募基金份额持有人的多元化退出渠道。

一、合伙企业的概念

合伙是指两个以上的自然人、法人或者其他组织为着共同目的，相互约定共同出资、共同经营、共享收益、共担风险的自愿联合。合伙一般体现为一种单纯的合同关系；当合伙关系因依照合伙企业法进行登记并取得营业资格后，便体现为合伙企业。

二、合伙企业法的概念和基本原则

（一）合伙企业法的概念

合伙企业法有广义和狭义之分。狭义的合伙企业法，是指由国家最高立法机关依法制定的、规范合伙企业合伙关系的专门法律，即《中华人民共和国合伙企业法》（以下简称《合伙企业法》）。该法于1997年2月23日由第八届全国人民代表大会常务委员会第24次会议通过，2006年8月27日第十届全国人民代表大会常务委员会第23次会议修订。广义的合伙企业法，是指国家立法机关或者其他有权机关依法制定的、调整合伙企业合伙关系的各种法律规范的总称。因此，除了《合伙企业法》外，国家有关法律、行政法规和规章中关于合伙企业的法律规范，均属于合伙企业法的范畴。

（二）合伙企业法的基本原则

1. 协商原则。合伙协议是合伙人建立合伙关系，确定合伙人各自的权利义务，使合伙企业得以设立的前提，也是合伙企业的基础。合伙协议应当依法由全体合伙人协商一致，并以书面形式订立。

2. 自愿、平等、公平、诚实信用原则。自愿原则是指全体合伙人在签订合伙协议、设立合伙企业的过程中，充分表达自己的真实意愿，根据自己的真实意愿做出签订合伙协议、设立合伙企业的意思表示。平等原则，是指全体合伙人在签订合伙协议、设立合伙企业的过程中，具有平等法律地位、享受平等的法律待遇以及享有平等的法律保护。公平原则，是指全体合伙人在签订合伙协议、设立合伙企业的过程中，应当能够本着公平的观念实施自己的行为。同时，司法机关也应当本着公平的观念处理有关纠纷。诚实信用原则，是指全体合伙人在签订合伙协议、设立合伙企业的过程中，讲诚实、守信用，以善意的方式处理有关问题。

3. 守法原则。合伙企业及其合伙人必须遵守法律、行政法规，遵守社会公德、商业道德，承担社会责任。

4. 合法权益受法律保护原则。合伙企业及其合伙人的合法财产和合法权益受法律保护。这主要包括两方面的内容：一是受法律保护的对象是合法的财产和权益，也就是合伙企业及其合伙人财产应属于合法占有的财产，其权益也属于依法所享有的权益。非法占有的财产、非法所得利益，不仅不受法律的保护，而且还要受到法律的制裁，责任人还应依法承担相应的法律责任。二是严禁任何单位和个人侵犯合伙企业及其合伙人合法占有的财产和依法应享有的权益。

5. 依法纳税原则。依法纳税是每个公民和企业应尽的义务。合伙企业的生产经营所得和其他所得，按照国家有关税收规定，由合伙人分别缴纳所得税。合伙企业的生产经营所得和其他所得，是指合伙企业从事生产经营以及与生产经营有关的活动所取得的各项收入。合伙企业不缴纳企业所得税。

第二节 普通合伙企业法律制度

一、普通合伙企业的概念

普通合伙企业，是指由普通合伙人组成，合伙人对合伙企业债务依照《合伙企业法》规定承担无限连带责任的一种合伙企业。

普通合伙企业具有以下特点：

（一）由普通合伙人组成

所谓普通合伙人，是指在合伙企业中对合伙企业的债务依法承担无限连带责任的自然人、法人和其他组织。《合伙企业法》规定，国有独资公司、国有企业、上市公司以及公益性的事业单位、社会团体不得成为普通合伙人。

（二）合伙人对合伙企业债务依法承担无限连带责任，法律另有规定的除外

所谓无限连带责任，包括两个方面：一是连带责任。即所有的合伙人对合伙企业的债务都有责任向债权人偿还，不管自己在合伙协议中所承担的比例如何。一个合伙人不能清偿对外债务的，其他合伙人都有清偿的责任。但是，当某一合伙人偿还合伙企业的债务超过自己所应承担的数额时，有权向其他合伙人追偿。二是无限责任。即所有的合伙人不仅以自己投入合伙企业的资金和合伙企业的其他资金对债权人承担清偿责任，而且在不够清偿时还要以合伙人自己所有的财产对债权人承担清偿责任。

但是，在特殊情况下，合伙人可以不承担无限连带责任。按照《合伙企业法》中"特殊普通合伙企业"的规定，对以专业知识和专门技能为客户提供有偿服务的专业服务机构，可以设立为特殊的普通合伙企业。在这种特殊的普通合伙企业中，对合伙人本人执业行为中因故意或者重大过失引起的合伙企业债务，其他合伙人以其在合伙企业中的财产份额为限承担责任；执业行为中因故意或者重大过失引起合伙企业债务的合伙人，应当承担无限连带责任；对合伙人本人执业行为中非故意或者重大过失引起的合伙企业的债务和合伙企业的其他债务，全体合伙人承担无限连带责任。对合伙人执业行为中因故意或者重大过失引起的企业债务，以合伙企业财产对外承担责任后，该合伙人应当按照合伙协议的约定对给合伙企业造成的损失承担赔偿责任。

二、普通合伙企业的设立

（一）普通合伙企业的设立条件

根据《合伙企业法》的规定，设立合伙企业，应当具备下列条件：

1. 有2个以上合伙人。合伙人为自然人的，应当具有完全民事行为能力。合伙企业合伙人至少为2人以上，对于合伙企业合伙人数的最高限额，我国合伙企业法未做规定，由设立人根据所设企业的具体情况决定。

关于合伙人的资格，《合伙企业法》做了以下限定：①合伙人可以是自然人，也可以是法人或者其他组织。如何组成，除法律另有规定外不受限制。②合伙人为自然人的，应当具有完全民事行为能力。无民事行为能力人和限制民事行为能力人不得成为合伙企业的合伙人。③国有独资公司、国有企业、上市公司以及公益性的事业单位、社会团体不得成为普通合伙人。

2. 有书面合伙协议。合伙协议是指由各合伙人通过协商，共同决定相互间的权利义务，达成的具有法律约束力的协议。合伙协议应当依法由全体合伙人协商一致，并以书面形式订立。合伙协议应当载明下列事项：合伙企业的名称和主要经营场所的地点；合伙目的和合伙经营范围；合伙人的姓名或者名称、住所；合伙人的出资方式、数额和缴付期限；利润分配、亏损分担方式；合伙事务的执行；入伙与退伙；争议解决办法；合伙企业的解散与清算；违约责任等。合伙协议经全体合伙人签名、盖章后生效。合伙人按照合伙协议享有权利，履行义务。修改或者补充合伙协议，应当经全体合伙人一致同意；但是，合伙协议另有约定的除外。合伙协议未约定或者约定不明确的事项，由合伙人协商决定；协商不成的，依照《合伙企业法》和其他有关法律、行政法规的规定处理。

3. 有合伙人认缴或者实际缴付的出资。合伙协议生效后，合伙人应当按照合伙协议的规定缴纳出资。合伙人可以用货币、实物、知识产权、土地使用权或者其他财产权利出资，也可以以劳务出资。合伙人以实物、知识产权、土地使用权或者其他财产权利出资，需要评估作价的，可以由全体合伙人协商确定，也可以由全体合伙人委托法定评估机构评估。合伙人以劳务出资的，其评估办法由全体合伙人协商确定，并在合伙协议中载明。合伙人应当按照合伙协议约定的出资方式、数额和缴付期限，履行出资义务。以非货币财产出资的，依照法律、行政法规的规定，需要办理财产权转移手续的，应当依法办理。

上述所称货币，是指作为一般等价物的特殊商品，是金钱的具体表现形式和计量单位；实物，一般是指厂房和其他建筑物、机器设备、原材料、零部件等；知识产权，是指基于智力的创造性活动所产生的由法律赋予知识产权所有人对其智力成果所享有的某些专有权利，包括著作权、专利权、商标权、发明权和发现权以及其他科技成果权等；通过自己的劳动体现出来的一种形式，比如司机的驾驶技能。

4. 有合伙企业的名称和生产经营场所。普通合伙企业应当在其名称中标明"普通合伙"字样，其中特殊的普通合伙企业，应当在其名称中标明"特殊普通合伙"字样，合伙企业的名称必须和"合伙"联系起来，名称中必须有"合伙"二字。

5. 法律、行政法规规定的其他条件。

（二）普通合伙企业的设立登记

1. 申请向企业登记机关提交相关文件

该类文件有：（1）全体合伙人签署的设立登记申请书；（2）合伙协议书；（3）全体合伙人的身份证明；（4）全体合伙人指定的代表或者共同委托代理人的委托书；（5）全体合伙人对各合伙人认缴或者实际缴付出资的确认书；（6）经营场所证明；（7）其他法定的证明文件。法律、行政法规规定设立特殊的普通合伙企业需要提交合伙人的职业资格文件的，提交相应材料。此外，法律、行政法规规定设立合伙企业须经批准的，还应当提交有关批准文件。合伙协议约定或者全体合伙人决定，委托一个或者数个合伙人执行合伙事务的，还应当提交全体合伙人的委托书。

2. 普通合伙企业登记、备案事项

普通合伙企业应当依法登记下列事项：名称、类型、经营范围、主要经营场所、出资额、执行事务合伙人名称或者姓名，合伙人名称或者姓名、住所、承担责任方式。执行事务合伙人是法人或者其他组织的，登记事项还应当包括其委派的代表姓名。普通合伙企业应当依法备案下列事项：合伙协议、合伙期限、合伙人认缴或者实际缴付的出资数额、缴付期限和出资方式、登记联络员、外商投资合伙企业法律文件送达接受人、合伙企业受益所有人相关信息。办理登记、备案事项时，申请人应当配合登记机关通过实名认证系统，采用人脸识别等方式对合伙企业合伙人进行实名验证。

3. 企业登记机关核发营业执照

合伙企业的营业执照签发日期，为合伙企业的成立日期。合伙企业领取营业执照前，合伙人不得以合伙企业名义从事合伙业务。合伙企业设立分支机构，应当向分支机构所在地的企业登记机关申请登记，领取营业执照。合伙企业登记事项发生变更的，执行合伙事务的合伙人应当自做出变更决定或者发生变更事由之日起 15 日内，向企业登记机关申请办理变更登记。

三、普通合伙企业财产

（一）合伙企业财产的构成

根据《合伙企业法》规定，合伙人的出资、以合伙企业名义取得的收益和依法取得的其他财产，均为合伙企业的财产。从这一规定可以看出，合伙企业财产由以下三部分构成：

1. 合伙人的出资。《合伙企业法》规定，合伙人可以用货币、实物、知识产权、土地使用权或者其他财产权利出资，也可以用劳务出资。这些出资形成合伙企业的原始财产。

需要注意的是，合伙企业的原始财产是全体合伙人"认缴"的财产，而非各合伙人"实际缴纳"的财产。

2. 以合伙企业名义取得的收益。合伙企业作为一个独立的经济实体，可以有自己的独立利益，因此，以其名义取得的收益作为合伙企业获得的财产，当然归属于合伙企业，成为合伙财产的一部分。主要包括合伙企业的公共积累资金、未分配的盈余、合伙企业债权、合伙企业取得的工业产权和非专利技术以及合伙企业的名称（商号）、商誉等项财产权利。

3. 依法取得的其他财产。即根据法律、行政法规的规定合法取得的其他财产，如合法接受赠予的财产等。

（二）合伙企业财产的性质

合伙企业的财产具有独立性和完整性两方面的特征。所谓独立性，是指合伙企业的财产独立于合伙人，合伙人出资以后，一般说来，便丧失了对其作为出资部分的财产的所有权或者持有权、占有权，合伙企业的财产权主体是合伙企业，而不是单独的每一个合伙人。所谓完整性，是指合伙企业的财产作为一个完整的统一体而存在，合伙人对合伙企业财产权益的表现形式仅是依照合伙协议所确定的财产收益份额或者比例。

根据《合伙企业法》的规定，合伙人在合伙企业清算前，不得请求分割合伙企业的财产；但是，法律另有规定的除外。合伙人在合伙企业清算前私自转移或处分合伙企业财产的，合伙企业不得以此对抗善意第三人。在确认善意取得的情况下，合伙企业的损失只能向合伙人进行追索，而不能向善意第三人追索。合伙企业也不能以合伙人无权处分其财产而对善意第三人的权利要求进行对抗，即不能以合伙人无权处分其财产而主张其与善意第三人订立的合同无效。当然，如果第三人是恶意取得，即明知合伙人无权处分而与之进行交易，或者与合伙人通谋共同侵犯合伙企业权益，则合伙企业可以据此对抗第三人。

（三）合伙人财产份额的转让

合伙人财产份额的转让，是指合伙企业的合伙人向他人转让其在合伙企业中的全部或者部分财产份额的行为。由于合伙人财产份额的转让将会影响到合伙企业以及各合伙人的切身利益，因此，《合伙企业法》对合伙人财产份额的转让做了以下限制性规定：

1. 除合伙协议另有约定外，合伙人向合伙人以外的人转让其在合伙企业中的全部或者部分财产份额时，须经其他合伙人一致同意。这一规定适用于合伙人财产份额的外部转让。所谓合伙人财产份额的外部转让，是指合伙人把其在合伙企业中的全部或者部分财产份额转让给合伙人以外的第三人的行为。合伙人财产份额的外部转让，只有经其他合伙人一致同意，才表明其他合伙人同意与受让人共同维持原合伙企业，合伙企业才能继续存续下去。如果其他合伙人不同意接受受让人，则合伙企业无法继续存续下去。

当然，"合伙人向合伙人以外的人转让其在合伙企业中的全部或者部分财产份额时，须经其他合伙人一致同意"，是一法定的原则，且这项原则是在合伙协议中没有规定的情况下才有法律效力。如果合伙协议有另外的约定，即合伙协议约定，合伙人向合伙人以外的人转让其在合伙企业中的全部或者部分财产份额时，无须经过其他合伙人一致同意，比如约定2/3以上合伙人同意或者一定出资比例同意的情况下，则应执行合伙协议的规定。

2. 合伙人之间转让在合伙企业中的全部或者部分财产份额时，应当通知其他合伙人。这一规定适用于合伙人财产份额的内部转让。所谓合伙人财产份额的内部转让，是指合伙人将其在合伙企业中的全部或者部分财产份额转让给其他合伙人的行为。合伙人财产份额的内部转让因不涉及合伙人以外的人参加，合伙企业存续的基础没有发生实质性变更，因此不需要经过其他合伙人一致同意，只需要通知其他合伙人即可产生法律效力。

3. 合伙人向合伙人以外的人转让其在合伙企业中的财产份额的，在同等条件下，其他合伙人有优先购买权；但是，合伙协议另有约定的除外。所谓优先购买权，是指在合伙人转让其财产份额时，在多数人接受转让的情况下，其他合伙人基于同等条件可先于其他非合伙人购买的权利。优先购买权的发生存在两个前提：一是合伙人的财产份额的转让没有约定的转让条件、转让范围的限制。也就是说，合伙协议没有"另有约定"或者另外的限制，如有另外约定或者限制，则应依约定或限制办理。二是优先受让的前提是同等条件。同等的条件，主要是指受让的价格条件，当然也包括其他条件。这一规定的目的在于维护合伙企业现有合伙人的利益，维护合伙企业在现有基础上的稳定。

合伙人以外的人依法受让合伙人在合伙企业中的财产份额的，经修改合伙协议即成为合伙企业的合伙人，依照《合伙企业法》和修改后的合伙协议享有权利，履行义务。合伙人以外的人成为合伙人须修改合伙协议，未修改合伙协议的，不应算作法律所称的"合伙企业的合伙人"。合伙人以外的人成为合伙人后，依照《合伙企业法》和修改后的合伙协议享有权利，履行义务。

此外，由于合伙人以财产份额出质可能导致该财产份额依法发生权利转移，《合伙企业法》规定，合伙人以其在合伙企业中的财产份额出质的，须经其他合伙人一致同意；未经其他合伙人一致同意，其行为无效，由此给善意第三人造成损失的，由行为人依法承担赔偿责任。合伙人财产份额的出质，是指合伙人将其在合伙企业中的财产份额作为质押物来担保债权人债权实现的行为。对合伙人财产份额出质的规定，包括以下两方面的内容：一是合伙人可以以其在合伙企业中的财产份额作为质物，与他人签订质押合同，但必须经其他合伙人一致同意，否则，合伙人的出质行为无效，即不产生法律上的效力，不受法律的保护。二是合伙人非法出质给善意第三人造成损失的，依法承担赔偿责任。合伙人擅自以其在合伙企业中的财产份额出质，违背了合伙企业存续的基础，具有主观上的过错。合伙人非法出质给善意第三人造成损失的，应当依法赔偿因其过错行为给善意第三人所造成的损失。

四、合伙事务执行

（一）合伙事务执行的形式

根据《合伙企业法》的规定，合伙人执行合伙企业事务，可以有两种形式：

1. 全体合伙人共同执行合伙事务。这是合伙事务执行的基本形式，也是在合伙企业中经常使用的一种形式，尤其是在合伙人较少的情况下更为适宜。在采取这种形式的合伙企业中，按照合伙协议的约定，各个合伙人都直接参与经营，处理合伙企业的事务，对外代表合伙企业。

2. 委托一个或者数个合伙人执行合伙事务。该形式是在各合伙人共同执行合伙事务的基础上引申而来。在合伙企业中，有权执行合伙事务的合伙人并不都愿意行使这种权利，而愿意委托其中的一个或者数个合伙人执行合伙事务，从而就从共同执行合伙事务的基本形式中，引申出了共同委托一部分人去执行合伙事务的形式。按照合伙协议的约定或者经全体合伙人决定，可以委托一个或者数个合伙人对外代表合伙企业，执行合伙事务。

关于合伙企业事务委托给一个或者数个合伙人执行时，其他未接受委托的合伙人是否还可以再执行合伙企业事务的问题，《合伙企业法》对此做了明确规定，即委托一个或者数个合伙人执行合伙事务的，其他合伙人不再执行合伙事务。这一规定主要是考虑到，按照合伙协议的约定或者经全体合伙人决定，将合伙事务委托给部分合伙人执行，没有必要再由其他合伙人执行，否则容易引起冲突与矛盾。当然，对合伙协议或者全体合伙人做出的决定以外的某些事项，如果没有委托一个或数个合伙人执行时，可以由全体合伙人共同执行或者由全体合伙人决定委托给某一个特定的合伙人办理。

合伙人可以将合伙事务委托一个或者数个合伙人执行，但并非所有的合伙事务都可以委托给部分合伙人决定。根据《合伙企业法》的规定，除合伙协议另有约定外，合伙企业的下列事项应当经全体合伙人一致同意：①改变合伙企业的名称；②改变合伙企业的经营范围、主要经营场所的地点；③处分合伙企业的不动产；④转让或者处分合伙企业的知识产权和其他财产权利；⑤以合伙企业名义为他人提供担保；⑥聘任合伙人以外的人担任合伙企业的经营管理人员。

（二）合伙人在执行合伙事务中的权利和义务

1. 合伙人在执行合伙事务中的权利。根据《合伙企业法》的规定，合伙人在执行合伙事务中的权利主要包括以下内容：

（1）合伙人对执行合伙事务享有同等的权利。合伙企业的特点之一就是合伙经营，各合伙人无论其出资多少，都有权平等享有执行合伙企业事务的权利。

（2）执行合伙事务的合伙人对外代表合伙企业。合伙人在代表合伙企业执行事务时，不是以个人的名义进行一定的民事行为，而是以合伙企业事务执行人的身份组织实施企业的生产经营活动。合伙企业事务执行人与代理人不同，代理人以被代理人的名义行事，代理权源于被代理人的授权；而合伙企业事务执行人虽以企业名义活动，但其权利来自法律的直接规定。合伙企业事务执行人与法人的法定代表人也不同，法定代表人是符合法律规定并经过一定登记手续而产生的法人单位的代表，他不一定是该法人单位的出资者；而合伙企业事务执行人则是因其出资行为取得合伙人身份，并可以对外代表合伙企业。考虑到法人和其他组织可以参与合伙，《合伙企业法》同时规定，作为合伙人的法人、其他组织执行合伙企业事务的，由其委托的代表执行。

（3）不执行合伙事务的合伙人的监督权利。《合伙企业法》规定，不执行合伙事务的合伙人有权监督执行事务合伙人执行合伙事务的情况。这一规定有利于维护全体合伙人的共同利益，同时也可以促进合伙事务执行人更加认真谨慎地处理合伙企业事务。合伙事务是合伙企业的公共事务，事务的执行情况涉及每个合伙人的个人利益，每个合伙人都有权关心合伙企业的利益。因此，不执行合伙事务的合伙人有权监督执行事务的合伙人执行合伙事务的情况。

（4）合伙人查阅合伙企业会计账簿等财务资料的权利。合伙经营是一种以盈利为目的的经济活动，合伙人之间的财产共有关系、共同经营关系、连带责任关系决定了全体合伙人形成了以实现合伙为目标的利益共同体。每个合伙人都有权利且有责任关心了解合伙企业的全部经营活动。因此，查阅合伙企业会计账簿等财务资料，作为了解合伙企业经营状况和财务状况的有效手段，成为合伙人的一项重要权利。

（5）合伙人有提出异议的权利和撤销委托的权利。在合伙人分别执行合伙事务的情况下，由于执行合伙事务的合伙人的行为所产生的亏损和责任要由全体合伙人承担，因此，《合伙企业法》规定，合伙人分别执行合伙事务的，执行事务合伙人可以对其他合伙人执行的事务提出异议。提出异议时，应当暂停该项事务的执行。如果发生争议，依照有关规定做出决定。受委托执行合伙事务的合伙人不按照合伙协议或者全体合伙人的决定执行事务的，其他合伙人可以决定撤销该委托。上述"依照有关规定做出决定"是指，合伙人对合伙企业有关事项做出决议，按照合伙协议约定的表决办法办理。合伙协议未约定或者约定不明确的，实行合伙人一人一票并经全体合伙人过半数通过的表决办法。

2. 合伙人在执行合伙事务中的义务。根据《合伙企业法》的规定，合伙人在执行合伙事务中的义务主要包括以下内容：

（1）合伙事务执行人向不参加执行事务的合伙人报告企业经营状况和财务状况。《合伙企业法》规定，由一个或者数个合伙人执行合伙事务的，执行事务合伙人应当定期向其他合伙人报告事务执行情况以及合伙企业的经营和财务状况，其执行合伙事务所产生的收益归合伙企业，所产生的费用和亏损由合伙企业承担。

（2）合伙人不得自营或者同他人合作经营与本合伙企业相竞争的业务。各合伙人组建合伙企业是为了合伙经营、共享收益，如果某一合伙人自己又从事或者与他人合作从事与合伙企业相竞争的业务，势必影响合伙企业的利益，背离合伙的初衷；同时还可能形成不正当竞争，使合伙企业处于不利地位，损害其他合伙人的利益。因此，《合伙企业法》规定，合伙人不得自营或者同他人合作经营与本合伙企业相竞争的业务。

（3）合伙人不得同本合伙企业进行交易。合伙企业中每一合伙人都是合伙企业的投资者，如果自己与合伙企业交易，就包含了与自己交易，也包含了与别的合伙人交易，而这种交易极易造成损害他人利益。因此，《合伙企业法》规定，除合伙协议另有约定或者经全体合伙人一致同意外，合伙人不得同本合伙企业进行交易。

（4）合伙人不得从事损害本合伙企业利益的活动。合伙人在执行合伙事务过程中，不得为了自己的私利，损害其他合伙人利益，也不得与其他人恶意串通，损害合伙企业的利益。

（三）合伙事务执行的决议办法

《合伙企业法》规定，合伙人对合伙企业有关事项做出决议，按照合伙协议约定的表决办法办理。合伙协议未约定或者约定不明确的，实行合伙人一人一票并经全体合伙人过半数通过的表决办法。《合伙企业法》对合伙企业的表决办法另有约定的，从其规定。这一规定明确了合伙事务执行决议的三种法定办法：

1. 由合伙协议对决议办法做出约定。这种约定有两个前提：一是不与法律相抵触，即法律有规定的按照法律的规定执行，法律未作规定的可在合伙协议中约定。二是在合伙协议中做出的约定，应当由全体合伙人协商一致共同做出。至于在合伙协议中所约定的决议办法，是采取全体合伙人一致通过，还是采取 2/3 以上多数通过，或者采取其他办法，由全体合伙人视所决议的事项而做出约定。

2. 实行合伙人一人一票并经全体合伙人过半数通过的表决办法。这种办法也有一个前提，即合伙协议未约定或者约定不明确的，才实行合伙人一人一票并经全体合伙人过半数通过的表决办法。需要注意的是，对各合伙人，无论出资多少和以何物出资，表决权数应以合伙人的人数为准，亦即每一个合伙人对合伙企业有关事项均有同等的表决权，采用经全体合伙人过半数通过的表决办法。

3. 依照《合伙企业法》的规定做出决议。如《合伙企业法》规定，合伙人按照合伙协议的约定或者经全体合伙人决定，可以增加或者减少对合伙企业的出资；又如《合伙企业法》规定，处分合伙企业的不动产、改变合伙企业的名称等，除合伙协议另有约定外，应当经全体合伙人一致同意等。

（四）合伙企业的损益分配

1. 合伙损益。合伙损益包括两方面的内容：一是合伙利润，是指以合伙企业的名义所取得的经济利益，它反映了合伙企业在一定期间的经营成果。二是合伙亏损，是指以合伙企业的名义从事经营活动所形成的亏损。合伙亏损是全体合伙人所共同面临的风险，或者说是共同承担的经济责任。

2. 合伙损益分配原则。合伙损益分配包含合伙企业的利润分配与亏损分担两个方面，对合伙损益分配原则，《合伙企业法》做了原则规定，主要内容为：

（1）合伙企业的利润分配、亏损分担，按照合伙协议的约定办理；合伙协议未约定或者约定不明确的，由合伙人协商决定；协商不成的，由合伙人按照实缴出资比例分配、分担；无法确定出资比例的，由合伙人平均分配、分担。

（2）合伙协议不得约定将全部利润分配给部分合伙人或者由部分合伙人承担全部亏损。

（五）非合伙人参与经营管理

在合伙企业中，往往由于合伙人经营管理能力不足，需要在合伙人之外聘任非合伙人担任合伙企业的经营管理人员，参与合伙企业的经营管理工作。《合伙企业法》规定，除合伙协议另有约定外，经全体合伙人一致同意，可以聘任合伙人以外的人担任合伙企业的经营管理人员。被聘任的经营管理人员，仅是合伙企业的经营管理人员，不是合伙企业的合伙人，因而不具有合伙人的资格。

关于被聘任的经营管理人员的职责，《合伙企业法》做了明确规定，主要有：（1）被聘任的合伙企业的经营管理人员应当在合伙企业授权范围内履行职务；（2）被聘任的合伙企业的经营管理人员，超越合伙企业授权范围履行职务，或者在履行职务过程中因故意或者重大过失给合伙企业造成损失的，依法承担赔偿责任。

五、合伙企业与第三人关系

合伙企业与第三人关系，实际是指有关合伙企业的对外关系，涉及合伙企业对外代表权的效力、合伙企业和合伙人的债务清偿等问题。

（一）合伙企业对外代表权的效力

1. 合伙企业与第三人关系。所谓合伙企业与第三人关系，是指合伙企业的外部关系，即合伙企业与合伙企业的合伙人以外的第三人的关系。合伙企业是由自然人、法人和其他组织依照《合伙企业法》通过订立合伙协议而设立的营利性组织。在合伙企业设立以后，必然要以合伙企业的名义从事生产经营活动，进行商品的交换、服务的供需和财产的流转，从而与其他市场主体（包括自然人、法人和其他组织）发生联系，形成其外部关系。因此，合伙企业与第三人关系也就是合伙企业与外部的关系。由于合伙企业在债务承担上是一种连带责任关系，这种关系在一定程度上就会与合伙人自身发生一定的牵连，例如当合伙企业对外发生了债务并且合伙企业的财产不能清偿其债务时，这一关系即可转化为合伙人与债权人（第三人）之间的关系。

2. 合伙事务执行中的对外代表权。可以取得合伙企业对外代表权的合伙人，主要有三种情况：一是由全体合伙人共同执行合伙企业事务的，全体合伙人都有权对外代表合伙企业，即全体合伙人都取得了合伙企业的对外代表权。二是由部分合伙人执行合伙企业事务的，只有受委托执行合伙企业事务的那一部分合伙人有权对外代表合伙企业，而不参加执行合伙企业事务的合伙人则不具有对外代表合伙企业的权利。三是由于特别授权在单项合伙事务上有执行权的合伙人，依照授权范围可以对外代表合伙企业。执行合伙企业事务的合伙人，在取得对外代表权后，即可以合伙企业的名义进行经营活动，在其授权的范围内做出法律行为。合伙人的这种代表行为，对全体合伙人发生法律效力，即其执行合伙事务所产生的收益归合伙企业，所产生的费用和亏损由合伙企业承担。

3. 合伙企业对外代表权的限制。合伙人执行合伙事务的权利和对外代表合伙企业的权利，都会受到一定的内部限制。如果这种内部限制对第三人发生效力，必须以第三人知道这一情况为条件，否则，该内部限制不对该第三人产生抗辩力。《合伙企业法》规定，合伙企业对合伙人执行合伙事务以及对外代表合伙企业权利的限制，不得对抗善意第三人。这里所指的合伙人，是指在合伙企业中有合伙事务执行权与对外代表权的合伙人；这里所指的限制，是指合伙企业对合伙人所享有的事务执行权与对外代表权权利能力的一种界定；这里所指的对抗，是指合伙企业否定第三人的某些权力和利益，拒绝承担某些责任；这里所指的不知情，是指与合伙企业有经济联系的第三人不知道合伙企业所做的内部限制，或者不知道合伙企业对合伙人行使权利所作限制的事实；这里所指的善意第三人，是指本着合法交易的目的，诚实地通过合伙企业的事务执行人，与合伙企业之间建立民事、商事法律关系的法人、非法人团体或自然人。如果第三人与合伙企业事务执行人恶意串通、损害合伙企业利益，则不属于善意的情形。需要指出的是，不得对抗善意第三人，主要是针对给第三人造成的损失而言，即当执行合伙事务的合伙人给善意第三人造成损失时，合伙企业不能因为有对合伙人执行合伙事务以及对外代表合伙企业权利的限制，就对善意第三人不承担责任。

保护善意第三人的利益是为了维护经济往来的交易安全，这是一项被广泛认同的法律原则。例如，合伙企业内部规定，有对外代表权的合伙人甲在签订合同时，须经乙和丙两个执行事务的合伙人的同意，如果甲自作主张没有征求乙和丙的同意，与第三人丁签订了一份买卖合同，而丁不知道在合伙企业内部对甲所做的限制，在合同履行过程中，也没有从中获得不正当的利益，这种情况下，第三人丁应当为善意第三人，丁所得到的利益应当予以保护，合伙企业不得以其内部所做的在行使权利方面的限制为由，否定善意第三人丁的正当权益，拒绝履行合伙企业应承担的责任。

（二）合伙企业和合伙人的债务清偿

1. 合伙企业的债务清偿与合伙人的关系。从以下三个方面加以说明：

（1）合伙企业财产优先清偿。《合伙企业法》规定，合伙企业对其债务，应先以其全部财产进行清偿。所谓合伙企业的债务，是指在合伙企业存续期间产生的债务。合伙企业对其债务，应先以其全部财产进行清偿。也就是说，合伙企业的债务，应先由合伙企业的财产来承担，即在合伙企业存在自己的财产时，合伙企业的债权人应首先从合伙企业的全部财产中求偿，而不应当向合伙人个人直接请求债权。这样，既有利于理顺合伙企业与第三人的法律关系，明确合伙企业的偿债责任，也有利于保护债权人的债权实现。

（2）合伙人的无限连带清偿责任。《合伙企业法》规定，合伙企业不能清偿到期债务的，合伙人承担无限连带责任。所谓合伙人的无限责任，是指当合伙企业的全部财产不足以偿付到期债务时，各个合伙人承担合伙企业的债务不是以其出资额为限，而是以其自有财产来清偿合伙企业的债务。合伙人的连带责任，是指当合伙企业的全部财产不足以偿付到期债务时，合伙企业的债权人对合伙企业所负债务，可以向任何一个合伙人主张，该合伙人不得以其出资的份额大小、合伙协议有特别约定、合伙企业债务另有担保人或者自己已经偿付所承担的份额等理由来拒绝。当然合伙人由于承担连带责任，所清偿数额超过其应分担的比例时，有权向其他合伙人追偿。

（3）合伙人之间的债务分担和追偿。《合伙企业法》规定，合伙人由于承担无限连带责任，清偿数额超过规定的其亏损分担比例的，有权向其他合伙人追偿。这一规定，在重申合伙人对合伙企业债务负无限连带责任的基础上，明确了合伙人分担合伙债务的比例，是以合伙企业亏损分担的比例为准。关于合伙企业亏损分担比例，《合伙企业法》规定，合伙企业的亏损分担，按照合伙协议的约定办理；合伙协议未约定或者约定不明确的，由合伙人协商决定；协商不成的，由合伙人按照实缴出资比例分担；无法确定出资比例的，由合伙人平均分担。

合伙人之间的分担比例对债权人没有约束力。债权人可以根据自己的清偿利益，请求全体合伙人中的一人或数人承担全部清偿责任，也可以按照自己确定的清偿比例向各合伙人分别追索。如果某一合伙人实际支付的清偿数额超过其依照既定比例所应承担的数额，依照《合伙企业法》的规定，该合伙人有权就超过部分向其他未支付或者未足额支付应承担数额的合伙人追偿。但是，合伙人的这种追偿权，应当具备以下三项条件：一是追偿人已经实际承担连带责任，并且其清偿数额超过了他应当承担的数额；二是被追偿人未实际承担或者未足额承担其应当承担的数额；三是追偿的数额不得超过追偿人超额清偿部分的数额或被追偿人未足额清偿部分的数额。

2. 合伙人的债务清偿与合伙企业的关系。在合伙企业存续期间，可能发生个别合伙人因不能偿还其私人债务而被追索的情况。由于合伙人在合伙企业中拥有财产权益，合伙人的债权人可能向合伙企业提出各种清偿请求。为了保护合伙企业和其他合伙人的合法权益，同时也保护债权人的合法权益，《合伙企业法》做了如下规定：

（1）合伙人发生与合伙企业无关的债务，相关债权人不得以其债权抵销其对合伙企业的债务；也不得代位行使合伙人在合伙企业中的权利。首先，合伙人发生与合伙企业无关的债务，相关债权人不得以其债权抵销其对合伙企业的债务。这是因为，该债权人对合伙企业的负债，实际上是对全体合伙人的负债；而合伙企业某一合伙人对该债权人的负债，只限于该合伙人个人。如果允许两者抵销，就等于强迫合伙企业其他合伙人对个别合伙人的个人债务承担责任。这违反了合伙企业的本意，加大了合伙人的风险，也不利于合伙企业这种经济组织形式的发展。其次，合伙人发生与合伙企业无关的债务，相关债权人不得代位行使该合伙人在合伙企业中的权利。这是因为，合伙人之间相互了解和信任是合伙关系稳定的基础，如果允许个别合伙人的债权人代位行使该合伙人在合伙企业中的权利，如参与管理权、事务执行权等，则不利于合伙关系的稳定和合伙企业的正常运营。况且，该债权人因无合伙人身份，其行使合伙人的权利而不承担无限连带责任，这无异于允许他将自己行为的责任风险转嫁于合伙企业的全体合伙人，这显然是不公平的。

（2）合伙人的自有财产不足以清偿其与合伙企业无关的债务的，该合伙人可以以其从合伙企业中分取的收益用于清偿；债权人也可以依法请求人民法院强制执行该合伙人在合伙企业中的财产份额用于清偿。这既保护了债权人的清偿利益，也无损于全体合伙人的合法权益。因为在债权人取得其债务人从合伙企业中分取的收益用来清偿的情况下，该债权人并不参与合伙企业内部事务，也不妨碍其债务人作为合伙人正常行使其正当的权利。而在债权人依法请求人民法院强制执行债务人在合伙企业中的财产份额作为清偿的情况下，如果该债权人因取得该财产份额而成为合伙企业合伙人，则无异于合伙份额的转让，因此，债权人取得合伙人地位后，就要承担与其他合伙人同样的责任，因而不存在转嫁责任风险的问题。

人民法院强制执行合伙人的财产份额时，应当通知全体合伙人，其他合伙人有优先购买权；其他合伙人未购买，又不同意将该财产份额转让给他人的，依照《合伙企业法》的规定为该合伙人办理退伙结算，或者办理削减该合伙人相应财产份额的结算。这里需要注意三点：一是这种清偿必须通过民事诉讼法规定的强制执行程序进行，债权人不得自行接管债务人在合伙企业中的财产份额；二是人民法院强制执行合伙人的财产份额时，应当通知全体合伙人；三是在强制执行个别合伙人在合伙企业中的财产份额时，其他合伙人有优先购买权。也就是说，如果其他合伙人不愿意接受该债权人成为其合伙企业新的合伙人，可以由他们中的一人或者数人行使优先购买权，取得该债务人的财产份额。受让人支付的价金，用于向该债权人清偿债务。

六、入伙与退伙

（一）入伙

入伙是指在合伙企业存续期间，合伙人以外的第三人加入合伙，从而取得合伙人资格。

1. 入伙的条件和程序。《合伙企业法》规定，新合伙人入伙，除合伙协议另有约定外，应当经全体合伙人一致同意，并依法订立书面入伙协议。订立入伙协议时，原合伙人应当向新合伙人如实告知原合伙企业的经营状况和财务状况。这一规定包括四层含义：一是新合伙人入伙，应当经全体合伙人一致同意，未获得一致同意的，不得入伙；二是合伙协议无另外约定，如果合伙协议对新合伙人入伙约定了相应的条件，则必须按照约定执行;三是新合伙人入伙,应当依法订立书面入伙协议,入伙协议应当以原合伙协议为基础,并对原合伙协议事项做相应变更,订立入伙协议不得违反公平原则、诚实信用原则;四是订立入伙协议时,原合伙人应当向新合伙人如实告知原合伙企业的经营状况和财务状况。

2. 新合伙人的权利和责任。一般来讲,入伙的新合伙人与原合伙人享有同等权利,承担同等责任。但是,如果原合伙人愿意以更优越的条件吸引新合伙人入伙,或者新合伙人愿意以较为不利的条件入伙,也可以在入伙协议中另行约定。关于新合伙人对入伙前合伙企业的债务承担问题,《合伙企业法》规定,新合伙人对入伙前合伙企业的债务承担无限连带责任。

(二) 退伙

退伙是指合伙人退出合伙企业,从而丧失合伙人资格。

1. 退伙的原因

合伙人退伙,一般有两种原因:一是自愿退伙,二是法定退伙。

自愿退伙,是指合伙人基于自愿的意思表示而退伙。自愿退伙可以分为协议退伙和通知退伙两种。

关于协议退伙。《合伙企业法》规定,合伙协议约定合伙期限的,在合伙企业存续期间,有下列情形之一的,合伙人可以退伙:①合伙协议约定的退伙事由出现;②经全体合伙人一致同意;③发生合伙人难以继续参加合伙的事由;④其他合伙人严重违反合伙协议约定的义务。合伙人违反上述规定退伙的,应当赔偿由此给合伙企业造成的损失。

关于通知退伙。《合伙企业法》规定,合伙协议未约定合伙期限的,合伙人在不给合伙企业事务执行造成不利影响的情况下,可以退伙,但应当提前 30 日通知其他合伙人。由此可见,法律对通知退伙有一定的限制,即附有以下三项条件:①必须是合伙协议未约定合伙企业的经营期限;②必须是合伙人的退伙不给合伙企业事务执行造成不利影响;③必须提前 30 日通知其他合伙人。这三项条件必须同时具备,缺一不可。合伙人违反上述规定退伙的,应当承担由此给合伙企业造成的损失。

法定退伙。是指合伙人因出现法律规定的事由而退伙。法定退伙分为当然退伙和除名两类。

关于当然退伙。《合伙企业法》规定,合伙人有下列情形之一的,当然退伙:①作为合伙人的自然人死亡或者被依法宣告死亡;②个人丧失偿债能力;③作为合伙人的法人或者其他组织依法被吊销营业执照、责令关闭、撤销,或者被宣告破产;④法律规定或者合伙协议约定合伙人必须具有相关资格而丧失该资格;⑤合伙人在合伙企业中的全部财产份额被人民法院强制执行。此外,合伙人被依法认定为无民事行为能力人或者限制民事行为能力人的,经其他合伙人一致同意,可以依法转为有限合伙人,普通合伙企业依法转为有限合伙企业。其他合伙人未能一致同意的,该无民事行为能力或者限制民事行为能力的合伙人退伙。当然退伙以退伙事由实际发生之日为退伙生效日。

关于除名。《合伙企业法》规定，合伙人有下列情形之一的，经其他合伙人一致同意，可以决议将其除名：①未履行出资义务；②因故意或者重大过失给合伙企业造成损失；③执行合伙事务时有不正当行为；④发生合伙协议约定的事由。对合伙人的除名决议应当书面通知被除名人。被除名人接到除名通知之日，除名生效，被除名人退伙。被除名人对除名决议有异议的，可以自接到除名通知之日起 30 日内，向人民法院起诉。

2. 退伙的效果

退伙的效果，是指退伙时退伙人在合伙企业中的财产份额和民事责任的归属变动。分为两类情况：一是财产继承，二是退伙结算。

关于财产继承。《合伙企业法》规定，合伙人死亡或者被依法宣告死亡的，对该合伙人在合伙企业中的财产份额享有合法继承权的继承人，按照合伙协议的约定或者经全体合伙人一致同意，从继承开始之日起，取得该合伙企业的合伙人资格。有下列情形之一的，合伙企业应当向合伙人的继承人退还被继承合伙人的财产份额：①继承人不愿意成为合伙人。②法律规定或者合伙协议约定合伙人必须具有相关资格，而该继承人未取得该资格。③合伙协议约定不能成为合伙人的其他情形。合伙人的继承人为无民事行为能力人或者限制民事行为能力人的，经全体合伙人一致同意，可以依法成为有限合伙人，普通合伙企业依法转为有限合伙企业。全体合伙人未能一致同意的，合伙企业应当将被继承合伙人的财产份额退还该继承人。根据这一法律规定，合伙人死亡时其继承人可依法定条件取得该合伙企业的合伙人资格：一是有合法继承权，二是有合伙协议的约定或者全体合伙人的一致同意，三是继承人愿意。死亡的合伙人的继承人取得该合伙企业的合伙人资格，从继承开始之日起获得。

关于退伙结算。除合伙人死亡或者被依法宣告死亡的情形外，《合伙企业法》对退伙结算作了以下规定：①合伙人退伙，其他合伙人应当与该退伙人按照退伙时的合伙企业财产状况进行结算，退还退伙人的财产份额。退伙人对给合伙企业造成的损失负有赔偿责任的，相应扣减其应当赔偿的数额。退伙时有未了结的合伙企业事务的，待该事务了结后进行结算。②退伙人在合伙企业中财产份额的退还办法，由合伙协议约定或者由全体合伙人决定，可以退还货币，也可以退还实物。③合伙人退伙时，合伙企业财产少于合伙企业债务的，退伙人应当依照法律规定分担亏损，即如果合伙协议约定亏损分担比例的，按照合伙协议的约定办理；合伙协议未约定或者约定不明确的，由合伙人协商决定；协商不成的，由合伙人按照实缴出资比例分担；无法确定出资比例的，由合伙人平均分担。

合伙人退伙以后，并不能解除对于合伙企业既往债务的连带责任。根据《合伙企业法》的规定，退伙人对基于其退伙前的原因发生的合伙企业债务，承担无限连带责任。

七、特殊的普通合伙企业

（一）特殊的普通合伙企业的概念

特殊的普通合伙企业，是指以专业知识和专门技能为客户提供有偿服务的专业服务机构。特殊的普通合伙企业名称中应当标明"特殊普通合伙"字样。

(二) 特殊的普通合伙企业的责任形式

1. 责任承担。《合伙企业法》规定，一个合伙人或者数个合伙人在执业活动中因故意或者重大过失造成合伙企业债务的，应当承担无限责任或者无限连带责任，其他合伙人以其在合伙企业中的财产份额为限承担责任。合伙人在执业活动中非因故意或者重大过失造成的合伙企业债务以及合伙企业的其他债务，由全体合伙人承担无限连带责任。所谓重大过失，是指明知可能造成损失而轻率地作为或者不作为。根据这一法律规定，特殊的普通合伙企业的责任形式分为两种：

(1) 有限责任与无限连带责任相结合。即一个合伙人或者数个合伙人在执业活动中因故意或者重大过失造成合伙企业债务的，应当承担无限责任或者无限连带责任，其他合伙人以其在合伙企业中的财产份额为限承担责任。这是因为，其他合伙人出资后，该出资即形成合伙企业财产，由合伙企业享有财产权，合伙人对该出资即丧失占有、使用、收益和处分的权利；但由于特殊普通合伙企业的特殊性，为了保证特殊的普通合伙企业的健康发展，必须对合伙人的责任形式予以改变，否则以专业知识和专门技能为客户提供服务的专业服务机构难以存续。因此，对一个合伙人或者数个合伙人在执业活动中的故意或者重大过失行为与其他合伙人相区别对待，对于负有重大责任的合伙人应当承担无限责任或者无限连带责任，其他合伙人只能以其在合伙企业中的财产份额为限承担责任。这也符合公平、公正原则，如果不分清责任，简单地归责于无限连带责任或者有限责任，不但对其他合伙人不公平，而且债权人的利益也难以得到保障。

(2) 无限连带责任。对合伙人在执业活动中非因故意或者重大过失造成的合伙企业债务以及合伙企业的其他债务，全体合伙人承担无限连带责任。这是在责任划分的基础上做出的合理性规定，以最大限度地实现公平、正义和保障债权人的合法权益。当然，这种责任形式的前提是，合伙人在执业过程中不存在重大过错，即：既没有故意，也不存在重大过失。

2. 责任追偿。《合伙企业法》规定，合伙人执业活动中因故意或者重大过失造成的合伙企业债务，以合伙企业财产对外承担责任后，该合伙人应当按照合伙协议的约定对给合伙企业造成的损失承担赔偿责任。

(三) 特殊的普通合伙企业的执业风险防范

特殊的普通合伙企业应当建立执业风险基金、办理职业保险。

执业风险基金，主要是指为了化解经营风险，特殊的普通合伙企业从其经营收益中提取相应比例的资金留存或者根据相关规定上缴至指定机构所形成的资金。执业风险基金用于偿付合伙人执业活动造成的债务。执业风险基金应当单独立户管理。

职业保险，又称职业责任保险，是指承保各种专业技术人员因工作上的过失或者疏忽大意所造成的合同一方或者他人的人身伤害或者财产损失的经济赔偿责任的保险。

第三节　有限合伙企业法律制度

一、有限合伙企业的概念及法律适用

（一）有限合伙企业的概念

有限合伙企业，是指由有限合伙人和普通合伙人共同组成，普通合伙人对合伙企业债务承担无限连带责任，有限合伙人以其认缴的出资额为限对合伙企业债务承担责任的合伙组织。有限合伙企业引入有限责任制度，有利于调动各方的投资热情，实现投资者与创业者的最佳结合。

有限合伙企业与普通合伙企业和有限责任公司相比较，具有以下显著特征：①在经营管理上，普通合伙企业的合伙人，一般均可参与合伙企业的经营管理。有限责任公司的股东有权参与公司的经营管理（含直接参与和间接参与）。而在有限合伙企业中，有限合伙人不执行合伙事务，而由普通合伙人从事具体的经营管理。②在风险承担上，普通合伙企业的合伙人之间对合伙债务承担无限连带责任。有限责任公司的股东对公司债务以其各自的出资额为限承担有限责任。而有限合伙企业中，不同类型的合伙人所承担的责任则存在差异，其中有限合伙人以其各自的出资额为限承担有限责任，普通合伙人之间承担无限连带责任。

（二）有限合伙企业的法律适用

《合伙企业法》规定了两种类型的企业，即普通合伙企业和有限合伙企业。有限合伙企业与普通合伙企业之间既有相同点，也有差异处，其中两者的差别主要表现为合伙企业的内部构造上。普通合伙企业的成员均为普通合伙人（特殊的普通合伙企业除外），而有限合伙企业的成员则被划分为两部分，即有限合伙人和普通合伙人。这两部分合伙人在主体资格、权利享有、义务承受与责任承担等方面存在着明显的差异。在法律适用中，凡是《合伙企业法》中对有限合伙企业有特殊规定的，应当适用有关《合伙企业法》中对有限合伙企业的特殊规定。无特殊规定的，适用有关普通合伙企业及其合伙人的一般规定。

二、有限合伙企业设立的特殊规定

（一）有限合伙企业人数

《合伙企业法》规定，有限合伙企业由 2 个以上 50 个以下合伙人设立；但是，法律另有规定的除外。有限合伙企业至少应当有 1 个普通合伙人。按照规定，自然人、法人和其他组织可以依照法律规定设立有限合伙企业，但国有独资公司、国有企业、上市公司以及公益性的事业单位、社会团体不得成为有限合伙企业的普通合伙人。

在有限合伙企业存续期间，有限合伙人的人数可能发生变化。然而，无论如何变化，有限合伙企业中必须包括有限合伙人与普通合伙人两部分，否则，有限合伙企业应当进行组织形式变化。《合伙企业法》规定，有限合伙企业仅剩有限合伙人的，应当解散；有限合伙企业仅剩普通合伙人的，应当转为普通合伙企业。

（二）有限合伙企业名称

《合伙企业法》规定，有限合伙企业名称中应当标明"有限合伙"字样。按照企业名称登记管理的有关规定，企业名称中应当含有企业的组织形式。为便于社会公众以及交易相对人对有限合伙企业的了解，有限合伙企业名称中应当标明"有限合伙"的字样，而不能标明"普通合伙""特殊普通合伙""有限公司""有限责任公司"等字样。

（三）有限合伙企业协议

有限合伙企业协议是有限合伙企业生产经营的重要法律文件。有限合伙企业协议除符合普通合伙企业合伙协议的规定外，还应当载明下列事项：①普通合伙人和有限合伙人的姓名或者名称、住所；②执行事务合伙人应具备的条件和选择程序；③执行事务合伙人权限与违约处理办法；④执行事务合伙人的除名条件和更换程序；⑤有限合伙人入伙、退伙的条件、程序以及相关责任；⑥有限合伙人和普通合伙人相互转变程序。

（四）有限合伙人出资形式

《合伙企业法》规定，有限合伙人可以用货币、实物、知识产权、土地使用权或者其他财产权利作价出资。有限合伙人不得以劳务出资。有限合伙人的出资可能成为有限合伙企业的最低财产，劳务出资的实质是用未来劳动创造的收入来投资，其难以通过市场变现，法律上执行困难。如果普通合伙人用劳务出资，有限合伙人也用劳务出资，将来该有限合伙企业将难以承担债务责任，这将不利于保护债权人的利益。

（五）有限合伙人出资义务

《合伙企业法》规定，有限合伙人应当按照合伙协议的约定按期足额缴纳出资；未按期足额缴纳的，应当承担补缴义务，并对其他合伙人承担违约责任。按期足额出资是有限合伙人必须履行的义务，因此有限合伙人应当按照合伙协议的约定按期足额缴纳出资。合伙人未按照协议的约定履行缴纳出资义务的，首先应当承担补缴出资的义务，同时还应对其他合伙人承担违约责任。

（六）有限合伙企业登记事项

《合伙企业法》规定，有限合伙企业登记事项中应当载明有限合伙人的姓名或者名称及认缴的出资数额。

三、有限合伙企业事务执行的特殊规定

（一）有限合伙企业事务执行人

《合伙企业法》规定，有限合伙企业由普通合伙人执行合伙事务。执行事务合伙人可

以要求在合伙协议中确定执行事务的报酬及报酬提取方式。如合伙协议约定数个普通合伙人执行合伙事务，这些普通合伙人均为合伙事务执行人。如合伙协议无约定，全体普通合伙人是合伙事务的共同执行人。合伙事务执行人除享有一般合伙人相同的权利外，还有接受其他合伙人的监督和检查、谨慎执行合伙事务的义务，若因自己的过错造成合伙财产损失的，应向合伙企业或其他合伙人负赔偿责任。此外，由于执行事务合伙人较不执行事务合伙人对有限合伙企业要多付出劳动，因此，执行事务合伙人可以就执行事务的劳动付出，要求企业支付报酬。对于报酬的支付方式及其数额，应由合伙协议规定或全体合伙人讨论决定。

（二）禁止有限合伙人执行合伙事务

《合伙企业法》规定，有限合伙人不执行合伙事务，不得对外代表有限合伙企业。有限合伙人的下列行为，不视为执行合伙事务：①参与决定普通合伙人入伙、退伙；②对企业的经营管理提出建议；③参与选择承办有限合伙企业审计业务的会计师事务所；④获取经审计的有限合伙企业财务会计报告；⑤对涉及自身利益的情况，查阅有限合伙企业财务会计账簿等财务资料；⑥在有限合伙企业中的利益受到侵害时，向有责任的合伙人主张权利或者提起诉讼；⑦执行事务合伙人怠于行使权利时，督促其行使权利或者为了本企业的利益以自己的名义提起诉讼；⑧依法为本企业提供担保。

另外，《合伙企业法》规定，第三人有理由相信有限合伙人为普通合伙人并与其交易的，该有限合伙人对该笔交易承担与普通合伙人同样的责任。有限合伙人未经授权以有限合伙企业名义与他人进行交易，给有限合伙企业或者其他合伙人造成损失的，该有限合伙人应当承担赔偿责任。

（三）有限合伙企业利润分配

《合伙企业法》规定，有限合伙企业不得将全部利润分配给部分合伙人；但是，合伙协议另有约定的除外。

（四）有限合伙人权利

1. 有限合伙人可以同本企业进行交易。《合伙企业法》规定，有限合伙人可以同本有限合伙企业进行交易；但是，合伙协议另有约定的除外。因为有限合伙人并不参与有限合伙企业事务的执行，对有限合伙企业的对外交易行为，有限合伙人并无直接或者间接的控制权，有限合伙人与本有限合伙企业进行交易时，一般不会损害本有限合伙企业的利益。有限合伙协议可以对有限合伙人与有限合伙企业之间的交易进行限定，如果有限合伙协议另有约定的，则必须按照约定的要求进行。普通合伙人如果禁止有限合伙人同本有限合伙企业进行交易，应当在合伙协议中做出约定。

2. 有限合伙人可以经营与本企业相竞争的业务。《合伙企业法》规定，有限合伙人可以自营或者同他人合作经营与本有限合伙企业相竞争的业务；但是，合伙协议另有约定的除外。与普通合伙人不同，有限合伙人一般不承担竞业禁止义务。普通合伙人如果禁止有限合伙人自营或者同他人合作经营与本有限合伙企业相竞争的业务，应当在合伙协议中做出约定。

四、有限合伙企业财产出质与转让的特殊规定

（一）有限合伙人财产份额出质

《合伙企业法》规定，有限合伙人可以将其在有限合伙企业中的财产份额出质；但是，合伙协议另有约定的除外。所谓有限合伙人将在有限合伙企业中的财产份额出质，是指有限合伙人以其在合伙企业中的财产份额对外进行权利质押。有限合伙人在有限合伙企业中的财产份额，是有限合伙人的财产权益，在有限合伙企业存续期间，有限合伙人可以对该财产权利进行一定的处分。有限合伙人将其在有限合伙企业中的财产份额进行出质，产生的后果仅仅是有限合伙企业的有限合伙人存在变更的可能，这对有限合伙企业的财产基础并无根本的影响。因此，有限合伙人可以按照《担保法》及其相关规定进行财产份额的出质。但是，有限合伙企业合伙协议可以对有限合伙人的财产份额出质做出约定，如有特殊约定，应按特殊约定进行。

（二）有限合伙人财产份额转让

《合伙企业法》规定，有限合伙人可以按照合伙协议的约定向合伙人以外的人转让其在有限合伙企业中的财产份额，但应当提前30日通知其他合伙人。这是因为，有限合伙人向合伙人以外的其他人其在有限合伙企业中的财产份额，并不影响有限合伙企业债权人的权益。但是，有限合伙人对外转让其在有限合伙企业中的财产份额应当依法进行，一是要按照合伙协议的约定进行转让；二是应当提前30日通知其他合伙人。有限合伙人对外转让其在有限合伙企业的财产份额时，有限合伙企业的其他合伙人有优先购买权。

五、有限合伙人债务清偿的特殊规定

《合伙企业法》规定，有限合伙人的自有财产不足清偿其与合伙企业无关的债务的，该合伙人可以其从有限合伙企业中分取的收益用于清偿；债权人也可以依法请求人民法院强制执行该合伙人在有限合伙企业中的财产份额用于清偿。人民法院强制执行有限合伙人的财产份额时，应当通知全体合伙人。在同等条件下，其他合伙人有优先购买权。因此，有限合伙人清偿其债务时，首先应当以自有财产进行清偿，只有自有财产不足清偿时，有限合伙人才可以使用其在有限合伙企业中分取的收益进行清偿，也只有在有限合伙人的自有财产不足清偿其与合伙企业无关的债务的，人民法院才可以应债权人请求强制执行该合伙人在有限合伙企业中的财产份额用于清偿。人民法院强制执行有限合伙人的财产份额时，应当通知全体合伙人，且在同等条件下，其他合伙人有优先购买权。

六、有限合伙企业入伙与退伙的特殊规定

（一）入伙

《合伙企业法》规定，新入伙的有限合伙人对入伙前有限合伙企业的债务，以其认缴的出资额为限承担责任。这里需要注意，在普通合伙企业中，新入伙的合伙人对入伙前合伙企业的债务承担连带责任，而在有限合伙企业中，新入伙的有限合伙人对入伙前有限合伙企业的债务，以其认缴的出资额为限承担责任。

（二）退伙

1. 有限合伙人当然退伙。《合伙企业法》规定，有限合伙人出现下列情形时当然退伙：①作为合伙人的自然人死亡或者被依法宣告死亡；②作为合伙人的法人或者其他组织依法被吊销营业执照、责令关闭、撤销，或者被宣告破产；③法律规定或者合伙协议约定合伙人必须具有相关资格而丧失该资格；④合伙人在合伙企业中的全部财产份额被人民法院强制执行。

2. 有限合伙人丧失民事行为能力的处理。《合伙企业法》规定，作为有限合伙人的自然人在有限合伙企业存续期间丧失民事行为能力的，其他合伙人不得因此要求其退伙。这是因为，有限合伙人对有限合伙企业只进行投资，而不负责事务执行。作为有限合伙人的自然人在有限合伙企业存续期间丧失民事行为能力，并不影响有限合伙企业的正常生产经营活动，其他合伙人不能要求该丧失民事行为能力的合伙人退伙。

3. 有限合伙人继承人的权利。《合伙企业法》规定，作为有限合伙人的自然人死亡、被依法宣告死亡或者作为有限合伙人的法人及其他组织终止时，其继承人或者权利承受人可以依法取得该有限合伙人在有限合伙企业中的资格。

4. 有限合伙人退伙后的责任承担。《合伙企业法》规定，有限合伙人退伙后，对基于其退伙前的原因发生的有限合伙企业债务，以其退伙时从有限合伙企业中取回的财产承担责任。

七、有限合伙企业合伙人性质转变的特殊规定

《合伙企业法》规定，除合伙协议另有约定外，普通合伙人转变为有限合伙人，或者有限合伙人转变为普通合伙人，应当经全体合伙人一致同意。有限合伙人转变为普通合伙人的，对其作为有限合伙人期间有限合伙企业发生的债务承担无限连带责任。普通合伙人转变为有限合伙人的，对其作为普通合伙人期间合伙企业发生的债务承担无限连带责任。

有限合伙企业名称中应当标明"有限合伙"字样，而不能仅仅表明"有限"字样。有限合伙人可以用货币、实物、知识产权、土地使用权或者其他财产权利作价出资，但不得以劳务出资。有限合伙企业登记事项中应当载明有限合伙人的姓名或者名称及认缴的出资数额。

第四节 合伙企业的解散和清算

一、合伙企业的解散

合伙企业解散，是指各合伙人解除合伙协议，合伙企业终止活动。

根据《合伙企业法》的规定，合伙企业有下列情形之一的，应当解散：①合伙期限届满，合伙人决定不再经营；②合伙协议约定的解散事由出现；③全体合伙人决定解散；④合伙人已不具备法定人数满 30 日；⑤合伙协议约定的合伙目的已经实现或者无法实现；⑥依法被吊销营业执照、责令关闭或者被撤销；⑦法律、行政法规规定的其他原因。

二、合伙企业的清算

合伙企业解散的，应当进行清算。《合伙企业法》对合伙企业清算做了以下几方面的规定：

（一）确定清算人

合伙企业解散，应当由清算人进行清算。清算人由全体合伙人担任；经全体合伙人过半数同意，可以自合伙企业解散事由出现后 15 日内指定一个或者数个合伙人，或者委托第三人，担任清算人。自合伙企业解散事由出现之日起 15 日内未确定清算人的，合伙人或者其他利害关系人可以申请人民法院指定清算人。

（二）清算人职责

清算人在清算期间执行下列事务：①清理合伙企业财产，分别编制资产负债表和财产清单；②处理与清算有关的合伙企业未了结事务；③清缴所欠税款；④清理债权、债务；⑤处理合伙企业清偿债务后的剩余财产；⑥代表合伙企业参加诉讼或者仲裁活动。

（三）通知和公告债权人

清算人自被确定之日起 10 日内将合伙企业解散事项通知债权人，并于 60 日内在报纸上公告。债权人应当自接到通知书之日起 30 日内，未接到通知书的自公告之日起 45 日内，向清算人申报债权。债权人申报债权，应当说明债权的有关事项，并提供证明材料。清算人应当对债权进行登记。清算期间，合伙企业存续，但不得开展与清算无关的经营活动。

（四）财产清偿顺序

合伙企业财产在支付清算费用和职工工资、社会保险费用、法定补偿金以及缴纳所欠税款、清偿债务后的剩余财产，依照《合伙企业法》关于利润分配和亏损分担的规定进行分配。

合伙企业财产清偿问题主要包括以下三方面的内容：

1. 合伙企业的财产首先用于支付合伙企业的清算费用。清算费用包括：①管理合伙企业财产的费用，如仓储费、保管费、保险费等。②处分合伙企业财产的费用，如聘任工作人员的费用等。③清算过程中的其他费用，如通告债权人的费用、调查债权的费用、咨询费用、诉讼费用等。

2. 合伙企业的财产支付合伙企业的清算费用后的清偿顺序如下：合伙企业职工工资、社会保险费用和法定补偿金；缴纳所欠税款；清偿债务。其中法定补偿金主要是指法律、行政法规和规章所规定的应当支付给职工的补偿金，如《中华人民共和国劳动法》规定的解除劳动合同的补偿金。

3. 分配财产。合伙企业财产依法清偿后仍有剩余时，对剩余财产依照《合伙企业法》的规定进行分配，即按照合伙协议的约定办理；合伙协议未约定或者约定不明确的，由合伙人协商决定；协商不成的，由合伙人按照实缴出资比例分配；无法确定出资比例的，由合伙人平均分配。

（五）注销登记

清算结束，清算人应当编制清算报告，经全体合伙人签名、盖章后，在15日内向企业登记机关报送清算报告，申请办理合伙企业注销登记。

合伙企业注销后，原普通合伙人对合伙企业存续期间的债务仍应承担无限连带责任。

（六）合伙企业不能清偿到期债务的处理

合伙企业不能清偿到期债务的，债权人可以依法向人民法院提出破产清算申请，也可以要求普通合伙人清偿。合伙企业依法被宣告破产的，普通合伙人对合伙企业债务仍应承担无限连带责任。

职业能力训练

一、单选题

1. 根据合伙企业法律制度的规定，下列关于合伙企业名称和生产经营场所的表述中，正确的是（　　）。

A.《合伙企业法》对普通合伙企业名称没有要求

B. 特殊的普通合伙企业应当在其名称中标明"特殊合伙"字样

C. 经企业登记机关登记的合伙企业主要经营场所可以有两个

D. 合伙企业主要经营场所应当在其企业登记机关登记管辖区域内

2. 王某设立甲个人独资企业（以下简称"甲企业"），委托李某管理企业事务，授权其可决定50万元以下的交易。后李某以甲企业的名义向乙企业购买60万元的商品，乙企业不知王某对李某的授权限制，甲、乙企业因付款问题发生争议。关于甲、乙企业商品买卖合同付款责任的下列表述中，正确的是（　　）。

A. 应由李某承担付款责任

B. 甲企业应承担向乙企业付款 50 万元责任，余款由乙企业向李某个人追讨

C. 甲企业不承担付款责任

D. 甲企业应承担全额付款责任

3. 下列中国公民中，依法可以投资设立个人独资企业的是（   ）。

    A. 某市中级人民法院法官李某　　　　B. 某商业银行支行部门经理张某

    C. 某大学在校本科生袁某　　　　　　D. 某县政府办公室主任金某

4. 根据个人独资企业法律制度的规定，下列关于个人独资企业投资人的表述中，正确的是（   ）。

A. 投资人只能以个人财产出资

B. 投资人可以是自然人、法人或其他组织

C. 投资人对企业债务承担无限责任

D. 投资人不得以土地使用权出资

5. 根据个人独资企业法律制度的规定，下列关于个人独资企业的表述中，正确的是（   ）。

A. 警察小王可以设立个人独资企业

B. 甲公司只能成立一个个人独资企业

C. 乙个人独资企业的投资人小李对该企业的债务承担无限责任

D. 丙个人独资企业的全部财产不足以清偿到期债务时，应当首先以投资人小赵的个人财产清偿，个人财产仍不足时，以小赵的家庭共有财产清偿

6. 王某投资设立甲个人独资企业（以下简称"甲企业"），委托宋某管理企业事务。授权委托书中明确宋某可以决定 20 万元以下的交易。宋某未经王某同意，以甲企业的名义向乙企业购买 30 万元原材料，乙企业不知甲企业对宋某权利的限制。下列关于合同效力及甲企业权利义务的表述中，符合个人独资企业法律制度规定的是（   ）。

A. 合同有效，甲企业有义务支付 30 万元货款

B. 合同效力待定，甲企业追认后方有义务支付 30 万元货款

C. 合同无效，甲企业有权拒绝支付 30 万元货款

D. 合同部分无效，甲企业向乙企业出示授权委托书后，有义务支付 20 万元货款

7. 2023 年 5 月，赵某投资设立个人独资企业，并将企业事务委托给孙某管理。关于该企业事务管理的下列表述中，正确的是（   ）。

A. 未经赵某同意，孙某不得从事与该企业相竞争的业务

B. 赵某和孙某可以协商确定是否采用书面合同形式建立委托管理关系

C. 孙某与该企业订立合同，若有利于该企业，则不需要事先取得赵某同意

D. 孙某超出赵某的授权范围而与善意第三人签订的合同无效

8. 甲、乙、丙、丁合伙成立 A 有限合伙企业,甲、乙为普通合伙人,丙、丁为有限合伙人,甲私下将合伙份额质押给张某,丙私下将合伙份额质押给王某。合伙协议对有限合伙人的出质并无约定。根据合伙企业法律制度的规定,下列说法正确的是(   )。

   A. 甲将合伙份额质押的行为成立

   B. 甲经全体合伙人一致同意后质押成立

   C. 丙将合伙份额质押的行为无效

   D. 丙出质行为须经过全体合伙人的三分之二同意

9. 甲普通合伙企业委托合伙人乙代为执行合伙事务,约定乙代表合伙企业最高只能处理 10 万元以内的事务。乙以 20 万元将合伙企业的设备卖给对乙的权限不知情的丙并已交付,乙与供应商丁(丁对乙的权限知情)签订 30 万元货物的合同。下列说法中正确的是(   )。

   A. 甲普通合伙企业可以拒绝向丁履行合同义务

   B. 甲普通合伙企业可以对抗善意第三人丙

   C. 乙对于卖给丙设备给甲普通合伙企业造成的损失不承担责任

   D. 丙可以要求乙承担责任

10. 甲、乙、丙合伙设立 A 普通合伙企业,约定甲、乙、丙对合伙企业的债务按照 1∶1∶1 来进行分担。因为甲的过失,合伙企业对丁负债 100 万元,但合伙企业财产只有 50 万元。下列说法正确的是(   )。

    A. 丁可以先向甲要求承担损失,再去向合伙企业要求补充赔偿

    B. 对于合伙企业不足清偿的部分,丁只要求乙承担责任

    C. 丙向丁承担完赔偿责任后,可以向甲追偿

    D. 乙可以合伙企业的约定拒绝向丁清偿 50 万元

11. 甲、乙、丙合伙设立丁普通合伙企业,约定所有合伙人共同执行合伙企业事务。甲执行 A 事务,乙、丙执行 B 事务。下列说法不正确的是(   )。

    A. 乙可以对丙执行的合伙企业事务提出异议

    B. 甲不按照合伙协议执行事务,乙、丙可以决定撤销该委托

    C. 甲可以对乙、丙行使监督权

    D. 丙可以查阅合伙企业的账簿

12. 甲、乙、丙合伙设立丁普通合伙企业,约定甲执行合伙企业事务。下列说法正确的是(   )。

    A. 合伙企业没有约定的情形下,甲可以随意与合伙企业进行交易

    B. 在合伙企业约定下,甲可以自营与合伙企业相竞争的业务

    C. 甲需要向乙、丙报告企业经营状况

    D. 乙不执行合伙企业事务,可以随意质押其在合伙企业中的财产份额

13. 甲、乙、丙合伙设立丁有限合伙企业，甲为有限合伙人，乙、丙为普通合伙人。下列说法正确的是（　　）。

    A. 甲转换为普通合伙人，合伙企业应当解散

    B. 乙转换为有限合伙人后，对其为普通合伙人期间的合伙企业债务承担有限责任

    C. 丙转换为有限合伙人后，对其为普通合伙人期间的合伙企业债务承担无限连带责任

    D. 甲转换为普通合伙人后，对其为有限合伙人期间的合伙企业债务承担有限责任

14. 甲、乙、丙合伙设立丁普通合伙企业，下列说法不正确的是（　　）。

    A. 甲转换为有限合伙人，对其转换后的债务承担有限责任

    B. 甲转换为有限合伙人后，丁普通合伙企业应转为有限合伙企业

    C. 甲转换为有限合伙人只须乙同意

    D. 甲转换为有限合伙人应当经全体合伙人一致同意

15. 冯晨、楚微、韩阳合伙成立一家有限合伙企业，主营水果零售业务。冯晨和楚微为有限合伙人，韩阳为普通合伙人，合伙协议无特殊约定。各合伙人的下列行为中，符合合伙企业法律制度规定的是（　　）。

    A. 冯晨代表合伙企业与甲公司签订水果买卖合同

    B. 韩阳与好友蒋申共同成立乙公司，经营水果零售业务

    C. 楚微自行决定将合伙企业的一处仓库卖给丙公司

    D. 楚微参与决定普通合伙人严华的入伙

16. 根据合伙企业法律制度的规定，下列情形中，经全体合伙人一致同意可以决定除名的是（　　）。

    A. 普通合伙人丧失偿债能力

    B. 合伙人非因故意给合伙企业造成重大损失

    C. 合伙人执行合伙事务时有不正当行为

    D. 合伙人在合伙企业中的全部财产被人民法院强制执行

17. 根据合伙企业法律制度的规定，有限合伙人出现一定情形时当然退伙。下列各项中，不属于当然退伙情形的是（　　）。

    A. 作为有限合伙人的自然人死亡或者被依法宣告死亡

    B. 法律规定或者合伙协议约定有限合伙人必须具有相关资格而丧失该资格

    C. 作为有限合伙人的自然人在有限合伙企业存续期间丧失民事行为能力

    D. 有限合伙人在合伙企业中的全部财产份额被人民法院强制执行

18. 有限合伙人王某从丙有限合伙企业退伙。下列关于王某退伙后责任承担的表述中，正确的是（　　）。

    A. 王某退伙后，对基于其退伙前的原因发生的合伙企业债务承担责任，以其加入合

伙企业时投入的财产为限

B. 王某退伙后,对基于其退伙前的原因发生的合伙企业债务承担责任,以其退伙时从合伙企业中取回的财产为限

C. 王某退伙后,仍须对合伙企业全部债务承担责任

D. 王某退伙后,不再对合伙企业债务承担责任

19. 2022 年 9 月,甲以一辆卡车作价 6 万元与乙、丙成立了有限合伙企业,甲为有限合伙人,合伙协议中未约定合伙继承、损益分担和财产份额退还办法。2023 年 10 月甲死亡,其 14 岁的儿子丁成为其唯一继承人。甲死亡时,合伙企业债务为 3 万元。根据合伙企业法律制度规定,下列各项中,说法正确的是(   )。

A. 甲自死亡时当然退伙,丁因继承成为有限合伙人

B. 甲自死亡时当然退伙,必须经乙、丙一致同意,丁才可以成为有限合伙人

C. 甲自死亡时当然退伙,丁因继承关系当然成为合伙人,但丁只能成为普通合伙人

D. 甲自死亡时当然退伙,经乙、丙同意,丁只能成为普通合伙人

20. 周某、王某,李某共同投资设立了一家普通合伙企业,经营 1 年后,周某欲把其在普通合伙企业中的份额转让给普通合伙企业以外的第三人,合伙协议没有相关的约定,则以下判断正确的是(   )。

A. 周某的转让无须经过其他合伙人的一致同意

B. 如王某不同意周某将其份额转让,则王某可以在同等条件下优先购买该份额

C. 如周某经王某、李某同意,将其份额转让给了第三人,则周某对合伙企业的债务就免除了责任

D. 第三人购得该份额后,其对合伙企业以前的债务不必负责

二、多选题

1. 根据《个人独资企业法》的规定,下列各项中,可以用作个人独资企业名称的有(   )。

A. 云滇针织品有限公司   B. 昆海化妆品经销公司

C. 樱园服装设计中心   D. 霞光婚纱摄影工作室

2. 根据个人独资企业法律制度的规定,下列关于个人独资企业法律特征的表述中,正确的有(   )。

A. 个人独资企业虽然不具有法人资格,但具有独立承担民事责任的能力

B. 个人独资企业是由一个自然人投资的企业,并且该自然人只能是中国公民

C. 个人独资企业的投资人对企业的债务承担无限责任

D. 个人独资企业是独立的民事主体,可以自己的名义从事民事活动

3. 根据个人独资企业法律制度的规定,下列关于个人独资企业法律特征的表述中,正确的有(   )。

A. 个人独资企业可以自己的名义从事民事活动

B. 个人独资企业是非法人企业

C. 个人独资企业投资人以出资额为限对企业债务承担责任

D. 个人独资企业可以由一个外国公民投资设立

4. 某个人独资企业决定解散，并进行清算。该企业财产状况如下：企业尚有可用于清偿的财产10万元，欠缴税款3万元，欠职工工资1万元，欠社会保险费用0.5万元，欠甲公司到期债务5万元，欠乙未到期债务2万元。根据《个人独资企业法》的规定，该个人独资企业在清偿所欠税款前，应先行清偿的款项有（　　）。

A. 所欠职工工资1万元　　　　　　　B. 所欠社会保险费用0.5万元

C. 所欠甲公司到期债务5万元　　　　D. 所欠乙未到期货款2万元

5. 张某、王某、李某、赵某合伙成立甲有限合伙企业，张某、王某、李某为普通合伙人，赵某为有限合伙人，合伙协议对合伙人转让财产份额没有约定。根据合伙企业法律制度的规定，下列选项中，不正确的有（　　）。

A. 赵某向王某转让全部合伙财产份额，合伙企业不需要变换企业类型

B. 王某向贾某转让财产份额，不需经其他合伙人同意

C. 赵某向李某转让部分合伙财产份额需要提前通知其他合伙人

D. 李某不得向赵某转让其财产份额

6. 冯晨、楚微、韩阳合伙成立一家有限合伙企业，主营水果零售业务。冯晨和楚微为普通合伙人，韩阳为有限合伙人，合伙协议无特殊约定。根据合伙企业法律制度的规定，韩阳的下列行为中，不视为执行合伙事务的有（　　）。

A. 对企业的经营管理提出建议

B. 获取经审计的财务会计报告

C. 依法为本企业提供担保

D. 对涉及自身利益的情况，有权查阅本企业财务资料

7. 下列各项内容中，符合有限合伙人退伙规定的有（　　）。

A. 作为有限合伙人的自然人在合伙期间丧失民事行为能力的，属于当然退伙

B. 若有限合伙人自然死亡，其继承人可以依法取得该有限合伙人在有限合伙企业中的资格

C. 有限合伙人退伙后，对其退伙前合伙企业发生的债务，以其退伙时取回的财产承担责任

D. 作为有限合伙人的法人依法被吊销营业执照的，当然退伙

8. 某律师事务所是特殊的普通合伙企业形式，有甲、乙、丙、丁四个合伙人。下列正确的有（　　）。

A. 该事务所的名称中应当标明"特殊普通合伙"字样

B. 任何普通合伙企业都可以采取特殊的普通合伙企业形式

C. 事务所的花盆被大风吹落，砸到行人熊某，损害赔偿金 50 万元，如果事务所无法清偿，由全体合伙人承担无限连带责任

D. 乙律师和丙律师在执业活动中，故意泄露当事人的商业秘密，造成当事人经济损失 100 万元，如果事务所无法清偿，只应由乙丙两律师承担无限连带责任，其他合伙人以其在合伙企业中的财产份额为限承担责任

9.《合伙企业法》规定，除合伙协议另有约定外，经全体合伙人一致同意，可以聘任合伙人以外的人担任合伙企业的经营管理人员。对这条规定的理解正确的有（　　）。

A. 合伙企业可以从合伙人之外聘任经营管理人员

B. 聘任非合伙人的经营管理人员，除合伙协议另有约定外，应当经全体合伙人一致同意

C. 被聘任的经营管理人员，仅是合伙企业的经营管理人员，不是合伙企业的合伙人，因而不具有合伙人的资格

D. 被聘任的经营管理人员具有合伙人的资格

10. 下列关于个人独资企业事务管理的说法中，正确的有（　　）。

A. 个人独资企业投资人可以委托或者聘用其他具有民事行为能力的人负责企业的事务管理

B. 委托他人管理个人独资企业事务，应当签订书面合同

C. 投资人对受托人或者被聘用的人员职权的限制，不得对抗善意第三人

D. 个人独资企业的受托人超出投资人的限制与善意第三人的有关业务交往效力待定

11. 根据合伙企业的有关规定，下列有关合伙企业的解散和清算说法正确的有（　　）。

A. 合伙企业解散，清算人一般由全体合伙人担任

B. 清算人自被确定之日起 10 日内将合伙企业解散事项通知债权人，并于 60 日内在报纸上公告

C. 合伙人已不具备法定人数满 30 天的，合伙企业应当解散

D. 自合伙企业解散事由出现之日起 15 日内未确定清算人的，合伙人或者其他利害关系人可以申请人民法院指定清算人

12. 刘某、关某、张某各出资 10 万元设立 A 普通合伙企业，约定平均分担亏损。1 年后，合伙企业亏损，以合伙企业的全部财产清偿债务后，仍欠胡某 6 万元，下列关于合伙人清偿合伙企业债务的表述，正确的有（　　）。

A. 如果刘某清偿全部 6 万元债务，可以向关某追偿 2 万元，向张某追偿 2 万元

B. 如果刘某、张某各清偿 3 万元债务，刘某张某均可以向未清偿的关某追偿 1 万元

C. 如果刘某清偿 4 万元，关某清偿 2 万元，刘某可以向未清偿的张某追偿 2 万元

D. 如果刘某只清偿 2 万，不可以再向关某张某追偿

13. 下列关于合伙人清偿与合伙企业无关的债务的表述中，正确的有（　　）。

A. 合伙人可以用自有财产清偿

B. 合伙人的债权人不得以其债权抵销其对合伙企业的债务

C. 合伙人的自有财产不足以清偿债务的，可以其从合伙企业分取的收益用于清偿

D. 债权人可以请求人民法院强制执行债务人在合伙企业中的财产份额

14. 小王是 A 普通合伙企业中的唯一的执行合伙事务的合伙人，小王的下列行为中符合法律规定的有（　　）。

A. 每月向不执行合伙事务的合伙人报告企业的经营状况和财务状况

B. 自营一间咖啡馆，该咖啡馆与合伙企业不存在竞争关系

C. 向合伙企业销售原料一批，该交易已经过全体合伙人同意

D. 正常经营过程中销售合伙企业产品一批，未经过全体合伙人同意

15. 甲、乙、丙、丁、戊、己和庚共同出资设立有限合伙企业，甲为有限合伙人，乙、丙、丁、戊、己和庚为普通合伙人，甲和乙因为一场事故，均依法被认定为限制民事行为能力人，下列说法正确的有（　　）。

A. 应当直接为甲和乙办理退伙结算

B. 甲可以继续作为合伙企业的有限合伙人；其他合伙人一致同意，乙可以转为有限合伙人

C. 甲可以继续作为合伙企业的有限合伙人；其他合伙人未能一致同意乙转为有限合伙人，应当为乙办理退伙结算

D. 应当直接为甲办理退伙结算；其他合伙人一致同意，乙可以转为有限合伙人

16. 某普通合伙企业发生的下列情形中，属于可以经其他合伙人一致决议而被除名的情形有（　　）。

A. 甲合伙人在执行合伙事务中有贪污合伙企业财产的行为

B. 乙合伙人尚有部分出资尚未缴付

C. 丙合伙人个人丧失偿债能力

D. 丁合伙人在执行合伙事务的同时参加了另一同类营业的合伙组织

17. 根据《合伙企业法》的规定，有限合伙人的下列行为，不视为执行合伙事务的有（　　）。

A. 参与决定普通合伙人入伙事宜

B. 参与选择承办有限合伙企业审计业务的会计师事务所

C. 就有限合伙企业中的特定事项对外代表本合伙企业

D. 对合伙企业经营管理提出建议

18. 甲、乙、丙、丁共同出资设立 ABC 有限合伙企业，其中甲为有限合伙人，乙、

丙、丁为普通合伙人，现甲欲将其在 ABC 有限合伙企业中的财产份额出质，下列说法正确的有（ ）。

    A. 如果合伙协议未作约定，甲可以直接出质

    B. 甲必须经过全体合伙人一致同意方可出质

    C. 如果合伙协议约定，经过全体合伙人 2/3 以上同意，有限合伙人可以其在合伙企业中的财产份额出质，那么经过乙、丙同意，甲就可以出质

    D. 如果合伙协议约定有限合伙人不得以其在有限合伙企业中的财产份额出质，那么甲不可以出质

19. 根据合伙企业法律制度的规定，下列属于合伙企业的财产首先用于支付合伙企业的清算费用有（ ）。

    A. 聘任工作人员的费用   B. 通告债权人的费用

    C. 诉讼费   D. 仓储费、保管费、保险费

20. 根据合伙企业法律制度的规定，下列选项中可以成为有限合伙人的出资形式的有（ ）。

    A. 知识产权   B. 土地使用权

    C. 劳务   D. 货币

三、判断题

1. 个人独资企业财产不足以清偿债务的，投资人应当以其个人的其他财产予以清偿。（ ）

2. 有限合伙人丧失偿债能力的，当然退伙。（ ）

3. 甲、乙、丙、丁成立一普通合伙企业，合伙人书面签订合伙协议，合伙协议中约定了：合伙人的姓名、住所，合伙目的和合伙经营范围，合伙事务的执行，争议解决的办法等，但是没有约定经营期限，那么该合伙协议的约定不符合规定。（ ）

4. 个人独资企业解散后，其债权人在 2 年内未向原投资人提出偿债请求的，原投资人的偿还责任消失。（ ）

5. 个人独资企业的投资人在申请企业设立登记时，未明确以其家庭共有财产作为个人出资的，在个人独资企业财产不足以清偿债务时，可不以其家庭共有财产对企业债务承担无限责任。（ ）

6. 合伙企业的利润分配，按照合伙协议的约定办理；合伙协议没有约定的，由合伙人协商决定；协商不成的，按照合伙人实缴的出资比例分配；无法确定出资比例的，由合伙人平均分配。（ ）

7. 有限合伙人可以按照合伙协议的约定向合伙人以外的人转让其在有限合伙企业中的财产份额，但应当提前 30 日通知其他合伙人。（ ）

8. 甲、乙等 6 人设立了一个普通合伙企业，并委托甲和乙执行合伙企业事务，甲对乙

执行的事务提出异议，其他合伙人对如何解决此问题也产生了争议，由于合伙协议未约定争议解决的表决办法，合伙人实行了一人一票的表决办法，后经全体合伙人表决过半数通过了同意甲意见的决定。上述解决争议的做法不符合法律规定。（   ）

9. 甲是某普通合伙企业的合伙人，该合伙企业需要购买一批生产用原材料，甲正好有同样一批原材料想要出售。由于该合伙企业的合伙协议没有对与本企业交易的事项做出约定，甲在其他合伙人一致同意的情况下，可以进行该笔交易。（   ）

10. 普通合伙企业入伙的合伙人，可以通过入伙协议约定比原合伙人享有较大的权利，承担较少的责任。（   ）

11. 有限合伙企业仅剩有限合伙人的，应当解散；有限合伙企业仅剩普通合伙人的，应当转为普通合伙企业。（   ）

12. 违反合伙企业法的规定，应当承担民事赔偿责任和缴纳罚款、罚金，其财产不足以同时支付的，先承担罚款、罚金。（   ）

13. 有限合伙企业，合伙协议可以约定将全部利润分配给部分合伙人。（   ）

14. 合伙协议未约定合伙期限的，在合伙企业存续期间，经全体合伙人一致同意，合伙人可以退伙，此为协议退伙情形之一。（   ）

15. 普通合伙企业的合伙人在合伙协议中未对该合伙企业的利润分配、亏损分担进行约定的，应由合伙人平均分配、分担。（   ）

16. 合伙人的债权人不得以其债权抵销其对合伙企业无关的债务。（   ）

17. 特殊的普通合伙企业的合伙人在执业活动中因故意或者重大过失造成的合伙企业债务，其他合伙人以其在合伙企业中的财产份额为限承担责任。（   ）

18. 有限合伙人转变为普通合伙人的，对其作为有限合伙人期间有限合伙企业发生的债务，以其认缴的出资额为限承担责任。（   ）

19. 国有独资公司、国有企业、上市公司以及公益性的事业单位、社会团体不得成为普通合伙人。（   ）

20. 在合伙企业法的规定中，人民法院强制执行有限合伙人的财产份额时，应当通知全体合伙人，且在同等条件下，其他合伙人有优先购买权。（   ）

四、不定项选择题

1. 根据合伙企业法律制度的规定，下列关于合伙企业的表述中，正确的有（   ）。

A. 普通合伙人对合伙企业债务承担无限连带责任，有限合伙人以其认缴的出资额为限对合伙企业债务承担责任

B. 普通合伙人可以以劳务出资

C. 合伙企业营业执照的签发日期，为合伙企业的成立日期

D. 合伙人在合伙企业清算前私自转移或者处分合伙企业财产的，合伙企业不得以此对抗善意第三人

2. 根据合伙企业法律制度的规定，下列各项中，属于普通合伙人当然退伙情形的有（   ）。

A. 合伙人丧失偿债能力

B. 合伙人被宣告破产

C. 合伙人在合伙企业中的全部财产份额被人民法院强制执行

D. 合伙协议约定合伙人必须具有相关资格而丧失该资格

3. 二凤和翠花成立一普通合伙企业，根据合伙企业法律制度的规定，下列各项中，不属于合伙企业财产的是（   ）。

A. 合伙人的出资

B. 合伙企业取得的专利权

C. 合伙企业接受的捐赠

D. 抵押给合伙企业的设备

五、案例分析题

【案例1】甲、乙、丙拟设A有限合伙企业（以下简称"A企业"）。企业协议约定：甲为普通合伙人，以实物作价出资3万元；乙、丙为有限合伙人，各以5万元现金出资，丙自企业成立之日起2年内缴纳出资；甲执行A企业事务，并由A企业每月支付报酬3 000元；A企业定期接受审计，由甲和乙共同选定承办审计业务的会计师事务所；A企业的盈利在丙未缴纳5万元出资前全部分配给甲和乙。

要求：

根据上述内容，分别回答下列问题：

（1）合伙协议可否约定每月支付甲3 000元的报酬？简要说明理由。

（2）合伙协议有关乙参与选择承办审计的会计师事务所的约定可否被视为乙在执行合伙企业事务？简要说明理由。

（3）合伙协议可否约定A企业的利润全部分配给甲和乙？简要说明理由。

【案例2】2021年10月，甲、乙、丙、丁四人出资设立A有限合伙企业（以下简称"A企业"），合伙协议约定：甲、乙为普通合伙人，丙、丁为有限合伙人；甲以劳务出资；乙出资5万元；丙、丁各出资50万元。合伙协议对其他事项未做约定。

2023年1月8日，A企业与B公司签订买卖合同，双方约定货款80万元，收到货物后7日内付款。2月26日A企业如约收到货物，但因资金周转困难一直未付款。

4月，乙因发生车祸瘫痪，退出A企业，并办理了退伙结算。

7月，丙未征求其他合伙人的意见，以其在A企业中的财产份额出质，向C银行借款15万元。

8月，经全体合伙人同意，丁由有限合伙人转为普通合伙人。

9月，B公司向A企业催要上述到期货款，因A企业无力偿还，B公司遂要求乙承担全部责任，乙以自己已经退伙为由拒绝；B公司又要求丁承担全部责任，丁以债务发生时自己为有限合伙人为由拒绝。

要求：

根据上述内容，分别回答下列问题：

（1）丙未经其他合伙人同意将其在 A 企业中的财产份额出质是否合法？简要说明理由。

（2）乙拒绝向 B 公司承担责任的理由是否合法？简要说明理由。

（3）丁拒绝向 B 公司承担责任的理由是否合法？简要说明理由。

【案例3】2021 年 5 月，张某、王某、李某共同出资设立了甲普通合伙企业（以下简称"甲企业"），合伙协议约定由张某执行合伙企业事务，且约定超过 10 万元的支出张某无权自行决定。合伙协议就执行合伙事务的其他事项未做特别约定。

2022 年 3 月，张某的朋友刘某拟从银行借款 8 万元，请求张某为其提供担保。张某自行决定以甲企业的名义为刘某提供了担保。

2023 年 4 月，张某以甲企业的名义与赵某签订一份买卖合同，价款为 15 万元。合同签订后，甲企业认为该合同是张某超越权限订立的，合同无效。赵某向法院起诉。经查，赵某知悉张某超越合伙协议对其权限的限制仍签订了该合同。王某、李某认为张某签订买卖合同的行为不妥，决定撤销张某对外签订合同的资格。

要求：

根据上述内容，分别回答下列问题：

（1）张某是否有权自行决定以合伙企业的名义为刘某提供担保？简要说明理由。

（2）甲企业主张买卖合同无效是否成立？简要说明理由。

（3）王某、李某是否有权撤销张某对外签订合同的资格？简要说明理由。

【案例4】赵某、钱某、孙某、李某共同出资设立甲普通合伙企业（以下简称"甲企业"）。合伙协议约定：

（1）赵某、孙某、李某以货币各出资 10 万元，钱某以房屋作价出资 10 万元。

（2）合伙人向合伙人以外的人转让其在甲企业中的全部或者部分财产份额时，须经半数以上合伙人同意。

（3）合伙人以其在甲企业中的财产份额出质的，须经 2/3 以上的合伙人同意。

甲企业成立后，接受郑某委托加工承揽一批产品，郑某未向甲企业支付 5 万元加工费。由于钱某在购买出资房屋时曾向郑某借款 3 万元且一直未偿还，甲企业向郑某请求支付 5 万元加工费时，郑某认为钱某尚欠其借款 3 万元，故主张抵销 3 万元，只付甲企业 2 万元。

要求：

根据上述内容，分别回答下列问题：

（1）合伙协议（2）中的约定是否合法？简要说明理由。

（2）合伙协议（3）中的约定是否合法？简要说明理由。

（3）郑某主张抵销的理由是否成立？简要说明理由。

第七章

金融法律制度

职业能力及主要概念

1. 专业能力

理解证券、证券市场、证券法、保险、保险法、票据、票据法概念和特征

了解证券、保险、票据的分类、证券和保险机构体系

掌握证券发行条件和交易原则，上市公司收购方式，信息披露制度，保险合同的要素及特征，保险合同的订立、履行、变更及解除，汇票、本票、支票等票据的特征，票据权利、票据行为及处理程序

2. 职业核心能力

树立法治意识，自觉守法，自觉维护法的权威

能运用证券法、保险法和票据法正确分析现实经济生活中各种法律关系，保护自身和家庭的合法权益

学会依照法定程序处理和解决证券交易、保险理赔中的权利争议或经济纠纷

3. 主要概念

证券及证券市场　证券发行　注册制　证券上市公司　收购信息披露　保险及保险合同　保险代理　保险经纪　汇票　本票　支票　票据行为　票据权利　出票承兑背书

引导案例

2022年1月3日，王某买了一辆轿车，同时为自己的爱车买了车辆损失险和第三者责任险。然而不幸的是，王某的爱车在投保一个月后被偷窃。之后，王某收到交警部门的通知：他的轿车与他人的轿车发生重大交通事故，王某的轿车受损严重，肇事嫌疑人弃车逃逸；他人轿车被撞坏，司机受伤。因为这起交通事故系窃贼驾驶被盗车辆所致，所以交通

运输部门认定窃贼应当负全部责任。事故发生后,肇事嫌疑人一直在潜逃中,车祸另一方司机要求王某赔偿其经济损失。与此同时,王某认为自己的轿车受损,于是也向保险公司提出赔付轿车全损险和第三者责任险。保险公司受案后拒绝赔偿损失,理由是保险公司认为损失是由偷车贼造成的,并不是被保险人造成为的,不属于承保范围。

请分析王某要求保险公司承担车辆损失险和第三者责任险是否合理?

第一节 证券法律制度

课程思政

"北交所"成立的重要意义

习近平总书记在2021年中国国际服务贸易交易会全球服务贸易峰会上致辞中提出:"我们将继续支持中小企业创新发展,深化新三板改革,设立北京证券交易所,打造服务创新型中小企业主阵地。"

2021年9月3日北京证券交易所(简称"北交所")注册成立,是经国务院批准设立的中国第一家公司制证券交易所,受中国证监会监督管理。致力于打造服务创新型中小企业主阵地,为这些企业提供更广阔的融资平台,推动其快速发展。北京证券交易所的成立有利于加强资本市场对中小企业的金融支持力度,激发市场活力,有利于深入推进金融供给侧结构性改革,完善中国特色的多层次资本市场体系,提升中国资本市场的国际竞争力,吸引更多的国际投资者和优质企业参与中国资本市场,促进中国经济发展。

一、证券法律制度概述

(一)证券的概念与分类

1. 证券的概念

一般认为,证券有广义和狭义之分。广义的证券是指记载并且代表一定权利的所有凭证,主要包括三类:一是财物证券,如提货单、购物券等;二是货币证券,如支票、本票、汇票等;三是资本证券,如股票、债券等。狭义的证券仅指资本证券。《中华人民共和国证券法》规定的证券为股票、公司债券以及国务院依法认定的其他证券。

2. 证券的分类

根据不同的标准,证券可以分为不同的种类。目前我国证券市场上发行和流通的证券主要有以下几类:

（1）股票

股票是股份有限公司发行的，用以证明持有者即股东所持股份的凭证。我国证券市场上流通的股票有人民币普通股（A股）和境内上市外资股（B股）。另外，中国境内注册的公司还可以发行境外上市外资股，包括N股、S股等。

（2）债券

债券是政府、金融机构、企业等单位依照法定程序发行的并约定在一定期限还本付息的有价证券。债券是一种债权债务凭证，它具有较低风险性和较强流通性的特点。债券按发行主体不同，可分为企业、公司债券（含可转换公司债券）、金融债券和政府债券。

（3）证券投资基金份额

证券投资基金份额是基金投资人持有基金单位的权利凭证。

（4）认股权证

认股权证是股份有限公司给予持证人的无限期或在一定期限内，以确定价格购买一定数量普通股份的权利凭证。认股权证是持证人认购公司股票的一种长期选择权，本身不是权利证明书，其持有人不具备股东资格，认股权证的收益主要来自其依法转让的收益。

（5）期货

期货是一种跨越时间的交易方式。买卖双方通过签订标准化合约，同意按指定的时间、价格与其他交易条件，交收指定数量的现货。按照现货标的物的种类不同，期货可以分为商品期货与金融期货。

3. 证券法

广义的证券法是指一切与证券有关的法律规范的总称。狭义的证券法专指《证券法》，它是规范证券发行、交易及监管过程中产生的各种法律关系的基本法，是证券市场各类行为主体必须遵守的行为规范。

我国《证券法》的调整范围是指在中华人民共和国境内股票、公司债券和国务院依法认定的其他证券的发行和交易的行为。《证券法》未规定的，适用《公司法》和其他法律、行政法规的规定。政府债券、证券投资基金份额的上市交易适用《证券法》，其他法律、行政法规有特别规定的，适用其规定。证券衍生品种发行、交易的管理办法，由国务院依照《证券法》的原则规定。我国《证券法》主要对股票、公司债券的发行与交易做出了规定。

（二）证券市场

1. 证券市场的结构

证券市场是指证券发行与交易的场所。证券发行市场一般被称为一级市场，证券交易市场也就相应被称为二级市场。证券交易市场可以按照不同标准，再区分为不同的市场。

（1）交易所市场

目前我国的交易所市场，主要由三个交易所（上海证券交易所、深圳证券交易所和北京证券交易所)、三个板块（主板市场、中小企业板、创业板）构成，在交易模式上又区分为集中竞价的交易模式和大宗交易模式。

（2）全国中小企业股份转让系统

全国中小企业股份转让系统是经国务院批准，依据《证券法》设立的全国性证券交易所，2012年9月正式注册成立，是继上海证券交易所、深圳证券交易所之后第三家全国性证券交易场所，俗称"新三板"。在场所性质和法律定位上，全国中小企业股份转让系统与证券交易所是相同的，都是多层次资本市场体系的重要组成部分。全国中小企业股份转让系统主要是为创新型、创业型、成长型中小微企业发展服务。在准入条件上，不设财务门槛，申请挂牌的公司可以尚未盈利，只要是股权结构清晰、经营合法规范、公司治理健全、业务明确的股份公司均可以经主办券商推荐申请在全国中小企业股份转让系统挂牌。全国中小企业股份转让系统是中小微企业与产业资本的服务媒介，主要是为企业发展、资本投入与退出服务，不是以交易为主要目的。

（3）产权交易所

产权交易所是伴随着企业兼并活动在中国的增多而产生的。1988年5月，武汉市成立了我国第一家企业产权转让市场，并制定相应的交易规则此后经过多次清理整顿，我国目前有产权交易所100多家，分布在全国各地。

2. 证券市场的主体

证券市场的主体是指参与证券市场的各类法律主体，包括证券发行人、投资者、中介机构、交易场所以及自律性组织和监管机构等。

（1）证券发行人，是指证券市场上发行证券的单位，一般包括公司、企业、金融机构和政府部门等。

（2）投资者，是指证券的买卖者，也是证券融资方式的资金供给者。投资者分为机构投资者和个人投资者。机构投资者是指有资格进行证券投资的法人单位，一般包括公司、企业、金融机构、基金组织和政府机构等；个人投资者可以直接参与证券的买卖，也可以通过证券经纪人进行买卖。

（3）证券中介机构，是指为证券发行和交易提供服务的各种中介机构，一般包括证券登记结算机构、证券公司、财务顾问机构、资信评级机构、资产评估机构、会计师事务所、律师事务所等。

（4）证券交易场所，是指为证券发行和交易提供场所和设施的服务机构，如上海证券交易所、深圳证券交易所等。

（5）证券自律性组织，通常是指证券业行业协会，如证券业协会、交易所协会等。

（6）证券监管机构，是指代表政府对证券市场进行监督管理的机构，在我国为中国证券监督管理委员会及其派出机构，需要说明的是，《证券法》中所指的"国务院证券监督管理机构"即为中国证券监督管理委员会（以下简称"中国证监会"）。

（三）证券活动和证券监管原则

1. 公开、公平、公正原则

公开、公平、公正原则是证券法的基本原则。公开原则是指市场信息要公开，在内容上，凡是影响投资者决策的信息都应当公开，如公司章程、招股说明书、有关财务会计资料等。公开的形式包括向社会公告，将有关信息刊登在报纸或刊物上，将有关资料置备于有关场所，供公众随时查阅等。公开的信息必须及时、准确、真实、完整。公平原则是指所有市场参与者都具有平等的地位，其合法权益都应受到公平的保护，在证券发行和交易中应当机会均等、待遇相同。公正原则是指在证券发行和交易的有关事务处理上，要在坚持客观事实的基础上，做到一视同仁，对所有证券市场参与者都要给予公正的待遇。

2. 自愿、有偿、诚实信用原则

自愿是指当事人有权按照自己的意愿参与证券发行与证券交易活动，其他人不得干涉，也不得采取欺骗、威吓或胁迫等手段影响当事人决策。在市场交易活动中，任何一方都不得把自己的意志强加给对方。有偿是指在证券发行和交易活动中，一方当事人不得无偿占有他方当事人的财产和劳动。诚实是指要客观真实，不欺人、不骗人；信用是指遵守承诺，并及时、全面地履行承诺。

3. 守法原则

《证券法》规定，证券的发行、交易活动，必须遵守法律、行政法规；禁止欺诈、内幕交易和操纵证券市场的行为。遵守法律、法规是我们在一切社会活动中都必须遵守的原则。

4. 分业经营、分业管理原则

《证券法》规定，证券业和银行业、信托业、保险业实行分业经营、分业管理，证券公司与银行、信托、保险业务机构分别设立。国家另有规定的除外。

5. 保护投资者合法权益原则

证券市场的发展必须依靠社会公众的支持，投资者的热情和信心是证券市场稳健发展的重要保证。为了切实保护投资者的合法权益，《证券法》规定，国家设立证券投资者保护基金。证券投资者保护基金由证券公司缴纳的资金及其他依法筹集的资金组成，其筹集、管理和使用的具体办法由国务院规定。《证券法》中的具体规则，诸如发行，上市保荐、控股股东、实际控制人、高管人员诚信义务与责任、关联融资、担保的限制、证券投资者保护基金、信息披露、禁止证券欺诈行为等，均贯彻了保护投资者的合法权益原则。

6. 监督管理与自律管理相结合原则

《证券法》规定，国务院证券监督管理机构依法对全国证券市场实行集中统一监督管理。国务院证券监督管理机构根据需要可以设立派出机构，按照授权履行监督管理职责。在国家对证券发行、交易活动实行集中统一监督管理的前提下，依法设立证券业协会，实行自律性管理。国家审计机关依法对证券交易所、证券公司、证券登记结算机构、证券监督管理机构进行审计监督。

二、证券发行

证券发行和证券交易是证券市场的主要构成部分,两者相辅相成。证券发行是发行人、上市公司筹集资金的基本途径。依据发行的证券品种不同,证券发行可以分为股票发行、公司债券发行与投资基金份额发售。

证券发行有广义和狭义之分。广义的证券发行,是指符合发行条件的商业组织或政府机构(发行人),以筹集资金为目的,依照法律规定的程序向公众投资者出售代表一定权利的资本证券的行为。狭义的证券发行,是指发行人在所需资金募集后,做成证券并交付投资人受领的单方行为。通常所说的证券发行,是指广义的证券发行。

依据不同的标准,证券发行有以下几种分类:

(1)直接发行和间接发行。直接发行是指证券发行人不通过证券承销机构,而自行承担证券发行风险,办理证券发行事宜的发行方式。间接发行是指证券发行人委托证券承销机构发行证券,并由证券承销机构办理证券发行事宜,承担证券发行风险的发行方式。

(2)设立发行和增资发行。设立发行是为成立新的股份有限公司而发行股票;增资发行是为增加已有公司的资本总额或改变其股本结构而发行新股。增发新股,既可以公开发行,也可以采取配股或赠股的形式。

(3)公开发行和非公开发行。公开发行又称公募发行,是指发行人面向社会公众,即不特定的公众投资者进行的证券发行。公开发行必须严格遵循《证券法》有关信息披露的规定。非公开发行又称私募发行,是指向少数特定的投资者进行的证券发行。

(4)平价发行、溢价发行和折价发行。平价发行,又称面值发行或等价发行,是指证券发行时的发行价格与票面金额相同的发行方式。溢价发行,是指证券发行时的发行价格超过票面金额的发行方式。折价发行,又称贴现发行,是指证券发行时的发行价格低于票面金额的发行方式。我国允许股票平价发行、溢价发行,但禁止折价发行,以保障公司资本的充足。

(一)证券发行的审核制度

1. 注册制

注册制是证券发行申请人依法将与证券发行有关的信息和资料公开,制成法律文件,送交监管机构审核,监管机构只负责审查发行申请人提供的信息和资料是否履行了信息披露义务的制度。注册制下,审核机构只负责对注册文件进行形式审查,不对证券发行行为及证券本身进行实质判断,申报文件提交后,经过法定期间,监管机构若无异议,即可发行证券。注册制是一种相对宽松的发行机制,只要发行人依法将有关信息与资料完全公开,监管机构就不得以发行人的财务状况未达到一定标准而拒绝其发行。

2. 核准制

核准制是指发行人发行证券,不仅要公开全部的、可以供投资人判断的信息与资料,还要符合证券发行的实质性条件，证券监管机构有权依照法律的规定，对发行人提出的申请以及有关材料，进行实质性审查，发行人得到批准以后，才可以发行证券。核准制度并不排除注册制所要求的形式审查，监管机构还要对将公开的信息与证券发行的实质性条件进行严格的审查，对确已具备发行条件的发行申请做出核准发行的决定。发行人没有核准发行的决定不得发行证券。

新《证券法》规定：公开发行证券，必须符合法律、行政法规规定的条件，并依法报经国务院证券监督管理机构或者国务院授权的部门注册。未经依法注册，任何单位和个人不得公开发行证券。证券发行注册制的具体范围、实施步骤，由国务院规定。

新《证券法》的实施表明我国证券公开发行将全面推行注册制、渐进落地。结束了证券发行的核准制。目前，我国多层次资本市场只有科创板实行注册制，科创板实行的股票发行注册制由证券交易所负责发行上市审核，证监会负责发行注册，证监会对证券交易所发行上市审核工作进行监督。

（二）股票的发行

1. 首次公开发行股票的一般条件

《证券法》规定，设立股份有限公司公开发行股票，应当符合《公司法》规定的条件和经国务院批准的国务院证券监督管理机构规定的其他条件。

公司首次公开发行股票应当符合下列条件：

（1）具备健全且运行良好的组织机构；

（2）具有持续经营能力；

（3）最近三年财务会计报告被出具无保留意见审计报告；

（4）发行人及其控股股东、实际控制人最近三年不存在贪污、贿赂、侵占财产、挪用财产或者破坏社会主义市场经济秩序的刑事犯罪；

（5）经国务院批准的国务院证券监督管理机构规定的其他条件。

上述基本条件应当是在主板、中小板和创业板上市的企业都应遵守的共性原则。

公司对公开发行股票所募集资金，必须按照招股说明书或者其他公开发行募集文件所列资金用途使用；改变资金用途，必须经股东大会做出决议。擅自改变用途，未做纠正的，或者未经股东大会认可的，不得公开发行新股。

2. 上市公司配股的条件

向原股东配售股份（以下简称"配股"），除符合上述公开发行证券的条件外，还应当符合下列条件：

（1）配售股份数量不超过本次配售股份前股本总额的30%。

（2）控股股东应当在股东大会召开前公开承诺认配股份的数量。

（3）按照证券法规定的代销方式发行。控股股东不履行认配股份的承诺，或者代销期限届满，原股东认购股票的数量未达到拟配售数量70%的，发行人应当按照发行价并加算银行同期存款利息返还已经认购的股东。

3. 上市公司增发的条件

向不特定对象公开募集股份（以下简称"增发"），除符合上述公开发行证券的条件外，还应符合下列条件：

（1）最近3个会计年度加权平均净资产收益率平均不低于6%。扣除非经常性损益后的净利润与扣除前的净利润相比，以低者作为加权平均净资产收益率的计算依据。

（2）除金融类企业外，最近一期末不存在持有金额较大的交易性金融资产和可供出售的金融资产、借予他人款项、委托理财等财务性投资的情形。

（3）发行价格应不低于公告招股意向书前20个交易日公司股票均价或前1个交易日的均价。

（三）公司债券的发行

证券法规定，申请公开发行公司债券，应当向国务院授权的部门或者国务院证券监督管理机构报送下列文件：

（1）公司营业执照；

（2）公司章程；

（3）公司债券募集办法；

（4）国务院授权的部门或者国务院证券监督管理机构规定的其他文件。依照证券法规定聘请保荐人的，还应当报送保荐人出具的发行保荐书。

1. 公开发行公司债券的条件

公开发行公司债券，应当经中国证监会核准，并符合《证券法》和《公司法》规定的下列条件：

（1）具备健全且运行良好的组织机构；

（2）最近三年平均可分配利润足以支付公司债券一年的利息；

（3）国务院规定的其他条件。

公开发行公司债券筹集的资金，必须按照公司债券募集办法所列资金用途使用；改变资金用途，必须经债券持有人会议做出决议。公开发行公司债券筹集的资金，不得用于弥补亏损和非生产性支出。

上市公司发行可转换为股票的公司债券，除应当符合第一款规定的条件外，还应当遵守本法第十二条第二款的规定。但是，按照公司债券募集办法，上市公司通过收购本公司股份的方式进行公司债券转换的除外。

有下列情形之一的，不得再次公开发行公司债券：

（1）对已公开发行的公司债券或者其他债务有违约或者延迟支付本息的事实，仍处于继续状态；

（2）违反《证券法》规定，改变公开发行债券所募集资金的用途。比如，违反规定，将所募集资金用于弥补亏损和非生产性支出。

2. 非公开发行

非公开发行的公司债券应当向合格投资者发行,不得采用广告、公开劝诱和变相公开方式,每次发行对象不得超过200人。

发行人、承销机构应当按照中国证监会、证券自律组织规定的投资者适当性制度,了解和评估投资者对非公开发行公司债券的风险识别和承担能力,确认参与非公开发行公司债券认购的投资者为合格投资者,并充分揭示风险。非公开发行公司债券是否进行信用评级由发行人确定,并在债券募集说明书中披露。

非公开发行的公司债券仅限于合格投资者范围内转让。转让后,持有同次发行债券的合格投资者合计不得超过200人。发行人的董事、监事、高级管理人员及持股比例超过5%的股东,可以参与本公司非公开发行公司债券的认购与转让,不受合格投资者资质条件的限制。

(四) 证券投资基金的发行

证券投资基金是指一种利益共享、风险共担的集合证券投资方式,即通过发行基金单位,集中基金投资者的资金,由基金托管人托管,由基金管理人管理和运用资金,从事股票、债券等金融工具投资的方式。

证券投资基金依照其运作方式,主要分为开放式基金和封闭式基金。开放式基金是指基金份额总额不固定,基金份额可以在基金合同约定的时间和场所申购或者赎回的一种基金。封闭式基金是指经核准的基金份额总额在基金合同期限内固定不变,基金份额可以在依法设立的证券交易场所交易,但基金份额持有人不得申请赎回的一种基金。

1. 公开募集基金

公开募集基金,应当经国务院证券监督管理机构注册。未经注册,不得公开或者变相公开募集基金。注册公开募集基金,由拟任基金管理人向国务院证券监督管理机构提出申请,并提交规定文件。国务院证券监督管理机构应当自受理公开募集基金的募集注册申请之日起6个月内依照法律、行政法规及国务院证券监督管理机构的规定进行审查,做出注册或者不予注册的决定,并通知申请人;不予注册的,应当说明理由。

基金募集申请经注册后,方可由基金管理人或者其委托的基金销售机构办理基金份额的发售。基金管理人应当在基金份额发售的3日前公布招募说明书、基金合同及其他有关文件。基金管理人应当自收到准予注册文件之日起6个月内进行基金募集。超过6个月开始募集,原注册的事项未发生实质性变化的,应当报国务院证券监督管理机构备案;发生实质性变化的,应当向国务院证券监督管理机构重新提交注册申请。

基金募集不得超过国务院证券监督管理机构准予注册的基金募集期限。基金募集期限自基金份额发售之日起计算。基金募集期限届满,封闭式基金募集的基金份额总额达到准予注册规模的80%以上,开放式基金募集的基金份额总额超过准予注册的最低募集份额总额，并且基金份额持有人人数符合国务院证券监督管理机构规定的，基金管理人应当自募集期限届满之日起10日内聘请法定验资机构验资，自收到验资报告之日起10日内，向国务院证券监督管理机构提交验资报告，办理基金备案手续，并予以公告。

2. 非公开募集基金

非公开募集基金即私募投资基金（以下简称"私募基金"），是指在中华人民共和国境内，以非公开方式向投资者募集资金设立的投资基金，其投资包括买卖股票、股权、债券、期货、期权、基金份额及投资合同约定的其他投资标的。中国证监会2014年公布并实施的《私募投资基金监督管理暂行办法》，确立了对私募基金的适度监管制度。

（1）设立原则

《私募投资基金监督管理暂行办法》规定，设立私募基金管理机构和发行私募基金不设行政审批，允许各类发行主体在依法合规的基础上，向累计不超过法律规定数量的投资者发行私募基金。建立健全私募基金发行监管制度，切实强化事中事后监管，依法严厉打击以私募基金为名的各类非法集资活动。中国证券投资基金业协会依照《证券投资基金法》及有关规定和基金业协会自律规则，对私募基金业开展行业自律，协调行业关系，提供行业服务，促进行业发展。各类私募基金管理人应当向基金业协会申请登记，并在各类私募基金募集完毕后，向基金业协会办理备案手续。

（2）募集规则

私募基金的募资规则具体包括：

①不得向合格投资者之外的单位和个人募集资金，不得通过报刊、电台、电视、互联网等公众传播媒体或者讲座、报告会、分析会和布告、传单、手机短信、微信、博客和电子邮件等方式，向不特定对象宣传推介。

②不得向投资者承诺投资本金不受损失或者承诺最低收益。

③私募基金管理人或私募基金销售机构要对投资者的风险识别能力和风险承担能力进行评估，并由投资者书面承诺符合合格投资者条件。

④私募基金管理人自行销售或者委托销售机构销售私募基金，应当自行或者委托第三方机构对私募基金进行风险评级，向风险识别能力和风险承担能力相匹配的投资者推介私募基金。

⑤投资者应当如实填写风险识别能力和承担能力问卷，如实承诺资产或者收入情况，并对其真实性、准确性和完整性负责。

⑥投资者应当确保投资资金来源合法，不得非法汇集他人资金投资私募基金。

（3）合格投资者

私募基金应当向合格投资者募集，单只私募基金的投资者人数累计不得超过《证券投资基金法》《公司法》《合伙企业法》等法律规定的特定数量。合格投资者是指具备相应风险识别能力和风险承担能力，投资于单只私募基金的金额不低于100万元且符合下列相关标准的单位和个人：

①净资产不低于1 000万元的单位；

②金融资产不低于300万元或者最近3年个人年均收入不低于50万元的个人。

此外，下列投资者视为合格投资者：

①社会保障基金、企业年金等养老基金，慈善基金等社会公益基金；

②依法设立并在基金业协会备案的投资计划；

③投资于所管理私募基金的私募基金管理人及其从业人员；

④中国证监会规定的其他投资者。

（五）证券发行的程序

由于证券发行种类、发行方式的不同，各类证券的发行程序不尽一致。依据《证券法》《首次公开发行股票并上市管理办法》《上市公司证券发行管理办法》等规定，证券发行大体有以下步骤。

1. 做出发行决议

发行人发行证券一般先由其董事会就有关发行事项做出决议，并提请股东大会批准。

2. 提出发行申请

发行人应按照规定制作和报送证券发行申请文件。其发行证券属于保荐范围依法应予保荐的，应由保荐人保荐并向中国证监会申报；属于特定行业的，发行人还应提供管理部门的批准文件或相关意见。发行人向国务院证券监督管理机构或国务院授权的部门报送的证券发行申请文件，应当充分披露投资者做出价值判断和投资决策所必需的信息，内容应当真实、准确、完整。为证券发行出具有关文件的证券服务机构和人员，必须严格履行法定职责，保证所出具文件的真实性、准确性和完整性。

3. 证券公开发行注册

《证券法》规定，国务院证券监督管理机构或者国务院授权的部门依照法定条件负责证券发行申请的注册。证券公开发行注册的具体办法由国务院规定。

按照国务院的规定，证券交易所等可以审核公开发行证券申请，判断发行人是否符合发行条件、信息披露要求，督促发行人完善信息披露内容。

依照前两款规定参与证券发行申请注册的人员，不得与发行申请人有利害关系，不得直接或者间接接受发行申请人的馈赠，不得持有所注册的发行申请的证券，不得私下与发行申请人进行接触。

国务院证券监督管理机构或者国务院授权的部门应当自受理证券发行申请文件之日起三个月内，依照法定条件和法定程序做出予以注册或者不予注册的决定，发行人根据要求补充、修改发行申请文件的时间不计算在内。不予注册的，应当说明理由。

4. 公开发行信息

证券发行申请经注册后，发行人应当依照法律、行政法规的规定，在证券公开发行前公告公开发行募集文件,并将该文件置备于指定场所供公众查阅。

发行证券的信息依法公开前,任何知情人不得公开或者泄露该信息。

发行人不得在公告公开发行募集文件前发行证券。

5. 签订承销协议,进行证券销售

发行人向不特定对象发行的证券,法律、行政法规规定应当由证券公司承销的,发行人应当同证券公司签订承销协议。证券承销业务采取代销或者包销方式。

证券代销是指证券公司代发行人发售证券,在承销期结束时,将未售出的证券全部退还给发行人的承销方式。

证券包销是指证券公司将发行人的证券按照协议全部购入或者在承销期结束时将售后剩余证券全部自行购入的承销方式。

上市公司非公开发行股票未采用自行销售方式或者上市公司配股的,应当采用代销方式。

证券公司承销证券,应当同发行人签订代销或者包销协议,载明下列事项:

(1) 当事人的名称、住所及法定代表人姓名;
(2) 代销、包销证券的种类、数量、金额及发行价格;
(3) 代销、包销的期限及起止日期;
(4) 代销、包销的付款方式及日期;
(5) 代销、包销的费用和结算办法;
(6) 违约责任;
(7) 国务院证券监督管理机构规定的其他事项。

公开发行证券的发行人有权依法自主选择承销的证券公司。证券公司不得以不正当竞争手段招揽证券承销业务。证券公司承销证券,应当对公开发行募集文件的真实性、准确性、完整性进行核查。发现有虚假记载、误导性陈述或者重大遗漏的,不得进行销售活动;已经销售的,必须立即停止销售活动,并采取纠正措施。

6. 撤销注册决定

国务院证券监督管理机构或者国务院授权的部门对已做出的证券发行注册的决定,发现不符合法定条件或者法定程序,尚未发行证券的,应当予以撤销,停止发行。已经发行尚未上市的,撤销发行注册决定,发行人应当按照发行价并加算银行同期存款利息返还证券持有人;发行人的控股股东、实际控制人以及保荐人,应当与发行人承担连带责任,但是能够证明自己没有过错的除外。

股票的发行人在招股说明书等证券发行文件中隐瞒重要事实或者编造重大虚假内容,已经发行并上市的,国务院证券监督管理机构可以责令发行人回购证券,或者责令负有责任的控股股东、实际控制人买回证券。

股票依法发行后,发行人经营与收益的变化,由发行人自行负责;由此变化引致的投资风险，由投资者自行负责。

三、证券交易

（一）证券交易概述

证券交易是指证券所有人按照证券交易的规则，转移证券的所有权给其他证券投资者的法律行为。证券交易具有流动性、收益性和风险性等特点。根据《证券法》的规定，证券交易当事人依法买卖的证券，必须是依法发行并交付的证券。非依法发行的证券，不得买卖。证券交易的一般规定如下：

（1）证券交易的标的物必须合法

这主要包括两层含义：第一，交易的证券必须是依法发行的证券。所谓依法发行是指依照《证券法》《公司法》等有关法律、行政法规发行证券。证券交易的前提条件是该证券已经发行，而只有依法发行的证券，才能作为证券交易的标的物。第二，交易的证券必须是已交付的证券。已交付的证券是指已经实际由发行人转移至购买人的证券。证券发行以后，并不一定立即交付给购买证券的人。比如，《公司法》规定，公司登记成立前不得向股东交付股票。即使是依法发行的证券，也必须在交付后才能转让。未交付的证券，不得进行买卖。

（2）禁止证券在限制转让的期限内进行买卖

《证券法》规定，依法发行的股票、公司债权和其他债券，法律对其转让期限有限制性规定的，在限定的期限内不得买卖。

（3）证券交易活动的场所必须合法

依法公开发行的股票、公司债券及其他证券，应当在依法设立的证券交易所上市交易或者在经国务院批准的其他证券交易所转让。非公开发行的股票、公司债券及其他证券，可以在依法设立的证券交易所、经国务院批准的其他证券交易所、按照国务院规定设立的区域性股权市场转让。

（4）证券交易的方式必须合法

《证券法》规定，证券在证券交易所上市交易，应当采用公开的集中交易方式或者国务院证券监督管理机构批准的其他方式。集中交易方式，是指在集中交易市场以竞价交易的方式进行交易。集中交易方式分为集中竞价交易和大宗交易。集中竞价，又称为集合竞价，是指在证券交易所市场内，所有参与证券买卖的各方当事人公开报价，按照价格优先、时间优先的原则撮合成交的证券交易方式。

（5）交易证券的凭证形式既可以是纸面形式也可以是经认可的其他形式

证券交易当事人买卖的证券，可以采用纸面形式，也可以采用国务院证券监督管理机构规定的其他形式。在电脑技术出现以前，传统的资本证券都是采用纸面形式。20世纪80年代以后，证券的无纸化迅速发展起来。根据证券既有纸面形式，又有电脑记载等其他形式的实际情况,《证券法》规定证券交易当事人买卖的证券可以采用纸面形式,也可以采用非纸面的其他形式。但是,采用非纸面的其他形式的,必须符合国务院证券监督管理机构的规定。

(6) 证券交易种类既可以是现货交易又可以是由国务院规定的其他形式

《证券法》规定证券交易以现货和国务院规定的其他方式进行交易。现货交易,又称为现款交易、即期交易等,是指证券交易的双方当事人根据商定的付款方式,立即或者在较短时间内进行交割,从而实现股票等证券所有权的转让。与现货交易相对应的一个概念是期货交易,是指交易双方在交易所通过买卖期货合约并根据期货合约规定的条款约定在未来某一特定时间和地点,以某一特定价格买卖某一特定数量和质量的商品的交易行为。期货一般又可分为商品期货和金融期货两类。

(7) 证券交易所、证券公司、证券登记结算机构必须依法为客户开立的账户保密

为了保护投资者合法权益,防止泄密给投资者造成损失,除法律规定的情形以外,例如在公安机关、检察机关、国务院证券监督管理机构为调查涉嫌违法行为而需要了解客户的账户信息时,应当依法予以提供等情形之外,证券交易场所、证券公司、证券登记结算机构、证券服务机构及其工作人员应当依法为投资者的信息保密,不得非法买卖、提供或者公开投资者的信息。证券交易场所、证券公司、证券登记结算机构、证券服务机构及其工作人员不得泄露所知悉的商业秘密,否则将承担相应的法律责任。

(8) 证券交易的收费必须合理

在我国,客户进入证券交易所进行交易,要委托证券公司代为交易,交易成功后,还要进行交割、过户等,这都需要交纳一定的费用。收费的合理性,主要体现在两个方面:一是证券交易的收费项目、收费标准和收费办法由国务院有关主管部门统一规定,并保持合理水平;二是证券交易的收费项目、收费标准和收费办法必须向社会公开,使证券交易各个环节的当事人对自己的交易成本做出比较准确的判断,同时也有利于加强对收费的监督管理。

(二) 证券上市

《证券法》规定,申请证券上市交易,应当向证券交易所提出申请,由证券交易所依法审核同意,并由双方签订上市协议。申请证券上市交易,应当符合证券交易所上市规则规定的上市条件。

常规证券在主板、中小板、创业板申请上市,上市条件由证券交易所规定,证券交易所上市规则规定的上市条件,应当对发行人的经营年限、财务状况、最低公开发行比例和公司治理、诚信记录等提出要求。

新《证券法》发布后,证券交易所尚未制定上市规则对主板、中小板、创业板上市的各证券品种的上市条件做出规定。随着有关板块和证券品种分步实施注册制,证券交易所将依法制定上市规则并具体明确不同板块、不同证券品种的上市条件。

上市交易的证券,有证券交易所规定的终止上市情形的,由证券交易所按照业务规则终止其上市交易。证券交易所决定终止证券上市交易的,应当及时公告,并报国务院证券监督管理机构备案。对证券交易所做出的不予上市交易、终止上市交易决定不服的,可以向证券交易所设立的复核机构申请复核。

1. 股票在科创板上市交易的条件

《证券法》规定,股份有限公司申请股票上市交易,应当符合下列条件:①股票已经国务院证券监督管理机构注册公开发行;②公司股本总额不少于人民币3 000万元;③公开发行的股份达到公司股份总数的25%以上,公司股本总额超过人民币4亿元的,公开发行股份的比例为10%以上;④市值及财务指标符合规定的标准;⑤证券交易所规定的其他上市条件。证券交易所可以规定高于上述规定的上市条件,并报国务院证券监督管理机构批准。国家鼓励符合产业政策并符合上市条件的公司股票上市交易。

上市交易的证券,有证券交易所规定的终止上市情形的,由证券交易所按照业务规则终止其上市交易。证券交易所决定终止证券上市交易的,应当及时公告,并报国务院证券监督管理机构备案。

2. 证券投资基金的上市

《证券投资基金法》规定,封闭式基金的基金份额,经基金管理人申请,国务院证券监督管理机构核准,可以在证券交易所上市交易。国务院证券监督管理机构可以授权证券交易所依照法定条件和程序核准基金份额上市交易。

申请上市的基金,必须符合下列条件:①基金的募集符合《证券投资基金法》的规定;②基金合同期限为5年以上;③基金募集金额不低于2亿元人民币;④基金持有人不少于1 000人;⑤基金份额上市交易规则规定的其他条件。

基金上市期间,有下列情形之一的,将终止上市:①不再具备《证券投资基金法》规定的上市交易条件;②基金合同期限届满;③基金份额持有人大会决定提前终止上市交易;④基金合同约定的或者基金份额上市交易规则规定的终止上市交易的其他情形。

开放式基金在销售机构的营业场所销售及赎回,不上市交易。开放式基金单位的认购、申购和赎回业务,可以由基金管理人直接办理,也可以由基金管理人委托经国务院证券监督管理机构认定的其他机构代为办理。基金管理人应当在每个工作日办理基金申购、赎回业务;基金合同另有约定的,按照其约定办理。投资人申购基金时,必须全额交付申购款项。款项一经交付申购申请即为有效。基金管理人应当于收到基金投资人申购、赎回申请之日起3个工作日内,对该交易的有效性进行确认。除不可抗力等特殊情况外,基金管理人不得拒绝接受基金投资人的赎回申请。

3. 持续信息公开

持续信息公开也称信息披露,是对证券市场进行监管的有效手段,也是贯彻公开原则的具体体现。从信息公开环节上看,一般包括三方面的要求:一是证券发行要进行信息披露；二是证券上市交易要进行信息披露；三是与证券发行、上市交易有关的信息要进行披露。从信息公开时点上看，主要包括证券发行时初次信息公开和证券交易中的信息公开。

《证券法》规定，发行人、上市公司依法公开的信息，必须真实、准确、完整，不得有虚假记载、误导性陈述或者重大遗漏。经国务院证券监督管理机构核准依法公开发行股票，或者经国务院授权的部门核准依法公开发行公司债券，应当公告招股说明书、公司债券募集办法。依法发行新股或者公司债券的，还应当公告财务会计报告。

持续信息公开主要包括上市公司定期报告即中期报告和年度报告，上市公司临时报告即重大事件公告。

4. 禁止的交易行为

（1）内幕交易行为

内幕交易是指证券交易内幕信息的知情人和非法获取内幕信息的人员利用内幕信息进行证券交易的行为。这种行为的主体是内幕知情人员，行为特征是利用自己掌握的内幕信息买卖证券，或者是建议他人买卖证券。内幕知情人员自己并未买卖证券，主观上也未建议他人买卖证券，但却把自己掌握的内幕信息泄露给他人，接受内幕信息的人依此做出买卖证券的决断，这种行为也属内幕交易行为。内幕交易的主观愿望是要达到获取利润或避免损失的目的。内幕交易行为是一种违法行为，它不仅侵犯了广大投资者的利益，违反了证券发行与交易中的公开、公平、公正原则，而且还会扰乱证券市场，其危害很大。为此，《证券法》规定，禁止证券交易内幕信息的知情人和非法获取内幕信息的人利用内幕信息从事证券交易活动。

根据《证券法》的规定，内幕信息的知情人包括以下几种：①发行人及其董事、监事、高级管理人员；②持有公司百分之五以上股份的股东及其董事、监事、高级管理人员，公司的实际控制人及其董事、监事、高级管理人员；③发行人控股或者实际控制的公司及其董事、监事、高级管理人员；④由于所任公司职务或者因与公司业务往来可以获取公司有关内幕信息的人员；⑤上市公司收购人或者重大资产交易方及其控股股东、实际控制人、董事、监事和高级管理人员；⑥因职务、工作可以获取内幕信息的证券交易场所、证券公司、证券登记结算机构、证券服务机构的有关人员；⑦因职责、工作可以获取内幕信息的证券监督管理机构工作人员；⑧因法定职责对证券的发行、交易或者对上市公司及其收购、重大资产交易进行管理可以获取内幕信息的有关主管部门、监管机构的工作人员；⑨国务院证券监督管理机构规定的可以获取内幕信息的其他人员。

证券交易活动中，涉及发行人的经营、财务或者对该发行人证券的市场价格有重大影响的尚未公开的信息，为内幕信息。

下列信息均属于内幕信息：

①公司的经营方针和经营范围的重大变化;

②公司的重大投资行为,公司在一年内购买、出售重大资产超过公司资产总额百分之三十,或者公司营业用主要资产的抵押、质押、出售或者报废一次超过该资产的百分之三十;

③公司订立重要合同、提供重大担保或者从事关联交易,可能对公司的资产、负债、权益和经营成果产生重要影响;

④公司发生重大债务和未能清偿到期重大债务的违约情况;

⑤公司发生重大亏损或者重大损失;

⑥公司生产经营的外部条件发生的重大变化;

⑦公司的董事、三分之一以上监事或者经理发生变动,董事长或者经理无法履行职责;

⑧持有公司百分之五以上股份的股东或者实际控制人持有股份或者控制公司的情况发生较大变化,公司的实际控制人及其控制的其他企业从事与公司相同或者相似业务的情况发生较大变化;

⑨公司分配股利、增资的计划,公司股权结构的重要变化,公司减资、合并、分立、解散及申请破产的决定,或者依法进入破产程序、被责令关闭;

⑩涉及公司的重大诉讼、仲裁,股东大会、董事会决议被依法撤销或者宣告无效。

此外,公司涉嫌犯罪被依法立案调查,公司的控股股东、实际控制人、董事、监事、高级管理人员涉嫌犯罪被依法采取强制措施以及国务院证券监督管理机构规定的其他事项均属于内幕信息。公司的控股股东或者实际控制人对上述重大事件的发生、进展产生较大影响的,应当及时将其知悉的有关情况书面告知公司,并配合公司履行信息披露义务。

证券交易内幕信息的知情人和非法获取内幕信息的人,在内幕信息公开前,不得买入或者卖出该公司的证券,不得泄露该信息,也不得建议他人买卖该证券。内幕交易行为给投资者造成损失的,行为人应当依法承担赔偿责任。

(2) 操纵市场行为

操纵市场是指单位或个人以获取不正当利益或者转嫁风险、减少损失为目的,利用其资金、信息等优势或者滥用职权影响证券交易价格或者交易量,制造证券市场假象,诱导或者致使投资者在不了解事实真相的情况下做出错误的投资判断的行为。操纵市场,实质上是制造虚假的证券交易量和交易价格,是对不特定投资者的欺诈行为,后果十分严重。

《证券法》规定,禁止任何人以下列手段操纵证券市场,影响或者意图影响证券交易价格或者证券交易量:

①单独或者通过合谋,集中资金优势、持股优势或者利用信息优势联合或者连续买卖;

②与他人串通,以事先约定的时间、价格和方式相互进行证券交易;

③在自己实际控制的账户之间进行证券交易；
④不以成交为目的，频繁或者大量申报并撤销申报；
⑤利用虚假或者不确定的重大信息，诱导投资者进行证券交易；
⑥对证券、发行人公开做出评价、预测或者投资建议，并进行反向证券交易；
⑦利用在其他相关市场的活动操纵证券市场。

操纵证券市场行为给投资者造成损失的，应当依法承担赔偿责任。证券市场操纵行为的认定及责任承担。

（3）欺诈客户行为

欺诈客户，是指证券公司及其从业人员在证券交易中违背客户的真实意愿，严重侵害客户利益的违法行为。

《证券法》规定，禁止证券公司及其从业人员从事下列损害客户利益的欺诈客户行为：①违背客户的委托为客户买卖证券；②不在规定时间内向客户提供交易的书面确认文件；③未经客户的委托，擅自为客户买卖证券，或者假借客户的名义买卖证券；④为牟取佣金收入，诱使客户进行不必要的证券买卖；⑤其他违背客户真实意思表示，损害客户利益的行为。违反上述规定给客户造成损失的，应当依法承担赔偿责任。

四、上市公司收购

（一）上市公司收购概述

上市公司收购，是指投资者公开收购已经依法上市交易的股份有限公司的股份，以获得或者进一步巩固对该股份有限公司的控制权的行为。投资者可以采取要约收购、协议收购及其他合法方式收购上市公司。要约收购，是指投资者向目标公司的所有股东发出要约，表明愿意以要约中的条件购买目标公司的股票，以期达到对目标公司控制权的获得或巩固；协议收购，是指投资者在证券交易所外与目标公司的股东，主要是持股比例较高的大股东就股票的价格、数量等方面进行私下协商，购买目标公司的股票，以期达到对目标公司控制权的获得或巩固。

根据《上市公司收购管理办法》的规定，有下列情形之一的，表明已获得或拥有上市公司控制权：①投资者为上市公司持股50%以上的控股股东；②投资者可以实际支配上市公司股份表决权超过30%；③投资者通过实际支配上市公司股份表决权能够决定公司董事会半数以上成员选任；④投资者依其可实际支配的上市公司股份表决权足以对公司股东大会的决议产生重大影响；⑤中国证监会认定的其他情形。

上市公司收购人包括投资者及与其一致行动的他人。所谓一致行动，是指投资者通过协议或者其他安排，与其他投资者共同扩大其所能够支配的一个上市公司股份表决权数量的行为或者事实。在上市公司的收购及相关股份权益变动活动中有一致行动情形的投资者，这些投资者之间互为一致行动人。

如果没有相反的证据，投资者有下列情形之一的，为一致行动人：①投资者之间有股权控制关系；②投资者受同一主体控制；③投资者的董事、监事或者高级管理人员中的主要成员，同时在另一个投资者担任董事、监事或者高级管理人员；④投资者参股另一投资者，可以对参股公司的重大决策产生重大影响；⑤银行以外的其他法人、其他组织和自然人为投资者取得相关股份提供融资安排；⑥投资者之间存在合伙、合作、联营等其他经济利益关系；⑦持有投资者30%以上股份的自然人，与投资者持有同一上市公司股份；⑧在投资者任职的董事、监事及高级管理人员，与投资者持有同一上市公司股份；⑨持有投资者30%以上股份的自然人和在投资者任职的董事、监事及高级管理人员，其父母、配偶、子女及其配偶、配偶的父母、兄弟姐妹及其配偶、配偶的兄弟姐妹及其配偶等亲属，与投资者持有同一上市公司股份；⑩在上市公司任职的董事、监事、高级管理人员及其前项所述亲属同时持有本公司股份的，或者与其自己或者其前项所述亲属直接或者间接控制的企业同时持有本公司股份；上市公司董事、监事、高级管理人员和员工与其所控制或者委托的法人或者其他组织持有本公司股份；投资者之间具有其他关联关系。

（二）上市公司收购的权益披露

投资者收购上市公司，要依法披露其在上市公司中拥有的权益，包括登记在其名下的股份和虽未登记在其名下但该投资者可以实际支配表决权的股份。投资者及其一致行动人在一个上市公司中拥有的权益应当合并计算。

①通过证券交易所的证券交易，投资者及其一致行动人拥有权益的股份达到一个上市公司已发行股份的5%时，应当在该事实发生之日起3日内编制权益变动报告书，向中国证监会、证券交易所提交书面报告，抄报该上市公司所在地的中国证监会派出机构，通知该上市公司，并予公告；在上述期限内，不得再行买卖该上市公司的股票。

前述投资者及其一致行动人拥有权益的股份达到一个上市公司已发行股份的5%后，通过证券交易所的证券交易，其拥有权益的股份占该上市公司已发行股份的比例每增加或者减少5%，应当依照前述规定进行报告和公告。在报告期限内和做出报告、公告后2日内，不得再行买卖该上市公司的股票。

②通过协议转让方式，投资者及其一致行动人在一个上市公司中拥有权益的股份拟达到或者超过一个上市公司已发行股份的5%时，应当在该事实发生之日起3日内编制权益变动报告书，向中国证监会、证券交易所提交书面报告，抄报中国证监会派出机构，通知该上市公司，并予公告。

投资者及其一致行动人拥有权益的股份达到一个上市公司已发行股份的5%后，其拥有权益的股份占该上市公司已发行股份的比例每增加或者减少达到或者超过5%的，应当依照第一种情形的相应规定履行报告、公告义务。

③投资者及其一致行动人通过行政划转或者变更、执行法院裁定、继承、赠予等方式拥有权益的股份变动达到一个上市公司已发行股份的5%时，同样应当按照第一种情形的

相应规定履行报告、公告义务。

（三）要约收购

要约收购是指通过证券交易所的证券交易，投资者持有或通过协议、其他安排与他人共同持有一个上市公司的股份达到该公司已发行股份的30%时，继续增持股份的，应当采取向被收购公司的股东发出收购要约的方式进行的收购。

投资者选择向被收购公司的所有股东发出收购其所持有的全部股份要约的，称为全面要约；投资者选择向被收购公司所有股东发出收购其所持有的部分股份要约的，称为部分要约。

（四）协议收购

采取协议收购方式的，收购人可以依照法律、行政法规的规定同被收购公司的股东以协议方式进行股份转让。以协议方式收购上市公司时，达成协议后，收购人必须在3日内将该收购协议向国务院证券监督管理机构及证券交易所作出书面报告，并予公告。在公告前不得履行收购协议。

采取协议收购方式的，协议双方可以临时委托证券登记结算机构保管协议转让的股票，并将资金存放于指定的银行。

采取协议收购方式的，收购人收购或者通过协议、其他安排与他人共同收购一个上市公司已发行的股份达到30%时，继续进行收购的，应当向该上市公司所有股东发出收购上市公司全部或者部分股份的要约。但是，经国务院证券监督管理机构免除发出要约的除外。

（五）上市公司收购的法律后果

收购期限届满，被收购公司股权分布不符合证券交易所规定的上市交易要求的，该上市公司的股票应当由证券交易所依法终止上市交易；其余仍持有被收购公司股票的股东，有权向收购人以收购要约的同等条件出售其股票，收购人应当收购。收购行为完成后，被收购公司不再具备股份有限公司条件的，应当依法变更企业形式。

在上市公司收购中，收购人持有的被收购的上市公司的股票，在收购行为完成后的18个月内不得转让。

收购行为完成后，收购人与被收购公司合并，并将该公司解散的，被解散公司的原有股票由收购人依法更换。

收购行为完成后，收购人应当在15日内将收购情况报告国务院证券监督管理机构和证券交易所，并予公告。

收购上市公司中由国家授权投资的机构持有的股份，应当按照国务院的规定，经有关主管部门批准。

五、信息披露

信息披露也称信息公开，信息披露制度包括强制性信息披露制度和自愿性信息披露制度，强制性信息披露制度是证券法强制性要求证券发行人和其他法定的相关负有信息公开义务的人在证券发行和交易过程中，按照法定要求以一定方式向社会公众公开与证券有关的一切信息，以便投资者能够获得真实信息而做出投资判断的法律制度。自愿性信息披露制度是对作为基本信息披露制度的强制性信息披露的补充与深化，是信息披露义务人在法定披露信息以外披露与投资者做出价值判断和投资决策有关的信息，这些信息对于提高公司信息披露质量，展现公司未来和真正价值具有重要意义。通常所说的信息披露制度，主要指强制性信息披露制度。

（一）信息披露的原则

信息披露的对象是不特定的社会公众，证券法规定，发行人及法律、行政法规和国务院证券监督管理机构规定的其他信息披露义务人，应当及时依法履行信息披露义务。信息披露义务人披露的信息，应当真实、准确、完整，简明清晰，通俗易懂，不得有虚假记载、误导性陈述或者重大遗漏。

真实性要求披露信息应以客观事实或在事实基础上的分析判断为基础，以没有扭曲和不加粉饰的方式，再现和反映真实状态，对发布的信息不存在虚假陈述、不合理评价、夸张性描述或恭维性的评价；准确性要求披露信息时必须用精确不含糊的语言表达其含义，在内容与表达方式上不得使人误解；完整性要求披露信息时必须将所有可能影响投资者决策的信息全面、充分披露；简明清晰、通俗易懂要求披露的信息应当清晰明了，避免信息冗长、语言晦涩难懂，以投资者能理解、使用为宜。

信息披露义务人披露信息时还应贯彻一致性原则，包括时间一致性与内容一致性。时间一致性要求：①证券同时在境内境外公开发行、交易的，信息披露义务人在境外披露的信息，应当在境内同时披露；②除法律、行政法规另有规定的外，信息披露义务人披露的信息应当同时向所有投资者披露，不得提前向任何单位和个人泄露。任何单位和个人不得非法要求信息披露义务人提供依法需要披露但尚未披露的信息，任何单位和个人对于依法提前获知的信息，在依法披露前应当保密。内容一致性要求信息披露义务人在强制信息披露以外，自愿披露信息的，所披露的信息不得与依法披露的信息相冲突，不得误导投资者。

（二）证券发行市场信息披露

证券发行市场信息披露是指证券公开发行时对发行人、拟发行的证券以及与发行证券有关的信息进行披露。证券发行市场信息披露制度是保证证券市场有序发展的基础。

证券发行市场信息披露包括发行文件的预先披露制度和证券发行信息披露制度。发行文件的预先披露制度是指发行人申请公开发行证券的，在依法向文件审核部门报送注册申请文件后，预先向社会公众披露有关注册申请文件，而不是等监管部门对发行注册之后再进行披露的制度。证券发行信息披露制度是指证券发行申请经注册后，发行人应当依照法律、行政法规的规定，在证券公开发行限公费公开发行募集文件，并将该文件置备于指定场所，供社会公众查阅。

(三) 信息披露的民事责任

发行人及其控股股东、实际控制人、董事、监事、高级管理人员等做出公开承诺的，应当披露。不履行承诺给投资者造成损失的，应当依法承担赔偿责任。

信息披露义务人未按照规定披露信息，或者公告的证券发行文件、定期报告、临时报告及其他信息披露资料存在虚假记载、误导性陈述或者重大遗漏，致使投资者在证券交易中遭受损失的，信息披露义务人应当承担赔偿责任；发行人的控股股东、实际控制人、董事、监事、高级管理人员和其他直接责任人员以及保荐人、承销的证券公司及其直接责任人员，应当与发行人承担连带赔偿责任，但是能够证明自己没有过错的除外。

(四) 投资者保护

保护投资者权益是证券法的核心宗旨之一，也是证券监管的目标之一。证券市场存在与发展的核心就是要建立各种有效机制，维持投资者的信心，做好对于各类投资者的多重保护。《公司法》通过限制控股股东，保护少数股东、落实管理层诚信义务等机制进行投资者保护。《证券法》在强制性信息披露、发行保荐、禁止内幕交易等行为、投资者保护机构、投资者保护基金等一系列机制外，增设了投资者保护制度专章。

1. 投资者适当性管理制度

证券公司向投资者销售证券，提供服务时，应当按照规定充分了解投资者的基本情况、财产状况，金融资产状况、投资知识和经验、专业能力等相关信息；如实说明证券，服务的重要内容，充分揭示投资风险；销售、提供与投资者上述状况相匹配的证券，服务。投资者在购买证券或者接受服务时，应当按照证券公司明示的要求提供上述所列真实信息。拒绝提供或者未按照要求提供信息的，证券公司应当告知其后果，并按照规定拒绝向其销售证券、提供服务。证券公司违反适当性义务规定导致投资者损失的，应当承担相应的赔偿责任。

2. 证券公司与普通投资者纠纷的自证清白制度

《证券法》根据财产状况、金融资产状况、投资知识和经验、专业能力等因素，投资者可以分为普通投资者和专业投资者。专业投资者的标准由国务院证券监督管理机构规定。专业投资者以外的人为普通投资者。普通投资者与证券公司发生纠纷的，证券公司应当证明其行为符合法律、行政法规以及国务院证券监督管理机构的规定，不存在误导、欺诈等情形。证券公司不能证明的，应当承担相应的赔偿责任。

3. 股东权利代为行使征集制度

《证券法》规定，上市公司董事会、独立董事、持有百分之一以上有表决权股份的股东或者依照法律、行政法规或者国务院证券监督管理机构的规定设立的投资者保护机构，可以作为征集人，自行或者委托证券公司、证券服务机构，公开请求上市公司股东委托其代为出席股东大会，并代为行使提案权、表决权等股东权利。

依照上述规定征集股东权利的，征集人应当披露征集文件，上市公司应当予以配合。

禁止以有偿或者变相有偿的方式公开征集股东权利。

公开征集股东权利违反法律、行政法规或者国务院证券监督管理机构有关规定，导致上市公司或者其股东遭受损失的，应当依法承担赔偿责任。

4. 上市公司分红制度

上市公司应当在章程中明确分配现金股利的具体安排和决策程序，依法保障股东的资产收益权。

上市公司当年税后利润，在弥补亏损及提取法定公积金后有盈余的，应当按照公司章程的规定分配现金股利。

5. 先行赔付制度

发行人因欺诈发行、虚假陈述或者其他重大违法行为给投资者造成损失的，发行人的控股股东、实际控制人、相关的证券公司可以委托投资者保护机构，就赔偿事宜与受到损失的投资者达成协议，予以先行赔付。先行赔付后，可以依法向发行人以及其他连带责任人追偿。

6. 纠纷调解及代表诉讼制度

投资者与发行人、证券公司等发生纠纷的，双方可以向投资者保护机构申请调解。普通投资者与证券公司发生证券业务纠纷，普通投资者提出调解请求的，证券公司不得拒绝。

投资者保护机构对损害投资者利益的行为，可以依法支持投资者向人民法院提起诉讼。

发行人的董事、监事、高级管理人员执行公司职务时违反法律、行政法规或者公司章程的规定给公司造成损失，发行人的控股股东、实际控制人等侵犯公司合法权益给公司造成损失，投资者保护机构持有该公司股份的，可以为公司的利益以自己的名义向人民法院提起诉讼，持股比例和持股期限不受《中华人民共和国公司法》规定的限制。

第二节　保险法律制度

> **课程思政**
>
> ### 企业有担当，人间有温暖
>
> 2020年初，一场突如其来的一场新冠疫情肆虐湖北，并迅速蔓延全国。关键时期，一家家保险企业履行社会责任与担当。保险公司从最初捐赠物资、保险产品，到扩展保险责任范围，再到简化理赔流程，每一环保险都充当着风险"减震器"的角色。在疫情暴发后第一时间迅速反应，多家保险公司相继推出"医护保·新冠肺炎特别版""药师保""新冠肺炎中小商家保障""免费新冠肺炎保障金""战疫保·志愿者和社会服务工作者专属保障金"等多款新冠肺炎公益保险和多项特殊保障。
>
> 截至3月27日，保险行业抗疫专属理赔累计155 747件，累计赔付金额2.79亿

元。其中，人身险公司方面累计赔付 1.77 亿元，财产险公司方面累计赔付 1.02 亿元。保险行业捐款、捐物总额达 3.76 亿元。疫情无情人有情，患难时刻见真情。自新冠疫情暴发以来，社会各界自发行动携手同心共同战"疫"，筑起了一道道守护生命的防线，让无数温暖与爱心传递。

一、保险法律制度概述

保险法是调整保险关系的法律规范的总称。保险法有广义和狭义之分。狭义的保险法仅指保险法典，广义的保险法不仅包括保险法典，而且还包括其他法律法规中有关保险的规定。保险法的内容一般包括保险业法、保险合同法和保险特别法。

（一）保险的概念及分类

1. 保险的概念

根据我国《保险法》的规定，保险是指投保人根据合同约定，向保险人支付保险费，保险人对于合同约定的可能发生的事故因其发生所造成的财产损失承担赔偿保险金责任，或者当被保险人死亡、伤残、疾病或者达到合同约定的年龄、期限等条件时承担给付保险金责任的商业保险行为。可见，保险是发生在投保人、被保险人或受益人与保险人之间的一种合同权利义务关系，它包括财产保险合同和人身保险合同，是一种商业保险。

2. 保险的本质

保险的本质并不是保证危险不发生，或不遭受损失，而是对危险发生后遭受的损失予以经济补偿。保险是一种经济保障制度，现代保险是建立在"我为人人，人人为我"这一社会互助基础之上的，其基本原理是集合危险，分散损失。保险是一种具有经济补偿内容的法律制度。保险的功能并非消灭危险，而是在保险事故发生后使得被保险人或受益人能够获得经济补偿。

应当注意的是，保险的经济补偿功能，在财产保险和人身保险中的体现不尽相同。财产保险的标的是能够用货币准确衡量的财产或与财产有关的利益，保险人给予被保险人的保险金可以用来补偿被保险人所遭受的经济损失，而人身保险的标的是无法用货币来衡量的人的寿命和身体，所以，一旦发生保险事故，只能按照合同约定的数额给付保险金。

3. 保险的构成要素

保险得以存在有三个基本要件：

（1）可保危险的存在。无危险则无保险。人类大都可能遭遇到的危险大体包括人身危险、财产危险和法律责任危险。但保险所承保的是可保危险，即上述三类危险中可能引起损失的偶然事件，其特征包括：①危险发生与否很难确定，不可能成不会发生的危险投保人不会投保，可能或肯定会发生的危险保险人也不会承保；②危险何时发生很难确定；③危险发生的原因与后果很难确定；④危险的发生对于投保人或被保险人来说，必须是非故意的。

（2）以多数人参加保险并建立基金为基础。保险是一种集合危险、分散损失的经济制度，参加保险的人越多，积聚的保险基金就越多，损失补偿的能力就越强。

（3）损失赔付为目的。

（二）保险法的基本原则

1. 最大诚信原则

任何民事活动，都应遵循诚实信用原则。但保险活动要求的诚信程度比一般民事活动更高。这是因为在投保时，如果是财产保险，投保人对自己的财产状况、生产经营状况最为了解，如果是人身保险，对自己的年龄及身体状况也更为了解。而保险人只能根据投保人的陈述来决定是否承保以及所应适用的保险费率。所以，保险法要求双方当事人在签订合同时必须最大限度地如实告知自己所知道的有关事实；在保险合同生效后不论何方当事人违反最大诚信原则，对方都有权解除保险合同。

保险合同中的最大诚信原则，其基本内容有三，即告知、保证、弃权与禁止反言。

（1）告知。告知是指投保人在订立保险合同时应当将与保险标的有关的重要事实如实向保险人陈述。由于保险人决定是否予以承保以及如何确定保险费率完全取决于投保人在投保时所告知的事实，因此，"重要事实"是指影响保险人决定是否接受承保或确定保险费率的事实。投保人的告知义务仅限于订立合同之时，投保人不履行如实告知义务的法律后果，是产生保险合同的解除权而并不导致保险合同的无效。

我国《保险法》第十六条规定："订立保险合同，保险人就保险标的或者被保险人的有关情况提出询问的，投保人应当如实告知。投保人故意或者因重大过失未履行前款规定的如实告知义务，足以影响保险人决定是否同意承保或者提高保险费率的，保险人有权解除合同。"自保险人知道有解除事由之日起，超过三十日不行使而消灭。自合同成立之日起超过2年的，保险人不得解除合同；发生保险事故的，保险人应当承担赔偿或者给付保险金的责任。

告知的另一个重要问题是义务违反的后果。我国《保险法》第十六条第四款、第五款分别规定了故意不履行告知义务与重大过失不履行告知义务的法律后果。对投保人故意不履行如实告知义务的，保险人对于解除合同前发生的保险事故，不承担赔偿或给付保险金的责任，并不退还保费。对投保人因重大过失未履行如实告知义务，对保险事故的发生有严重影响的，保险人对于合同解除前发生的保险事故，不承担赔偿或给付保险金的责任，但应当退还保险费。保险人在合同订立时已经知道投保人未如实告知情况的，保险人不得解除合同；发生保险事故的，保险人应当承担赔偿或给付保险金的责任。

（2）保证。保证是指投保人在保险合同中向保险人做出的履行某种特定义务的承诺，或担保某一事项的真实性。如人身保险合同中投保人保证在一定时间内不去某个发生战争的国家；财产保险合同的投保人承诺在保险合同有效期限内不改变保险标的的用途等。

构成最大诚信原则内容的保证，是保险合同的基础。这是由于保险人无法直接控制保险标的的使用情况，只有在保险事故发生时才能了解事故发生的原因和结果、保险标的的受损原因和受损状况，因此，如果投保人违反保证义务。保险人即可取得解除合同的权利或不负赔偿责任。

2. 保险利益原则

我国《保险法》规定，人身保险的投保人在保险合同订立时，对被保险人应当具有保险利益。投保人对被保险人不具有保险利益的，保险合同无效，但投保人主张保险人退还扣减相应手续费后的保险费的，人民法院应予以支持。财产保险的被保险人在保险事故发生时，对保险标的应当具有保险利益。可见，对人身保险合同来说，投保人或被保险人对保险标的有无保险利益关系到合同的效力问题，对财产保险合同来说关系到保险人是否履行保险责任的问题。

保险利益是指投保人或者被保险人对保险标的具有的法律上承认的利益。其构成要件包括：①保险利益必须是法律上承认的利益，即必须是得到法律认可和保护合法利益，法律不予认可或不予保护的利益不构成保险利益；②保险利益必须具有经济性。保险利益必须是可以用货币计算估价的利益；③保险利益必须具有确定性。保险利益必须是确定的、客观存在的利益，包括现有利益和期待利益。财产保险和人身保险均适用保险利益原则。

在人身保险中，投保人对下列人员具有保险利益：①本人；②配偶、子女、父母；③上述人员以外的与投保人有抚养、赡养或者抚养关系的家庭其他成员、近亲属；④与投保人有劳动关系的劳动者。除上述规定外，被保险人同意投保人为其订立合同的，视为投保人对被保险人具有保险利益。财产保险中享有保险利益的人员范围主要有：对财产享有法律上权利的人，如所有权人、抵押权人、留置权人等；财产保管人；合法占有财产的人，如承租人、承包人等。应当注意的是，（人身）保险合同订立后，因投保人丧失对被保险人的保险利益，当事人主张保险合同无效的，人民法院不予支持。

3. 损失补偿原则

损失补偿原则是财产保险合同所特有的一项原则。这是由财产保险合同的经济补偿性所决定的。保险的功能是损失补偿，而人们参加保险不是为了盈利，而是为了保障其经济利益。包括：①被保险人只有遭受约定的保险危险所造成的损失才能获得赔偿，如果有险无损或者有损但并非约定的保险事故所造成，被保险人都无权要求保险人给予赔偿。②补偿的金额等于实际损失的金额。投保人或者被保险人在约定的保险事故发生后遭受损失多少，保险人就补偿多少；没有损失就不补偿，投保人或被保险人不能获得多于或少于损失的赔偿。应当注意的是，保险人的赔付以投保时约定的保险金额为限。而且保险金额不得超过保险标的的实际价值，超过保险金额的损失，保险人不予赔偿。

根据我国《保险法》的规定，保险金额是指保险人承担赔偿或者给付保险金责任的最高限额，也即保险人的最高赔偿限额。损失补偿原则还派生出代位求偿原则和重复保险分摊原则。

4. 近因原则

近因原则是指保险人对承保范围内的保险事故作为直接的、最接近的原因所引起的损失，承担保险责任。也就是说，保险事故与损害后果之间应具有因果关系。此处的近因并非是指时间上最接近损失的原因，而是指有支配力或一直有效的原因。

（三）保险公司

保险业属于经营风险的特殊行业，各国对于保险业的经营主体都有严格的限制性条件和资格要求。我国对保险实行专营原则。我国《保险法》规定，保险业务由依照保险法设立的保险公司以及法律、行政法规定的其他保险组织经营，其他单位和个人不得经营保险业务。

1. 保险公司的设立

（1）保险公司的设立条件

我国《保险法》规定，设立保险公司应当具备下列条件：

①主要股东具有持续盈利能力，信誉良好，最近3年内无重大违法违规记录，净资产不低于人民币2亿元。

②有符合保险法和公司法规定的章程。

③有符合保险法规定的注册资本。《保险法》第六十九条规定，设立保险公司。其注册资本的最低限额为人民币2亿元。国务院保险监督管理机构（以下简称"中国保监会"）根据保险公司的业务范围、经营规模，可以调整其注册资本的最低限额，但不得低于2亿元人民币。保险公司的注册资本必须为实缴货币资本。

④有具备任职专业知识和业务工作经验的董事、监事和高级管理人员。

⑤有健全的组织机构和管理制度。

⑥有符合要求的营业场所和与经营有关的其他设施。

⑦法律、行政法规和国务院保险监督管理机构规定的其他条件。

（2）申请、批准和登记

申请设立保险公司。应当向国务院保险监督管理机构提出书面申请，并提交设立申请书、可行性研究报告、筹建方案、投资人的营业执照等其他材料。国务院保险监督管理机构应当自受理申请之日起6个月内做出批准或者不批准筹建的决定，并书面通知申请人。申请人应自收到批准筹建通知之日起1年内完成筹建工作，筹建期间不得从事保险经营活动。筹建工作完成后，申请人可向国务院保险监督管理机构提出开业申请，国务院保险监督管理机构应自受理开业申请之日起60日内，做出批准或者不批准开业的决定。决定批准的，颁发经营保险业务许可证，并凭许可证办理工商登记。保险公司及其分支机构自取得经营许可证之日起6个月内，无正当理由未办理工商登记的，其经营业务许可证失效。

2. 保险公司的变更

我国《保险法》的规定，保险公司变更有下列情形之一的，应当经国务院保险监督管理机构批准：变更名称、变更注册资本、变更公司或者分支机构的营业场所、撤销分支机构、公司分立或者合并、修改公司章程、变更出资额占有限责任公司股本总额5%以上的股东，或者变更持有股份有限公司股份5%以上的股东以及国务院保险监督管理机构规定的其他情形。

3. 保险公司的终止

保险公司终止的原因有：

（1）解散。保险公司因合并、分立需要解散，或者股东会、股东大会决议解散或者公司章程规定的解散事由出现。经国务院保险监督管理机构批准后解散。经营有人寿保险业务的保险公司。除因合并、分立或者被依法撤销外，不得解散。保险公司解散，应当依法成立清算组进行清算。

（2）被撤销。保险公司违反保险法有关规定。被保险监督管理机构依法吊销保险经营业务许可证的，依法撤销。

（3）破产。保险公司不能清偿到期债务，并且资产不足以清偿全部债务或者明显缺乏债务清偿能力的，经国务院保险监督管理机构同意，保险公司或者其债权人可以依法向人民法院申请重整。重整或者破产清算：国务院保险监督管理机构也可以依法向人民法院申请对该保险公司进行重整或破产清算。

4. 保险公司的业务范围

保险公司的业务范围包括以下内容：①人身保险业务（包括人寿保险、健康保险、意外伤害保险等）；②财产保险业务（包括财产损失保险、责任保险、信用保险、保证保险等）以及国务院保险监督管理机构批准的与保险有关的其他业务。

保险公司不得兼营人身保险业务和财产保险业务。但是，经营财产保险业务的保险公司经国务院保险监督管理机构批准。可以经营短期健康保险业务和意外伤害保险业务。

（四）保险代理人

保险代理人是根据保险人的委托，向保险人收取佣金，并在保险人授权的范围内代为办理保险业务的机构或者个人。

保险代理机构包括专门从事保险代理业务的保险专业代理机构和兼营保险代理业务的保险兼业代理机构。

1. 保险代理人是保险人的代理人

保险代理人接受保险人的委托。代表保险人的利益，以保险人的名义，在保险人授权范围内代理保险人进行保险业务。保险代理人的保险代理活动所产生的法律后果，由保险人承担。

2. 保险代理人必须与保险人签订委托代理合同

根据我国《保险法》的规定，保险人委托保险代理人代为办理保险业务。应当与保险代理人签订委托代理协议。依法约定双方的权利和义务。如果保险代理人没有代理权、超越代理权或者代理权终止后以保险人的名义订立合同，使投保人有理由相信其有代理权的，该代理行为有效。

（五）保险经纪人

保险经纪人是基于投保人的利益，为投保人与保险人订立保险合同提供中介服务，并依法收取佣金的机构。

保险代理机构、保险经纪人应当具备国务院保险监督管理机构规定的条件，取得保险监督管理机构颁发的经营保险代理业务许可证、保险经纪业务许可证。

（六）保险业监督管理

我国《保险法》规定，国务院保险监督管理机构依法对保险业实施监管。国务院保险监督管理机构根据履行职责的需要设立派出机构。派出机构按照国务院保险监督管理机构的授权履行职责。保险监督管理机构依照保险法和国务院规定的职责。遵循依法、公开、公正的原则，对保险业实施监督管理，维护保险市场秩序，保护投保人、被保险人和受益人的合法权益。

二、保险合同

（一）保险合同的一般规定

保险合同是投保人与保险人约定保险权利义务关系的协议。订立保险合同，应当协商一致，遵循公平原则确定各方的权利和义务。除法律、行政法规规定必须保险的外，保险合同自愿订立。保险合同具有以下特征：

1. 保险合同是双务有偿合同

保险合同的当事人按照合同的约定互相负有义务，保险人在合同约定的保险事故发生时或者在保险期限届满时，向投保人（或被保险人，或受益人）支付赔偿金或保险金；投保人按照合同约定向保险人缴纳保险费，并以此为代价将一定范围内的危险转移给保险人。

2. 保险合同是射幸合同

射幸合同，即为碰运气的机会性合同。在保险合同中，投保人缴纳保险费的义务是确定的，而合同约定的保险事故是否发生是不确定的，即保险人是否承担保险责任是机会性的，具有偶然性。危险发生的偶然性，决定了保险合同的射幸性质。

3. 保险合同是诺成合同

我国《保险法》规定，投保人提出保险要求，经保险人同意承保，保险合同成立。保险人应当及时向投保人签发保险单或者其他保险凭证。保险单或者其他保险凭证上应当载明当事人双方约定的合同内容。当事人也可以约定采用其他书面形式载明合同内容。

4. 保险合同是格式合同

保险合同的内容或主要条款或保险单一般是由保险人一方根据相关规定拟定和提供

的，投保人在投保时，通常只能决定是否接受保险人制定的保险条款，一般没有拟定、磋商或更改保险合同条款的自由。

鉴于此，为了确保保险合同订立的公正性，我国《保险法》规定了对格式条款的制约机制：

（1）订立保险合同，采用保险人提供的格式条款的，保险人向投保人提供的投保单应当附格式条款，保险人应当向投保人说明合同的内容。对保险合同中免除保险人责任的条款，保险人在订立合同时应当在投保单、保险单或者其他保险凭证上做出足以引起投保人注意的提示，并对该条款的内容以书面或者口头形式向投保人做出明确说明，未作提示或者明确说明的，该条款不产生效力。

（2）采用保险人提供的格式条款订立的保险合同中的下列条款无效：①免除保险人依法应承担的义务或者加重投保人、被保险人责任的；②排除投保人、被保险人或者受益人依法享有的权利的。

（3）采用保险人提供的格式条款订立的保险合同，保险人与投保人、被保险人或者受益人对合同条款有争议的，应当按照通常理解予以解释。对合同条款有两种以上解释的，人民法院或仲裁机构应当做出有利于被保险人和受益人的解释。

5. 保险合同是最大诚信合同

见前述保险法的基本原则之"最大诚信原则"。

（二）保险合同的当事人及关系人

1. 保险合同的当事人

保险合同的当事人是指投保人和保险人，即订立保险合同的双方当事人。保险人是指与投保人订立保险合同，并按照合同约定承担赔偿或者给付保险金责任的保险公司。

2. 保险合同的关系人

（1）被保险人

被保险人是指其财产或者人身受保险合同保障，享有保险金请求权的人。投保人可以为被保险人。一般来讲，财产保险中自然人和法人均可以作为被保险人，但人身保险的被保险人只能是自然人。同时，应当注意的是，投保人不得为无民事行为能力人投保以死亡为给付保险金条件的人身保险，保险人也不得承保。父母为其未成年子女投保的人身保险，不受此限。

一般地，被保险人享有以下权利：①对保险金的给付享有独立的请求权；②根据我国《保险法》的有关规定，被保险人享有如下同意权：人身保险的受益人由被保险人或投保人指定，投保人指定受益人时须经被保险人同意，投保人变更受益人时也须经被保险人同意；以死亡为给付保险金条件的合同，未经被保险人同意并认可保险金额的，保险合同无效，父母为其未成年子女投保的人身保险不受此限；按照以死亡为给付保险金条件的合同所签发的保险单，未经被保险人书面同意，不得转让或质押。根据《保险法》及《保险法》司法解释的规定，当事人订立以死亡为给付保险金条件的合同，被保险人可以在合同订立时采取书面形式、口头形式或者其他形式同意并认可保险金额，也可以在合同订立后追认。

（2）受益人

受益人是指人身保险合同中由被保险人或者投保人指定的享有保险金请求权的人。投保人、被保险人可以为受益人。受益人的资格最没有限制，自然人、法人均可为受益人，胎儿作为受益人应以活着出生为限。已经死亡的人不得作为受益人。被保险人或者投保人可以指定一人或数人为受益人。但投保人指定受益人未经被保险人同意的，人民法院应认定指定行为无效。

当事人对保险合同约定的受益人存在争议，除投保人、被保险人在保险合同之外另有约定的，按照以下情形分别处理：①受益人约定为"法定"或者"法定继承人"的，以继承法规定的法定继承人为受益人；②受益人仅约定为身份关系，投保人与被保险人为同一主体的，根据保险事故发生时与被保险人的身份关系确定受益人；投保人与被保险人为不同主体的，根据保险合同成立时与被保险人的身份关系确定受益人；③受益人的约定包括姓名和身份关系，保险事故发生时身份关系发生变化的，认定为未指定受益人。

受益人为数人的，被保险人或者投保人可以确定受益顺序和受益份额；未确定受益份额的，受益人按照相等份额享有受益权。

此外，我国《保险法》规定，被保险人死亡后，有下列情形之一的，保险金作为被保险人的遗产，由保险人依照《继承法》的规定履行给付保险金的义务：①没有指定受益人。或者受益人指定不明无法确定的；②受益人先于被保险人死亡，没有其他受益人的；③受益人依法丧失受益权或者放弃受益权，没有其他受益人的。受益人与被保险人在同一事件中死亡，且不能确定死亡先后顺序的，推定受益人死亡在先。

《保险法》第四十三条第二款规定，受益人故意造成被保险人死亡、伤残、疾病的，或者故意杀害被保险人未遂的，该受益人丧失受益权。

（三）保险合同的订立

1. 保险合同的订立程序

（1）投保

投保是指投保人向保险人提出的要求保险的意思表示。由于保险合同条款一般是统一的和公开的，故投保人填写投保单，就意味着投保人已确认保险人事先制定好的保险合同条款。投保既然是一种要约。投保人在其投保的要约有效期内，受其所填写的投保单的约束。保险人在此期限内向投保人承保的，投保人应当与保险人签订保险合同。

（2）承保

承保是指保险人同意投保人提出的保险要求的意思表示，亦即保险人接受投保人在投保单中提出的全部条件，同意在发生保险事故或者在约定的保险事件到来时承担保险责任。由于保险合同为诺成合同，保险人同意承保就意味着承诺，因此，保险合同成立。

2. 保险合同成立的时间

我国《保险法》规定，投保人提出保险要求，经保险人同意承保，保险合同成立。根据《保险法》司法解释的规定，投保人或者投保人的代理人订立保险合同时没有亲自签字或者盖章，而由保险人或者保险人的代理人代为签字或者盖章的，对投保人不生效。但投保人已经交纳保险费的，视为其对代签字或者盖章行为的追认。

（四）保险合同的条款

根据我国《保险法》第十八条的规定，保险合同应当包括下列事项：

1. 保险人的名称和住所。

2. 投保人、被保险人的姓名或者名称、住所，以及人身保险的受益人的姓名或者名称、住所。

3. 保险标的，保险标的是指保险合同所要保障的对象。财产保险合同的保险标的是被保险的财产及其有关利益。人身保险合同的保险标的是被保险人的寿命、身体和健康。

4. 保险责任和责任免除，保险责任是指保险合同约定的保险事故的发生造成被保险人财产损失或在约定的人身事件到来时，保险人所应承担的责任。

5. 保险期间和保险责任开始时间，保险期间是指保险人提供保险保障的期间，在该期间内发生保险事故并致使保险标的损害的，保险人承担保险责任。保险期间就是保险责任从开始到终止的期间，即为保险责任起始时间。

6. 保险金额，保险金额是指保险人承担赔偿或者给付保险金责任的最高限额，也是保险人计算保险费的依据之一。财产保险合同中保险金额与保险价值关系密切，保险金额可以等于或少于保险价值，但不得超过保险价值，超过的部分无效。人身保险的保险金额是根据投保人的投保要求，由双方协商确定的。

7. 保险费以及支付办法。保险费是投保人依合同约定向保险人支付的费用，是投保人为获得保险保障应支付的对价。投保人缴纳的保险费为保险金额与保险费率之乘积。投保人缴纳的保险费可一次性支付，也可以分期分批支付。

8. 保险金赔偿或者给付办法。保险金是指保险合同约定的保险事故发生或者在约定的保险事件到来后，保险人实际支付的赔款。保险人在保险事故发生后，应按约定的标准和方法及时向被保险人或受益人支付保险金。保险金的数额、支付方式及支付时间涉及双方当事人的权利和义务的实现等重要问题，因此，保险合同必须确定保险金的计算及支付办法。

9. 违约责任和争议处理。

10. 订立合同的年、月、日。

投保人和保险人可以约定与保险有关的其他事项。

（五）保险合同的形式

1. 保险单

保险单是保险人签发的关于保险合同的正式的书面凭证。保险单由保险人签发并交给投保人。投保人以其持有的保险单来证明其与保险人之间存在的合同关系。保险单中一般印有保险条款，当保险标的遭受损失时，保险单就成为被保险人向保险人索赔的主要凭证，是保险人向被保险人理赔的主要依据。保险单具有以下作用：

（1）保险单是证明保险合同成立的书面凭证，并非保险合同本身；

（2）是双方当事人履约的依据；

（3）在某些情况下，保险单具有有价证券的效用。如人身保险单可转让或质押。

2. 保险凭证

俗称"小保单"。是一种内容简化了的保险单，一般不列明具体的保险条款，只记载投保人和保险人约定的主要内容，但与保险单具有同等的法律效力。对于保险凭证未列明的内容，以相应的保险单的记载为准。

3. 暂保单

暂保单是在保险单发出以前由保险人出具给投保人的一种临时保险凭证。暂保单在保险人正式签发保险单之前，与保险单具有同等法律效力。暂保单的有效期限较短，可由保险人具体规定，一般15日至30日不等。若保险人出具正式保险单或暂保单的有效期限届满，暂保单的法律效力自动终止。

4. 投保单

投保单是保险人事先创定的供投保人提出保险要约时使用的格式文件。投保单本身不是保险合同，但投保单经投保人填具后，如果其内容被保险人完全接受，并在投保单上加盖承保印章时，就成为保险合同的组成部分，补充保险单的不清或遗漏。投保人在其填写的投保单中如有告知不实，又不声明修正的，投保单就会成为保险人解除保险合同或者拒绝承担保险责任的依据。

5. 其他书面形式

除上述四种形式外，当事人可约定采用其他的书面形式。应当注意的是，根据《保险法》司法解释（二）的规定，保险合同中记载的内容不一致的，按照下列规则认定：①投保单与保险单或者其他保险凭证不一致的，以投保单为准。但不一致的情形系经保险人说明并经投保人同意的，以投保人签收的保险单或者其他保险凭证载明的内容为准；②非格式条款与格式条款不一致的，以非格式条款为准；③保险凭证记载的时间不同的，以形成时间在后的为准；④保险凭证存在手写和打印两种方式的，以双方签字、盖章的手写部分的内容为准。

（六）保险合同的履行

1. 投保人的义务

（1）支付保险费的义务。支付保险费是投保人最基本和最主要的义务。投保人支付保险费，应按照保险合同约定的数额、期限、方式等条件支付。我国《保险法》第三十六条规定，合同约定分期支付保险费，投保人支付首期保险费后，除合同另有约定外，投保人自保险人催告之日起超过30日未支付当期保险费，或者超过约定的期限60日未支付当期保险费的，合同效力中止，或者由保险人按照合同约定的条件减少保险金额。当事人以被保险人、受益人或者他人已经代为支付保险费为由，主张投保人对应的交费义务已经履行的，人民法院应予支持。

（2）危险增加的通知义务。"危险增加"是指订立保险合同时双方当事人未曾估计到危险发生的可能性增大，其后果是保险人有权要求提高保险费或解除合同的责任。在合同有效期内，保险标的的危险显著增加的，被保险人应当按照合同约定及时通知保险人，保险人可以按照合同约定增加保险费或者解除合同。保险人解除合同的，应当将已收取的保险费，按照合同约定扣除自保险责任开始之日起至合同解除之日止应收的部分后，退还投保人。被保险人未履行危险增加的通知义务的，因保险标的危险显著增加而发生的保险事故，保险人不承担赔偿保险金的责任。

（3）通知出险义务。我国《保险法》规定，投保人、被保险人或者受益人知道保险事故发生后，应当及时通知保险人。故意或者因重大过失未及时通知，致使保险事故的性质、原因、损失程度等难以确定的部分，不承担赔偿或者给付保险金的责任，但保险人通过其他途径已经及时知道或者应当及时知道保险事故发生的除外。

（4）维护保险标的安全义务。被保险人应当遵守国家有关消防、安全、生产操作、劳动保护等方面的规定，维护保险标的安全。保险人可以按照合同约定对保险标的的状况进行检查，及时向投保人、被保险人提出消除不安全因素和隐患的书面建议。投保人、被保险人未按照约定履行其对保险标的的安全应尽责任的，保险人有权要求增加保险费或者解除合同。

（5）积极施救义务。我国《保险法》规定，保险事故发生时，被保险人应当尽力采取必要的措施，防止或者减少损失。

2. 保险人的义务

（1）理赔义务。这是保险人最基本和最主要的义务。保险人应按照保险合同约定的时间开始承担保险责任，并在保险事故发生后或保险合同约定的事件到来时对损失给予赔偿或向受益人支付保险金。我国《保险法》规定，除合同另有约定外，保险人收到被保险人或受益人的赔偿或者给付保险金的请求后，应当及时做出核定；情形复杂的，应当在30日内做出核定，并将核定结果通知被保险人或者受益人。对属于保险责任的，在与被保险人或者受益人达成赔偿或者给付保险金的协议后10日内，履行赔偿或给付保险金义务。保险人未及时履行前述义务的，除支付保险金外，应当赔偿被保险人或者受益人因此受到的损失。对不属于保险责任的，应当自做出核定之日起3日内由被保险人或者受益人发出拒绝赔偿或者拒绝给付保险金通知书，并说明理由。

（2）支付其他合理、必要费用的义务。

①为防止或者减少保险标的损失所支付的合理、必要的费用，如施救费用等。保险事故发生后，被保险人为防止或者减少保险标的的损失所支付的必要的、合理的费用，由保险人承担，最高不超过保险金额的数额。保险人以被保险人采取的措施未产生实际效果为由抗辩的，人民法院不予支持。

②为查明和确定保险事故的性质、原因和保险标的的损失程度所支付的合理的、必要的费用。如为确定事故性质进行鉴定支出的费用。

③责任保险中被保险人被提起诉讼或仲裁的费用及其他合理的、必要的费用。责任保险中被保险人因给第三者造成损害的保险事故而被提起仲裁或者诉讼的，被保险人支付的仲裁或者诉讼费用以及其他必要的、合理的费用，除合同另有约定外，由保险人承担。

3. 索赔

索赔是法律所赋予的被保险人（投保人）或受益人的一项权利。财产保险合同的索赔权利人是被保险人，且其在保险事故发生时对保险标的应具有保险利益；人身保险合同的索赔权利人是被保险人或受益人。

保险事故发生后，索赔权利人应在规定的时间内向保险人索赔。我国《保险法》规定，人寿保险的被保险人或者受益人向保险人请求给付保险金的诉讼时效期间为5年，自其知道或者应当知道保险事故发生之日起计算。人寿保险以外的其他保险的被保险人或者受益人，向保险人请求赔偿或者给付保险金的诉讼时效期间为2年，自其知道或者应当知道保险事故发生之日起计算。

投保人、被保险人或者受益人知道保险事故发生后，应当及时告知保险人，并有义务保护现场，接受保险人的检验与勘查。进而提出索赔请求，提供索赔证据，领取保险赔偿金或保险金。

4. 理赔

理赔是指保险人接受索赔权利人的索赔要求后所进行的检验损失、调查原因、搜集证据、确定责任范围直至赔偿、给付的全部工作和过程。

（七）保险合同的变更

保险合同的变更包括主体变更、内容变更和效力变更。

1. 投保人、被保险人的变更

投保人、被保险人的变更又称为保险合同的转让，是指保险人、保险标的和保险内容均不改变，而投保人或被保险人发生变更的行为。如因买卖而发生的保险标的的所有权转移等。根据《保险法》及《保险法》司法解释的规定，在财产保险合同中，保险标的转让或被继承的，保险标的的受让人或继承人承继被保险人的权利和义务。保险标的已交付受让人，但尚未依法办理所有权变更登记，承担保险标的毁损灭失风险的受让人主张行使被保险人权利的，人民法院应予支持。被保险人、受让人依法及时向保险人发出保险标的转让通知后，保险人作出答复前，发生保险事故，被保险人或者受让人主张保险人按照保险合同承担赔偿保险金的责任的，人民法院应予支持。

2. 保险合同内容的变更

我国《保险法》规定，投保人和保险人可以协商变更合同内容，并应当由保险人在保险单上或者其他保险凭证上批注或者附贴批单，或者由投保人和保险人订立变更的书面协议。一般情况下，变更保险合同的内容需要取得保险人的同意，但是在人身保险合同中，根据《保险法》司法解释（三）的规定，投保人或者被保险人变更受益人，当事人主张变更行为自变更意思表示发出时生效的，人民法院由予支持。投保人或者被保险人变更受益人未通知保险人，保险人主张变更对其不发生效力的，人民法院应予支持。这是为了保护保险人的合理信赖，变更受益人没有通知保险人的，不得对抗保险人。投保人变更受益人未经被保险人同意，人民法院应认定变更行为无效。投保人或者被保险人在保险事故发生后变更受益人，变更后的受益人请求保险人给付保险金的，人民法院不予支持。

3. 保险合同效力的变更

它是指人身保险合同失效后又复效的情况。我国《保险法》规定，因投保人未按照规定支付保费而导致合同效力中止的，经保险人与投保人协商并达成协议，在投保人补交保险费后，合同效力恢复，但是，自合同效力中止之日起满 2 年未达成协议的，保险人有权解除合同。

（八）保险合同的解除

1. 投保人的合同解除权

根据我国《保险法》的规定，除保险法另有规定或者保险合同另有约定外。保险合同成立后，投保人可以解除合同，保险人不得解除合同。保险合同本是为了分担投保人的损失，所以法律赋予了投保人单方解除合同的权利。在人身保险合同中，投保人解除合同的，保险人应当自收到解除通知之日起 30 日内。按照合同约定退还保险单的现金价值。在财产保险合同中，保险责任开始前，投保人要求解除合同的，应当按照合同约定向保险人支付手续费，保险人应当退还保险费。保险责任开始后，投保人要求解除合同的，保险人应当将已收取的保险费，按照合同约定扣除自保险责任开始之日起至合同解除之日止应收的部分后，退还投保人。

2. 保险人的合同解除权

保险法规定的保险人具有解除合同权利的情形有：

（1）投保人故意或者因重大过失未履行如实告知义务，足以影响保险人决定是否同意承保或者提高保险费率的，保险人有权解除合同。

（2）被保险人或者受益人未发生保险事故，谎称发生了保险事故，向保险人提出赔偿或者给付保险金请求的，保险人有权解除合同，并不退还保险费。

（3）投保人、被保险人未按照合同约定履行其对保险标的的安全应尽责任的，保险人有权解除合同。

（4）在合同有效期内，保险标的的危险程度显著增加，被保险人未按合同约定及时通知保险人的或者保险人要求增加保险费被拒绝的，保险人有权解除合同。

（5）投保人申报的被保险人年龄不真实，并且其真实年龄不符合合同约定的年龄限制的，保险人可以解除合同。

（6）人身保险合同效力中止后两年保险合同双方当事人未达成协议恢复合同效力的，保险人有权解除合同。

此外，保险标的发生部分损失的，自保险人赔偿之日起30日内，投保人可以解除合同，除合同另有约定外，保险人也可以解除合同，但应当提前15日通知投保人。合同解除的，保险人应将保险标的未受损失部分的保险费，按照合同约定扣除自保险责任开始之日起至合同解除之日止应收的部分后退还投保人。

第三节　票据法律制度

课程思政

互联网技术为票据市场服务实体经济助力增效

近几年来，随着国家对于财政和金税系统的大力改革，发票公共服务平台和数电发票平台上线使用，加快了发票和财政票据电子化的步伐，引发商户提升自身票据管控能力、实现自动化开票的强烈需求。银联商务票据服务云平台定位基于"支付+开票"的新流量入口，为海量行业客户提供发票和财政电子票据开具、管理。平台采用互联网主流的分布式技术和组件，结合最新大数据技术和人工智能技术实现发票商户及其数据的校验和管理等功能，为商户提供线上线下相结合的"支付+开票"一体化操作流程，解决商户支付和开票流程割裂及票据递送"最后一公里"的普遍痛点，借助银联商务庞大的支付网络和多样的支付场景提升商户的开票效率和体验。

请思考：票据服务云平台为支付结算体系带来便利的同时是否存在问题？如何解决？

一、票据与票据法概述

（一）票据的概念

广义的票据，泛指代表一定权利义务关系的书面凭证，如汇票、本票、支票、提单、仓单、保单、记账凭证等；有时甚至把日常生活中使用的一些书面凭证，如乘车、乘船的票证等，也称为票据。狭义的票据，仅指依照法定格式签发和流通的汇票、本票和支票。

《中华人民共和国票据法》（以下简称《票据法》）规定的票据，是狭义的票据，是指出票人依法签发的，约定自己或委托付款人在见票时或指定的日期向收款人或持票人无条件支付一定金额并可转让的有价证券，包括汇票、本票和支票。

（二）票据法的概念

广义的票据法即实质意义的票据法，是指调整票据关系的各种法律规范，即各种法律中有关票据规定的法律规范的总称，包括专门的票据法律以及其他法律中有关票据的规定。如民法中有关法律行为、代理、票据设置的规定等；刑法中有关伪造有价证券罪的规定；民事诉讼法中有关票据诉讼、公示催告等的规定等。狭义的票据法即形式意义的票据法，是指以部门法形式存在的专门的票据法，它是规定票据的种类、形式和内容，明确票据当事人之间权利义务关系，调整因票据而发生的社会关系的法律规范的总称。本章介绍的主要是狭义的票据法。

（三）票据法上的关系和票据基础关系

1. 票据法上的关系

票据法上的关系是指因票据行为及与票据行为有关的行为而产生的票据当事人之间的法律关系。票据法上的关系可分为票据法上的票据关系和票据法上的非票据关系。

（1）票据法上的票据关系

票据法上的票据关系，是指当事人基于票据行为而产生的票据权利义务关系。其中，票据的持有人（持票人）享有票据权利，对于在票据上签名的票据债务人可以主张行使票据法规定的相关权利。票据上签名的票据债务人承担票据责任（即票据义务），依自己在票据上的签名按照票据上记载的文义承担相应的义务。票据关系当事人较复杂，一般包括出票人、持票人、付款人、背书人、保证人等。

出票人，也称发票人，是指依法定方式做成票据并在票据上签名盖章，并将票据交付给收款人的人。收款人，是指票据到期并经提示后收取票款的人（收款人有时又是持票人）。付款人，是指根据出票人的命令支付票款的人。持票人，即持有票据的人。承兑人，是指接受汇票出票人的付款委托，同意承担支付票款义务的人。背书人，是指在转让票据时，在票据背面签字或盖章，并将该票据交付给受让人的票据收款人或持有人。被背书人，是指被记名受让票据或接受票据转让的人。保证人，是指为票据债务提供担保的人。票据关系在不同的当事人间基于不同的票据行为而不同，如因出票行为而产生出票人与受款人间的关系、受款人与付款人间的关系；因汇票的承兑行为而产生持票人与承兑人间的关系；因背书行为而产生背书人与被背书人间的关系；因保证行为而产生保证人与持票人间的关系以及保证人与被保证人及其前手的关系等。在各种票据关系中，出票人、持票人、付款人三者之间的关系是票据的基本关系。

（2）票据法上的非票据关系

票据法上的非票据关系，是指由票据法直接规定的，不基于票据行为而发生的票据当事人之间与票据有关的法律关系。如票据上正当权利人对法律规定不得享有票据权利的人行使票据返还请求权而发生的关系，因时效届满或手续欠缺而丧失票据上权利的持票人对出票人或承兑人行使利益偿还请求权而发生的关系，票据付款人付款后请求持票人交还票据而发生的关系等。

2. 票据基础关系

票据基础关系，是指作为产生票据关系的事实和前提存在于票据关系之外而由民法规定的非基于票据行为产生的法律关系。票据基础关系主要有三种：票据原因关系、票据资金关系和票据预约关系。

（1）票据原因关系

票据原因关系，是指票据当事人之间授受票据的理由，如出票人与收款人之间签发和接受票据的理由等。原因关系只存在于授受票据的直接当事人之间，票据一经转让，其原因关系对票据效力的影响力即被切断。

（2）票据资金关系

票据资金关系，是指存在于汇票的发票人和付款人之间、支票的发票人和银行机构之间的票据基础关系。票据资金关系不以金钱为限，债权、信用等也可以构成资金关系。

（3）票据预约关系

票据预约关系，是指票据当事人在收受票据之前，就票据的种类、金额、到期日、付款地等事项达成协议而产生的法律关系。它是沟通票据原因和票据行为的桥梁。

（四）票据行为

票据行为即票据法律行为，有广义、狭义之分。广义的票据行为是指票据关系当事人之间以产生、变更或终止票据关系为目的而进行的法律行为。狭义的票据行为，则仅指以发生票据上的债务为目的的法律行为。

《票据法》规定的狭义票据行为，汇票包括出票、背书、承兑、保证，本票包括出票、背书、保证，支票包括出票和背书。

1. 票据行为的实质要件

票据行为的实质要件，包括行为人的票据能力和意思表示。

（1）行为人必须具有从事票据行为的能力。从事票据行为的能力即票据能力，包括票据权利能力和票据行为能力。《票据法》规定，只要具备民事主体资格，公民（自然人）、法人和其他组织，都具有票据权利能力。无民事行为能力人或者限制民事行为能力人在票据上签章的，其签章无效。也就是说，无民事行为能力人或者限制民事行为能力人不具有票据行为能力，只有具备完全民事行为能力的自然人、法人和其他单位才具有票据行为能力。

（2）票据行为人的意思表示必须合法、真实。《票据法》规定，票据的签发、取得和转让，应当遵循诚实信用的原则，具有真实的交易关系和债权债务关系。票据的取得，必须给付对价，即应当给付票据双方当事人认可的相对应的代价。以欺诈、偷盗或者胁迫等手段取得票据的，或者明知有前述情形，出于恶意取得票据的，不得享有票据权利。

2. 票据行为的形式要件

票据行为是一种要式行为，必须符合法定形式。票据行为的形式要件，有书面、签章、记载事项和交付四项。

（1）票据行为必须采用书面形式。票据为文义证券，各种票据行为都必须以书面形式做成才能生效。票据当事人应当使用中国人民银行规定的统一格式的票据，未使用按中国人民银行统一规定印制的票据，票据无效。

（2）票据签章。票据签章是票据的绝对记载事项。票据上的签章因票据行为不同，签章人也不相同。票据签发时，由出票人签章；票据转让时，由背书人签章；票据承兑时，由承兑人签章；票据保证时，由保证人签章；票据代理时，由代理人签章；持票人行使票据权利时，由持票人签章等。

《票据法》对不同票据的签章做了明确规定，银行汇票的出票人在票据上的签章和银行承兑汇票的承兑人的签章，应为经中国人民银行批准使用的该银行汇票专用章加其法定代表人或其授权的代理人的签名或者盖章；商业汇票的出票人在票据上的签章，为该法人或者该单位的财务专用章或者公章加其法定代表人、单位负责人或者其授权的代理人的签名或者盖章，银行本票的出票人在票据上的签章、单位负责人或者其授权的代理人的签名或者盖章；银行本票的出票人在票据上的签章，应为经中国人民银行批准使用的该银行本票专用章加其法定代表人或其授权的代理人的签名或者盖章；单位在票据上的签章，应为该单位的财务专用章或者公章加其法定代表人或其授权的代理人的签名或者盖章；支票的出票人和商业承兑汇票的承兑人在票据上的签章，应为其预留银行的签章。

（3）票据记载事项。票据行为要有效成立，必须根据《票据法》的规定，在票据上记载有关事项，根据记载事项的效力，票据记载事项可以分为必要记载事项、任意记载事项、不得记载事项等。

必要记载事项，是指根据《票据法》的规定必须记载的事项。根据效力不同又可分为绝对必要记载事项和相对必要记载事项。绝对必要记载事项是指《票据法》明文规定必须记载，如无记载，票据即为无效的事项。

任意记载事项，是指《票据法》规定由当事人选择记载的事项，该事项一经记载，即发生《票据法》上的效力。如出票人或背书人在汇票上记载"不得转让"，就属于任意记载事项，行为人不作记载，对票据效力不发生影响，一旦作了记载，就发生《票据法》规定的效力。

不得记载事项，是指《票据法》禁止行为人在票据上记载的事项，包括记载无效的事项和使票据无效的事项。记载无效的事项是指行为人虽作记载，但《票据法》上视作未记载，只是此项记载本身无效；票据的效力并不因此受到影响。如支票上记载付款日期的，该记载无效。

（4）票据交付。票据交付是指票据行为人将票据实际交付给对方持有。不同的票据行为，其接受交付的相对人也不一样。出票人须将票据交付给收款人，背书人须将票据交付给被背书人，承兑人及保证人须将票据交付给持票人等。

3. 票据行为的代理

（1）代理概述

票据行为的代理，是指代理人在其代理权限范围内，在票据上记载被代理人的名称及为被代理人代理的意思，并在票据上签章的行为。《票据法》规定，票据当事人可以委托其代理人在票据上签章，并应当在票据上表明其代理关系。

票据行为的代理必须具备以下条件：

①票据当事人必须有委托代理的意思表示。

②代理人必须按被代理人的委托在票据上签章。代理人在行使代理权时，必须在票据上以自己的名字或名称签章。如果代理人未在票据上以自己的名字或名称签章，则不产生票据代理的效力。

③代理人应在票据上表明代理关系，即注明"代理"字样或类似的文句。符合上述条件的，该票据行为的代理对被代理人发生法律效力，其后果由被代理人承担。

（2）无权代理

票据无权代理是指行为人没有被代理人的授权而以代理人名义在票据上签章的行为。《票据法》规定，没有代理权而以代理人名义在票据上签章的，应当由签章人承担票据责任。

（3）越权代理

票据越权代理是指代理人超越代理权限而使被代理人增加票据责任的代理行为。《票据法》规定，代理人超越代理权限的，应当就其超越权限的部分承担票据责任。

（五）票据权利

票据权利是指持票人向票据债务人请求支付票据金额的权利，包括付款请求权和追索权。付款请求权，是指持票人对主债务人所享有的、依票据而请求支付票据所载金额的权利，具有主票据权利的性质。追索权，是指付款请求权得不到满足时，向付款人以外的票据债务人要求清偿票据金额及有关费用的权利，又称为偿还请求权。

票据权利是以获得一定金钱为目的的债权。债权是一种请求权，即为请求他人为一定行为或不为一定行为的权利。票据权利作为一种金钱债权，表现为请求支付一定数额货币的权利。《票据法》规定，票据权利为付款请求权和追索权。

1. 票据权利的取得

票据权利的取得，也称票据权利的发生。票据权利以持有票据为依据，行为人合法取得票据，即取得了票据权利。当事人取得票据的情形主要有：①出票取得。出票是创设票据权利的票据行为，从出票人处取得票据，即取得票据权利。②转让取得。票据通过背书或交付等方式可以转让他人，以此取得票据即获得票据权利。③通过税收、继承、赠予、企业合并等方式取得票据。

票据权利取得受以下情况的限制：

（1）票据的取得，必须给付对价，即应当给付票据双方当事人认可的相对应的代价。无对价或无相当对价取得票据的，如果属于善意取得，即票据取得人取得票据不存在欺诈、偷盗、胁迫等情形，没有主观恶意，仍然享有票据权利，但票据持有人必须承受其前手的权利瑕疵，即该票据权利不得优于其前手。如果前手的权利因违法或有瑕疵而受影响或丧失，该持票人的权利也因此而受影响或丧失。前手是指在票据签章人或者持票人之前签章的其他票据债务人。

（2）因税收、继承、赠予可以依法无偿取得票据的，不受给付对价的限制。但是，所享有的票据权利不得优于其前手的权利。

（3）因欺诈、偷盗、胁迫、恶意取得票据或因重大过失取得不符合法律规定的票据的，不得享有票据权利。

2. 票据权利的行使与保全

（1）票据权利的行使

票据权利的行使，是指票据权利人向票据债务人提示票据，请求实现票据权利的行为。如请求承兑、提示票据请求付款、行使追索权等。持票人行使票据权利，应当按照法定程序在票据上签章，并出示票据。

（2）票据权利的保全

票据权利的保全，是指票据权利人为防止票据权利丧失而实施的行为。如为防止付款请求权与追索权因时效而丧失，采取中断时效的行为；为防止追索权丧失而请求做成拒绝证明的行为等。

票据权利人为了防止票据权利丧失，在人民法院审理、执行票据纠纷案件时，可以请求人民法院依法对票据采取保全措施或者执行措施。根据有关规定，经当事人申请并提供担保，对具有下列情形之一的票据，可以依法采取保全措施和执行措施：①不履行约定义务，与票据债务人有直接债权债务关系的票据当事人所持有的票据；②持票人恶意取得的票据；③应付对价而未付对价的持票人持有的票据；④记载有"不得转让"字样而用于贴现的票据；⑤记载有"不得转让"字样而用于质押的票据；⑥法律或者司法解释规定有其他情形的票据。

（3）票据权利行使、保全的时间、地点

《票据法》规定，持票人对票据债务人行使票据权利，或者保全票据权利，应当在票据当事人的营业场所和营业时间内进行，票据当事人无营业场所的，应当在其住所进行。

3. 票据丧失与权利补救

票据丧失，是指票据因灭失、遗失、被盗等原因使票据权利人非出于自己的本意而丧失对票据的占有。票据权利与票据紧密相连，如果票据丧失，票据权利的实现就会受到影响。由于票据丧失并非出于持票人的本意，《票据法》规定了票据丧失后的三种补救措施，即挂失止付、公示催告、普通诉讼。

（1）挂失止付

挂失止付，是指失票人将票据丧失的情况通知付款人并由接受通知的付款人暂停支付，以防止票据款项被他人取得，暂时保全失票人票据权利的一种补救措施。《票据法》规定，票据丧失，失票人可以及时通知票据的付款人挂失止付，但是，未记载付款人的票据或者无法确定付款人及其代理付款人的票据不能挂失止付。在票据实务中，已承兑的商业汇票、支票、填明"现金"字样和代理付款人的银行汇票以及填明"现金"字样的银行本票丧失，可以由失票人通知付款人或者代理付款人挂失止付。未填明"现金"字样和代理付款人的银行汇票以及未填明"现金"字样的银行本票丧失，不得挂失止付。

付款人或者代理付款人收到挂失止付通知书后，查明挂失票据确未付款时，应立即暂停支付，否则，应承担民事赔偿责任。付款人或者代理付款人自收到挂失止付通知书之日起12日内没有收到人民法院的止付通知书的，自第13日起，持票人提示付款并依法向持票人付款的，不再承担责任。如果付款人或者代理付款人在收到挂失止付通知书前，已经依法向持票人付款的，不再接受挂失止付；但是，付款人或者代理付款人以恶意或者重大过失付款的除外。

（2）公示催告

公示催告，是指在票据丧失后，由失票人向人民法院提出申请，请求人民法院以公告方法通知不确定的利害关系人限期申报权利，逾期未申报者，由人民法院通过除权判决宣告所丧失票据无效的一种制度。《民事诉讼法》规定，按照规定可以背书转让的票据持有人，因票据被盗、遗失或者灭失，可以向票据支付地的基层人民法院申请公示催告。《票据法》规定，失票人应当在通知挂失止付后3日内，也可以在票据丧失后，依法向人民法院申请公示催告。

（3）提起诉讼

提起诉讼，是指丧失票据的失票人向人民法院提起民事诉讼，要求法院判定付款人向其支付票据金额的活动。失票人向人民法院提起诉讼的主要内容及程序：

①被告一般是付款人，但在找不到付款人或付款人不能付款时，也可将其他票据债务人（出票人、背书人、保证人等）作为被告。

②诉讼请求的内容是要求付款人或其他票据债务人在票据到期日或判决生效后支付或清偿票据金额。

③失票人在向法院起诉时，应提供所丧失票据的有关书面证明。

④失票人向法院起诉时，应当提供担保，以防由于付款人支付已丧失票据票款后可能出现的损失。担保的数额相当于票据载明的金额。

⑤在判决前，丧失的票据出现时，付款人应以该票据正处于诉讼阶段为由暂不付款，而将情况迅速通知失票人和人民法院。法院应终结诉讼程序。

4. 票据权利的消灭

票据权利的消灭，是指因发生一定的法律事实而使票据权利不复存在。票据权利消灭之后，票据上的债权债务关系随之消灭。

《票据法》规定，票据权利在下列期限内不行使而消灭：①持票人对票据的出票人和承兑人的权利，自票据到期日起2年。见票即付的汇票、本票，自出票日起2年；②持票人对支票出票人的权利，自出票日起6个月；③持票人对前手的追索权，在被拒绝承兑或者被拒绝付款之日起6个月；④持票人对前手的再追索权，自清偿日或者被提起诉讼之日起3个月。

除此之外，票据权利可因民事债权的消灭事由如免除、抵销等事由的发生而消灭。

（六）票据抗辩

票据抗辩，是指票据债务人依照《票据法》的规定，对票据债权人拒绝履行义务的行为。根据抗辩原因及抗辩效力的不同，票据抗辩可分为对物抗辩和对人抗辩。

对物抗辩，也称绝对的抗辩或客观的抗辩，是指基于票据本身存在的事由发生的抗辩。票据债务人可以以物的抗辩对抗一切票据债权人，即可以对任何持票人主张对物抗辩，与票据当事人之间的关系无关。对物抗辩主要包括以下情形：①票据行为不成立而为的抗辩。②依票据记载不能提出请求而为的抗辩。如票据未到期、付款地不符等。③票据载明的权利已消灭或已失效而为的抗辩。④票据权利的保全手续欠缺而为的抗辩。如应做成拒绝证书而未作等。⑤票据上有伪造、变造情形而为的抗辩。

对人抗辩，也称相对抗辩或主观抗辩，是指基于人的事由发生的抗辩，是基于票据债务人和特定票据债权人之间的关系而发生的抗辩，多与票据基础关系有关。票据债务人可以对不履行约定义务的与自己有直接债权债务关系的持票人，进行抗辩。

票据债务人不得以自己与出票人或者与持票人的前手之间的抗辩事由，对抗持票人。但是，持票人明知存在抗辩事由而取得票据的除外。《票据法》规定，票据抗辩受以下方面的限制：

（1）票据债务人不得以自己与出票人之间的抗辩事由对抗持票人。如果票据债务人（如承兑人、付款人）与出票人之间存在抗辩事由（如出票人与票据债务人存在合同纠纷；出票人存入票据债务人的资金不够等），该票据债务人不得以此抗辩事由对抗善意持票人。

（2）票据债务人不得以自己与持票人的前手之间的抗辩事由对抗持票人。如票据债务人与持票人的前手（如背书人、保证人等）存在抵销关系，而持票人的前手将票据转让给了持票人，票据债务人就不能以其与持票人的前手存在抗辩事由而拒绝向持票人付款。

（3）凡是善意的、已付对价的正当持票人可以向票据上的一切债务人请求付款，不受前手权利瑕疵和前手相互间抗辩的影响。如持票人不知道其前手取得票据存在欺诈、偷盗、胁迫、重大过失等情形，并已为取得票据支付了相应的代价，那么票据债务人不能以持票人的前手存在权利瑕疵而对抗持票人。

（4）持票人取得的票据是无对价或不相当对价的，由于其享有的权利不能优于其前手的权利，故票据债务人可以对抗持票人前手的抗辩事由对抗该持票人。

（七）票据的伪造和变造

1. 票据的伪造

票据的伪造，是指无权限人假冒他人名义或以虚构人名义签章的行为，包括假冒出票人名义签发票据的行为和假冒他人名义进行出票行为之外的其他票据行为，如伪造背书签章、承兑签章、保证签章等票据上的签章。

票据的伪造行为是一种扰乱社会经济秩序、损害他人利益的行为，在法律上不具有任何票据行为的效力。由于其自始无效，持票人即使善意取得，对被伪造人也不能行使票据权利。伪造人的行为如果给他人造成损害的，必须承担民事责任，构成犯罪的，应承担刑事责任。

2. 票据的变造

票据的变造，是指无权更改票据内容的人，对票据上签章以外的记载事项加以变更的行为。如变更票据上的到期日、付款日、付款地、金额等。构成票据的变造，须符合以下条件：①变造的票据是合法成立的有效票据；②变造的内容是票据上所记载的除签章以外的事项；③变造人无权变更票据的内容。

票据的变造应依照签章是在变造之前或之后来承担责任。如果当事人签章在变造之前，应按原记载的内容负责；如果当事人签章在变造之后，则应按变造后的记载内容负责；如果无法辨别是在票据被变造之前或之后签章的，视同在变造之前签章。变造人的变造行为给他人造成经济损失的，应承担赔偿责任，构成犯罪的，应承担刑事责任。

二、汇票

汇票是出票人签发的，委托付款人在见票时或者在指定日期无条件支付确定的金额给收款人或者持票人的票据。

汇票关系中有三个基本当事人，即出票人、付款人和收款人。出票人，是指依照法定方式签发汇票委托他人付款的人。付款人，是指按照出票人的付款委托无条件支付汇票金额的人。收款人，是指汇票上记载的收取票款的人。出票人和付款人为票据义务人，收款人为票据权利人。

汇票可以根据不同的标准进行分类：

（1）根据汇票出票人的不同，可将汇票分为银行汇票和商业汇票。银行汇票是指由银行签发的汇票，商业汇票是指由银行以外的其他主体签发的汇票。

（2）以付款期限长短为标准，汇票可分为即期汇票和远期汇票。即期汇票是指见票即行付款的汇票，包括见票即付的汇票、到期日与出票日相同的汇票以及未记载到期日的汇票（以提示日为到期日）。远期汇票是指约定一定的到期日付款的汇票，包括定期付款汇票、出票日后定期付款汇票（也叫计期汇票）和见票后定期付款汇票。

（一）汇票的出票

汇票的出票，又称汇票的发票、汇票的签发、汇票的发行。出票是指出票人签发票据并将其交付给收款人的票据行为。出票实际包括两个行为：一是出票人依照票据法的规定做成票据，即在原始票据上记载法定事项并签章；二是交付票据，即将做成的票据交付给他人占有。

汇票的出票人在为出票行为时，必须与付款人具有真实的委托付款关系，并且具有支付汇票金额的可靠资金来源；汇票的出票人不得签发无对价的汇票用以骗取银行或者其他票据当事人的资金。

1. 出票的记载事项

汇票是要式证券，出票是要式行为汇票出票必须依据《票据法》的规定记载一定的事项，符合法定的格式。根据不同记载事项对汇票效力的不同影响，可将出票的记载事项分为绝对必要记载事项：相对必要记载事项和任意记载事项等。

（1）绝对必要记载事项

汇票的绝对必要记载事项是指《票据法》规定必须在汇票上记载的事项，否则，汇票无效。汇票的绝对必要记载事项包括七个方面的内容：①表明"汇票"的字样；②无条件支付的委托；③确定的金额；④付款人名称；⑤收款人名称；⑥出票日期；⑦出票人签章。

（2）相对必要记载事项

相对必要记载事项，是指在出票时应当予以记载，但如果未作记载，可以通过法律的直接规定来补充确定的事项。未记载该事项并不影响汇票本身的效力，汇票仍然有效。

《票据法》规定，汇票上记载付款日期、付款地、出票地等事项的，应当清楚、明确。汇票上未记载付款日期的，为见票即付。汇票上未记载付款地的，付款人的营业场所、住所或者经常居住地为付款地。汇票上未记载出票地的，出票人的营业场所、住所或者经常居住地为出票地。

（3）任意记载事项

任意记载事项，是指出票人可以选择是否记载的事项，但该事项一经记载即发生票据法上的效力。如出票人在汇票上记载"不得转让"字样的，汇票不得转让。

（4）不发生票据法上效力的记载事项

汇票上可以记载《票据法》规定事项以外的其他出票事项，但是该记载事项不具有汇票上的效力。法律规定以外的事项主要是指与汇票的基础关系有关的事项，如签发票据的原因或用途、该票据项下交易的合同号码等。

2. 出票的效力

出票是以创设票据权利为目的的票据行为。出票人依照票据法的规定完成出票行为之后，即对汇票当事人产生票据法上的效力。

（1）对出票人的效力

出票人签发汇票后，即承担保证该汇票承兑和付款的责任。出票人在汇票得不到承兑或者付款时，应当向持票人清偿法律规定的金额和费用。担保汇票的承兑是指汇票到期日前不获承兑时，收款人或持票人可以请求出票人偿还票据金额、利息和有关费用。担保汇票的付款是指汇票到期时，付款人虽已承兑但拒绝付款的，出票人必须承担清偿责任。

（2）对付款人的效力

出票行为是单方行为，付款人并不因此而有付款义务。只是基于出票人的付款委托而使其具有承兑人的地位，只有在其对汇票进行承兑后，付款人才成为汇票上的主债务人。

（3）对收款人的效力

收款人取得出票人发出的汇票后，即取得票据权利，一方面就票据金额享有付款请求权；另一方面，在付款请求权不能满足时，享有追索权。同时，收款人享有依法转让票据的权利。

（二）汇票的背书

背书是指持票人以转让汇票权利或授予他人一定的汇票权利为目的，按法定的事项和方式在汇票背面或者粘单上记载有关事项并签章的票据行为。《票据法》规定，持票人可以将汇票权利转让给他人或者将一定的汇票权利授予他人行使，持票人行使此项权利时，应当背书并交付汇票。

如果出票人在汇票上记载"不得转让"字样，该汇票不得转让。对于记载"不得转让"字样的票据，其后手以此票据进行贴现、质押的，通过贴现、质押取得票据的持票人主张票据权利的，人民法院不予支持。也就是说，如果收款人或持票人将出票人作禁止背书的汇票转让的，该转让不发生票据法上的效力，出票人和承兑人对受让人不承担票据责任。

1. 背书的形式

背书是一种要式行为，必须符合法定的形式，即其必须做成背书并交付，才能有效成立。从背书的记载事项而言，根据《票据法》的有关规定，其应与出票一样，符合有关出票时应记载的事项。

（1）背书签章和背书日期的记载

背书由背书人签章并记载背书日期。背书未记载日期的，视为在汇票到期日前背书。

（2）被背书人名称的记载

汇票以背书转让或者以背书将一定的汇票权利授予他人行使时，必须记载被背书人名称。如果背书人未记载被背书人名称而将票据交付他人的，持票人在票据被背书人栏内记载自己的名称与背书人记载具有同等法律效力。

(3) 禁止背书的记载

背书人在汇票上记载"不得转让"字样，其后手再背书转让的，原背书人对后手的被背书人不承担保证责任。背书人的禁止背书是背书行为的一项任意记载事项，如果背书人不愿意对其后手以后的当事人承担票据责任，即可在背书时记载禁止背书。

(4) 粘单的使用

票据凭证不能满足背书人记载事项的需要，可以加附粘单，粘附于票据凭证上。粘单上的第一记载人，应当在汇票和粘单的粘接处签章。

(5) 背书不得记载的内容

背书不得记载的内容有两项：一是附有条件的背书；二是部分背书。附有条件的背书是指背书人在背书时，记载一定的条件，以限制或者影响背书效力。背书时附有条件的，所附条件不具有汇票上的效力，即不影响背书行为本身的效力，被背书人仍可依该背书取得票据权利。部分背书是指背书人在背书时，将汇票金额的一部分或者将汇票金额分别转让给二人以上的背书，将汇票金额的一部分转让的背书或者将汇票金额分别转让给二人以上的背书无效。

2. 背书连续

背书连续是指在票据转让中，转让汇票的背书人与受让汇票的被背书人在汇票上的签章依次前后衔接。也就是说，票据上记载的多次背书，从第一次到最后一次在形式上相连续而无间断。以背书转让的汇票，背书应当连续。如果背书不连续的，付款人可以拒绝向持票人付款，否则付款人自行承担责任。

背书连续主要是指背书在形式上连续，如果背书在实质上不连续，如有伪造签章等，付款人仍应对持票人付款。但是，如果付款人明知持票人不是真正票据权利人，则不得向持票人付款，否则应自行承担责任。

3. 委托收款背书和质押背书

委托收款背书和质押背书属非转让背书，具有自己的特殊性。

委托收款背书是指持票人以行使票据上的权利为目的，而授予被背书人以代理权的背书。该背书方式不以转让票据权利为目的，而是以授予他人一定的代理权为目的，其确立的法律关系不属于票据上的权利转让与被转让关系，而是背书人（原持票人）与被背书人（代理人）之间的代理关系，该关系形成后，被背书人可以代理行使票据上的一切权利。在此情形下，被背书人只是代理人，而未取得票据权利，背书人仍是票据权利人。

委托收款背书与其他背书一样，持票人依据法律规定的记载事项做成背书并交付，才能生效。

质押背书是指持票人以票据权利设定质权为目的而在票据上做成的背书。背书人是原持票人，也是出质人，被背书人则是质权人。质押背书确立的是一种担保关系，即在背书人（原持票人）与被背书人之间产生一种质押关系，而不是一种票据权利的转让与被转让关系。因此质押背书成立后，即背书人做成背书并交付，背书人仍然是票据权利人，被背书人并不因此而取得票据权利。但是，被背书人取得质权人地位后，在背书人不履行其债务的情况下，可以行使票据权利，并从票据金额中按担保债权的数额优先得到偿还。如果背书人履行了所担保的债务，被背书人则必须将票据返还背书人。

质押背书与其他背书一样，也必须依照法定的形式做成背书并交付。

4. 法定禁止背书

法定禁止背书是指根据票据法的规定而禁止背书转让的情形。由于法律规定在某些情况下，汇票不得背书转让，因此，如果背书人将此类汇票以背书方式转让的，应当承担汇票责任。《票据法》规定，汇票被拒绝承兑、被拒绝付款或者超过付款提示期限的，不得背书转让；背书转让的，背书人应当承担汇票责任。

法定禁止背书的情形有三种：①被拒绝承兑的汇票。被拒绝承兑的汇票是指持票人在汇票到期日前，向付款人提示承兑而遭拒绝的汇票。②被拒绝付款的汇票。被拒绝付款的汇票是指对不需承兑的汇票或者已经付款人承兑的汇票，持票人于汇票到期日向付款人提示付款而被拒绝的汇票。③超过付款提示期限的汇票。超过付款提示期限的汇票是指持票人未在法定付款提示期间内向付款人提示付款的汇票。法定付款提示期间是法律规定的由收款人或者持票人行使付款请求权的期限。

（三）汇票的承兑

承兑，是指汇票付款人承诺在汇票到期日支付汇票金额的票据行为。承兑是汇票特有的制度，本票和支票都没有承兑。付款人承兑汇票的，应当在汇票正面记载"承兑"字样和承兑日期并签章；见票后定期付款的汇票，应当在承兑时记载付款日期。汇票上未记载承兑日期的，以持票人提示承兑之日起的第3日，即付款人3天承兑期的最后一日为承兑日期。

1. 承兑的程序

（1）提示承兑

提示承兑是指持票人向付款人出示汇票，并要求付款人承诺付款的行为。因汇票付款日期不同，提示承兑的期限也不一样。

①定日付款和出票后定期付款汇票的提示承兑期限。定日付款或者出票后定期付款的汇票，持票人应当在汇票到期日前向付款人提示承兑。我国目前使用的银行承兑汇票和商业承兑汇票，都必须提示承兑。上述两类汇票的提示承兑期限是从出票人出票日起至汇票到期日止。在此期间，持票人应当向付款人提示承兑，否则，丧失对其前手的追索权。

②见票后定期付款汇票的提示承兑期限。见票后定期付款的汇票，持票人应当自出票日起1个月内向付款人提示承兑。汇票未按照规定期限提示承兑的，持票人丧失对其前手

的追索权。见票后定期付款汇票的付款日期，是以见票日为起算日期来确定的，汇票不经提示承兑，就无法确定见票日，也就无法确定付款日期，持票人便无法行使票据权利，因此，该种汇票属于必须提示承兑的汇票。

③无须提示承兑汇票。见票即付的汇票无须提示承兑。这种汇票主要包括两种：一是汇票上明确记载有"见票即付"的汇票；二是汇票上没有记载付款日期，根据法律规定视为见票即付的汇票。我国的银行汇票，未记载付款日期，属于见票即付的汇票，该汇票无须提示承兑。

（2）承兑成立

①承兑时间。持票人向付款人提示承兑后，付款人应决定是否承兑。《票据法》规定，付款人对向其提示承兑的汇票，应当自收到提示承兑的汇票之日起3日内承兑或者拒绝承兑。如果付款人在3日内不作承兑与否表示的，应视为拒绝承兑，持票人可以请求其做出拒绝承兑证明，向其前手行使追索权。

②接收承兑。付款人收到持票人提示承兑的汇票时，应当向持票人签发收到汇票的回单。回单是持票人收到付款人向其出具的已收到请求承兑汇票的证明。回单上应当记明汇票提示承兑日期并签章。

③退回已承兑的汇票。付款人依承兑格式填写完毕应记载事项后，并不意味着承兑生效，只有在其将已承兑的汇票退回持票人时才产生承兑的效力。付款人承兑汇票，不得附有条件；承兑附有条件的，视为拒绝承兑。

④退回已承兑的汇票。付款人依承兑格式填写完毕应记载事项后，并不意味着承兑生效，只有在其将已承兑的汇票退回持票人时才产生承兑的效力。付款人承兑汇票，不得附有条件；承兑附有条件的，视同拒绝承兑。

（3）承兑的效力

付款人承兑汇票后，应当承担到期付款的责任。到期付款的责任是一种绝对责任，具体表现在：

①承兑人于汇票到期日必须向持票人无条件地支付汇票上的金额，否则其必须承担迟延付款责任。

②承兑人必须对汇票上的一切权利人承担责任，这些权利人包括付款请求权人和追索权人。

③承兑人不得以其与出票人之间资金关系来对抗持票人，拒绝支付汇票金额。

④承兑人的票据责任不因持票人未在法定期限提示付款而解除。

（4）汇票的保证

汇票的保证，是指汇票债务人以外的第三人，以担保特定汇票债务人履行票据债务为目的，而在票据上所为的一种附属票据行为。保证的作用在于加强持票人票据权利的实现，确保票据付款义务的履行，促进票据流通。

保证的当事人有保证人和被保证人。保证人是指票据债务人以外的,为票据债务的履行提供担保而参与票据关系的第三人。被保证人是指票据关系中已有的债务人,包括出票人、背书人、承兑人等。票据债务人一旦由他人为其提供保证,其在保证关系中就被称为被保证人。

保证一旦成立,即在保证人与被保证人之间产生法律效力,保证人必须对保证行为承担相应的责任。

(5) 汇票的付款

付款是指付款人依据票据文义支付票据金额,以消灭票据关系的行为。

2. 付款的程序

付款的程序包括付款提示与支付票款。

付款提示是指持票人向付款人出示票据,请求付款的行为。《票据法》规定,持票人应当按照下列期限提示付款:①见票即付的汇票,自出票日起1个月内向付款人提示付款;②定日付款、出票后定期付款或者见票后定期付款的汇票,自到期日起10日内向承兑人提示付款。持票人未按照上述规定期限提示付款的,在做出说明后,承兑人或者付款人仍应当继续对持票人承担付款责任。通过委托收款银行或者通过票据交换系统向付款人提示付款的,视同持票人提示付款。

支付票款是指持票人向付款人进行付款提示后,付款人无条件地在当日按票据金额足额支付给持票人。在支付票款的过程中,持票人必须向付款人履行一定的手续,持票人获得付款的,应当在汇票上签收即在票据的正面签章,表明持票人已经获得付款,并将汇票交给付款人。

3. 付款的效力

付款人依法足额付款后,全体汇票债务人的责任解除。付款人依照票据记载的文义,及时足额支付汇票金额后,票据关系随之消灭,汇票上的全体债务人的票据责任予以解除。

(四) 汇票的追索权

汇票追索权,也称为第二次请求权,是指付款人拒绝付款,或者拒绝承兑,或者由于其他法定原因预计在票据到期时得不到付款的,由持票人向其前手请求偿还票据金额、利息以及有关费用的一种票据权利。它是为补充汇票上的第一次权利即付款请求权而设立的,持票人只有在行使第一次权利未获实现时才能行使第二次权利。

追索权的主体包括追索权人和被追索人。追索权人包括最后持票人和已为清偿的汇票债务人。被追索人是指追索权人行使追索权所针对的义务人,包括出票人、背书人和其他债务人。追索权人有权取得的、被追索人应当支付的金额和费用,包括汇票金额、法定利息和行使追索权的费用。

1. 追索权的要件

行使追索权必须具备一定的要件,包括实质要件和形式要件两个方面。

(1) 实质要件

行使追索权的实质要件是指持票人行使追索权的法定原因。根据《票据法》的规定，追索权发生的实质要件包括：①汇票到期被拒绝付款；②汇票在到期日前被拒绝承兑；③在汇票到期日前，承兑人或付款人死亡、逃匿的；④在汇票到期日前，承兑人或付款人被依法宣告破产或因违法被责令终止业务活动。发生上述情形之一的，持票人可以对背书人、出票人以及汇票的其他债务人行使追索权。

(2) 形式要件

行使追索权的形式要件是指行使追索权必须遵循一定的程序、履行法定的保全追索权的手续、具备相应的条件。包括：①拒绝证书，"拒绝证书"应当包括下列事项：被拒绝承兑、付款的票据的种类及其主要记载事项；拒绝承兑、付款的事实依据和法律依据；拒绝承兑、付款的时间；拒绝承兑人、拒绝付款人的签章；②退票理由书，"退票理由书"应当包括下列事项：所退票据的种类，退票的事实依据和法律依据，退票时间，退票人签章；③不能提供拒绝证明的处理；④人民法院的有关司法文书；⑤有关行政主管部门的处罚决定。

2. 追索权的行使

行使追索权一般包括：由持票人发出追索通知、确定追索对象、请求偿还、受领清偿金额等。

(1) 发出追索通知

追索通知的当事人分为通知人和被通知人。持票人是最初的通知人，收到追索通知的债务人也可以成为通知人，这些债务人一般包括背书人及其保证人。

《票据法》规定，持票人应当自收到被拒绝承兑或者被拒绝付款的有关证明之日起3日内，将被拒绝事由书面通知其前手；其前手应当自收到通知之日起3日内书面通知其再前手。

追索通知应当以书面形式发出。书面形式包括书信、电报、电传等。在规定期限内将通知按照法定地址或约定的地址邮寄的，视为已发出通知，书面通知应记明汇票的主要记载事项，并说明该汇票已被退票。

如果持票人未按规定期限发出追索通知或其前手收到通知未按规定期限再通知其前手，持票人仍可以行使追索权，因延期通知给其前手或者出票人造成损失的，由没有按照规定期限通知的汇票当事人，承担对该损失的赔偿责任，但是所赔偿的金额以汇票金额为限。

(2) 确定追索对象

被追索人包括出票人、背书人、承兑人和保证人。持票人可以不按照汇票债务人的先后顺序，对其中任何一人、数人或者全体行使追索权。持票人对票据债务人中的一人或者数人已经进行追索的，对其他票据债务人仍可以行使追索权。

被追索人对持票人承担连带责任。持票人对汇票债务人中的一人或者数人已经进行追索的，对其他汇票债务人仍可以行使追索权。被追索人清偿债务后，与持票人享有同一权利。

（3）请求偿还金额和受领清偿金额

①请求偿还金额。持票人行使追索权，可以请求被追索人支付的金额和费用包括：被拒绝付款的汇票金额；汇票金额自到期日或者提示付款日起至清偿日止，按照中国人民银行规定的同档次流动资金贷款利率计算的利息；取得有关拒绝证明和发出通知书的费用。由此可见，作为追索权标的追索金额，通常要比作为付款请求权标的的票据金额要大。

②受领清偿金额。这是指持票人或行使再追索权的被追索人在接受清偿金额时，应当履行相应的义务，这一义务即是其应当交出汇票和有关拒绝证明，并出具所收到利息和费用的收据。如果持票人或行使再追索权的被追索人拒绝履行该等义务的，被追索人即可拒绝清偿有关金额和费用。

③被追索人清偿债务后的效力

被追索人清偿债务后，其票据责任解除。同时，被追索人清偿债务后，与持票人享有同一追索权利，可以向其他汇票债务人行使再追索权，请求其他汇票债务人支付相应的金额和费用。

三、本票

本票是出票人签发的，承诺自己在见票时无条件支付确定的金额给收款人或者持票人的票据。我国《票据法》规定的本票，是指银行本票。

本票具有下列特征：①本票是自付证券。本票是由出票人约定自己付款的一种自付证券，其基本当事人有两个，即出票人和收款人，在出票人之外不存在独立的付款人。②本票无须承兑。在出票人完成出票行为之后，即承担了到期日无条件支付票据金额的责任，不需要在到期日前进行承兑。

根据不同的标准，可以对本票作不同分类，例如记名式本票、指定式本票和不记名本票；远期本票和即期本票；银行本票和商业本票等。在我国，本票仅限于银行本票，且为记名式本票和即期本票即见票即付本票。

1. 本票的出票

本票的出票与汇票一样，包括做成票据和交付票据。本票的出票行为是以自己负担支付本票金额的债务为目的的票据行为。

（1）本票的出票人

本票的出票人必须具有支付本票金额的可靠资金来源，并保证支付。银行本票的出票人，为经中国人民银行当地分支行批准办理银行本票业务的银行机构。

（2）本票的记载事项

本票出票人出票，必须按一定的格式记载相关内容。与汇票一样，本票的记载事项也包括绝对必要记载事项和相对必要记载事项。

本票的绝对必要记载事项包括以下六个方面的内容：①表明"本票"的字样。这是本票文句记载事项。②无条件支付的承诺。这是有关支付文句，表明出票人无条件支付票据金额，而不附加任何条件。③确定的金额。④收款人名称。⑤出票日期。⑥出票人签章。本票上未记载上述绝对必要记载事项之一的，本票无效。

本票的相对必要记载事项包括两项内容：①付款地。本票上未记载付款地的，出票人的营业场所为付款地。②出票地。本票上未记载出票地的，出票人的营业场所为出票地。

此外，本票上可以记载《票据法》规定事项以外的其他出票事项，但是这些事项并不发生本票上的效力。

2. 见票付款

根据《票据法》的规定，银行本票是见票付款的票据，收款人或持票人在取得银行本票后，随时可以向出票人请求付款。

本票自出票日起，付款期限最长不得超过 2 个月。持票人在规定的期限提示本票的，出票人必须承担付款的责任。持票人超过付款期限提示付款的，代理付款人不予受理。银行本票的代理付款人是代理出票银行审核支付银行本票款项的银行。如果持票人超过提示付款期限不获付款的，在票据权利时效内向出票银行做出说明，并提供本人身份证或单位证明，可持银行本票向出票银行请求付款。

如果本票的持票人未按照规定期限提示见票的，丧失对出票人以外的背书人及其保证人等前手的追索权。由于本票的出票人是票据上的主债务人，对持票人负有绝对付款责任，除票据时效届满而使票据权利消灭或者要件欠缺而使票据无效外，并不因持票人未在规定期限内向其行使付款请求权而使其责任得以解除。因此，持票人仍对出票人享有付款请求权和追索权，只是丧失对背书人及其保证人等前手的追索权。

四、支票

支票是出票人签发的，委托办理支票存款业务的银行或者其他金融机构在见票时无条件支付确定的金额给收款人或者持票人的票据。支票的基本当事人有三个：出票人、付款人和收款人。

与汇票和本票相比，支票有两个显著特征：①支票的付款人仅限于银行或者其他金融机构。②支票是见票即付的票据。汇票、本票是信用证券而支票是支付证券，其主要功能是代替现金进行支付。

依据不同的分类标准，可以对支票作不同的分类。《票据法》按照支付票款方式，将支票分为现金支票、转账支票和普通支票。

《票据法》只是对支票的个性方面的问题做了特别规定，而有关其一般性的问题，则适用《票据法》总则中的有关规定和汇票中的相关规定。除特别规定外，支票的背书、付款行为和追索权的行使，适用汇票的有关规定。

（一）支票的出票

出票人签发支票并交付的行为即为出票。支票出票人为在经中国人民银行当地分支行批准办理支票业务的银行机构开立可以使用支票的存款账户的单位和个人，其签发支票必须具备一定的条件：①开立账户。开立支票存款账户，申请人必须使用其本名，并提交证明其身份的合法证件。②存入足够支付的款项。开立支票存款账户和领用支票，应当有可靠的资信，并存入一定的资金。③预留印鉴。开立支票存款账户，申请人应当预留其本名的签名式样和印鉴。

1. 支票的记载事项

支票出票人做成有效的支票，必须按法定要求记载有关事项。记载事项分为绝对必要记载事项和相对必要记载事项。

绝对必要记载事项包括：①表明"支票"的字样，这是支票文句的记载事项。②无条件支付的委托，这是支票有关支付文句的记载事项。我国现行使用的支票记载支付的文句，一般在支票上已印好"上列款项请从我账户内支付"的字样。③确定的金额。④付款人名称。支票的付款人为支票上记载的出票人开户银行。⑤出票日期。⑥出票人签章。支票上未记载绝对必要记载事项之一的，支票无效。

相对必要记载事项包括两项内容：①付款地。支票上未记载付款地的，付款人的营业场所为付款地。②出票地。支票上未记载出票地的，出票人的营业场所、住所或者经常居住地为出票地。

此外，支票上可以记载非法定记载事项，但这些事项并不发生支票上的效力。

2. 支票出票的效力

支票出票的效力，是指出票人签发支票后，出票人、付款人和收款人所承担的责任或享有的权利。

（1）出票人承担担保支票付款的责任。出票人必须按照签发的支票金额承担保证向该持票人付款的责任。出票人必须在付款人处存有足够可处分的资金，以保证支票票款的支付；当付款人对支票拒绝付款或者超过支票付款提示期限的，出票人应向持票人承担付款责任。

（2）付款人在一定条件下负有向持票人付款的义务。出票人在付款人处的存款足以支付支票金额时，付款人应当在见票当日足额付款。

（3）收款人取得向付款人请求付款的权利及一定条件下行使追索权。

（二）支票的付款

支票的付款，是指付款人根据持票人的请求向其支付支票金额，以消灭支票关系的行为。支票限于见票即付，不得另行记载付款日期。另行记载付款日期的，该记载无效。

1. 支票的提示付款期限

持票人在请求付款时，必须为付款提示。支票的持票人应当自出票日起 10 日内提示付款；异地使用的支票，其提示付款的期限由中国人民银行另行规定。即除中国人民银行另有规定外，支票的提示付款期限自出票日起 10 日。

超过提示付款期限提示付款的，持票人开户银行不予受理，付款人不予付款。付款人不予付款的，出票人仍应当对持票人承担票据责任。持票人超过提示付款期限的，并不丧失对出票人的追索权，出票人仍应当对持票人承担支付票款的责任。

2. 付款

出票人在付款人处的存款足以支付支票金额时，付款人应当在当日足额付款。持票人在提示期间内向付款人提示票据，付款人在对支票进行审查之后，如未发现有不符规定之处，即应向持票人付款。

3. 付款责任的解除

付款人依法支付支票金额的，对出票人不再承担受委托付款的责任，对持票人不再承担付款的责任。但是，付款人以恶意或者有重大过失付款的除外。这里所指的恶意或者有重大过失付款是指付款人在收到持票人提示的支票时，明知持票人不是真正的票据权利人，支票的背书以及其他签章系属伪造，或者付款人不按照正常的操作程序审查票据等情形。在此情况下，付款人不能解除付款责任，由此造成损失的，由付款人承担赔偿责任。

职业能力训练

一、单选题

1. 根据《证券投资基金法》的规定，下列有关证券投资基金发行和交易的表述中，不正确的是（　　）。

　　A. 封闭式基金的基金份额可以在证券交易所交易，基金份额持有人也可以申请赎回

　　B. 开放式基金可以在销售机构的营业场所销售及赎回，不可以上市交易

　　C. 申请上市基金的基金持有人不得少于 500 人

　　D. 基金上市后发生基金合同期限届满的情形将暂停上市

2. 根据《证券法》的规定，股份有限公司发行的公司债券上市交易后，公司发生的下列情形中，证券交易所可以决定暂停公司债券上市交易的是（　　）。

　　A. 最近 1 年连续亏损

　　B. 有重大违法行为

　　C. 净资产额减至人民币 1 500 万元

　　D. 不按审批机关批准的用途使用公司债券募集资金

3. 下列股票交易行为中，属于国家有关证券法律、法规禁止的是（　　）。

A. 甲上市公司的董事乙，在任职期间的1年内转让其所持甲上市公司22%的股票

B. W证券公司的从业人员Y，在任职期间，买卖Z上市公司的股票，W证券公司、从业人员Y与Z上市公司无任何关联关系

C. 为N上市公司年度会计报表出具审计报告的会计师事务所的A注册会计师，在审计报告公布后的第3日，转让其所持有N公司的股票

D. 为M股份有限公司首次发行股票出具审计报告的N会计师事务所的H注册会计师，在该公司股票承销期满后的第11个月，买卖该公司的股票

4. 根据证券法律制度的规定，关于要约收购程序，下列表述不正确的是（　　）。

A. 收购人在公告要约收购报告书之前可以自行取消收购计划，不过应当公告原因；自公告之日起12个月内，该收购人不得再次对同一上市公司进行收购

B. 收购要约约定的收购期限不得少于30日，并不得超过60日，但出现竞争要约的除外

C. 在收购要约确定的承诺期内，收购人需要变更收购要约的，必须及时公告，载明具体变更事项，并通知被收购公司

D. 收购期限届满后10日内，收购人应当向证券交易所提交关于收购情况的书面报告，并予以公告

5. 甲股份有限公司申请公开发行股票，并与乙证券公司签订了代销协议。代销期限届满，向投资者出售的股票数量未达到甲公司拟公开发行股票数量（　　）的，为发行失败。

A. 20%   B. 40%
C. 60%   D. 70%

6. 非公开发行的公司债券应当向合格投资者发行，根据中国证监会的规定，合格投资者，应当具备相应的风险识别和承担能力，知悉并自行承担公司债券的投资风险，并符合一定的资质，下列说法不正确的是（　　）。

A. 合格境外机构投资者、人民币合格境外机构投资者

B. 社会保障基金、企业年金等养老基金，慈善基金等社会公益基金

C. 名下金融资产不低于人民币200万元的个人投资者

D. 净资产不低于人民币1 000万元的企事业单位法人

7. 根据《保险法》的规定，对保险人的免责条款，保险人在订立合同时应以书面或口头形式向投保人说明，未作提示或未明确说明的，该免责条款（　　）。

A. 不产生效力   B. 有效
C. 可撤销   D. 无效

8. 我国《保险法》规定：本法所称保险是（　　）根据合同约定，向保险人支付保险费。

A. 保险经纪人 B. 风险经理
C. 保险中介人 D. 投保人

9. 保险人收到被保险人或者受益人的赔偿或者给付保险金的请求后，经核定不属于保险责任人的，应当自做出核定之日起（ ）内向被保险人或者受益人发出拒绝赔偿或者拒绝给付保险金通知书，并说明理由。

A. 三日 B. 五日
C. 十日 D. 十五日

10. 根据保险法律制度的规定，下列各项中，人身保险的投保人对其具有保险利益的是（ ）。

A. 与投保人关系密切的邻居
B. 与投保人已经离婚但仍一起生活的前妻
C. 与投保人有劳动关系的劳动者
D. 与投保人合伙经营的合伙人

11. 甲为其妻乙投保意外伤害保险，指定其独子丙为唯一受益人。根据保险法律制度的规定，下列说法不符合法律规定的是（ ）。

A. 甲指定受益人须经乙同意
B. 变更受益人须经乙同意
C. 如果乙和丙在同一事件中死亡，不能确定死亡先后顺序，推定乙死亡在先
D. 如果丙先于乙死亡，出现保险事故时，保险赔偿金应作为乙的遗产由其法定继承人继承

12. 我国《保险法》将保险公司经营的业务分为（ ）。

A. 财产保险与人寿保险 B. 财产损失保险与人寿保险
C. 责任保险与信用保险 D. 财产保险与人身保险

13. 根据票据法律制度的规定，下列关于票据转让背书无效情形的表述中，正确的是（ ）。

A. 背书人未记载被背书人名称的，背书无效
B. 背书时附有条件的，背书无效
C. 背书人将票据全额分别转让给二人以上的，背书无效
D. 背书人在票据上记载"不得转让"字样的，其后手的转让背书无效

14. 甲公司因急需资金，将其作为收款人的一张已获银行承兑的商业汇票背书转让给乙公司。汇票票面金额为50万元，乙公司向甲公司支付现金42万元作为取得该汇票的对价。根据票据法律制度的规定，下列关于甲公司背书行为效力及其理由的表述中，正确的是（ ）。

A. 背书行为有效，因为该汇票已获银行承兑

B. 背书行为有效，因为票据基础关系的瑕疵并不影响票据行为的效力

C. 背书行为无效，因为不具有真实的交易关系

D. 背书行为无效，因为 B 公司支付的对价过低

15. 根据票据法律制度的规定，下列行为中不属于票据行为的是（　　）。

　　A. 出票　　　　　　　　　　　B. 背书

　　C. 承兑　　　　　　　　　　　D. 付款

16. 票据法律制度的规定，下列关于票据行为的形式要件的表述中不正确的是（　　）。

　　A. 绝对必要记载事项未记载的，票据行为无效

　　B. 相对必要记载事项未记载的，票据行为有效

　　C. 票据行为人已经在票据上进行了记载，即使其未将票据交付给相对人，票据行为仍然成立

　　D. 票据行为只有在票据上记载才可能产生票据法上的效力

17. 汇票上没有记载付款地点的，以下哪一地点视为付款地点（　　）。

　　A. 出票人的营业场所、住所、经常居住地

　　B. 付款人的营业场所、住所、经常居住地

　　C. 持票人的营业场所、住所、经常居住地

　　D. 持票人和付款人或承兑人协商确定的地点

18. 甲公司签发的支票上，中文大写记载的金额为"壹万玖仟捌佰元整"，而阿拉伯数字（数码）记载的金额为"19 810 元"，下列关于该支票效力的表述中，正确的是（　　）。

　　A. 支票无效

　　B. 甲公司将金额更改为一致并签章后，支票有效

　　C. 支票有效，以中文记载为准

　　D. 支票有效，以阿拉伯数字（数码）记载为准

19. 单位、个人、银行在票据上签章时，必须按照规定进行，下列签章不符合规定的是（　　）。

　　A. 单位在票据上使用该单位的财务专用章加其法定代表人或授权的代理人的盖章

　　B. 个人在票据上使用该个人的签名

　　C. 银行本票的出票人在票据上只使用经中国人民银行批准使用的该银行本票专用章

　　D. 商业承兑汇票的承兑人在票据上使用其预留银行的签章

二、多选题

1. 根据证券法律制度的规定，下列选项关于股票公开发行方式的表述中，不正确的有（　　）。

A. 首次公开发行股票不能通过向网下投资者询价的方式确定股票发行价格

B. 公开发行股票数量在 4 亿股（含）以下的，有效报价投资者的数量应不少于 20 家

C. 首次公开发行股票网下投资者申购数量低于网下初始发行量的，发行人和主承销商不得将网下发行部分向网上回拨，应当中止发行

D. 网上投资者申购数量不足网上初始发行量的，可以回拨给网下投资者

2. 根据证券法律制度的规定，下列各项中，属于非公开发行的公司债券可以申请转让的渠道有（　　）。

A. 通过证券交易所转让

B. 通过全国股转系统转让

C. 通过机构间私募产品报价与服务系统转让

D. 通过证券公司柜台转让

3. 根据证券法律制度的规定，甲上市公司发生的下列事项中，属于内幕信息的有（　　）。

A. 持有 1% 股份的股东王某增持股份达 4%

B. 董事长周某病重无法履行职责

C. 董事会决议被依法撤销

D. 总经理李某辞职

4. 下列关于非上市公众公司收购的论述中，符合法律规定的有（　　）。

A. 最近 2 年有重大违法行为的，不能收购公众公司

B. 担任因违法被吊销营业执照的公司的董事，并负有个人责任，自该公司被吊销营业执照之日起未逾三年的，不能收购公众公司

C. 以协议方式进行上市公司收购，在过渡期内确有充分理由改选董事会的，来自收购人的董事不得超过董事会成员的 1/2

D. 通过协议方式，投资者及其一致行动人在公众公司中拥有权益的股份拟达到或者超过公众公司已发行股份 10% 的，应当进行信息披露

5. 根据《公司债券发行与交易管理办法》的规定，合格投资者应当具备相应的风险识别和承担能力，能够自行承担公司债券的投资风险，并符合一定资质条件。下列投资者符合该资质条件的有（　　）。

A. 净资产达到 1 100 万元的合伙企业

B. 名下金融资产达到 280 万元的自然人

C. 社会保险基金企业年金

D. 企业年金

6. 下列关于证券发行承销团承销证券的表述中，不符合证券法律制定规定的有（　　）。

A. 承销团承销适用于不特定对象公开发行的证券

B. 发行证券的票面总值必须超过人民币 1 亿元

C. 承销团由主承销和参与承销的证券公司组成

D. 承销团代销、包销期最长不得超过 90 日

7. 根据《保险法》的规定,人身保险的投保人在订立保险合同时,对某些人员具有保险利益。该人员包括（　　）。

A. 投保人的父亲　　　　　　　　　B. 投保人赡养的伯父

C. 投保人抚养的外甥女　　　　　　D. 投保人的妻子

8. 刘妻张某为刘某投保人身意外伤害保险,后二者离婚,刘某另娶关某为妻,次年刘某遇车祸意外身亡,当事人对保险合同约定的受益人发生争议,则下列说法中正确的有（　　）。

A. 若合同约定的受益人为法定继承人,则受益人为关某

B. 若合同约定的受益人为刘某的妻子,则受益人为关某

C. 若合同约定的受益人为刘某的妻子,则受益人为张某

D. 若合同约定的受益人为刘某的妻子张某,则受益人为张某

9. 保险的基本特征主要有（　　）。

A. 保险的经济性　　　　　　　　　B. 保险的社会互助性

C. 保险的法律性　　　　　　　　　D. 保险的科学性

10. 根据保险法的规定,下列哪些保险合同,在保险责任开始后,合同当事人不得解除合同的有（　　）。

A. 房屋保险合同　　　　　　　　　B. 货物运输保险合同

C. 车辆保险合同　　　　　　　　　D. 运输工具航程保险合同

11. 根据我国保险法的规定,应当由保险人承担的费用有（　　）。

A. 保险事故发生后,被保险人为防止或者减少保险标的损失所支付的施救费用

B. 事故发生后,被保险人为确定事故性质进行勘查、鉴定所支出的费用

C. 被保险人为避免保险事故的发生,而采取的管理、维修等措施所支出的费用

D. 责任保险的被保险人因给第三者造成损害的保险事故而被提起诉讼或仲裁所支出的诉讼费或仲裁费用

12. 甲公司向乙公司签发一张银行承兑汇票,承兑银行为 A 银行。乙公司取得该票据后,为支付到期货款将该票据背书转让给丙公司,同时在票据上记载"如果丙公司按时发货,那么背书有效"。根据票据与支付结算法律制度的规定,下列表述正确的有（　　）。

A. 背书附有条件,背书无效

B. 背书所附条件不具有汇票上的效力,背书有效

C. 丙公司不能取得票据权利

D. 丙公司可以取得票据权利

13. 下列有关票据伪造的表述中，符合票据法律制度规定的有（　　）。

A. 票据的伪造指的是无权更改票据内容的人，对票据上的记载事项加以变更的行为

B. 票据上有伪造签章的，不影响票据上其他真实签章的效力

C. 善意的且支付相当对价的合法持票人有权要求被伪造人承担票据责任

D. 伪造人不承担票据责任

14. 甲公司在与乙公司交易中获汇票一张，出票人为丙公司，承兑人为丁公司，付款人为戊银行，汇票到期日为 2020 年 11 月 30 日。当（　　）发生时，甲公司可以在汇票到期日前行使追索权。

A. 乙公司申请注销法人资格　　B. 丙公司被宣告破产
C. 丁公司被吊销营业执照　　　D. 戊银行因违法被责令终止业务活动

15. 根据支付结算法律制度的规定，单位、个人和银行在办理支付结算时，应当遵守的基本原则包括（　　）。

A. 恪守信用，履约付款　　　　B. 银行不垫款
C. 必须遵循法定形式　　　　　D. 谁的钱进谁的账，由谁支配

16. 下列各项中，属于支票上可以由出票人授权补记的事项有（　　）。

A. 金额　　　　　　　　　　　B. 收款人名称
C. 付款人名称　　　　　　　　D. 出票日期

17. 因票据纠纷提起的诉讼，管辖地为（　　）。

A. 票据支付地人民法院　　　　B. 票据出票地人民法院
C. 票据持有人住所地人民法院　D. 被告住所地人民法院

18. 汇票到期日前，下列情形中，持票人可以行使追索权的有（　　）。

A. 承兑人或者付款人死亡、逃匿的

B. 汇票被拒绝承兑的

C. 承兑人或者付款人被依法宣告破产的

D. 承兑人或者付款人因违法被责令终止业务活动的

19. 下列票据中，经票据权利人申请并提供担保，人民法院可以依法采取保全措施和执行措施的有（　　）。

A. 持票人恶意取得的票据

B. 记载有"不得转让"字样而用于贴现的票据

C. 记载有"不得转让"字样而用于质押的票据

D. 应付对价而未付对价的持票人持有的票据

三、判断题

1. 收购期限届满后 10 日内，收购人应当向证券交易所提交关于收购情况的书面报告，

并予以公告。（   ）

2. 某上市公司董事张某，得知公司增资计划，在该信息公开前，将其透漏给王某，王某据此购进该公司1 000股股票。根据证券法律制度的规定，该行为构成内幕交易行为。（   ）

3. 担任因违法被吊销营业执照企业的法定代表人，并负有个人责任，该企业被吊销营业执照之日起已经超过3年可以收购上市公司股份。（   ）

4. 根据《证券法》的规定，向累计超过200人的社会公众发行债券不属于公开发行。（   ）

5. 期货可以分为商品期货与金融期货，其中金融期货是指股指期货。（   ）

6. 根据《证券法》的规定，证券业和银行业、信托业、保险业实行分业经营、分业管理，证券公司与银行、信托、保险业务机构分别设立。国家另有规定的除外。（   ）

7. 人身保险合同订立后，因投保人丧失对被保险人的保险利益，当事人主张保险合同无效的，人民法院应予支持。（   ）

8. 财产保险合同中，保险金额可以超过保险价值。（   ）

9. 投保人指定受益人未通知被保险人的，人民法院应认定指定行为无效。（   ）

10. 投保人变更受益人未通知保险人，保险人主张变更对其不发生效力的，人民法院应予支持。（   ）

11. 根据我国《保险法》的规定，投保人故意或者因重大过失未履行如实告知义务，足以影响保险人决定是否同意承保或者提高保险费率的，保险人有权解除合同。（   ）

12. 受益人和被保险人在同一事件中死亡，不确定死亡顺序推定受益人死亡在先。（   ）

13. 如果持票人将出票人禁止背书的汇票转让，在汇票不获承兑时，出票人仍须对善意持票人负偿还票款的责任。（   ）

14. 汇票持票人行使追索权的原因可以是汇票被拒绝承兑或者作为主债务人的"承兑人或者付款人"丧失支付能力。（   ）

15. 票据是一种可转让的有价证券。我国票据法规定的票据可以通过背书方式转让，也可以直接交付转让。（   ）

16. 持票人善意取得伪造的票据，对被伪造人不能行使票据权利。（   ）

17. 被保证人及其前手有得以对抗持票人的抗辩，可以以之对抗保证人。（   ）

18. 持票人未在法定期限内提示付款的，则承兑人的票据责任解除。（   ）

19. 凡是无对价或者无相当对价取得票据的，无论善意、恶意取得，均不得享有票据权利。（   ）

20. 即使出票人签发没有对价的汇票，出票人仍应当按照汇票上记载的事项承担票据责任。（   ）

第八章

合同法律制度

职业能力及主要概念

1. 专业能力

掌握合同订立的时间、合同订立的方式、合同成立的时间地点、合同的生效、效力待定合同、合同履行的规则、抗辩权的行使、保全措施、保证、抵押、质押、留置、定金合同担保方式、合同的变更、合同转让、合同权利义务终止的具体情形、合同权利义务终止的法律后果、违约责任的主要形式、买卖合同、赠予合同、借款合同、租赁合同、融资租赁合同

熟悉承揽合同、建设工程合同、格式条款、违约责任的免除

了解合同及分类

2. 职业核心能力

理解和掌握合同成立的基础要素、合同变更的各项条件、合同保全的措施，以及合同终止的条件及结果

通过理解合同法律制度的各个环节及主要的合同类型，掌握在合同签订、执行及变更过程中应当主要的事项和处理方法

3. 主要概念

要约　要约邀请　要约的撤回　撤销与失效　可撤销合同　无效合同　连带责任　不安抗辩权　抵押　动产质押　权利质押　留置　定金　提存　保全

引导案例

2022年1月，甲个人独资企业（以下简称"甲企业"）向陈某借款50万元，双方签订了借款合同。合同约定：借款期限为6个月，年利率为24%；利息在返还借款时一并支

付。合同未约定逾期利率。王某、李某为该笔借款提供了保证担保。在王某、李某与陈某签订的保证合同中，当事人未约定保证方式。借款期限届满，甲企业无力偿还借款本息，陈某要求保证人承担保证责任。因在保证责任承担上存在分歧，陈某以甲企业、王某、李某为被告，向法院提起了诉讼，要求甲企业偿还借款本息，包括按年利率24%计算的逾期利息；王某、李某为该债务承担连带保证责任。

你认为陈某的要求是否合理，法院将如何判决？

第一节 合同法律制度概述

课程思政

宁波东力公司控告子公司年富供应链的背后

始创于1997年宁波东力公司，于2007年在深圳中小板挂牌上市，是中国齿轮行业首家A股上市公司。2017年7月，宁波东力发布公告，宣布并购年富供应链。2018年7月2日，宁波东力突发公告称，公司6月29日收到宁波市公安局出具的《立案告知书》，公司被年富供应链合同诈骗一案，符合刑事立案标准，已对该案立案侦查；年富供应链法定代表人李文国已被公安机关采取强制措施。原来年富供应链法定代表人李文国及高管团队涉嫌在与公司签订并履行购买资产协议和业绩补偿协议的过程中，隐瞒年富供应链实际经营情况，通过多家海外关联企业，侵占公司资金，与客户串通，大肆财务造假，骗取公司股份及现金对价2.16亿元，骗取公司增资款2亿元，诱骗公司为年富供应链担保15亿元，致使公司遭受重大经济损失。公司于6月28日向公安机关举报李文国等人的合同诈骗行为。8月6日，公司获悉李文国，年富供应链总裁兼公司董事杨战武因涉嫌合同诈骗罪、违规披露和不披露重要信息罪被宁波市人民检察院批准逮捕。一时贪念便给公司、个人造成巨大影响，这是否值得我们思考职业人遵纪守法的重要呢？

一、合同的概念和分类

我国合同制度的基本规定集中在《中华人民共和国民法典》（以下简称《民法典》）第三编合同编中。该编分通则、典型合同、准合同三个分编，共二十九章五百二十五条，主要继承了1999年3月15日第九届全国人民代表大会第二次会议通过的《中华人民共和国合同法》（以下简称《合同法》），较为详尽、严密、具有可操作性。《民法典》自2021年1月1日起施行，《合同法》同时废止。《民法典》所称"合同"，是指民事主体之间设立、变更、终止民事法律关系的协议。

按照不同的标准可以将合同划分成不同的类型，合同主要有以下分类：

1. 按照法律、法规是否赋予其名称并做出明确规定为标准，分为有名合同和无名合同。有名合同是指法律设有规范，并赋予确定名称的合同。无名合同是指法律尚未特别规定，也未赋予确定名称的合同。

当事人之间依合意成立的无名合同，只要不违反法律、行政法规的强制性规范，不违背公序良俗，即属有效。有名合同可直接适用《民法典》合同编第二分编中关于该种合同的具体规定。对无名合同则只能在适用《民法典》合同编第一分编通则的同时，参照适用《民法典》合同编第二分编或者其他法律中最相类似的规定。

2. 按照除双方意思表示一致外，是否尚需交付标的物才能成立为标准，分为诺成合同与实践合同。诺成合同是指当事人的意思表示一致即成立的合同，如买卖合同、租赁合同。实践合同是指除当事人的意思表示一致以外，尚须交付标的物或完成其他给付才能成立的合同，如保管合同、定金合同。

3. 按照法律、法规或者当事人约定是否要求具备特定形式和手续为标准，分为要式合同和不要式合同。要式合同是指法律或当事人要求必须具备特定形式的合同。不要式合同即法律或当事人不要求必须具备特定形式的合同。

4. 按照双方是否互负对价义务（不要求双方的给付价值相等，而只要求双方的给付具有相互依存、相互牵连的关系即可）为标准，分为双务合同和单务合同。双务合同是双方当事人互负给付义务的合同，如买卖、租赁、承揽等合同。单务合同是只有一方当事人负担给付义务的合同，如赠予合同。

5. 按照合同相互间的主从关系为标准，分为主合同与从合同。主合同是不以他种合同的存在为前提即能独立存在的合同。从合同是以他种合同的存在为前提，自身不能独立存在的合同。如贷款合同与作为履行债务担保的保证合同，前者为主合同，后者为从合同。

6. 按照合同的订立是否以订立另一合同为内容的标准，分为预约合同与本约合同。预约合同是指当事人约定在将来一定期限内订立合同的认购书、订购书、预订书等。本约合同指通过履行预约而订立的合同，预约中没有确定实体权利义务，而本约中具体确定了当事人之间的实体权利义务。

二、《民法典》合同编的调整范围

合同编调整因合同产生的民事关系。

《民法典》合同编的适用范围较广。一方面，《民法典》合同编不仅调整因合同产生的债权债务关系，其部分规定还适用于非因合同产生的债权债务关系，如基于侵权行为产生的债权债务关系。根据《民法典》第四百六十八条的规定，非因合同产生的债权债务关系，适用有关债权债务法律关系的法律规定；没有规定的，适用合同编通则的有关规定，但根据其性质不能适用的除外。另一方面，《合同编》合同编可以类推适用于有关身份关系的协议。根据《民法典》第四百六十四条第二款的规定，婚姻、收养、监护等有关身份关系的协议，适用有关该身份关系的法律规定；没有规定的，可以根据其性质参照适用合同编的规定。

另外，在涉外合同中，能否适用《民法典》合同编的规定要根据具体情况分析。原则上，涉外合同的当事人可以选择处理合同争议所适用的法律，但法律另有规定的除外。涉外合同的当事人对此没有选择的，适用与合同最密切联系的国家的法律。但在中华人民共和国境内履行的中外合资经营企业合同、中外合作经营企业合同、中外合作勘探开发自然资源合同，只能适用中华人民共和国法律。

基本原则：平等原则；自愿原则；公平原则；诚实信用原则；遵守法律，不得损害社会公共利益原则。

第二节 合同的订立

> **课程思政**
>
> **民法总则对合同法的重要修改更彰显法律之公平**
>
> 意思表示的生效对于合同的成立具有重要的意义。《民法典》规定：以对话方式做出的意思表示，相对人知道其内容时生效。以非对话方式做出的意思表示，到达相对人时生效。以非对话方式做出的采用数据电文形式的意思表示，相对人指定特定系统接收数据电文的，该数据电文进入该特定系统时生效；未指定特定系统的，相对人知道或者应当知道该数据电文进入其系统时生效。当事人对采用数据电文形式的意思表示的生效时间另有约定的，按照其约定。

一、合同订立的形式

《民法典》合同编规定，当事人订立合同有书面形式、口头形式和其他形式。

（一）书面形式

书面形式是指合同书、信件和数据电文（包括电报、电传、传真、电子数据交换和电子邮件）等可以有形地表现所载内容的形式。法律、行政法规规定或者当事人约定采用书面形式的，应当采用书面形式。

（二）口头形式

口头形式是指当事人双方就合同内容面对面或以通信设备交谈达成的协议。

（三）其他形式

除了书面形式和口头形式，合同还可以其他形式成立。法律没有列举具体的"其他形式"。交易实践中，可以根据当事人的行为或者特定情形推定合同的成立。例如，当事人未用语言或文字明确表示意见，而是根据当事人的行为表明其已经接受合同内容或在特定的情形下推定成立的合同，这种形式的合同可以称为默示合同；又如，当事人没有口头或文字的意识表示，由特定行为间接推知其意思而成立合同，这种形式的合同可以称为推定合同。

二、合同订立的程序

根据《民法典》合同编的规定，当事人订立合同的一般程序包括要约、承诺两个阶段。

（一）要约

要约是一方当事人以缔结合同为目的，向对方当事人提出合同条件，希望对方当事人接受的意思表示。发出要约的当事人称为要约人，要约所指向的对方当事人则称为受要约人。

1. 要约应具备的条件

（1）要约须由要约人向特定相对人做出意思表示。要约必须经过相对人的承诺才能成立合同，因此要约必须是要约人向相对人发出的意思表示。相对人一般为特定的人，但在特殊情况下，对不特定的人做出但不妨碍要约所达目的时，相对人也可以是不特定人。

（2）要约的内容必须具有足以使合同成立的主要条件，包括主要条款，如标的、数量、质量、价款或者报酬、履行期限、地点和方式等。一经受要约人承诺，合同即可成立。

（3）要约须表明经受要约人承诺，要约人即受该意思表示约束。要约人发出的要约的内容必须能够表明：如果对方接受要约，合同即告成立。

2. 要约邀请

要约邀请是希望他人向自己发出要约的意思表示。要约邀请与要约不同，要约是一个一经承诺就成立合同的意思表示；而要约邀请的目的则是邀请他人向自己发出要约，一旦他人发出要约，要约邀请人则处于一种可以选择是否接受对方要约的承诺人地位。要约邀请处于合同的准备阶段，没有法律约束力。《民法典》合同编规定，寄送的价目表、拍卖公告、招标公告、招股说明书等都属于要约邀请。但若商业广告的内容符合要约的规定，如悬赏广告，则视为要约。

3. 要约生效时间

要约自到达受要约人时生效。要约到达受要约人，并不是指要约一定实际送达到受要约人或者其代理人手中，要约只要送达到受要约人通常的地址、住所或者其他能够控制的现实或虚拟空间（如信箱或邮箱等），即为送达。根据《民法典》第一百三十七条："采用数据电文形式订立合同，收件人指定特定系统接收数据电文的，该数据电文进入该特定系统的时间，视为到达时间；未指定特定系统的，相对人知道或者应当知道该数据电文进入其系统时生效。当事人对采用数据电文形式的意思表示的生效时间另有约定的,按照其约定。"

4. 要约的效力

要约一经生效,要约人即受到要约的约束,不得随意撤销或对要约加以限制、变更和扩张。受要约人在要约生效时即取得承诺的可能,即取得了依其承诺而成立合同的法律地位,所以受要约人可以承诺,也可以不承诺。

5. 要约的撤回、撤销与失效

(1) 要约撤回

要约撤回是指要约在发出后、生效前,要约人使要约不发生法律效力的意思表示。法律规定要约可以撤回,原因在于这时要约尚未发生法律效力,撤回要约不会对受要约人产生任何影响,也不会对交易秩序产生不良影响。由于要约在到达受要约人时即生效,因此,撤回要约的通知应当在要约到达受要约人之前或者与要约同时到达受要约人。

(2) 要约撤销

要约撤销是指要约人在要约生效后、受要约人承诺前,使要约丧失法律效力的意思表示。撤销要约的通知应当在受要约人发出承诺通知之前到达受要约人。也就是说,要约已经到达受要约人,在受要约人做出承诺之前,要约人可以撤销要约。由于撤销要约可能会给受要约人带来不利的影响,损害受要约人的利益,法律规定了两种不得撤销要约的情形:①要约人确定了承诺期限或者以其他形式明示要约不可撤销;②受要约人有理由认为要约是不可撤销的,并已经为履行合同做了合理准备工作。

(3) 要约失效

要约失效是指要约丧失法律效力,即要约人与受要约人均不再受其约束,要约人不再承担接受承诺的义务,受要约人也不再享有通过承诺使合同得以成立的权利。

《民法典》合同编规定了要约失效的情形包括:

①拒绝要约的通知到达要约人。受要约人接到要约后,通知要约人不同意与之签订合同,则拒绝了要约,在拒绝要约的通知到达要约人时,该要约失去法律效力。

②要约人依法撤销要约。

③承诺期限届满,受要约人未做出承诺。要约中确定了承诺期限的,超过这个期限不承诺,则要约失效;要约中没有规定承诺期限的,在通常情况下,要约发出后受要约人在合理时间内不承诺的,要约失效。

④受要约人对要约的内容做出实质性变更。有关合同标的、数量、质量、价款或者报酬、履行期限、履行地点和方式、违约责任和解决争议方法等内容的变更,是对要约内容的实质性变更。受要约人由此做出的意思表示为反要约,反要约是一个新的要约。提出反要约就是对原要约的拒绝,使原要约失去效力,原要约人不再受该要约的约束。

(二) 承诺

承诺是受要约人同意要约的意思表示。

1. 承诺应当具备的条件

（1）承诺必须由受要约人做出。要约和承诺是相对人之间的行为，只有受要约人享有承诺的资格，所以承诺必须由受要约人做出。如由代理人做出承诺，则代理人须有合法的委托手续。

（2）承诺必须向要约人做出。受要约人承诺的目的在于同要约人订立合同，所以承诺只有向要约人做出才有意义。

（3）承诺的内容必须与要约的内容一致。承诺是受要约人愿意按照要约的内容与要约人订立合同的意思表示，所以要取得成立合同的法律效果，承诺就必须在内容上与要约的内容一致。承诺不得对要约的内容做出实质性变更。

（4）承诺必须在承诺期限内做出。承诺期间，即为要约存续期间。要约在其存续期间内才有效力，包括一旦受要约人承诺便可成立合同的效力，所以承诺必须在此期间内做出并到达要约人。

2. 承诺的方式

承诺应当以通知的方式做出，通知的方式可以是口头的，也可以是书面的。一般来说，如果法律或要约中没有规定必须以书面形式表示承诺，当事人就可以口头形式表示承诺。根据交易习惯或当事人之间的约定，承诺也可以不以通知的方式，而通过实施一定的行为或以其他方式做出。如果要约人在要约中规定承诺需用特定方式的，只要该种方式不为法律所禁止或不属于在客观上根本不可能，承诺人在做出承诺时就必须符合要约人规定的承诺方式。

3. 承诺的期限

承诺应当在要约确定的期限内到达要约人。要约以信件或者电报做出的，承诺期限自信件载明的日期或者电报交发之日开始计算。信件未载明日期的，自投寄该信件的邮戳日期开始计算。要约以电话、传真等快速通信方式做出的，承诺期限自要约到达受要约人时开始计算。

要约没有确定承诺期限的，承诺应当依照下列规定到达：①要约以对话方式做出的，应当即时做出承诺，但当事人另有约定的除外；②要约以非对话方式做出的，承诺应当在合理期限内到达。

受要约人超过承诺期限发出承诺的，除要约人及时通知受要约人该承诺有效的以外，迟延的承诺为新要约。受要约人在承诺期限内发出承诺，按照通常情形能够及时到达要约人，但因其他原因承诺到达要约人时超过承诺期限的，除要约人及时通知受要约人因承诺超过期限不接受该承诺的以外，该承诺有效。

4. 承诺的生效

承诺通知到达要约人时生效。承诺不需要通知的，根据交易习惯或者要约的要求做出承诺的行为时生效。采用数据电文形式订立合同的，承诺到达的时间同上述要约到达时间的规定相同。

承诺可以撤回。承诺的撤回是指受要约人阻止承诺发生法律效力的意思表示。撤回承诺的通知应当在承诺通知到达要约人之前或者与承诺通知同时到达要约人。

受要约人对要约的内容做出实质性变更的，为新要约。承诺对要约的内容做出非实质性变更的，除要约人及时表示反对或者要约表明承诺不得对要约的内容做出任何变更的以外，该承诺有效，合同的内容以承诺的内容为准。

三、合同格式条款

（一）格式条款的概念

格式条款是当事人为了重复使用而预先拟订，并在订立合同时未与对方协商的条款。格式条款的适用可以简化签约程序，加快交易速度，减少交易成本。但是，由于格式条款是当事人一方预先拟定，且在合同谈判中不容许对方协商修改，条款内容可能对于对方当事人不公平。所以，当事人采用格式条款订立合同时，提供格式条款的一方应当遵循公平原则确定当事人之间的权利和义务。

（二）格式条款的适用限制

1. 提供格式条款一方的义务

提供格式条款的一方应当遵循公平原则确定当事人之间的权利和义务，并采取合理的方式提请对方注意免除或者限制其责任的条款，按照对方的要求，对该条款予以说明。提供格式条款的一方对格式条款中免除或者限制其责任的内容，在合同订立时采用足以引起对方注意的文字、符号、字体等特别标识，并按照对方的要求对该格式条款予以说明的，人民法院应当认定符合《民法典》所要求的"采取合理的方式"。提供格式条款一方对已尽合理提示及说明义务承担举证责任。

2. 格式条款无效的情形

（1）提供格式条款的一方免除其责任，加重对方责任，排除对方主要权利的条款无效。

（2）格式条款具有《民法典》规定的情形时无效，即一方以欺诈、胁迫的手段订立合同，损害国家利益；恶意串通，损害国家、集体或者第三人的利益；以合法形式掩盖非法目的；损害社会公共利益；违反法律、行政法规的强制性规定。

（3）格式条款具有《民法典》规定的免责条款时无效，即有造成对方人身伤害的免责条款；有因故意或重大过失造成对方财产损失的免责条款。

3. 对格式条款的解释

对格式条款的理解发生争议的，应当按照通常字面含义及通常解释予以解释。对格式条款有两种以上解释的，应当做出不利于提供格式条款一方的解释。格式条款和非格式条款不一致的，应当采用非格式条款。

四、合同成立的时间和地点

（一）合同成立的时间

一般来说，合同谈判成立的过程，就是要约、新要约、更新的要约直到承诺的过程。一般情况下，承诺做出生效后合同即告成立，当事人于合同成立时开始享有合同权利、承担合同义务。但在一些特殊情况下，合同成立的具体时间依不同情况而定：

（1）当事人采用合同书形式订立合同的，自双方当事人签字或者盖章时合同成立，当事人在合同书上按指印的，认定其具有与签字或者盖章同等的法律效力。在签字或者盖章之前，当事人一方已经履行主要义务并且对方接受的，该合同成立。

（2）当事人采用信件、数据电文等形式订立合同的，可以在合同成立之前要求签订确认书，签订确认书时合同成立。

（3）当事人以直接对话方式订立的合同，承诺人的承诺生效时合同成立；法律、行政法规规定或者当事人约定采用书面形式订立合同，当事人未采用书面形式但一方已经履行主要义务并且对方接受的，该合同成立。

（4）当事人签订要式合同的，以法律、法规规定的特殊形式要求完成的时间为合同成立时间。

（二）合同成立的地点

一般来说，承诺生效的地点为合同的成立地点，但在特殊情况下，合同可以有不同的成立地点：

（1）采用数据电文形式订立合同的，收件人的主营业地为合同成立的地点，没有主营业地的，其经常居住地为合同成立的地点。

（2）当事人采用合同书、确认书形式订立合同的，双方当事人签字或者盖章的地点为合同成立的地点。双方当事人签字或者盖章不在同一地点的，人民法院应当认定最后签字或者盖章的地点为合同成立地点。

（3）合同需要完成特殊的约定或法定形式才能成立的，以完成合同的约定形式或法定形式的地点为合同的成立地点。

（4）当事人对合同的成交地点另有约定的，按照其约定。采用书面形式订立合同，合同约定的成立地点与实际签字或者盖章地点不符的，应当认定约定的地点为合同成立地点。

五、缔约过失责任

（一）缔约过失责任的概念

缔约过失责任是指当事人在订立合同过程中，因故意或过失致使合同未成立、未生效、被撤销或无效，给他人造成损失应承担的损害赔偿责任。

（二）承担缔约过失责任的情形

《合同法》规定，当事人在订立合同过程中有下列情形之一，给对方造成损失，应当承担损害赔偿责任：①假借订立合同，恶意进行磋商；②故意隐瞒与订立合同有关的重要事实或者提供虚假情况；③当事人泄露或不正当地使用在订立合同过程中知悉的商业秘密；④有其他违背诚实信用原则的行为。

（三）承担缔约过失责任与违约责任的区别

缔约过失责任与违约责任不同，违约责任产生于合同生效之后，适用于生效合同，赔偿的是可期待利益的损害；缔约过失责任发生在合同成立之前，适用于合同不成立、无效、被撤销等情况，赔偿的是信赖利益的损失。

第三节　合同的效力

课程思政

范冰冰"阴阳合同"的教训

2018年6月，范冰冰"阴阳合同"涉税问题曝光后，国家税务总局高度重视，即责成江苏等地税务机关依法开展调查核实，案件已经查清范冰冰在电影《大轰炸》剧组拍摄过程中实际取得片酬3 000万元，其中1 000万元已经申报纳税，其余2 000万元以拆分合同方式偷逃个人所得税618万元。其担任法定代表人的企业少缴税款2.48亿元，其中偷逃税款1.34亿元。事后，范冰冰通过微博刊登了致歉信，表示"进行了深刻的反思、反省，对所作所为深感羞愧、内疚"。事实清楚了、责任明确了，而案件本身反映的深层次问题告诉我们法律面前没有例外，公众人物更应当遵法守法，纳税是公民必须履行的一项基本义务，是权利义务相统一的必然要求，也是促进社会财富分配更加公平的重要一环。

一、合同的生效

《民法典》根据合同类型的不同，分别规定了合同不同的生效时间：

（1）依法成立的合同，原则上自成立时生效。

（2）法律、行政法规规定应当办理批准、登记等手续生效的，自批准、登记时生效。

（3）当事人对合同的效力可以附条件或附期限。附生效条件的合同，自条件成就时生效。附解除条件的合同，自条件成就时失效。当事人为自己的利益不正当地阻止条件成就的，视为条件已成就；不正当地促成条件成就的，视为条件不成就。附生效期限的合同，自期限届至时生效。附终止期限的合同，自期限届满时失效。

二、效力待定合同

合同依效力层次可分为有效合同、效力待定合同、可撤销合同和无效合同。由于合同属于典型的法律行为，无效法律行为与可撤销法律行为的相关内容在第一章第二节民事法律行为部分已有详细阐述，此处不再进行分析。

效力待定合同是指合同订立后尚未生效，须经同意权人追认才能生效的合同。追认的意思表示自到达相对人时生效，合同自订立时起生效。效力待定合同主要包括以下几种情形：

（1）限制民事行为能力人超出自己的行为能力范围与他人订立的合同，为效力待定合同。经法定代理人追认后，该合同有效。但限制民事行为能力人订立的纯获利益的合同或者是与其年龄、智力、精神健康状况相适应的合同有效，不必经法定代理人追认。对于此类效力待定合同，相对人可以催告法定代理人在一个月内予以追认。法定代理人未作表示的，视为拒绝追认。合同被追认之前，善意相对人有撤销的权利。撤销应当以通知的方式做出。

（2）行为人没有代理权、超越代理权或者代理权终止后以被代理人名义订立的合同，为效力待定合同。未经被代理人追认，该合同对被代理人不发生效力，由行为人承担责任。相对人可以催告被代理人在一个月内予以追认。被代理人未作表示的，视为拒绝追认。合同被追认之前，善意相对人有撤销的权利。撤销应当以通知的方式做出。

行为人实施的行为未被追认的，善意相对人有权请求行为人履行债务或者就其受到的损害请求行为人赔偿，但是赔偿的范围不得超过被代理人追认时相对人所能获得的利益。相对人知道或者应当知道行为人无权代理的，相对人和行为人按照各自的过错承担责任。

第四节　合同的履行

课程思政

买到"凶宅"就一定要撤销房屋买卖合同吗？

2020年10月，新疆乌市市民郭某通过二手房中介，与时某签订了购买位于乌鲁木齐经济技术开发区（头屯河区）某小区的房屋买卖合同后，交付了房款和中介费，并将该房屋进行了过户。事后郭某从邻居那里听说该房屋曾发生煤气中毒致人死亡的事件，心里一直不舒服，认为时某在出卖前隐瞒房屋是"凶宅"事实真相，是欺诈行为。2022年8月5日，郭某将时某以买卖合同纠纷诉至乌市头屯河区人民法院，请求判令撤销双方的房屋买卖合同。法院审理此案后依法判决，驳回买房人的诉讼请求。法院认为，忌讳"凶宅"并非良俗，不应提倡，更不能运用法律手段进行调整及保护。人的生老病死是自然规律，因意外事故、其他各种原因在家中身亡的事件也大量存在于现实生活中。如果以此为标准，就将此类房屋定性为"凶宅"，不仅与民法的善良风俗相悖，也破坏了社会秩序，更不利于社会文明的进步发展。

一、合同履行的规则

（一）当事人就有关合同内容约定不明确时的履行规则

合同生效后，当事人就质量、价款或者报酬、履行地点等内容没有约定或者约定不明确的，可以协议补充；不能达成补充协议的，按照合同有关条款或者交易习惯确定；仍不能确定的，适用下列规定：①质量要求不明确的，按照强制性国家标准履行；没有强制性国家标准的，按照推荐性国家标准履行；没有推荐性国家标准的，按照行业标准履行；没有国家标准、行业标准的，按照通常标准或者符合合同目的的特定标准履行。②价款或者报酬不明确的，按照订立合同时履行地的市场价格履行；依法应当执行政府定价或者政府指导价的，按照规定履行。③履行地点不明确，给付货币的，在接受货币一方所在地履行；交付不动产的，在不动产所在地履行；其他标的，在履行义务一方所在地履行。④履行期限不明确的，债务人可以随时履行，债权人也可以随时请求履行，但应当给对方必要的准备时间。⑤履行方式不明确的，按照有利于实现合同目的的方式履行。⑥履行费用的负担不明确的，由履行义务一方负担。因债权人原因增加的履行费用，由债权人负担。

（二）涉及第三人的合同履行

1. 向第三人履行的合同

向第三人履行的合同又称利他合同，指双方当事人约定，由债务人向第三人履行债务的合同。

债务人向第三人履行的合同的法律效力为：①第三人可以向债务人请求履行。第三人请求权的取得以其明确向债务人表示接受该权利时发生。②债务人未向第三人履行债务或者履行债务不符合约定的，应当向债权人承担违约责任。③债务人对于合同债权人可行使的一切抗辩权，对该第三人均可行使。④因向第三人履行债务增加的费用，除双方当事人另有约定外，由债权人承担。

2. 由第三人履行的合同

由第三人履行的合同又称第三人负担的合同，指双方当事人约定债务由第三人履行的合同，该债务履行的约定必须征得第三人同意。该合同以债权人、债务人为合同双方当事人，第三人不是合同的当事人。

由第三人履行的合同的法律效力为：①第三人不履行债务或履行债务不符合约定的，债务人应当向债权人承担违约责任。②债权人请求第三人履行债务时，债务人对于债权人的一切抗辩，第三人均可行使。③第三人向债权人履行债务所增加的费用，除合同另有约定外，一般由债务人承担。

二、抗辩权的行使

抗辩权是指在双务合同中，一方当事人在对方不履行或履行不符合约定时，依法对抗对方请求或否认对方权利主张的权利。《民法典》规定了同时履行抗辩权、先履行抗辩权和不安抗辩权三种履行抗辩权。

（一）同时履行抗辩权

同时履行抗辩权，是指无给付先后顺序的双务合同当事人一方在他方当事人未为对待给付前，有拒绝自己给付的抗辩权。

《民法典》规定，当事人互负债务，没有先后履行顺序的，应当同时履行。一方在对方履行债务之前有权拒绝其履行要求。一方在对方履行债务不符合约定时，有权拒绝其相应的履行要求。

1. 同时履行抗辩权行使的条件

①双方因同一双务合同互负债务；②双方债务已届清偿期；③行使抗辩权之当事人无先为给付义务，即双方的互负债务没有先后履行顺序。没有先后履行顺序，或者是当事人约定同时履行，也可能是当事人对履行顺序未约定或约定不明确，且根据交易习惯不能确定；④须对方当事人未履行或未适当履行合同债务。

2. 同时履行抗辩权的效力

同时履行抗辩权只是暂时阻止对方当事人请求权的行使，而不是永久地消灭对方当事人的请求权。当对方当事人完全履行了合同义务，同时履行抗辩权即告消灭，主张抗辩权的当事人就应当履行自己的义务。当事人因行使同时履行抗辩权致使合同迟延履行的，迟延履行责任由对方当事人承担。

（二）后履行抗辩权

后履行抗辩权是指双务合同当事人互负债务，有先后履行顺序，先履行一方未履行的，后履行一方有权拒绝其履行要求。先履行一方履行债务不符合约定的，后履行一方有权拒绝其相应的履行要求。

1. 后履行抗辩权行使的条件

①当事人基于同一双务合同，互负债务；②当事人的履行有先后顺序；③应当先履行的当事人不履行合同或不适当履行合同；④先履行抗辩权的行使人是履行义务顺序在后的一方当事人。

2. 后履行抗辩权的效力

后履行抗辩权不是永久性的，它的行使只是暂时阻止了当事人请求权的行使。先履行一方的当事人如果完全履行了合同义务，则后履行抗辩权消灭，后履行当事人就应当按照合同约定履行自己的义务。

（三）不安抗辩权

不安抗辩权，是指双务合同当事人互负债务，有先后履行顺序的，先履行的一方有确切证据证明另一方丧失履行债务能力时，在对方没有履行或者没有提供担保之前，有拒绝自己履行的权利。规定不安抗辩权是为了切实保护当事人的合法权益，防止借合同进行欺诈，促使对方履行义务。

1. 不安抗辩权行使的条件

①当事人基于同一双务合同，互负债务；②当事人的履行有先后顺序；③不安抗辩权的行使人是履行义务顺序在先的一方当事人；④后履行合同的一方当事人有丧失或可能丧失履行债务能力的情形；⑤后履行合同的一方当事人未履行或提供担保。

2. 不安抗辩权适用的情形

《民法典》规定，应当先履行债务的当事人，有确切证据证明对方有下列情形之一的，可以中止履行：①经营状况严重恶化；②转移财产、抽逃资金，以逃避债务；③丧失商业信誉；④有丧失或可能丧失履行债务能力的其他情形。

先履行合同义务的当事人应当有证据证明对方不能履行合同或者有不能履行合同的可能性；没有确切证据而行使不安抗辩权，造成对方损失的，应当承担违约责任。

3. 不安抗辩权的效力

（1）中止履行，即应当先履行债务的当事人中止先为履行。应当先履行债务的当事人行使中止权时，应当及时通知对方，以免给对方造成损失，也便于对方在接到通知后，提供相应的担保，使合同得以履行。如果对方当事人恢复了履行能力或提供了相应的担保后，先履行一方当事人"不安"的原因消除，应当恢复合同的履行。

（2）解除合同。中止履行合同后，如果对方在合理期限内未恢复履行能力并且未提供适当担保的，中止履行合同的一方可以解除合同并可以请求对方承担违约责任。

第五节　合同的保全

一、债权人代位权

（一）代位权的概念

代位权，是指债务人怠于行使其对第三人（次债务人）享有的到期债权或者与该债权有关的从权力，危及债权人债权的实现时，债权人为了保障自己的债权，可以自己的名义代位行使债务人对次债务人的债权的权利。《民法典》规定，因债务人怠于行使其到期债权，对债权人造成损害的，债权人可以向人民法院请求以自己的名义代位行使债务人的债权，但该债权专属于债务人自身的除外。

（二）代位权的构成要件

（1）债务人对第三人享有合法债权。

（2）债务人怠于行使其债权，如果债务人已经行使了权利，即使不尽如人意，债权人也不能行使代位权。

（3）因债务人怠于行使权利已害及债权人的债权，即债务人不履行其对债权人的到期债务，又不以诉讼方式或仲裁方式向其债务人主张其享有的到期债权，致使债权人的到期债权未能实现。

（4）债务人的债务已到期，债务人已陷于迟延履行，如果债务人的债务未到履行期或履行期间未届满的，债权人不能行使代位权。

（5）债务人的债权不是专属于债务人自身的债权。专属于债务人自身的债权是指，基于扶养关系、抚养关系、赡养关系、继承关系产生的给付请求权和劳动报酬、退休金、养老金、抚恤金、安置费、人寿保险、人身伤害赔偿请求权等权利。

（三）代位权的行使

①债权人必须以自己的名义通过诉讼形式行使代位权。债权人以次债务人为被告向人民法院提起代位权诉讼，未将债务人列为第三人的，人民法院可以追加债务人为第三人。

②代位权的行使范围以债权人的债权为限。债权人行使代位权的请求数额不能超过债务人所负债务的数额，否则对超出部分人民法院不予支持。若第三人无恶意，则不能撤销其取得财产的行为。《民法典》规定，债务人以明显不合理的低价转让财产，对债权人造成损害，并且受让人知道该情形的，债权人也可以请求人民法院撤销债务人的行为。相反，债权人放弃到期债权、无偿转让财产等无偿行为，不论第三人善意或恶意，债权人均得以请求撤销。

二、债权人撤销权

（一）撤销权的行使

①债权人行使撤销权应以自己的名义，向被告住所地人民法院提起诉讼，请求法院撤销债务人因处分财产而危害债权的行为。

②撤销权自债权人知道或者应当知道撤销事由之日起 1 年内行使。自债务人的行为发生之日起 5 年内没有行使撤销权的，该撤销权消灭。

③撤销权的行使范围以债权人的债权为限。

④债权人行使撤销权的必要费用，由债务人承担。

（二）撤销权行使的效力

债务人、第三人的行为被撤销的，其行为自始无效。第三人应向债务人返还财产或折价补偿。

第三人返还或折价补偿的财产构成债务人全部财产的一部分，债权人对于撤销权行使的结果并无优先受偿的权利。

第六节　合同的担保

> **课程思政**
>
> **美容院的霸王条款显失公平**
>
> 　　消费者岳荣波在蒙阳服务中心接受了美容服务，事后因对美容效果不满意并造成皮肤过敏，双方达成赔偿协议，并约定"岳荣波不再就此追究该店任何责任"。虽然蒙阳在《承诺书》《收到条》上签名，但《承诺书》《收到条》系岳荣波打印的格式文书，有关承诺不再就此追究该店及其有关莎曼莉莎美容院、公司的任何责任属格式合同条款，明显加重了消费者的责任，排除了消费者的消费选择权。这种消费者一旦预付了服务期内的所有费用，即使对服务效果不满意也不能终止服务显失公平。消费者以预付式消费模式在经营者处接受美容服务，消费者以皮肤过敏等理由主张解除合同，虽然消费者已对格式条款签字确认，但该格式条款明显加重消费者责任，排除消费者的消费选择权。这种消费者一旦预付了服务期内的所有费用，即使对服务效果不满意也不能终止的约定显失公平，该格式条款违反我国合同法和消费者权益保护法的规定，应属无效。作为服务行业应当视服务第一为宗旨，在提高服务质量的同时保障消费者权益，妄想用不公平的协议逃避责任只会是走向末路的开始。

一、合同担保概论

（一）担保的概念及方式

担保是指依照法律规定，或由当事人双方经过协商一致而约定的，为保障合同债权实现的法律措施。

担保的方式包括保证、抵押、质押、留置和定金五种方式。其中，保证属于人的担保，定金属于金钱担保，其余为物的担保。第三人为债务人向债权人提供担保的，可以要求提供反担保。反担保人可以是债务人，也可以是债务人之外的其他人。反担保方式可以是债务人提供的抵押或者质押，也可以是其他人提供的保证、抵押或者质押。

（二）担保合同的性质

担保合同是主债权债务合同的从合同，主债权债务合同有效，担保合同有效；主债权债务合同无效，担保合同无效，但法律另有规定的除外。

（三）担保合同的无效

1. 担保无效的情形

（1）国家机关和以公益为目的的事业单位、社会团体违反法律规定提供担保的，担保合同无效。

(2) 以法律、法规禁止流通的财产或者不可转让的财产设定担保的，担保合同无效。

2. 担保合同无效的法律责任

根据《担保制度解释》的规定，担保合同被确认无效后，债务人、担保人、债权人有过错的，应当根据其过错各自承担相应的民事责任。

《关于适用〈中华人民共和国民法典〉有关担保制度的解释》（以下简称《担保制度解释》）对担保合同无效的法律责任规定如下：

(1) 主合同有效而担保合同无效，债权人无过错的，担保人与债务人对主合同债权人的经济损失，承担连带赔偿责任；债权人、担保人有过错的，担保人承担民事责任的部分，不应超过债务人不能清偿部分的二分之一。

(2) 主合同无效而导致担保合同无效，担保人无过错的，担保人不承担民事责任；担保人有过错的，担保人承担民事责任的部分，不应超过债务人不能清偿部分的三分之一。

(3) 担保人因无效担保合同向债权人承担赔偿责任后，可以向债务人追偿，或者在承担赔偿责任的范围内，要求有过错的反担保人承担赔偿责任。担保人可以根据承担赔偿责任的事实对债务人或者反担保人另行提起诉讼。

(4) 主合同解除后，担保人对债务人应当承担的民事责任仍应承担担保责任，但是，担保合同另有约定的除外。

二、保证

(一) 保证和保证人

1. 保证

保证是指第三人为债务人的债务履行作担保，由第三人和债权人约定，当债务人不履行债务时，第三人按照约定履行债务或者承担责任的行为。该第三人被称作保证人。保证是保证人和债权人之间的合同关系。

2. 保证人

(1) 保证人资格的一般规定

根据《担保制度解释》的规定，具有代为清偿债务能力的法人、其他组织或者自然人，可以作保证人。

不具有完全代偿能力的法人、其他组织或者自然人，以保证人身份订立保证合同后，又以自己没有代偿能力要求免除保证责任的，人民法院不予支持。

(2) 保证人资格的限制

①国家机关、学校、幼儿园、医院等以公益为目的的事业单位、社会团体，企业法人的分支机构、职能部门，不得作保证人。但是，在经国务院批准为使用外国政府或者国际经济组织贷款进行转贷的情况下，国家机关可以作保证人。

②企业法人的分支机构有法人书面授权的，可以在授权范围内提供保证。企业法人的分支机构经营管理的财产不足以承担保证责任的，由企业法人承担民事责任。

企业法人的分支机构未经法人书面授权或者超出授权范围提供保证的，保证合同无效或超出授权范围的部分无效，债权人和企业法人有过错的，应当根据其过错各自承担相应的民事责任，债权人无过错的，由企业法人承担民事责任。

企业法人的分支机构经法人书面授权提供保证的，如果法人的书面授权范围不明，法人的分支机构应当对保证合同约定的全部债务承担保证责任。

企业法人的分支机构提供的保证无效后应当承担赔偿责任的，由分支机构经营管理的财产承担。

③企业法人的职能部门提供保证的，保证合同无效。债权人知道或者应当知道保证人为企业法人的职能部门的，因此造成的损失由债权人自行承担；债权人不知保证人为企业法人的职能部门，因此造成的损失，由债权人和保证人根据其过错各自承担相应的民事责任。

④法人或者其他组织的法定代表人、负责人超越权限订立的担保合同，包括保证合同，除相对人知道或者应当知道其超越权限的以外，该代表行为有效。

（二）保证合同和保证方式

1. 保证合同

保证人与债权人应当以书面形式订立保证合同，保证的内容在保证合同中加以确定，保证人与债权人可以就单个主合同分别订立保证合同，也可以协议在最高债权额限度内就一定期间连续发生的借款合同或者某项商品交易合同订立一个保证合同。

根据《担保制度解释》的规定，在以下两种情况，保证合同也成立：第三人单方以书面形式向债权人出具担保书，债权人接受且未提出异议的；主合同中虽然没有保证条款，但是，保证人在主合同上以保证人的身份签字或者盖章的。

保证合同应当包括以下内容：被保证的主债权（即主合同债权，下同）种类、数额；债务人履行债务的期限；保证的方式；保证担保的范围；保证的期间；以及双方认为需要约定的其他事项。保证合同不完全具备上述规定内容的，可以补正。

2. 保证方式

（1）按照保证人承担责任方式的不同，可以将保证分为一般保证和连带责任保证。

一般保证，是指当事人在保证合同中约定，在债务人不能履行债务时，由保证人承担保证责任的，为一般保证。

一般保证的保证人享有先诉抗辩权。所谓先诉抗辩权，是指在主合同纠纷未经审判或者仲裁，并就债务人财产依法强制执行仍不能履行债务前，保证人对债权人可拒绝承担保证责任。

有下列情形之一的，保证人不得行使先诉抗辩权：①债务人住所变更，致使债权人要求其履行债务发生重大困难的，如债务人下落不明、移居境外，且无财产可供执行；②人民法院受理债务人破产案件，中止执行程序的；③债权人有证据证明债务人的财产不足以履行全部债务或者丧失履行债务能力；④保证人以书面形式放弃先诉抗辩权的。

连带责任保证，是指当事人在保证合同中约定保证人与债务人对债务承担连带责任的，为连带责任保证。

连带责任保证的债务人在主合同规定的债务履行期届满没有履行债务的，债权人可以要求债务人履行债务，也可以要求保证人在其保证范围内承担保证责任。

依据《民法典》第六百八十六条第二款的规定，当事人在保证合同中对保证方式没有约定或者约定不明确的，按照一般保证承担保证责任。

从保证人的数量划分，保证可以分为单独保证和共同保证。单独保证是指只有一个保证人担保同一债权的保证。共同保证是指数个保证人担保同一债权的保证。共同保证既可以在数个共同保证人与债权人签订一个保证合同时成立，也可以在数个保证人与债权人签订数个保证合同，但担保同一债权时成立。按照保证人是否约定各自承担的担保份额，可以将共同保证分为按份共同保证和连带共同保证。按份共同保证是保证人与债权人约定按份额对主债务承担保证义务的共同保证；连带共同保证是各保证人约定均对全部主债务承担保证义务的共同保证。需注意的是，作为保证方式的连带责任保证与共同保证形式之一的连带保证不应混淆。同一债务有两个或两个以上保证人的，为共同保证。连带共同保证的"连带"，是保证人之间的连带，而非保证人与主债务人之间的连带。根据《民法典》的规定，共同保证人应当按照保证合同约定的保证份额，承担保证责任。各保证人与债权人没有约定保证份额的，应当认定为连带共同保证。

连带责任保证与连带保证是不同的：连带责任保证是保证的一种方式，是保证人与债务人之间的连带；而连带保证是共同保证的一种形式，是保证人之间的连带。连带保证的共同保证人在保证方式上同样可能承担的是一般保证或连带责任保证，如果承担的是一般保证，共同保证人同样享有先诉抗辩权；如果承担的是连带责任保证，当债务人到期不履行债务时，债权人才可以直接选择要求共同保证人承担连带责任。

无论连带共同保证的保证人承担保证的方式是一般保证或连带责任保证，在债权人有权利要求保证人承担保证责任时，债权人可以要求任何一个保证人承担全部保证责任，保证人负有担保全部债权实现的义务。连带共同保证的保证人以其相互之间约定各自承担的份额对抗债权人的，人民法院不予支持。

已经承担保证责任的连带共同保证人，有权向债务人追偿，或者要求承担连带责任的其他保证人清偿其应当承担的份额。连带共同保证的保证人承担保证责任后，向债务人不能追偿的部分，由各连带保证人按其内部约定的比例分担；没有约定的，平均分担。按份共同保证的保证人按照保证合同约定的保证份额承担保证责任后，在其履行保证责任的范围内对债务人行使追偿权。

(三) 保证责任

1. 保证责任的范围

保证人在约定的保证担保范围内承担保证责任。当事人对保证担保的范围没有约定或者约定不明确的,保证人应当对全部债务承担责任。全部债务包括主债权及利息、违约金、损害赔偿金和实现债权的费用。

2. 主合同变更与保证责任承担

(1) 保证期间,债权人依法将主债权转让给第三人的,保证债权同时转让,保证人在原保证担保的范围内对受让人承担保证责任。但是,保证人与债权人事先约定仅对特定的债权人承担保证责任或者禁止债权转让的,保证人对于恶意的受让人不再承担保证责任。

(2) 保证期间,债权人许可债务人转让债务的,应当取得保证人书面同意,保证人对未经其同意转让的债务部分,不再承担保证责任。

(3) 保证期间,债权人与债务人对主合同数量、价款、币种、利率等内容做了变动,未经保证人同意的,如果减轻债务人债务的,保证人仍应当对变更后的合同承担保证责任;如果加重债务人债务的,保证人对加重的部分不承担保证责任。债权人与债务人对主合同履行期限做了变动,未经保证人书面同意的,保证期间为原合同约定的或者法律规定的期间。债权人与债务人协议变更主合同内容,但并未实际履行的,保证人仍应当承担保证责任。

(4) 主合同当事人协议以新贷偿还旧贷,旧贷的物的担保人在登记尚未注销的情形下同意继续为新贷提供担保,在订立新的贷款合同前又以该担保财产为其他债权人设立担保物权,其他债权人主张其担保物权顺位优先于新贷债权人的,人民法院不予支持。

3. 保证担保与物的担保并存的保证责任

同一债权既有保证又有物的担保的,属于共同担保。根据《民法典》的规定,被担保的债权既有物的担保又有人的担保,债务人不履行到期债务或发生当事人约定的实现担保物权的情形,债权人应当按照约定实现债权;没有约定或者约定不明确,债务人自己提供物的担保的,债权人应当先就该物的担保实现债权;第三人提供物的担保的,债权人可以就物的担保实现债权,也可以要求保证人承担保证责任。提供担保的第三人承担担保责任后,有权向债务人追偿。

4. 保证责任承担的其他规定

一般保证的保证人在主债权履行期间届满后,向债权人提供了债务人可供执行财产的真实情况的,债权人放弃或者怠于行使权利致使该财产不能被执行,保证人可以请求人民法院在其提供可供执行财产的实际价值范围内免除保证责任。

5. 保证人的追偿权

保证人承担保证责任后,除当事人另有约定外,有权在其承担保证责任的范围内向债务人追偿,享有债权人对债务人的权力,但是不得损害债权人的利益。

债权人知道或者应当知道债务人破产,既未申报债权也未通知担保人,致使担保人不能预先行使追偿权的，担保人就该债权在破产程序中可能受偿的范围内免除担保责任，但是担保人因自身过错未行使追偿权的除外。

(四) 保证期间

保证期间，是指确定保证人承担保证责任的期间。债权人在保证期间内未依法行使权利的，保证责任消灭。

根据《民法典》第六百九十二条："债权人与保证人可以约定保证期间，但是约定的保证期间早于主债务履行期限或者与主债务履行期限同时届满的，视为没有约定；没有约定或者约定不明确的，保证期间为主债务履行期限届满之日起六个月。债权人与债务人对主债务履行期限没有约定或者约定不明确的，保证期间自债权人请求债务人履行债务的宽限期届满之日起计算。"

根据《民法典》第六百九十三条："一般保证的债权人未在保证期间对债务人提起诉讼或者申请仲裁的，保证人不再承担保证责任。连带责任保证的债权人未在保证期间请求保证人承担保证责任的，保证人不再承担保证责任。"

根据《民法典》第六百九十四条："一般保证的债权人在保证期间届满前对债务人提起诉讼或者申请仲裁的，从保证人拒绝承担保证责任的权利消灭之日起，开始计算保证债务的诉讼时效。连带责任保证的债权人在保证期间届满前请求保证人承担保证责任的，从债权人请求保证人承担保证责任之日起，开始计算保证债务的诉讼时效。"

(五) 保证合同的诉讼时效

一般保证的债权人在保证期间届满前对债务人提起诉讼或者申请仲裁的，从保证人拒绝承担保证责任的权利消灭之日起，开始计算保证债务的诉讼时效。连带责任保证的债权人在保证期间届满前要求保证人承担保证责任的，从债权人要求保证人承担保证责任之日起，开始计算保证合同的诉讼时效。保证人对已经超过诉讼时效期间的债务承担保证责任或者提供保证的，又以超过诉讼时效为由抗辩的，人民法院不予支持。

一般保证中，主债务诉讼时效中断，保证债务诉讼时效中断；连带责任保证中，主债务诉讼时效中断，保证债务诉讼时效不中断。一般保证和连带责任保证中，主债务诉讼时效中止的，保证债务的诉讼时效同时中止。

保证人对债务人行使追偿权的诉讼时效，自保证人向债权人承担责任之日起开始计算。

三、抵押

抵押是指为担保债务的履行，债务人或者第三人不转移财产的占有，将该财产作为债权的担保，债务人不履行到期债务或者发生当事人约定的实现抵押权的情形，债权人有权就该财产优先受偿。

提供财产担保的债务人或者第三人为抵押人，债权人为抵押权人，提供担保的财产为抵押财产。

(一) 抵押合同

设立抵押权,当事人应当采取书面形式订立抵押合同。抵押合同一般包括下列条款:①被担保债权的种类和数额;②债务人履行债务的期限;③抵押财产的名称、数量等情况;④担保的范围。

根据《民法典》第四百零一条:"抵押权人在债务履行期限届满前,与抵押人约定债务人不履行到期债务时抵押财产归债权人所有的,只能依法就抵押财产优先受偿。"

(二) 抵押财产

1. 可以设立抵押权的财产

根据《民法典》的规定,债务人或者第三人有权处分的下列财产可以抵押:①建筑物和其他土地附着物;②建设用地使用权;③海域使用权;④生产设备、原材料、半成品、产品;⑤正在建造的建筑物、船舶、航空器;⑥交通运输工具;⑦法律、行政法规未禁止抵押的其他财产。抵押人可以将上述所列财产一并抵押。

2. 不得设立抵押权的财产

根据《民法典》的规定,下列财产不得抵押:①土地所有权;②宅基地、自留地、自留山等集体所有的土地使用权,但法律规定可以抵押的除外;③学校、幼儿园、医疗机构等为公益目的成立的非营利法人的教育设施、医疗卫生设施和其他公益设施;④所有权、使用权不明或者有争议的财产;⑤依法被查封、扣押、监管的财产;⑥法律、行政法规规定不得抵押的其他财产,例如,以法定程序确认为违法、违章的建筑物抵押的,抵押无效。

3. 关于抵押财产的其他规定

建设用地使用权抵押后,该土地上新增的建筑物不属于抵押财产。该建设用地使用权实现抵押权时,应当将该土地上新增的建筑物与建设用地使用权一并处分,但新增建筑物所得的价款,抵押权人无权优先受偿。

以集体所有土地的使用权依法抵押的,实现抵押权后,未经法定程序,不得改变土地所有权的性质和土地用途。

(三) 抵押登记

1. 以登记为生效要件的抵押

根据《民法典》的规定,以建筑物和其他土地附着物,建设用地使用权,海域使用权,或正在建造的建筑物、船舶、航空器这四种财产设定抵押的,应当办理抵押登记,抵押权自登记之日起设立。

抵押登记记载的内容与抵押合同约定的内容不一致的,以登记记载的内容为准。

2. 以登记为对抗要件的抵押

当事人以《民法典》规定的生产设备、原材料、半成品、产品、交通运输工具和正在建造的船舶、航空器抵押或其他动产设定抵押,抵押权自抵押合同生效时设立;抵押权未经登记,不得对抗善意第三人。

(四) 抵押的效力

抵押担保的范围包括主债权及利息、违约金、损害赔偿金和实现抵押权的费用。抵押合同另有约定的,按照约定。

1. 抵押权对抵押物所生孳息的效力

债务人不履行到期债务或者发生当事人约定的实现抵押权的情形,致使抵押财产被人民法院依法扣押的,自扣押之日起抵押权人有权收取该抵押财产的天然孳息或者法定孳息,但抵押权人未通知应当清偿法定孳息的义务人的除外。

抵押财产折价或者拍卖、变卖后,其价款超过债权数额的部分归抵押人所有,不足部分由债务人清偿。

根据《民法典》第四百一十四条:"同一财产向两个以上债权人抵押的,拍卖、变卖抵押财产所得的价款依照下列规定清偿:①抵押权已经登记的,按照登记的时间先后确定清偿顺序;②抵押权已经登记的先于未登记的受偿;③抵押权未登记的,按照债权比例清偿。其他可以登记的担保物权,清偿顺序参照适用前款规定。"

2. 抵押权对于抵押物上租赁权的效力

抵押权设立前,抵押财产已经出租并转移占有的,原租赁关系不受该抵押权的影响。

根据民法典相关司法解释,抵押人转让抵押财产,受让人占有抵押财产后,抵押权人向受让人请求行使抵押权的,人民法院不予支持,但是抵押权人能够举证证明受让人知道或者应当知道已经订立抵押合同的除外;抵押人将抵押财产出租给他人并移转占有,抵押权人行使抵押权的,租赁关系不受影响,但是抵押权人能够举证证明承租人知道或者应当知道已经订立抵押合同的除外。

3. 抵押期间抵押物的转让

抵押人转让抵押财产的,应当及时通知抵押权人。抵押权人能够证明抵押财产转让可能损害抵押权的,可以请求抵押人将转让所得的价款向抵押权人提前清偿债务或者提存。转让的价款超过债权数额的部分归抵押人所有,不足部分由债务人清偿。

抵押期间,抵押人可以转让抵押财产。当事人另有约定的,按照其约定。抵押财产转让的,抵押权不受影响。

4. 抵押权转移及消灭的从属性

抵押权不得与债权分离而单独转让或者作为其他债权的担保。债权转让的,担保该债权的抵押权一并转让,但是法律另有规定或者当事人另有约定的除外。

主债权未受全部清偿的,抵押权人可以就抵押物的全部行使其抵押权,但是留置权人行使留置权的,且留置财产为可分物的,留置财产的价值应当相当于债务的金额。

主债务被分割或者部分转移,债务人自己提供物的担保,债权人请求以该担保财产担保全部债务履行的,人民法院应予支持;第三人提供物的担保,主张对未经其书面同意转移的债务不再承担担保责任的，人民法院应予支持。

5. 抵押财产价值减少或毁损的处理

抵押人的行为足以使抵押财产价值减少的，抵押权人有权要求抵押人停止其行为。抵押财产价值减少的，抵押权人有权要求恢复抵押财产的价值，或者提供与减少的价值相应的担保。抵押人不恢复抵押财产的价值也不提供担保的，抵押权人有权要求债务人提前清偿债务。

担保期间，担保财产毁损、灭失或者被征收等，担保物权人可以就获得的保险金、赔偿金或者补偿金等优先受偿。被担保债权的履行期限未届满的，也可以提存该保险金、赔偿金或者补偿金等。

6. 抵押权效力的其他规定

有下列情形之一的，担保物权消灭：①主债权消灭；②担保物权实现；③债权人放弃担保物权；④法律规定担保物权消灭的其他情形。

（五）抵押权的实现

1. 抵押权实现的条件、方式和程序

债务人不履行到期债务或者发生当事人约定的实现抵押权的情形，抵押权人可以与抵押人协议以抵押财产折价或者以拍卖、变卖该抵押财产所得的价款优先受偿。协议损害其他债权人利益的，其他债权人可以在知道或者应当知道撤销事由之日起1年内请求人民法院撤销该协议。

抵押权人与抵押人未就抵押权实现方式达成协议的，抵押权人可以请求人民法院拍卖、变卖抵押财产。

抵押财产折价或者变卖的，应当参照市场价格。

抵押财产折价或者拍卖、变卖后，其价款超过债权数额的部分归抵押人所有，不足部分由债务人清偿。

抵押权人应当在主债权诉讼时效期间行使抵押权；未行使的，人民法院不予保护。

2. 抵押权的顺位及确定抵押权次序的规则

抵押权人可以放弃抵押权或者抵押权的顺位。抵押权人与抵押人可以协议变更抵押权顺位以及被担保的债权数额等内容，但抵押权的变更，未经其他抵押权人书面同意，不得对其他抵押权人产生不利影响。

债务人以自己的财产设定抵押，抵押权人放弃该抵押权、抵押权顺位或者变更抵押权的，其他双方串通在抵押权人丧失优先受偿权益的范围内免除担保责任，但是其他担保人欺骗承诺仍然提供担保的除外。

同一财产向两个以上债权人抵押的，拍卖、变卖抵押财产所得的价款依照下列规定清偿：①抵押权已登记的，按照登记的先后顺序清偿；②抵押权已登记的先于未登记的受偿；③抵押权未登记的，按照债权比例清偿。

（六）最高额抵押

最高额抵押，是指为担保债务的履行，债务人或者第三人对一定期间内将要连续发生的债权提供担保财产的，债务人不履行到期债务或者发生当事人约定的实现抵押权的情形，抵押权人有权在最高债权额限度内就该担保财产优先受偿。

1. 最高额抵押的特征

（1）抵押担保的是将来发生的债权，现在尚未发生，但最高额抵押权设立前已经存在的债权，经当事人同意，可以转入最高额抵押担保的债权范围；

（2）抵押担保的债权额不确定，但设有最高限制额；

（3）实际发生的债权是连续的，不特定的，即债权人并不规定对方实际发生债权的次数和数额；

（4）债权人仅对抵押财产行使最高限度内的优先受偿权；

（5）最高额抵押只需首次登记即可设立，即尽管最高额抵押权所担保的是一定期间内连续发生的债权，但无须每个新生债权都到登记部门办理抵押登记，只需办理首次抵押登记即可。

2. 最高额抵押权的转让及变更

最高额抵押担保的债权确定前，部分债权转让的，最高额抵押权不得转让，但当事人另有约定的除外。

最高额抵押担保的债权确定前，抵押权人与抵押人可以通过协议变更债权确定的期间、债权范围以及最高债权额，但变更的内容不得对其他抵押权人产生不利影响。

3. 最高额抵押权所担保的债权确定

有下列情形之一的，抵押权人的债权确定：

（1）约定的债权确定期间届满；

（2）没有约定债权确定期间或者约定不明确，抵押权人或者抵押人自最高额抵押权设立之日起满2年后请求确定债权；

（3）新的债权不可能发生；

（4）抵押财产被查封、扣押；

（5）债务人、抵押人被宣告破产或者被撤销；

（6）法律规定债权确定的其他情形。

（七）动产浮动抵押

动产浮动抵押是一种特别抵押，指抵押人以其现在和将来所有的财产为债权提供担保，在行使抵押权之前，该设押财产可以自由流转经营，在约定或法定事由发生时，其价值才能确定的一种抵押。

《民法典》规定，经当事人书面协议，企业、个体工商户、农业生产经营者可以将现有的以及将有的生产设备、原材料、半成品、产品抵押，债务人不履行到期债务或者发生当事人约定的实现抵押权的情形，债权人有权就实现抵押权时的动产优先受偿。

抵押财产自下列情形之一发生时确定：①债务履行期届满，债权未实现；②抵押人被宣告破产或者解散；③当事人约定的实现抵押权的情形；④严重影响债权实现的其他情形。

四、质押

质押分为动产质押和权利质押。

（一）动产质押

1. 动产质押的概念

为担保债务的履行，债务人或者第三人将其动产出质给债权人占有的，债务人不履行到期债务或者发生当事人约定的实现质权的情形，债权人有权就该动产优先受偿。

该债务人或者第三人为出质人，债权人为质权人，交付的动产为质押财产。

2. 质押合同

为设立质权，当事人应当采取书面形式订立质押合同，质押合同一般包括以下条款：①被担保债权的种类和数额；②债务人履行债务的期限；③质押财产的名称、数量等情况；④担保的范围；⑤质押财产交付的时间、方式。其中，质押担保的范围由当事人约定；当事人未约定的，质押担保范围包括主债权及利息、违约金、损害赔偿金、质物保管费用和实现质权的费用。

质权人在债务履行期限届满前，与出质人约定债务人不履行到期债务时质押财产归债权人所有的，只能依法就质押财产优先受偿。

3. 动产质押的效力

根据《民法典》第四百二十九条："质权自出质人交付质押财产时设立。"

（1）出质人代质权人占有质物的，质押合同不生效；质权人将质物返还于出质人后，以其质权对抗第三人的，人民法院不予支持。

（2）因不可归责于质权人的事由而丧失对质物的占有，质权人可以向不当占有人请求停止侵害、恢复原状、返还质物。

（3）出质人和质权人应当以书面形式订立质押合同。质押合同自质物移交于质权人占有时生效。

4. 质权人对质物的权利和责任

（1）质权人对质物的权利

①质权人有权收取质押财产的孳息，但合同另有约定的除外。上述孳息应当先充抵收取孳息的费用。

②质物有隐蔽瑕疵造成质权人其他财产损害的，应由出质人承担赔偿责任。但是，质权人在质物移交时明知质物有瑕疵而予以接受的除外。

③因不能归责于质权人的事由可能使质押财产毁损或者价值明显减少，足以危害质权人权利的，质权人有权要求出质人提供相应的担保；出质人不提供的，质权人可以拍卖、变卖质押财产，并与出质人通过协议将拍卖、变卖所得的价款提前清偿债务或者提存。

（2）质权人对质物的责任

①质权人在质权存续期间，未经出质人同意，擅自使用、处分质押财产，给出质人造成损害的，应当承担赔偿责任。

②质权人负有妥善保管质押财产的义务；因保管不善致使质押财产毁损、灭失的，应当承担赔偿责任。

质权人的行为可能使质押财产毁损、灭失的，出质人可以要求质权人将质押财产提存，或者要求提前清偿债务并返还质押财产。质物提存费用由质权人负担，出质人提前清偿债权的，应当扣除未到期部分的利息。

③质权人在质权存续期间，未经出质人同意转质，造成质押财产毁损、灭失的，应当向出质人承担赔偿责任。

5. 质权的实现

债务人履行债务或者出质人提前清偿所担保的债权的，质权人应当返还质押财产。

债务人不履行到期债务或者发生当事人约定的实现质权的情形，质权人可以与出质人协议以质押财产折价，也可以就拍卖、变卖质押财产所得的价款优先受偿。质押财产折价或者变卖的，应当参照市场价格。

出质人可以请求质权人在债务履行期届满后及时行使质权；质权人不行使的，出质人可以请求人民法院拍卖、变卖质押财产。出质人请求质权人及时行使质权，因质权人怠于行使权利造成损害的，由质权人承担赔偿责任。

质押财产折价或者拍卖、变卖后，其价款超过债权数额的部分归出质人所有，不足部分由债务人清偿。

（二）权利质押

1. 权利质押的概念

权利质押是指债务人或者第三人以其财产权利作为债权的担保，当债务人不履行债务时，债权人有权依照法律规定，以该财产权利折价或者以拍卖、变卖该财产权利的价款优先受偿。

根据《民法典》的规定，债务人或者第三人有权处分的下列权利可以出质：①汇票、支票、本票；②债券、存款单；③仓单、提单；④可以转让的基金份额、股权；⑤可以转让的注册商标专用权、专利权、著作权等知识产权中的财产权；⑥现有的以及将有的应收账款；⑦法律、行政法规规定可以出质的其他财产权利。《民法典》对于权利质押未做特别规定的，应适用有关动产质押的规定。

2. 以不同种类权利出质的法律规定

以汇票、支票、本票、债券、存款单、仓单、提单出质的，当事人应当订立书面合同。质权自权利凭证交付质权人时设立；没有权利凭证的，质权自有关部门办理出质登记时设立。汇票、支票、本票、债券、存款单、仓单、提单的兑现日期或者提货日期先于主债权到期的，质权人可以兑现或者提货，并与出质人协议将兑现的价款或者提取的货物提前清偿债务或者提存。

以基金份额、股权出质的，当事人应当订立书面合同。以基金份额、证券登记结算机构登记的股权出质的，质权自证券登记结算机构办理出质登记时设立；以其他股权出质的，质权自工商行政管理部门办理出质登记时设立。基金份额、股权出质后，不得转让，但经出质人与质权人协商同意的除外。出质人转让基金份额、股权所得的价款，应当向质权人提前清偿债务或者提存。

以注册商标专用权、专利权、著作权等知识产权中的财产权出质的，当事人应当订立书面合同。质权自有关主管部门办理出质登记时设立。知识产权中的财产权出质后，出质人不得转让或者许可他人使用，但经出质人与质权人协商同意的除外。出质人转让或者许可他人使用出质的知识产权中的财产权所得的价款，应当向质权人提前清偿债务或者提存。

以应收账款出质的，当事人应当订立书面合同。质权自信贷征信机构办理出质登记时设立。应收账款出质后，不得转让，但经出质人与质权人协商同意的除外。出质人转让应收账款所得的价款，应当向质权人提前清偿债务或者提存。

五、留置

（一）留置权的概念

留置权是指债务人不履行到期债务，债权人可以留置已经合法占有的债务人的动产，并有权就该动产优先受偿。其中债权人为留置权人，占有的动产为留置财产，即留置物。

留置权属于法定担保物权。

留置担保的范围包括主债权及利息、违约金、损害赔偿金、留置物保管费用和实现留置权的费用。

（二）留置权的成立要件

1. 债权人占有债务人的动产。原则上动产应属于债务人所有。留置财产为可分物的，留置财产的价值应当相当于债务的金额。当事人可以在合同中约定不得留置的物。法律规定或者当事人约定不得留置的动产，不得留置。

2. 占有的动产应与债权属于同一法律关系，但企业之间留置的除外。留置权的适用范围不限于保管合同、运输合同、承揽合同等特定的合同关系，其他债权债务关系，只要法律规定不禁止留置，债务人不履行债务的，债权人均可以留置已经合法占有的动产。债权已届清偿期且债务人未按规定的期限履行义务。

（三）留置权的实现

留置权人负有妥善保管留置财产的义务；因保管不善致使留置财产毁损、灭失的，应当承担赔偿责任。留置权人有权收取留置财产的孳息。孳息应当先充抵收取孳息的费用。

留置权人与债务人应当约定留置财产后的债务履行期间；没有约定或者约定不明确的，留置权人应当给债务 60 日以上履行债务的期间，但鲜活易腐等不易保管的动产除外。债务人逾期未履行的，留置权人可以与债务人协议以留置财产折价，也可以就拍卖、变卖留置财产所得的价款优先受偿。留置财产折价或者变卖的，应当参照市场价格。

债务人可以请求留置权人在债务履行期届满后行使留置权；留置权人不行使的，债务人可以请求人民法院拍卖、变卖留置财产。留置财产折价或者拍卖、变卖后，其价款超过债权数额的部分归债务人所有，不足部分由债务人清偿。

同一动产上已设立抵押权或者质权，该动产又被留置的，留置权人优先受偿。

（四）留置权的消灭

留置权人对留置财产丧失占有或者留置权人接受债务人另行提供担保的，留置权消灭。

留置权因下列原因而消灭：①留置权人对留置财产丧失占有；②留置物灭失、损毁而无代位物；③与留置物有同一法律关系的债权消灭；④债务人另行提供价值相当的担保并被债权人接受；⑤实现留置权。

六、定金

（一）定金的概念

定金是指以确定合同的履行为目的，由当事人一方在合同订立前后，合同履行前预先交付于另一方的金钱或者其他替代物的法律制度。

（二）定金的生效

当事人可以约定一方向对方给付定金作为债权的担保。定金合同自实际交付定金时成立。

定金的数额由当事人约定，但不得超过主合同标的额的 20%。当事人约定的定金数额超过主合同标的额 20% 的，超过的部分，人民法院不予支持。

实际交付的定金数额多于或者少于约定数额，视为变更定金合同。

（三）定金的效力

债务人履行债务的，定金应当抵作价款或者收回。给付定金的一方不履行债务或者履行债务不符合约定，致使不能实现合同目的的，无权请求返还定金；收受定金的一方不履行债务或者履行债务不符合约定，致使不能实现合同目的的，应当双倍返还定金。

当事人一方违约后，对方应当采取适当措施防止损失的扩大；没有采取适当措施致使损失扩大的，不得就扩大的损失请求赔偿。当事人因防止损失扩大而支出的合理费用，由违约方负担。

当事人一方因不可抗力不能履行合同的，根据不可抗力的影响，部分或者全部免除责任，但是法律另有规定的除外。因不可抗力不能履行合同的，应当及时通知对方，以减轻可能给对方造成的损失，并应当在合理期限内提供证明。

第七节 合同的变更和转让

课程思政

全球新能源企业 500 强企业擅自变更劳动合同

2020 年 2 月 21 日，2019 全球新能源企业 500 强企业远东智慧能源公司在未经协商的情况下私自变更劳动合同，且无视员工合理诉求，单方面宣布将公司员工职位优化，在未给出任何解释说明的情况下撤去员工职位，并安排员工至再就业中心等待就业。此次优化工作岗位的比例超过 20%，而公司提供的可竞聘的新岗位工资明显低于原本职位工资，该行为属于单方面变更员工与公司原本的劳动合同，侵犯了员工的合法权益。此外，在等待就业期间，远东智慧能源仅提供最低的工资保障，且明确规定在此期间员工不得外出兼职。同时公司还规定在六个月内，若员工不能胜任或接受公司所提供的新岗位，则予以解除劳动关系。这一事件已经严重影响到员工的日常生活，导致员工陷入巨大经济压力。事件发生后，该员工向远东智慧能源提出诉求，表明可以接受将其调动到同等工资收入的岗位，或者在公司根据法律相关政策依法赔偿后，合理解除劳动合同。但远东智慧能源无视员工合理诉求，在未经员工同意的情况下，强行将其拉入再就业中心并关闭员工 OA 钉钉账号。订立劳动合同，应当遵循平等自愿、协商一致的原则，不得违反法律、行政法规的规定。那么，变更劳动合同亦应如此，该公司的行为不仅严重违反了《中华人民共和国劳动民法典》，而且有悖于公序良俗，影响企业形象。

一、合同的变更

合同的变更仅指合同内容的变更，是指合同成立后，当事人双方根据客观情况的变化，依照法律规定的条件和程序，经协商一致，对原合同内容进行修改、补充或者完善。合同的变更是在合同的主体不改变的前提下对合同内容的变更，合同性质并不改变。

（一）合同变更的要件

（1）当事人之间已存在合同关系。

（2）合同内容发生了变化。

（3）必须遵守法律的规定和当事人的约定。

合同的变更可以依据法律的规定产生，当法律规定的情形出现时，合同内容可能发生变化，如遇有不可抗力导致债务不能履行时，合同可以延期履行。当事人约定变更合同有两种情形：一是由合同当事人达成变更合同的协议；二是当事人可以在订立合同时即约定，当某种特定情况出现时，当事人有权变更合同。

（二）合同变更的形式和程序

合同变更除法律规定的变更和人民法院依法变更外，主要是当事人协议变更。

合同约定变更适用《民法典》关于要约、承诺的规定，双方经协商取得一致，采用书面形式、口头形式或者其他形式；法律、行政法规规定或者当事人约定采用特定形式的，应当采用特定形式。如原合同是经过公证、鉴证的，变更后的合同应报原公证、鉴证机关备案，必要时应对变更的事实予以公证、鉴证；如原合同按照法律、行政法规的规定是经过有关部门批准、登记的，变更后仍应报原批准机关批准、登记。

合同变更后，变更后的内容就取代了原合同的内容，当事人就应当按照变更后的内容履行合同，合同各方当事人均应受变更后的合同的约束。为了减少在合同变更时可能发生的纠纷，当事人对合同变更的内容约定不明确的，推定为未变更。合同变更的效力原则上仅对未履行的部分有效，对已履行的部分没有溯及力，但法律另有规定或当事人另有约定的除外。

二、合同的转让

合同的转让是指合同当事人一方将其合同的权利和义务全部或部分转让给第三人的行为。合同的转让仅指合同主体的变更，不改变合同约定的权利义务。

（一）合同权利转让

1. 合同权利转让的概念

合同权利转让，是指债权人将合同的权利全部或部分转让给第三人。其中，转让权利的债权人称为转让人，接受权利的第三人称为受让人。

2. 合同权利转让的条件

根据《民法典》的规定，债权人转让权利无须经债务人同意，但应当通知债务人。未经通知，该转让对债务人不发生效力。债务人接到债权转让通知后，债务人对让与人的抗辩，可以向受让人主张。

但下列情形的合同权利，债权人不得转让：

（1）根据合同性质不得转让，比如：①根据个人信誉关系而发生的债权；②以特定债权人的行为为内容的权利；③合同权利的设定是针对特定当事人的不作为义务；④单独转让合同债权中的从权利。

（2）按照当事人约定不得转让。

（3）依照法律规定不得转让的。合同权利转让生效除遵守合同转让的一般条件和要求外，应当通知债务人。未经通知，该转让对债务人不发生效力。

（二）合同权利义务转让

当事人一方经对方同意，可以将自己在合同中的权利和义务一并转让给第三人。合同的权利和义务一并转让的，适用债权转让、债务转移的有关规定。

第八节　合同的权利义务终止

> **课程思政**
>
> **李亚鹏合同纠纷案的背后**
>
> 影视明星李亚鹏及其兄李亚炜与北京泰和友联投资有限公司的合同纠纷案，一审法院判决李亚鹏、李亚炜于判决生效后支付4 000万元和利息等，二审维持原判。事后李亚鹏、李亚炜因不服北京市三中院终审判决，向高院申请再审。李亚鹏方面认为，泰和友联公司作为雪山公司的股东，在雪山公司没有产生利润的情况下，从雪山公司先行收回4 000万元固定收益，实质是抽逃出资行为，认为一审法院对合同定性不准确。北京市高院经审查认为，本案应当对相关协议的效力进行具体分析，确定4 000万元款项的性质后，对泰和友联公司的诉讼请求做出处理，因此裁定再审本案，中止原判决的执行。而此案背后的人情故事更是让人感叹，原来一审原告方泰和友联的股东是李亚鹏多年的发小和朋友，对方在起诉之后还以孩子出国留学的名义向李亚鹏个人借款，李亚鹏还将钱借给了对方，对方却以此拿到打款账户后申请财产保全，冻结了李亚鹏的个人账户，还险些使其被纳入失信者名单。李亚鹏感觉被信任的人利用自己的信任和感情，甚至可以说，这是一种背叛，这令他很受伤。公道自在人心，法律最终会还李亚鹏一个公正的结果，但被欺骗过的内心又有谁能抚慰呢？
>
> 合同权利义务终止是指依法生效的合同，因具备法定情形和当事人约定的情形，合同债权、债务归于消灭，债权人不再享有合同权利，债务人也不必再履行合同义务，合同当事人双方终止合同关系，合同的效力随之消灭。

一、合同权利义务终止的具体情形

（一）履行

债务已经按照约定履行是指债务人按照约定的标的、质量、数量、价款或报酬、履行期限、履行地点和方式全面履行。

（二）解除

合同解除是指合同有效成立后，因主客观情况发生变化，使合同的履行成为不必要或不可能，根据双方当事人达成的协议或一方当事人的意思表示提前终止合同效力。当事人一方依法主张解除合同时，应当通知对方。合同自通知到达对方时解除。对方有异议的，可以请求人民法院或者仲裁机构确认解除合同的效力。合同解除有意定解除和法定解除两种情况。

1. 意定解除

当事人约定解除合同包括两种情况：

（1）协商解除

协商解除，指合同生效后，未履行或未完全履行之前，当事人以解除合同为目的，经协商一致，订立一个解除原来合同的协议，使合同效力消灭的行为。

（2）约定解除权

解除权可以在订立合同时约定，也可以在履行合同的过程中约定，可以约定一方解除合同的权利，也可以约定双方解除合同的权利。

2. 法定解除

根据《民法典》第五百六十三条的规定，有下列情形之一的，当事人可以单方面解除合同：①因不可抗力致使不能实现合同目的。只有不可抗力致使合同目的不能实现时，当事人才可以解除合同；②因预期违约解除合同。即在履行期限届满之前，当事人一方明确表示或者以自己的行为表明不履行主要债务的，对方当事人可以解除合同；③当事人一方迟延履行主要债务，经催告后在合理期限内仍未履行；④当事人一方迟延履行债务或者有其他违约行为致使不能实现合同目的。这种情形中的迟延履行因致使合同目的不能实现，债权人可不经催告直接解除合同；⑤法律规定的其他情形。

根据《民法典》的规定，合同成立后，合同的基础条件发生了当事人在订立合同时无法预见的、不属于商业风险的重大变化，继续履行合同对于当事人一方明显不公平的，受不利影响的当事人可以与对方重新协商；在合理期限内协商不成的，当事人可以请求人民法院或者仲裁机构变更或者解除合同。

合同解除后尚未履行的，终止履行；已经履行的，根据履行情况和合同性质，当事人可以要求恢复原状、采取其他补救措施，并有权要求赔偿损失。合同的权利义务终止，不影响合同中结算和清理条款的效力。

（三）抵销

抵销是指双方当事人互负债务时，一方通知对方以其债权充当债务的清偿或者双方协商以债权充当债务的清偿，使得双方的债务在对等额度内消灭的行为。抵销包括法定抵销和约定抵销。抵销具有简化交易程序、降低交易成本以及确保债权实现的作用。

1. 法定抵销

《民法典》规定，当事人互负债务，该债务的标的物种类、品质相同的，任何一方可以将自己的债务与对方的到期债务抵销；但是，根据债务性质、按照当事人约定或者依照法律规定不得抵消的除外。当事人主张抵销的，应当通知对方。通知自到达对方时生效。

抵销不得附条件或者附期限。

按照有关法律规定，下列债务不能抵销：

（1）按合同性质不能抵销。有些合同不实际履行就不能达到订立合同的目的。不作为债务、提供劳务的债务、与人身不可分离的债务，如抚恤金、退休金、人身损害赔偿债务等，均不得抵消。

（2）按照约定应当向第三人给付的债务。如果双方当事人在订立合同时已约定债务人应向第三人履行义务，则债务人不得以对合同对方当事人享有债权而主张抵销该义务，否则将损害第三人的利益。

（3）当事人约定不得抵销的债务。

（4）因故意实施侵权行为产生的债务。这种债务是对被害人的赔偿，如允许抵销，则意味着可以用金钱补偿对债务人的人身和财产权利的任意侵犯，是有悖社会正义的。法律规定不得抵消的其他情形。如法律禁止扣押和强制执行的债务。

2. 约定抵销

《民法典》规定，当事人互负债务，标的物种类、品质不相同的，经双方协商一致，也可以抵销。此种抵销即属经双方协商一致发生的约定抵销。

（四）提存

1. 提存的概念

提存是指由于债权人的原因，债务人无法向其交付合同标的物而将该标的物交给提存机关，从而消灭债务的制度。

2. 提存的原因

《民法典》规定，有下列情形之一，难以履行债务的，债务人可以将标的物提存：

（1）债权人无正当理由拒绝受领。例如，在仓储合同中，存储期届满，仓单持有人不提取仓储物，保管人催告其在合理期限内提取货物后，逾期仍不提取的，保管人可以提存该货物。

（2）债权人下落不明。此类情形包括债权人失踪，其财产尚无人代管、债权人不清、地址不详、无法查找等。

（3）债权人死亡未确定继承人、遗产管理人，或者丧失民事行为能力未确定监护人。此时债权人的财产没有合法的管理人，债务人无法交付。

（4）法律规定的其他情形。

3. 提存的法律效力

标的物提存后，除债权人下落不明的以外，债务人应当及时通知债权人或者债权人的继承人、遗产管理人、监护人、财产代管人。标的物不适于提存或者提存费用过高的，债务人依法可以拍卖或者变卖标的物，提存所得的价款。

标的物提存后，毁损、灭失的风险由债权人承担。提存期间，标的物的孳息归债权人所有。提存费用由债权人负担。债权人可以随时领取提存物。但是，债权人对债务人负有到期债务的，在债权人未履行债务或者提供担保之前，提存部门根据债务人的要求应当拒绝其领取提存物。

债权人领取提存物的权利，自提存之日起五年内不行使而消灭，提存物扣除提存费用后归国家所有。但是，债权人未履行对债务人的到期债务，或者债权人向提存部门书面表示放弃领取提存物权利的，债务人负担提存费用后有权取回提存物。

（五）免除

债务的免除是指权利人放弃自己的全部或部分权利，从而使合同义务减轻或使合同终止的一种形式。

债权人免除债务人部分或者全部债务的，债权债务部分或者全部终止，但是债务人在合理期限内拒绝的除外。

（六）混同

混同，即债权债务同归于一人。例如由于甲、乙两企业合并，甲、乙企业之间原先订立的合同中的权利义务同归于合并后的企业，债权债务关系自然终止。《民法典》规定，债权和债务同归于一人的，合同的权利义务终止，但涉及第三人利益或法律另有规定的除外。如债权为他人权利质押的标的，债权债务即使同归于一人，债权也不消灭，否则将损害权利质权人的利益。

（七）法律规定或者当事人约定终止的其他情形

二、合同权利义务终止的法律后果

（一）负债字据的返还

负债字据是债权债务关系的证明，债权人应当在合同关系消灭后，将负债字据返还债务人。

（二）在合同当事人之间发生后合同义务

《民法典》规定，债权债务终止后，当事人应当遵循诚信等原则，根据交易习惯履行通知、协助、保密、旧物回收等义务。

（三）合同中关于解决争议的方法、结算和清理条款的效力

《民法典》规定，合同不生效、无效、被撤销或者终止的，不影响合同中有关解决争议方法的条款的效力。

第九节　违约责任

> **课程思政**
>
> **首例互联网大病求助服务合同纠纷案胜诉**
>
> 　　网络个人大病求助，是公众通过网络救助特定贫困患病者的慈善行为，体现了公众的善意和爱心。2017年9月，莫春怡之子患病，先后产生医疗费35.5万余元，其中医保报销后个人支付部分为17.7万余元。除通过水滴筹筹得的款项15.3万余元外，莫春怡通过其他社会救助渠道，还实际获得救助款5.8万余元，且其中有两项救助款均发生在通过水滴筹筹款前，但莫春怡在筹款时并未披露相关情况。另外，在通过网络申请救助时莫春怡还隐瞒了其名下车辆等财产信息，亦未提供妻子许女士名下财产信息。莫春怡通过水滴筹发布的家庭财产情况与其申请其他社会救助时自行申报填写的内容、妻子许女士的证言等也存在多处矛盾。2019年11月6日，此案作为全国首例因网络个人大病求助引发的纠纷在北京朝阳法院一审宣判，法院认定筹款发起人莫先生隐瞒名下财产和其他社会救助，违反约定用途将筹集款项挪作他用，构成违约，一审判令莫先生全额返还筹款153 136元并支付相应利息。该案判决率先明确了发起人和捐赠人之间形成附义务的赠予合同关系，发起人负有真实、准确、完整、及时披露信息的义务，发起人隐瞒求助人信息、挪用筹集款构成违约，因此发起人应按比例原则返还捐赠人筹集善款。
>
> 　　此案的胜诉让公众看到了法律能够有力保护公众的善心，倡导诚信、友善的社会主义核心价值观，这为个人求助在网络创造了更加健康的发展空间，为互联网慈善事业的良性发展提供了更加有力的司法保障。

　　违约责任即违反合同的民事责任，是指合同当事人一方或双方不履行合同义务或者履行合同义务不符合约定时，依照法律规定或者合同约定所承担的法律责任。依法订立的有效合同对当事人双方来说，都具有法律约束力。如果不履行或者履行义务不符合约定，就要承担违约责任。

一、承担违约责任的形式

　　《民法典》规定，当事人一方不履行合同义务或者履行合同义务不符合约定的，应当承担继续履行、采取补救措施或者赔偿损失等违约责任。当事人一方明确表示或者以自己的行为表明不履行合同义务的，对方可以在履行期限届满之前要求其承担违约责任。

（一）继续履行

订立合同的目的是实现合同的约定，继续履行合同既是为了实现合同目的，又是一种违约责任。当事人一方未支付价款、报酬、租金、利息，或者不履行其他金钱债务的，对方可以请求其支付。当事人一方不履行非金钱债务或者履行非金钱债务不符合约定的，对方可以要求履行，但有下列情形之一的除外：①法律上或者事实上不能履行；②债务的标的不适于强制履行或者履行费用过高，前者如以具有人身性质的劳务为债务的，后者指履行费用大大超过实际履行合同所能获得的利益；③债权人在合理期限内未要求履行。

（二）补救措施

履行不符合约定的，应当按照当事人的约定承担违约责任。对违约责任没有约定或者约定不明确，当事人就质量、价款或者报酬、履行地点等内容约定不明确，同时不能达成补充协议仍不能确定的，受损害方根据标的性质以及损失的大小，可以合理选择请求对方承担修理、重作、更换、退货、减少价款或者报酬等违约责任。

（三）损害赔偿

当事人一方不履行合同义务或者履行合同义务不符合约定，给对方造成损失的，应当承担损害赔偿责任；一方在履行义务或者采取补救措施后，对方还有其他损失的，应当对其他损失承担赔偿责任。损害赔偿的具体方式主要有赔偿损失、支付违约金和适用定金罚则等。

二、免责事由

《民法典》规定了三种免责事由：法定事由、免责条款、法律的特别规定。

（一）法定事由

根据《民法典》的规定，因不可抗力不能履行合同的，根据不可抗力的影响，部分或者全部免除责任，但法律另有规定的除外。当事人迟延履行后发生不可抗力的，不能免除责任。

当事人一方因不可抗力不能履行合同的，应当及时通知对方不能履行或不能完全履行合同的情况和理由，并在合理期限内提供有关机关的证明，证明不可抗力及其影响当事人履行合同的具体情况。

（二）免责条款

免责条款是指合同双方当事人在合同中约定，当出现一定的事由或条件时，可免除违约方的违约责任。

（三）法律的特别规定

在法律有特别规定的情况下，可以免除当事人的违约责任。如《民法典》规定，承运人对运输过程中货物的毁损、灭失承担损害赔偿责任，但承运人证明货物的毁损、灭失是因不可抗力、货物本身的自然性质或者合理损耗以及托运人、收货人的过错造成的，不承担损害赔偿责任。

第十节 主要合同

课程思政

不得拒绝招录疫情严重地区劳动者

劳动权是宪法赋予公民的一项基本权利。我国劳动法律从不同角度，对保障劳动者公平就业、禁止就业歧视做了明确规定。然而，在新冠疫情期间，出现湖北籍劳动者被区别对待、难找工作甚至被无故辞退的情况，全国人大常委会法工委社会法室主任郭林茂4月10日对此表示，用人单位以劳动者地域不同为由解除劳动合同，属于违反劳动合同法相关规定，应承担相应法律责任。各级人力资源和社会保障部门依法对用人单位执行劳动法律、法规的情况进行监督检查，对违法行为予以制止，并责令改正。湖北人民特别是武汉人民不畏艰险、顽强不屈，自觉服从疫情防控大局需要，主动投身疫情防控斗争，付出了极大努力，因此，全国人民不能歧视武汉人民，反而应当更加尊重他们。

一、买卖合同

（一）买卖合同概述

买卖合同是出卖人转移标的物的所有权于买受人，买受人支付价款的合同。转移买卖标的物的一方为出卖人，即卖方；受领买卖标的物、支付价款的一方是买受人，即买方。买卖合同是诺成、双务、有偿合同，可以是要式的，也可以是非要式的。

当事人一方以出卖人在缔约时对标的物没有所有权或者处分权为由主张合同无效的，人民法院不予支持。出卖人因未取得所有权或者处分权致使标的物所有权不能转移，买受人要求出卖人承担违约责任或者要求解除合同并主张损害赔偿的，人民法院应予支持。

对于电子交易合同，人民法院在按照《民法典》的规定认定其成立及效力的同时，还应当适用《中华人民共和国电子签名法》的相关规定。

（二）买卖合同的标的物

《民法典》规定，出卖人应当履行向买受人交付标的物或者交付提取标的物的单证，并转移标的物所有权的义务。

1. 标的物交付和所有权转移

（1）标的物为动产的，所有权自标的物交付时起转移；标的物为不动产的，所有权自标的物登记时起转移。

（2）标的物为数物，其中一物不符合约定的，买受人可以就该物解除。但是，该物与他物分离使标的物的价值显受损害的，买受人可以就数物解除合同。

（3）出卖人分批交付标的物的，出卖人对其中一批标的物不交付或者交付不符合约定，致使该批标的物不能实现合同目的的，买受人可以就该批标的物解除。出卖人不交付其中一批标的物或者交付不符合约定，致使之后其他各批标的物的交付不能实现合同目的的，买受人可以就该批以及之后其他各批标的物解除。买受人如果就其中一批标的物解除，该批标的物与其他各批标的物相互依存的，可以就已经交付和未交付的各批标的物解除。

（4）出卖人就同一普通动产订立多重买卖合同，在买卖合同均有效的情况下，买受人均要求实际履行合同的，应当按照以下情形分别处理：先行受领交付的买受人请求确认所有权已经转移的，人民法院应予支持；均未受领交付，先行支付价款的买受人请求出卖人履行交付标的物等合同义务的，人民法院应予支持；均未受领交付，也未支付价款，依法成立在先合同的买受人请求出卖人履行交付标的物等合同义务的，人民法院应予支持。

（5）出卖人就同一船舶、航空器、机动车等特殊动产订立多重买卖合同，在买卖合同均有效的情况下，买受人均要求实际履行合同的，应当按照以下情形分别处理：先行受领交付的买受人请求出卖人履行办理所有权转移登记手续等合同义务的，人民法院应予支持；均未受领交付，先行办理所有权转移登记手续的买受人请求出卖人履行交付标的物等合同义务的，人民法院应予支持；均未受领交付，也未办理所有权转移登记手续，依法成立在先合同的买受人请求出卖人履行交付标的物和办理所有权转移登记手续等合同义务的，人民法院应予支持；出卖人将标的物交付给买受人之一，又为其他买受人办理所有权转移登记，已受领交付的买受人请求将标的物所有权登记在自己名下的，人民法院应予支持。

2. 标的物毁损、灭失风险的承担

（1）标的物毁损、灭失的风险，在标的物交付之前由出卖人承担，交付之后由买受人承担。因买受人的原因致使标的物不能按照约定的期限交付的，买受人应当自违反约定之日起承担标的物毁损、灭失的风险。

（2）在标的物由出卖人负责办理托运，承运人系独立于买卖合同当事人之外的运输业者的情况下，如买卖双方当事人没有约定交付地点或者约定不明确，出卖人将标的物交付给第一承运人后，标的物毁损、灭失的风险由买受人承担。当事人另有约定的除外。

（3）出卖人根据合同约定将标的物运送至买受人指定地点并交付给承运人后，标的物毁损、灭失的风险由买受人承担。当事人另有约定的除外。

（4）出卖人按照约定或者依照法律规定将标的物置于交付地点，买受人违反约定没有收取的，标的物毁损、灭失的风险自违反约定之日起由买受人承担。

（5）出卖人出卖交由承运人运输的在途标的物，在合同成立时知道或者应当知道标的物已经毁损、灭失却未告知买受人，买受人主张出卖人承担标的物毁损、灭失的风险的，人民法院应予支持。

（6）出卖人按照约定未交付有关标的物的单证和资料的，不影响标的物毁损、灭失风险的转移。标的物毁损、灭失的风险由买受人承担的，不影响因出卖人履行债务不符合约定，买受人要求其承担违约责任的权利。

（7）因标的物质量不符合要求，致使不能实现合同目的的，买受人可以拒绝接受标的物或者解除合同。买受人拒绝接受标的物或者解除合同的，标的物毁损、灭失的风险由出卖人承担。买受人有确切证据证明第三人可能就标的物主张权利的，可以中止支付相应的价款，但出卖人提供适当担保的除外。

3. 标的物检验

（1）当事人对标的物的检验期间未作约定，买受人签收的送货单、确认单等载明标的物数量、型号、规格的，人民法院应当认定买受人已对数量和外观瑕疵进行了检验，但有相反证据足以推翻的除外。

（2）出卖人依照买受人的指示向第三人交付标的物，出卖人和买受人之间约定的检验标准与买受人和第三人之间约定的检验标准不一致的，人民法院应当以出卖人和买受人之间约定的检验标准为标的物的检验标准。

（3）出卖人交付标的物后，买受人应对收到的标的物在约定的检验期间内检验。没有约定检验期间的，应当及时检验。当事人约定检验期间的，买受人应当在检验期间内将标的物的数量或者质量不符合约定的情形通知出卖人。买受人怠于通知的，视为标的物的数量或者质量符合约定。当事人没有约定检验期间的，买受人应当在发现或者应当发现标的物的数量或者质量不符合约定的合理期间内通知出卖人。买受人在合理期间内未通知或者自标的物收到之日起2年内未通知出卖人的，视为标的物的数量或者质量符合约定。在上述"检验期间""合理期间""2年期间"经过后，买受人主张标的物的数量或者质量不符合约定的，人民法院不予支持。出卖人自愿承担违约责任后，又以上述期间经过为由反悔的，人民法院不予支持。

4. 有关买卖合同标的物的其他规定

（1）出卖人就交付的标的物，负有保证第三人不得向买受人主张任何权利的义务，但买受人订立合同时知道或者应当知道第三人对买卖的标的物享有权利的，出卖人不承担该义务。

（2）出卖具有知识产权的计算机软件等标的物的，除法律另有规定或者当事人另有约定的以外，该标的物的知识产权不属于买受人。

（3）因标的物的主物不符合约定而解除合同的，解除合同的效力及于从物。因标的物的从物不符合约定被解除的，解除的效力不及于主物。

(三) 买卖双方当事人的权责

1. 出卖人的权责

(1) 出卖人应当履行向买受人交付标的物或者交付提取标的物的单证,并转移标的物所有权的义务。出卖人还应当按照约定或者交易习惯向买受人交付提取标的物单证以外的有关单证和资料,主要应当包括保险单、保修单、普通发票、增值税专用发票、产品合格证、质量保证书、质量鉴定书、品质检验证书、产品进出口检疫书、原产地证明书、使用说明书、装箱单等。

(2) 出卖人应当按照约定的时间交付标的物。约定交付期间的,出卖人可以在该交付期间内的任何时间交付。没有约定标的物的交付期限或者约定不明确的,当事人可以协商达成补充协议;不能达成补充协议的,按照合同有关条款或交易习惯确定;如仍不能确定,出卖人就可以随时履行,买受人也可以随时要求出卖人履行,但应当给对方必要的准备时间。

(3) 出卖人应当按照约定的地点交付标的物。当事人没有约定交付地点或者约定不明确,可以协商达成补充协议;不能达成补充协议的,按照合同有关条款或交易习惯确定。仍不能确定的,适用下列规定:①标的物需要运输的,出卖人应当将标的物交付给第一承运人以运交给买受人,出卖人将标的物交付给第一承运人后,标的物毁损、灭失的风险由买受人承担;②标的物不需要运输,出卖人和买受人订立合同时知道标的物在某一地点的,出卖人应当在该地点交付标的物;不知道标的物在某一地点的,应当在出卖人订立合同时的营业地交付标的物。

(4) 出卖人应当按照约定的质量要求交付标的物。当事人对标的物的质量要求没有约定或者约定不明确的,依照《民法典》有关规定执行。出卖人交付的标的物不符合质量要求的,买受人可以依照合同约定要求出卖人承担违约责任,对违约责任没有约定或约定不明确,并不能达成补充协议或按有关条款或交易习惯确定的,买受人可以根据标的物的性质及损失的大小,合理选择要求对方承担修理、更换、重作、退货、减少价款或者报酬等违约责任。

(5) 出卖人应当按照约定的包装方式交付标的物。对包装方式没有约定或者约定不明确的,依照《民法典》的规定仍不能确定的,应当按照通用的方式包装;没有通用方式的,应当采取足以保护标的物且有利于节约资源、保护生态环境的包装方式。

(6) 出卖人应保证标的物的价值或使用效果。买受人依约保留部分价款作为质量保证金,出卖人在质量保证期间未及时解决质量问题而影响标的物的价值或者使用效果,出卖人主张支付该部分价款的,人民法院不予支持。

(7) 买受人在检验期限、质量保证期、合理期限内提出质量异议,出卖人未按要求予以修理或者因情况紧急,买受人自行或者通过第三人修理标的物后,主张出卖人负担因此发生的合理费用的,人民法院应予支持。

（8）出卖人没有履行或者不当履行从给付义务，致使买受人不能实现合同目的，买受人主张解除合同的，人民法院应当根据《民法典》第五百六十三条第一款第四项的规定，予以支持。

（9）当事人约定减轻或者免除出卖人对标的物瑕疵承担的责任，因出卖人故意或者重大过失不告知买受人标的物瑕疵的，出卖人无权主张减轻或者免除责任。

（10）买受人在缔约时知道或者应当知道标的物质量存在瑕疵，主张出卖人承担瑕疵担保责任的，人民法院不予支持，但买受人在缔约时不知道该瑕疵会导致标的物的基本效用显著降低的除外。

2. 买受人的权责

（1）买卖合同中买受人应当按照约定的数额支付价款。出卖人多交标的物的，买受人可以接收或者拒绝接收多交的部分。买受人接收多交部分的，按照合同的价格支付价款；买受人拒绝接收多交部分的，应当及时通知出卖人。标的物在交付之前产生的孳息，归出卖人所有，交付之后产生的孳息，归买受人所有。

（2）买受人应当按照约定的地点支付价款。对支付地点没有约定或者约定不明确的，可以协议补充；不能达成补充协议的，买受人应当在出卖人的营业地支付，但约定支付价款以交付标的物或者交付提取标的物单证为条件的，在交付标的物或者交付提取标的物单证的所在地支付。

（3）买受人应当按照约定的时间支付价款。对支付时间没有约定或者约定不明确的，可以协议补充；不能达成协议的，买受人应当在收到标的物或者提取标的物单证的同时支付。

（4）分期付款的买受人未支付到期价款的数额达到全部价款的五分之一，经催告后在合理期限内仍未支付到期价款的，出卖人可以请求买受人支付全部价款或者解除合同。出卖人解除合同的，可以向买受人请求支付该标的物的使用费。

（5）标的物质量不符合约定，买受人依照《民法典》的规定要求减少价款的，人民法院应予支持。当事人主张以符合约定的标的物和实际交付的标的物按交付时的市场价值计算差价的，人民法院应予支持。

价款已经支付，买受人主张返还减价后多出部分价款的，人民法院应予支持。

（四）所有权保留

所有权保留是指在移转财产所有权的交易中，根据法律的规定或者当事人的约定，财产所有人将标的物移转给对方当事人占有，但仍保留其对该财产的所有权，待对方当事人支付合同价款或完成特定条件时，该财产的所有权才发生移转的一种法律制度。

《民法典》规定，当事人可以在买卖合同中约定，买受人未履行支付价款或者其他义务的，标的物的所有权属于出卖人。出卖人对标的物保留的所有权，未经登记，不得对抗善意第三人。

当事人约定出卖人保留合同标的物的所有权，在标的物所有权转移前，买受人有下列情形之一，对出卖人造成损害，出卖人主张取回标的物的，人民法院应予支持：①未按约定支付价款的；②未按约定完成特定条件的；③将标的物出卖、出质或者做出其他不当处分的。买受人已经支付标的物总价款的75%以上，出卖人主张取回标的物的，人民法院不予支持。

在将标的物出卖、出质或者做出其他不当处分的情形下，第三人依据《民法典》的规定已经善意取得标的物所有权或者其他物权，出卖人主张取回标的物的，人民法院不予支持。取回的标的物价值显著减少，出卖人要求买受人赔偿损失的，人民法院应予支持。出卖人取回标的物后，买受人在双方约定的或者出卖人指定的回赎期间内，消除出卖人取回标的物的事由，主张回赎标的物的，人民法院应予支持。买受人在回赎期限内没有回赎标的物，出卖人可以以合理价格将标的物出卖给第三人，出卖所得价款扣除买受人未支付的价款以及必要费用后仍有剩余的，应当返还买受人；不足部分由买受人清偿。

（五）试用买卖

试用买卖的买受人在试用期内已经支付一部分价款的，人民法院应当认定买受人同意购买，但合同另有约定的除外。在试用期内，出卖人对标的物实施了出卖、出租、设定担保物权等行为的，人民法院应当认定买受人同意购买。买卖合同存在下列约定内容之一的，不属于试用买卖。买受人主张属于试用买卖的，人民法院不予支持：①约定标的物经过试用或者检验符合一定要求时，买受人应当购买标的物；②约定第三人经试验对标的物认可时，买受人应当购买标的物；③约定买受人在一定期间内可以调换标的物；④约定买受人在一定期间内可以退还标的物。试用买卖的当事人没有约定使用费或者约定不明确，出卖人主张买受人支付使用费的，人民法院不予支持。

（六）商品房买卖合同

商品房买卖合同，是指房地产开发企业（出卖人）将尚未建成或者已竣工的房屋向社会销售并转移房屋所有权于买受人，买受人支付价款的合同，包括期房买卖合同和现房买卖合同。《最高人民法院关于审理商品房买卖合同纠纷案件适用法律若干问题的解释》对商品房买卖的相关问题做了规定。

1. 商品房销售广告的性质

商品房的销售广告和宣传资料为要约邀请，但是出卖人就商品房开发规划范围内的房屋及相关设施所做的说明和允诺具体确定，并对商品房买卖合同的订立以及房屋价格的确定有重大影响的，应当构成要约。该说明和允诺即使未载入商品房买卖合同，亦应当视为合同内容，当事人违反的，应当承担违约责任。

2. 商品房预售合同的效力

出卖人预售商品房，必须申领商品房预售许可证明。出卖人未取得商品房预售许可证明，与买受人订立的商品房预售合同，应当认定无效，但是在起诉前取得商品房预售许可证明的，可以认定有效。当事人以商品房预售合同未按照法律、行政法规规定办理登记备案手续为由，请求确认合同无效的，不予支持。当事人约定以办理登记备案手续为商品房预售合同生效条件的，从其约定，但当事人一方已经履行主要义务，对方接受的除外。

3. 解除权的行使

（1）因房屋主体结构质量不合格不能交付使用，或者房屋交付使用后，房屋主体结构质量经核验确属不合格，买受人请求解除合同和赔偿损失的，应予支持。

（2）因房屋质量问题严重影响正常居住使用，买受人请求解除合同和赔偿损失的，应予支持。

（3）出卖人迟延交付房屋或者买受人迟延支付购房款，经催告后在3个月的合理期限内仍未履行，当事人一方请求解除合同的，应予支持，但当事人另有约定的除外。法律没有规定或者当事人没有约定，经对方当事人催告后，解除权行使的合理期限为3个月。对方当事人没有催告的，解除权应当在解除权发生之日起一年内行使；逾期不行使的，解除权消灭。

4. 商品房买卖中贷款合同的效力

因当事人一方原因未能订立商品房担保贷款合同并导致商品房买卖合同不能继续履行的，对方当事人可以请求解除合同和赔偿损失。因不可归责于当事人双方的事由未能订立商品房担保贷款合同并导致商品房买卖合同不能继续履行的，当事人可以请求解除合同，出卖人应当将收受的购房款本金及其利息或者定金返还买受人。

因商品房买卖合同被确认无效或者被撤销、解除，致使商品房担保贷款合同的目的无法实现，当事人请求解除商品房担保贷款合同的，应予支持。出卖人应当将收受的购房贷款和购房款的本金及利息分别返还担保权人和买受人。

二、赠予合同

赠予合同是赠予人将自己的财产无偿给予受赠人，受赠人表示接受赠予的合同。

赠予合同是一种单务、无偿合同。在附义务的赠予中，赠予人负有将其财产给付受赠人的义务，受赠人按照合同约定负担某种义务，但受赠人所负担的义务并非赠予人所负义务的对价，双方的义务并不是对应的，赠予人不能以受赠人不履行义务为抗辩。

（一）当事人的权利义务

如果赠予合同具有救灾、扶贫、助残等社会公益、道德义务的性质，或者经过公证的赠予合同，赠予人不交付赠予的财产的，受赠人可以要求交付。

因赠予人故意或者重大过失致使赠予的财产毁损、灭失的，赠予人应当承担损害赔偿责任。

赠予的财产有瑕疵的，赠予人不承担责任。但附义务的赠予，赠予的财产有瑕疵的，赠予人在附义务的限度内承担与出卖人相同的责任。赠予人故意不告知瑕疵或者保证无瑕疵，造成受赠人损失的，应当承担损害赔偿责任。

赠予可以附义务。赠予附义务的，受赠人应当按照约定履行义务。

赠予人的经济状况显著恶化，严重影响其生产经营或者家庭生活的，可以不再履行赠予义务。

（二）赠予合同的撤销

赠予人在赠予财产的权利转移之前可以撤销赠予。但具有救灾、扶贫、助残等社会公益、道德义务性质的赠予合同或者经过公证的赠予合同，不得撤销。即除了法定不得撤销的赠予合同外，赠予人在给付之前，可以任意撤销赠予；但对于已经给付或部分给付的，不得撤销。

另外，受赠人有下列法律规定的情形之一的，赠予人可以撤销赠予：①严重侵害赠予人或者赠予人近亲属的合法权益；②对赠予人有扶养义务而不履行；③不履行赠予合同约定的义务；④因受赠人的违法行为致使赠予人死亡或者丧失民事行为能力的，赠予人的继承人或者法定代理人可以撤销赠予。

赠予人的撤销权，自知道或者应当知道撤销原因之日起 1 年内行使。赠予人的继承人或者法定代理人的撤销权，自知道或者应当知道撤销原因之日起 6 个月内行使。撤销权人撤销赠予的，可以向受赠人要求返还赠予的财产。

三、借款合同

借款合同是借款人向贷款人借款，到期返还借款并支付利息的合同。

借款合同采用书面形式，但自然人之间借款另有约定的除外。

（一）当事人的权利义务

订立借款合同，借款人应当按照贷款人的要求提供与借款有关的业务活动和财务状况的真实情况以及相应的担保，并应当按照约定向贷款人定期提供有关财务会计报表等资料。贷款人按照约定可以检查、监督借款的使用情况。借款人未按照约定的借款用途使用借款的，贷款人可以停止发放借款，提前收回借款或者解除合同。

一方以欺诈、胁迫手段或者乘人之危，使对方在违背真实意思的情况下所形成的借贷关系，应认定为无效。借贷关系无效由债权人的行为引起的，只返还本金；由债务人的行为引起的，除返还本金外，还应参照银行同类贷款利率给付利息。

贷款人未按照约定的日期、数额提供借款，造成借款人损失的，应当赔偿损失。借款人未按照约定的日期、数额收取借款的，应当按照约定的日期、数额支付利息。

（二）借款利息的规定

1. 借款利息不得预先扣除

借款的利息不得预先在本金中扣除。利息预先在本金中扣除的，应当按照实际借款数额返还借款并计算利息。

2. 借款利息的确定

（1）自然人之间的借款合同对支付利息没有约定或者约定不明确的，视为不支付利息；约定支付利息的，借款的利率不得违反国家有关限制借款利率的规定。除自然人之间借贷的外，借贷双方没有约定利息，出借人主张支付借期内利息的，人民法院不予支持；借贷双方对借贷利息约定不明，出借人主张利息的，人民法院应当结合民间借贷合同的内容，并根据当地或者当事人的交易方式、交易习惯、市场利率等因素确定利息。

（2）出借人请求借款人按照合同约定利率支付利息的，人民法院应予支持，但是双方约定的利率超过合同成立时一年期贷款市场报价利率四倍的除外。

（3）借贷双方对前期借款本息结算后将利息计入后期借款本金并重新出具债权凭证，如果前期利率没有超过合同成立时一年期贷款市场报价利率四倍，重新出具的债权凭证载明的金额可认定为后期借款本金。超过部分的利息，不应认定为后期借款本金。按前款计算，借款人在借款期间届满后应当支付的本息之和，超过以最初借款本金与以最初借款本金为基数、以合同成立时一年期贷款市场报价利率四倍计算的整个借款期间的利息之和的，人民法院不予支持。

（4）借贷双方对逾期利率有约定的，从其约定，但是以不超过合同成立时一年期贷款市场报价利率四倍为限。未约定逾期利率或者约定不明的，人民法院可以区分不同情况处理：①既未约定借期内利率，也未约定逾期利率，出借人主张借款人自逾期还款之日起参照当时一年期贷款市场报价利率标准计算的利息承担逾期还款违约责任的，人民法院应予支持；②约定了借期内利率但是未约定逾期利率，出借人主张借款人自逾期还款之日起按照借期内利率支付资金占用期间利息的，人民法院应予支持。

（5）出借人与借款人既约定了逾期利率，又约定了违约金或者其他费用，出借人可以选择主张逾期利息、违约金或者其他费用，也可以一并主张，但是总计超过合同成立时一年期贷款市场报价利率四倍的部分，人民法院不予支持。

3. 利息支付期限

借款人应当按照约定的期限返还借款。对借款期限没有约定或者约定不明确，当事人可以协议补充；不能达成补充协议的，借款人可以随时返还；贷款人可以催告借款人在合理期限内返还。

对借款期限没有约定或者约定不明确时，当事人可以协议补充；不能达成补充协议的，借款期间不满一年的，应当在返还借款时一并支付；借款期间一年以上的，应当在每届满一年时支付，剩余期间不满一年的，应当在返还借款时一并支付。借款人可以在还款期限届满之前向贷款人申请展期，贷款人同意的，可以展期。

四、租赁合同

（一）租赁合同概述

租赁合同是出租人将租赁物交付承租人使用、收益，承租人支付租金的合同。

租赁合同中租赁期限为 6 个月以上的，应当采用书面形式。当事人未采用书面形式的，视为不定期租赁。

租赁期限不得超过 20 年。超过 20 年的，超过部分无效。租赁期间届满，当事人可以续订租赁合同，但约定的租赁期限自续订之日起不得超过 20 年。

当事人对租赁期限没有约定或者约定不明确，可以协议补充，不能达成补充协议的，按照合同有关条款或者交易习惯确定。仍不能确定的，视为不定期租赁。

（二）当事人的权利义务

1. 租赁物的交付及维修

出租人应当按照约定将租赁物交付承租人，并在租赁期间保持租赁物符合约定的用途。

出租人应当履行租赁物的维修义务，但当事人另有约定的除外。承租人在租赁物需要维修时可以要求出租人在合理期限内维修。出租人未履行维修义务的，承租人可以自行维修，维修费用由出租人负担。因维修租赁物影响承租人使用的，应当相应减少租金或者延长租期。因承租人的过错致使租赁物需要维修的，出租人不承担前款规定的维修义务。

租赁物危及承租人的安全或者健康的，即使承租人订立合同时明知该租赁物质量不合格，承租人仍然可以随时解除合同。

2. 租赁物的使用、收益

承租人应当按照约定的方法或按照租赁物的性质使用租赁物，并应当妥善保管租赁物，如因保管不善造成租赁物毁损、灭失的，应当承担损害赔偿责任。承租人经出租人同意，可以对租赁物进行改善或增设他物，如未经出租人同意，出租人可以要求承租人恢复原状或赔偿损失。

在租赁期间因占有、使用租赁物获得的收益，归承租人所有，但当事人另有约定的除外。

租赁物在租赁期间发生所有权变动的，不影响租赁合同的效力。

3. 租金的支付

承租人应当按照约定的期限支付租金。对支付期限没有约定或约定不明确的，可以协议补充，不能达成补充协议的，按照合同有关条款或者交易习惯确定。仍不能确定的，租赁期间不满 1 年的，应当在租赁期间届满时支付；租赁期间 1 年以上的，应当在每届满 1 年时支付，剩余期间不满 1 年的，应当在租赁期间届满时支付。

承租人无正当理由未支付或者迟延支付租金的，出租人可以要求承租人在合理期限内支付，承租人逾期不支付的，出租人可以解除合同。

因不可归责于承租人的事由，致使租赁物部分或者全部毁损、灭失的，承租人可以要求减少租金或者不支付租金；因租赁物部分或者全部毁损、灭失，致使不能实现合同目的的，承租人可以解除合同。

4. 转租

承租人经出租人同意，可以将租赁物转租给第三人，在这种情况下，承租人与出租人之间的租赁合同继续有效，第三人对租赁物造成损失的，承租人应当赔偿损失。

承租人未经出租人同意转租的，出租人可以解除合同。

5. 租赁物的返还

租赁期间届满，承租人应当返还租赁物。返还的租赁物应当符合按照约定或者租赁物的性质使用后的状态。承租人继续使用租赁物，出租人没有提出异议的，原租赁合同继续有效，但租赁期限为不定期。租赁期限届满，房屋承租人享有以同等条件优先承租的权利。

（三）房屋租赁合同

房屋租赁合同是指以房屋为租赁标的物的租赁合同。

1. 房屋租赁合同的效力

（1）房屋租赁合同效力的特别规定

①出租人就未取得建设工程规划许可证或者未按照建设工程规划许可证的规定建设的房屋，与承租人订立的租赁合同无效。但在一审法庭辩论终结前取得建设工程规划许可证或者经主管部门批准建设的，人民法院应当认定有效。

②出租人就未经批准或者未按照批准内容建设的临时建筑，与承租人订立的租赁合同无效。但在一审法庭辩论终结前经主管部门批准建设的，人民法院应当认定有效。

③租赁期限超过临时建筑的使用期限，超过部分无效。但在一审法庭辩论终结前经主管部门批准延长使用期限的，人民法院应当认定延长使用期限内的租赁期间有效。

（2）"一房数租"的处理

出租人就同一房屋订立数份租赁合同，在合同均有效的情况下，承租人均主张履行合同的，人民法院按照下列顺序确定履行合同的承租人：①已经合法占有租赁房屋的；②已经办理登记备案手续的；③合同成立在先的。

（3）房屋租赁合同无效的法律后果

房屋租赁合同无效，当事人请求参照合同约定的租金标准支付房屋占有使用费的，人民法院一般应予支持。

2. 房屋租赁合同的解除

发生下列情形之一，导致租赁房屋无法使用，承租人请求解除合同的，人民法院应予支持：①租赁房屋被司法机关或者行政机关依法查封的；②租赁房屋权属有争议的；③租赁房屋具有违反法律、行政法规关于房屋使用条件强制性规定情况的。

3. 承租人的优先权

出租人出卖出租房屋的，应当在出卖之前的合理期限内通知承租人，承租人享有以同等条件优先购买的权利。

（1）出租人出卖租赁房屋未在合理期限内通知承租人或者存在其他侵害承租人优先购买权的情形，承租人请求出租人承担赔偿责任的，人民法院应予支持。

（2）租赁房屋在租赁期间发生所有权变动，承租人请求房屋受让人继续履行原租赁合同的，人民法院应予支持。但租赁房屋具有下列情形或者当事人另有约定的除外：①房屋在出租前已设立抵押权，因抵押权人实现抵押权发生所有权变动的；②房屋在出租前已被人民法院依法查封的。

（3）具有下列情形之一，承租人主张优先购买房屋的，人民法院不予支持：①房屋共有人行使优先购买权的；②出租人将房屋出卖给近亲属，包括配偶、父母、子女、兄弟姐妹、祖父母、外祖父母、孙子女、外孙子女的；③出租人履行通知义务后，承租人在 15 日内未明确表示购买的。

五、融资租赁合同

（一）融资租赁合同概述

融资租赁合同是出租人根据承租人对出卖人、租赁物的选择，向出卖人购买租赁物，提供给承租人使用，承租人支付租金的合同。

融资租赁合同的租金，除当事人另有约定的以外，应当根据购买租赁物的大部分或者全部成本以及出租人的合理利润确定。

融资租赁合同应当采用书面形式。

（二）当事人的权利义务

出租人根据承租人对出卖人、租赁物的选择订立的买卖合同，未经承租人同意，出租人不得变更与承租人有关的合同内容。

出租人应当保证承租人对租赁物的占有和使用，租赁物不符合约定或者不符合使用目的的，出租人不承担责任，但承租人依赖出租人的技能确定租赁物或者出租人干预选择租赁物的除外。

出租人享有租赁物的所有权；承租人破产的，租赁物不属于破产财产。

承租人享有与受领标的物有关的买受人的权利，承租人应当妥善保管、使用租赁物，履行占有租赁物期间的维修义务，承租人占有租赁物期间，租赁物造成第三人的人身伤害或者财产损害的，出租人不承担责任。

出租人、出卖人、承租人可以约定，出卖人不履行买卖合同义务的，由承租人行使索赔的权利。承租人行使索赔权利的，出租人应当协助。

承租人应按照约定支付租金，经催告后在合理期限内仍不支付租金的，出租人可以要求支付全部租金；也可以解除合同，收回租赁物。

出租人和承租人可以约定租赁期间届满租赁物的归属。当事人约定租赁期间届满租赁物归承租人所有，承租人已经支付大部分租金，但无力支付剩余租金，出租人因此解除合同收回租赁物的，收回的租赁物的价值超过承租人欠付的租金以及其他费用的，承租人可以要求部分返还。对租赁物的归属没有约定或者约定不明确，可以协议补充，不能达成补充协议的，按照合同有关条款或者交易习惯确定；仍不能确定的，租赁物的所有权归出租人。

六、承揽合同

承揽合同是承揽人按照定做人的要求完成工作，交付工作成果，定做人给付报酬的合同。承揽包括加工、定做、修理、复制、测试、检验等工作。

（一）承揽人的权利义务

承揽人应当以自己的设备、技术和劳力，完成主要工作，但当事人另有约定的除外。

承揽人将其承揽的主要工作交由第三人完成的，应当就该第三人完成的工作成果向定做人负责；未经定做人同意的，定做人可以解除合同。承揽人可以将其承揽的辅助工作交由第三人完成。承揽人将其承揽的辅助工作交由第三人完成的，应当就该第三人完成的工作成果向定做人负责。

承揽人提供材料的，承揽人应当按照约定选用材料，并接受定做人检验。

承揽人发现定做人提供的图纸或者技术要求不合理的，应当及时通知定做人。因定做人怠于答复等原因造成承揽人损失的，应当赔偿损失。承揽人不得擅自更换定做人提供的材料，不得更换不需要修理的零部件。

承揽人应当妥善保管定做人提供的材料以及完成的工作成果，因保管不善造成毁损、灭失的，应当承担损害赔偿责任。

承揽人在工作期间，应当接受定做人必要的监督检验。定做人不得因监督检验妨碍承揽人的正常工作。承揽人完成工作的，应当向定做人交付工作成果，并提交必要的技术资料和有关质量证明。

承揽人应当按照定做人的要求保守秘密，未经定做人许可，不得留存复制品或者技术资料。

（二）定做人的权利义务

定做人提供材料的，定做人应当按照约定提供材料。承揽人对定做人提供的材料，应当及时检验，发现不符合约定时，应当及时通知定做人更换、补齐或者采取其他补救措施。

承揽工作需要定做人协助的，定做人有协助的义务。定做人不履行协助义务致使承揽工作不能完成的，承揽人可以催告定做人在合理期限内履行义务，并可以顺延履行期限；定做人逾期不履行的，承揽人可以解除合同。

定做人应当验收承揽工作成果。对于承揽人交付的工作成果不符合质量要求的，定做人可以要求承揽人承担修理、重作、减少报酬、赔偿损失等违约责任。

定做人应当按照约定的期限支付报酬。对支付报酬的期限没有约定或者约定不明确的，可以协议补充，不能达成补充协议的，按照合同有关条款或者交易习惯确定；仍不能确定的，定做人应当在承揽人交付工作成果时支付；工作成果部分交付的，定做人应当相应支付。

定做人未向承揽人支付报酬或者材料费等价款的，承揽人对完成的工作成果享有留置权或拒绝交付，但当事人另有约定的除外。

定做人中途变更承揽工作的要求，造成承揽人损失的，应当赔偿损失。定做人可以随时解除承揽合同，造成承揽人损失的，应当赔偿损失。

七、建设工程合同

建设工程合同是承包人进行工程建设，发包人支付价款的合同。建设工程合同包括工程勘察、设计、施工合同。

建设工程合同应当采用书面形式。

（一）发包人的权利义务

发包人可以与总承包人订立建设工程合同，也可以分别与勘察人、设计人、施工人订立勘察、设计、施工承包合同。发包人不得将应当由一个承包人完成的建设工程肢解成若干部分发包给几个承包人。建设工程实行监理的，发包人应当与监理人采用书面形式订立委托监理合同。发包人与监理人的权利和义务以及法律责任，应当依照《民法典》委托合同以及其他有关法律、行政法规的规定。

发包人在不妨碍承包人正常作业的情况下，可以随时对作业进度、质量进行检查。因施工人的原因致使建设工程质量不符合约定的，发包人有权要求施工人在合理期限内无偿修理或者返工、改建。经过修理或者返工、改建后，造成逾期交付的，施工人应当承担违约责任。

建设工程竣工后，发包人应当根据施工图纸及说明书、国家颁发的施工验收规范和质量检验标准及时进行验收。验收合格的，发包人应当按照约定支付价款，并接收该建设工程。建设工程竣工经验收合格后，方可交付使用；未经验收或者验收不合格的，不得交付使用。

发包人未按照约定的时间和要求提供原材料、设备、场地、资金、技术资料的，承包人可以顺延工程日期，并有权要求赔偿停工、窝工等损失。

因发包人的原因致使工程中途停建、缓建的，发包人应当采取措施弥补或者减少损失，赔偿承包人因此造成的停工、窝工、倒运、机械设备调迁、材料和构件积压等损失和实际费用。因发包人变更计划，提供的资料不准确，或者未按照期限提供必需的勘察、设计工作条件而造成勘察、设计的返工、停工或者修改设计，发包人应当按照勘察人、设计人实际消耗的工作量增付费用。

发包人未按照约定支付价款的，承包人可以催告发包人在合理期限内支付价款。发包人逾期不支付的，除按照建设工程的性质不宜折价、拍卖的以外，承包人可以与发包人协议将该工程折价，也可以申请人民法院将该工程依法拍卖。建设工程的价款就该工程折价或者拍卖的价款优先受偿。

（二）承包人的权利义务

总承包人或者勘察、设计、施工承包人经发包人同意，可以将自己承包的部分工作交由第三人完成。第三人就其完成的工作成果与总承包人或者勘察、设计、施工承包人向发包人承担连带责任。承包人不得将其承包的全部建设工程转包给第三人或者将其承包的全部建设工程肢解以后以分包的名义分别转包给第三人。

禁止承包人将工程分包给不具备相应资质条件的单位。禁止分包单位将其承包的工程再分包。建设工程主体结构的施工必须由承包人自行完成。

勘察、设计的质量不符合要求或者未按照期限提交勘察、设计文件拖延工期，造成发包人损失的，勘察人、设计人应当继续完善勘察、设计，减收或者免收勘察、设计费并赔偿损失。

隐蔽工程在隐蔽以前，承包人应当通知发包人检查。发包人没有及时检查的，承包人可以顺延工程日期，并有权要求赔偿停工、窝工等损失。

因承包人的原因致使建设工程在合理使用期限内造成人身和财产损害的，承包人应当承担损害赔偿责任。

职业能力训练

一、单选题

1. 下列各项，不一定属于要约邀请的是（　　）。
   A. 寄送的价目表　　　　B. 招标公告　　　　C. 拍卖公告　　　　D. 商业广告

2. 甲公司7月1日通过报纸发布广告，称其有某型号的电脑出售，每台售价8 000元，随到随购，数量不限，广告有效期至7月30日。乙公司委托王某携带金额16万元的支票于7月28日到甲公司购买电脑，但甲公司称广告所述电脑已全部售完。乙公司为此受到一定的经济损失。根据合同法律制度的规定，下列表述正确的是（　　）。
   A. 甲公司的广告构成要约，乙公司的行为构成承诺，甲公司不承担违约责任
   B. 甲公司的广告构成要约，乙公司的行为构成承诺，甲公司应当承担违约责任
   C. 甲公司的广告不构成要约，乙公司的行为不构成承诺，甲公司不承担民事责任
   D. 甲公司的广告构成要约，乙公司的行为不构成承诺，甲公司不承担民事责任

3. 甲、乙双方签订一份煤炭买卖合同，约定甲向乙购买煤炭1 000吨，甲于4月1日向乙支付全部煤款，乙于收到煤款半个月后装车发煤。3月31日，甲调查发现，乙的煤炭经营许可证将于4月15日到期，目前煤炭库存仅剩700余吨，且正加紧将库存煤炭发往

别处。甲遂决定暂不向乙付款,并于4月1日将暂不付款的决定及理由通知了乙。根据合同法律制度的规定,下列表述中,正确的是(　　)。

　　A. 甲无权暂不付款,因为在乙的履行期届至之前,无法确知乙将来是否会违约

　　B. 甲无权暂不付款,因为甲若怀疑乙届时不能履行合同义务,应先通知乙提供担保,只有在乙不能提供担保时,甲方可中止履行合同

　　C. 甲有权暂不付款,因为甲享有后履行抗辩权

　　D. 甲有权暂不付款,因为甲享有不安抗辩权

　　4. 2022年,甲公司向乙银行借款20万元,借款期限为2年。借款期满后,甲公司无力偿还借款本息,此时甲公司对丙公司享有到期债权10万元,却不积极主张,乙银行拟行使代位权,下列关于乙银行行使代位权的表述中,符合合同法律制度规定的是(　　)。

　　A. 乙银行可以直接以甲公司的名义行使对丙公司的债权

　　B. 乙银行行使代位权应取得甲公司的同意

　　C. 乙银行应自行承担行使代位权所支出的必要费用

　　D. 乙银行必须通过诉讼方式行使代位权

　　5. 上海的甲公司与北京的乙公司签订了一份买卖合同,合同签订后,甲公司以其办公用房作抵押向丙银行借款200万元,并办理了抵押登记手续。由于办公用房的价值仅为100万元,甲公司又请求丁公司为该笔借款提供了保证担保。丙银行与丁公司的保证合同没有约定保证方式及保证范围,也未约定债权实现的顺位,但约定保证人承担保证责任的期限至借款本息还清时为止。根据合同法律制度的规定,下列表述中,正确的是(　　)。

　　A. 丁公司的保证方式为一般保证

　　B. 丁公司的保证范围为200万元

　　C. 丁公司的保证期间为主债务履行期限届满之日起六个月

　　D. 如果甲公司不能清偿到期债务,丙银行可以直接要求丁公司承担保证责任

　　6. 甲、乙两公司签订一份买卖合同,约定甲公司向乙公司购买机床一台,价格为300万元。同时,丙公司向乙公司出具一份内容为"丙公司愿为甲公司应付乙公司300万元机床货款承担保证责任"的保函,并加盖了该公司公章。之后,由于市场变化,甲公司、乙公司双方协商同意将机床价格变更为350万元,但未通知丙公司。乙公司向甲公司交付机床后,甲公司无力按期支付货款,乙公司遂要求丙公司代为清偿。根据合同法律制度的规定,下列表述中,正确的是(　　)。

　　A. 丙公司出具保函是其单方行为,因此保证不成立

　　B. 丙公司应在300万元范围内承担保证责任

　　C. 在乙公司未就甲公司财产依法强制执行用于清偿债务之前,丙公司有权拒绝乙公司代为清偿的要求

D. 丙公司应承担保证责任，保证期间适用6个月的短期诉讼时效期间，自主债务履行期届满之日起计算

7. 王某投资设立甲个人独资企业（以下简称"甲企业"），委托宋某管理企业事务。授权委托书中明确宋某可以决定20万元以下的交易。宋某未经王某同意，以甲企业的名义向乙企业购买30万元原材料，乙企业不知甲企业对宋某权利的限制。下列关于合同效力及甲企业权利义务的表述中，符合个人独资企业法律制度规定的是（   ）。

    A. 合同有效，甲企业有义务支付30万元货款

    B. 合同效力待定，甲企业追认后方有义务支付30万元货款

    C. 合同无效，甲企业有权拒绝支付30万元货款

    D. 合同部分无效，甲企业向乙企业出示授权委托书后，有义务支付20万元货款

8. 当事人采用合同书形式订立合同的，合同成立时间是（   ）。

    A. 双方当事人制作合同书时　　　　B. 双方当事人表示受合同约束时

    C. 双方当事人签字或者盖章时　　　D. 双方当事人达成一致意见时

9. 甲将自己所有的一台机器设备出租给乙使用，约定租期为一年。在租赁期内，甲未经乙的同意，又将该台机器设备出售给丙。下列说法正确的是（   ）。

    A. 租赁期内签订的买卖合同无效

    B. 未经承租方同意而签订的买卖合同无效

    C. 原租赁合同对丙继续有效

    D. 乙享有以同等条件优先购买的权利

10. 根据《中华人民共和国民法典》的规定，租赁合同的租赁期限一定期限以上的，合同必须采用书面形式，当事人未采用书面形式的，视为不定期租赁。该一定期限是（   ）。

    A. 3个月　　　　　　B. 6个月　　　　　　C. 1年　　　　　　D. 2年

11. 在赠予合同中，赠予人撤销权的行使期限是（   ）。

    A. 自知道撤销原因之日起6个月内　　B. 自知道撤销原因之日起1年内

    C. 自承诺赠予之日起2年内　　　　　D. 自承诺赠予之日起5年内

12. 甲公司与乙公司签订了一份进口机床租赁合同，约定租期为2020年8月至2022年8月。2017年3月，出租人甲公司将出租的该批机床卖给了丙公司，按照有关法律规定，下列表述正确的是（   ）。

    A. 在租赁期内，甲公司不能将租赁物出卖给第三人

    B. 该买卖合同须征得乙公司同意后方生法律效力

    C. 该买卖合同有效，原租赁合同对丙公司继续有效

    D. 该买卖合同有效，原租赁合同须丙公司同意后方继续有效

13. 张某和某服装厂签订了一份服装买卖合同，约定：张某为买方，预先支付全部货

款；服装厂为卖方，收到货款后 10 天内发货。合同订立后，张某支付了全部货款。付款后第二日，张某因与李某存在债务纠纷逃到外地避债，下落不明，致使服装厂无法向其按时交货。按照法律规定，服装厂可以采取的消灭债务关系的措施是（　　）。

A. 行使留置权　　　　　　　　　　B. 将服装向有关机关提存

C. 行使不安抗辩权　　　　　　　　D. 行使代位权

14. 张某承租李某家的房屋做生意。因屋顶漏雨影响生产，张某要求李某维修，李某以"没时间维修"为由拖延修缮，张某只好自己雇人修缮，并造成了一定的经营损失。根据《民法典》的规定，下列说法中，正确的是（　　）。

A. 修缮费用和张某的经营损失均由李某承担

B. 修缮费用由张某和李某共同承担，张某的经营损失自己承担

C. 修缮费用和张某的经营损失均由张某和李某共同承担

D. 修缮费用由李某承担，张某的经营损失可通过要求李某减少房租来弥补

15. 甲加工厂承担乙单位的材料加工工作。因为工期紧，经乙单位同意，甲加工厂将任务的主要部分委托给丙公司来完成。由于丙的部分新员工缺乏经验，使得加工后的材料出现质量问题。根据《民法典》的规定，对该质量问题承担责任的是（　　）。

A. 丙公司　　　　　　　　　　　　B. 甲加工厂

C. 甲加工厂和丙公司　　　　　　　D. 甲加工厂、丙公司和乙单位

16. 要约人发出要约后可以撤销要约，撤销要约的通知到达受要约人的期限是（　　）。

A. 要约到达受要约人之前　　　　　B. 要约到达受要约人的同时

C. 受要约人发出承诺通知之前　　　D. 受要约人发出承诺通知之时

17. 甲乙订立质押合同，乙将自己喜爱的宝马车出质给甲，两人办理了质押登记手续。在质押合同存续期间，甲没有车库，将该车露天存放在自家小区，某日该车后尾灯被丙倒车时撞坏，丙逃离。则承担该车的损失的是（　　）。

A. 甲　　　　　B. 乙　　　　　C. 小区的物业　　　　　D. 丙

18. A 与 B 订立租赁合同，将自己所有的机器设备租赁给 B 使用。租赁期间，A 在征得 B 同意后，将机器设备卖给 C，并转移了所有权。下列有关该租赁合同效力的表述中，正确的是（　　）。

A. 租赁合同自动解除，但是 C 应当另行与 B 订立租赁合同

B. 租赁合同自动解除

C. 租赁合同自动解除，但是 A 应当对 B 承担违约责任

D. 租赁合同在 B 和 C 之间继续有效

19. 李某向王某借款 5 万元，约定借款期限半年，但未提及是否支付利息。半年后，因李某未如期归还，王某多次催要未果，向法院起诉要求李某还本付息。根据合同法律制

度的规定，下列关于支付借款利息的主张中，能够得到法院支持的是（   ）。

A. 王某要求李某依当地习惯按年利率15%支付借款使用期间的利息

B. 王某要求李某按同期银行贷款利率支付借款使用期间的利息

C. 王某要求李某依当地习惯按年利率20%支付逾期还款期间的利息

D. 王某无权要求李某支付利息

20. 李某为资助15岁的王某上学，与王某订立赠予合同，赠予王某10万元，并就该赠予合同办理了公证。后李某无正当理由，在交付给王某6万元后就表示不再赠予了。根据合同法律制度的规定，下列表述中，正确的是（   ）。

A. 李某应当再给付王某4万元，因该赠予合同不可撤销

B. 李某可不再给付王某4万元，因王某属于限制民事行为能力人，该赠予合同效力未定

C. 李某可向王某要求返还6万元，因该赠予合同可撤销

D. 李某可不再给付王某4万元，因该赠予合同可撤销

二、多选题

1. 孟某看中了北京市昌平区某楼盘的A2-1-301的户型，与开发商签订了商品房买卖合同，根据合同法律制度的规定，商品房买卖合同有下列（   ）情形的，孟某享有法定解除权。

A. 房屋套内建筑面积仅为合同约定面积96%的

B. 出卖人迟延交付房屋，经催告后在1个月内履行交付义务的

C. 因房屋主体结构质量不合格不能交付使用

D. 因房屋质量问题严重影响正常居住使用的

2. 根据《民法典》的规定，下列情形中，属于合同解除法定事由的有（   ）。

A. 合同当事人一方的法定代表人变更

B. 作为合同当事人一方的法人分立

C. 由于不可抗力致使合同目的不能实现

D. 合同当事人一方迟延履行债务致使合同目的不能实现

3. 根据规定，下列各项中，属于留置担保范围的有（   ）。

A. 主债权的利息   B. 违约金

C. 留置物保管费用   D. 实现留置权的费用

4. 根据我国《民法典》的相关规定，合同的书面形式包括（   ）。

A. 往来信函   B. 合同书

C. 电子数据交换   D. E-mail（电子邮件）

5. 关于承诺，下列表述正确的有（   ）。

A. 须是受要约人同意要约的意思表示

B. 必须以通知方式做出，通知到达要约人时生效

C. 承诺期限届满方发出承诺的，一律为新要约

D. 未必全都以书面形式做出

6. 2023 年甲公司购买乙公司一批货物，约定甲公司于 5 月 6 日到乙公司仓库提货。由于甲公司疏忽，当日未安排车辆提货，次日凌晨乙公司仓库遭雷击起火，该批货物全部被烧毁，下列关于该批货物损失承担的表述中，不符合合同法律制度规定的有（　　）。

A. 甲公司承担货物损失，因其未按约定时间提货

B. 乙公司承担货物损失，因为货物仍在其控制之下

C. 甲公司和乙公司分担货物损失，因为双方都没有过错

D. 乙公司承担货物损失，因为货物所有权没有转移

7. 2023 年根据合同法律制度的规定，下列关于法定抵销的表述中，正确的有（　　）。

A. 双方抵销的债务，应都已届清偿期

B. 双方抵销的债务，标的物种类、品质应相同

C. 故意侵权产生的债务，债务人不得主张抵销

D. 抵销可以附条件或者附期限

8. 2022 年 3 月，甲科研所与乙企业签订一份设备改造的技术服务合同，约定自 2022 年 7 月 1 日至 12 月 1 日，甲科研所负责对乙企业的自动生产线进行技术改造。合同签订后，乙企业为履行合同做了相关准备工作。5 月，甲科研所通知乙企业，因负责该项目的技术人员辞职，不能履行合同，根据合同法律制度的规定，下列关于乙企业权利的表述中，不正确的有（　　）。

A. 乙企业有权解除合同，并要求甲科研所赔偿损失

B. 乙企业有权主张合同无效，并要求甲科研所承担缔约过失责任

C. 乙企业有权撤销合同，并要求甲科研所承担缔约过失责任

D. 乙企业至 7 月 1 日方有权要求甲科研所承担违约责任

9. 甲企业将其现有的以及将有的生产设备、原材料、半成品、产品一并抵押给乙银行，但未办理抵押登记。抵押期间，甲企业未经乙银行同意以合理价格将一台生产设备出售给知情的丙公司，并已交付。后甲企业不能向乙银行履行到期债务，乙银行拟行使抵押权。下列关于该抵押权效力的表述中，不正确的有（　　）。

A. 该抵押权已成立且可以对抗知情的丙公司

B. 该抵押权因未办理抵押登记而不能成立

C. 该抵押权因抵押物不特定而不能成立

D. 该抵押权已成立但不得对抗丙公司

10. 2022 年 3 月 6 日甲因需要，将办公楼设定抵押从乙银行贷款 200 万元，2022 年 6

月 1 日，甲又将该办公楼出租给丙使用，与丙签订了 3 年期的租赁合同，甲未告知丙办公楼已经抵押的事实，2023 年 3 月 6 日甲无力偿还乙的贷款，法院将办公楼卖给了丁，以下说法正确的有（   ）。

    A. 租赁合同对丁仍然有效

    B. 租赁合同对丁没有约束力

    C. 抵押权实现后，造成丙的损失，由甲承担

    D. 抵押权实现后，造成丙的损失，由丙自己承担

11. 2020 年陈某用自己的轿车作抵押向银行借款 40 万元，并办理了抵押登记手续。陈某驾驶该车出行时，不慎发生交通事故。经鉴定，该车的价值损失了 30%，保险公司赔偿了该车损失，根据合同法律制度的规定，下列关于该抵押担保的表述中，正确的有（   ）。

    A. 该轿车不再担保银行债权   B. 该轿车应担保银行债权

    C. 保险赔偿不应担保银行债权   D. 保险赔款应担保银行债权

12. 根据物权法律制度的规定，债务人有权处分的下列权利中，可以抵押的有（   ）。

    A. 应收账款

    B. 以招标方式取得的荒地的土地承包经营权

    C. 依法可以转让的股权

    D. 建设用地使用权

13. 甲公司因生产需要，准备购入一套大型生产设备。4 月 1 日，甲公司向乙设备厂发出了一份详细的书面要约，并在要约中注明：请贵公司于 4 月 20 日前答复，否则该要约将失效。该要约到达乙设备厂后，甲公司拟撤销该要约。根据合同法律制度的规定，下列关于该要约能否撤销的表述中，不正确的有（   ）。

    A. 该要约可以撤销，只要乙设备厂尚未发出承诺

    B. 该要约可以撤销，只要乙设备厂的承诺尚未到达甲公司

    C. 该要约可以撤销，只要乙设备厂尚未为履行合同做准备工作

    D. 该要约不得撤销，因为要约人在要约中确定了承诺期限

14. 根据《民法典》的规定，下列各项中，属于合同成立的情形有（   ）。

    A. 甲向乙发出要约，乙做出承诺，该承诺除对履行地点提出异议外，其余内容均与要约一致

    B. 甲、乙约定以书面形式订立合同，但在签订书面合同之前甲已履行主要义务，乙接受了履行

    C. 甲、乙采用书面形式订立一合同，但在双方签章之前，甲履行了主要义务，乙接受了履行

D. 甲于5月10日向乙发出要约，要约规定承诺期限截止至5月20日，乙于5月18日发出承诺信函，因其他原因该信函5月21日到达甲，甲未表示异议

15. 甲公司与乙公司签订买卖合同，约定甲公司先向乙公司支付货款，乙公司再向甲公司交付货物。后来乙公司经营状况严重恶化，对于乙公司提出的给付请求权，甲公司拟行使不安抗辩权。下列关于不安抗辩权行使的表述中，正确的有（   ）。

    A. 甲公司行使不安抗辩权，必须有确切证据证明乙公司经营状况严重恶化
    B. 乙公司提供相应担保的，甲公司应当恢复合同的履行
    C. 甲公司可以通过行使不安抗辩权直接解除合同
    D. 甲公司行使不安抗辩权而中止履行的，应当及时通知乙公司

16. 甲、乙公司签订一份钢材买卖合同，约定甲公司先交付钢材，乙公司验收完毕后再付款。有确切证据证明，甲公司可中止履行的有（   ）。

    A. 乙公司年度报表中表明出现严重亏损，无法依约履行
    B. 乙公司被工商部门定为合同信用极差单位
    C. 乙公司已被其债权人提起破产宣告申请
    D. 原与甲公司合作良好的乙公司董事长已辞职，甲公司对新董事长不熟悉

17. 甲公司欠乙公司货款900万元不能偿还，乙公司几次催要，甲公司均以无财产可供偿还为由拒绝偿还；后乙公司得知丙公司欠甲公司1 000万元，且因甲公司怠于行使，乙公司遂向人民法院提起代位权诉讼。根据合同法律制度的规定，下列说法不正确的有（   ）。

    A. 在诉讼中，丙公司对甲公司的抗辩，可以向乙公司主张
    B. 乙公司应当将丙公司列为代位权诉讼中的被告
    C. 乙公司应当以自己的名义代位行使甲公司的债权
    D. 如果乙公司胜诉，甲公司应当承担诉讼费用

18. 地处江南甲地的陈某向地处江北乙地的王某购买五吨苹果，约定江边交货。后双方就交货地点应在甲地的江边还是乙地的江边发生了争议，无法达成一致意见，且按合同有关条款或者交易习惯仍无法确定。根据合同法律制度的规定，苹果的交付地点应不正确的有（   ）。

    A. 乙地的江边　　　　　　　　　　B. 甲地的江边
    C. 由王某选择甲地或者乙地的江边　　D. 由陈某选择甲地或者乙地的江边

19. 甲企业向乙银行申请贷款，还款日期为2022年12月30日。丙企业为该债务提供了保证担保，但未约定保证方式和保证期间。后甲企业申请展期，与乙银行就还款期限做了变更，还款期限延至2023年12月30日，但未征得丙企业的书面同意。展期到期，甲企业无力还款，乙银行遂要求丙企业承担保证责任。根据担保法律制度的规定，下列关于丙企业是否承担保证责任的表述中，不正确的有（   ）。

A. 不承担，因为保证期间已过

B. 应承担，因为保证合同有效

C. 应承担，因为丙企业为连带责任保证人

D. 不承担，因为丙企业的保证责任因还款期限的变更而消灭

20. 甲与乙签订一份约定由丙向乙履行的合同，后丙履行合同因不符合约定而构成违约。根据规定，该下列说法不正确的有（   ）。

A. 甲向乙承担违约责任
B. 丙向甲承担违约责任
C. 丙向乙承担违约责任
D. 甲和丙共同向乙承担违约责任

21. 张某将自己的手机先后与甲乙丙三人签订了买卖合同。下列表述正确的有（   ）。

A. 一般情况下，张某与甲乙丙签订的3个买卖合同均有效

B. 如果张某已经将手机交给丙，丙可以请求法院确认所有权已经转移给自己

C. 如果手机还在张某手中，最先付款的乙可以请求张某交付手机

D. 如果手机还在张某手中，且甲乙丙均未付款，则最先订立合同的甲可以请求张某交付手机

三、判断题

1. 法定抵销不得附条件或者附期限。（   ）

2. 某生产设备属于张某，但李某向王某声称该设备属于自己，并愿意将其卖给王某，王某予以接受。由于李某对于该设备并无所有权，因此，该买卖合同无效。（   ）

3. 张某向杨某借款3万元到期未还，双方因债务清偿问题发生纠纷，张某被杨某打伤，住院治疗共支出医疗费4万元。杨某有权主张在3万元内抵销，只向张某支付1万元的医疗费。（   ）

4. 免除人应当具有民事行为能力。（   ）

5. 甲公司以厂房抵押向乙银行借款，双方签订了借款合同和抵押合同，则抵押合同是主合同，借款合同是从合同。（   ）

6. 沉默不可作为意思表示的方式。（   ）

7. 当事人采用合同书、确认书形式订立合同的，双方当事人签字盖章或者按指印的地点为合同成立的地点。双方当事人签字盖章或者按指印不在同一地点的，人民法院应当认定接受货币一方所在地为合同成立地点。（   ）

8. 因标的物从物不符合约定而解除合同的，解除的效力及于主物。（   ）

9. 定金的数额由当事人约定，但不得超过主合同标的额的20%。当事人约定的定金数额超过主合同标的额20%，该约定无效。（   ）

10. 承租人经出租人同意，可以将租赁物转租给第三人，在这种情况下，承租人与出租人之间的租赁合同继续有效，第三人对租赁物造成损失的，第三人应当赔偿损失。（   ）

11. 当事人约定在将来一定期限内订立合同的认购书，构成预约合同。（   ）

12. 赠予人故意不告知赠予财产的瑕疵，造成受赠人损失的，应当承担损害赔偿责任。（　　）

13. 租赁期限届满，房屋承租人享有以同等条件优先承租的权利。（　　）

14. 张某向杨某借款 3 万元到期未还，杨某怀恨在心，将张某打伤，张某因住院治疗共支出医疗费 3 万元。杨某主张将张某的借款与医疗费抵销。（　　）

15. 租赁物危及承租人的安全或者健康的，承租人可以随时解除合同，但承租人订立合同时明知该租赁物质量不合格的除外。（　　）

16. 借贷双方约定的利率超过 1 年期贷款市场报价利率的 4 倍，视为未约定利息。（　　）

17. 合同终止的，不影响合同中独立存在的有关解决争议方法条款的效力。（　　）

18. 受赠人对赠予人有扶养义务而不履行的，赠予人可撤销赠予。（　　）

19. 债务人将债务的全部或者部分转移给第三人的，应当经债权人同意。（　　）

20. 债权人转让债权，未通知债务人的，该转让对债务人不发生效力。（　　）

四、简答题

1. 2022 年 3 月，甲公司与乙公司签订的租赁合同约定：甲公司将其面积为 500 平方米的办公用房出租给乙公司；租期 25 年；租金每月 1 万元，以每年官方公布的通货膨胀率为标准逐年调整；乙公司应一次性支付两年的租金。合同签订后，乙公司依约支付租金，甲公司依约交付了该房屋。2023 年 6 月，乙公司为改善条件，未经甲公司同意，在该房屋内改建一间休息室，并安装了整体橱柜等设施。甲公司得知后要求乙公司拆除该休息室及设施，乙公司拒绝。其后该地区房屋价格飙升，租金大涨，甲公司要求提高租金，乙公司拒绝。甲公司遂欲出售该房屋，并通知了乙公司，乙公司表示不购买。甲公司于 2023 年 9 月将该房屋出售给丙公司，并办理了所有权变更登记手续。

要求：

根据合同法律制度的规定，回答下列问题：

（1）租赁合同约定的 25 年租期效力如何？简要说明理由。

（2）甲公司是否有权要求乙公司拆除休息室及设施？简要说明理由。

（3）甲公司将房屋出售给丙公司后，租赁合同是否继续有效？简要说明理由。

2. 2016 年 5 月，甲公司将一厂房出租给乙公司，租期 5 年，月租金 3 万元。租赁合同签订前，甲公司书面告知乙公司该厂房已为丙银行设定抵押权，用以担保甲公司向丙银行的借款本金 1 000 万元及其利息。

2018 年 6 月，甲公司不能履行对丙银行的到期借款债务，致使厂房被人民法院依法查封，此时，乙公司已拖欠甲公司 3 个月租金 9 万元，丙银行通知乙公司应向其交付租金，乙公司认为厂房租赁合同的出租人是甲公司，而非丙银行，因此拒绝向丙银行交付租金。乙公司转而向甲公司请求赔偿因厂房被查封所遭受的损失，并主张将损失赔偿与所欠租金在对等数额内相互抵销。

2018年8月，厂房被依法拍卖，乙公司请求买受人丁公司继续履行剩余期间的租赁合同，遭到拒绝。

要求：

根据上述资料和物权、合同法律制度的规定，不考虑其他因素，回答下列问题：

（1）乙公司拒绝向丙银行交付租金是否符合法律规定？简要说明理由。

（2）乙公司是否有权请求甲公司赔偿损失？简要说明理由。

（3）如乙公司的租赁时间早于丁公司的抵押，乙公司是否有权请求买受人丁公司继续履行租赁合同？简要说明理由。

3. 甲公司需要使用乙公司生产的一套精密仪器，但无力购买，遂请求丙公司购买并租给自己。甲、丙公司签订融资租赁合同，约定如下：丙公司购买乙公司精密仪器，价款500万元；甲公司租赁该仪器10年，年租金80万元。

丙公司为支付货款向丁公司借款100万元，双方约定：借款期限6个月，利息10万元，在本金中预扣。丁公司实际支付丙公司90万元。为担保该借款债权，丙公司以其一台价值40万元的车辆抵押，与丁公司签订了抵押合同；戊公司作为保证人与丁公司签订了保证合同，保证合同未约定保证方式；丁公司与丙、戊公司未约定行使担保权利的顺序。

丙公司和丁公司约定的借款期限届满后，丙公司未能清偿借款。丁公司拟行使抵押权，发现丙公司因拖欠辛公司10万元仓储费用，抵押车辆在前往辛公司提取仓储物时，被辛公司留置。丁公司主张就被留置车辆行使抵押权，理由如下：

（1）辛公司扣留车辆，与其享有的仓储费债权不属于同一法律关系，故辛公司无权留置车辆；

（2）即使辛公司有权留置车辆，因抵押权设立在先，丁公司有权优先行使抵押权。

丁公司要求保证人戊公司承担连带保证责任，戊公司抗辩如下：

（1）该借款债权还存在抵押担保，丁公司应先实现抵押权；

（2）对于抵押担保不足清偿的部分，戊公司只承担一般保证责任，即承担丙公司财产不足以清偿借款部分的补充保证责任。

要求：

根据上述资料和合同、担保法律制度的规定，不考虑其他因素，回答下列问题。

（1）融资租赁期间，该精密仪器归谁所有？说明理由。

（2）丙公司向丁公司借款的本金是多少？说明理由。

（3）丁公司主张行使抵押权的理由（1）是否符合法律规定？说明理由。

（4）丁公司主张行使抵押权的理由（2）是否符合法律规定？说明理由。

（5）戊公司的抗辩理由（1）是否成立？说明理由。

（6）戊公司的抗辩理由（2）是否成立？说明理由。

第九章

财政法律制度

职业能力及主要概念

1. 专业能力

了解预算管理体制以及政府采购的概念

理解预算的编制、决算以及政府采购的方式

理解国有资产的含义

了解国有资产管理的内容

理解掌握专利与专利法的概念，专利权的法律关系，专利权的取得、终止与保护

理解掌握商标与商标法的概念

了解商标注册过程、商标管理和商标专用权的保护

了解商标与专利的概念及其法律保护

了解政府采购的定义、原则

熟悉政府采购的流程

2. 职业核心能力

能解释现实生活中广泛存在的商标抢注现象

能依法处理政府采购过程中存在的法律问题

3. 主要概念

预算体系　预算管理职权　法律责任　企业国有资产　事业单位国有资产　商标分类　商标注册　专利权的客体　专利权的主体　政府采购当事人　政府采购原则

引导案例

A省是一个中部省份，经济发展和财力状况也都处于全国中等水平。伴随着近年来资本市场的快速发展，省委省政府将加快区域资本市场发展，促进更多企业上市融资，作为推进经济加快发展的重要措施。这项工作主要由B局具体负责。随着市场化改革的不断推进，各级政府越来越认识到资本市场融资的重要性，积极培育、鼓励本地优质企业加快上市。对于各级地方政府而言，加快企业上市，一方面，能够帮助企业迅速做大做强，成为拉动本地产业集群发展的龙头企业；另一方面，通过企业的加快发展也能为本地增加税源，提高财政收入。因此，为充分调动本地企业上市的积极性，引导企业按照上市公司要求规范发展，各级政府往往会拿出部分财政资金设立各类引导性资金给予拟上市企业相应补贴，助推其加快上市进程。这类资金通常被归列到"金融监管等事务支出"。

请简要说明A省在申请财政预算时的程序。

第一节 预算法律制度

课程思政

近日，国务院印发《关于进一步完善国有资本经营预算制度的意见》（以下简称《意见》），国有资本收益作为财政预算"四本账"之一，与民生福祉息息相关。强化国有资本经营预算约束，还能使"四本账"基于现代会计制度更加完整清晰，梳理出完备的政府资产负债表，对于市场各方预判国债收益趋势、完善LPR（贷款市场报价利率）等金融产品基准利率报价机制产生积极影响，促进金融"血脉"更加畅通。

中央经济工作会议提出"要谋划新一轮财税体制改革"，健全现代预算制度是其中重要内容，进一步完善国有资本经营预算制度也是题中应有之义。《意见》明确，到"十四五"末，将基本形成全面完整、结构优化、运行顺畅、保障有力的国有资本经营预算制度。进一步完善国有经营预算制度，国有资本经营预算的功能定位将更加清晰，对宏观经济运行、优化国有经济布局的调控作用更加有效，收支政策的前瞻性、导向性更加明显，支持国有企业高质量发展的资本金注入渠道更加畅通稳定。

一、预算和预算法

（一）预算和预算法的概念

财政，是政府的理财之政。"财"指政府收支，"政"指治理，财政就是政府收支及其治理。财政是国家为了满足公共需要而取得、使用和管理资财的政务的总称。财政乃庶政之母，国家职能的实现离不开财政，无财则无政。财政是连接政府与市场的桥梁，具有配置资源、分配收入、稳定经济等职能。党的十八届三中全会通过的《中共中央关于全面深化改革若干重大问题的决定》明确提出，财政是国家治理的基础和重要支柱，科学的财税体制是优化资源配置、维护市场统一、促进社会公平、实现国家长治久安的制度保障。

财政的内容主要包括三方面：财政收入、财政支出和财政管理。财政收入主要有税收、国债、收费、国有企业上缴利润以及捐赠等。财政支出包括购买性支出（主要用于投资、消费等项目发生的支出）和转移性支出（主要用于解决政府间财政失衡问题，特别是社会保障、财政补贴的支出）。财政管理在整体上体现为预算管理，预算是对财政收支进行管理的最基本的方式。财政政策是国家为了实现一定的宏观经济目标和社会目标而在财政收支和财政管理方面确定的指导原则以及采取的相应措施，是政府实施宏观调控的重要工具，也是国家治理的重要抓手。财政政策工具主要有预算、税收、政府债务、政府购买性支出、转移支出等，是用以达到政策目标的各种财政手段。财政活动的主要内容就是筹集、分配、使用和管理预算资金。

没有预算就没有财政，预算是财政的核心。预算，也称政府预算或财政预算，是国家的基本财政收支计划，包括财政收入的来源和数量、财政支出的各项用途和数量，集中反映着政府的政策目标、职能范围和治理活动。预算法意义上的预算，是指由政府各部门编制、经本级政府同意提交本级人民代表大会审查批准、按其执行的年度财政收支计划。由于预算年度通常为一年，因而预算的收入和支出也称为岁入和岁出。预算是国家组织、分配财政资金的重要工具，也是国家进行宏观调控的经济杠杆，在优化资源配置、调节收入分配、支撑宏观经济调控、改进公共治理、保障政策规划与实施等方面发挥着重要作用，是现代国家治理体系的重要组成部分。

（二）预算法的基本原则

预算的基本原则是指在预算、决算的编制、审查、批准、监督，以及预算的执行和调整过程中应当遵守的基本准则。

1. 统筹兼顾、勤俭节约、量力而行、讲求绩效、收支平衡

各级一般公共预算支出的编制，应当统筹兼顾，在保证基本公共服务合理需要的前提下，优先安排国家确定的重点支出；应当贯彻勤俭节约的原则；在支出安排的总量上按照年度财政收入规模安排支出，做到量力而行，收支平衡。政府支出应当与有效公共服务的提供相匹配，应当将绩效贯穿于预算全过程。根据经济形势发展变化和财政政策逆周期调节的需要，各级政府应当建立跨年度预算平衡机制。跨年度预算平衡机制是对单一年度预算平衡机制的一种改进，能够更好地发挥财政宏观调控作用。

2. 预算法定

预算活动，包括预算、决算的编制、审查、批准、监督，以及预算的执行和调整，必须依照《预算法》的有关规定进行。预算作为一种须经过国家权力机关的审批才能生效的法律文件，具有法律约束力。经人民代表大会批准的预算，非经法定程序，不得调整。各级政府、各部门、各单位的支出必须以经批准的预算为依据，未列入预算的不得支出。

3. 预算完整

预算完整，是指政府的全部收入和支出都应当纳入预算。预算应当完整地反映政府全部的财政收支活动，不应当有预算外的其他财政收支。

4. 预算公开

预算公开是指各级政府的预算及决算不仅要经过各级权力机关审批，还必须向社会公众全面公开。预算属于公开性的法律文件，必须公开其内容及其执行情况，便于社会公众了解政府收支情况，并监督其使用。

根据《预算法》第十四条规定，除涉及国家秘密的以外，(1) 经本级人民代表大会或者本级人民代表大会常务委员会批准的预算、预算调整、决算、预算执行情况的报告及报表，应当在批准后20日内由本级政府财政部门向社会公开，并对本级政府财政转移支付安排、执行的情况以及举借债务的情况等重要事项做出说明；(2) 经本级政府财政部门批复的部门预算、决算及报表，应当在批复后20日内由各部门向社会公开，并对部门预算、决算中机关运行经费的安排、使用情况等重要事项做出说明；(3) 各级政府、各部门、各单位应当将政府采购的情况向社会公开。

5. 相互制约、相互协调

各级预算的编制、执行应当建立健全相互制约、相互协调的机制。

(三) 预算体制

预算体制，是国家规定中央与地方以及地方各级之间预算收支划分和预算管理职责权限的制度。

1. 一级政府一级预算

《预算法》第三条规定："国家实行一级政府一级预算，设立中央，省、自治区、直辖市，设区的市、自治州，县、自治县、不设区的市、市辖区，乡、民族乡、镇五级预算。"这五级预算可以分为两类，即中央预算和地方预算。全国预算由中央预算和地方预算组成。地方预算由各省、自治区、直辖市总预算组成。地方各级总预算由本级预算和汇总的下一级总预算组成；下一级只有本级预算的，下一级总预算即指下一级的本级预算。没有下一级预算的，总预算即指本级预算。

县级以上地方政府的派出机关根据本级政府授权进行预算管理活动，不作为一级预算，其收支纳入本级预算。

五级预算示意见图9-1。

2. 分税制

国家实行中央和地方分税制。中央和地方分税制，是指在划分中央与地方事权的基础上，确定中央与地方财政支出范围，并按税种划分中央与地方预算收入的财政管理体制。

县级以上地方各级政府应当根据中央和地方分税制的原则和上级政府的有关规定，确定本级政府对下级政府的财政管理体制。

实行分税制的预算管理体制，有利于稳定中央与地方各级预算收入来源，明确各级预算管理的职责权限，充分调动各级政府预算管理的积极性，克服权责不清的管理弊端。

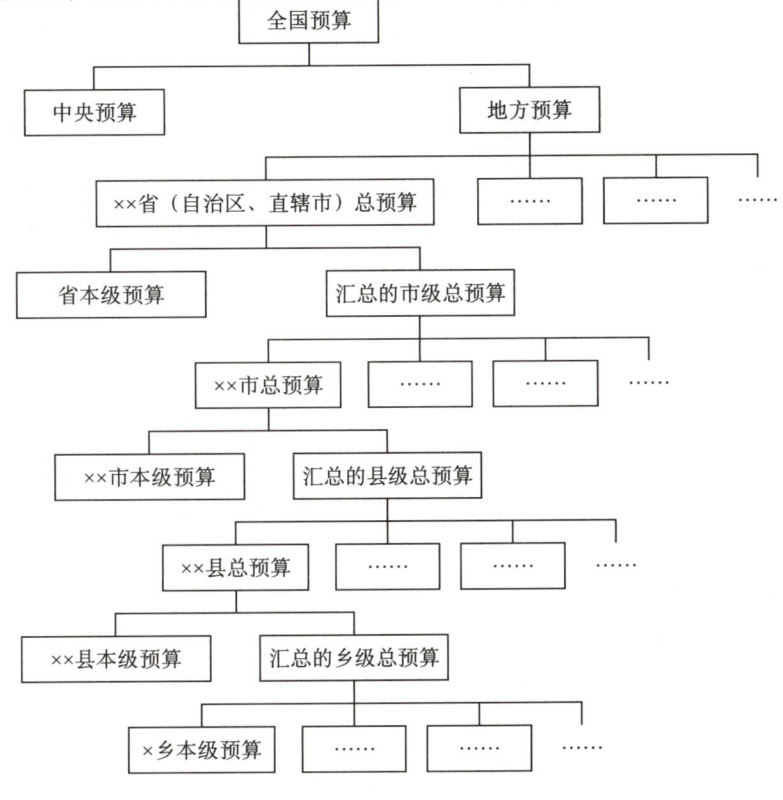

图 9-1　五级预算示意图

3. 财政转移支付

财政支出主要分为两大类，即购买性支出和转移性支出。转移性支出，也称转移支付，是指政府通过一定的形式和途径，把一部分财政资金无偿地转移给相关主体所发生的支出。广义的转移支付，是指中央政府或者地方政府将部分财政收入无偿让渡给其他各级政府、企业和居民所发生的财政支出。狭义的转移支付，是指政府间的财政转移支付，包括中央对地方的转移支付和地方上级政府对下级政府的转移支付。其中，狭义的转移支付最为基础、最为重要，《预算法》主要规范狭义的转移支付制度。

构建转移支付制度，有助于保障公共资金的公平分配，保持中央政府对地方政府的宏观调控，弥补地方财政缺口，补偿区域性公共物品的外溢，促进落后地区的资源开发和经济发展，实现各地基本公共服务水平的均等化。

《预算法》第十六条第一款规定："国家实行财政转移支付制度。财政转移支付应当规范、公平、公开，以推进地区间基本公共服务均等化为主要目标。"

政府间转移支付分为一般性转移支付和专项转移支付两类。

（1）一般性转移支付。一般性转移支付，是指不规定具体用途，由下级政府统筹安排使用，旨在均衡地区间基本财力水平的预算资金。一般性转移支付是财政转移支付的主体。

一般性转移支付主要包括：①均衡性转移支付；②对革命老区、民族地区、边疆地区、贫困地区的财力补助；③其他一般性转移支付。

（2）专项转移支付。专项转移支付，是指上级政府为了实现特定的经济和社会发展目标给予下级政府，并由下级政府按照上级政府规定的用途安排使用的预算资金。

按照法律、行政法规和国务院的规定可以设立专项转移支付，用于办理特定事项。市场竞争机制能够有效调节的事项不得设立专项转移支付。

上级政府在安排专项转移支付时，不得要求下级政府承担配套资金。但是，按照国务院的规定应当由上下级政府共同承担的事项除外。

专项转移支付实行定期评估和退出机制。县级以上各级财政部门会同有关部门对专项转移支付进行定期评估。评估后的专项转移支付，按照下列情形分别予以处理：①符合法律、行政法规和国务院规定，有必要继续执行的，可以继续执行；②设立的有关要求变更，或者实际绩效与目标差距较大、管理不够完善的，应当予以调整；③设立依据失效或者废止的，应当予以取消。

（四）预算管理职权

预算管理职权是指各级预算主体在预算活动中享有的权利和职责。一个完整的预算管理、运行流程包括预算的编制、审批、执行和决算四个阶段，因而预算管理职权可以分为预算的编制权、审批权、执行权、调整权、监督权等权限。

根据主体的不同，预算管理职权可以细分为各级权力机关的职权、各级政府的职权、各级政府财政部门的职权，以及其他部门、单位的职权。

二、预算收支范围

预算由预算收入和预算支出组成。政府的全部收入和支出都应当纳入预算。我国预算包括一般公共预算、政府性基金预算、国有资本经营预算、社会保险基金预算四本预算。一般公共预算是四本预算的主干部分。

（一）一般公共预算

一般公共预算是对以税收为主体的财政收入，安排用于保障和改善民生、推动经济社会发展、维护国家安全、维持国家机构正常运转等方面的收支预算。

1. 一般公共预算收入

一般公共预算收入以税收为主体，具体包括各项税收收入、行政事业性收费收入、国有资源（资产）有偿使用收入、转移性收入和其他收入，也可概括为税收收入和非税收入。

（1）税收收入。税收收入是国家预算收入的最主要的部分，占我国一般公共预算收入的 80% 以上。目前我国共有 18 个税种，其中增值税、消费税、企业所得税、个人所得税、资源税、城镇土地使用税、城市维护建设税、印花税、土地增值税、房产税、车船税、车辆购置税、烟叶税、耕地占用税、契税、环境保护税等 16 个税种由税务部门负责征收，关税和船舶吨税由海关负责征收。进口环节的增值税、消费税由海关代征，出口产品退税（增值税、消费税）由税务机关负责办理。

（2）行政事业性收费收入。行政事业性收费收入，是指国家机关、事业单位等依照法律法规规定，按照国务院规定的程序批准，在实施社会公共管理以及在向公民、法人和其他组织提供特定公共服务过程中，按照规定标准向特定对象收取费用形成的收入。

（3）国有资源（资产）有偿使用收入。国有资源（资产）有偿使用收入，是指矿藏、水流、海域、无居民海岛以及法律规定属于国家所有的森林、草原等国有资源有偿使用收入，按照规定纳入一般公共预算管理的国有资产收入等。

（4）转移性收入。转移性收入，是指上级税收返还和转移支付、下级上解收入、调入资金以及按照财政部规定列入转移性收入的无隶属关系政府的无偿援助。

（5）其他收入。除上述收入以外的收入，如罚没收入、以政府名义接受的捐赠收入等。

2. 一般公共预算支出

为全面反映政府各项收支情况，一般公共预算支出按支出功能和支出经济性质两套体系分类编制。

一般公共预算支出按照其功能分类，包括一般公共服务支出，外交、公共安全、国防支出，农业、环境保护支出，教育、科技、文化、卫生、体育支出，社会保障及就业支出和其他支出等大类，各大类又可细分到款、项，旨在反映政府职能活动，说明政府的钱到底干了什么事，如办学校等。

一般公共预算支出按照其经济性质分类，包括工资福利支出、商品和服务支出、资本性支出和其他支出等大类，各大类又可细分到款，旨在反映政府支出的经济性质和用途，说明政府的钱是怎么花出去的，如办学校的钱究竟是买了设备、盖了校舍，还是发了工资等。

3. 中央与地方一般公共预算项目的划分

中央一般公共预算包括中央各部门（含直属单位，下同）的预算和中央对地方的税收返还、转移支付预算。其中，中央一般公共预算收入包括中央本级收入和地方向中央的上解收入；中央一般公共预算支出包括中央本级支出、中央对地方的税收返还和转移支付。这里的各部门是指与本级政府财政部门直接发生预算缴拨款关系的国家机关、军队、政党组织、事业单位、社会团体和其他单位。

地方各级一般公共预算包括本级各部门（含直属单位，下同）的预算和税收返还、转移支付预算。地方各级一般公共预算收入包括地方本级收入、上级政府对本级政府的税收返还和转移支付、下级政府的上解收入。地方各级一般公共预算支出包括地方本级支出、对上级政府的上解支出、对下级政府的税收返还和转移支付。

转移性支出包括上解上级支出、对下级的税收返还和转移支付、调出资金以及按照财政部规定列入转移性支出的给予无隶属关系政府的无偿援助。

（二）政府性基金预算

政府性基金预算是将依照法律、行政法规的规定在一定期限内向特定对象征收、收取或者以其他方式筹集的资金，专项用于特定公共事业发展的收支预算。政府性基金预算收入来源于向特定对象征收、收取或者以其他方式筹集的资金，如民航发展基金、国家重大水利建设基金、国有土地使用权出让金等。

政府性基金预算收入包括政府性基金各项目收入和转移性收入。

政府性基金预算支出包括与政府性基金预算收入相对应的各项目支出和转移性支出。

政府性基金应当根据基金项目收入情况和实际支出需要，按基金项目编制，做到以收定支。

（三）国有资本经营预算

国有资本经营预算是对国有资本收益做出支出安排的收支预算。收入主要来源于国有企业及国有股权的收益上缴，支出主要用于解决国有企业历史遗留问题及相关改革成本支出、对国有企业的资本金注入及国有企业政策性补贴等方面。

国有资本经营预算收入包括依照法律、行政法规和国务院规定应当纳入国有资本经营预算的国有独资企业和国有独资公司按照规定上缴国家的利润收入、从国有资本控股和参股公司获得的股息红利收入、国有产权转让收入、清算收入和其他收入。

国有资本经营预算支出包括资本性支出、费用性支出、向一般公共预算调出资金等转移性支出和其他支出。

国有资本经营预算应当按照收支平衡的原则编制，不列赤字，并安排资金调入一般公共预算。

（四）社会保险基金预算

社会保险基金预算是对社会保险缴款、一般公共预算安排和其他方式筹集的资金，专项用于社会保险的收支预算。社会保险基金预算收入的来源是个人和机关、企事业单位的社会保险缴费，一般公共预算安排的财政补贴、基金投资收益、利息收入及捐赠收入等资金。社会保险基金预算支出专项用于社会保险待遇支出，覆盖基本养老保险、基本医疗保险、工伤保险、失业保险等大类。

《预算法实施条例》规定，社会保险基金预算收入包括各项社会保险费收入、利息收入、投资收益、一般公共预算补助收入、集体补助收入、转移收入、上级补助收入、下级上解收入和其他收入。社会保险基金预算支出包括各项社会保险待遇支出、转移支出、补助下级支出、上解上级支出和其他支出。

社会保险基金预算应当按照统筹层次和社会保险项目分别编制，做到收支平衡。

预算收支范围见表9－1。

表9－1　　　　　　　　　　　　　预算收支范围

预算类型		预算收入	预算支出
一般公共预算	税收收入	增值税、消费税、企业所得税、个人所得税、资源税、城镇土地使用税、城市维护建设税、印花税、土地增值税、房产税、车船税、车辆购置税、烟叶税、耕地占用税、契税、环境保护税、关税、船舶吨税	按照其功能分类，包括一般公共服务支出，外交、公共安全、国防支出，农业、环境保护支出，教育、科技、文化、卫生、体育支出，社会保障及就业支出和其他支出等大类。按照其经济性质分类，包括工资福利支出、商品和服务支出、资本性支出和其他支出等大类
	行政事业性收费收入	国家机关、事业单位等依照法律法规规定，按照国务院规定的程序批准，在实施社会公共管理以及在向公民、法人和其他组织提供特定公共服务过程中，按照规定标准向特定对象收取费用形成的收入	
	国有资源（资产）有偿使用收入	矿藏、水流、海域、无居民海岛以及法律规定属于国家所有的森林、草原等国有资源有偿使用收入，按照规定纳入一般公共预算管理的国有资产收入等	
	转移性收入	上级税收返还和转移支付、下级上解收入、调入资金以及按照财政部规定列入转移性收入的无隶属关系政府的无偿援助	
	其他收入	罚没收入、以政府名义接受的捐赠收入等	
政府性基金预算		政府性基金各项目收入和转移性收入。政府性基金预算收入来源于向特定对象征收、收取或者以其他方式筹集的资金，如民航发展基金、国家重大水利建设基金、国有土地使用权出让金等	与政府性基金预算收入相对应的各项目支出和转移性支出
国有资本经营预算		依照法律、行政法规和国务院规定应当纳入国有资本经营预算的国有独资企业和国有独资公司按照规定上缴国家的利润收入、从国有资本控股和参股公司获得的股息红利收入、国有产权转让收入、清算收入和其他收入	资本性支出、费用性支出、向一般公共预算调出资金等转移性支出和其他支出
社会保险基金预算		各项社会保险费收入、利息收入、投资收益、一般公共预算补助收入、集体补助收入、转移收入、上级补助收入、下级上解收入和其他收入	各项社会保险待遇支出、转移支出、补助下级支出、上解上级支出和其他支出

三、预算编制

预算编制是制定预算收支计划，对预算资金的分配、使用进行计划安排的活动。它是预算管理流程的第一个阶段，是预算周期的起点。

预算编制的对象是预算草案。预算草案，是指各级政府、各部门、各单位编制的未经法定程序审查批准的预算。预算草案在未经权力机关批准之前，仅是一种不具有法律效力的国家预算。

预算年度自公历 1 月 1 日起至 12 月 31 日止。预算收入和预算支出以人民币元为计算单位。

（一）预算编制的基本要求

（1）各级预算收入的编制，应当与经济社会发展水平相适应，与财政政策相衔接。各级政府、各部门、各单位应当依照《预算法》规定，将政府收入全部列入预算，不得隐瞒、少列。

（2）各级预算支出应当依照《预算法》规定，按其功能和经济性质分类编制。

各级预算支出的编制，应当贯彻勤俭节约的原则，严格控制各部门、各单位的机关运行经费和楼堂馆所等基本建设支出。

各级一般公共预算支出的编制，应当统筹兼顾，在保证基本公共服务合理需要的前提下，优先安排国家确定的重点支出。

（3）中央一般公共预算中必需的部分资金，可以通过举借国内和国外债务等方式筹措，举借债务应当控制适当的规模，保持合理的结构。

对中央一般公共预算中举借的债务实行余额管理，余额的规模不得超过全国人民代表大会批准的限额。所谓余额管理，是指国务院在全国人民代表大会批准的中央一般公共预算债务的余额限额内，决定发债规模、品种、期限和时点的管理方式。这里的余额，是指中央一般公共预算中举借债务未偿还的本金。

（4）地方各级预算按照量入为出、收支平衡的原则编制，除《预算法》另有规定外，不列赤字。

经国务院批准的省、自治区、直辖市的预算中必需的建设投资的部分资金，可以在国务院确定的限额内，通过发行地方政府债券举借债务的方式筹措。举借债务的规模，由国务院报全国人民代表大会或者全国人民代表大会常务委员会批准。省、自治区、直辖市依照国务院下达的限额举借的债务，列入本级预算调整方案，报本级人民代表大会常务委员会批准。举借的债务应当有偿还计划和稳定的偿还资金来源，只能用于公益性资本支出，不得用于经常性支出。除此之外，地方政府及其所属部门不得以任何方式举借债务。

举借债务的规模，是指各地方政府债务余额限额的总和。包括一般债务限额和专项债务限额。一般债务是指列入一般公共预算用于公益性事业发展的一般债券、地方政府负有偿还责任的外国政府和国际经济组织贷款转贷债务；专项债务是指列入政府性基金预算用于有收益的公益性事业发展的专项债券。

除法律另有规定外，地方政府及其所属部门不得为任何单位和个人的债务以任何方式提供担保。

国务院建立地方政府债务风险评估和预警机制、应急处置机制以及责任追究制度。国务院财政部门对地方政府债务实施监督。

（二）预算编制的时间要求

（1）国务院应当及时下达关于编制下一年预算草案的通知。编制预算草案的具体事项由国务院财政部门部署。各级政府、各部门、各单位应当按照国务院规定的时间编制预算草案。

（2）财政部于每年 6 月 15 日前部署编制下一年度预算草案的具体事项，规定报表格式、编报方法、报送期限等。

（3）县级以上地方各级政府财政部门应当于每年 6 月 30 日前部署本行政区域编制下一年度预算草案的具体事项，规定有关报表格式、编报方法、报送期限等。

（4）省、自治区、直辖市政府财政部门汇总的本级总预算草案或者本级总预算，应当于下一年度 1 月 10 日前报财政部。

（三）预算编制的方法

（1）各级预算应当根据年度经济社会发展目标、国家宏观调控总体要求和跨年度预算平衡的需要，参考上一年预算执行情况、有关支出绩效评价结果和本年度收支预测，按照规定程序征求各方面意见后，进行编制。

绩效评价，是指根据设定的绩效目标，依据规范的程序，对预算资金的投入、使用过程、产出与效果进行系统和客观的评价。绩效评价结果应当按照规定作为改进管理和编制以后年度预算的依据。

各级政府财政部门编制收入预算草案时，应当征求税务、海关等预算收入征收部门和单位的意见。预算收入征收部门和单位应当按照财政部门的要求提供下一年度预算收入征收预测情况。

财政部门会同社会保险行政部门部署编制下一年度社会保险基金预算草案的具体事项。社会保险经办机构具体编制下一年度社会保险基金预算草案，报本级社会保险行政部门审核汇总。社会保险基金收入预算草案由社会保险经办机构会同社会保险费征收机构具体编制。财政部门负责审核并汇总编制社会保险基金预算草案。

（2）各部门、各单位应当按照国务院财政部门制定的政府收支分类科目、预算支出标准和要求，以及绩效目标管理等预算编制规定，根据其依法履行职能和事业发展的需要以及存量资产情况，编制本部门、本单位预算草案。

前述政府收支分类项目，收入分为类、款、项；支出按其功能分为类、款、项，按其经济性质分为类、款。预算支出标准，是指对预算事项合理分类并分别规定的支出预算编制标准，包括基本支出标准和项目支出标准。地方各级政府财政部门应当根据财政部制定的预算支出标准，结合本地区经济社会发展水平、财力状况等，制定本地区或者本级的预算支出标准。

（3）各级政府依据法定权限做出决定或者制定行政措施，凡涉及增加或者减少财政收入或者支出的,应当在预算批准前提出并在预算草案中做出相应安排。

(4) 预算编制中的特殊安排。

①中央预算和有关地方预算中应当安排必要的资金,用于扶助革命老区、民族地区、边疆地区、贫困地区发展经济社会建设事业。

②各级一般公共预算应当按照本级一般公共预算支出额的1%~3%设置预备费,用于当年预算执行中的自然灾害等突发事件处理增加的支出及其他难以预见的开支。

③各级一般公共预算按照国务院的规定可以设置预算稳定调节基金,用于弥补以后年度预算资金的不足。

④各级一般公共预算按照国务院的规定可以设置预算周转金,用于本级政府调剂预算年度内季节性收支差额。经本级政府批准,各级政府财政部门可以设置预算周转金,额度不得超过本级一般公共预算支出总额的1%。年度终了时,各级政府财政部门可以将预算周转金收回并用于补充预算稳定调节基金。

地方各级预算编制内容见表9-2。

表9-2　　　　　　　　　　地方各级预算编制内容

一般公共预算	一般公共预算收入	本级一般公共预算收入、从国有资本经营预算调入资金、上级税收返还和转移支付、下级上解收入、从预算稳定调节基金调入资金、其他调入资金
	一般公共预算支出	本级一般公共预算支出、上解上级支出、对下级的税收返还和转移支付、补充预算稳定调节基金
政府性基金预算	政府性基金预算收入	本级政府性基金各项目收入、上一年度结余、地方上解收入
	政府性基金预算支出	本级政府性基金各项目支出、上解上级支出、对下级的转移支付、调出资金
国有资本经营预算	国有资本经营预算收入	本级收入、上一年度结余、上级对特定事项的转移支付、下级上解收入
	国有资本经营预算支出	本级支出、向一般公共预算调出资金、对下级特定事项的转移支付、上解上级支出
社会保险基金预算	社会保险基金预算收入	各项社会保险费收入、利息收入、投资收益、一般公共预算补助收入、集体补助收入、转移收入、上级补助收入、下级上解收入和其他收入
	社会保险基金预算支出	各项社会保险待遇支出、转移支出、补助下级支出、上解上级支出和其他支出

四、预算审批

预算审批,即预算审查和批准,是国家各级权力机关对同级政府所提出的预算草案进行审查和批准的活动。预算的审批是使预算草案转变为正式预算的关键阶段,只有经过审批的预算才是具有法律效力的、相关预算主体必须遵守的正式预算。

(一) 预算审批的程序和内容

(1) 中央预算由全国人民代表大会审查和批准。地方各级预算由本级人民代表大会审查和批准。

（2）国务院财政部门应当在每年全国人民代表大会会议举行的 45 日前，将中央预算草案的初步方案提交全国人民代表大会财政经济委员会进行初步审查。

省、自治区、直辖市政府财政部门应当在本级人民代表大会会议举行的 30 日前，将本级预算草案的初步方案提交本级人民代表大会有关专门委员会进行初步审查。

设区的市、自治州政府财政部门应当在本级人民代表大会会议举行的 30 日前，将本级预算草案的初步方案提交本级人民代表大会有关专门委员会进行初步审查，或者送交本级人民代表大会常务委员会有关工作机构征求意见。

县、自治县、不设区的市、市辖区政府应当在本级人民代表大会会议举行的 30 日前，将本级预算草案的初步方案提交本级人民代表大会常务委员会进行初步审查。

县、自治县、不设区的市、市辖区、乡、民族乡、镇的人民代表大会举行会议审查预算草案前，应当采用多种形式，组织本级人民代表大会代表，听取选民和社会各界的意见。

（3）国务院在全国人民代表大会举行会议时，向大会做关于中央和地方预算草案以及中央和地方预算执行情况的报告。地方各级政府在本级人民代表大会举行会议时，向大会作关于总预算草案和总预算执行情况的报告。

全国人民代表大会和地方各级人民代表大会对预算草案及其报告、预算执行情况的报告重点审查下列内容：

①上一年预算执行情况是否符合本级人民代表大会预算决议的要求。

②预算安排是否符合《预算法》的规定。

③预算安排是否贯彻国民经济和社会发展的方针政策，收支政策是否切实可行。

④重点支出和重大投资项目的预算安排是否适当。

⑤预算的编制是否完整，是否细化到符合《预算法》的规定，即本级一般公共预算支出，按其功能分类应当编列到项；按经济性质分类，基本支出应当编列到款。本级政府性基金预算、国有资本经营预算、社会保险基金预算支出，按其功能分类应当编列到项。

⑥对下级政府的转移性支出预算是否规范、适当。

⑦预算安排举借的债务是否合法、合理，是否有偿还计划和稳定的偿还资金来源。

⑧与预算有关重要事项的说明是否清晰。

（4）全国人民代表大会财政经济委员会向全国人民代表大会主席团提出关于中央和地方预算草案及中央和地方预算执行情况的审查结果报告。省、自治区、直辖市、设区的市、自治州人民代表大会有关专门委员会，县、自治县、不设区的市、市辖区人民代表大会常务委员会，向本级人民代表大会主席团提出关于总预算草案及上一年总预算执行情况的审查结果报告。

审查结果报告应当包括下列内容：

①对上一年预算执行和落实本级人民代表大会预算决议的情况做出评价。

②对本年度预算草案是否符合《预算法》的规定，是否可行做出评价。

③对本级人民代表大会批准预算草案和预算报告提出建议。

④对执行年度预算、改进预算管理、提高预算绩效、加强预算监督等提出意见和建议。

（二）预算的备案和批复

（1）乡、民族乡、镇政府应当及时将经本级人民代表大会批准的本级预算报上一级政府备案。县级以上地方各级政府应当及时将经本级人民代表大会批准的本级预算及下一级政府报送备案的预算汇总，报上一级政府备案。

县级以上地方各级政府将下一级政府依照前述规定报送备案的预算汇总后，报本级人民代表大会常务委员会备案。国务院将省、自治区、直辖市政府依照前款规定报送备案的预算汇总后，报全国人民代表大会常务委员会备案。

（2）国务院和县级以上地方各级政府对下一级政府依照《预算法》规定报送备案的预算，认为有同法律、行政法规相抵触或者有其他不适当之处，需要撤销批准预算的决议的，应当提请本级人民代表大会常务委员会审议决定。

（3）各级预算经本级人民代表大会批准后，本级政府财政部门应当在 20 日内向本级各部门批复预算。各部门应当在接到本级政府财政部门批复的本部门预算后 15 日内向所属各单位批复预算。

五、预算执行和调整

（一）预算执行

预算执行是组织完成预算收支任务的活动。各级预算由本级政府组织执行，具体工作由本级政府财政部门负责。各部门、各单位是本部门、本单位的预算执行主体，负责本部门、本单位的预算执行，并对执行结果负责。

1. 预算执行的一般性规定

（1）预算年度开始后，各级预算草案在本级人民代表大会批准前，可以安排下列支出：

①上一年度结转的支出；

②参照上一年同期的预算支出数额安排必须支付的本年度部门基本支出、项目支出，以及对下级政府的转移性支出；

③法律规定必须履行支付义务的支出，以及用于自然灾害等突发事件处理的支出。

上述安排支出的情况，应当在预算草案的报告中做出说明。

（2）预算经本级人民代表大会批准后，按照批准的预算执行。

（3）各级预算的收入和支出实行收付实现制。特定事项按照国务院的规定实行权责发生制的有关情况，应当向本级人民代表大会常务委员会报告。

（4）国家实行国库集中收缴和集中支付制度，对政府全部收入和支出实行国库集中收付管理。

（5）各级政府应当加强对预算执行的领导，支持政府财政、税务、海关等预算收入的征收部门依法组织预算收入，支持政府财政部门严格管理预算支出。

财政、税务、海关等部门在预算执行中，应当加强对预算执行的分析；发现问题时应当及时建议本级政府采取措施予以解决。

（6）各部门、各单位应当加强对预算收入和支出的管理，不得截留或者动用应当上缴的预算收入，不得擅自改变预算支出的用途。

2. 组织预算收入

（1）预算收入征收部门和单位，必须依照法律、行政法规的规定，及时、足额征收应征的预算收入。不得违反法律、行政法规规定，多征、提前征收或者减征、免征、缓征应征的预算收入，不得截留、占用或者挪用预算收入。

各级政府不得向预算收入征收部门和单位下达收入指标。

（2）政府的全部收入应当上缴国家金库（以下简称"国库"），任何部门、单位和个人不得截留、占用、挪用或者拖欠。国库是办理预算收入的收纳、划分、留解、退付和库款支拨的专门机构。国库分为中央国库和地方国库。

中央国库业务由中国人民银行经理。未设中国人民银行分支机构的地区，由中国人民银行商财政部后，委托有关银行业金融机构办理。

县级以上各级预算必须设立国库。地方国库业务由中国人民银行分支机构办理。未设中国人民银行分支机构的地区，由上级中国人民银行分支机构商有关地方财政部门后，委托有关银行业金融机构办理。

具备条件的乡、民族乡、镇也应当设立国库。具体条件和标准由省、自治区、直辖市政府财政部门确定。

各级国库应当按照国家有关规定，及时准确地办理预算收入的收纳、划分、留解、退付和预算支出的拨付。各级国库库款的支配权属于本级政府财政部门。除法律、行政法规另有规定外，未经本级政府财政部门同意，任何部门、单位和个人都无权冻结、动用国库库款或者以其他方式支配已入国库的库款。

（3）对于法律有明确规定或者经国务院批准的特定专用资金，可以依照国务院的规定设立财政专户。财政专户，是指财政部门为履行财政管理职能，根据法律规定或者经国务院批准开设的用于管理核算特定专用资金的银行结算账户。特定专用资金，包括法律规定可以设立财政专户的资金，外国政府和国际经济组织的贷款、赠款，按照规定存储的人民币以外的货币，财政部会同有关部门报国务院批准的其他特定专用资金。

3. 拨付预算支出

（1）各级政府财政部门必须依照法律、行政法规和国务院财政部门的规定，及时、足额地拨付预算支出资金，加强对预算支出的管理和监督。

（2）各级政府、各部门、各单位的支出必须按照预算执行，不得虚假列支。各级政府、各部门、各单位应当对预算支出情况开展绩效评价。

4. 预算执行中的余缺调剂

（1）各级预算预备费的动用方案，由本级政府财政部门提出，报本级政府决定。

（2）各级预算周转金由本级政府财政部门管理，不得挪作他用。

（3）各级一般公共预算年度执行中有超收收入的，只能用于冲减赤字或者补充预算稳定调节基金。各级一般公共预算的结余资金，应当补充预算稳定调节基金。超收收入，是指年度本级一般公共预算收入的实际完成数超过经本级人民代表大会或者其常务委员会批准的预算收入数的部分。

省、自治区、直辖市一般公共预算年度执行中出现短收，通过调入预算稳定调节基金、减少支出等方式仍不能实现收支平衡的，省、自治区、直辖市政府报本级人民代表大会或者其常务委员会批准，可以增列赤字，报国务院财政部门备案，并应当在下一年度预算中予以弥补。短收，是指年度本级一般公共预算收入的实际完成数小于经本级人民代表大会或者其常务委员会批准的预算收入数的情形。

上述所称一般公共预算收入的实际完成数和预算收入数，不包括转移性收入和政府债务收入。

（4）各级政府性基金预算年度执行中有超收收入的，应当在下一年度安排使用并优先用于偿还相应的专项债务；出现短收的，应当通过减少支出实现收支平衡。国务院另有规定的除外。

（5）各级国有资本经营预算年度执行中有超收收入的，应当在下一年度安排使用；出现短收的，应当通过减少支出实现收支平衡。国务院另有规定的除外。

（二）预算调整

预算调整是因特殊情况而在预算执行过程中对原来的预算做部分调整和变更。

（1）经全国人民代表大会批准的中央预算和经地方各级人民代表大会批准的地方各级预算，在执行中出现下列情况之一的，应当进行预算调整：

①需要增加或者减少预算总支出的；

②需要调入预算稳定调节基金的；

③需要调减预算安排的重点支出数额的；

④需要增加举借债务数额的。

在预算执行中，各级政府一般不制定新的增加财政收入或者支出的政策和措施，也不制定减少财政收入的政策和措施；必须做出并需要进行调整的，应当在预算调整方案中做出安排。

（2）在预算执行中，各级政府对于必须进行的预算调整，应当编制预算调整方案。预算调整方案应当说明预算调整的理由、项目和数额。

在预算执行中，由于发生自然灾害等突发事件，必须及时增加预算支出的，应当先动支预备费；预备费不足支出的，各级政府可以先安排支出，属于预算调整的，列入预算调整方案。

（3）在预算执行中，地方各级政府因上级政府增加不需要本级政府提供配套资金的专项转移支付而引起的预算支出变化，不属于预算调整。

各级一般公共预算年度执行中厉行节约、节约开支，造成本级预算支出实际执行数小于预算总支出的，不属于预算调整的情形。

（4）中央预算的调整方案应当提请全国人民代表大会常务委员会审查和批准。县级以上地方各级预算的调整方案应当提请本级人民代表大会常务委员会审查和批准；乡、民族乡、镇预算的调整方案应当提请本级人民代表大会审查和批准。未经批准，不得调整预算。

地方各级预算的调整方案经批准后，由本级政府报上一级政府备案。

六、决算

决算是对年度预算收支执行结果的总结和报告。决算是预算管理程序的最后一个阶段，是对预算编制和执行具有监督性质的基础程序。

（1）决算草案由各级政府部门、各单位在每一预算年度终了后按照国务院规定的时间编制。

决算草案是指各级政府部门、各单位编制的未经法定程序审查和批准的预算收支和结余的年度执行结果。

编制决算草案，必须符合法律、行政法规，做到收支真实、数额准确、内容完整、报送及时。决算草案应当与预算相对应，按预算数、调整预算数、决算数分别列出。

（2）各部门对所属各单位的决算草案，应当审核并汇总编制本部门的决算草案，在规定的期限内报本级政府财政部门审核。

各级政府财政部门对本级各部门决算草案审核后发现有不符合法律、行政法规规定的，有权予以纠正。

（3）国务院财政部门编制中央决算草案，经国务院审计部门审计后，报国务院审定，由国务院提请全国人民代表大会常务委员会审查和批准。

县级以上地方各级政府财政部门编制本级决算草案，经本级政府审计部门审计后，报本级政府审定，由本级政府提请本级人民代表大会常务委员会审查和批准。

乡、民族乡、镇政府编制本级决算草案，提请本级人民代表大会审查和批准。

（4）县级以上各级人民代表大会常务委员会和乡、民族乡、镇人民代表大会对本级决算草案，重点审查下列内容：

①预算收入情况；

②支出政策实施情况和重点支出、重大投资项目资金的使用及绩效情况；

③结转资金的使用情况；

④资金结余情况；

⑤本级预算调整及执行情况；

⑥财政转移支付安排执行情况；

⑦经批准举借债务的规模、结构、使用、偿还等情况；

⑧本级预算周转金规模和使用情况；

⑨本级预备费使用情况；

⑩超收收入安排情况，预算稳定调节基金的规模和使用情况；

⑪本级人民代表大会批准的预算决议落实情况；

⑫其他与决算有关的重要情况。

县级以上各级人民代表大会常务委员会应当结合本级政府提出的上一年度预算执行和其他财政收支的审计工作报告，对本级决算草案进行审查。

（5）各级决算经批准后，财政部门应当在 20 日内向本级各部门批复决算。各部门应当在接到本级政府财政部门批复的本部门决算后 15 日内向所属单位批复决算。

（6）地方各级政府应当将经批准的决算及下一级政府上报备案的决算汇总，报上一级政府备案。县级以上各级政府应当将下一级政府报送备案的决算汇总后，报本级人民代表大会常务委员会备案。

国务院和县级以上地方各级政府对下一级政府依照《预算法》上述规定报送备案的决算，认为有同法律、行政法规相抵触或者有其他不适当之处，需要撤销批准该项决算的决议的，应当提请本级人民代表大会常务委员会审议决定；经审议决定撤销的，该下级人民代表大会常务委员会应当责成本级政府依照《预算法》规定重新编制决算草案，提请本级人民代表大会常务委员会审查和批准。

七、预算监督

预算监督是指各级国家机关依法进行的对全部预算活动的监督。预算监督贯穿于预算管理活动的各个环节，有效地推进财权法治化，确保财政资金的安全性和绩效性。

（一）权力机关对预算的监督

全国人民代表大会及其常务委员会对中央和地方预算、决算进行监督。县级以上地方各级人民代表大会及其常务委员会对本级和下级预算、决算进行监督。乡、民族乡、镇人民代表大会对本级预算、决算进行监督。党的十八届三中全会通过的《中共中央关于全面深化改革若干重大问题的决定》明确提出，实施全面规范、公开透明的预算制度。审核预算的重点由平衡状态、赤字规模向支出预算和政策拓展。

各级人民代表大会和县级以上各级人民代表大会常务委员会有权就预算、决算中的重大事项或者特定问题组织调查，有关的政府、部门、单位和个人应当如实反映情况和提供必要的材料。

各级人民代表大会和县级以上各级人民代表大会常务委员会举行会议时，人民代表大会代表或者常务委员会组成人员，依照法律规定程序就预算、决算中的有关问题提出询问或者质询，受询问或者受质询的有关政府或者财政部门必须及时给予答复。

国务院和县级以上地方各级政府应当在每年6月至9月期间向本级人民代表大会常务委员会报告预算执行情况。

（二）政府机关对预算的监督

各级政府监督下级政府的预算执行；下级政府应当定期向上一级政府报告预算执行情况。

各级政府财政部门负责监督本级各部门及其所属各单位预算管理有关工作，并向本级政府和上一级政府财政部门报告预算执行情况。

县级以上政府审计部门依法对预算执行、决算实行审计监督。对预算执行和其他财政收支的审计工作报告应当向社会公开。

政府各部门负责监督检查所属各单位的预算执行，及时向本级政府财政部门反映本部门预算执行情况，依法纠正违反预算的行为。

（三）其他主体对预算的监督

公民、法人或者其他组织发现有违反《预算法》的行为，可以依法向有关国家机关进行检举、控告。

接受检举、控告的国家机关应当依法进行处理，并为检举人、控告人保密。任何单位或者个人不得压制和打击报复检举人、控告人。

第二节 国有资产管理法律制度

课程思政

近期，岳阳石油财务资产部组织开展侵占国有资产专项清查行动，向侵占国有资产的行为"亮剑"。位于岳阳市区巴陵东路的金石加油站是权属岳阳石油的待复营站点，周边居民通过翻围墙、撬锁等方式侵占场所土地用于私人种菜，岳阳石油与居民及其所在业委会多次沟通并去函交涉未果。在专项行动中，岳阳石油申请法律援助，跟侵占居民协商妥当后安排挖机平整场地。

经过近两个月的巡检清查，成功收回三处被侵占的闲置加油站点，同时采取公开招租引入新租户的方式盘活闲置资产，积极维护了国有资产的权利，并提升了国有资产创效能力，避免了被二次侵占。

一、国有资产的概念和类型

国有资产,是指所有权属于国家的财产或者财产权益。这里的财产或者财产权益不仅包括有形财产(如固定资产和流动资产),还包括属于国家的债权、无形财产等财产权益。

国有资产的类型多样,主要包括:(1)经营性国有资产。经营性国有资产是指国家投资所形成的财产权益,通常指企业国有资产;(2)非经营性国有资产。非经营性国有资产是指由国家以拨款或者其他形式投入非经营性领域形成的财产权益,通常指行政事业性国有资产;(3)资源性国有资产。资源性国有资产是指有开发价值的、依法属于国家所有的自然资源。

狭义的国有资产管理,是指国家对企业国有资产和行政事业性国有资产的管理。本节仅就这两方面择其要点而述之。为加强对企业国有资产和行政事业性国有资产的管理和监督,2008年10月28日第十一届全国人民代表大会常务委员会第五次会议通过《中华人民共和国企业国有资产法》(以下简称《企业国有资产法》),2003年5月27日国务院令第378号发布,并于2011年1月8日第一次修正、2019年3月2日第二次修正《企业国有资产监督管理暂行条例》(不适用金融机构中的国有资产的监督管理),2021年2月1日国务院令第738号发布《行政事业性国有资产管理条例》。此外,国务院和政府有关部门还制定、颁布了一系列有关国有资产管理的法规、规章和规范性文件,与其他法律、法规、规章、规范性文件中涉及国有资产管理的内容,共同构成了我国的国有资产管理法律制度。

二、企业国有资产管理法律制度

(一) 企业国有资产的概念

企业国有资产,是指国家对企业各种形式的出资所形成的权益。包括国家对企业各种形式的投资和投资所形成的收益,以及依法认定为国家所有的其他权益。

企业国有资产属于国家所有即全民所有。国务院代表国家行使国有资产所有权。

(二) 出资人和履行出资人职责的机构

1. 出资人

国务院和地方人民政府依照法律、行政法规的规定,分别代表国家对国家出资企业履行出资人职责,享有出资人权益。国务院确定的关系国民经济命脉和国家安全的大型国家出资企业,重要基础设施和重要自然资源等领域的国家出资企业,由国务院代表国家履行出资人职责。其他的国家出资企业,由地方人民政府代表国家履行出资人职责。

国家出资企业,是指国家出资的国有独资企业、国有独资公司以及国有资本控股公司、国有资本参股公司。

国务院和地方人民政府应当按照政企分开、社会公共管理职能与国有资产出资人职能分开、不干预企业依法自主经营的原则，依法履行出资人职责。

2. 履行出资人职责的机构

国务院国有资产监督管理机构和地方人民政府按照国务院的规定设立的国有资产监督管理机构，根据本级人民政府的授权，代表本级人民政府对国家出资企业履行出资人职责。

国务院和地方人民政府根据需要，可以授权其他部门、机构代表本级人民政府对国家出资企业履行出资人职责。代表本级人民政府履行出资人职责的机构、部门，统称履行出资人职责的机构。

3. 履行出资人职责的机构的职责

（1）代表本级人民政府对国家出资企业依法享有资产收益、参与重大决策和选择管理者等出资人权利。依照法律、行政法规的规定，制定或者参与制定国家出资企业的章程。

对法律、行政法规和本级人民政府规定须经本级人民政府批准的履行出资人职责的重大事项，应当报请本级人民政府批准。

（2）委派的股东代表参加国有资本控股公司、国有资本参股公司召开的股东会会议、股东大会会议，应当按照委派机构的指示提出提案、发表意见、行使表决权，并将其履行职责的情况和结果及时报告委派机构。

（3）应当依照法律、行政法规以及企业章程履行出资人职责，保障出资人权益，防止国有资产损失。应当维护企业作为市场主体依法享有的权利，除依法履行出资人职责外，不得干预企业经营活动。

（4）对本级人民政府负责，向本级人民政府报告履行出资人职责的情况，接受本级人民政府的监督和考核，对国有资产的保值增值负责。应当按照国家有关规定，定期向本级人民政府报告有关国有资产总量、结构、变动、收益等汇总分析的情况。

（三）国家出资企业管理者的选择与考核

1. 国家出资企业管理者的选择

履行出资人职责的机构依照法律、行政法规以及企业章程的规定，任免或者建议任免国家出资企业的下列人员：

（1）任免国有独资企业的经理、副经理、财务负责人和其他高级经理人员；

（2）任免国有独资公司的董事长、副董事长、董事、监事会主席和监事；

（3）向国有资本控股公司、国有资本参股公司的股东会、股东大会提出董事、监事人选。

国家出资企业中应当由职工代表出任的董事、监事，依照有关法律、行政法规的规定由职工民主选举产生。

上述第（1）项、第（2）项规定的企业管理者，国务院和地方人民政府规定由本级人民政府任免的，依照其规定。履行出资人职责的机构依照规定对上述企业管理者进行考核、奖惩并确定其薪酬标准。

2. 国家出资企业管理者的兼职限制

（1）未经履行出资人职责的机构同意，国有独资企业、国有独资公司的董事、高级管理人员不得在其他企业兼职。未经股东会、股东大会同意，国有资本控股公司、国有资本参股公司的董事、高级管理人员不得在经营同类业务的其他企业兼职。

（2）未经履行出资人职责的机构同意，国有独资公司的董事长不得兼任经理。未经股东会、股东大会同意，国有资本控股公司的董事长不得兼任经理。

（3）董事、高级管理人员不得兼任监事。

3. 国家出资企业管理者的考核

国家建立国家出资企业管理者经营业绩考核制度。履行出资人职责的机构应当对其任命的企业管理者进行年度和任期考核，并依据考核结果决定对企业管理者的奖惩。履行出资人职责的机构应当按照国家有关规定，确定其任命的国家出资企业管理者的薪酬标准。

国有独资企业、国有独资公司和国有资本控股公司的主要负责人，应当接受依法进行的任期经济责任审计。

（四）与关联方交易的限制

1. 关联方的概念

关联方，是指本企业的董事、监事、高级管理人员及其近亲属，以及这些人员所有或者实际控制的企业。

2. 与关联方交易的限制

（1）国家出资企业的关联方不得利用与国家出资企业之间的交易，谋取不当利益，损害国家出资企业利益。

（2）国有独资企业、国有独资公司、国有资本控股公司不得无偿向关联方提供资金、商品、服务或者其他资产，不得以不公平的价格与关联方进行交易。

（3）未经履行出资人职责的机构同意，国有独资企业、国有独资公司不得有下列行为：

①与关联方订立财产转让、借款的协议；

②为关联方提供担保；

③与关联方共同出资设立企业，或者向董事、监事、高级管理人员或者其近亲属所有或者实际控制的企业投资。

（4）国有资本控股公司、国有资本参股公司与关联方的交易，依照《公司法》和有关行政法规以及公司章程的规定，由公司股东会、股东大会或者董事会决定。由公司股东会、股东大会决定的，履行出资人职责的机构委派的股东代表，应当按照委派机构的指示发表意见、行使表决权，并将其履行职责的情况和结果及时报告委派机构。公司董事会对公司与关联方的交易作出决议时，该交易涉及的董事不得行使表决权，也不得代理其他董事行使表决权。

（五）国有资本经营预算

1. 国家建立健全国有资本经营预算制度，对取得的国有资本收入及其支出实行预算管理。

2. 国有资本经营预算编制的范围

国家取得的下列国有资本收入，以及下列收入的支出，应当编制国有资本经营预算：

（1）从国家出资企业分得的利润；

（2）国有资产转让收入；

（3）从国家出资企业取得的清算收入；

（4）其他国有资本收入。

3. 国有资本经营预算编制的要求

（1）国有资本经营预算按年度单独编制，纳入本级人民政府预算，报本级人民代表大会批准。

（2）国有资本经营预算支出按照当年预算收入规模安排，不列赤字。

（3）国务院和有关地方人民政府财政部门负责国有资本经营预算草案的编制工作，履行出资人职责的机构向财政部门提出由其履行出资人职责的国有资本经营预算建议草案。

（六）企业国有资产及重大事项管理

（1）国有资产监督管理机构依照国家有关规定，负责企业国有资产的产权界定、产权登记、资产评估监管、清产核资、资产统计、综合评价等基础管理工作。国有资产监督管理机构协调其所出资企业之间的企业国有资产产权纠纷。

（2）国有资产监督管理机构应当建立企业国有资产产权交易监督管理制度，加强企业国有资产产权交易的监督管理，促进企业国有资产的合理流动，防止企业国有资产流失。

（3）国有资产监督管理机构对其所出资企业的企业国有资产收益依法履行出资人职责；对其所出资企业的重大投融资规划、发展战略和规划，依照国家发展规划和产业政策履行出资人职责。

（4）所出资企业中的国有独资企业、国有独资公司的重大资产处置，需由国有资产监督管理机构批准的，依照有关规定执行。

（5）国有资产监督管理机构依照法定程序决定其所出资企业中的国有独资企业、国有独资公司的分立、合并、破产、解散、增减资本、发行公司债券等重大事项。其中，重要的国有独资企业、国有独资公司分立、合并、破产、解散的，应当由国有资产监督管理机构审核后，报本级人民政府批准。

国有资产监督管理机构依照法定程序审核、决定国防科技工业领域其所出资企业中的国有独资企业、国有独资公司的有关重大事项时，按照国家法律、规定执行。

（6）国有资产监督管理机构决定其所出资企业的国有股权转让。其中，转让全部国有股权或者转让部分国有股权致使国家不再拥有控股地位的，报本级人民政府批准。

（7）国有资产监督管理机构依照国家有关规定拟订所出资企业收入分配制度改革的指导意见，调控所出资企业工资分配的总体水平。

（8）国有资产监督管理机构可以对所出资企业中具备条件的国有独资企业、国有独资公司进行国有资产授权经营。被授权的国有独资企业、国有独资公司对其全资、控股、参股企业中国家投资形成的国有资产依法进行经营、管理和监督。

（9）国有资产监督管理机构依法对所出资企业财务进行监督，建立和完善国有资产保值增值指标体系，维护国有资产出资人的权益。国有及国有控股企业应当加强内部监督和风险控制，依照国家有关规定建立健全财务、审计、企业法律顾问和职工民主监督等制度。所出资企业中的国有独资企业、国有独资公司应当按照规定定期向国有资产监督管理机构报告财务状况、生产经营状况和国有资产保值增值状况。

（七）企业国有资产监督

1. 各级权力机关的监督

各级人民代表大会常务委员会通过听取和审议本级人民政府履行出资人职责的情况和国有资产监督管理情况的专项工作报告，组织对《企业国有资产法》实施情况的执法检查等，依法行使监督职权。

2. 各级政府的监督

国务院和地方人民政府应当对其授权履行出资人职责的机构履行职责的情况进行监督。

国务院和地方人民政府审计机关依照《中华人民共和国审计法》的规定，对国有资本经营预算的执行情况和属于审计监督对象的国家出资企业进行审计监督。

3. 社会监督

履行出资人职责的机构根据需要，可以委托会计师事务所对国有独资企业、国有独资公司的年度财务会计报告进行审计，或者通过国有资本控股公司的股东会、股东大会决议，由国有资本控股公司聘请会计师事务所对公司的年度财务会计报告进行审计，维护出资人权益。

国务院和地方人民政府应当依法向社会公布国有资产状况和国有资产监督管理工作情况，接受社会公众的监督。任何单位和个人有权对造成国有资产损失的行为进行检举和控告。

三、行政事业性国有资产管理法律制度

（一）行政事业性国有资产的概念及其适用范围

1. 行政事业性国有资产的概念

行政事业性国有资产，是指行政单位、事业单位通过以下方式取得或者形成的资产：

(1) 使用财政资金形成的资产；

(2) 接受调拨或者划转、置换形成的资产；

(3) 接受捐赠并确认为国有的资产；

(4) 其他国有资产。

行政事业性国有资产属于国家所有。

2. 行政事业性国有资产管理适用范围的特殊规定

(1) 除国家另有规定外，社会组织直接支配的行政事业性国有资产管理，依照《行政事业性国有资产管理条例》执行。

(2) 货币形式的行政事业性国有资产管理，按照预算管理有关规定执行。

(3) 执行企业财务、会计制度的事业单位以及事业单位对外投资的全资企业或者控股企业的资产管理，不适用《行政事业性国有资产管理条例》。

(4) 公共基础设施、政府储备物资、国有文物文化等行政事业性国有资产管理的具体办法，由国务院财政部门会同有关部门制定。

(5) 中国人民解放军、中国人民武装警察部队直接支配的行政事业性国有资产管理，依照中央军事委员会有关规定执行。

（二）行政事业性国有资产的管理体制和原则

(1) 行政事业性国有资产实行政府分级监管、各部门及其所属单位直接支配的管理体制。

(2) 各级人民政府应当建立健全行政事业性国有资产管理机制，加强对本级行政事业性国有资产的管理，审查、批准重大行政事业性国有资产管理事项。

(3) 国务院财政部门负责制定行政事业单位国有资产管理规章制度并负责组织实施和监督检查，牵头编制行政事业性国有资产管理情况报告。

国务院机关事务管理部门和有关机关事务管理部门会同有关部门依法依规履行相关中央行政事业单位国有资产管理职责，制定中央行政事业单位国有资产管理具体制度和办法并组织实施，接受国务院财政部门的指导和监督检查。

相关部门根据职责规定，按照集中统一、分类分级原则，加强中央行政事业单位国有资产管理，优化管理手段，提高管理效率。

(4) 各部门根据职责负责本部门及其所属单位国有资产管理工作，应当明确管理责任，指导、监督所属单位国有资产管理工作。各部门所属单位负责本单位行政事业性国有资产的具体管理，应当建立和完善内部控制管理制度。

各部门及其所属单位管理行政事业性国有资产应当遵循安全规范、节约高效、公开透明、权责一致的原则，实现实物管理与价值管理相统一，资产管理与预算管理、财务管理相结合。

（三）行政事业性国有资产的配置、使用和处置

1. 行政事业性国有资产的配置

资产配置包括调剂、购置、建设、租用、接受捐赠等方式。各部门及其所属单位应当优先通过调剂方式配置资产。不能调剂的，可以采用购置、建设、租用等方式。

（1）各部门及其所属单位应当根据依法履行职能和事业发展的需要，结合资产存量、资产配置标准、绩效目标和财政承受能力配置资产。

（2）各部门及其所属单位应当合理选择资产配置方式，资产配置重大事项应当经可行性研究和集体决策，资产价值较高的按照国家有关规定进行资产评估，并履行审批程序。

（3）县级以上人民政府应当组织建立、完善资产配置标准体系，明确配置的数量、价值、等级、最低使用年限等标准。资产配置标准应当按照勤俭节约、讲求绩效和绿色环保的要求，根据国家有关政策、经济社会发展水平、市场价格变化、科学技术进步等因素适时调整。

2. 行政事业性国有资产的使用

（1）行政单位国有资产应当用于本单位履行职能的需要。除法律另有规定外，行政单位不得以任何形式将国有资产用于对外投资或者设立营利性组织。

（2）事业单位国有资产应当用于保障事业发展、提供公共服务。事业单位利用国有资产对外投资应当有利于事业发展和实现国有资产保值增值，符合国家有关规定，经可行性研究和集体决策，按照规定权限和程序进行。应当明确对外投资形成的股权及其相关权益管理责任，按照规定将对外投资形成的股权纳入经营性国有资产集中统一监管体系。

（3）各部门及其所属单位应当加强对本单位固定资产、在建工程、流动资产、无形资产等各类国有资产的管理，明确管理责任，规范使用流程，加强产权保护，推进相关资产安全有效使用。应当明确资产使用人和管理人的岗位责任。接受捐赠的资产，应当按照捐赠约定的用途使用。捐赠人意愿不明确或者没有约定用途的，应当统筹安排使用。

（4）县级以上地方人民政府及其有关部门应当建立健全国有资产共享共用机制，采取措施引导和鼓励国有资产共享共用，统筹规划，有效推进国有资产共享共用工作。各部门及其所属单位应当在确保安全使用的前提下，推进本单位大型设备等国有资产共享共用工作，可以对提供方给予合理补偿。

3. 行政事业性国有资产的处置

各部门及其所属单位应当根据履行职能、事业发展需要和资产使用状况，经集体决策和履行审批程序，依据处置事项批复等相关文件及时处置行政事业性国有资产。

（1）各部门及其所属单位应当对下列资产及时予以报废、报损：

①因技术原因确需淘汰或者无法维修、无维修价值的资产；

②涉及盘亏、坏账以及非正常损失的资产；

③已超过使用年限且无法满足现有工作需要的资产；

④因自然灾害等不可抗力造成毁损、灭失的资产。

（2）各部门及其所属单位应当将依法罚没的资产按照国家规定公开拍卖或者按照国家有关规定处理，所得款项全部上缴国库。

（3）各部门及其所属单位发生分立、合并、改制、撤销、隶属关系改变或者部分职能、业务调整等情形，应当根据国家有关规定办理相关国有资产划转、交接手续。

（4）国家设立的研究开发机构、高等院校对其持有的科技成果的使用和处置，依照《中华人民共和国促进科技成果转化法》《中华人民共和国专利法》和国家有关规定执行。

（5）中央行政事业单位国有资产处置，按照财政部 2021 年 9 月 28 日印发的《中央行政事业单位国有资产处置管理办法》（财资〔2021〕127 号）的规定执行。

（四）行政事业性国有资产的预算管理

资产管理与预算管理相结合是行政事业性国有资产管理的重要特点。

1. 预算编制与执行

各部门及其所属单位购置、建设、租用资产应当提出资产配置需求，编制资产配置相关支出预算，并严格按照预算管理规定和财政部门批复的预算配置资产。

县级以上人民政府投资建设公共基础设施，应当依法落实资金来源，加强预算约束，防范政府债务风险，并明确公共基础设施的管理维护责任单位。

2. 收入管理

行政单位国有资产出租和处置等收入，应当按照政府非税收入和国库集中收缴制度的有关规定管理。除国家另有规定外，事业单位国有资产的处置收入应当按照政府非税收入和国库集中收缴制度的有关规定管理。事业单位国有资产使用形成的收入，由本级人民政府财政部门规定具体管理办法。

各部门及其所属单位应当及时收取各类资产收入，不得违反国家规定，多收、少收、不收、侵占、私分、截留、占用、挪用、隐匿、坐支。

3. 决算管理

各部门及其所属单位应当在决算中全面、真实、准确反映其国有资产收入、支出以及国有资产存量情况。

4. 绩效管理

各部门及其所属单位应当按照国家规定建立国有资产绩效管理制度，建立健全绩效指标和标准，有序开展国有资产绩效管理工作。

（五）行政事业性国有资产的基础管理

为切实保障行政事业性国有资产安全完整，提高资产效能，《行政事业性国有资产管理条例》专设"基础管理"一章，对资产台账、会计核算、资产盘点、资产评估、资产清查、权属登记、资产纠纷处理和信息化等做了规定。

（1）各部门及其所属单位应当按照国家规定设置行政事业性国有资产台账，依照国家统一的会计制度进行会计核算，不得形成账外资产。

（2）各部门及其所属单位应当定期或者不定期对资产进行盘点、对账。出现资产盘盈盘亏的，应当按照财务、会计和资产管理制度有关规定处理，做到账实相符和账账相符。

（3）除国家另有规定外，各部门及其所属单位将行政事业性国有资产进行转让、拍卖、置换、对外投资等，应当按照国家有关规定进行资产评估。行政事业性国有资产以市场化方式出售、出租的，依照有关规定可以通过相应公共资源交易平台进行。

（4）有下列情形之一的，各部门及其所属单位应当对行政事业性国有资产进行清查：
①根据本级政府部署要求；
②发生重大资产调拨、划转以及单位分立、合并、改制、撤销、隶属关系改变等情形；
③因自然灾害等不可抗力造成资产毁损、灭失；
④会计信息严重失真；
⑤国家统一的会计制度发生重大变更，涉及资产核算方法发生重要变化；
⑥其他应当进行资产清查的情形。

各部门及其所属单位在资产清查中发现账实不符、账账不符的，应当查明原因予以说明，并随同清查结果一并履行审批程序。由于资产使用人、管理人的原因造成资产毁损、灭失的，应当依法追究相关责任。

（5）各部门及其所属单位对需要办理权属登记的资产应当依法及时办理。对有账簿记录但权证手续不全的行政事业性资产，可以向本级政府有关主管部门提出确认资产权属申请，及时办理权属登记。

（6）各部门及其所属单位之间，各部门及其所属单位与其他单位和个人之间发生资产纠纷的，应当依照有关法律法规规定采取协商等方式处理。

（7）国务院财政部门应当建立全国行政事业性国有资产管理信息系统，推行资产管理网上办理，实现信息共享。

（六）行政事业性国有资产的报告

2017年中共中央印发《关于建立国务院向全国人大常委会报告国有资产管理情况制度的意见》。为贯彻落实党中央关于国有资产报告制度的要求，《行政事业性国有资产管理条例》明确规定，国家建立行政事业性国有资产管理情况报告制度。

（1）国务院向全国人民代表大会常务委员会报告全国行政事业性国有资产管理情况。县级以上地方人民政府按照规定向本级人民代表大会常务委员会报告行政事业性国有资产管理情况。

（2）行政事业性国有资产管理情况报告内容。

行政事业性国有资产管理情况报告主要包括：资产负债总量，相关管理制度建立和实施，资产配置、使用、处置和效益，推进管理体制机制改革等情况。

行政事业性国有资产管理情况按照国家有关规定向社会公开。

（3）行政事业性国有资产报告程序。

各部门所属单位应当每年编制本单位行政事业性国有资产管理情况报告，逐级报送相关部门。本部门应当汇总编制本部门行政事业性国有资产管理情况报告，报送本级政府财政部门。县级以上地方人民政府财政部门应当每年汇总本级和下级行政事业性国有资产管理情况，报送本级政府和上一级政府财政部门。

（七）行政事业性国有资产的监督

1. 人大监督

县级以上人民政府应当接受本级人民代表大会及其常务委员会对行政事业性国有资产管理情况的监督，组织落实本级人民代表大会及其常务委员会审议提出的整改要求，并向本级人民代表大会及其常务委员会报告整改情况。乡、民族乡、镇人民政府应当接受本级人民代表大会对行政事业性国有资产管理情况的监督。

2. 政府层级监督

县级以上人民政府对下级政府的行政事业性国有资产管理情况进行监督。下级政府应当组织落实上一级政府提出的监管要求，并向上一级政府报告落实情况。

3. 财政监督

县级以上人民政府财政部门应当对本级各部门及其所属单位行政事业性国有资产管理情况进行监督检查，依法向社会公开检查结果。

4. 审计监督

县级以上人民政府审计部门依法对行政事业性国有资产管理情况进行审计监督。

5. 行业监督

各部门应当建立健全行政事业性国有资产监督管理制度，根据职责对本行业行政事业性国有资产管理依法进行监督。

6. 社会监督

公民、法人或者其他组织发现违反《行政事业性国有资产管理条例》的行为，有权向有关部门进行检举、控告。接受检举、控告的有关部门应当依法进行处理，并为检举人、控告人保密。任何单位或者个人不得压制和打击报复检举人、控告人。

第三节 知识产权法律制度

> **课程思政**
>
> 最高人民法院日前举行全国高级法院院长会议，会议要求做实知识产权严格保护，加大对恶意侵权的惩治力度。敢用、善用惩罚性赔偿，以严格公正司法树立鲜明导向。创造性运用知识产权法律原则条款、目的条款等，完善保护规则，实现定分止争，促进经济社会活动在规范下创新发展。

一、知识产权概述

（一）知识产权的概念

知识产权是权利主体对于智力活动创造的成果和经营活动中的标记、信誉依法享有的权利。智力成果是人们运用知识、经验、技能等智力资源，经过加工创作而形成的物质或者精神的劳动成果。知识产权制度在实质上是解决知识产品作为资源的权利归属和利益分享的问题。

（二）知识产权的范围

知识产权有狭义与广义之分。狭义的知识产权包括著作权（含邻接权）和工业产权（主要是指专利权、商标权）。广义的知识产权的范围主要由以下两个国际公约进行界定。《建立世界知识产权组织公约》界定的知识产权范围包括：与文学、艺术及科学作品有关的权利，与表演艺术家的表演、录音和广播有关的权利，与人类创造性活动的一切领域内的发明有关的权利，与科学发现有关的权利，与工业品外观设计有关的权利，与商品商标、服务商标、商号及其他商业标记有关的权利，与防止不正当竞争有关的权利，一切其他来自工业、科学及文学艺术领域的智力创作活动所产生的权利。《与贸易有关的知识产权协议》界定的知识产权范围包括：版权和邻接权、商标权、地理标志权、工业品外观设计权、专利权、集成电路布图设计（拓扑图）权、未公开的信息专有权。

传统意义上的知识产权是指狭义的知识产权。考虑到与会计专业的紧密结合程度，本节只介绍知识产权法中的专利法律制度和商标法律制度。

（三）知识产权的特点

1. 无形性

知识产权的无形性，是指作为知识产权客体的知识产品具有无形性。智力活动成果，可以是作品，也可以是技术发明，还可以是商业标记及其所代表的商业信誉，它虽然产生于人的大脑与物质相互作用的过程中，总表现为某种信息或创意，这种信息或创意是无形的，完全不同于有形的物质或物品。

知识产权的客体是智力成果，它需要借助于有形物体才能被人们所感知，或者需要通过有形物体的实际功能来体会其内涵的智力价值。从这个意义上说，将无形的智力活动成果与有形的物质载体区别开来很重要。例如，技术发明属于人的智力活动成果，它必须体现在一定的产品之中。但是专利权所保护的不是有形的产品，而是体现在其中的技术发明。合法取得了专利产品的人，虽然可以使用相关的产品，但是在未经授权的情况下，却不得使用体现在其中的技术发明，或者说不得使用相关的技术来仿造专利产品。

2. 专有性

专有性是指知识产权具有垄断性、独占性和排他性的特点。知识产权的专有性表现为：知识产权为权利人所独占，权利人垄断这种专有权利并受到严格保护，没有法律规定或权利人许可，任何人不得使用权利人的知识产品；对同一项知识产品，不允许有两个或两个以上同一属性的知识产权并存。

3. 地域性

知识产权作为一种专有权在空间上的效力是有限的，它只在授予或确认其权利的国家和地区发生法律效力，受到法律保护。

4. 时间性

时间性是指知识产权具有一定的保护期限，有关权利仅仅在法定的保护期限内存在，一旦超过法律规定的有效期限，该权利就依法丧失，相关的知识产权就进入公共领域，成为全社会的公共财富。

知识产权在时间上的限制，是世界各国知识产权立法以及知识产权国际公约普遍采用的原则，目的是促进科学文化艺术的发展，平衡智力成果完成人的利益与社会公众的利益，这样既有利于调动人们创造智力成果的积极性，也为社会公众合理利用人类智力成果提供了保障，同时也考虑到发明技术价值的寿命。

二、专利法律制度

（一）专利、专利权与专利制度

一般而言，专利是从三层意义上理解的。其一，专利是专利权的简称，是指专利法保护的对发明创造享有的专有权利；其二，专利是指专利法保护的发明创造，即专利权的客体；其三，专利是指记载专利技术的公开的专利文献的总和。因此，在不同语境下，专利一词的含义要根据上下文的内容具体确定。

专利权是指法律赋予权利人对其发明创造在一定期限内享有的专有权利。

专利制度是国家通过确认发明人对其发明创造的技术方案的垄断权而促进本国科学技术发展的法律制度。

我国现行的《中华人民共和国专利法》（以下简称《专利法》）是 2021 年 6 月 1 日开

始施行的（1984 年 3 月 12 日第六届全国人民代表大会常务委员会第四次会议通过。根据 2020 年 10 月 17 日第十三届全国人民代表大会常务委员会第二十二次会议《关于修改〈中华人民共利国专利法〉的决定》第四次修正），《中华人民共和国专利法实施细则》自 2010 年 2 月 1 日起施行（2001 年 6 月 15 日中华人民共和国国务院令第 306 号公布，根据 2010 年 1 月 9 日《国务院关于修改〈中华人民共和国专利法实施细则〉的决定》）以及自 2015 年 2 月 1 日起施行的《最高人民法院关于审理侵犯专利权纠纷案件应用法律若干问题的解释》根据 2015 年 1 月 19 日最高人民法院审判委员会第 1641 次会议通过的《最高人民法院关于修改（最高人民法院关于审理专利纠纷案件适用法律问题的若干规定）的决定》第二次修正，自 2015 年 2 月 1 日起施行。

（二）专利权的客体

专利权的客体，是指专利权指向的智力成果。

1. 授予专利权的客体

根据我国专利法律制度的相关规定，专利权的客体包括发明、实用新型和外观设计。这三类客体统称为发明创造。

发明，是指对产品、方法或者其改进所提出的新的技术方案。发明必须是前所未有的技术方案，有一定的进步或者难度，并且必须是利用自然规律或者自然现象的技术方案。根据发明的客体的不同，发明可以分为产品发明和方法发明两种。产品发明，是发明人通过智力活动创造出的关于各种新产品、新材料、新物质的技术方案；方法发明是发明人为制造某种产品或者解决某个技术难题而研究开发出的操作方法、制造方法以及工艺流程等技术方案。

实用新型，是指对产品的形状、构造或者其结合所提出的适于实用的新的技术方案。由于其创新要求比发明低，因此实用新型被称为"小发明"。

外观设计，是指对产品的形状、图案或者其结合以及色彩与形状、图案的结合所做出的富有美感并适于工业应用的新设计。外观设计的载体是相对独立的产品，它是形状、图案或其结合以及色彩与形状、图案的结合，富有美感，或者具有装饰性，并且适于工业应用。

2. 不授予专利权的客体

我国《专利法》第二十五条规定，对下列各项，不授予专利权：①科学发现；②智力活动的规则和方法；③疾病的诊断和治疗方法；④动物和植物品种；⑤用原子核变换方法获得的物质；⑥对平面印刷品的图案、色彩或者两者的结合做出的主要起标识作用的设计。对动物和植物品种的生产方法，可以依照《专利法》的规定授予专利权。其中，前 4 项不属于技术发明的范畴；第 5 项虽然属于技术发明的范围，但因为涉及国家安全而不授予专利权；第 6 项将平面印刷品排除在专利权的客体之外，主要原因是其更多地体现为一种视觉上的艺术美，而非技术上的新的进步。

除此之外，违反法律的发明创造、违反社会公德的发明创造以及妨害公共利益的发明创造，不授予专利权；对违反法律、行政法规的规定获取或者利用遗传资源，并依赖该遗传资源完成的发明创造，不授予专利权。

（三）专利权的主体

一项智力成果完成后，当事人可以选择通过申请专利获得专利权，或者将专利申请权转让给他人，对发明也可以选择将其作为商业秘密进行保护而不申请专利。若选择申请专利，申请被批准后，专利申请人就成为专利权人。

1. 专利申请人

专利申请人是指按照法律规定有权对发明创造或者设计提出专利申请的人。一般情况下，专利申请人包括发明人或者设计人、共同完成发明创造或者设计的人、职务发明中的单位、完成发明创造的外国人、继受取得申请权的人等。因此，申请人与发明人、设计人不一定相同。

（1）非职务发明的申请人。发明人、设计人是对已经完成的发明创造或者外观设计的实质性特点做出创造性贡献的人。

非职务发明创造的发明人、设计人在发明或设计完成后，取得专利申请权。如果对于已经完成的发明创造的实质性特点做出创造性贡献的人有两个以上，可以作为共同申请人提出专利申请。

（2）职务发明创造的申请人。职务发明创造，是指执行本单位的任务或者主要是利用本单位的物质技术条件所完成的发明创造。执行本单位的任务所完成的职务发明创造是指：①在本职工作中作出的发明创造；②履行本单位交付的本职工作之外的任务所作出的发明创造；③退休、调离原单位后或者劳动、人事关系终止后1年内作出的，与其在原单位承担的本职工作或者原单位分配的任务有关的发明创造。其中，所称本单位包括临时工作单位，所称本单位的物质技术条件，是指本单位的资金、设备、零部件、原材料或者不对外公开的技术资料等。

职务发明创造申请专利的权利属于该单位，申请被批准后，该单位为专利权人。利用本单位的物质技术条件所完成的发明创造，单位与发明人或者设计人订立合同，对申请专利的权利和专利权的归属做出约定，并从其约定。

被授予专利权的单位应当对职务发明创造的发明人或者设计人给予奖励，发明创造专利实施后，根据其推广应用的范围和取得的经济效益，对发明人或者设计人给予合理的报酬。

（3）继受取得申请权的专利申请人。继受取得申请权的专利申请人，主要包括通过合同取得申请权和通过继承取得申请权两种情况。

通过合同取得申请权是指对于已经完成的发明创造，双方当事人在合同中约定发明人将其已经完成的发明创造的专利申请权转让给对方。中国单位或者个人向外国人、外国企业或者外国其他组织转让专利申请权的，应当依照有关法律、行政法规的规定办理手续。转让专利申请权的，当事人应当订立书面合同，并向国务院专利行政部门登记，由国务院专利行政部门予以公告。专利申请权的转让自登记之日起生效。

若拥有专利申请权的自然人死亡的，其专利申请权可以作为一项民事权利由其继承人继承。

（4）外国申请人。在中国没有经常居所或者营业场所的外国人、外国企业或者外国其他组织在中国申请专利的，依照其所展国同中国签订的协议或者共同参加的国际条约，或者依照互惠原则，根据《专利法》办理。在中国没有经常居所或者营业场所的外国人、外国企业或者其他外国组织在中国申请专利或者办理其他专利事务时，应当委托依法设立的专利代理机构办理。

委托开发完成的发明创造，除当事人另有约定的外，申请专利的权利属于研究开发人。

合作开发完成的发明创造，除当事人另有约定的外，申请专利的权利属于合作开发的当事人共有。

2. 专利权人

专利权人是指对于国务院专利行政部门授予的专利享有独占、使用、收益和处分的人。专利权人是专利申请人，但专利申请人可以是发明人、设计人个人，也可以是职务发明的单位，还可以是共同完成人或委托完成人，或者是外国申请人。

（四）授予专利权的条件

1. 授予发明和实用新型专利权的条件

授予专利权的发明、实用新型应当具备新颖性、创造性和实用性。

新颖性，是指该发明或者实用新型不属于现有技术；也没有任何单位或者个人就同样的发明或者实用新型在申请日以前向国务院专利行政部门提出过申请，并记载在申请日以后公布的专利申请文件或者公告的专利文件中。

《专利法》所称现有技术，是指申请日以前在国内外为公众所知的技术。申请专利的发明创造在申请日以前6个月内，有下列情形之一的，不丧失新颖性：①在国家出现紧急状态或者非常情况时，为公共利益目的首次公开的；②在中国政府主办或者承认的国际展览会上首次展出的；③在规定的学术会议或者技术会议上首次发表的；④他人未经申请人同意而泄露其内容的。

创造性，是指与现有技术相比，该发明具有突出的实质性特点和显著的进步，该实用新型具有实质性特点和进步。

实用性，是指该发明或者实用新型能够制造或者使用，并且能够产生积极效果。

2. 授予外观设计专利权的条件

授予专利权的外观设计，应当不属于现有设计；也没有任何单位或者个人就同样的外观设计在申请日以前向国务院专利行政部门提出过申请，并记载在申请日以后公告的专利文件中。

授予专利权的外观设计与现有设计或者现有设计特征的组合相比，应当具有明显区别。

授予专利权的外观设计不得与他人在申请日以前已经取得的合法权利相冲突，即授予专利权的外观设计，不得与他人在申请日以前已经取得的商标权和美术作品著作权相冲突。

所称现有设计，是指申请日以前在国内外为公众所知的设计。

（五）授予专利权的程序

1. 专利的申请

（1）申请的原则。专利申请的原则包括书面申请原则、先申请原则、一申请一发明原则。①书面申请原则。申请专利必须以书面形式提出。专利法律制度最重要的内容之一就是专利申请人应当将其所申请的专利技术向社会公开，使他人可以通过阅读专利文献的方式进一步进行研究，使科学技术进一步得到发展。因此，专利申请文件应采用书面形式，将其发明内容清楚、准确、完整地表达出来。②先申请原则。两个以上的人分别就同样的发明创造申请专利时，专利权授给最先申请人。但有些国家的专利法采用的是先发明原则，即专利权授予最先做出发明创造的人。两个以上的申请人同日（指申请日；有优先权的，指优先权日）分别就同样的发明创造申请专利的，应当在收到国务院专利行政部门的通知后自行协商确定申请人。③一申请一发明原则。一件发明或者实用新型专利申请应当限于一项发明或者实用新型。属于一个总的发明构思的两项以上的发明或者实用新型，可以作为一件申请提出。一件外观设计专利申请应当限于一项外观设计。同一产品两项以上的相似外观设计，或者用于同一类别并且成套出售或者使用的产品的两项以上外观设计，可以作为一件申请提出。

（2）专利申请文件。申请发明或者实用新型专利的，申请人应当提交请求书、说明书及其摘要和权利要求书等文件。请求书应当写明发明或者实用新型的名称，发明人的姓名，申请人的姓名或者名称、地址以及其他事项。说明书应当对发明或者实用新型做出清楚、完整的说明，以所属技术领域的技术人员能够实现为准；必要的时候，应当附图。摘要应当简要说明发明或者实用新型的技术要点。权利要求书应当以说明书为依据，清楚、简要地限定要求专利保护的范围。依赖遗传资源完成的发明创造，申请人应当在专利申请文件中说明该遗传资源的直接来源和原始来源；申请人无法说明原始来源的，应当陈述理由。

申请外观设计专利的，应当提交请求书、该外观设计的图片或者照片以及对该外观设计的简要说明等文件。申请人提交的有关图片或者照片应当清楚地显示要求专利保护的产品的外观设计。

申请人可以对其专利申请文件进行修改，但是，对发明和实用新型专利申请文件的修改不得超出原说明书和权利要求书记载的范围，对外观设计专利申请文件的修改不得超出原图片或者照片表示的范围。

（3）申请日和优先权。由于我国实行的是先申请原则，因此，申请日的确定至关重要。对专利申请人来说，从申请日的次日起，专利申请案中的发明创造就会成为现有技术的一部分，如果他人再有相同的发明创造申请专利，都会丧失新颖性；从申请日的次日开始，申请人就可以实施或发表专利申请案中的发明创造，对新颖性没有影响；若经过审查，申请人获得专利权的，专利权的保护期是从申请日开始算的。

国务院专利行政部门收到专利申请文件之日为申请日。如果申请文件是邮寄的，以寄出的邮戳日为申请日。向国务院专利行政部门邮寄的各种文件，以寄出的邮戳日为递交日；邮戳日不清晰的，除当事人能够提出证明外，以国务院专利行政部门收到日为递交日。专利法所称申请日，有优先权的，指优先权日。

申请人自发明或者实用新型在外国第一次提出专利申请之日起 12 个月内，或者自外观设计在外国第一次提出专利申请之日起 6 个月内，又在中国就相同主题提出专利申请的，依照该外国同中国签订的协议或者共同参加的国际条约，或者依照相互承认优先权的原则，可以享有优先权。申请人自发明或者实用新型在中国第一次提出专利申请之日起 12 个月内，又向国务院专利行政部门就相同主题提出专利申请的，可以享有优先权。

申请人要求优先权的，应当在申请的时候提出书面声明，并且在 3 个月内提交第一次提出的专利申请文件的副本；未提出书面声明或者逾期未提交专利申请文件副本的，视为未要求优先权。

2. 专利申请的受理、审查和批准

发明专利申请一般需要经过初步审查和实质审查两个阶段；实用新型和外观设计专利申请只需经过初步审查。

（1）初步审查。国务院专利行政部门受理发明专利申请后公布申请以前，应当进行初步审查。初审的任务是，审查申请人提交的申请文件是否符合《专利法》及其实施细则的规定，审查申请人在提出专利申请的同时或者随后提交的与专利申请有关的其他文件是否符合《专利法》及其实施细则的规定。

专利申请文件有下列情形之一的，国务院专利行政部门不予受理，并通知申请人：发明或者实用新型专利申请缺少请求书、说明书（实用新型无附图）或者权利要求书的，或者外观设计专利申请缺少请求书、图片或者照片、简要说明的；未使用中文的；未使用挂号信函向国务院专利行政部门邮寄有关申请文件的；请求书中缺少申请人姓名或者名称，或者缺少地址的；在中国没有经常居所或者营业所的外国人、外国企业或者外国其他组织明显不符合《专利法》第十八条或者第十九条第一款规定的；专利申请类别（发明、实用新型或者外观设计）不明确或者难以确定的。

实用新型和外观设计专利申请经初步审查没有发现驳回理由的，由国务院专利行政部门做出授予实用新型专利权或者外观设计专利权的决定，发给相应的专利证书，同时予以登记和公告。实用新型专利权和外观设计专利权自公告之日起生效。

（2）公布申请。国务院专利行政部门收到发明专利申请后，经初步审查认为符合《专利法》要求的，自申请日起满18个月，即行公布。国务院专利行政部门可以根据申请人的请求早日公布其申请。

（3）实质审查。发明专利申请自申请日起3年内，国务院专利行政部门可以根据申请人随时提出的请求，对其申请进行实质审查；申请人无正当理由逾期不请求实质审查的，该申请即被视为撤回。国务院专利行政部门认为必要的时候，可以自行对发明专利申请进行实质审查。

发明专利的申请人请求实质审查的时候，应当提交在申请日前与其发明有关的参考资料。发明专利已经在外国提出过申请的，国务院专利行政部门可以要求申请人在指定期限内提交该国为审查其申请进行检索的资料或者审查结果的资料；无正当理由逾期不提交的，该申请即被视为撤回。

国务院专利行政部门对发明专利申请进行实质审查后，认为不符合《专利法》规定的，应当通知申请人，要求其在指定的期限内陈述意见，或者对其申请进行修改；无正当理由逾期不答复的，该申请即被视为撤回。发明专利申请经申请人陈述意见或者进行修改后，国务院专利行政部门仍然认为不符合《专利法》规定的，应当予以驳回。

发明专利申请经实质审查没有发现驳回理由的，由国务院专利行政部门做出授予发明专利权的决定，发给发明专利证书，同时予以登记和公告。发明专利权自公告之日起生效。

（4）专利复审。专利申请人对国务院专利行政部门驳回申请的决定不服的，可以自收到通知之日起3个月内，向国务院专利行政部门设立的专利复审委员会请求复审。专利复审委员会复审后，做出决定，并通知专利申请人。专利申请人对专利复审委员会的复审决定不服的，可以自收到通知之日起3个月内向人民法院起诉。

（六）专利权的内容及其保护与限制

1. 专利权的内容

专利权可以分为专利人身权利和专利财产权利两大类。专利人身权利主要是指发明人、设计人的署名权；专利财产权利主要包括制造权、使用权、许诺销售权、销售权、进口权、转让权、许可权等。我国《专利法》第十一条规定：发明和实用新型专利权被授予后，除本法另有规定的以外，任何单位或者个人未经专利权人许可，都不得实施其专利，即不得为生产经营目的制造、使用、许诺销售、销售、进口其专利产品，或者使用其专利方法以及使用、许诺销售、销售、进口依照该专利方法直接获得的产品。外观设计专利权被授予后，任何单位或者个人未经专利权人许可，都不得实施其专利，即不得为生产经营目的制造、许诺销售、销售、进口其外观设计专利产品。

（1）制造权。专利权人享有独占地制造专利产品，禁止他人未经其许可制造相同或相似于专利产品的垄断权。

（2）使用权。专利权人享有的使用专利产品或专利方法及依照专利方法直接获得的产品的专有权，包括对专利产品的使用和对专利方法的使用。

（3）许诺销售权。许诺销售是为了促使销售的成立而在实际销售行为成立之前所为旨在实现销售目的的行为，这是专利权人防止他人以广告、展示等表达销售意思的方式，准备销售含有专利技术的产品的权利。

（4）销售权。专利权人享有独自销售专利产品或者依照专利方法直接获得的产品的权利。

（5）进口权。专利权人享有自己进口或禁止他人未经许可为制造、许诺销售、销售、使用等生产经营目的而进口其专利产品或进口依照其专利方法直接获得的产品的权利。进口权包括：专利权人可以自己进口专利产品；有权禁止他人进口专利产品，法律另有规定的除外。

（6）转让权。专利权人享有将自己的专利所有权依法转让给他人的权利。专利权可以转让，中国单位或者个人向外国人、外国企业或者外国其他组织转让专利权的，应当依照有关法律、行政法规的规定办理手续。转让专利权的，当事人应当订立书面合同，并向国务院专利行政部门登记，由国务院专利行政部门予以公告。专利权的转让自登记之日起生效。

（7）许可权。专利权人享有许可他人实施其专利的权利。任何单位或者个人实施他人专利的，应当与专利权人订立实施许可合同，向专利权人支付专利使用费。被许可人无权允许合同规定以外的任何单位或者个人实施该专利。发明专利申请公布后，申请人可以要求实施其发明的单位或者个人支付适当的费用。但在有法律依据的情形下（例如，国家推广应用、强制许可），可以不经专利权人许可，但被许可人应向专利权人支付许可费。

（8）标记权。专利权人有权在其专利产品或该产品包装上标明专利标记和专利号的权利。

2. 专利权的保护范围

专利权的保护范围是指发明、实用新型和外观设计专利权的法律效力所及的范围。专利权是一种无形财产权，由法律明确规定专利权的保护范围，划清专利侵权与非侵权的界限，既有利于依法充分保护专利权人的合法权益，又可以避免不适当地扩大专利保护的范围，损害专利权人以外的社会公众的利益。

发明或者实用新型专利权的保护范围，以其权利要求的内容为准，说明书及附图可以用于解释权利要求。包括两层含义：①一项发明创造专利权的保护范围，须以其权利要求为准，即以由专利申请人提出的并经国务院专利行政主管部门批准的权利要求书中所记载的权利要求为准，不小于也不得超出权利要求书中所记载的权利要求的范围。②说明书及附图对权利要求具有解释的功能，可以作为解释权利要求的依据。但是，相对权利要求而言，说明书及附图只具有从属的地位，不能单以其作为发明或者实用新型专利权保护的基本依据，基本依据只能是权利要求书。

外观设计专利权的保护范围，以体现该产品外观设计的图片或者照片为基本依据。需要说明的是，外观设计专利权所保护的"表示在图片或者照片中的该外观设计专利产品"的范围，应当是同类产品的范围，不是同类产品，即使外观设计相同，也不能认为是侵犯了专利权。

3. 侵犯专利权的行为及例外

除法律另有规定外，在专利权有效期内，未经专利权人的许可，以营利为目的实施他人专利的行为，构成侵犯专利权的行为。但由于专利权是一种独占的、垄断的权利，过分的垄断会给社会公众利益带来不利的影响。公正的专利制度应平衡专利权人和社会公众的利益，专利法有必要对专利权人的独占权加以限制。

（1）侵犯专利权的行为如下：①未经专利权人的许可，实施其专利的行为。主要包括：未经专利权人许可，为生产经营目的制造、使用、许诺销售、销售、进口其专利产品，或者使用其专利方法以及使用、许诺销售、销售、进口依照该专利方法直接获得的产品；未经专利权人许可，为生产经营目的制造、许诺销售、销售、进口其外观设计产品。②假冒专利。主要包括：在未被授予专利权的产品或者其包装上标注专利标识，专利权被宣告无效后或者终止后继续在产品或者其包装上标注专利标识，或者未经许可在产品或者产品包装上标注他人的专利号；销售前述产品；在产品说明书等材料中将未被授予专利权的技术或者设计称为专利技术或者专利设计，将专利申请称为专利，或者未经许可使用他人的专利号，使公众将所涉及的技术或者设计误认为是专利技术或者专利设计；伪造或者变造专利证书、专利文件或者专利申请文件；其他使公众混淆，将未被授予专利权的技术或者设计误认为是专利技术或者专利设计的行为。专利权终止前依法在专利产品、依照专利方法直接获得的产品或者其包装上标注专利标识，在专利权终止后许诺销售、销售该产品的，不属于假冒专利行为。销售不知道是假冒专利的产品，并且能够证明该产品合法来源的，由管理专利工作的部门责令停止销售，但免除罚款的处罚。

（2）不视为侵犯专利权的行为如下：①权利穷竭。权利穷竭也称权利用尽，意指经专利权人或者专利权人许可出售专利产品之后，任何在此种情形下购买了该专利产品的人可以任何方式使用该专利产品，或者进一步转让、出售、赠予该专利产品，不构成侵权。我国《专利法》第七十五条第一项规定：专利产品或者依照专利方法直接获得的产品，由专利权人或者经其许可的单位、个人售出后，使用、许诺销售、销售、进口该产品的，不视为侵犯专利权。②在先使用。在先使用也称先用权制度，是指非专利权人在专利申请日前已经制造相同产品、使用相同方法或者已经做好制造、使用的准备，在专利权人获得专利权后，非专利权人有权在原有的范围内继续制造、使用该专利技术，不视为侵犯专利权。③临时过境。临时通过中国领陆、领水、领空的外国运输工具，依照其所属国同中国签订的协议或者共同参加的国际条约，或者依照互惠原则，为运输工具自身需要而在其装置和设备中使用有关专利的，不视为侵犯专利权。④为科研和实验的使用。专为科学研究和实验而使用有关专利的，不视为侵犯专利权。⑤药品及医疗器械强制审查例外。为提供行政审批所需要的信息，制造、使用、进口专利药品或者专利医疗器械的以及专门为其制造、进口专利药品或者专利医疗器械的，不视为侵犯专利权。

（3）侵权诉讼中的抗辩。我国《专利法》第六十七条规定，在专利侵权纠纷中，被控侵权人有证据证明其实施的技术或者设计属于现有技术或者现有设计的，不构成侵犯专利权。

（4）强制许可。强制许可是指国务院专利行政部门可以不经专利权人同意，直接向申请实施专利技术的申请人颁发专利强制许可证的制度。由于强制许可没有经得专利权人的许可，因此应当在法定的范围适用。

我国《专利法》第五十三条规定，有下列情形之一的，国务院专利行政部门根据具备实施条件的单位或者个人的申请，可以给予实施发明专利或者实用新型专利的强制许可：①专利权人自专利权被授予之日起满3年，且自提出专利申请之日起满4年，无正当理由未实施或者未充分实施其专利的；②专利权人行使专利权的行为被依法认定为垄断行为，为消除或者减少该行为对竞争产生的不利影响的。

我国《专利法》第五十四条规定，在国家出现紧急状态或者非常情况时，或者为了公共利益的目的，国务院专利行政部门可以给予实施发明专利或者实用新型专利的强制许可。

我国《专利法》第五十五条规定，为了公共健康目的，对取得专利权的药品，国务院专利行政部门可以给予制造并将其出口到符合中华人民共和国参加的有关国际条约规定的国家或者地区的强制许可。

我国《专利法》第五十六条规定，一项取得专利权的发明或者实用新型比此前已经取得专利权的发明或者实用新型具有显著经济意义的重大技术进步，其实施又有赖于前一发明或者实用新型的实施的，国务院专利行政部门根据后一专利权人的申请，可以给予实施前一发明或者实用新型的强制许可。在前述规定给予实施强制许可的情形下，国务院专利行政部门根据前一专利权人的申请，也可以给予实施后一发明或者实用新型的强制许可。

国务院专利行政部门做出的给予实施强制许可的决定，应当及时通知专利权人，并予以登记和公告。给予实施强制许可的决定，应当根据强制许可的理由规定实施的范围和时间。强制许可的理由消除并不再发生时，国务院专利行政部门应当根据专利权人的请求，经审查后做出终止实施强制许可的决定。取得实施强制许可的单位或者个人不享有独占的实施权，并且无权允许他人实施。取得实施强制许可的单位或者个人应当付给专利权人合理的使用费，或者依照中华人民共和国参加的有关国际条约的规定处理使用费问题。付给使用费的，其数额由双方协商；双方不能达成协议的，由国务院专利行政部门裁决。

专利权人对国务院专利行政部门关于实施强制许可的决定不服的，专利权人和取得实施强制许可的单位或者个人对国务院专利行政部门关于实施强制许可的使用费的裁决不服的，可以自收到通知之日起3个月内向人民法院起诉。

（5）国家推广应用。我国《专利法》第四十九条规定，国有企业事业单位的发明专利，对国家利益或者公共利益具有重大意义的，国务院有关主管部门和省、自治区、直辖市人民政府报经国务院批准，可以决定在批准的范围内推广应用，允许指定的单位实施，由实施单位按照国家规定向专利权人支付使用费。

（七）专利权的期限、终止和无效

1. 专利权的期限

发明专利权的期限为20年，实用新型专利权和外观设计专利权的期限为10年，均自申请日起计算。

2. 专利权的终止

有下列情形之一的，专利权在期限届满前终止：①没有按照规定缴纳年费的；②专利权人以书面声明放弃其专利权的。专利权在期限届满前终止的，由国务院专利行政部门登记和公告。

3. 专利权的无效

自国务院专利行政部门公告授予专利权之日起，任何单位或者个人认为该专利权的授予不符合专利法有关规定的，可以请求专利复审委员会宣告该专利权无效。

专利复审委员会对宣告专利权无效的请求应当及时审查和做出决定，并通知请求人和专利权人。宣告专利权无效的决定，由国务院专利行政部门登记和公告。对专利复审委员会宣告专利权无效或者维持专利权的决定不服的，可以自收到通知之日起3个月内向人民法院起诉。人民法院应当通知无效宣告请求程序的对方当事人作为第三人参加诉讼。

宣告无效的专利权视为自始即不存在。宣告专利权无效的决定，对在宣告专利权无效前人民法院做出并已执行的专利侵权的判决、调解书，已经履行或者强制执行的专利侵权纠纷处理决定，以及已经履行的专利实施许可合同和专利权转让合同，不具有追溯力。但是因专利权人的恶意给他人造成的损失，应当给予赔偿。依照前述规定不返还专利侵权赔偿金、专利使用费、专利权转让费，明显违反公平原则的，应当全部或者部分返还。

三、商标法律制度

（一）商标、商标法概述

1. 商标的概念及作用

商标是商品和服务的标记，一般用文字、图形、字母、数字、三维标志和颜色及其组合、声音来表示，具有显著特征，便于识别。商标除了具有将一个生产经营者所提供的商品或服务与其他生产经营者所提供的同类商品或服务区别开来的作用，还能够起到广告宣传、质量保证等作用。另外，注册商标是商标专有权人的一项无形资产，权利人依法可以将其商标权投资入股、质押、转让或者许可他人使用。

2. 商标的种类

从不同角度观察，商标可以有以下几种类型：

（1）商品商标和服务商标。这是根据商标标示对象的不同所做的划分。商品商标用以区别不同经营者所提供的商品的专用标记；服务商标是提供服务的经营者为将自己提供的服务与他人提供的服务相区别而使用的商标。

（2）注册商标和未注册商标。根据商标是否登记注册，可将商标划分为注册商标和未注册商标。注册商标是指已经在商标注册主管机构获准注册的商标。未注册商标是指已经使用但未经商标注册主管机构获准注册的商标。

世界上对商标的保护有两种做法：一种是注册保护；另一种是使用保护。在实行注册保护制度的国家，只有注册商标方可取得商标权，未注册商标不能取得商标权，但这并不意味着未注册商标不受法律保护。在我国，未注册商标中，除驰名商标受法律特别保护外，其他商标使用人不享有法律赋予的商标权，但受到民法、反不正当竞争法的保护。对未注册商标，使用者所享有的利益仍被承认。《中华人民共和国商标法》（以下简称《商标法》）第三十二条规定，申请商标注册不得损害他人现有的在先权利，也不得以不正当手段抢先注册他人已经使用并有一定影响的商标。根据该规定，未注册商标的所有者可以反对他人抢注，如果抢注人以不正当手段抢先注册，先用人可以通过商标异议或者撤销程序维护自己的利益，但是不能根据《商标法》禁止他人仿冒、假冒其商标。在采用使用原则取得商标权的国家，仅凭使用商标的事实，即可取得商标权。

2019年10月，洛旗公司起诉"茶颜悦色"，称其使用的商标、字体与自家商标相似，构成侵权，要求"茶颜悦色"方赔偿损失、发表致歉声明。然而，"茶颜悦色"商标注册于2015年，而洛旗公司成立于2017年，2018年从第三方处受让获得"茶颜观色"商标。

对此，洛旗公司代理律师表示，"茶颜观色"商标在受让前，已于2008年成功注册，比"茶颜悦色"更早。法庭认为，"茶颜观色"商标在注册后几乎无人知晓。2018年，原告洛旗公司在理应知晓"茶颜悦色"知名度的情况下，仍然受让使用注册商标"茶颜观色"，并以此提起商标侵权诉讼，主观恶意明显，驳回了洛旗公司的诉讼请求。

2020年8月，"茶颜悦色"将洛旗公司、刘琼饮品店等一并起诉，理由是"洛旗公司使用与茶颜悦色相似的装饰装潢进行宣传，容易造成消费者混淆，构成不正当竞争"。

2021年4月26日，长沙市天心区人民法院官方微信发布消息显示，"茶颜悦色"起诉"茶颜观色"不正当竞争一案胜诉，"茶颜悦色"获赔170万元。

同年7月13日，国家知识产权局做出裁定，认为"茶颜"商标核定服务项目与三个

"茶颜悦色"商标不构成使用在同一种或类似商品上的近似商标；仅凭作品登记证书不足以证明美术作品于"茶颜"商标申请日前完成创作并公开发表，或作为商标进行了使用及宣传，不侵害在先著作权；另外，在案证据尚不足以证明"茶颜"商标的申请注册以欺骗或其他不正当手段取得注册。

2022年，"茶颜悦色"与"茶颜观色"之间的知识产权纠纷案被写入最高人民法院工作报告。工作报告指出，维护市场公平竞争，加强反垄断和反不正当竞争司法，对"茶颜观色"傍名牌、不正当竞争等行为予以制裁。

（3）根据商标的构成要素可以把商标分为文字商标、图形商标、字母商标、数字商标、三维标志商标、颜色组合商标、组合商标、声音商标。文字商标是由纯文字构成的商标，既可以是中文，也可以是外文。中文包括汉字、汉语拼音和少数民族文字。图形商标是由纯图形构成的商标。字母商标是由纯字母构成的商标。数字商标是由纯数字构成的商标。三维标志商标，即立体商标，指由长宽高三维组成的商标。三维标志往往表现为商品的外形或商品的包装特有的形状。颜色商标，是指由几种不同的颜色按照一定的规则组合而成的商标，但单一的颜色不得作为商标。组合商标，指由各种符号要素组合而成的商标。此类商标往往图文并茂，表形表意结合。声音商标，指足以使相关消费者区别商品或服务来源的声音。声音商标是以听觉而非视觉的方法，作为区别商品或服务的交易来源。该商标识别性的判断，须具有足以使消费者认识，表彰商品或服务来源，并借以与他人之商品或服务相区别，始得准予注册。

（4）根据商标具有的特殊作用可以把商标分为证明商标、集体商标。证明商标，是指由对某种商品或者服务具有监督能力的组织所控制，而由该组织以外的单位或者个人使用于其商品或者服务，用以证明该商品或者服务的原产地、原料、制造方法、质量或者其他特定品质的标志。集体商标，是指以团体、协会或者其他组织名义注册，供该组织成员在商事活动中使用，以表明使用者在该组织中的成员资格的标志。

（5）商标还分为等级商标和防卫商标。等级商标是指同一经营者对同类商品因规格、质量不同而使用的系列商标，其作用在于区别同一经营者的不同规格、不同质量的同类商品。等级商标可以一并申请注册，一并转让或许可他人使用，其中某一个商标被注销或撤销，不影响其他商标的存在，因而等级商标中的系列商标具有相对的独立性。防卫商标是指为了防止他人的使用或注册而对自己的核心商标所进行的注册，包括联合商标和防御商标两种形式。联合商标，是指注册人在同一商品上注册若干个近似商标，包括正商标和其余的联合商标。其主要目的在于保护正商标，防止他人影射和"搭便车"。《中华人民共和国商标法实施条例》第三十一条规定，转让注册商标，商标注册人对其在同一种或者类似商品上注册的相同或者近似的商标，未一并转让的，由商标局通知其限期改正；期满未改正的，视为放弃转让该注册商标的申请，商标局应当书面通知申请人。防御商标，是指为防止他人注册，驰名商标的所有权人在不同类别的商品或服务上注册的商标。最早注册的是正商标，以后再注册在不同类别的商品上的商标为防御商标。其目的在于保护驰名商标的声誉，防止商标被淡化、弱化。

3. 商标法

商标法是调整在确认、保护商标专用权和商标使用过程中发生的各类社会关系的法律规范的总称。

我国现行的商标法是《商标法》（1982年8月23日第五届全国人民代表大会常务委员会第二十四次会议通过，根据2019年4月23日第十三届全国人民代表大会常务委员会第十次会议《关于修改〈中华人民共和国建筑法〉等八部法律的决定》修正），以及中华人民共和国国务院修订后的《中华人民共和国商标法实施条例》，自2014年5月1日起施行。

（二）商标注册

1. 商标注册的概念

商标注册是指自然人、法人或者其他组织在生产经营活动中，对其商品或者服务需要取得商标专用权，依照法定程序向国家商标局提出申请，经过审核予以注册的法律活动。经商标局注册的商标为注册商标，商标注册人享有商标专用权，受法律保护。

2. 商标注册的原则

（1）自愿注册和强制注册相结合的原则。自愿注册是指商标使用人是否申请商标注册完全取决于自己的意愿。我国大部分商标采取自愿注册原则。法律、行政法规规定必须使用注册商标的商品（卷烟、雪茄烟、有包装的烟丝）的生产经营者，必须申请商标注册，未经核准注册的，商品不得在市场销售。

除必须使用注册商标的商品外，商标无论注册与否都可以使用，但只有注册商标才受到商标法律制度的保护。

（2）诚实信用原则。申请注册商标，应遵循诚实信用原则。诚实信用原则要求商标申请人在申请注册商标的活动中，以善意为之，不得为谋取自己的利益去损害他人的合法权益和社会公共利益。我国《商标法》第三十二条规定的"申请商标注册不得损害他人现有的在先权利，也不得以不正当手段抢先注册他人已经使用并有一定影响的商标"，即是诚实信用原则的体现。

（3）显著原则。申请注册的商标，应当具有显著性，便于识别，并不得与他人在先取得的合法权利相冲突。

根据《最高人民法院关于审理商标授权确权行政案件若干问题的规定》（自2017年3月1日起施行），人民法院审查诉争商标是否具有显著特征，应当根据商标所指定使用商品的相关公众的通常认识，判断该商标整体上是否具有显著特征。商标标志中含有描述性要素，但不影响其整体具有显著特征的；或者描述性标志以独特方式加以表现，相关公众能够以其识别商品来源的，应当认定其具有显著特征。

诉争商标为外文标志时，人民法院应当根据中国境内相关公众的通常认识，对该外文商标是否具有显著特征进行审查判断。标志中外文的固有含义可能影响其在指定使用商品上的显著特征，但相关公众对该固有含义的认知程度较低，能够以该标志识别商品来源的，可以认定其具有显著特征。

仅以商品自身形状或者自身形状的一部分作为三维标志申请注册商标，相关公众一般情况下不易将其识别为指示商品来源标志的，该三维标志不具有作为商标的显著特征。但该标志经过长期或者广泛使用，相关公众能够通过该标志识别商品来源的，可以认定该标志具有显著特征。该形状系申请人所独创或者最早使用并不能当然导致其具有作为商标的显著特征。

（4）先申请原则。两个或者两个以上的商标注册申请人，在同一种商品或者类似商品上，以相同或者近似的商标申请注册的，初步审定并公告申请在先的商标；同一天申请的，初步审定并公告使用在先的商标，驳回其他人的申请，不予公告。

两个或者两个以上的申请人，在同一种商品或者类似商品上，分别以相同或者近似的商标在同一天申请注册的，各申请人应当自收到商标局通知之日起 30 日内提交其申请注册前在先使用该商标的证据。同日使用或者均未使用的，各申请人可以自收到商标局通知之日起 30 日内自行协商，并将书面协议报送商标局；不愿协商或者协商不成的，商标局通知各申请人以抽签的方式确定一个申请人，驳回其他人的注册申请。商标局已经通知但申请人未参加抽签的，视为放弃申请，商标局应当书面通知未参加抽签的申请人。

（5）商标合法原则。申请注册的商标不得使用法律禁止的标志。

①不得作为商标使用的标志：同中华人民共和国的国家名称、国旗、国徽、国歌、军旗、军徽、军歌、勋章相同或者近似的，以及同中央国家机关的名称、标志、所在地特定地点的名称或者标志性建筑物的名称、图形相同的；同外国的国家名称、国旗、国徽、军旗等相同或者近似的，但该国政府同意的除外；同政府间国际组织的名称、旗帜、徽记等相同或者近似的，但经该组织同意或者不易误导公众的除外；与表明实施控制、予以保证的官方标志、检验印记相同或者近似的，但经授权的除外；同"红十字""红新月"的名称、标志相同或者近似的；带有民族歧视性的；带有欺骗性，容易使公众对商品的质量等特点或者产地产生误认的；有害于社会主义道德风尚或者有其他不良影响的。县级以上行政区划的地名或者公众知晓的外国地名，不得作为商标。但是，地名具有其他含义或者作为集体商标、证明商标组成部分的除外；已经注册的使用地名的商标继续有效。前述不得作为商标使用的标志，也不能作为商标注册。

根据最高人民法院《关于审理商标授权确权行政案件若干问题的规定》，同中华人民共和国的国家名称等"相同或者近似"，是指商标标志整体上与国家名称等相同或者近似。对于含有中华人民共和国的国家名称等，但整体上并不相同或者不相近似的标志，如果该标志作为商标注册可能导致损害国家尊严的，人民法院可以认定属于"有害于社会主义道德风尚或者有其他不良影响"的情形。商标标志或者其构成要素带有欺骗性，容易使公众对商品的质量等特点或者产地产生误认，商标评审委员会认定其属于"带有欺骗性"情形的，人民法院予以支持。商标标志或者其构成要素可能对我国社会公共利益和公共秩序产生消极、负面影响的，人民法院可以认定其属于商标法规定的"其他不良影响"。将政治、经济、文化、宗教、民族等领域公众人物姓名等申请注册为商标，属于前述所指的"其他不良影响"。商标标志由县级以上行政区划的地名或者公众知晓的外国地名和其他要素组成，如果整体上具有区别于地名的含义，人民法院应当认定其不属于商标法规定的不得作为商标使用的情形。

②不得作为商标注册的标志：仅有本商品的通用名称、图形、型号的；仅直接表示商品的质量、主要原料、功能、用途、重量、数量及其他特点的；其他缺乏显著特征的。前述所列标志经过使用取得显著特征，并便于识别的，可以作为商标注册。

诉争商标属于法定的商品名称或者约定俗成的商品名称的，人民法院应当认定其属于商标法所指的通用名称。依据法律规定或者国家标准、行业标准属于商品通用名称的，应当认定为通用名称。相关公众普遍认为某一名称能够指代一类商品的，应当认定为约定俗成的通用名称。被专业工具书、辞典等列为商品名称的，可以作为认定约定俗成的通用名称的参考。约定俗成的通用名称一般以全国范围内相关公众的通常认识为判断标准。对于由于历史传统、风土人情、地理环境等原因形成的相关市场固定的商品，在该相关市场内通用的称谓，人民法院可以认定为通用名称。诉争商标申请人明知或者应知其申请注册的商标为部分区域内约定俗成的商品名称的，人民法院可以视其申请注册的商标为通用名称。人民法院审查判断诉争商标是否属于通用名称，一般以商标申请时的事实状态为准。核准注册时事实状态发生变化的，以核准注册时的事实状态判断其是否属于通用名称。

商标标志只是或者主要是描述、说明所使用商品的质量、主要原料、功能、用途、重量、数量、产地等的，人民法院应当认定其属于商标法所称"仅直接表示商品的质量、主要原料、功能、用途、重量、数量及其他特点的"情形。商标标志或者其构成要素暗示商品的特点，但不影响其识别商品来源功能的，不属于该项所规定的情形。

以三维标志申请注册商标的，仅由商品自身的性质产生的形状、为获得技术效果而须有的商品形状或者使商品具有实质性价值的形状，不得注册。

③不予注册并禁止使用的标志：就相同或者类似商品申请注册的商标是复制、模仿或者翻译他人未在中国注册的驰名商标，容易导致混淆的，不予注册并禁止使用。

当事人依据该规定主张诉争商标构成对其未注册的驰名商标的复制、模仿或者翻译而不应予以注册或者应予无效的，人民法院应当综合考量如下因素以及因素之间的相互影响，认定是否容易导致混淆：商标标志的近似程度，商品的类似程度，请求保护商标的显著性和知名程度，相关公众的注意程度，其他相关因素。商标申请人的主观意图以及实际混淆的证据可以作为判断混淆可能性的参考因素。

就不相同或者不相类似商品申请注册的商标是复制、模仿或者翻译他人已经在中国注册的驰名商标，误导公众，致使该驰名商标注册人的利益可能受到损害的，不予注册并禁止使用。当事人依据该规定主张诉争商标构成对其已注册的驰名商标的复制、模仿或者翻译而不应予以注册或者应予无效的，人民法院应当综合考虑如下因素，以认定诉争商标的使用是否足以使相关公众认为其与驰名商标具有相当程度的联系，从而误导公众，致使驰名商标注册人的利益可能受到损害：引证商标的显著性和知名程度；商标标志是否足够近似；指定使用的商品情况；相关公众的重合程度及注意程度；与引证商标近似的标志被其他市场主体合法使用的情况或者其他相关因素。

未经授权，代理人或者代表人以自己的名义将被代理人或者被代表人的商标进行注册，被代理人或者被代表人提出异议的，不予注册并禁止使用。商标代理人、代表人或者经销、代理等销售代理关系意义上的代理人、代表人未经授权，以自己的名义将与被代理人或者被代表人的商标相同或者近似的商标在相同或者类似商品上申请注册的，人民法院适用商标法"不予注册并禁止使用"的规定进行审理。

商标中有商品的地理标志，而该商品并非来源于该标志所标示的地区，误导公众的，不予注册并禁止使用；但是，已经善意取得注册的继续有效。所称地理标志，是指标示某商品来源于某地区，该商品的特定质量、信誉或者其他特征，主要由该地区的自然因素或者人文因素所决定的标志。地理标志利害关系人依据该规定主张他人商标不应予以注册或者应予无效，如果诉争商标指定使用的商品与地理标志产品并非相同商品，而地理标志利害关系人能够证明诉争商标使用在该产品上仍然容易导致相关公众误认为该产品来源于该地区并因此具有特定的质量、信誉或者其他特征的，人民法院予以支持。如果该地理标志已经注册为集体商标或者证明商标，集体商标或者证明商标的权利人或者利害关系人可选择依据该规定或者另行依据商标法"不予注册并禁止使用""驳回申请并不予公告"等主张权利。

④在先权利的保护。《商标法》第三十二条规定，申请商标注册不得损害他人现有的在先权利，也不得以不正当手段抢先注册他人已经使用并有一定影响的商标。

在先权利，包括当事人在诉争商标申请日之前享有的民事权利或者其他应予保护的合法权益诉争商标核准注册时在先权利已不存在的，不影响诉争商标的注册。

当事人主张诉争商标损害其在先著作权的，人民法院应当依照著作权法等相关规定，对所主张的客体是否构成作品、当事人是否为著作权人或者其他有权主张著作权的利害关系人以及诉争商标是否构成对著作权的侵害等进行审查。商标标志构成受著作权法保护的作品的，当事人提供的涉及商标标志的设计底稿、原件、取得权利的合同、诉争商标申请日之前的著作权登记证书等，均可以作为证明著作权归属的初步证据。商标公告、商标注册证等可以作为确定商标申请人为有权主张商标标志著作权的利害关系人的初步证据。

当事人主张诉争商标损害其姓名权，如果相关公众认为该商标标志指代了该自然人，容易认为标记有该商标的商品系经过该自然人许可或者与该自然人存在特定联系的，人民法院应当认定该商标损害了该自然人的姓名权。当事人以其笔名、艺名、译名等特定名称主张姓名权，该特定名称具有一定的知名度，与该自然人建立了稳定的对应关系，相关公众以其指代该自然人的，人民法院予以支持。

当事人主张的字号具有一定的市场知名度，他人未经许可申请注册与该字号相同或者近似的商标，容易导致相关公众对商品来源产生混淆，当事人以此主张构成在先权益的，人民法院予以支持。当事人以具有一定市场知名度并已与企业建立稳定对应关系的企业名称的简称为依据提出主张的，适用前述规定。

对于著作权保护期限内的作品，如果作品名称、作品中的角色名称等具有较高知名度，将其作为商标使用在相关商品上容易导致相关公众误认为其经过权利人的许可或者与权利人存在特定联系，当事人以此主张构成在先权益的，人民法院予以支持。

在先使用人主张商标申请人以不正当手段抢先注册其在先使用并有一定影响的商标的，如果在先使用商标已经有一定影响，而商标申请人明知或者应知该商标，即可推定其构成"以不正当手段抢先注册"。但商标申请人举证证明其没有利用在先使用商标商誉的恶意的除外。在先使用人举证证明其在先商标有一定的持续使用时间、区域、销售量或者广告宣传的，人民法院可以认定为有一定影响。在先使用人主张商标申请人在与其不相类似的商品上申请注册其在先使用并有一定影响的商标，违反《商标法》第三十二条规定的，人民法院不予支持。

3. 驰名商标的认定

驰名商标应当根据当事人的请求，作为处理涉及商标案件需要认定的事实进行认定。认定驰名商标应当考虑下列因素：①相关公众对该商标的知晓程度；②该商标使用的持续时间；③该商标的任何宣传工作的持续时间、程度和地理范围；④该商标作为驰名商标受保护的记录；⑤该商标驰名的其他因素。

《商标法》第十三条规定，为相关公众所熟知的商标，持有人认为其权利受到侵害时，可以依照本法的规定请求驰名商标保护。在商标注册审查、市场监督管理部门查处商标违法案件过程中，当事人依照《商标法》第十三条规定主张权利的，商标局根据审查、处理案件的需要，可以对商标驰名情况做出认定。在商标争议处理过程中，当事人依照《商标法》第十三条规定主张权利的，商标评审委员会根据处理案件的需要，可以对商标驰名情况做出认定。在商标民事、行政案件审理过程中，当事人依照《商标法》第十三条规定主张权利的，最高人民法院指定的人民法院根据审理案件的需要，可以对商标驰名情况做出认定。生产、经营者不得将"驰名商标"字样用于商品、商品包装或者容器上，或者用于广告宣传、展览以及其他商业活动中。

商标权人自行使用、他人经许可使用以及其他不违背商标权人意志的使用，均可认定为商标法所称的使用。实际使用的商标标志与核准注册的商标标志有细微差别，但未改变其显著特征的，可以视为注册商标的使用。没有实际使用注册商标，仅有转让或者许可行为；或者仅是公布商标注册信息、声明享有注册商标专用权的，不认定为商标使用。商标权人有真实使用商标的意图，并且有实际使用的必要准备，但因其他客观原因尚未实际使用注册商标的，人民法院可以认定其有正当理由。

4. 商标注册申请

申请商标注册的，应当按规定的商品分类表填报使用商标的商品类别和商品名称。商标注册申请人可以通过一份申请就多个类别的商品申请注册同一商标。商标注册申请等有关文件，可以以书面方式或者数据电文方式提出。注册商标需要在核定使用范围之外的商品上取得商标专用权的，应当另行提出注册申请。注册商标需要改变其标志的，应当重新提出注册申请。

商标注册申请人自其商标在外国第一次提出商标注册申请之日起 6 个月内，又在中国就相同商品以同一商标提出商标注册申请的，依照该外国同中国签订的协议或者共同参加的国际条约，或者按照相互承认优先权的原则，可以享有优先权。依照规定要求优先权的，应当在提出商标注册申请的时候提出书面声明，并且在 3 个月内提交第一次提出的商标注册申请文件的副本；未提出书面声明或者逾期未提交商标注册申请文件副本的，视为未要求优先权。

5. 商标注册的审核

对申请注册的商标，商标局应当自收到商标注册申请文件之日起 9 个月内审查完毕，符合《商标法》有关规定的，予以初步审定公告。对初步审定的商标，自公告之日起 3 个月内，在先权利人、利害关系人或者任何人认为违反相关《商标法》规定的，可以向商标局提出异议。公告期满无异议的，予以核准注册，发给商标注册证，并予公告。

对驳回申请、不予公告的商标，商标局应当书面通知商标注册申请人。商标注册申请人不服的，可以自收到通知之日起 15 日内向商标评审委员会申请复审。商标评审委员会应当自收到申请之日起 9 个月内做出决定，并书面通知申请人。有特殊情况需要延长的，经国务院市场监督管理部门批准，可以延长 3 个月。当事人对商标评审委员会的决定不服的，可以自收到通知之日起 30 日内向人民法院起诉。

对初步审定公告的商标提出异议的，商标局应当听取异议人和被异议人陈述事实和理由，经调查核实后，自公告期满之日起 12 个月内做出是否准予注册的决定，并书面通知异议人和被异议人。有特殊情况需要延长的，经国务院市场监督管理部门批准，可以延长 6 个月。商标局做出准予注册决定的，发给商标注册证，并予公告。异议人不服的，可以依照规定向商标评审委员会请求宣告该注册商标无效。商标局做出不予注册决定，被异议人不服的，可以自收到通知之日起 15 日内向商标评审委员会申请复审。商标评审委员会应当自收到申请之日起 12 个月内做出复审决定，并书面通知异议人和被异议人。有特殊情况需要延长的，经国务院市场监督管理部门批准，可以延长 6 个月。

被异议人对商标评审委员会的决定不服的，可以自收到通知之日起 30 日内向人民法院起诉。人民法院应当通知异议人作为第三人参加诉讼。商标评审委员会在依照前述规定进行复审的过程中，所涉及的在先权利的确定必须以人民法院正在审理或者行政机关正在处理的另一案件的结果为依据的，可以中止审查。中止原因消除后，应当恢复审查程序。法定期限届满，当事人对商标局做出的驳回申请决定、不予注册决定不申请复审或者对商标评审委员会做出的复审决定不向人民法院起诉的，驳回申请决定、不予注册决定或者复审决定生效。经审查异议不成立而准予注册的商标，商标注册申请人取得商标专用权的时间自初步审定公告 3 个月期满之日起计算。自该商标公告期满之日起至准予注册决定做出前，对他人在同一种或者类似商品上使用与该商标相同或者近似的标志的行为不具有追溯力；但是，因该使用人的恶意给商标注册人造成的损失，应当给予赔偿。

商标注册申请人或者注册人发现商标申请文件或者注册文件有明显错误的，可以申请更正。商标局依法在其职权范围内做出更正，并通知当事人。更正错误不涉及商标申请文件或者注册文件的实质性内容。

（三）注册商标的续展、变更、转让和使用许可

1. 注册商标的续展

注册商标的有效期为 10 年，自核准注册之日起计算。注册商标有效期满，需要继续使用的，商标注册人应当在期满前 12 个月内按照规定办理续展手续；在此期间未能办理的，可以给予 6 个月的宽展期。宽展期满仍未提出申请的，注销其注册商标。每次续展注册的有效期为 10 年。续展注册经核准后，予以公告。

2. 注册商标的变更

注册商标需要变更注册人的名义、地址或者其他注册事项的，应当提出变更申请。

3. 注册商标的转让

转让注册商标的，转让人和受让人应当签订转让协议，并共同向商标局提出申请。受让人应当保证使用该注册商标的商品质量。转让注册商标的，商标注册人对其在同一种商品上注册的近似的商标，或者在类似商品上注册的相同或者近似的商标，应当一并转让。对容易导致混淆或者有其他不良影响的转让，商标局不予核准，书面通知申请人并说明理由。转让注册商标经核准后，予以公告。受让人自公告之日起享有商标专用权。

4. 注册商标的使用许可

商标注册人可以通过签订商标使用许可合同，许可他人使用其注册商标。许可人应当监督被许可人使用其注册商标的商品质量。被许可人应当保证使用该注册商标的商品质量。经许可使用他人注册商标的，必须在使用该注册商标的商品上标明被许可人的名称和商品产地。许可他人使用其注册商标的，许可人应当将其商标使用许可报商标局备案，由商标局公告。商标使用许可未经备案不得对抗善意第三人。

（四）商标使用的管理

商标注册人在使用注册商标的过程中，自行改变注册商标、注册人名义、地址或者其

他注册事项的，由地方市场监督管理部门责令限期改正；期满不改正的，由商标局撤销其注册商标。注册商标成为其核定使用的商品的通用名称或者没有正当理由连续 3 年不使用的，任何单位或者个人可以向商标局申请撤销该注册商标。商标局应当自收到申请之日起 9 个月内做出决定。有特殊情况需要延长的，经国务院市场监督管理部门批准，可以延长 3 个月。注册商标被撤销、被宣告无效或者期满不再续展的，自撤销、宣告无效或者注销之日起 1 年内，商标局对与该商标相同或者近似的商标注册申请，不予核准。

（五）注册商标专用权的保护

注册商标专用权，是指商标注册人对其拥有的注册商标享有的独占权，包括使用权、处分权、收益权、标记权等。注册商标的专用权，以核准注册的商标和核定使用的商品为限。

根据《商标法》第五十七条的规定，有下列行为之一的，均属侵犯注册商标专用权：①未经商标注册人的许可，在同一种商品上使用与其注册商标相同的商标的；②未经商标注册人的许可，在同一种商品上使用与其注册商标近似的商标，或者在类似商品上使用与其注册商标相同或近似的商标，容易导致混淆的；③销售侵犯注册商标专用权的商品的；④伪造、擅自制造他人注册商标标识或者销售伪造、擅自制造的注册商标标识的；⑤未经商标注册人同意，更换其注册商标并将该更换商标的商品又投入市场的；⑥故意为侵犯他人商标专用权行为提供便利条件，帮助他人实施侵犯商标专用权行为的；⑦给他人的注册商标专用权造成其他损害的。

因侵犯注册商标专用权行为引起纠纷的，由当事人协商解决；不愿协商或者协商不成的，商标注册人或者利害关系人可以向人民法院起诉，也可以请求市场监督管理部门处理。市场监督管理部门处理时，认定侵权行为成立的，责令立即停止侵权行为，没收、销毁侵权商品和专门用于制造侵权商品、伪造注册商标标识的工具，违法经营额 5 万元以上的，可以处违法经营额 5 倍以下的罚款，没有违法经营额或者违法经营额不足 5 万元的，可以处 25 万元以下的罚款。对 5 年内实施两次以上商标侵权行为或者有其他严重情节的，应当从重处罚。销售不知道是侵犯注册商标专用权的商品，能证明该商品是自己合法取得并说明提供者的，由市场监督管理部门责令停止销售。对侵犯商标专用权的赔偿数额的争议，当事人可以请求进行处理的市场监督管理部门调解，也可以依照《民事诉讼法》向人民法院起诉。经市场监督管理部门调解，当事人未达成协议或者调解书生效后不履行的，当事人可以依照《民事诉讼法》向人民法院起诉。

侵犯商标专用权的赔偿数额，按照权利人因被侵权所受到的实际损失确定；实际损失难以确定的，可以按照侵权人因侵权所获得的利益确定；权利人的损失或者侵权人获得的利益难以确定的，参照该商标许可使用费的倍数合理确定。对恶意侵犯商标专用权，情节严重的，可以在按照上述方法确定数额的 1 倍以上 3 倍以下确定赔偿数额。赔偿数额应当包括权利人为制止侵权行为所支付的合理开支。人民法院为确定赔偿数额，在权利人已经尽力举证，而与侵权行为相关的账簿、资料主要由侵权人掌握的情况下，可以责令侵权人提供与侵权行为相关的账簿、资料;侵权人不提供或者提供虚假的账簿、资料的,人民法院可以参考权利人的主张和提供的证据判定赔偿数额。权利人因被侵权所受到的实际损失、侵权人因侵权所获得的利益、注册商标许可使用费难以确定的,由人民法院根据侵权行为的情节判决给予300万元以下的赔偿。注册商标专用权人请求赔偿,被控侵权人以注册商标专用权人未使用注册商标提出抗辩的,人民法院可以要求注册商标专用权人提供此前3年内实际使用该注册商标的证据。注册商标专用权人不能证明此前3年内实际使用过该注册商标,也不能证明因侵权行为受到其他损失的,被控侵权人不承担赔偿责任。销售不知道是侵犯注册商标专用权的商品,能证明该商品是自己合法取得的并说明提供者的,不承担赔偿责任。

第四节 政府采购法律制度

> **课程思政**
>
> 　　小到一支水性笔、一桶饮用水、一根数据线,大到空调电脑等办公设备、服务、工程项目都可以在同一个平台进行采购……这就是湖南省实施运营政府采购电子卖场带来的便利化成果。
> 　　2013年1月31日,随着财政部印发《全国政府采购管理交易系统建设总体规划》文件明确,全国各地加快建设全国统一的电子化政府采购管理交易平台。政府采购电子卖场以"互联网+政府采购"的创新模式应运而生,政府采购电子卖场以深化政府采购制度改革精神为指导,充分运用云计算、大数据、电子商务等新技术、新业态、新模式、整合共享资源,创新体制机制,为进一步规范政府采购公开化、公正化、便利化提供了新思路。
> 　　2019年湖南省出台《湖南省政府采购电子卖场管理办法》,建立了"制度定规则、市场定价格、采购人定结果"的采购机制,化繁为简、化难为易、增智降能,为电子卖场的推广奠定了深厚的基础。2020年1月1日,湖南省政府电子卖场正式上线,2020年12月底就实现了全省"一张网"建设运营,同时在疫情关键时刻发挥了作用。
> 　　电子卖场是将传统的政府采购+互联网电商运营紧密结合,政府采购电子卖场发展到今天,很多地方是以省级建制,以"一张网"形式运营搭建,采取公开征集入围,或采取承诺制入驻,使采购变得更简单了。电子卖场建制之前,传统的政府采购采取的都是线下交易,各地限额标准以下的采购形式基本是采取定点和竞争性谈判、磋商及招标采购,如果没有成为政府采购的定点供应商或者入库,供应商就无法参与

> 政府采购业务的谈判。另外采取竞争性谈判、磋商及招标采购时间周期较长，除了支付相关的代理费、标书打印费外，如去外地还要支付住宿及交通支出，缴纳保证金，对接人、流程都较多。现在这些都可以省略，减少了供应商的负担。政府采购电子卖场的运营推广，让更多的供应商参与到政府采购的主体之中，同时将政府采购变得高效、简单、透明、安全。

一、政府采购的概念和原则

（一）政府采购的概念

政府采购，是指各级国家机关、事业单位和团体组织，使用财政性资金采购依法制定的集中采购目录以内的或者采购限额标准以上的货物、工程和服务的行为。

采购，是指以合同方式有偿取得货物、工程和服务的行为，包括购买、租赁、委托、雇用等。这里的货物，是指各种形态和种类的物品，包括原材料、燃料、设备、产品等；工程，是指建设工程，包括建筑物和构筑物的新建、改建、扩建、装修、拆除、修缮等；服务，是指除货物和工程以外的其他政府采购对象，包括政府自身需要的服务和政府向社会公众提供的公共服务。财政性资金，是指纳入预算管理的资金。以财政性资金作为还款来源的借贷资金，视同财政性资金。

为规范政府采购行为，提高政府采购资金的使用效益，维护国家利益和社会公共利益，保护政府采购当事人的合法权益，促进廉政建设，2002年6月29日第九届全国人民代表大会常务委员会第二十八次会议通过、2014年8月31日第十二届全国人民代表大会常务委员会第十次会议修正《中华人民共和国政府采购法》（以下简称《政府采购法》）；2014年12月31日国务院第75次常务会议通过、2015年1月30日国务院令第658号发布《中华人民共和国政府采购法实施条例》（以下简称《政府采购法实施条例》）。此外，财政部还陆续发布了《政府采购非招标采购方式管理办法》《政府采购货物和服务招标投放管理办法》《政府采购质疑和投诉办法》《政府采购需求管理办法》《政府采购促进中小企业发展管理办法》《政府采购代理机构管理暂行办法》《政府采购竞争性磋商采购方式管理暂行办法》《政府和社会资本合作项目政府采购管理暂行办法》等一系列关于政府采购的规章和规范性文件。这些有关政府采购的法律、法规、规章、规范性文件内容共同构成了我国的政府采购法律制度。国家实行统一的政府采购电子交易平台建设标准，推动利用信息网络进行电子化政府采购活动。

2020年12月和2022年7月，财政部先后两次就《中华人民共和国政府采购法（修订草案征求意见稿）》（以下简称《征求意见稿》）公开征求意见，以深入推进科学立法、民主立法、依法立法，提高立法质量。《征求意见稿》的主要内容包括完善政府采购法的适用范围，充分发挥政府采购政策功能，加强政府采购需求管理，健全政府采购方式和程序，完善政府采购合同制度，强化采购人主体地位，简化供应商资格条件和完善法律责任等八个方面。本节主要依照现行有效的《政府采购法》及《政府采购法实施条例》等法律法规及有关规定予以介绍。

（二）政府采购的原则

1. 公开透明原则

政府采购的资金主要来源于税收和占有公共资源的收入，其取之于社会，故采购过程必须公开透明，接受社会的监督，并将实现效益的最大化作为重要目标。公开透明原则是对财政支出透明度和财政资金使用效益的重要保障。它要求政府采购的信息应当在政府采购监督管理部门指定的媒体上及时向社会公开发布（涉及商业秘密的除外）；同时，政府采购目录和限额标准也应当向社会公布；纳入集中采购目录的政府采购项目，应当实行集中采购；政府采购项目的采购标准应当公开；采购人在采购活动完成后，应当将采购结果予以公布。

2. 公平竞争原则

公平竞争原则的具体内容包括：任何单位和个人不得采用任何方式，阻挠和限制供应商自由进入本地区和本行业的政府采购市场。政府采购当事人不得以任何手段排斥其他供应商参与竞争。

采购人或者采购代理机构不得以不合理的条件对供应商实行差别待遇或者歧视待遇。有下列情形之一的，属于以不合理的条件对供应商实行差别待遇或者歧视待遇：（1）就同一采购项目向供应商提供有差别的项目信息；（2）设定的资格、技术、商务条件与采购项目的具体特点和实际需要不相适应或者与合同履行无关；（3）采购需求中的技术、服务等要求指向特定供应商、特定产品；（4）以特定行政区域或者特定行业的业绩、奖项作为加分条件或者中标、成交条件；（5）对供应商采取不同的资格审查或者评审标准；（6）限定或者指定特定的专利、商标、品牌或者供应商；（7）非法限定供应商的所有制形式、组织形式或者所在地；（8）以其他不合理条件限制或者排斥潜在供应商。

3. 公正原则

公正原则包括微观和宏观两个层次，微观旨在实现采购个案的公正，宏观旨在实现采购整体环境的公正。就微观公正而言，我国《政府采购法》规定了回避制度和采购代理机构独立于政府制度。就宏观公正而言，政府采购应当有助于实现国家经济和社会发展的政策目标，包括保护环境、扶持不发达地区和少数民族地区，促进中小企业发展等。

4. 诚实信用原则

诚实信用是人们行为的基本准则，它要求人们在经济活动中讲究信用、恪守诺言、诚实不欺，在不损害他人利益和社会利益的前提下追求个人的价值和利益。在政府采购活动中，诚信原则一方面要求政府采购应当严格按照批准的预算执行，保护当事人的信赖利益；另一方面也要求供应商恪守采购合同义务。

二、政府采购当事人

政府采购当事人，是指在政府采购活动中享有权利和承担义务的各类主体，包括采购人、供应商和采购代理机构等。

（一）采购人

采购人是指依法进行政府采购的国家机关、事业单位、团体组织等。

政府采购实行集中采购和分散采购相结合的采购模式。集中采购的范围由政府集中采购目录确定，分散采购的范围由采购限额标准确定。

集中采购分为政府集中采购和部门集中采购两种形式。政府集中采购是指单位将属于政府集中采购目录的项目委托政府设立的集中采购机构代理的采购行为。部门集中采购是指主管部门统一组织实施本部门具有特殊要求采购项目的采购行为。

分散采购，也称单位自行采购，是指实施政府集中采购和部门集中采购范围以外、采购限额标准以上采购项目的采购行为。

技术、服务等标准统一，采购人普遍使用的项目，列为集中采购机构采购项目。

采购人采购纳入集中采购目录的政府采购项目，必须委托集中采购机构代理采购；采购未纳入集中采购目录的政府采购项目，可以自行采购，也可以委托集中采购机构在委托范围内代理采购。纳入集中采购目录属于通用的政府采购项目的，应当委托集中采购机构代理采购；属于本部门、本系统有特殊要求的项目，应当实行部门集中采购；属于本单位有特殊要求的项目，经省级以上人民政府批准，可以自行采购。

采购人可以委托集中采购机构以外的采购代理机构，在委托的范围内办理政府采购事宜。采购人有权自行选择采购代理机构，任何单位和个人不得以任何方式为采购人指定采购代理机构。

（二）采购代理机构

采购代理机构是根据采购人的委托办理采购事宜的机构，包括集中采购机构和集中采购机构以外的采购代理机构。采购代理机构与行政机关不得存在隶属关系或者其他利益关系。

集中采购机构是设区的市级以上人民政府依法设立的非营利事业法人。其主要职责是根据采购人的委托办理采购事宜，是代理集中采购项目的执行机构。集中采购机构进行政府采购活动，应当符合采购价格低于市场平均价格、采购效率更高、采购质量优良和服务良好的要求。

集中采购机构以外的采购代理机构，是从事采购代理业务的社会中介机构。

采购人依法委托采购代理机构办理采购事宜的，应当由采购人与采购代理机构签订委托代理协议，依法确定委托代理的事项，约定双方的权利义务。

（三）供应商

供应商是指向采购人提供货物、工程或者服务的法人、其他组织或者自然人。

供应商参加政府采购活动应当具备下列法定条件：（1）具有独立承担民事责任的能力；（2）具有良好的商业信用和健全的财务会计制度；（3）具有履行合同所必需的设备和专业技术能力；（4）有依法缴纳税收和社会保障资金的良好记录；（5）参与政府采购活动前3年内，在经营活动中没有重大违法记录；（6）法律、行政法规规定的其他条件。

采购人可以根据采购项目的特殊要求，规定供应商的特定条件，但不得以不合理的条件对供应商实行差别待遇或者歧视待遇。采购人可以要求参加政府采购的供应商提供有关资质证明文件和业绩情况，并根据《政府采购法》规定的供应商条件和采购项目对供应商的特定要求，对供应商的资格进行审查。

两个以上的自然人、法人或者其他组织可以组成一个联合体，以一个供应商的身份共同参加政府采购。以联合体形式进行政府采购的，参加联合体的供应商均应当具备上述法定条件，并应当向采购人提交联合协议，载明联合体各方承担的工作和义务。联合体各方应当共同与采购人签订采购合同，就采购合同约定的事项对采购人承担连带责任。联合体中有同类资质的供应商按照联合体分工承担相同工作的，应当按照资质等级较低的供应商确定资质等级。以联合体形式参加政府采购活动的，联合体各方不得再单独参加或者与其他供应商另外组成联合体参加同一合同项下的政府采购活动。

单位负责人为同一人或者存在直接控股、管理关系的不同供应商，不得参加同一合同项下的政府采购活动。除单一来源采购项目外，为采购项目提供整体设计、规范编制或者项目管理、监理、检测等服务的供应商，不得再参加该采购项目的其他采购活动。

三、政府采购方式

政府采购有以下方式：公开招标、邀请招标、竞争性谈判、单一来源采购、询价，以及国务院政府采购监督管理部门认定的其他采购方式。公开招标是政府采购的主要采购方式。

（一）公开招标

公开招标，是指采购人依法以招标公告的方式邀请非特定的供应商参加投标的采购方式。

采购人采购货物或者服务应当采用公开招标方式的，其具体数额标准，属于中央预算的政府采购项目，由国务院规定；属于地方预算的政府采购项目，由省、自治区、直辖市人民政府规定；因特殊情况需要采用公开招标以外采购方式的，应当在采购活动开始前获得设区的市、自治州以上政府采购监督管理部门的批准。

采购人不得将应当以公开招标方式采购的货物或者服务化整为零或者以其他任何方式规避公开招标采购。在一个财政年度内，采购人将一个预算项目下的同一品目或者类别的货物、服务采用公开招标以外的方式多次采购，累计资金数额超过公开招标数额标准的，属于以化整为零方式规避公开招标,但项目预算调整或者经批准采用公开招标以外方式采购的除外。

列入集中采购目录的项目,适合实行批量集中采购的,应当实行批量集中采购,但紧急的小额零星货物项目和有特殊要求的服务、工程项目除外。

依法必须进行招标的项目,其招标投标活动不受地区或者部门的限制。任何单位和个人不得违法限制或者排斥本地区、本系统以外的法人或者其他组织参加投标,不得以任何方式非法干涉招标投标活动。

招标文件规定的各项技术标准应当符合国家强制性标准。招标文件不得要求或者标明特定的投标人或者产品,以及含有倾向性或者排斥潜在投标人的其他内容。招标采购单位根据招标采购项目的具体情况,可以组织潜在投标人现场考察或者召开开标前答疑会,但不得单独或者分别组织只有1个投标人参加的现场考察。开标前,招标采购单位和有关工作人员不得向他人透露已获取招标文件的潜在投标人的名称、数量以及可能影响公平竞争的有关招标投标的其他情况。

（二）邀请招标

邀请招标,是指采购人依法从符合相应资格条件的供应商中随机抽取3家以上供应商,并以投标邀请书的方式邀请其参加投标的采购方式。

符合下列情形之一的货物或者服务,可以采用邀请招标方式采购:

（1）具有特殊性,只能从有限范围的供应商处采购的。

（2）采用公开招标方式的费用占政府采购项目总价值的比例过大的。

采用邀请招标方式采购的,招标采购单位应当在省级以上人民政府财政部门指定的政府采购信息媒体发布资格预审公告,公布投标人资格条件,资格预审公告的期限不得少于7个工作日。

投标人应当在资格预审公告期结束之日起3个工作日前,按公告要求提交资格证明文件。招标采购单位从评审合格投标人中通过随机方式选择3家以上的投标人,并向其发出投标邀请书。

（三）竞争性谈判

竞争性谈判,是指谈判小组与符合资格条件的3家以上供应商就采购事宜分别进行谈判,采购人从谈判小组提出的成交候选人中确定成交供应商的采购方式。

符合下列情形之一的货物或者服务,可以采用竞争性谈判方式采购:

（1）招标后没有供应商投标或者没有合格标的或者重新招标未能成立的。

（2）技术复杂或者性质特殊,不能确定详细规格或者具体要求的。

（3）采用招标所需时间不能满足用户紧急需要的。这种情形的出现应当是采购人不可预见的或者非因采购人拖延导致的。

（4）不能事先计算出价格总额的。这种情形是指因采购艺术品或者因专利、专有技术或者因服务的时间、数量事先不能确定等导致不能事先计算出价格总额。

（四）单一来源采购

单一来源采购，是指采购人直接从某个供应商处购买所需货物、服务或者工程的采购方式。

符合下列情形之一的货物或者服务，可以采用单一来源方式采购：

（1）只能从唯一供应商处采购的。这种情形是指因货物或者服务使用不可替代的专利、专有技术，或者公共服务项目具有特殊要求，导致只能从某一特定供应商处采购。

（2）发生了不可预见的紧急情况不能从其他供应商处采购的。

（3）必须保证原有采购项目一致性或者服务配套的要求，需要继续从原供应商处添购，且添购资金总额不超过原合同采购金额10%的。

采取单一来源方式采购的，采购人与供应商应当在保证采购项目质量和双方商定合理价格的基础上进行采购。

（五）询价

询价，是指询价小组就采购项目向符合相应资格条件的被询价供应商（不少于3家）发出询价通知书，采购人从询价小组提出的成交候选人中确定成交供应商的采购方式。

采购的货物规格、标准统一、现货货源充足且价格变化幅度小的政府采购项目，可以采用询价方式采购。

政府采购方式及适用情形见表9-3。

表9-3　　　　　　　　　政府采购方式及适用情形

政府采购方式		适用情形
招标采购方式	公开招标	招标人以招标公告的方式邀请不特定的供应商投标，是政府采购的主要方式
	邀请招标	按照相应的资格条件随机抽取3家以上合格供应商，只有接到邀请者才有资格参加投标。符合下列情形之一的货物或者服务，可以采用邀请招标方式采购：（1）具有特殊性，只能从有限范围的供应商处采购的；（2）采用公开招标方式的费用占政府采购项目总价值的比例过大的
非招标采购方式	竞争性谈判	谈判小组与符合相应资格条件的供应商（不少于3家）就采购事宜分别进行谈判，采购人从谈判小组提出的成交候选人中确定成交供应商。符合下列情形之一的货物或者服务，可以采用竞争性谈判方式采购：（1）招标后没有供应商投标或者没有合格标的或者重新招标未能成立的；（2）技术复杂或者性质特殊，不能确定详细规格或者具体要求的；（3）采用招标所需时间不能满足用户紧急需要的。这种情形的出现应当是采购人不可预见的或者非因采购人拖延导致的；（4）不能事先计算出价格总额的。这种情形是指因采购艺术品或者因专利、专有技术或者因服务的时间、数量事先不能确定等导致不能事先计算出价格总额

续表

政府采购方式		适用情形
非招标采购方式	单一来源采购	采购人直接从某个供应商处购买所需货物、服务或者工程。 符合下列情形之一的货物或者服务，可以采用单一来源方式采购：（1）只能从唯一供应商处采购的。这种情形是指因货物或者服务使用不可替代的专利、专有技术，或者公共服务项目具有特殊要求，导致只能从某一特定供应商处采购；（2）发生了不可预见的紧急情况不能从其他供应商处采购的；（3）必须保证原有采购项目一致性或者服务配套的要求，需要继续从原供应商处添购，且添购资金总额不超过原合同采购金额10%的
	询价	询价小组就采购项目向符合相应资格条件的被询价供应商（不少于3家）发出询价通知书，采购人从询价小组提出的成交候选人中确定成交供应商。 采购的货物规格、标准统一，现货货源充足且价格变化幅度小的政府采购项目可以采用询价方式采购

四、政府采购程序

（一）一般性程序

（1）负有编制部门预算职责的部门在编制下一财政年度部门预算时，应当将该财政年度政府采购的项目及资金预算列出，报本级财政部门汇总。

（2）采购人应当根据集中采购目录、采购限额标准和已批复的部门预算编制政府采购实施计划，报本级人民政府财政部门备案。

（3）采购人或者采购代理机构应当在招标文件、谈判文件、询价通知书中公开采购项目预算金额。

招标文件要求投标人提交投标保证金的，投标保证金不得超过采购项目预算金额的2%。投标保证金应当以支票、汇票、本票或者金融机构、担保机构出具的保函等非现金形式提交。采购人或者采购代理机构应当自中标通知书发出之日起5个工作日内退还未中标供应商的投标保证金，自政府采购合同签订之日起5个工作日内退还中标供应商的投标保证金。

竞争性谈判或者询价采购中要求参加谈判或者询价的供应商提交保证金的，参照上述规定执行。

（4）除国务院财政部门规定的情形外，采购人或者采购代理机构应当从政府采购评审专家库中随机抽取评审专家。

（5）评标委员会、竞争性谈判小组或者询价小组成员应当按照客观、公正、审慎的原则，根据采购文件规定的评审程序、评审方法和评审标准进行独立评审。评标委员会、竞争性谈判小组或者询价小组成员应当在评审报告上签字，对自己的评审意见承担法律责任。对评审报告有异议的，应当在评审报告上签署不同意见，并说明理由，否则视为同意评审报告。

（6）采购代理机构应当自评审结束之日起 2 个工作日内将评审报告送交采购人。采购人应当自收到评审报告之日起 5 个工作日内在评审报告推荐的中标或者成交候选人中按顺序确定中标或者成交供应商。采购人或者采购代理机构应当自中标、成交供应商确定之日起 2 个工作日内，发出中标、成交通知书，并在省级以上人民政府财政部门指定的媒体上公告中标、成交结果，招标文件、竞争性谈判文件、询价通知书随中标、成交结果同时公告。

（7）采购人或者其委托的采购代理机构应当按照政府采购合同规定的技术、服务、安全标准组织对供应商履约情况的验收，并出具验收书。大型或者复杂的政府采购项目，应当邀请国家认可的质量检测机构参加验收工作。政府向社会公众提供的公共服务项目，验收时应当邀请服务对象参与并出具意见，验收结果应当向社会公告。

采购文件的保存期限为从采购结束之日起至少保存 15 年。

（二）招标采购的程序要求

采取招标方式采购的，采购人或者采购代理机构应当按照国务院财政部门制定的招标文件标准文本编制招标文件。招标文件的提供期限自招标文件开始发出之日起不得少于 5 个工作日。

货物或者服务项目采取邀请招标方式采购的，采购人应当从符合相应资格条件的供应商中，通过随机方式选择 3 家以上的供应商，并向其发出投标邀请书。

货物和服务项目实行招标方式采购的，自招标文件开始发出之日起至投标人提交投标文件截止之日止，不得少于 20 日。

在招标采购中，出现下列情形之一的，应予废标：

（1）符合专业条件的供应商或者对招标文件作实质响应的供应商不足 3 家的；
（2）出现影响采购公正的违法、违规行为的；
（3）投标人的报价均超过了采购预算，采购人不能支付的；
（4）因重大事故，采购任务取消的。

废标后，采购人应当将废标理由通知所有投标人。

废标后，除采购任务取消情形外，应当重新组织招标；需要采取其他方式采购的，应当在采购活动开始前获得设区的市、自治州以上政府采购监督管理部门或者政府有关部门批准。

政府采购招标评标方法分为最低评标价法和综合评分法。最低评标价法，是指投标文件满足招标文件全部实质性要求且投标报价最低的供应商为中标候选人的评标方法。综合评分法，是指投标文件满足招标文件全部实质性要求且按照评审因素的量化指标评审得分最高的供应商为中标候选人的评标方法。

技术、服务等标准统一的货物和服务项目，应当采用最低评标价法。采用综合评分法的，评审标准中的分值设置应当与评审因素的量化指标相对应。招标文件中没有规定的评标标准不得作为评审的依据。

（三）竞争性谈判的程序要求

采用竞争性谈判方式采购的，应当遵循下列程序：

1. 成立谈判小组

谈判小组由采购人的代表和有关专家共 3 人以上的单数组成，其中专家的人数不得少于成员总数的 2/3。

2. 制定谈判文件

谈判文件应当明确谈判程序、谈判内容、合同草案的条款以及评定成交的标准等事项。谈判文件不能完整、明确列明采购需求，需要由供应商提供最终设计方案或者解决方案的，在谈判结束后，谈判小组应当按照少数服从多数的原则投票推荐 3 家以上供应商的设计方案或者解决方案，并要求其在规定时间内提交最后报价。

3. 确定邀请参加谈判的供应商名单

谈判小组从符合相应资格条件的供应商名单中确定不少于 3 家的供应商参加谈判，并向其提供谈判文件。

4. 谈判

谈判小组所有成员集中与单一供应商分别进行谈判。在谈判中，谈判的任何一方不得透露与谈判有关的其他供应商的技术资料、价格和其他信息。谈判文件有实质性变动的，谈判小组应当以书面形式通知所有参加谈判的供应商。

5. 确定成交供应商

谈判结束后，谈判小组应当要求所有参加谈判的供应商在规定时间内进行最后报价，采购人从谈判小组提出的成交候选人中根据符合采购需求、质量和服务相等且报价最低的原则确定成交供应商，并将结果通知所有参加谈判的未成交的供应商。

质量和服务相等的含义，是指供应商提供的产品质量和服务均能满足采购文件规定的实质性要求。

（四）询价的程序要求

采取询价方式采购的，应当遵循下列程序：

1. 成立询价小组

询价小组由采购人的代表和有关专家共 3 人以上的单数组成，其中专家的人数不得少于成员总数的 2/3。询价小组应当对采购项目的价格构成和评定成交的标准等事项做出规定。

2. 确定被询价的供应商名单

询价小组根据采购需求，从符合相应资格条件的供应商名单中确定不少于 3 家的供应商，并向其发出询价通知书让其报价。询价通知书应当根据采购需求确定政府采购合同条款。

3. 询价

询价小组要求被询价的供应商一次报出不得更改的价格。在询价过程中，询价小组不得改变询价通知书所确定的政府采购合同条款。

4. 确定成交供应商

采购人根据符合采购需求、质量和服务相等且报价最低的原则确定成交供应商，并将结果通知所有被询价的未成交的供应商。

（五）政府采购活动中的禁止与回避

1. 政府采购活动中的禁止行为

（1）政府采购当事人不得相互串通损害国家利益、社会公共利益和其他当事人的合法权益；不得以任何手段排斥其他供应商参与竞争。

（2）采购代理机构不得以向采购人行贿或者采取其他不正当手段牟取非法利益。

（3）供应商不得以向采购人、采购代理机构、评标委员会的组成人员、竞争性谈判小组的组成人员、询价小组的组成人员行贿或者采取其他不正当手段谋取中标或者成交。评标委员会、竞争性谈判小组或者询价小组在评审过程中发现供应商有行贿、提供虚假材料或者串通等违法行为的，应当及时向财政部门报告。

（4）采购人、采购代理机构不得向评标委员会、竞争性谈判小组或者询价小组的评审专家做倾向性、误导性的解释或者说明。

（5）政府采购评审专家应当遵守评审工作纪律，不得泄露评审文件、评审情况和评审中获悉的商业秘密。政府采购评审专家在评审过程中受到非法干预的，应当及时向财政、监察等部门举报。

2. 政府采购活动中的回避情形

在政府采购活动中，采购人员及相关人员与供应商有下列利害关系之一的，应当回避：

（1）参加采购活动前3年内与供应商存在劳动关系；

（2）参加采购活动前3年内担任供应商的董事、监事；

（3）参加采购活动前3年内是供应商的控股股东或者实际控制人；

（4）与供应商的法定代表人或者负责人有夫妻、直系血亲、三代以内旁系血亲或者近姻亲关系；

（5）与供应商有其他可能影响政府采购活动公平、公正进行的关系。

供应商认为采购人员及相关人员与其他供应商有利害关系的，可以向采购人或者采购代理机构书面提出回避申请，并说明理由。采购人或者采购代理机构应当及时询问被申请回避人员，有利害关系的被申请回避人员应当回避。

五、政府采购合同

政府采购合同适用《民法典》合同编通则的有关规定。采购人和供应商之间的权利和义务，应当按照平等、自愿的原则以合同方式约定，并应当采用书面形式。

（一）政府采购合同的签订

采购人可以委托采购代理机构代表其与供应商签订政府采购合同。由采购代理机构以采购人名义签订合同的，应当提交采购人的授权委托书，作为合同附件。

采购人与中标、成交供应商应当在中标、成交通知书发出之日起30日内，按照采购文件确定的事项签订政府采购合同。中标、成交通知书对采购人和中标、成交供应商均具有法律效力。中标、成交通知书发出后，采购人改变中标、成交结果的，或者中标、成交供应商放弃中标、成交项目的，应当承担法律责任。

中标或者成交供应商拒绝与采购人签订合同的，采购人可以按照评审报告推荐的中标或者成交候选人名单排序，确定下一候选人为中标或者成交供应商，也可以重新开展政府采购活动。

采购文件要求中标或者成交供应商提交履约保证金的，供应商应当以支票、汇票、本票或者金融机构、担保机构出具的保函等非现金形式提交。履约保证金的数额不得超过政府采购合同金额的10%。

采购人应当自政府采购合同签订之日起2个工作日内，将政府采购合同在省级以上人民政府财政部门指定的媒体上公告，但政府采购合同中涉及国家秘密、商业秘密的内容除外。

政府采购项目的采购合同自签订之日起7个工作日内，采购人应当将合同副本报同级政府采购监督管理部门和有关部门备案。

（二）政府采购合同的履行

采购人应当按照政府采购合同规定，及时向中标或者成交供应商支付采购资金。

经采购人同意，中标、成交供应商可以依法采取分包方式履行合同。政府采购合同分包履行的，中标、成交供应商就采购项目和分包项目向采购人负责，分包供应商就分包项目承担责任。

政府采购合同履行中，采购人需追加与合同标的相同的货物、工程或者服务的，在不改变合同其他条款的前提下，可以与供应商协商签订补充合同，但所有补充合同的采购金额不得超过原合同采购金额的10%。

政府采购合同的双方当事人不得擅自变更、中止或者终止合同。政府采购合同继续履行将损害国家利益和社会公共利益的，双方当事人应当变更、中止或者终止合同。有过错的一方应当承担赔偿责任，双方都有过错的，各自承担相应的法律责任。

六、政府采购的质疑与投诉

（一）质疑

供应商对政府采购活动事项有疑问的，可以向采购人提出询问，采购人应当及时作出答复，但答复的内容不得涉及商业秘密。

供应商认为采购文件、采购过程和中标、成交结果使自己的权益受到损害的，可以在知道或者应知其权益受到损害之日起7个工作日内，以书面形式向采购人提出质疑。采购人应当在收到供应商的书面质疑后7个工作日内作出答复，并以书面形式通知供应商和其他有关供应商，但答复的内容不得涉及商业秘密。

应知其权益受到损害之日，是指：（1）对可以质疑的采购文件提出质疑的，为收到采购文件之日或者采购文件公告期限届满之日；（2）对采购过程提出质疑的，为各采购程序环节结束之日；（3）对中标或者成交结果提出质疑的，为中标或者成交结果公告期限届满之日。

采购人委托采购代理机构采购的，供应商可以向采购代理机构提出询问或者质疑，采购代理机构应当就采购人委托授权范围内的事项作出答复。供应商提出的询问或者质疑超出采购人对采购代理机构委托授权范围的，采购代理机构应当告知供应商向采购人提出。

采购人或者采购代理机构应当在3个工作日内对供应商依法提出的询问作出答复。

政府采购评审专家应当配合采购人或者采购代理机构答复供应商的询问和质疑。

（二）投诉

质疑供应商对采购人、采购代理机构的答复不满意，或者采购人、采购代理机构未在规定的时间内作出答复的，可以在答复期满后15个工作日内向同级政府采购监督管理部门（即采购人所属预算级次本级财政部门）投诉。

政府采购监督管理部门应当在收到投诉后30个工作日内，对投诉事项做出处理决定，并以书面形式通知投诉人和与投诉事项有关的当事人。政府采购监督管理部门在处理投诉事项期间，可以视具体情况书面通知采购人暂停采购活动，但暂停时间最长不得超过30日。

财政部门处理投诉事项采用书面审查的方式，必要时可以进行调查取证或者组织质证。财政部门处理投诉事项，需要检验、检测、鉴定、专家评审以及需要投诉人补正材料的，所需时间不计算在投诉处理期限内。财政部门对投诉事项做出的处理决定，应当在省级以上人民政府财政部门指定的媒体上公告。

投诉人对政府采购监督管理部门的投诉处理决定不服或者政府采购监督管理部门逾期未作处理的，可以依法申请行政复议或者向人民法院提起行政诉讼。

七、政府采购的监督检查

政府采购活动必须有专门的监管，这是其与私人采购的一个重要的不同。由于政府采购活动主要涉及财政支出的问题，其监管主体主要是财政部门，我国《政府采购法》第十三条规定，各级人民政府财政部门是负责政府采购监督管理的部门，依法履行对政府采购活动的监督管理职责。各级人民政府其他有关部门依法履行与政府采购活动有关的监督管理职责。政府采购活动涉及其他政府部门的，其他政府部门也依法履行有关的监督管理职责，如审计机关对政府采购进行审计监督，监察机关对参与政府采购活动的国家机关、国家公务员和国家行政机关任命的其他人员实施监察。审计机关、监察机关以及其他有关部门依法对政府采购活动实施监督，发现当事人有违法行为的，应当及时通报财政部门。

政府采购监督管理部门对政府采购活动及集中采购机构进行监督检查。

监督检查的主要内容包括：（1）有关政府采购的法律、行政法规和规章的执行情况；（2）采购范围、采购方式和采购程序的执行情况；（3）政府采购人员的职业素质和专业技能。

政府采购监督管理部门不得设置集中采购机构，不得参与政府采购项目的采购活动。

政府采购监督管理部门对集中采购机构的考核事项：（1）采购价格、节约资金效果、服务质量、信誉状况、有无违法行为；（2）政府采购政策的执行情况；（3）采购文件编制水平；（4）采购方式和采购程序的执行情况；（5）询问、质疑答复情况；（6）内部监督管理制度建设及执行情况；（7）省级以上人民政府财政部门规定的其他事项。

各级人民政府财政部门对政府采购活动进行监督检查，有权查阅、复制有关文件、资料，相关单位和人员应当予以配合。审计机关、监察机关以及其他有关部门依法对政府采购活动实施监督，发现采购当事人有违法行为的，应当及时通报财政部门。

任何单位和个人对政府采购活动中的违法行为，有权控告和检举，有关部门、机关应当依照各自职责及时处理。

职业能力训练

一、单选题

1. 甲公司委托乙公司开发 A 技术，乙公司指派本单位工程师李某主持开发，甲公司、乙公司、李某之间均未对 A 技术的权属做出约定。根据专利法律制度的规定，A 技术开发完成后，专利申请权归（　　）。

A. 甲公司所有　　　　　　　　　　B. 乙公司所有

C. 李某所有　　　　　　　　　　　D. 甲公司和乙公司共有

2. Jack 于 2023 年 1 月 1 日首次向法国专利部门提出处观设计专利申请，如果 Jack 在（　　）之前在中国就相同主题提出专利申请，那么他可以享有优先权。

A. 2023 年 7 月 1 日　　　　　　　B. 2023 年 1 月 1 日

C. 2024 年 1 月 1 日　　　　　　　D. 2024 年 7 月 1 日

3. 甲公司于 2020 年 7 月 1 日向专利局提出一份发明专利申请，经初步审查后于 2017

年 7 月 1 日公布。2021 年 10 月 1 日，甲公司请求专利局进行实质审查。专利局经过认真审查后，于 2023 年 2 月 1 日授予甲公司发明专利权并公告。根据专利法律制度的规定，该发明专利自（　　）生效。

A. 2020 年 7 月 1 日　　　　　　　　B. 2021 年 7 月 1 日
C. 2021 年 10 月 1 日　　　　　　　　D. 2023 年 2 月 1 日

4. 甲公司获得一项外观设计专利，乙公司未经甲公司许可，以生产经营为目的制造该专利产品。丙公司未经甲公司许可，以生产经营为目的进行的下列行为中，不构成侵权行为的是（　　）。

A. 使用乙公司制造的该专利产品　　　B. 销售乙公司制造的该专利产品
C. 进口乙公司制造的该专利产品　　　D. 许诺销售乙公司制造的该专利产品

5. 下列行为中，符合商标法律制度规定的是（　　）。

A. 甲公司在其商品包装上注明自己的注册商标为驰名商标

B. 乙公司因与 A 公司发生商标侵权纠纷，在诉讼中请求最高人民法院指定的人民法院认定其注册商标为驰名商标

C. 丙市市场监督管理局发布公告，公布了本年度本市 10 家信誉良好的企业名单，并将他们持有的注册商标认定为驰名商标予以表彰

D. 丁公司为了推广自己的产品，在某次展览活动中宣传自己持有的注册商标曾被市场监督管理局认定为驰名商标

6. 有关商标局审查注册商标申请的时限，下列表述符合商标法律制度规定的是（　　）。

A. 商标局应当自收到商标注册申请文件之日起 9 个月内审查完毕

B. 商标局应当自收到商标注册申请文件之日起 9 个月内审查完毕，经国家市场监督管理部门批准，可以延长 3 个月

C. 商标局应当自收到商标注册申请文件之日起 12 个月内审查完毕

D. 商标局应当自收到商标注册申请文件之日起 12 个月内审查完毕，经国家市场监督管理部门批准，可以延长 6 个月

7. 甲公司于 2011 年 12 月 10 日申请注册 A 商标，2013 年 3 月 20 日该商标被核准注册。根据商标法律制度的规定，甲公司第一次申请商标续展注册的最迟日期是（　　）。

A. 2021 年 12 月 10 日　　　　　　　B. 2022 年 6 月 10 日
C. 2023 年 3 月 20 日　　　　　　　　D. 2023 年 9 月 20 日

8. 甲公司将拥有的"飞天"注册商标使用在其生产的钢琴上。下列各项商标使用行为均未经甲公司许可，其中不构成侵犯甲公司"飞天"注册商标专用权的是（　　）。

A. 乙公司在其生产的钢琴上使用"飞天"商标，经证明不导致混淆

B. 丙公司在其生产的钢琴上使用"feitian"商标，经证明不导致混淆

C. 丁公司在其生产的小提琴上使用"飞天"商标，经证明容易导致混淆

D. 戊公司在其生产的小提琴上使用"feitian"商标，经证明容易导致混淆

9. 根据预算法律制度的规定，有关财政专项转移支付，下列说法正确的是（   ）。

A. 专项转移支付是为了均衡地区间基本财力

B. 市场竞争机制能够有效调节的事项不得设立专项转移支付

C. 上级政府安排专项转移支付时，应当同时明确下级政府配套资金规模

D. 专项转移支付一旦设立，永久有效

10. 有关国有资本经营预算，下列说法，不正确的是（   ）。

A. 对国有企业的资本金注入属于国有资本经营预算支出

B. 国有资本经营预算按年度编制，不纳入本级人民政府预算

C. 国有资本经营预算不列赤字

D. 国有资本经营预算草案由财政部门负责编制

11. 预算编制的对象是（   ）。

A. 预算草案   B. 决算草案   C. 预算预备费   D. 预算周转金

12. 根据预算法律制度的规定，各级一般公共预算按照本级一般公共预算支出额的一定比例幅度设置预算预备费。该比例幅度为（   ）。

A. 1%—3%   B. 1%—5%   C. 3%—5%   D. 2%—4%

13. 根据预算法律制度的规定，下列各项资金中，用于应对当年预算执行中的自然灾害等突发事件处理增加的支出及其他难以预见的开支的是（   ）。

A. 预算周转金   B. 预算预备费

C. 预算稳定调节基金   D. 预算调剂金

14. 根据预算法律制度的规定，各级国库库款的支配权归（   ）。

A. 本级政府   B. 本级人民代表大会

C. 本级政府财政部门   D. 中国人民银行

15. 根据预算法律制度的规定，经国务院批准的省、自治区、直辖市的预算中必需的建设投资的部分资金，可以在国务院确定的限额内，通过发行地方政府债券举借债务的方式筹措。举借的债务应当有偿还计划和稳定的偿还资金来源，只能用于（   ）。

A. 经常性支出   B. 公益性资本支出

C. 专项转移支付支出   D. 政策性补贴支出

16. 根据预算法律制度的规定，本级一般公共预算支出，按其经济性质分类，基本支出应当编列到（   ）。

A. 条   B. 款   C. 项   D. 目

17. 根据预算法律制度的规定，下列情形中，不属于应当进行预算调整的是（   ）。

A. 增加预算总收入的   B. 需要调入预算稳定调节基金的

C. 需要调减预算安排的重点支出数额的　　D. 需要增加举借债务数额的

18. 中央预算的调整方案应由特定主体审查和批准。该特定主体为（　　）。

A. 全国人民代表大会　　　　　　　　B. 全国人民代表大会常务委员会

C. 国务院　　　　　　　　　　　　　D. 财政部

19. 根据国有资产管理法律制度的规定，有关企业国有资产的下列表述中，正确的是（　　）。

A. 企业国有资产是指国家对企业各种形式的出资所形成的权益

B. 国家作为出资人对所出资企业的法人财产享有所有权

C. 企业国有资产即国家出资企业的法人财产

D. 国家对企业出资所形成的厂房、机器设备等固定资产的所有权属于国家

20. 下列各项中，属于经营性国有资产的是（　　）。

A. 国家出资企业所拥有的设备

B. 国家持有的国有资本参股公司的股权

C. 行政单位的办公大楼

D. 政府储备物资

21. 有关国家出资企业管理者，下列说法正确的是（　　）。

A. 未经股东（大）会同意，国有资本控股公司的董事不得在其他企业兼职

B. 国有独资公司的总经理应当由履行出资人职责的机构任免

C. 国有资本控股公司的主要负责人，应当接受依法进行的任期经济责任审计

D. 履行出资人职责的机构应当对国家出资企业的管理者进行年度和任期考核，并依据考核结果决定对企业管理者的奖惩

22. 根据《行政事业性国有资产管理条例》的规定，下列资产配置方式中，各部门及其所属单位应当优先采用的是（　　）。

A. 购置　　　　B. 调剂　　　　C. 建设　　　　D. 租用

23. 有关政府采购供应商应当具备的条件，下列说法中，不正确的是（　　）。

A. 具有独立承担民事责任的能力

B. 具有良好的商业信誉和健全的财务会计制度

C. 具有依法缴纳税金和社会保障资金的良好记录

D. 参加政府采购活动前 5 年内，在经营活动中没有重大违法记录

24. 甲公司和乙公司组成联合体，共同参加 A 机关办公大楼建设招投标。有关本案的下列说法中，正确的是（　　）。

A. 如果中标，应由牵头参加招投标的甲公司与 A 机关签订采购合同

B. 如果中标，甲公司和乙公司应当对 A 机关承担连带责任

C. 如果甲公司、乙公司按照联合体分工承担相同工作，且甲公司取得的建筑资质比

乙公司高，在参加招投标时，应当以甲公司的资质确定该联合体的资质等级

　　D. 甲公司与乙公司组成联合体参加招投标后，还可以同时以其名义单独参加该项目招投标

　　25. 根据政府采购法律制度的规定，下列各项中，属于采购人依法从符合条件的供应商中随机抽取 3 家以上供应商，并以投标邀请书的方式邀请其参加投标的政府采购方式的是（　　）。

　　A. 邀请招标　　　　　B. 竞争性谈判　　　C. 单一来源采购　　D. 询价

　　26. 某事业单位拟采购一套设备，经过公开招标后没有供应商投标，该事业单位下一步可以采用的采购方式是（　　）。

　　A. 邀请招标　　　　　B. 竞争性谈判　　　C. 单一来源采购　　D. 询价

　　27. 根据政府采购法律制度的规定，采购文件从采购结束之日起应至少保存（　　）。

　　A. 5 年　　　　　　B. 10 年　　　　　C. 15 年　　　　　D. 30 年

二、多选题

　　1. 甲于 2023 年 8 月 1 日向国务院专利行政部门提出一个关于吸尘器的发明专利申请。在甲申请专利之前发生的下列事实中，不会影响申请专利的发明新颖性的有（　　）。

　　A. 2023 年 3 月 15 日，甲在中国政府主办的一个国际展览会上首次展出了这种吸尘器

　　B. 2023 年 4 月 10 日，应当承担保密义务的工作人员乙，未经甲同意擅自在一个学术会议上公布了该发明

　　C. 2023 年 5 月 12 日，甲在中华人民共和国商务部组织召开的一个技术会议上首次发表了介绍该发明的演讲

　　D. 2023 年 6 月 18 日，甲在某国际性学术刊物上首次刊登了介绍该发明的学术论文

　　2. 根据专利法律制度的规定，下列情形中，可以导致专利权终止的有（　　）。

　　A. 专利权人有严重侵犯他人专利权的行为

　　B. 专利权人没有按照规定缴纳年费

　　C. 专利权人以书面声明放弃其专利权

　　D. 专利权人拒绝执行已经生效的专利实施强制许可决定

　　3. 甲公司获得了 A 产品的实用新型专利，不久后乙公司自行研制出了与甲公司专利相同的 A 产品，并大规模生产；丙公司从乙公司处批发购进 A 产品 100 箱，并将其中的 20 箱提供给丁公司办公使用；乙公司、丙公司和丁公司对甲公司已经获得 A 产品的专利一事均不知情。根据专利法律制度的规定，下列说法正确的有（　　）。

　　A. 乙公司的制造行为构成侵权

　　B. 丙公司的销售行为构成侵权

　　C. 丁公司的使用行为构成侵权

　　D. 如果丙公司和丁公司能够证明其产品的合法来源，不承担赔偿责任

4. A 公司生产的某批商品侵犯了 B 公司的注册商标专用权，该批商品流转的过程中，涉及下列当事人，其中构成侵犯 B 公司注册商标专用权的有（　　）。

　　A. 明知该商品为侵权商品的甲公司将商品批发给乙公司

　　B. 不知该商品为侵权商品的乙公司从甲公司处购入该商品后销售

　　C. 明知该商品为侵权商品的丙公司为该批商品提供了仓储保管服务

　　D. 不知该商品为侵权商品的丁公司为该批商品提供了运输服务

5. 下列各项中，属于预算基本原则的有（　　）。

　　A. 预算保密　　　　B. 预算法定　　　　C. 预算及时　　　　D. 预算完整

6. 根据预算法律制度的规定，下列各项中，不属于一般公共预算收入的有（　　）。

　　A. 税收收入　　　　　　　　　　　B. 行政事业性收费收入

　　C. 民航发展基金收入　　　　　　　D. 各项社会保险费收入

7. 根据预算法律制度的规定，下列各项中，属于国有资本经营预算收入的有（　　）。

　　A. 国有资产转让收入

　　B. 从国家出资企业分得的利润

　　C. 从国家出资企业取得的清算收入

　　D. 各项社会保险费的利息收入和投资收益

8. 根据预算法律制度的规定，下列各项中，属于我国预算收支范围的有（　　）。

　　A. 一般公共预算　　　　　　　　　B. 政府性基金预算

　　C. 国有资本经营预算　　　　　　　D. 社会保险基金预算

9. 根据预算法律制度的规定，下列各项中，属于政府性基金预算收入的有（　　）。

　　A. 海域使用权出让金收入　　　　　B. 民航发展基金收入

　　C. 国有土地使用权出让金收入　　　D. 国有资产转让收入

10. 下列各项中，应由全国人民代表大会常务委员会批准的有（　　）。

　　A. 中央预算　　　　　　　　　　　B. 中央决算草案

　　C. 中央国库库款的动用　　　　　　D. 中央预算的调整方案

11. 下列各项支出中，在预算年度开始后、各级预算草案在本级人民代表大会批准前，可以安排的有（　　）。

　　A. 上一年度结转的支出

　　B. 对下级政府的转移性支出

　　C. 参照上一年同期的预算支出数额安排必须支付的本年度部门基本支出

　　D. 用于自然灾害等突发事件处理的支出

12. 根据预算法律制度的规定，我国的预算监督包括（　　）。

　　A. 权力机关的监督　　　　　　　　B. 各级政府财政部门的监督

C. 县级以上政府审计部门的监督　　　　D. 各级政府的监督

13. 除另有规定外,国有独资企业的下列人员中,由履行出资人职责的机构任免的有(　　)。

　　A. 董事长　　　B. 监事会主席　　　C. 总经理　　　D. 财务负责人

14. 甲公司属于重要的国有独资公司,其发生的下列事项中,应当由国有资产监督管理机构审核后,报本级人民政府批准的有(　　)。

　　A. 合并、分立　　　　　　　　　　B. 增减注册资本

　　C. 破产　　　　　　　　　　　　　D. 发行公司债券

15. 根据《行政事业性国有资产管理条例》的规定,下列行政事业性国有资产中,应当及时予以报废、报损的有(　　)。

　　A. 因技术原因确需淘汰的资产　　　B. 盘亏的资产

　　C. 已超过使用年限的资产　　　　　D. 因自然灾害等不可抗力毁损的资产

16. 根据《行政事业性国有资产管理条例》的规定,下列各项中,各部门及其所属单位应当对行政事业性国有资产进行清查的有(　　)。

　　A. 发生重大资产调拨、划转

　　B. 因自然灾害等不可抗力造成资产毁损、灭失

　　C. 会计信息严重失真

　　D. 单位分立、合并

17. 根据政府采购法律制度的规定,下列各项中,可以成为政府采购活动采购人的有(　　)。

　　A. 国家机关　　　B. 事业单位　　　C. 国有企业　　　D. 私营企业

18. 下列各项中,属于采购人以不合理的条件对供应商实行差别待遇的有(　　)。

　　A. 就同一采购项目向供应商提供有差别的项目信息

　　B. 对供应商采取不同的资格审查标准

　　C. 要求供应商拥有特定的专利

　　D. 要求供应商有良好的商业信誉

19. 根据政府采购法律制度的规定,有关公开招标的下列表述中,正确的有(　　)。

　　A. 招标文件要求投标人提交投标保证金的,投标保证金不得超过采购项目预算金额的10%

　　B. 投标人的报价均超过了采购预算,采购人不能支付的,应予废标

　　C. 货物和服务项目实行公开招标方式采购的,自招标文件开始发出之日起至投标人提交投标文件截止之日止,不得少于30日

　　D. 采购人不得将应当以公开招标方式采购的货物或者服务化整为零或者以其他任何方式规避公开招标采购

20. 有关政府采购过程中的保证金，下列表述正确的有（　　）。

A. 投标保证金不得超过采购项目预算金额的10%

B. 投标保证金应当以支票、汇票、本票或者金融机构、担保机构出具的保函等非现金形式提交

C. 履约保证金的数额不得超过政府采购合同金额的2%

D. 履约保证金应当以支票、汇票、本票或者金融机构、担保机构出具的保函等非现金形式提交

21. 根据政府采购法律制度的规定，下列有关竞争性谈判的表述中，正确的有（　　）。

A. 谈判小组由采购人的代表和有关专家共5人以上的单数组成，其中专家的人数不得少于成员总数的2/3

B. 谈判小组从符合相应资格条件的供应商名单中确定不少于3家的供应商参加谈判，并向其提供谈判文件

C. 谈判小组的成员独立与单一供应商分别进行谈判

D. 谈判结果应通知所有参加谈判的未成交供应商

22. 根据政府采购法律制度的规定，在招标采购中出现的下列情形中，应予废标的有（　　）。

A. 符合专业条件的供应商或者对招标文件作实质响应的供应商不足3家的

B. 出现影响采购公正的违法、违规行为的

C. 投标人的报价均超过了采购预算，采购人不能支付的

D. 因重大变故，采购任务取消的

23. 有关政府采购合同的履行，下列表述正确的有（　　）。

A. 政府采购合同不得采用分包方式履行

B. 经采购人同意，中标、成交供应商可以依法采取分包方式履行合同

C. 政府采购合同分包履行的，分包供应商应当就分包项目承担责任，中标、成交供应商就分包项目不承担责任

D. 政府采购合同分包履行的，中标、成交供应商就采购项目和分包项目向采购人负责，分包供应商就分包项目承担责任

三、判断题

1. 发明专利申请一般需要经过初步审查和实质审查两个阶段；实用新型和外观设计申请只需经过初步审查。　　　　　　　　　　　　　　　　　　　　（　　）

2. 授予专利权的发明、实用新型和外观设计，应当具备新颖性、创造性和实用性。
　　　　　　　　　　　　　　　　　　　　　　　　　　　　　　　　（　　）

3. 发明人或者设计人只能是具有完全民事行为能力的自然人。　　　（　　）

4. 拥有专利申请权的自然人死亡的，其继承人拟继承该专利申请权的，应当自被继承人死亡之日起 3 个月内向专利行政部门提出申请。（　　）

5. 外国人不得在中国申请专利。（　　）

6. 发明专利权的期限为 20 年，实用新型专利权和外观设计专利权的期限为 10 年，均自授权公告之日起计算。（　　）

7. 等级商标可以一并申请注册，一并转让或者许可他人使用，其中某一个商标被注销或者撤销，其他商标一并注销或撤销。（　　）

8. 商标注册申请人商品申请注册同一商标。（　　）

9. 注册商标权利人因被侵权所受到的实际损失、侵权人因侵权所获得的利益、注册商标许可使用费难以确定的，由人民法院根据侵权行为的情节判决给予 500 万元以下的赔偿。（　　）

10. 销售不知道是侵犯注册商标专用权的商品，构成侵权；但能证明该商品是自己合法取得并说明提供者的，不承担赔偿责任。（　　）

11. 人民法院审查判断诉争商标是否属于通用名称，一般以商标核准注册时的事实状态为准。（　　）

12. 根据预算法律制度的规定，政府的全部收入和支出都应当纳入预算。（　　）

13. 根据预算法律制度的规定，居民社区预算属于我国最低一级预算。（　　）

14. 根据预算法律制度的规定，全国预算由中央预算和地方预算组成。（　　）

15. 我国预算年度为当年 4 月 1 日起，至次年 3 月 31 日止。（　　）

16. 各级政府财政部门可以设置预算稳定调节基金，用于本级政府调剂预算年度内季节性收支差额。（　　）

17. 根据预算法律制度的规定，我国的各级预算收入和支出原则上实施"权责发生制"。（　　）

18. 各级一般公共预算年度执行中有超收收入的，可以用于建造机关职工宿舍、发放公务员福利。（　　）

19. 县级以上地方各级预算的决算草案应当提请本级人民代表大会审查和批准。（　　）

20. 公民、法人或者其他组织发现有违反预算法的行为，向有关国家机关进行检举、控告，属于社会公众对预算的监督。（　　）

21. 国有资本经营预算的执行情况，应当接受审计监督。（　　）

22. 甲国有独资公司董事长王某，未经履行出资人职责的机构同意，自行决定将其所有的一处房屋转让给甲国有独资公司。王某的行为不符合国有资产管理法律制度的规定。（　　）

23. 执行企业财务、会计制度的事业单位的资产管理，适用《行政事业性国有资产管

理条例》。   （   ）

24. 行政事业性国有资产实行政府分级监管、各部门及其所属单位直接支配的管理体制。   （   ）

25. 事业单位不得以任何形式将国有资产用于对外投资或者设立营利性组织。（   ）

26. 根据《行政事业性国有资产管理条例》的规定，各部门及其所属单位与其他单位和个人之间发生资产纠纷的，应当由国有资产监督管理部门处理。   （   ）

27. 采购人采购纳入集中采购目录的政府采购项目，必须委托集中采购机构代理采购。   （   ）

28. 两个以上的自然人、法人或者其他组织可以组成一个联合体，以一个供应商的身份共同参加政府采购。   （   ）

29. 以联合体形式参加政府采购活动的，联合体中资质等级较高的供应商可以再单独参加同一合同项下的政府采购活动。   （   ）

30. 根据政府采购法律制度的规定，技术、服务等标准统一的货物和服务项目，应当采用综合评分法进行评标。   （   ）

31. 采用单一来源方式采购，需要继续从原供应商处添购的，添购资金总额不超过原合同采购金额的20%。   （   ）

32. 在政府采购活动中，采购人员参加采购活动前3年内与供应商存在劳动关系的，应当回避。   （   ）

33. 在政府采购活动中，供应商认为采购文件、采购过程和中标、成交结果使自己的权益受到损害的，应当先向本级财政部门投诉，对本级财政部门处理结果不满意的，才可以申请行政复议或者提起行政诉讼。   （   ）

四、思考题

1. 什么是预算？预算的基本原则有哪些？我国实行怎样的预算体系？预算管理职权有哪些？
2. 预算收支范围由哪几部分组成？各自包含哪些内容？
3. 我国的预算年度是如何划定的？预算编制的基本要求和方法有哪些？
4. 预算审查和批准的内容有哪些？预算备案和批复的要求是什么？
5. 预算执行和调整有哪些要求？
6. 决算的含义和要求是什么？
7. 预算监督的内容和要求有哪些？
8. 什么是国有资产？国有资产包括哪些类型？
9. 企业国有资产的出资人及其职责是什么？
10. 如何对国家出资企业的管理者进行选择与考核？
11. 国家出资企业与关联方交易有哪些限制？

12. 国有资本经营预算的范围及要求有哪些？
13. 企业国有资产及重大事项管理的内容有哪些？
14. 行政事业性国有资产的来源有哪些？管理体制和管理原则是什么？
15. 关于行政事业性国有资产的配置、使用和处置有哪些规定？
16. 关于行政事业性国有资产的预算管理和基础管理有哪些规定？
17. 关于行政事业性国有资产报告内容和程序有哪些规定？
18. 如何对企业国有资产和行政事业性国有资产进行监督？
19. 政府采购的概念和原则是什么？政府采购当事人有哪些？
20. 关于政府采购方式和程序有哪些规定？
21. 关于对政府采购进行质疑和投诉、政府采购的监督检查有哪些规定？